壮族教育家韦鸿恩先生纪念文集

九天揽月记

韦　浩　主编

海洋出版社
2017年·北京

图书在版编目(CIP)数据

九天揽月记／韦浩主编. —北京：海洋出版社，2017.3

ISBN 978-7-5027-9742-3

Ⅰ.①九… Ⅱ.①韦… Ⅲ.①韦鸿恩(1882—1959)-纪念文集 Ⅳ.①K825.46-53

中国版本图书馆 CIP 数据核字(2017)第 050694 号

责任编辑：高朝君　侯雪景
责任印制：赵麟苏

海洋出版社　出版发行

http://www.oceanpress.com.cn
北京市海淀区大慧寺路 8 号　邮编：100081
北京朝阳印刷厂有限责任公司印刷　新华书店北京发行所经销
2017 年 4 月第 1 版　2017 年 4 月北京第 1 次印刷
开本：787 mm×1092 mm　1/16　印张：24.75
字数：540 千字　定价：78.00 元
发行部：62132549　邮购部：68038093
总编室：62114335　编辑部：62100038

海洋版图书印、装错误可随时退换

编 委 会

前瞻思维结硕果

——纪念壮族教育家韦鸿恩

（代 序）

在壮族教育家韦鸿恩（1884—1959）诞辰132周年、逝世57周年纪念之际，我们纪念这位教育家，意在弘扬他的不断开拓创新精神。韦鸿恩生前担任的最大的官是县教育局局长、中学校长，这样的“官”很多，为什么要单单纪念韦鸿恩？因为他一生为了发展滞后的壮乡教育事业，在艰苦环境中不断创业，精神可嘉。当下，我们教育事业之兴旺，今非昔比，但也不是事事顺心，样样如意。在我们的山区中小学校里，校舍危房者有之，小学生不能供午餐者有之，破烂课桌尚有之。如果不是被新闻媒介曝光，广西某校的小学生们还只能共用一本旧字典，学生午餐仅有冷饭无菜。是我们没有钱吗？是，也不是。相比之下，我们有些官员却喝着茅台大肆挥霍，风气极坏。

我佩服韦鸿恩先生的第一条是他振兴民族文化的长远眼光。教育为立国之本，为民族振兴之本，这是不争的事实。韦先生对此有十分深刻的理解。在他那个时代，许多地方的教育都是空白点，军阀又忙于争地盘，谁有心思去办教育？在这样近乎白手起家的情况下，韦鸿恩先生毅然于1916年在家乡办起第一所小学。从此一发而不可收：1925年创办县立女子小学；1927年建立第一、第二师范讲习所，意在培育小学教师，同年成立县立初级中学；1941年创办鸣山中学并任校长。在他的带领下，杏坛涌现，武鸣学风大盛。

第二条是他排除艰难，百折不回。韦鸿恩先生办学时，正值辛亥革命不久，袁世凯篡政，国家混乱，哪有经费办学？他的第一所小学，是在山洞里开办的。任鸣山私立中学校长时，床架、课桌样样奇缺，他只好和学校董事会成员趁学生午睡时划船到角晨屯去向群众借，回来翻船，他落水受伤昏迷了好几天。但这些困难，都没有动摇他办教育的决心。

第三条是他办教育舍得破财。他当武鸣县教育局局长时，明令各乡镇建校。他率先垂范，捐自家地建校，不足，掏腰包购买私人菜地扩充。凡考上大中专院校的，必解囊奖掖。对贫困学生资助甚多，不求回报。

韦鸿恩的这三条，永远也不过时，不仅不过时，我们办教育的还应当大大点赞、学习、效仿。时代都进入21世纪了，我们的理念到位了吗?!这就是纪念韦鸿恩的意义所在。

梁庭望

目　　录

“喂花限，诺怀少苯甘！”（壮话）

——怀念壮族教育家韦鸿恩先生

家父在壮乡做了一辈子乡村教师，深受各处父老乡亲的敬重，“文化大革命”后期，看到老师们（很多是他教过的学生）也被批斗的场景，退休的他还是害怕了，买了张车票跑到大西北山沟地质部门的工棚里，和我们一起生活。正好我两岁的大儿子刚从北京接回勘探基地，守着大山拥抱的群山，爷孙天天相依为命，总算找到了天伦之乐。这里没有什么可娱乐的地方，见到家父总是乐呵呵的样子，年轻的勘探队员们好奇了，老问他，为何能做到这样洒脱？他说，是受他大哥——壮族教育家韦鸿恩先生的影响。于是他给他们讲了下面的故事：

他有两个兄弟，大哥鸿恩、小弟慈恩，兄弟三人彼此的年龄都正好相差十岁，除了自觉去刻苦攻读之外，他们之间关键是利用了年龄差这点优势去相互提携，最后都继承了父业，做了教师，为壮乡的教育事业做了贡献。大哥鸿恩自幼随祖父彩升（乡村的走读私塾教师）读私塾，而父亲开宗和堂叔开端也都是走乡串村走寨的私塾教师。1893 年大哥 11 岁，经县试为童生，后到宾州参加“学院试”，名列前茅。他天分很高，除了读书，什么都肯钻研，壮家习俗、各种礼仪，精通自如，变成了村寨的活字典、老档案。他身上的文娱细胞很多，14 岁考取“佾（读 yi）生”。所谓佾生，也叫乐舞生。佾，指古代乐舞的行列，初始用在释奠上，有文舞和武舞。之后，祭孔也用了，于是变成了形形色色的普及版，主要的区分是各朝代祭孔的规模和使用的乐舞不同而已。“舞”指佾舞，起于汉，但而今所存的佾舞舞谱只有明、清两代的。在《儒林外史》第三十七回中有“两人领了一班司球的……和六六三十六个佾舞的孩子”记述，讲的就是要做佾舞演出。平时提到的八佾即八行八列，共六十四人。我见到清代朝廷及文庙举行庆祀活动时充任乐舞的童生，文的执羽箭，武的执干戚，合乐作舞。总之，大哥考取的“佾生”，相当于今之文艺院校所培养的文艺人才。大哥的这些根底，铸造了他一生总是乐哈哈的。在我的经历中有过这么一件事，为了帮补家里，年轻的大哥到邻县去做乡村老师，他这一走，家里就变成了女人和小孩的世界，只有等到他放假回来，家里才有点生气，时不时地爆发出热闹的欢笑声。我比大哥小十岁，帮不了家里什么忙，因此家父特地买了几只羊让我去放，望着青山和蓝天，想到我的今后，我愁死了。大哥鼓励我说，这是爸爸磨炼你的，要往好处想、高兴点，我会帮助你的。他暖心窝的话使我茅塞顿开。从此以后，不管遇到什么困难挫折，我总是“往好处想、高兴点”，和他一样乐哈哈地去度过人生。其实，这也正是我们韦家祖训之一，到他身上，知行合一，学得透，用得好，成了大家的表率。大哥他很孝顺父母，平时难得回趟家，然而每次回来总是乐哈哈地下厨烧饭做菜，孝敬双亲，慰问大家。一天，他把加工好了的一大盘菜摆到桌面上，突然做了《壮戏》中很滑稽的动作，大喝一声："喂花限，诺怀少苯甘。琴谋琴值散!"（壮话近音，其中"诺"即肉、"怀"是水牛、"苯"是菜、"甘"指芥菜的一种、"琴"是吃、"谋"是不、"值散"表示算了。意思是：喂花限，牛肉炒芥菜。吃不吃就算!）大家开始一愣，听懂意思以后，顿时哄堂大笑，饭菜一扫而空，那天，给我的印象真是满屋生辉。

父亲的故事并不精彩，可是在山高皇帝远的野外环境，这是"牛鬼蛇神"聚集的地方，平时就一种声音，今天，突然多了少数民族的声音，大家听得津津有味，于是"喂花限""诺怀少苯甘""琴谋琴值散"这些壮话竟被"热炒"了好几天，蛮过瘾的。而今，又是几十年过去了，回望作为韦家子弟的我们，何尝不是历尽了种种坎坷人生，不也都是用这样"家训"的办法走了过来吗？应该说，这个"家训"已变成"基因"、韦家的共同"基因"，相传不息。

20 世纪 60 年代，我到红柳园（内蒙古、新疆、甘肃交界处）戈壁滩地段跑地质，这里环境恶劣，经常飞沙走石，方圆几十里见不到好的泉水，吃的饮用水都是由祁连山那边用汽车拉来的，珍贵得很。走了两个多月，总算见到一户蒙古族牧民（其实就是一座蒙古包），他们一家人高兴极了，晚上老爷子知道我是南方的壮族人，拉住我的手和我长谈，高兴地给我唱了下面这支歌：

当夜，年纪轻轻的我过于兴奋，总睡不着觉，当即趴在简易床上用简谱记下，而且还翻译成了壮语版，第二天唱给蒙古爷爷听，得到他认可后因而得到保存。那些年月，走南闯北的我，哼唱自己翻译的这首壮语歌为祖国去找矿，有无穷无尽的乐趣。每当遥望脚下如此多娇的祖国山河时，我就遐想，如果有那么一天，我的民族也有一本《壮语版中外名歌一百首》，通过它，我们的民间歌手也可以从多角度、多方面，用壮语去哼唱各族、各地、各国的歌曲，那该多好啊！今天，《汉壮对照：中外歌曲一百首》作为本书的附录准备面世，总算了结了我这一辈子的心愿（也是韦鸿恩老先生的心愿）！

（作者：贡弄）

出门三难——壮妇歌

D=1 2/4
（欢快地）

韦鸿恩词
公那老曲

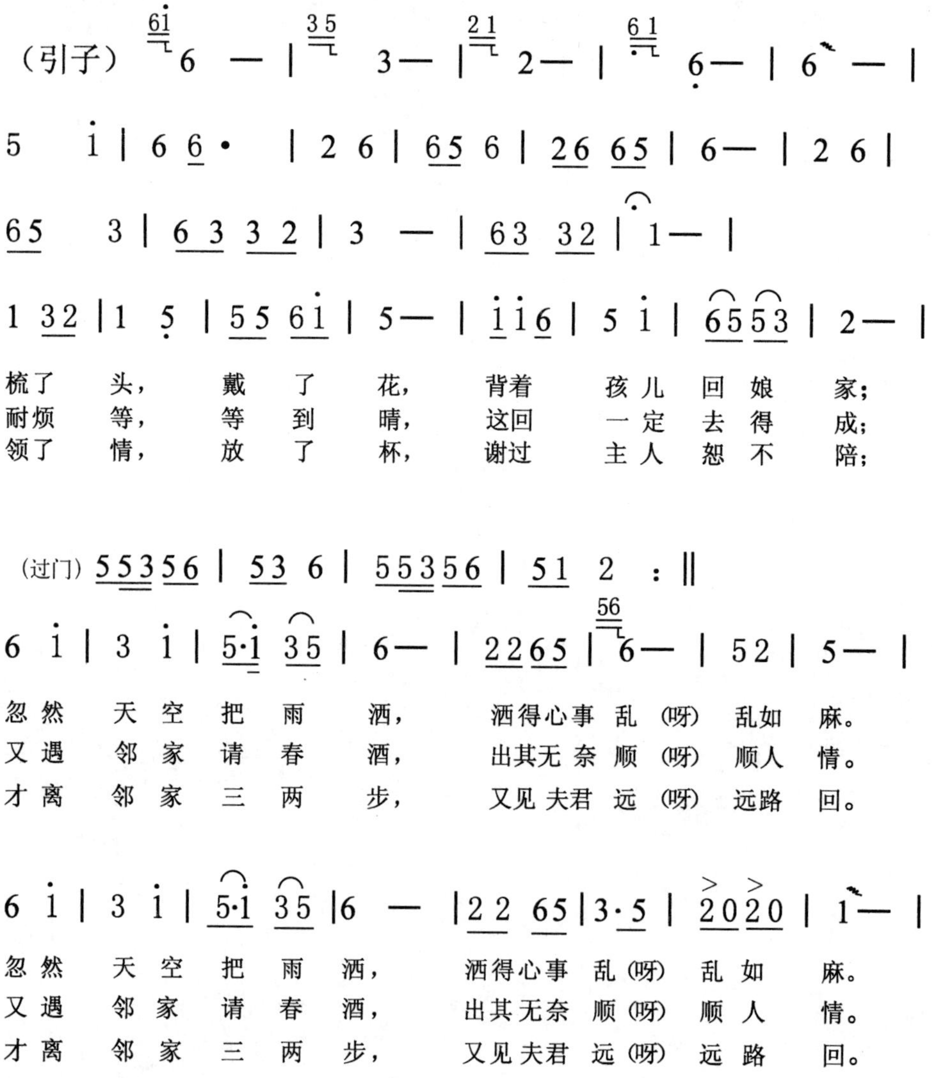

（白）“嗨！” “夫君！ 您回来啦！”（终）

中国韦氏人物谱

中国人祖先：（盘古开天辟地）…→

南方：

四川巫山猿人（204万—201万年前）、云南元谋猿人（170万年前）…→

…→ 湖北郧县猿人（100万年前）

…→广西百色人（80万年前）

…→广西田东林逢人（73万年前）

…→安徽和县猿人（28万年前）

…→湖北长阳人（19万年前）

…→广东马坝人（13.5万年前）

↓

…→广西柳江人（五六万年前，与柳江人年代相当的还有：广西柳江甘前人；来宾麒麟山人；都安九楞山人和干淹人；隆林老磨槽洞人和那来洞人；靖西宾山下洞人；柳州九头山人、都乐人和白莲洞人；灵山人；荔浦人；田东定模人；桂林宝积岩人；忻城甘怀人和云南西畴人等）。四川资阳人（4万年前）→

↓

…→更新世晚期（2.5万—3.7万年前）：有广西柳州九头山人、都乐人、白莲洞人；灵山人；荔浦人；都安干淹人；田东定模人；桂林宝积岩人；隆林那来人；忻城甘怀人→

↓

…→更新世早期（1.8万—1.2万年前）有湖南道县与广西交界地的古壮乡古人类活动遗址→

↓

…→新石器时代（8000—10000年前）：广东马坝人、云浮蟠龙洞人、封开人、河宕人和白石岩人；湖南龙山县里人；福建昙山人；浙江河姆渡人；广西甑皮岩人、扶绥敢造人、横县西津人、柳州鲤鱼嘴人；云南小河洞人等→

北方：

山西西侯度猿人（180万年前）…→

陕西蓝田猿人（105万年前）…→

北京猿人（77万年前）…→

辽宁金牛山猿人（28万年前）…→

陕西大荔人（20万年前）…→

山西许家窑人（10万年前）…→

山西丁村人（10万年前）…→

↓

更新世晚期：有内蒙河套人（3.5万年前）…→北京山顶洞人（3万年前）…→山西峙峪人（2.8万年前）…→

↓

更新世早期：山西下川文化展遗址（2.4万—1.6万年前）

↓

新石器时代：河南裴李岗、贾湖，河北武安磁山（8000—7000年前）；山东滕县北辛（8000—6300年前）；甘肃泰安大地湾（8000年前）；内蒙兴隆洼聚落（8200—7400年前）；陕西半坡（7000—5000年前）；山东大汶口（6300年前）；河南濮阳西水坡（6300年前）；辽宁牛梁河（5600—5050年前）等遗址……→

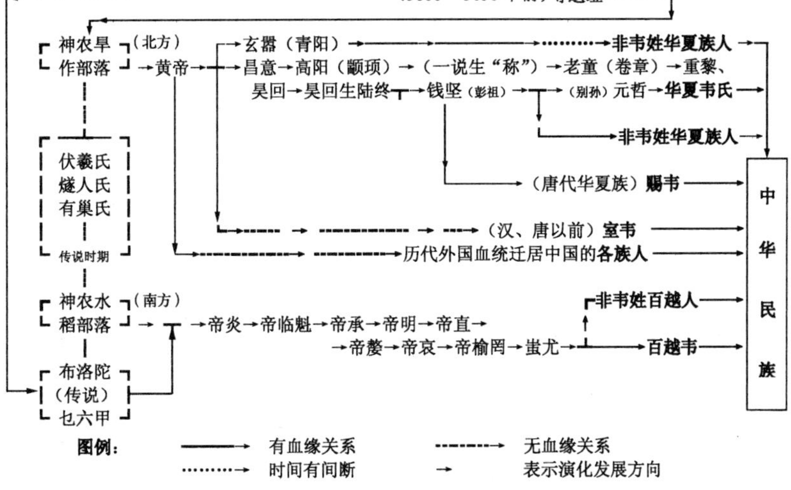

图例： ——→ 有血缘关系　　------→ 无血缘关系　　………→ 时间有间断　　→ 表示演化发展方向

这是一张《中华民族形成模型构思图表(讨论稿)》。中华民族由11 929个姓氏(这是1996年的数据。历史上的统计数字：如宋朝为400多个，1978年数据为2587个，1984年5730个，1996年11 929个；其中，一字姓5313个、二字姓即复姓4311个、三字姓1615个、四字姓571个、五字姓86个、六字姓22个、七字姓7个、八字姓3个、九字姓1个；近期有文献指出已突破了22 000个大关)、将近3亿多个家庭组成，不重视姓氏和家庭结构是不成的。改革开放以后，许多省份都下大力气去从事这项工作，给出了我国“一普(1953年)”“二普(1964年)”“三普(1982年)”“四普(1990年)”“五普(2000年)”“六普(2010年)”以至综合性人口抽查的量化结果公文于众，告知人民。此举很有意义。本文仅对百家姓中的“韦”姓做点资料汇总工作。中国韦氏包含华夏韦、百越韦、室韦、赐姓，以及民间改姓没有“还宗”的“韦”姓等，然而，本文的“韦”，不包括外国译名中由“韦”字开头的外国人，如韦麻郎(1602年驶近澳门的荷兰船队领队，详见内文)、韦棣华(1862—1931，女，美圣公会女传教士)、韦廉臣(1829—1890，英国伦敦布教会传教士，1855年奉派来华在上海传教，两年后因病回国，1863年代表苏格兰圣公会再度来华在烟台传教，1887年在上海参与创办同文书会，即后来的广学会)、韦达(法国数学家)、韦恩(美电影演员)、韦伯定律的韦伯(德国生理学家)、德作曲家卡尔·马里亚·冯·韦伯、德历史学家马克思·韦伯、韦斯巴芗(公元9—79，古罗马帝国统治者)、韦斯皮斯基(波兰画家)、韦特向默(德国心理学家)、韦恩·施密斯(前美国驻古巴大使)、法国导演韦拜尔·弗朗西斯、数学家韦伊、韦莰、韦斯(韦斯至少有三位：E. 韦斯、G. L. 韦斯和M. L. 韦斯)、韦斯特(至少有二位：R. O. 韦斯特和J. E. 韦斯特)、韦尔斯、韦尔布鲁克、印度佛门保护神韦驮(梵语skanda)等，纯属音译时的讹略，都与中国韦姓无关。而马来西亚作家韦晕、大陆著名女作家韦君宜的“韦”，也非韦姓。如马来西亚作家韦晕，本名区(读欧)文庄，韦晕是其笔名之一；女作家韦君宜系湖北始建人氏，也不姓韦，原名魏蓁一，“韦君宜”只是发表小说时的笔名。此外，还有这次中国韦氏人物谱提供的资料中，广西岑溪韦五洲，原名刘世任，非韦，实姓刘。不管怎么说，在这里，作为韦家子弟的我们，他们肯替韦氏扬耀，我们还是要谢谢他们的。

下面是搜罗到的部分从古到今，活跃在神州大地上的中国韦氏人物：既有有名望的，有史籍记载的，也有不足挂齿的民间“小”人物，特别是在年代较近的个人收录中还有一些是持有专利发明的开拓者……

总之，“韦字写来无短长”，他们都是中国韦氏大家庭中重要的组成成员。

先秦时期

颛顼帝(华夏韦氏肇祖)，传说为黄帝孙，颛顼20岁封帝，国于高阳(今河北省高阳县)，故号高阳氏，在位78年。颛顼古姓氏为豨(读xi，古与豕同)韦氏，居住在今河南濮阳一带，源于水牛图腾韦，在古老的夏朝地图上，有韦城这个都市。可见，华夏韦的肇基(发祥地)是韦城，肇祖就是颛顼帝。

钱坚(或篯坚、钱铿，华夏韦氏太祖)，即彭祖(民间说法他活了800岁，一说767岁，都是高寿，故叫彭祖。笔者注，那时“天干地支”初创，60天算一年，折合于今天是130多岁，和当今的老寿星差不多，应该说民间传说没有问题。其为人低调，所以，当殷王问道于他时，答曰：“吾遗腹而生，三岁而失母，过大‘戎’之乱，流离西域，百有余年。加以少怙，丧四十九妻，失五十四子，数遭忧患，和气折伤，荣卫焦枯，恐不度世。所闻浅薄，不足宣传”)。钱坚领导过夏朝的诸侯国，爵位为“侯”，封于彭城(今江苏徐州铜山一带)，因而又称他为大彭或老彭。他的诸侯国史称“韦”(国)，也有叫大彭国或豨韦国(即豕韦国)的。在封邑里，他的华夏子孙后代得以发展，他应该是华夏韦的太祖。

元哲(华夏韦氏始祖)，夏朝国都“阳城”在开封一带，古地图上其周边有“韦”“顾”“昆吾”等诸侯国，“韦”在西北(今滑县附近)、东北为“顾”、东南为“昆吾”。期间，夏朝发生“太康失国”和“少康中兴”事变(“太康失国”指夏朝皇帝“启”和儿子统治期间，国力衰败，被东夷后羿取而代之。到了启的第四代少康才觉醒，励精图治，才恢复了夏的统治。因此史称之为“少康中兴”)。为了兴国，夏帝少康发现原大彭国元哲(彭祖的别孙)是个人才，只是地位不高，便赐三皇以前的古帝王号“豨(豕)韦氏”给他做姓氏，以提高他的地位。于前2050年，委派元哲去治理受封之地(今江苏铜山附近)即“豕韦国”，这是夏重要的诸侯国。豕韦国简称韦国，元哲是国君，故被尊称为韦君，其子孙后代以国为姓，即为韦氏(姓)。可见华夏地区，有汉字记述的韦姓，夏朝已出，有近5000年历史了，元哲当是华夏韦的始祖。

韦定，又叫韦伯：夏朝末年，商部族势力壮大，于前1733年夏，韦国被商部族成汤灭(这是华夏韦氏历史上第一次遭受的劫难)，剪除夏周边的诸侯国后，失去盟友的支撑，夏朝终于被商打败。国灭后，韦氏四散，集体逃到渭河平原西部(今陕西岐山、扶风一带)的扶风县沣川(又叫丰)建立基业，组建了韦伯国(商)。天下大治后东迁河南韦城故地，重建豕韦国。而原先大彭国元哲子孙元气恢复后也重整了大彭国，两个韦国变成了商的重要诸侯国。史称的韦伯国指的就是它们，此时的韦国爵位已下降，由夏“侯”变成了商“伯”。

其世系关系为：韦定(陕西扶风县韦伯国)→韦广(韦定八世孙)→韦瑞(韦定15世孙)→韦伯遐。

韦伯遐，在豕韦国(简称韦国)故地，韦伯遐重立豕韦国。于前1027年，韦伯遐参加周姬发(即周武王)领导的八百诸侯同盟伐纣，大战于太行山前牧野(今河南安阳市郊)，纣败自焚，商灭，改西周。周封伯遐于万福河西岸(今山东成武县、邹县一带)仍称豕韦国。西周初，韦氏进入河南；到东周，韦氏在河南发展已十分活跃。周朝末期(约前280年前后)，因周赧王唆使，鲁国兼并了豕韦国，这是第三次韦氏立的国被灭，从此豕韦古国在中国版图上消失(不久，周王朝也遭到了灭亡)。

韦仲将，周宣王(前827—前781)的师氏(意思是谋略人物)。

韦艅父，春秋战国时期黄国人，出土过黄韦艅父盘，是一件比较有名的青铜器(见

《三代吉金文存》)。这以前，姓氏初兴，中国韦氏的“韦”，与水牛图腾“韦”相关，是炎帝水牛部落古老姓氏“豨韦氏”的重要支系部分。

韦震，西周人，诸子百家中长桑子之高徒。

秦汉时期

韦孟(前206—前156)，战国彭城(今江苏徐州)人，中国韦氏“一脉三相”之一。韦伯遐第24世孙韦孟参加过刘邦起义，西汉立国后，为楚国元王(刘交)→夷王(刘交子)→戊王(刘交孙)三代王傅(相当于宰相)历30余年。自动去位后由楚国徐州地迁鲁国邹县私塾里孟贤庄(今山东邹县，居西韦、东韦两村，传68代。其中东韦村有韦贤墓，一说韦孟墓)。在山东，韦孟修经治学，以经诗为本，教育后代。由于教有方，他的四世孙韦贤，贤子玄成，均为汉朝丞相。故邹鲁谚语称他“一脉三相”“邹鲁五儒宗”“遗子黄金满籯，不如一经”。尔后的《三字经》则归纳为“人遗子，金满籯，我遗子，唯一经”名句，成了家喻户晓的“家教”教材。到民间神龛堂号供有“一经堂”，变成了后代纪念先祖遗训的活动。从韦孟起，韦氏正式进入华夏史册。韦孟是著名的文学家、教育家，也是中国韦氏第一个诗人，他的《讽谏诗》典赡丽则，蕴藉幽深；精辟精当，痛切贬针；忧国忧民，难以尽陈。受到历代高度的评价。如刘勰《文心雕龙·明诗》说：“汉初四言，韦孟首唱，匡谏之义，继轨周人。”孟还有《韦氏学》著作(已佚)。其世系关系为：韦孟……→韦贤(韦孟五世孙)→韦方山、韦弘、韦爵、玄成→方山生安世，韦弘生韦赏，玄成生韦宽、韦育、韦沈浚→韦赏生韦彪→韦彪生韦顺、韦豹、韦义→韦豹生韦著→……

韦贤(前147—前66)，韦孟之五世孙，西汉大臣。邹(今山东邹县)人，先徙平陵(今陕西扶风境)，后徙杜陵(陕西长安县)，质朴笃学，本始年间以少府代蔡义为丞相，封扶阳侯。卒谥节。《汉书》有传。

韦玄成(？—前36)，韦贤之子，西汉大臣，学者，字少翁。曾与萧望之主持石渠阁论五经异同之会，校订儒家经典。元帝时，任太子太傅、御史大夫。永光年间任丞相。《汉书》有传。

韦义，京兆杜陵人。顺帝时辟为甘陵(属清河郡，今河北清河县西北)。正文甚有绩，官曹无事，牢狱空虚。义上书顺帝，论古典、考功黜陟，讥切左右，贬刺窦氏。言不行，以兄丧去官。比辟公府，不就。卒，县民为义举哀，若丧考妣。(见《西汉·韦彪传》)

三国

韦诞(179—235)，字仲将，京兆人，后汉凉州刺史韦端之子，汉末、魏、三国书法家。擅长诗文。“善题署，尤精八分隶书、章草，飞白入妙，小篆人能。”因此曹魏宝器题铭，多为韦诞所书。诞善制墨，一点如漆，世称仲将之墨。又能制笔，著有《笔经》。建安为郡上计吏，新郎中。太和五年(231)，以能书补侍中。九年迁中书监，鸣胪少卿，终光禄大夫。韦诞家藏有蔡邕书法精品，不传之于人，诞死后，曹操使大臣钟繇掘其墓而取走，即“韦诞之墓见发于钟繇”。这是中国公开盗墓之始。《三国志》《晋书》《西安府志》等均有记载。韦诞玄孙韦沈。

韦昶，字文林，韦诞之兄。善左文大篆及草，状貌极古，奇而且劲。官至颍川太守。

韦彪，字孟达，扶风平陵(陕西境)人，高祖韦贤，祖韦尝，哀帝大司马。彪孝行纯至，好学洽闻，清俭好施，安贫乐道，禄赐都分与宗族，家无余财，雅称儒宗。有十二篇著书，号称韦卿子。

韦山涛(205—283)，字巨源，东汉河内怀县人。好老庄，与嵇康、阮籍等作竹林之游，时称竹林七贤。三国魏时为赵国相，迁尚书吏部郎，入晋仍为吏部尚书，十余年甄拔人物，名为品题，人称山公启事。(注，与《中国韦氏通书》传宋人韦山涛不是一个人，后者宋史无考。)

韦昭(204—273，或韦曜)，本名昭，史为晋人避司马昭讳改名曜，字弘嗣，云阳(今江苏丹阳)延陵人。少好学，能属文，仕孙吴，官至中书仆射，职省为侍中，常领左国史，著有《国语注》22 卷、《孝经注》(一说《孝经解赞》)、《吴书》25 卷、《博弈论》(一说《辩释各》)、《洞记》四卷等。东吴孙氏家族间争权夺主，昭从不介入，孙皓史称末帝，其父孙和为太子，但未被立帝，皓令昭为其父孙和作纪，韦直言不讳说：“你父亲并没有即位当过皇帝，不能作纪，只能立传。”几次强逼，韦均不从，为此怀恨在心，常逼他饮酒，想借机治其罪，韦多次辞职，未准，终被监禁庾毙。子韦隆“徙其家零陵”。

晋

韦忠(约 256—313，字子节，西晋平阳即今之山西临汾人)，好学通古，不交当世，慷慨有不可夺之志，世称忠义之士。为镇西大将军，在镇压羌人起义中被杀。

韦逞，《晋书》有“韦文朱武”之说。“韦文”典出自逞母有文化，为苻坚群臣 120 人隔纱帐讲授《周官》《礼仪》等，号宣文君。而“朱武”，讲朱序母亲深通军事。

韦玄、韦泓、韦豹、韦道植、韦著、韦康、韦渡等待考，本文暂归入这个时期段的人物。

南北朝

韦鼎，字超盛，京兆杜陵人(一说湖南)，韦载弟。博涉经史，明阴阳，尤善相术。仕梁起家，累迁中书侍郎。以玄象逢迎陈霸先代梁，陈武帝受禅，拜为黄门郎，入陈，累官太府卿。太建中奉使北周，又借相术迎合杨坚跃位，陈亡入隋，授仪同，后为光州刺史。鼎考校昭穆，曾撰编《韦氏谱》七卷，已佚。

韦载，字德基，京兆杜陵人。韦正子，仕梁为寻阳太守，降陈，永定中为散骑常侍，天嘉中去官。

韦正，字敬直，京兆杜陵人，韦放弟。累官给事黄门侍郎。

韦黯，字务直，京兆杜陵人，韦稜(一说棱)弟。官太府卿侯景济江，黯以守城功迁轻车将军。以劳卒。

韦叡(441—520，一说442年即南朝宋文帝元嘉十九年生，睿通叡，读瑞)，南朝梁杜陵人，字怀文。谋略过人，世称名将。曾任南朝宋国右军将军，齐国上庸太守。随萧衍起兵，梁初任豫州刺史。天监五年(506)率军破北魏军，取合肥，次年与曹景宗救钟离(治今安徽凤阳东北)，大败魏军。叡体弱不能骑马，乘板舆督战，专于谋略，善抚士卒，军纪严明，魏人畏惧，称之“韦虎”。屡建战功，被封为永昌县侯。曾迁侍中、车骑将军。《南史》卷58记曰：韦叡，字怀文，京兆杜陵人，祖玄，父祖归，伯父祖征。“事继母以孝闻”；随伯父“视之如子”；“叡虽幼，独以廉闻(其外兄在梁州任刺史时，‘往者多以贿败’)”；叡于宋永光初被袁顗(雍州刺史)“引为主簿”，很有头脑，由此进入仕途，当过齐兴太守别驾、长水校尉、右军将军等，齐末任上庸太守；看清主流后，拥梁武为帝，克郢、鲁，平加湖，累多为之出谋划策，均皆用；很关心百姓，为郢州“料简隐恤，咸为营理，百姓赖之”；为历阳太守，魏犯，“率州兵击走之”；带兵侵魏，连战连胜；评曰：“韦叡之法，不可犯也”“将军死前无却”“且顾两武匆复私斗”“昼接客旅，夜算军书，三更起，张灯达曙，抚循其众，常如不及，故投募之士争归之”。总之，因谋略过人，世称名将。叡生四子：放、正、稜、黯。《梁书》有传。

韦放，字元直，京兆杜陵人，韦叡子。天监中袭封永昌县侯，累官藩佐，官至北徐州刺史。

韦阆(？—约440)，字友观，京兆杜陵人。避乱蓟城，官至武都太守。阆家是个大望族，世系关系为：韦楷→韦达→韦阆→韦范→韦隽→韦荣诸、荣茂、荣亮→荣亮生韦纲→纲生文宗、文阙。

韦道福，彭城人，韦阆从叔，420年前后曾为南朝宋武帝辅国将军。

韦缵，字遵彦，北魏杜陵人，年十三补中书学生，迁侍郎中散，官至平远将军，代梁郡太守，郡坐事免官。

韦崇，字洪基，祖儒，自宋入魏，寓居河南洛阳，官至华山太守。

韦公干，唐《岭表录异》载：北齐刺史韦公干企图化伏波铜柱被辱和弹劾，“都督韩约移书辱之，公干乃止”(引《太平寰宇记・下一》)。

韦彧，字遵庆，北魏京兆杜陵人。初为雍州治中，升任平远将军、东豫州刺史。在任期间，设立学校和武馆，教民习文练武，境内肃清。《魏书》《北史》有传。

韦瑱(500—560)，字世珍，西魏恭帝二年赐姓宇文氏让他去做镇边工作。瑱雅性情俭，兼有武略蕃书赠遗，一无所受。胡人畏威，不敢为寇。

韦叔裕(508—579)，字孝宽，谥襄。北周京兆杜陵人。良善而正直，喜读经史，作战骁勇，用兵如神，屡击强敌，众人惊服。初任晋州刺史，因镇玉璧有功，授骠骑大将军，开府仪同三司，晋爵建忠郡公。后为雍州、勋州刺史，晋上柱国。有重字不重名怪习。《周书》有传。

韦朗，元嘉十年任广州刺史。

韦总，南北朝(北周)杜陵人，字善会，韦孝宽之子。聪敏好学，累官骠骑大将军、开府仪同三司、纳言、京兆尹等职。

有史载的韦俊、韦叟、韦峻、韦受、韦琮、韦阐、韦仲、韦纂、韦孝宽、韦元睿、韦子粲、韦粲、韦翙、韦臧、韦伸、韦佑、韦初、韦范、韦祉、韦鸿、韦融、韦爰、韦珍、韦荣亮、韦文殊、韦元恢、韦休之、韦合宗、韦伯昕、韦欣宗、韦荣茂、韦荣绪、韦真喜、韦造福、韦珍、韦朏、韦英、韦猷之等韦氏人物也待考，也暂先归入这个时段。

隋

韦洸(？—591)，北周、隋著名将领。字世穆，京兆杜陵人。以战功晋柱国、襄阳郡公。后升为江州、广州总管。洸与壮族先民俚人有缘，得到过壮族先民的真诚帮助，开皇十年(590)，番禺夷王反，隋文帝派洸率兵入岭南，“围广州，韦洸中流矢卒”，“高凉冼夫人遣其孙冯暄将兵救广州”。而后，冼夫人率各部俚人归附隋朝。子韦协。《北史》有传。

韦师，字公颖，隋京兆杜陵人。少以孝著称州里，略涉经史，尤工骑射，仕北周，为中外府记室、转宾曹参军，熟悉边境各国风情物产、风俗习惯及山川险夷，接待来使，皆惊服。曾任(北周武帝宇文邕)少府大夫、(隋文帝杨坚)吏部侍郎、兵部尚书、(山东、河南18州)安抚大使，兼领晋王广司马等，深得文帝信任。隋攻陈，以末官领元帅掾，经手陈国府藏，秋毫无取。卒于汴州刺史任上。《隋书》有传。世系关系为：韦瑱→韦师→韦德政。

韦世康(531—598)，隋京兆杜陵人。年十岁(一说年十三)，州官征召为主簿。初仕西魏，娶文帝女襄乐公主，后仕北周。曾在西魏、北周两朝做官，进位上开府、司会中大夫，历沔、峡两州刺史。从武帝平北齐，授司马总长吏，迁绛州刺史，以绛州刺史身份讨伐尉迟迥，有惠政。入隋，因功擢为礼部尚书，转吏部尚书，举贤荐才，以廉平称著，晋爵上庸郡公，加邑至2500户，后出任荆州总管，为政简静。卒后，赠大将军，谥为文。世康性恬素好古，不以个人得失为怀，为政简勇和平，受百姓爱戴。生三子韦福子、福嗣、福奖。《隋书》有传。世评认为，韦氏家训以韦世康的《与子弟书》最著名，该书要求子孙：“禄岂须多防？满则退，年不待暮，有疾便辞。”“满招损，谦受益。”主张人生必须豁达、超放。他的“满招损，谦受益”代表了我国古代人民的人格修养箴言。他还说：“志除三惑，心慎四知。以不贪而为宝，处膏脂而莫润。”给韦家子弟明确提出了为官不贪，要一丝一毫不沾民脂民膏。这是一千多年前的要求，可见其清廉肃正、冰清玉洁的贞操，令人肃然起敬。世康的世系关系为：韦真嘉→韦旭、韦祉→旭生敻(敻字敬远，后周逍遥公，号逍遥公房)、叔裕→敻生八子：韦世康、韦洸、瓘(镶)、顾、仁基、艺、冲、约→世康生韦福子、福嗣、福奖，洸生韦协。

韦云起，京兆万年人。隋开皇中(591前后)，明经常，授符玺直长，后为上开府，仪同三司，判农圃监事。仁寿初授通事舍人。大业初，改为通事竭者。因一生刚直，终被诬陷至死。世系关系为：(伯父)韦澄→云起→师实→方质……→(方质四世从孙)

韦彤。

韦节，隋炀帝杨广御史，派西域，至罽宾(今阿富汗加兹尼一带)、王舍城(今阿富汗瓦齐拉马德)、史国(今乌兹别克东南部沙赫里夏勃兹一带)等地，归国后撰《西蕃记》，今佚。《通典》193卷曾引用其文。

韦仁寿，京兆万年人。隋朝大业末年为蜀郡司法书佐，断狱平恕，为民信服，因断案公允，罪犯如知其案系韦仁寿所断，虽死不恨。唐高祖定巴蜀，任嶲州(今雅安)长史。因有能名，命检校南宁州都督。将兵至西洱河，开地数千里，置七州十五县，以当地酋长为牧宰，法令清肃，绥靖安民，以循吏称著。武德中卒。

唐

韦挺(589—646)，隋民部尚书韦冲之子，唐雍州万年人，早年与太子李建成交厚，任太子左卫率，武德七年(624)受杨文干谋反案牵连，流放越西(今西昌)。玄武门之变后征还，贞观中官至御史大夫、太常卿。太宗伐高丽，因督运军粮误期，除名，以白衣从军，镇守盖牟城，与高丽作战，后贬为象州刺史。子韦万石，特善音律。曾孙韦武，绛州刺史时，凿汾水灌溉田亩有功，卒，赠吏部尚书。世系关系为：韦冲→韦挺→韦万石……→(挺之曾孙)韦武。

韦迢，京兆人，韶州(今广东曲江)牧，岭南节度行军司马，为杜甫诗友。

韦夏卿，字云客，京兆万年人，父迢。夏卿博学多才，又善文辞，大历中与弟正卿同时举为贤良方正，初为高陵主簿，后被提升为吏部侍郎、太子少保等职。知人善任，所荐之人，多为达官宰相。卒后，赠尚书左仆射，谥号献。《旧唐书》《新唐书》皆有传。关系为：韦迢→韦夏卿、韦正卿。

韦弘机(韦机)，雍州(京兆)万年人。祖元礼，隋浙州刺史。父韦怙，洛州别驾。李世民时弘机为左千牛胄曹参军，出使西突厥，册立同俄设为可汗，适逢石国反叛，路绝不得归，途中撕裂衣裳前襟记录所过诸国风俗物产，写成《西征记》，太宗大喜，擢拜朝散大夫。显庆年间，为檀州刺史，修建学宫，教化边民。临终任检校司农少卿。世系关系为：韦元礼→韦怙→韦弘机(韦机)→韦余庆→韦岳→韦景骏→韦述。《新唐书》有传。

韦述，唐史学家，京兆杜陵人。幼年聪敏，遍览群书，家藏书二千多册。举进士时，为宋之问尝识。撰唐春秋三十卷，未完，即登科，开元五年(717)为栎阳尉；后为尚书工部侍郎，封方城县侯。因保存国史有功，卒后，诏赠右散骑常使。述好谱学，撰成开元谱二十卷。又嗜学著书，手不释卷。述领书馆事，在书府四十年，任史官二十年，撰写国史一百一十二卷。著《高宗实录》《御史台记》《唐职仪》等二百余卷。为人不慕权势财利。对有志于学者，不问贵贱，以礼接待，得时人所重，很有良史之才，为一代儒宗。家藏的二万卷书，皆自校定。《旧唐书》有记载。述有兄弟五人，被称："韦家兄弟，人之良材!"(见《唐语林》)

韦渠牟，韦述侄子，京兆万年人。少机敏聪慧，擅长诗词，李白给予较高评价，授以古乐府。涉览经史，初为道士，又为僧，后召为试书郎、秘书郎、右谏议大夫，终太常卿。贞元十二年(796)，德宗诞辰，诏贤臣大夫12人，讲论儒道释三教，渠牟善于辞令，口若悬河，回答锐势，帝听意动，由是迁秘书郎。渠牟论著颇多，传之于世。卒后赠刑部尚书，谥号忠。

韦式，唐人，白居易的同期诗友。

韦权舆，身世不详，为李白、高霁诗友。

韦弘敏，京兆长安人，光宅元年(684)任宰相(太府卿、同中书门下三品)。见《新唐书·表第一·宰相上》。

韦方质，京兆万年人。光宅、垂拱年任宰相(凤阁侍郎、同凤阁鸾台平章事)。《旧唐书》《新唐书》皆有传。

韦待价，京兆万年人。武则天拜封宰相(文昌右相、同凤阁鸾台三品)。《旧唐书》《新唐书》皆有传。

韦思谦，名仁约，郑州武阳人。祖籍雍州杜陵，其先自京兆南徙襄阳。唐高宗以其贤，每召与语，虽疲，尚徙倚轩栏，犹数刻而罢。垂拱年为宰相(同凤阁鸾台三品)，永昌元年(689)卒于家。《旧唐书》《新唐书》皆有传。世系关系为：小逍遥公房韦钟(自京兆南徙襄阳称襄阳公房)……→韦思谦→承庆、嗣立(封逍遥公)→嗣立生韦恒、韦济→韦弘景。

韦承庆，字延休(一说体)，郑州阳武人，其先来自京兆南徙襄阳，思谦长子。擢进士第，补雍王府参军事。长安年任宰相三品，以直声累迁凤阁侍郎，同凤阁鸾台平章事，兼修国史，事高宗，敢谏。因修《则天实录》圣文，中宗悦之，遂迁黄门侍郎，未拜而卒，帝以其弟相州刺史嗣立继其位。赠礼部尚书，谥号温。承庆少恭谨，事继母以孝闻。《旧唐书》《新唐书》皆有传。

韦嗣立，字延构，韦承庆异母弟。则天时(一说长安年间)初拜凤阁侍郎、同凤阁鸾台平章事(宰相)。光宅时，学校颓废，刑法滥酷，嗣立上疏，鞭挞时弊。神龙中为修文馆大学士，后贬相州刺史。景龙年间拜兵部尚书、同中书门下三品(宰相)。为兄承庆代相，再入黄门，尝于骊山构营别业，中宗临幸，令从官赋诗，自制诗序，因封为逍遥公。睿宗时，拜中书令。卒，赠兵部尚书，谥号孝。有二子恒、济。《旧唐书》《新唐书》皆有传。世评思谦三父子："嗣立代承庆为凤阁舍人，黄门侍郎，承庆代为天官侍郎及知政事，父子并为相，世罕其此有。"

韦元旦，京兆万年人。擢进士第，补东阿尉，迁左台监察御史，与张易之为姻属，易之败，元旦被贬感义尉。后虽复进用，终中书舍人。

韦庶人，即韦后(？—710)，初李显妃子，京兆万年人。李显为李治第七子，则天武后生。武为皇时，力排众议，立李显为皇太子，并为其娶豫州刺史韦玄贞之女为妃子。显为中宗时，嗣圣元年(684)立韦妃子为皇后。当则天武后废李显为庐陵王，韦后跟随至房州，历时二十一年。期间，李显想不开曾欲自杀，韦妃子力劝不要轻生，救其一命，以此深得宠爱。韦后为李显生懿德太子及永薇、永寿、长宁、安乐四公主。

中宗复位称应天皇帝，韦后为顺天皇后。景龙元年(707)六月，临朝听政，勾结武三思等人专朝。中宗立的太子李重俊，非己生，遭韦后厌恶。重俊因受武三思儿子武崇训侮辱，于神龙三年七月率羽林军杀死武三思父子，计划杀韦后时，因羽林军倒戈失败被杀。这年，给韦后加号为顺天翊圣皇后。景云四年(710)，韦后与女儿安乐公主(中宗与韦后生，先嫁武崇训，后嫁武承嗣之子武延秀)用毒蒸饼毒弑中宗，欲效则天称帝，被临淄王李隆基和武则天女儿太平公主所杀(一说她勾结武三思派系的人，毒弑中宗，临朝称制，被李隆基所杀)，葬以一品之礼，追贬为庶人。后立相王李旦(李隆基之父)为帝，即唐睿宗。《旧唐书》《新唐书》皆有传。

韦玄贞，历普州参军事，其女为皇太子妃后擢豫州刺史。帝(李显)幽庐陵后，被流死钦州，妻崔氏为蛮首宁承杀，4个儿子韦洵、浩、洞、泚，同死容州。后二女弟逃还京师。皇(李显)复位，赐玄贞上洛郡王、太师、雍州牧、益州大都督。兄弟玄俨鲁国公，特进并州大都督。赠韦洵吏部尚书、汝南郡王；韦浩太常卿、武陵郡；韦洞卫尉卿、淮阳卿；韦泚太仆、上蔡郡等。都是死后的一些安慰。

韦彦范(即桓彦范)，李显赐宰相桓彦范以韦姓，派遣他到勒安西部(今新疆喀什市境)镇守，企图通过疏勒国韦氏交好关系，完成担任安邦保国重任，其子孙世代以韦作姓。

韦温，中宗韦后的堂兄。神龙初(705)，擢宗正卿，迁礼部尚书，封鲁国公。景龙三年(709)拜封宰相(太子少保、同中书门下三品)，遥领扬州大都督。中宗崩，韦后专权，为防政变，敕命温为内外总兵戍卫省中。玄宗起兵杀后，温及韦家诸子弟被斩。卒后，赠工部尚书，谥号孝。《旧唐书》《新唐书》皆有传。

肃宗韦妃，父元珪。肃宗为忠王时纳为孺人，后进为太子妃，生僩、佺、永和公主、永穆公主。唐天宝中(749)其兄韦坚受陷害，兄弟被赐死，太子畏惧，上表黜韦妃，削发为尼，居禁宫佛舍，至德二年(757)薨死京城。

德宗韦贤妃，初为良娣(太子之内官)，贞元二年(786)册立贤妃。因性聪慧，言无苟容，动必由理，德宗深重之。德宗崩，请于崇陵，服丧12年，待在寝陵，元和四年(801)薨。

穆宗宣懿皇后韦氏，即武宗(李炎)昭肃皇帝之母。

韦巨源(？—710)，京兆万年人。韦总曾孙，祖贞伯。武则天授宰相(夏官侍郎、同凤阁鸾台平章事)。李显亦拜封宰相(吏部尚书同中书门下三品)，曾阴导韦后效武后旧事，李隆基时代受累，出都街为乱兵所害。《旧唐书》《新唐书》皆有传。

韦安石(674—711)，韦孝宽曾孙，京兆万年人。神龙元年(705)封郧国公，赐三百户，加特进，为侍中；睿宗授太子少保，改封郇国公，尚书右仆射，后遭排斥迁蒲州刺史。卒赠蒲州刺史，天宝初，加赠左仆射，郇国公，谥号文贞。历任久视、长安(702)、神龙(705)、景云(睿宗)年间宰相，为政清严，时人称赞"真宰相"。《旧唐书》《新唐书》皆有传。世系关系为：韦孝宽→韦津→韦琬→叔夏、安石→叔夏生韦绦、安石(封郧国公)生韦陟(封郇国公)、韦斌→斌生韦况。

韦陟，京兆万年人，韦安石之子，字殷卿。善文辞，十岁即授官朝散大夫，后又升为礼、吏二部尚书，封为郇国公。因受李林甫、杨国忠排挤，贬桂岭，徙平乐。终不得相位。韦陟《旧唐书》《新唐书》皆有传。

韦知人，字行哲，高宗李治司库员外郎。世系关系为：韦知人→韦维、韦绳→维生虚心、虚舟。

韦见素(686—762)，字会微，进士，唐京兆万年人。父韦凑，祖叔谐。子韦谔、韦益。天宝五年(746)封江西、山南、黔中、岭南道黜陟使。十三年(754)宰相(兵部尚书、同中书门下平章事、集贤院学士)。上元二年(760)辞官归居，卒，赠司徒，谥忠贞。世系关系为：韦叔谐→韦凑→见素→韦谔、韦益。见素《旧唐书》《新唐书》皆有传。

韦利见，乾元年间(758—760)岭南节度使。

韦凑，字彦宗，京兆万年人。赐爵彭城郡公。卒后，赠幽州都督，谥号文。生前上书论时政得失，多见采纳。如景龙三年(709)春，睿宗欲造庙宇，用工巨亿，凑进谏不能做，帝不应，凑再谏，睿宗方纳其言，工役止。《旧唐书》卷110均有记载。

韦谔，李隆基宰相韦见素之子，韦谔职御史中丞，事玄宗。

韦益，刑部员外郎，父见素，子岂页。

韦建，开元、天宝间诗人，为河南令。

韦元甫，初任白马尉，被采访使韦陟深器之，奏充支使。累迁苏州刺史，浙江两道团练观度使等；大历初，征拜尚书左丞。出为淮南节度使。

韦抗，安石堂弟，弱冠明经举，累官吏部郎中。开元三年(715)为益州大都督长史，授黄侍郎，后为刑部尚书，卒后，赠太子少傅，谥号贞。

韦坚(？—746，一说铿)，京兆万年人，字子金。姐为惠宣太子妃，妹为皇太子妃。水利专家，初任长安令，天宝元年升陕郡太守、水陆转运使等。他曾主持咸阳渭水筑堰，开辟咸阳至华阴永丰仓漕运和广运渠。后受李林甫陷害，贬官岭南，被杀。《旧唐书》《新唐书》皆有传。

韦履淳，京兆东眷房裔孙。玄宗开元元年(713)进士。天宝九年(750)，因触犯杨国忠，贬琼州(海南琼山县)。之后，迁居(浙江)东阳，李白赠诗首、岑参题送《花树歌》颂扬其大无畏精神。经历1200年后，1947年统计称，东阳其苗裔已有丁口十万多人，繁衍于温州、湖州、南京、北京等地，以及海外许多国家。

韦皋(745—805)，字城武，京兆万年(今陕西西安)人。本文士，安史之乱，投笔从戎。初，谋得守陵、写颂文、主祭的“建陵挽郎”职，后升“殿中待御史”。为人耿直、不附权贵，大历四年(769)，被放外任“知陇州行营留事”。时，代宗崩，德宗即位，藩势过强，德宗被迫东征西征，军事行动过程中常有兵变，如泾原节度使(甘肃驻军)曾领兵肆虐京城；又如陇右节度使朱泚胞弟朱滔叛朝，使皇避乱奉天(乾县)。后，朱泚称帝并围奉天。时韦皋为陇右田营判官，领陇右留后(相当于节度副使)杀朱泚使者，遣其兄韦平、韦弇谐奉天，德宗诏授皋为陇州刺史，皋派宗亲韦伦两赴吐蕃联合，终解奉天之围。获德宗嘉奖：诏左金吾卫将军，迁大将军，掌京城巡警。德宗时期，唐与吐蕃水火不容。贞元初，西川节度使、同平章事张延赏卒。为巩固李家江山和对付小视大唐的吐蕃，784年，皇上钦点并委派韦皋任剑南西川节度使。785年韦皋赴任。第二年(786)，韦皋致书云南王异牟寻(原南诏国王)内附，遣宗亲韦晋军带兵破吐蕃于清溪峡(今汉源西南)。789年韦皋致书云南王附唐，并遣部战于巂(今之西昌)，数年，尽复巂州。792年韦皋攻维州，俘吐蕃大将论赞热。793年云南王遣使对话，皇赐诰书，令皋遣使抚慰。794年剑南、西羌、蛮2万余户归顺，皇上诏加皋押近界羌、蛮及西山8国使。云南王遣弟凑罗献图、土贡及吐蕃给的金印，请复号南诏。这年，韦皋大破吐蕃于峨和城。795年加封韦皋为云南安抚使。皋受降蛮首高万唐等二万余口。797年至800年间，皋屡败吐蕃。800年吐蕃之马定德率部通过韦皋降唐。801年韦皋大战吐蕃于雅州。期间转战千里，拔城七、军镇五、焚堡百五十，斩首万余级，捕获六千，降户三千，围维州和昆明城。皇加封皋为检校司徒兼中书令，赐爵南康郡王忠武王，位兼将相。802年韦皋再败解维州围的吐蕃援军，擒敌大相兼东鄙五道节度使论莽热，并解赴长安。韦皋于顺宗朝曾要求兼领剑南三川，未成。因顺宗即位后久病不能临朝，朝中政事旁落王叔文等，感觉王叔文不可依附，又与韦执谊有些间隙，遂以大臣可议社稷为由，上表请太子(宪宗)监国，亦未果。805年韦皋卒。卒后，赠太师，谥号忠武。《旧唐书》《新唐书》皆有传。

皋治蜀21年，世评其功德为：经略滇南，南和南诏，北击吐蕃，文武兼施，功绩卓越，民得安康，善举垂世。这里的“善举垂世”，壮族教育家韦鸿恩先生认为指的是乐山大佛有韦皋一家祖孙三代浇铸的心血。事情经过是这样的：玄宗开元元年(713)，乐山大佛，又名凌云大佛开凿。发起倡议、构思和设计者是贵州籍和尚海通(史籍记之为吐蕃和尚)，他结茅于凌云山中。看到乐山地居岷江、青衣江、大渡河三江汇流处，水势凶猛，每当夏汛，江水直捣山壁，经常酿成船毁人亡的悲剧。因此立志凭崖开凿弥勒佛大像，欲仰仗无边法力，“易暴浪为安流”，减杀水势，永镇风涛。之后，海通遍行大江南北、江淮两湖募化钱财。大佛开凿后，地方官前来索贿营造经费，被海通严词拒绝：“自目可剜，佛财难得。”当这些地方官仗势欺人，威胁说“尝试将来”时，海通从容“自抉其目，捧盘致之”，使“吏因大惊，奔走祈悔”。海通这种专诚忘身之行，激励众心，克诚其志。佛像终于在唐玄宗开元初年(713)开凿，当修到肩部时，海通和尚去世了，工程一度中断。大约过了十年的时间，剑南西川节度使章仇兼琼捐赠俸金，工匠继续修造大佛，由于工程浩大，朝廷下令赐麻盐税款，使工程进展迅速。可是当乐山大佛修到膝盖时，续建者章仇兼琼迁任户部尚书，要升官了，赶快弃佛赴任，他走后，工程再次中断。四十年后(785)，剑南西川节度使韦皋到任并捐赠俸金继续修建乐山大佛，皋父自愿接手雕山。感于吐蕃佛事，皋精选工匠，以竟父志。皋子行式之岳父犯罪，皋兄韦聿让行式专员乐山大佛工事。行式佛心萌发，行善积德，于皋父故世后的唐德宗贞元十九年(803)，完成了大佛伟像，前后历90年竣工，呕尽韦家三代人心血，举世共仰，名扬千秋。乐山大佛，在韦皋亲撰并勒石的《嘉州凌云寺大弥勒石像记》碑文中曰："或丹彩以章之，或金宝以严之，至今十九年(803)而足趺成形：莲花出水，如自天降，如从地涌。众设备矣，相好具矣。"(原碑存放在大佛右侧临江峭壁上)史料告诉我们，韦家三代所做的收尾工作，工程浩大而艰辛，可是完成得十分完美。人们描绘曰：这是一座屹立在苍翠的凌云山栖鸾峰西壁的大佛，全身以黄金色为主，以丹彩修饰局部，两足分别踩着一朵仰覆莲花，摩顶放踵皆罩于一高阁之内，右手侧建有九曲栈道通往山顶……佛脚前沿、临江岸处呈现一条通向河面的石梯，是连接沿岸朝拜佛像的道路，旁边还可泊船；大佛两脚的中部高出地堂的方形石台基上设有神台，供香客礼拜；而保护佛身的大佛阁一共是七层十三重檐，每层的外壁上都有规则地分布着供通风和采光而设置的大明窗，以便人们在外远眺或登阁巡礼时近距离瞻仰佛像的各个部位，阁外屋脊装有琉璃制品构件，阳光下显得金碧辉煌……壮族教育家韦鸿恩先生指出，乐山大佛开凿成功后，世人为韦皋祖孙三代的善举一事评曰："恩被八州，遗爱勒石于江右。""翁婚相代镇蜀，累绩石渠，图报史藏山之秘。"壮族教育家韦鸿恩先生经常以此教育子弟，说善事无大小，要乐而为之，称之："此乃韦氏家风也!"

韦丹，贞元十五年(799)为容州刺史兼经略招讨使。《方舆胜览》卷42载：容州(辖普宁、北流、陆川)。韦丹，容州刺史。在容州"屯田千余所"，兴修水利，发展经济。丹幼时有"韦丹(洛阳)放鼋"一说。卖者言五千，丹以一驴(三千)抵之，买下放回河中。丹历德宗、顺宗、宪宗三朝，曾历任容州刺史、谏议大夫、江南西道观察使，卒年58。其后，宣宗尝问："元和时治民孰第一?"对曰："以韦丹治江西，德被八州，老幼思之不忘。"(见《新唐书》卷197)民间亦有其美谈故事传说。世系关系为：(韦丹曾祖)韦孝宽……→(孝宽孙)韦琨→韦丹→韦宙、韦岫。

韦武，贞元十九年(813)二月桂州刺史、桂管观察使。

韦正武，813年二月任邕管经略使。

韦贯之(760—821)，京兆万年人，名纯，进士，历礼部员外郎、礼部侍郎、尚书右丞，以同中书门下平章事，吏部侍郎等。任礼部侍郎时，取士抑浮华，重实绩。任唐宪宗李纯宰相(尚书右丞、同中书门下平章事)。后诏湖南观察使等。唐穆宗李恒即位，复拜河南尹，又诏工部尚书，未行而卒，年六十二，赠尚书右仆射，谥曰文。世系关系为：上追七世祖韦夐……→韦肇→韦绶、贯之→绶生韦温(李炎的吏部侍郎)、贯之生韦澥→韦澥生韦庾(进士)、庠、序(进士)、雍(进士)、郊(进士)。《旧唐书》《新唐书》皆有传。

韦绶，字子章，贯之兄，京兆万年人。德宗时翰林学士，初为长安尉，后为检校户部尚书，山南西道节度使。宪宗时让他去做虔州刺史。穆宗即位，感师恩召为尚书右丞兼集贤院学士。"韦绶蜀锦"，见《新唐书》，绶为德宗宠信，一次，帝与韦妃到翰林院，恰韦绶在睡觉，学士郑絪想叫醒他，帝不许，时天大寒，帝把韦妃的蜀锦袍盖在韦绶身上，悄悄离去。绶卒，赠尚书右仆射，谥号谬丑。

韦温(约789—842，注，此韦温与前韦温相差近百年，不是一个人)，父韦绶。

7 岁日诗数千言，11 岁举两经及第，补咸阳尉。历礼部员外郎、考功员外郎、翰林学士、尚书右丞等，唐李炎即位，擢吏部侍郎，卒，赠工部尚书，谥曰孝。

韦澳，字子斐。第进士后为河南尹，吏部侍郎。《新唐书》记：韦澳，韦贯之之子，其父“韦相宁饿不苟”。文宗太和元年(827)进士，宣宗时充翰林学士，累迁户部侍郎、学士承诣，时唐分十道：关内、河南、河东、河北、山南、陇右、淮南、江南、剑南、岭南。澳创先将各道概况通报，让皇上心中有底，深得宣宗信赖。由于为官十年不升，御史中丞曾暗示拜在他门下以获迁升，澳曰：“恐无呈身御史。”坚守清名。澳有“莫将韦监同殷监，错认容身是保身”为执政所恶、权贵闻而发怒之名句，以及“韦澳杖郑光庄吏”之说(郑光宣宗母弟，因外戚为贵)。结果于懿宗咸通二年(861)，被放任邠宁节度使(见《新唐书》卷 169)。澳卒，赠户部尚书，谥号贞。

韦正贯，字公理，京兆万年(今长安县)人。少孤，伯父韦皋认为他能光大门第，起名臧孙，易名正贯。唐宣宗李忱即位，以治办著称，拜京兆尹、同州刺史，唐大中年间(847)任岭南节度使。清正廉洁，上任三年生病，遗言不厚葬，不用鼓吹，不请谥。《旧唐书》《新唐书》皆有传。

韦应物(737—789，一说 737—782)，京兆郡万年(今陕西西安)人。玄宗时任三卫郎，后奋发攻读，成为当时著名诗人。其诗闲澹简远，有“高洁诗人”之称。时人比之为陶渊明，称为“陶韦”。在题壁上的“官不官，系呼时也；适不适，在乎人也”代表他的人生观。764 年(广德二年)，应物太学卒业，经考试授洛阳丞。772 年(大历七年)，应物官返长安。774 年(大历九年)，任京兆功曹(系京兆尹属官)。780 年，德宗唐孝文帝李适(适发音为 kuo，扩的近音)建中初年，授应物尚书比部员外郎，四年(783)任滁州刺史。787 年，入朝任左司郎中。788 年(贞元朝)，应物出任苏州刺史，因政绩卓著，世号之为“韦苏州”。应物的诗在中国文学史上占据一定席位，司空图评“澄淡精致”；当代中国文学史家章培恒、骆玉明评“韦应物诗有陶渊明的清新朴素，也有谢灵运、谢朓的精巧华美”。其诗风恬淡高远，以善于写景和描写隐逸生活著称。应物属丰产作家，有 10 卷本《韦江州集》、两卷本《韦苏州诗集》、10 卷本《韦苏州集》留世。世系关系为：韦挺→韦待价→韦令仪→韦銮→韦应物……→(四世孙)韦庄、韦霭。

韦无忝，京兆人，玄宗朝官至侍郎，左武卫大将军。工画人物，尤以画马、异兽擅名。其画雄伟逸群，一笔即辨其性情，人所未能。百兽见之皆惧。唐名画玄宗封泰山，由无忝、吴道玄、陈闳同制，无忝专画狗、马、驴、骡、牛、羊、橐驼、猫、猴、猪、貀四足之属，道画桥梁、山水、车舆、人物，闳画玄宗及乘名马照夜白，画成，各尽其妙，咸谓三绝。

韦叔文，唐进士，善画马。

韦鹏翼，唐诗人，身世不详。

韦道逊，唐诗人，身世不详。

韦镒，唐诗人，身世不详。

韦处厚(773—828)，京兆万年人，字德载。事继母以孝闻，中进士，官至宰相(中书侍郎、同中书门下平章事)，封灵昌郡公。曾被四个皇帝推为贤相。《旧唐书》《新唐书》皆有传。中国海南韦氏，有其子孙。

韦鉴，唐杜陵人。擅长画龙马，妙得精气，亦善写八分隶书。

韦彤，韦方质为其四世从祖，唐德宗太常博士。

韦执谊，字太冲，杜黄裳女婿。京兆人，父浼，官位卑小。年方二十岁即为翰林学士，德宗喜欢他，起为南宫郎。唐顺宗李诵即位，王叔文想夺权，用之为相(尚书左丞、同中书门下平章事)，既为叔文用，本不敢负情，但迫于公议，密谢叔文曰："不敢负约为异欲，共济国家事尔!"由此，叔文恼羞成怒。数月后，唐顺宗永贞元年八月崩，唐宪宗李纯即位，号贞元。叔文等被放逐，以前朝党争中站错队的缘由，任中书侍郎同平章事的韦执谊亦贬崖州司马(司户参军)，卒于贬所。同时被贬者还有韦渠牟、韦彤等王叔文死党。韦执谊被贬期间撰日历，是中国日历之开创者。《旧唐书》《新唐书》皆有传。

韦昌明(旧志错写成韦思明)，循州龙川(今广东)人，家素饶富，励志读书，工于诗律辞赋，长庆(821)进士，尝上书宰相李吉甫，责以协恭和衷之意，并献作《鼎实赋》。吉甫重之，累官校书郎，转从书丞、秘书清华之职。终因劳瘁卒于官。明人郭棐撰修《粤大志》新志发现，旧志将韦昌明写成韦思明。经考证，李涉在江西遇盗，该盗投诗于李，诗曰："暮雨潇潇江上林，绿林豪客夜知闻。相逢不用相回避，世上如今半是君。"案破后，该盗乃是韦思明。故郭棐注曰：是旧志之错，当改之。昌明《越王井记》谈到自己的祖宗到龙川的历史："秦徙中县之民于南方三郡，使之与百越杂处，而龙有中县之民四家，昌明祖以陕中人来此，已凡三十五代矣，实与越井相始终。"这是秦始皇答应赵佗"求女无夫家者三万人，以为士卒衣补，秦皇可其万五千人"的史绩。其中之一部分即居住于广东龙川县，当时赵佗为龙川县令，据传到龙川县者有赵、韦、官、任四姓，由中县(中原)迁来。如果属实，这当是最早的南迁移民，也是最早的客家先民了。

韦执中，京兆人，河南县令，历泉州刺史。

韦瓘(读惯)，字茂弘，京兆万年(今陕西西安)人，进士出身，曾任中书舍人，因李德裕事累，贬明州长史。唐会昌末(846)迁楚州刺史，大中初(约847)任桂管观察史。

韦平，京兆万年人，大中二年(848)任岭南节度使。

韦蟾，字隐珪。下杜人。大中登进士第，初为徐商掌书记，咸通末，终尚书左丞。诗人。

韦保衡，京兆人，字蕴用。唐懿宗李漼时拜为宰相(兵部侍郎、同中书门下平章事)。《旧唐书》《新唐书》皆有传。

韦承贻，字贻之，咸通八年(867)登进士第，诗人。

韦贻范，京兆万年人，字垂宪。唐昭宗李晔拜为宰相(工部侍郎、同中书门下平章事)。《新唐书》有传。

韦昭度(？—895，一说照迁)，京兆人，字正纪。僖宗李儇、昭宗李晔皆拜授宰相。《旧唐书》《新唐书》皆有传。

韦表微，字子明，隋郡城公元礼七世孙，聪敏多智。擢进士第，数辟诸使府，入授监察御史里行。俄为翰林学士、知制诰，荐韦处厚为学士，人服其公。久之，迁中书舍人。文宗李昂即位，进户部侍郎。卒，赠礼部尚书。著《九经师授表谱》1卷，《春秋三传总例》20卷。

韦悫，字端士，京兆人，父元贞。唐太和初(827)进士登第后，累佐使府，入朝亟历台阁。大中四年(851)，拜礼部侍郎，后为武昌军节度使。

韦弘(一说宏)景，长庆年间(821—824)嗣立之孙，翰林学士。因事触唐穆宗，使宣慰安南。官吏部侍郎、尚书左丞等。弘景以直道进，议论持正自律，不徇私情，为长安名卿。

韦宙，韦丹长子，弟韦岫，京兆万年人。唐咸通四年(863)八月，宙任岭南东南道节度使。特别是任永州刺史期间，抑豪强，抚百姓，倡耕织，充仓廪，立官学，改风俗，民得安居乐业。唐宣宗李忱拜宰相(检校尚书左仆射，同中书门下平章事)。《旧唐书》《新唐书》皆有传。(一说此人是唐代中晚期有名的大官僚、大地主，其庄园所积存的谷子有七千堆，被称为“足谷翁”。是盘剥百姓，饱充私囊，富可敌国的贪官。看来正、野史评价彼此差异很大，照录。)

韦景昭(694—785)，本名弇，丹阳延陵人，初精儒术，不取功名，慕神仙之学，为唐著名道士。唐代宗大历初任茅山道第十四代宗师。

韦靖，四川大足北山石刻“韦君靖碑”当事人，立于唐乾宁三年(896)，共4233字。写款虽有竖行，但却从左至右。该碑上刻着韦氏子弟韦君芝、韦君球、韦义丰、韦君意、韦君政、韦君廷、韦益铢、韦宝铢、韦宗铢、韦建铢、韦迪铢、韦彦铢、韦君贞、韦彦昌、韦大仙、韦公□(字糊，分不清。下同)、韦□□等姓名。

韦冰，唐末鄮令，诗人。

韦伦，京兆人，父光乘为朔方节度使。德宗伦为太常少卿，充和吐蕃，还朝，进太常卿，兼御史大夫，因宰相卢杞忌恨，改太子少保。卢杞被罢，进太子少师，封郢国公。

韦炉，擅仙才于艺苑。

韦慈藏，京兆人，则天、中宗时期三大名医(另二人是张文仲、李虔纵)之首。

韦著，唐时名医。

韦古，疏勒国人，唐开元(713—741)名医，誊满中原。

韦庄(836—910)，字端己，京兆郡杜陵人，韦应物四世孙、韦待价的后代，少孤，年近六十中进士，是唐末五代诗词名家，与温庭筠齐名，“花间集”主将，“薰香掬艳，眩目醉心，尤能运密入疏，寓浓于淡，花间群贤，殆少其匹”。“端己词清艳绝伦。”对南唐后主李煜及宋代词人影响较大。曾任右补阙，后为西川节度使王建掌书记，唐亡，王建在四川称帝，庄与诸将拥王建称帝，开国制度皆由庄制定。历任吏部尚书、宰相等。著有《浣花集》(由其弟韦蔼编辑)、《蜀程记》。代表作《秦妇吟》，1666字，写黄巢进长安上层妇人的遭遇，客观上反映义军入长安史实，但却采取反对起义的立场。庄擅长诗词，有“秦妇吟秀才”之称。

韦维，字文纪，由进士高第授武功主簿，督役乾陵，适逢岁饥，均力劝功，人不知劳。徙内江令，县为刻颂。迁户部郎中，善裁剖，终太子右庶子。《唐书·韦维传》：“维为户部郎中，善裁剖，员外宋之问善诗，故时称户部工妙。”

韦悦，唐贞元(785)至元和(806)年间曾任邕管经略使，曾镇压过壮人黄少卿及儿子黄少度、黄昌襄等农民义军。

韦·阔协列登，唐室韦支系吐蕃(今藏族)人，869年起义领袖，藏史称之为“邦金洛”(意思是边民反上)。主要活动在朵甘思地区(今昌都、甘孜一带)，并向东挺进，其势猛不可当。

韦·洛颇琼，室韦支系，唐吐蕃(今藏族)人，匠人出身，响应韦·阔协列登室韦人“邦金洛”起义的领袖人物，其势尤大，斗争历经几十年之久。后遭到镇压，终于失败。(注，近期的西藏方志称：藏人名字带“·”者，“·”的后面为本人名，“·”的前面是家族名、庄园名、姓氏、出身、职业、替你命名的活佛名字或代号等。)

汉臣韦玄成封相并西徙陕西后，裔孙昌盛，到唐代已形成了九个支系：一为西眷公房韦潜世系；二为东眷公房韦穆世系；三为逍遥公房韦敻世系；四为郧公房韦叔裕世系；五为南皮公房韦瓒世系；六为附马房韦自壁世系；七为龙门公房韦挺杰世系；八为小逍遥公房(迁襄阳者称襄阳公房)韦钟世系；九为京兆韦氏韦宗立世系等九支。产生了韦潜世系十七世韦保衡和韦弘敏，韦敻世系四世韦待价、八世韦贯之、十世韦处厚，韦叔裕世系三世韦安石、五世韦巨源，韦瓒世系五世韦见素，韦自壁世系十世韦温，韦挺杰世系八世韦执谊，韦钟世系十世韦思谦、十一世韦嗣立，韦宗立世系二世韦贻范，和韦绶世系三世韦昭度等十四名丞相，几乎支撑了盛唐的治国家业，影响深远。

再就是《全唐诗》有韦氏诗人共41位：韦承庆(卷9)，韦嗣立、韦元旦(卷11)，韦安石(卷12)，韦瓘(卷20)，韦述(卷22)，韦迢、韦建(卷24)，韦执中(卷30)，韦处厚(卷31)，韦同则(卷33)，韦式(卷39)，韦纾(卷44)，韦丹(卷45)，韦皋、韦渠牟(卷48)，韦澳(卷50)，韦表微(卷54)，韦承贻、韦楚老(卷56)，韦冰(卷67)，韦庄(卷68)，韦瓘(卷507)，韦蟾(卷566)，韦鼎(卷740)，韦镒(卷772)，京兆韦氏子(卷783)，韦权(卷788)，韦绶(卷795)，韦璜(卷866)，韦铿(卷869)，韦朋翼(卷770、卷870)，韦应物(卷890)，韦振(遗卷)。卷号不详者有：韦介、韦道逊、韦济、韦夏卿、韦八元、韦昭业、韦遵等。

唐和唐之前韦氏的公众人物还录有：韦艺、韦长、韦让、韦充、韦师、韦冲、韦聿、韦寿、韦况、韦青(一作韦清，能歌，大历歌人张红红即得其真传)、韦玢、韦岫、韦郊、韦峤、韦恒、韦洽、韦绚、韦埙、韦荷、韦损、韦祯、韦铣(一作诜)、韦偃、韦庚、韦元曾、韦神成、韦正矩、韦世恭、韦贞伯、韦成季、韦师实、韦行诠、韦绳、韦琨、韦琮、韦博、韦颛、韦斌、韦辞、韦筹、韦缜、韦肇、韦璇、韦士宗、韦元缭、韦荣宗、韦黄棠、韦操、韦景缦、韦万石、韦义节、韦之晋、韦少华、韦公肃、韦让舟(一说韦虚舟)、韦虚心、韦乾度、韦太真、韦岳子、韦光裔、韦利涉、韦希仲、韦良宰、韦知人、韦退之、韦思齐、韦景骏、韦审规、韦叔夏、韦保义(一说韦保乂)、韦光裔、韦利器、韦瑫、韦琡、韦逌、韦曙、韦儇、韦光乘、韦士宗、韦贞伯、韦成季、韦元珪、韦克等。

韦戬，五代十国后梁(912)和叶使。

宋

韦行规，南宋医家，著《保生月录》，倡养生之法。

韦孟帅(进士，官奉议郎。汉字史籍文献认定他是越籍，今之壮人先民)。

韦贤妃(显仁太后)，开封人，宋高宗赵构之母。初为侍御，崇宁末(1106)封平昌郡君，大观初为婕妤，累迁婉容，高宗在康邸出使进封龙德宫贤妃，靖康二年(1127)徽宗赵佶被金兵虏时随北迁，南迁遥尊为宣和皇后，绍兴七年(1137)徽宗及郑皇后驾崩，高宗遥望北边，尊为皇太后，太后之三代均追封王。十二年(1142)四月从北回归，享年八十，谥号显仁，“位祠西湖上”。

韦渊，河南开封人，宋显仁太后季弟，官至拱卫大夫、亲卫大夫等，太后北归入宋境时，授平乐郡王，并令其辞官归居。数年后官复，累迁太保太傅，卒赠太师。父韦安道，又名安礼，是显仁太后之父，先后追封衮王、简王以及三代。世系关系为：韦舜臣(段氏)→韦子华(杜氏)→韦安道(又名安礼，妻宋氏)→韦渊→韦讯、谦、说→谦子韦璞。

韦讯，渊子，累官达州刺史。

韦谦，渊子，好学能诗，官至建康军节度使。性暴横，不循法度。逝，赠太师。

韦璞，渊孙。孝宗淳熙末为太府少卿。高宗逝擢为司农少卿，为金国告哀使。

韦骧(1033—1105)，原名韦让，字子骏，宋钱塘(今杭州)人，先世衢州，皇祐五年(1053)进士，工诗文，著有《钱塘集》，崇宁四年(1105)病卒，年七十二，葬杭州钱塘长寿乡之原，妻石氏。世系关系为：韦镐→韦杲→韦骧→韦寿隆(元丰八年进士)、寿松、寿卿、寿成。

韦师孟，柳州人，元丰五年(1082)进士。

韦安，宜州人，宋1088年进士。

韦经，宜州人，宋1109年进士。

韦名望，宜州人，宋1132年进士。

韦安雅，宜州人，宋1132年进士。

韦永寿(？—1161)，1161年以统制官与金人战于和州，子承节郎韦世坚救之，同战死。曾授清远节度使。逝后，赠太尉。子赠中卫大夫、融州观察使。

韦德宗，又名五十一，字昆，宋咸淳九年(1273)移居广东中山，子孙自称翠微韦氏，港商巨富韦鲁宁即其裔孙。

韦能谦，浙江余杭人，宋代词人。

韦君裁，字元厚，春州阳春(今广东)人。君载生而质颖向学，闻广州多名儒，乃往从师择友，学成而归，为有司所举，荣登宋淳熙二年(1175)进士及第，以奉议郎权摄广南东路提举茶盐。尝奏减官卖盐及增收盐斤钱，让商民都获得好处。其行业文章，荒裔所仅见者。故今杞于乡贤。

韦能千，字叔能，淳祐年间浙江钱塘人。

韦居安，吴兴人，咸淳四年(1268)进士，有《梅硐诗话》传世。

韦许，字深道，安徽芜湖人，不事科举，志向高洁，赴义如饥渴，筑室曰“独乐”。绍兴初(1170)授以官，拜命而不署衔。自号“湖阴居士”。

韦则，熙宁三年(1070)父苴剋(四川境内黎州少数民族首领)卒，诏命其为怀化校尉。

元

韦权，安徽合肥人，少好骑射，喜兵法，元末从军淮西，后归明，累功升都督佥事。

韦平，当地人尊称之宁远伯，灵璧(今安徽境)人。明军北伐，只身逃匿于内黄县(今河南)憔村，入赘乌氏，改乌姓，生四男一女，小女李姓，临终遗言五世后复归韦姓。故今河南内黄、濮阳、安阳等有韦、乌、李“姓一家”之说。

(注，元朝资料比较零乱，未能及时整理，待补)

明

韦郎达，明云南广南、富宁一带壮族首领。

韦淇，永乐十六年浙江东阳人。

韦德成，凤翔临淮人，1355 年从明太祖渡江征战，以军功为右副元帅，征宣州殁于阵，赠京兆郡侯。子韦善，历明南海卫指挥使、交趾都指挥使、司都指挥佥事等，1409 年卒，占籍广东东莞。

韦贤，字思齐，(韦)善子，广东东莞人，袭指挥使，除交州右卫，后调广东都，司南海卫。

韦商臣，字希伊，长兴人，嘉靖二年(1523)进士，授大理评事。

韦宗孝，云南嵩明州吏目。

韦兴，明宪宗内侍，孝宗即位被下狱斥退，正德初(1488)复用，司香太和兼分守湖广，行都司事。

韦眷，明天顺年间(1457—1464)太监，曾任广州市舶司总管。这是宋以来设置的海外贸易管理机构。

韦经，明任广州市舶司官，镇禁两广。后调泉州知府。

韦兴宗，明成化年间(1465—1487)奉旨到四川平乱，其子韦祖安定居南川，繁衍生息，自成支系。

韦霦，明太监，正德十年十二月庚午(1517 年 1 月 21 日)在澳门传旨，命太监宁诚总镇两广地方(见《明武宗实录》卷 132)。

韦起宗，字宏继，明晋江(今福建泉州晋江县)人，三岁丧父，母蔡氏怀毒欲殉，起宗跬步不离，稍长，竭力事母，六十年如一日，世人赞之“韦孝子”，并称其里为“节孝铺”。

韦家富，祖籍福建莆田县，明嘉靖年间(1522—1566)因乱迁粤，最初定居化州南盛镇东村，而今儿孙遍布南盛镇竹绞山、大坡儿，丽岗镇沈背等地，已有 400 余人。

韦际明，字圣俞，晋江(今福建晋江县)人，明天启元年(1621)副榜，授钦州判。有《骈语前后集》《燕游诗集》《粤吟》《洞游记》等数十部著作留世。

韦王傅，明初定居独山尧梭一带，繁衍生息，自成支系。

韦志通，自外迁四川南川，孝子，明正统中(1436)以孝表旌乡贤祠，万历时，聘以进士官至湖广彝陵知州，诰赠通奉政大夫。

韦同烈，贵州兴隆(今黔东南苗族侗族自治州黄平县)人，明正统(1436—1449)苗民起义领袖。

韦人凤，浙江武康人，明代词人。

韦学仁，芜湖名人，著《易上下解义》。

韦文英，字德华，陕西人，嘉靖(1522)举人，授阳城县知县。

韦邦宪，广西平南人，明嘉靖二年(1523)任广东龙川县知县。

韦贵(1413—1493)，字崇勋，明广西武缘人，太监。宣德(1426)中进内庭，选入司礼监。成化(1465)中以右少监提调湖广，升太监。守湖广行都提督三省。

韦皇后即孝穆皇后(1452—1475)，广西贺县桂岭镇白石村人，明宪宗妃，孝宗生母，其姓氏多说，传统说法本韦蛮土官女(应该姓韦。但《明史》载其姓纪，但广西土官此姓极少；而清光绪十六年《贺县志》则记之为李唐妹)，征蛮被俘。入掖庭，授女史。警敏通文字，命守内藏。时万贵妃未宠而妒，后宫有妊娠者皆被堕胎。帝偶至内藏，孝穆应对称旨，帝悦，被幸，遂有身孕，万贵妃知而怨恨，令婢钩治之，婢谎报病痞，得免。然仍被谪居安乐堂。久之，生孝宗。门监张敏密养于他室，万贵妃日伺无所得。孝宗至五六岁，未敢剪胎发。当时，吴废后密知其事，暗中哺养，明宪宗不知。宪宗自悼恭太子逝后，久无子，中外以为忧，1475 年帝召张敏栉发，照镜叹曰：“老将至而无子。”敏伏地曰：“死罪，万岁已有子也。”愕然，问之，太监怀恩亦证之，大喜，移孝穆居永寿宫。同年六月，孝穆暴逝(一说万贵妃害，一说自缢)。孝宗即位，追谥孝穆为皇后，迁葬茂陵。

韦斌，字彦质，江南山阳(今江苏淮安)大河卫人，成化十四年(1478)进士，官户科给事，中擢广东提督学佥事，终为福建提督学副使。

韦厚，字元载，成化二十三年(1487)进士，其先为湖广岳州人，宋南渡时，十世祖韦嵩任武康尉，因占籍长兴为长兴韦氏。厚先任贵溪令，后调麻城，升黄州郡丞。清廉入世，以考绩过家卒。生四子，尧臣、商臣、唐臣、蜀臣。

韦正，名宦志，号正叔，至正五年(1343)进士，洪武三年(1370)为河州卫指挥使。后擢临洮知府，累受益于民，入名宦祠。

韦万麟，湖广(今湖北)黄冈人，明万历二十六年(1598)戊戌科进士，第三甲193名，南安知府。

韦国贤，福建晋江县人，明万历年间举人，任广东参议。

韦孚献，明万历年间福建晋江县举人，任石亚知州。

韦念南，明人，渡台开发的韦氏先驱者。

韦善道，字守约，明代广东南海人，博学能诗，但不好章句，俗儒多非之。少作县吏，被节度使张九章发现后，免其役，俾佐书记，益究填籍，遂通《三礼》，掌帅府威仪，之后为零陵令，时岁旱，民流移为盗，善道开仓赈灾，境内遂安。后迁郴州太守，有公鹅诉讼案者，善道只问其所饲，甲云稻壳，乙说糠饭。明日示遗矢(鸭粪便)有芒壳，召甲把鸭拿回去，人服其明。许多民事诉讼，他都处理得恰到好处，家得和睦，人能安宁，卒于郴州郡守。善道有八子。长子韦注，遁迹不仕，开垦土地，建立家园，一年一年过去，远离科举，美其名曰"韦隐居家"；七子韦滂，进士，官至刺史。

韦克济，湖广(今湖北)黄冈人，明崇祯十年(1637)丁丑科进士，第三甲229名，安南知县。

韦兰谷，明末清初江苏人，精十番鼓，得崇祯乐工蒲钹法，传之王九思，谓之韦派。

韦彪(今海南崖州境人)，明永乐(1403—1424)恩贡。

韦保(？—1454)，四川草塘苗人，1454年与黄龙共同起义，自称平天大王，活动于播州、西坪、黄滩一带，后为四川左都督方瑛所平定。

韦银豹(1496—1571)，壮族，古田凤凰村(今永福永安乡凤凰村)人，父韦朝威1492年带领乡亲造反，战死后，1518年银豹与黄朝猛再起事造反，自封"莫一大王"，口号为"独州立州，石笋立省，烂头立为校场岭"，建立根据地，将古田划分成上六里和下六里，设官治理，里以下"一村一老"制和"一老管十人者，又一老管二三十人者"，公开与明王朝争天下。

韦杰(约1511—1574)，字谦甫，号南明，建平(注，宋之建平县，民国易名郎溪县)人，1534年拔贡任河北无极县知县，有《诗经明辨》10卷，《北游艺草》2卷，《杜诗五言注》《杜诗七言注》各2卷。

韦士召，明濮阳县举人，任庆阳府通判。

韦广，壮族，广西宜山人，1427年进士。

韦广，浙江义乌人，明崇祯十六年(1643)十月，义乌"白头兵"起事造反的具体推动人之一。

清

韦昌诒，清康熙海南人氏。

韦谦恒(1720—1796)，字慎旃，号药轩、木翁，安徽芜湖人，乾隆1763年进士，官贵州巡抚，编《古文辑要》80卷并著《传经堂诗抄》。

韦圣橙，江南芜湖贡生，康熙四十一年(1702)任全州知州，著《湘源遗爱集》。

韦驮保，乾隆二十九年(1764)任镇安府知府，满洲正蓝旗人，监生。

韦崇雅，安徽阜阳人，乾隆五十四年(1789)出任台湾凤山县丞。

韦鲁宁，道光年间(1821—1850)港商巨富，由广东迁来，为韦五十一的后裔。

韦逢甲(一说甲逢)，字毓春，山东齐河人，道光壬寅(1842，一说道光十六年)进士，擢知县，发自浙江，累官于宣平、余杭、浦江等县。由安吉调署乍浦海防同知(正五品)，时海氛甚炽，逢甲率义勇沿塘防堵，晨夕靡懈，四月初九，英军犯乍，分三路登陆，侵略我国，逢甲坚定地率众在天妃宫海塘一线抗击英军右路，战斗中左肋被炮重伤，部下救护至城隍弄六度庵(今长生桥南侧)，逢甲几次挣扎起身探询战况，次日，终因血流不止光荣牺牲。其子仁厚袭职后，也殉职于御敌。

韦廉，江苏宜兴人，咸丰十一年(1861)任澎湖海防通判。

韦国琛，台湾嘉义县人，咸丰九年(1859)正科举人。

韦绍光(约1810—1901)，一名进可，广东南海恩州堡三元里(今广州)人，鸦片战争广州三元里抗英斗争首领和英雄。

韦佩金(1752—1808)，字书城，号西山，江苏江都人，乾隆四十三年(1778)进士，历广西苍梧、怀庆、马平、凌云知县，嘉庆四年(1799)因事谪戍新疆，八年释归，闭门养母，教授生徒，有《伊犁总志纂略》二卷，《西戍纪程》三卷，又《世系》一卷，《旧治录》一卷，多散失，唯《唐三镇考》三卷尚存。

韦光辅，字君绣，号涟怀，又号洞虚子，长州诸生。工书，室名"在山堂"，著有《在山堂集》。子文光善画；长女孟庄，善画梅；次女仲雅，善写兰；三女季慎善摹人物。

韦坦，字竹坪，号恬斋，江苏淮安人，道光十六年(1836)进士，授兵部武库司主事，历员外郎衔辅职方主事、员外郎总办职方司事，在部十五年，驭吏持大体，不苛小过，贤能冠其曹。五十病卒，赠中宪大夫。世系为：韦文斗→韦景龙→韦杰→韦坦。

韦士吉，原名承禧，浙江东阳人，康熙(1662)年间以军功提授守备，旋调闽省，以母老无人侍奉为由，回家终养，徙居玉山。

韦家琳，字西珍，号勖斋，浙江东阳诗人。乾隆五十一年(1786)恩贡，知广西修仁(今桂林地区境)，注意教化，改风易俗。题授天和，逾月而卒。有《勖斋集》《北行草》《南行草》著作留世。祖韦佩、父韦振，均封赠文林郎天和县知县。

韦前谟，字仪喆(与哲同)，安徽芜湖人，雍正元年(1723)岁贡，先为泗州训导，后补金坛训导、溧阳教谕，十二年(1734)疾卒，年六十六，世系为：韦弦佩(进士)→韦圣初(贡生)→前谟→天棅(举人)。

韦清选，字进升，原昌黎(今河北)人，康熙年间迁辽阳古城子村，弱冠外出经商，为人所重，因办团练拒匪，授军功五品。日俄战争其村为战区，与村民外出避乱，乱后归来，创警校、设学堂、修路建桥，引渠济农，不遗余力，以身系一隅安危，积劳逝谢。子焕章，累官奉天教育厅厅长。

韦元懿，广东香山（今中山）翠微人，康熙五年（1666）海盗潜袭翠微，懿招众击之。后庵被窥，懿率众赴敌遇害，乡人建庙祀之。

韦易，字文衍，清邑生员，广东香山（今中山）翠微人，诗人。雍正十三年（1735）岁荐，乾隆元年（1736）应举博学鸿儒，名列广东省第三名，已给咨就道，因病谢归，八十卒。著有《四书渌解》，《尚书毛诗渌解》数十卷，及《四书制义》，《诗文集》四卷。

韦溯，字学韩，广东香山（今中山）翠微人，家贫苦学，至老不倦，著有《四书叙说》二十卷。

韦应华，字鲁钦，号廷甫，广东香山（今中山）翠微人，幼孤苦，浪迹星洲（即南洋），习西方语言文字，性机警，触类旁通，尤精于法律条例，凡涉于讼事，皆咨询于公，是非曲直，凭公一言为断。居香港十余年，富裕后，能周贫济困，名扬中外，诰授奉政大夫，晋封中宪大夫，花翎府同知。1878 年卒，年五十四，有子十五、女十。

韦宣卿，字扶棠，四川南川人，岁贡。为县令周宏濂赏拔，兼受其书法，韶秀俊逸，唯宣卿遗墨留存者尚著人口。

韦灿，举人，四川南川人，授知县发湖南候补，不就。选清符训导，以善政为士类所归，升夔州府教授，六载告归，编修宗谱二十四卷，后传后代。

韦杰生，字紫航，四川南川人。道光十六年（1836）进士，授刑部广东司主事，坐曹治事八年，廉洁谨慎，治狱无一冤错。手注《刑部则例》一部，后以教授为生，著有《远山时艺》《昭经堂文集》。子鼎禀贡生，训导。

韦登峰，字次瞻，杰生孙，四川南川人，才华英锐，后走京师应北闱，卒以贫病殁馆。

韦仕德，字官懋，四川南川人，岁贡，老于教授。

韦廷旭，字子旦，四川人，好学安贫，古今书史、放学声音、天文星象，罔不研究，晚年执教，学者云集，举人周士岳、进士周立英，皆出其门。

韦甲江，云南文山地区富宁县老桑高楼（谷楼）村壮人，生于清雍正朝，一生务农，历来勤劳肯干，创业心强，乾隆中期（1736—1750），其父韦崇汉外出经商，得知八角茴香经济价值高，与儿子甲江商量是否可以引种，于是，由甲江在八角盛产之季，到广西泮水、大楞、务后等地（今百色地区）壮乡采籽、认真学习植种技艺、观察当地育种八角的地形、土质、气候等自然条件，根据高楼山区的自然条件，甲江选择了本村与兰干村之间的山地垦荒育苗，精心管理；次年苗木出土均匀，发展在望；第三年便带领家人移苗种植，做到种一片成活一片，逐步增多；八年后硕果累累，运出剥隘销售，收入逐年倍增，家境变富。经过八年的含辛茹苦，终于从广西引种八角成功，创出了一条致富发家的新道。从此，村民们竞相育种八角，推广之风骤起，到道光年间，高楼全村十多户人，已种植八角 1000 余亩。后又发展到民村、那花、平安、洞波等地。光绪年间又推广全县各地，成了全省、全国“八角之乡”（见《富宁县志》）。壮乡像韦甲江这样的人，遍地都是，他们勤奋、朴实、有科学头脑、勇于实践、无私无畏、助人为乐，是真正的无名英雄。因此，可以这么说，韦甲江是壮族农民的缩影。

韦昌辉(1826—1856)，太平天国北王。原名志正，又名正，广西桂平县金田人(祖籍广东，地主兼典当商家庭，颇殷富)。与洪秀全、冯云山结为异姓兄弟后，参加了洪秀全的拜上帝会，变成了天父第五子，倾其家产资助金田起义。金田起义时，韦昌辉是领导核心成员之一。起义后率军北上，受封太平军后护副军师、右军主将、北王六千岁。太平天国定都天京(南京)后，韦昌辉主管天朝军事。1856 年 9 月，太平天国领导集团发生内讧。先是洪秀全密诏韦昌辉杀东王杨秀清，继而又应允石达开杀韦昌辉。就这样，天国名将，死于自相残杀。关于韦昌辉功过是非，史家评说不一。

韦志俊(1837—1883)，又作韦俊、韦十三，字义堂，昌辉弟，金田起义将帅之一，因与陈玉成有过节，于 1859 年献池州降湘军，屡攻打义军，升清军副将，并加总兵衔。1862 年以后概况不详。

韦以德(约 1835—1854)，昌辉侄，参加太平军后战死在半壁山战场。

韦雅(一作仲雅)，清苏州人。擅写兰、擅琴、擅刻竹，今上海博物馆所藏的浅刻的梅花竹臂搁一件，款题就是“仲雅写并题”。

韦之瑗，字碧孔，清乐会(今海南省)人，以举人知稷山县，擢宁州知州。

韦崧、韦玉，1897 年澳门宏丰公司大股东之一。

韦朝选，1897 年为响应上海号召，在澳门组织不缠足会发起人之一。

韦协中，1792 年任澳门同知。

韦佩金，江苏江都人，进士，乾隆五十四年(1790)任广西苍梧知县。

韦朝元(1768—1797)，又名韦德明，号七绺须，小名阿城。贵州南笼府(今黔西南布依族苗族自治州安龙县)布依族人，清嘉庆(1796—1820)贵州南笼布依族农民起义领袖。

韦永仕(1896—1979)，字俊斋，清末承德郎，民国执教，敬业育才，桃李芬芳，为人谦和，淡泊名利，精通命理与堪舆，服务桑梓，为家乡父老所敬重。留有《如金之命》《命理乾坤》《玩山观水》等手稿。

韦经良，清临榆(今秦皇岛市)布衣，号蓉园居士，著《燕塞诗抄》。

韦六中，清安徽太湖人氏，著《惜阴堂文抄》。

韦帝丘(河南淇县人)，清贡士。

清珠海的韦氏人物有韦带、韦可伯、韦韬、韦高、韦大章、韦允升、韦敬章、韦樟辉、韦鲁根、韦佩琼、韦荣熙、韦垣、韦金友、韦润、韦捷等。

清科举考试：岁贡有崖州(今海南境)望楼人韦南辉、韦南炜、韦肇尊、韦国秀、韦凤章、韦宸翼和九所人韦玉廷。翰林(明时翰林乃宫廷文学侍从之臣，明代的翰林学士为长官，下设侍读学士和侍讲学士，吏官有编撰、编修、检讨等)有韦成贤(顺治丙戌翰林，贤字集生，号念莪，湖广黄冈人，授编修，官至右通政，著有《问乡亭集》)、韦谦恒(乾隆癸未翰林，谦恒字慎旃，号约轩，安徽芜湖人，授编修，官至贵州布政使、署巡抚，终为鸿胪寺少卿。著有《传经堂诗钞》)、韦德成(嘉庆庚辰翰林，成字逊元、又字立夫，号敦甫、又号心农，镶黄旗汉军人，官山东盐运使）、韦履洁（光绪庚寅翰林，字廉浦，云南保山人，刑部主事）。

近、现代（主要是民国期间，现代这部分不全，有待增补）

被中国共产党中央定为英烈的中国韦氏名单：韦汉（1892—1939，壮族，字首经，湖南江华人）、韦芝祥（1909—1936，福建寿宁县人）、韦广宽（1884—1936，土家族，又名韦玉堂，湖北咸丰县人）、韦汉（1892—1939，壮族，字首经，湖南江华人）、韦芝祥（1909—1936，福建寿宁县人）、韦广宽（1884—1936，土家族，又名韦玉堂，湖北咸丰县人）、韦延鸿（1920—1949，重庆南川人）、韦廷光（1919—1949，重庆南川人）、韦延鸿（1920—1949，重庆南川人）、韦廷光（1919—1949，重庆南川人）。

韦玉（1849—?），字宝山，广东香山人，曾留美。1881 年任香港东华医院总理。武昌起义后，任广东军政府总顾问官。1925 年任广州国民政府委员会秘书。1926 年任国民政府外交部宣传局局长。

韦曜琪，1913 年生，又名亮诚，安徽芜湖人，历任“国防部”二厅办主任、“国安局”二处副处长、“外交部”欧洲专员，1966 年调任台常驻国际原子能总署代表办事处二等秘书。

韦忤，参加过北伐战争，1927 年任第九军二十八师师长。

韦孝孺（1890—1942），字品芳，河南杞县人。北京中国大学毕业，1931 年任安阳县县长，1938 年任河南省第十二区行政督察专员兼保安司令，1940 年任第一战区第十一纵队司令。

韦悫（1896—1979），原名乃坤，别号捧丹，笔名普天，广东中山县（今属珠海）人。有《教育是什么》《新中国的教育》《文字改革和汉字简化》等文章留世。请注意，此韦悫与唐代武昌军节度使韦悫同名同姓。

韦卓民（1888—1976），字作民，香山即今中山人，武昌文华大学毕业，哈佛大学哲学博士，1929 年任武汉华中大学校长，抗战时期任国民参政会参政员，新中国成立后是筹办华中师范学院主要领导成员，著有《亚里士多德逻辑研究》《康德哲学讲解》等。

韦德懋，河南原阳人，国民党元老，台湾知名人士。

韦亚弟（1920—1968，又名韦亚君，艺名上官云珠），女，江苏江阴人，中国著名电影艺术表演家。

韦来宽（1920—1940），江苏镇江人，中共特别党员，到 22 集团军 52 军 195 师、53 军政治部从事抗日救亡工作，1940 年春因叛徒出卖被杀害，年仅 20 岁。

韦家庆，1942 年生，江苏丹阳人，国民党陆军少将。1989 年任台国防部军事发言人。

韦厚载（1888—1962），浙江东阳人，1937 年任南京中央军校教育处少将教官。

韦希武（1891—?），字敬丹，浙江东阳人，1916 年毕业于保定陆军军官学校，陆军少将，曾任黄埔军校教官等。

韦齐生，国民党海军中将。

韦之骅，浙江东阳人，台北电信局局长。

韦正哲(1834—?)，又名福成，台湾嘉义人，国民党陆军中将。

韦以黻(1885—1947)，江苏吴兴人，著名科学家。曾任中国工程师学会第一任会长、中国机械工程学会会长。

韦尚林，浙江东阳罗屏白火上人，擅长眼科，身怀“瞳仁反背金针拨法”绝技，曾侍清宫贵胄，人称“御医韦尚林”。

韦雪林(1880—1956)，浙江东阳樟村人，三代医家，主攻医学经典，抗战后免费施医20年，晚年撰医案、医理、秘方、验方，学术师古创新，有诸多独到之处。

韦文贵(1902—1980)，字霭堂，浙江东阳人，随父韦尚林(太医院御医)学医，继承祖传“金针拨障术”，在杭州开“复明眼科医院”设简易病房，1955年调任北京广安门医院眼科主任，著有《韦文贵眼科临床经验选》《前房积脓性角膜溃疡的中医治疗》《金针拨白内障简介》等书，公开祖传的“金针拨白内障”手术法。

韦怀林(1712—1777)，浙江东阳人，孝子，道光年间地方奉旨建造“纯孝”牌坊予以纪念。

韦开朝，浙江东阳人，保存有《东阳东眷韦氏家乘》民国三十五年(1946)重修版一套，共32卷，完好无损。同版另一册仅存11卷，由东阳人韦顺荣藏；同版还有一册存20卷，由东阳人韦根尧藏。

韦骏哲，南川巴东名医。

韦世忠(1922—1996)，祖籍广东信宜。

韦加(原为“嘉”)宁，北京积水潭医院外科专家，白求恩奖章获得者，2007年4月病逝，留有《韦加宁外科手术图谱》传世。

韦宪章(1890—?)，别号敬周，广东中山县人，毕业于上海圣约翰大学，1946年任国民政府财政部中央造币厂厂长，1949年去台。

韦增复(1896—?)，生于广州，广东中山县人，美国麻省理工大学海军建筑科学士，曾任香港广州怡和机器有限公司推销部工程师、开滦矿务局上海经理处经理，上海建中银行经理。

韦素园(1902—1932)，安徽霍邱县叶家集北大街人，著名作家、翻译家。父韦玉堂、弟韦崇华、崇义、崇武、妹崇贤。崇武即丛芜(1905—1978)，又名立人、若愚，也是作家。

韦格六(1879—1954)，字纶仲，安徽太湖县黄界河晓户冲人，清拔贡生，留日，精医术，著《内经气化篇》《针灸菁华》《道德经正义》等。

韦焕章，辽阳人氏，伪满时期的1938年10月至1940年5月任滨江省省长。

韦能定，开县温泉镇人，重庆市著名中医师。

韦永宁，国民党第十二届中央委员。

韦端，台湾政府主计处第三局局长。

韦宗泉，《台湾总览》1991年10月版主编。

韦少伯(1894—1944)，又名开潜，三水县福神岗(今范湖镇红岗)人，生于越南，母越侨，父敬庄，执星相业，家甚贫寒，少年随父返乡，年长婚后返越，广博药剂事业，一次中彩后，创办了西贡二天堂药房，后回广州、香港发展，尽量让三水籍乡亲到店做工，并为内地开办医院、学校，1937 年抗战军兴，捐巨款抗日救国。1942 年太平洋战事爆发，避于澳门，1944 年春病逝，有 10 子、14 女，均学而有成。

韦毅，广西武鸣人，曾任中华民国华中长官公署参谋长。

韦荣昌，广西龙州壮人，国民党第三军军长，少将。

韦肇隆，字德卿，广西来宾壮人，国民党军少将。

韦慧晓，女，壮族，志愿到中国第一艘航空母舰上服役的海军上校。

南洋(旧称，泛指今之新加坡和马来西亚、印度尼西亚等岛国。下同)**韦氏：**

马来西亚有韦浩玑、韦兰、韦政华、韦秀兴、韦秀、韦富、韦永泉、韦志和、韦庚、韦绍检、韦绍秋、韦攻坚、韦政辉、韦志光；

新加坡有韦国信、韦德意；

其他南洋有韦元有、韦元勋、韦华明、韦寿全、韦寿才、韦寿荫、韦寿辉、韦寿成、韦寿南、韦绍威、韦绍震、韦绍隆、韦绍烈、韦绍强、韦焕英、韦观全、韦九保、韦锦英、韦齐高、韦翰存、韦仁存、韦秀荣、韦远仕、韦桂存等。

越南韦氏：韦善广，韦经 22 世孙，曾任安南省的副省长。

泰国韦氏(含泰国韦氏宗亲总会第八届理事和工作人员)：韦郁、韦永祯、韦永琨、韦永铨、韦永昌、韦永盛、韦汉清、韦云卿、韦福存、韦机、韦厚亮、韦荫南、韦荫成、韦荫辉、韦绍生、韦绍源、韦绍胜、韦绍财、韦绍裕、韦绍礼、韦丽蓉、韦亚蓉、韦亚金、韦亚惠、韦振华、韦振海、韦海清、韦广英、韦官生、韦璨文、韦叔英、韦金城、韦金生、韦亚莲、韦亚兰、韦德南、韦海坤、韦春风、韦桂芳、韦伟尧、韦华信、韦海深、韦彩凤、韦华莲、韦华兰、韦华清、韦华凤、韦阿凤、韦阿芳、韦阿妹、韦阿莲、韦达明、韦达辉、韦达华、韦达美、韦达英、韦达雄、韦达豪、韦达杰、韦达传、韦达全、韦达富、韦达贵、韦达世、韦达业、韦达兴、韦达权、韦达源、韦达荣、韦达家、韦志坚、韦志强、韦彩容、韦焕容、韦淑全、韦炎凤、韦永钊、韦永波、韦永安、韦永鸿、韦永兴、韦永海、韦永祺、韦永华、韦永田、韦永沛、韦永添、韦雪莲、韦雪娟、韦雪珍、韦雪梅、韦桂华、韦金莲、韦金淑、韦素华、韦素金、韦素兰、韦素莉、韦秀梅、韦秀兰、韦秀葵、韦秀凤、韦秀英、韦秀香、韦秀华、韦志民、韦志海、韦志浚、韦美金、韦美英、韦美凤、韦美玲、韦炎辉、韦炳利、韦兴金、韦修顺、韦儒德、韦汉泉、韦克先、韦向荣、韦东光、韦儒丰、韦煜明、韦佳泉、韦儒禧、韦和长、韦绍南、韦庆智、韦荣长、韦大犹、韦大火、韦泰发、韦贤财、韦敬先、韦荣坤、韦进条、韦正才、韦桂福、韦美和、韦锡泉、韦忠海、韦武良、韦鸿安、韦辉武、韦和生等。

韦苏斋，广东籍，现住美国旧金山。
韦培德，学者，住菲律宾。
韦忆明，在加拿大多伦多开公司。
韦明，广东籍，在南非约翰内斯堡开餐馆。
韦贤九，移民俄罗斯。
韦耿曜、韦诚，移民欧洲。
韦善益，定居澳大利亚。

国内韦氏(以下为国内部分，按省单列。资料来源见于近期出版的方志、文史资料或地方出版的书籍。以县市为单位分烈士、抗日阵亡将士、公众人物加注列出，未注者仅属公众人物一类)：

上海市的韦正道、韦廉、韦林、韦建桦、韦金坤、韦俊(一说榜)文、韦恺仁、韦礼卿。

江苏盐城的公众人物有韦其龙、韦仲公(旅台)、韦立言、韦宏文，英烈有盐城镇的韦学仪、青墩乡的韦广喜、冈中乡的韦淦书和韦德才、郭猛乡的韦金华、马沟乡的韦学忠、秦南乡的韦立淦和韦涛、龙冈乡的韦金龙、鞍湖乡的韦立权等；韦昌进(溧水县公众人物)；韦因奇(泰州公众人物)；射阳县的烈士韦富强、韦正标、韦志华、韦凤祥、韦玉门、韦步同、韦凡文和公众人物韦一华等；镇江的公众人物韦纯葆，烈士韦来宽、韦双寿、韦小狗、韦志诚等，该市截至2013年有韦氏1131人；丹阳的公众人物韦永义、韦万如、韦旭林、韦春春、韦昌林、韦夕瑾、韦福林、韦东奎、韦东和、韦留海、韦海泉、韦荣瑞、韦炳炳、韦华、韦佳平、韦根林、韦健群、韦雪清、韦彭之、韦楼华、韦忠良，烈士韦石如(原名韦金南)、韦福昌、韦志游(一说韦志海)、韦顺龙、韦云龙、韦小兰、韦发贵、韦龙；大丰县烈士韦秀元、韦根元、韦安元、韦用和、韦广桥、韦汝元、韦桂元、韦宏元、韦付元、韦同元、韦领元、韦仁元、韦仕和、韦大元、韦朝元、韦伯元、韦还庆、韦盖庆、韦汉庆、韦书庆、韦锦宣、韦余春、韦连元、韦锦芳、韦连庆、韦才元、韦云元、韦才和、韦兆元、韦复庆、韦弘和，公众人物韦煦、韦平，女等；丹徒的公众人物韦大喜、韦良生、韦嗣文，烈士韦志诚、韦兴荣、韦兴源、韦小龙；东台市烈士韦少云；韦翼(常熟公众人物)；灌云县公众人物韦庆华(女)；苏州的公众人物韦恒、韦保仁；湖州的韦厚；赣榆县的公众人物有韦有乾、韦服裙、韦钜、韦服章、韦锡仕、韦家常，烈士有韦琼方、韦永方、韦有甫、韦自望、韦家松、韦海方、韦程方、韦家俊、韦善方、韦选方、韦劲方、韦秀云、韦传仑、韦深方、韦匀方、韦有高、韦有治、韦密方、韦有礼、韦有记、韦宽方、韦有之、韦生方、韦有田、韦致方、韦家生、韦家通、韦家增、韦义之、韦世福等；韦明铧(扬州公众人物)；韦昌明(南京)；韦俊生(六合县)；韦廉(江阴)；韦寿强(句容公众人物)；沛县的烈士韦子才、韦子英、韦杰山等。

浙江东阳(韦氏又称东眷韦氏，人口为8549人)的烈士有韦维忠，抗日阵亡将士有韦珙、韦士英、韦和法、韦和斌、韦炳炎、韦坛秋、韦雍求、韦韵中，公众人物有韦雪仙、韦卓民、韦俊陶、韦思九、韦思陶、韦思瑶、韦思奇、韦思琪、韦思超、韦思槐、韦羡谦、韦苇(原名韦光洪，艺名乐草)、韦涧珊、韦和春、韦敬农、韦宝华、韦俊文、韦靖江(一说韦靖)、韦衔、韦福水、韦植、韦文德、韦美其、韦宁军(女)、韦兆同、韦文初、韦雍(一说韦雍时)、韦振纲、韦日演、韦如明、韦章尧、韦工晓、韦少瑜、韦季丹、韦思升、韦俊春、韦文贵、韦菊毅、韦月姣(女)、韦云浦、韦国清(与广西籍的韦国清同名)、韦虹耿、韦志麟、韦少亭(女)、韦玉英(女)、韦一信、韦一悌、韦今来、韦开朝、韦顺荣、韦振尧；余杭烈士韦国兴(方志称，这里的防风氏，一说风氏，是“良渚文化”晚期的一个当地姓氏，属包牺后代)；义乌的韦杭青、韦健霞；绍兴的韦盛霖等。

贵州韦氏：遵义的公众人物韦鸿达和眼科土专家韦少宣；惠水的韦汉鸿、韦福成、韦运宪；荔波的韦国仁、韦东炳、韦恩和、韦绍忠、韦国平、韦勇能、韦国菊；贞丰的公众人物韦正金、韦正光、韦茂文、韦廉舟、韦茂文、韦集鑫，烈士韦朝省、韦茂强、韦国光和韦东连；紫云县的烈士苗族韦成学；平塘县的韦登鸿、韦显芳；望谟的公众人物韦世儒、韦应禧、韦文凯、韦儒堂、韦永业、韦光兴、韦和祥、韦树林、布依族韦焕五(又名文辉)、韦祝轩、韦全三、韦子云、韦有珠、韦治安；册亨的公众人物韦安忠、韦安、韦开泉，烈士韦成勇、布依族韦云平；六枝的公众人物韦向才、韦洪恩，烈士韦洪学；独山的韦永昌、韦永信、韦自凯、韦自勇、韦彩献、韦景龙、韦锦波、韦锦林、韦荣芬；贵阳的韦明辉、韦天蛟；镇宁的公众人物韦绍义(女)、韦国龙、韦国柱、韦尚坤、韦文川、韦达仁、韦永高、韦应富、韦林，烈士韦兴书、韦文生、韦少文——注，未做特注者，都是布依族人；安龙的公众人物韦永芝(女)、布依族韦洪祥、布依族韦杵(字降魔，起义后任解放军军长)、布依族韦朝元(清新安镇么塘人，起义首领人物)，抗日阵亡将士韦连科、韦大纲，烈士韦凤先、韦文祥、韦元相、韦德明、韦真祥、韦纯礼、韦亨贤、韦成宽、韦天利、韦正先、韦吉贵、韦宗仁、韦利香、韦正邦；普安的抗日阵亡将士韦汉清；兴义的公众人物韦廷贵、韦光灿、韦琼、韦文鹏、韦登义(女)、韦艳玲(女)、韦兴台、韦玉武、韦洪福——注，普安未做特注者，都是布依族人；道真县的公众人物韦少宣(眼科土专家)；纳雍县烈士韦国民(1960—1979)；都匀市的公众人物韦太芳、布依族韦锦村、韦文志、韦德麟、韦玉洪，烈士韦朝江、韦召南、韦德佳、韦兴成、韦来忠、韦金荣，抗日阵亡将士韦承进、韦春发、韦经能；三都水族自治县的烈士韦健、韦龙邦、韦少光、韦光绍、韦明书、韦火、韦益、韦海华，公众人物韦育廉、韦昌仁、韦国奇、韦耀军、韦国鼎、韦祖宏，韦胜林、韦荣久、韦国鼎、韦有康、韦正权、韦佐臣、韦国恒、韦秀英(女)、韦盛兴；福泉县的公众人物韦庆秋、韦武昌，抗日阵亡将士韦兴发；榕江的公众人物韦光清、水族韦永政、韦光跃、韦景中、韦锦中，抗日阵亡将士韦老九，烈士韦国卿、韦有喜、汉族韦廷芳——注，榕江凡未加注者，均属苗族；从江县的公众人物韦永英、韦俊芳、韦故水、韦故胜(又名国胜，苗族，1900—1939，清末造反的领袖人物)、苗族歌手韦老保、女歌手韦德珍；罗甸的公众人物韦玉清、韦昌国；黔南布依族苗族自治州的韦国昌；黔西南布依族苗族自治州的公众人物韦文耀、韦仕纯、韦磐石和布依族人韦隆光、韦坤达、韦世恒等；黔东南苗族侗族自治州的公众人物韦隆克，抗日阵亡将士韦文魁。

云南的师宗县抗日阵亡战士韦布达三(注，布达三为汉字注音壮话，应该是壮人)；韦白(大姚县抗日阵亡战士)；宜良县烈士韦丛明；麻栗坡县的公众人物韦明寿、韦国吕、韦兴林、韦延英、韦祖芳、韦南顺，烈士韦树林、韦宗孝、韦济春、韦述云、韦宗传、韦美坤、韦建万、韦裕贵、韦南国、韦甫顺；广南县的公众人物有韦德勇、壮人韦安郑、韦世成(一说韦树成)，烈士韦延相、韦仕壳、韦国吕，抗日阵亡将士韦世成、韦士平、韦廷辉；马关县的公众人物韦兴林、韦德仙(女)、韦安郑，烈士韦忠福；西畴县的烈士韦祯富，抗日阵亡将士韦元昌；富宁县的公众人物韦恩祥、韦明才、韦甲江、韦成贵、韦瑞初、韦汉安、韦松志、韦保明、韦泽郑、韦志伦、韦仕恒、韦成义、韦祉康、韦美碧，烈士韦正明、韦正生、韦洪光、韦朝兵、韦娘六(女)、韦绍能、瑶族韦阿和、韦文魁、韦顺忠——注，富宁人物凡没有注明的，全是壮族；韦光汉(沾益县，汉族)；文山县的抗日阵亡将士韦恩国、韦树槐、韦恩禄、壮族韦光荣、韦启明、韦崇先、韦中魁等。另，云南外籍烈士有广西都安的韦立仕和韦秀年，广西来宾的韦荣现、韦少凤、韦明现、韦建勇，广西环江的韦玉辉(壮)等。

安徽的韦家杰(安庆)；韦秀荣(全椒县)；太湖县的韦文华，烈士韦义阳和韦银香；韦曜琪(芜湖县)；舒城县的公众人物韦宗然、韦上伊，烈士韦九星；韦伟(阜阳县)；韦德培(霍邱县)；临泉县的公众人物韦作民、韦仲魁、韦宁国、韦步彩，烈士韦子明、韦连清、韦夫瑛、韦永、韦绍亭、韦学德、韦其连、韦振生、韦恒芝、韦华堂、韦永中、韦腾云、韦登楼、韦大忠、韦应进、韦崇山、韦志民、韦协礼、韦允中、韦振华和韦秀秀(女，安徽健身运动员)——注，临泉县的地名与“韦”相关的有韦寨乡、韦周乡、韦小庙村、韦小营村、韦腰庄村、韦楼村、韦老庄村等；郎溪县的烈士韦华友等。

新疆塔城烈士韦起胜、公众人物韦金丁；墨玉公众人物韦世显(甘肃临洮人)；皮山县公众人物韦新辉；克拉玛依市公众人物韦国忠(不全，待补)。

河北的公众人物韦野(曲周县)；韦校常(石家庄市)；清河县韦玉仙村的韦传波、韦恒荣、韦庆生、韦一国，李葫芦营村的韦金斗；北京市的韦素园、韦丛芜、韦智、韦崇武；韦福祥(定兴县)；正定县的韦克烈、韦杰和烈士韦喜来；韦东生(又名秀岐，乐亭人)；韦品一(昌黎人——注，该县有“韦庄”地名)；韦树成(张北县)，唐山市韦汉维(原名韦汉安，祖籍广西马山县)、韦煜(祖籍广西马山县)。

河南韦氏有濮阳县的公众人物韦林玉，烈士韦林彪、韦书堂、韦春兰；内黄县高堤乡韦草坡村的公众人物韦绪性，烈士韦金山、韦现成——注，内黄有颛顼墓；原阳的公众人物韦秀菊、韦德香、韦耿勇(一说韦耿启)；偃师的韦卿(原名韦穆君)；栾川县的韦品芳、韦平川；洛阳的韦灿中、韦忠民、韦安邦；韦韩城(封丘县)；安阳县的烈士韦相山、韦相川、韦怀章、韦清秀；杞县的公众人物韦绪营、韦效坤、韦绪俊、韦世彦、韦孝慎、韦绪堂，烈士韦传香、韦绪路、韦忠永、韦广林、韦孝礼；鹿邑县的烈士韦昌龙（生铁冢乡韦庄人）和韦朝科；商丘市睢阳区人韦震（作家）。

四川的韦氏公众人物韦叔华（成都）；韦小青（涪陵）；开县的公众人物韦炬、韦德珩、韦炉炼，寿星韦成立（女，九龙山镇广佛村人，1901 年 5 月 5 日出生，2004 年过世，享年 103 岁）；韦德福（万县烈士）；大足县抗日阵亡将士韦炳光，烈士韦万盛，因公殉职者韦大志；长寿县抗日阵亡战士韦西良，公众人物韦家碧（女）、韦一芳（女）。

陕西的韦氏公众人物有韦孟记（宝鸡虢镇）；澄城的韦五金、韦问生和韦江凡；蒲城的韦尧斌、韦俊青、韦俊；韦世忠（定边）；韦海明（洛川）；韦景明（高陵）；烈士韦忠贤（周至）；韦继忠（三原县）；黄情县韦清泉、韦长青（烈士）；长安韦秀英（女）；临潼韦玉堂（烈士）；山阳韦克金、韦国柱；西安韦桂玲、韦在凤、韦发荣；韦明焕（眉县公众人物）；韦张萍（女，绥德）；宜君县韦军、韦秉绅、韦丙申、韦俊生；韦孟若和韦武强（韩城）；韦伯彦（富平县）等。

湖北的韦氏公众人物钟祥县有韦长松（一说韦长青，黄埔军校十九期炮兵班）；韦长宙（武汉）；韦广宽（名玉堂，咸丰土家族人，职业医生，曾组织过"韦家兵"，他的儿子们韦定安、韦定宫，侄韦定贵等韦氏子孙跟着他组成咸丰游击大队保护了红军伤病员，之后又跟随红军长征）；东西湖区的韦荣建、韦荣广等。

湖南公众人物有韦绍斌（临澧）；韦平（长沙）。

广东信宜的（韦氏人口，1993 年止，总数为 14 395 人，分布于茶山、高坡镇、金垌镇、径口镇、北界镇等地带，公众人物有韦民、韦开忠、韦建造、韦南辉、韦经旭、韦进荣、韦汉勋、韦绍盟、韦家恒、韦曾辉、韦福海、韦裔勋、韦刚忠、韦秀慈（女）、韦秀芝（女）、韦厚清、韦观微、韦绘、韦伟辉、韦发贵、韦如凤（女）、韦新荣、韦萍（女）、韦望（女）、韦觉忠、韦家泰、韦厚基、韦孔忠、韦汇贵、韦耀信、韦绍富，烈士韦家学、韦绍衮、韦家齐、韦经明、韦相忠；阳春籍烈士有韦业枢、韦亚华、韦玉生；珠海公众人物韦德、韦卓民、韦懿、韦东暄、韦健、韦家枝；茂名韦氏人口 2005 年止，有 6760 人，先祖韦昊，明嘉靖四年从福建迁来，比较集中居住在黄塘郎韶乡双花村一带；德庆县公众人物有韦相伍、韦彪；怀集县烈士韦秋军；罗定烈士韦文标、韦荣新；徐闻（壮语地名）韦甫强；番禺（壮语地名，县内还有"韦埇田心"等古代越语地名遗存）烈士韦胜、韦明；连山有百岁老人韦美娟（女，1896 年生），烈士韦虎林，公众人物韦雄鳌（广西都安瑶族）、韦留钿、韦承林、韦源江、韦青莲（女）、韦泽恩、韦宗镜、韦留布、韦源宽、韦先积、韦宗炳、韦仁安、韦少娟（女）、韦祖和、韦留先、韦秀珍（女）、韦建仙（女）、韦留真、韦留贤、韦彩凤（女）、韦宗庚、韦丽芳（女）、韦继棠、韦先军、韦冬梅（女）、韦其俊、韦继柒、韦世龙、韦世彪、韦小雄、韦士照、韦小红等。

山东的韦氏公众人物韦统泰（曹县）；韦克（庆云）；禹城的韦桂珍（女）、韦振珍（女）；韦节民（曲阜）；韦逢甲（济河）；韦继贤（北京人在济南行医）；韦昌宽（单县）；

泰安的(公众人物韦孟、韦赏，烈士韦士亮、韦佃水、韦佃河、韦村得；烈士韦宝祥、韦廷秀、韦廷元(费城)；韦士全(临沂)等。

福建的韦氏公众人物韦志强(南安)。

江西的韦氏公众人物省劳模韦文义(修水)。

吉林的韦氏公众人物韦锡琢(长春)。

辽宁的韦氏公众人物有辽阳的韦士平、韦明信、韦步青。

西藏的韦氏：有昌都地区的外籍烈士韦世昌(汉族)。

山西的烈士韦新(在贵州织金县八步茶店乡牺牲)；公众人物韦国麟(原名韦桂麟，霍县人，中国人民解放军将领)。

海南韦氏：澄迈的烈士韦义昌；公众人物韦儒称、韦天如；韦泽芳(琼山)和韦椰、韦必成、韦经照。

台湾韦氏：台南的韦宗仁；高雄的韦三居、韦三贵、韦三和，韦家禄(原籍广西那马，即今马山，现住台湾)、韦文贵(原籍广西那马，即今马山，现住台湾)、韦肇华(原籍广西那马，即今马山，现住台湾)、韦启忠(祖籍宜州)、韦继昂(祖籍宜州)、韦白韬(原名韦端，祖籍广东鹤山)、韦家庆(祖籍江苏丹阳)。

香港韦氏：韦亚光、韦玉、韦国洪、韦诚、韦瑞群(广西马山籍)。

澳门韦氏：(广源号铺主)韦鲁起、(地保)韦运林(1792年的澳门人)、韦亚元(即韦贻贵，1805年的澳门人)、韦锐泉(建筑师)。①

广西韦氏：就人口而言，广西韦氏是一个大数，人们知道她，但是没有很好研究她、重视她，任由她“深藏不露”，其实，她与百越民族特别是壮族有关。壮族作为百越民族的后裔，在扑朔迷离的历史中曾被置于遗忘的角落，据广西2000年普查的人口统计中知道，广西壮族就有1454万人，也是一个大数。今天的壮族，有大学专科、大学本科和研究生文化程度者大概有110万，壮族姓氏中，百越韦(按壮族教育家韦鸿恩先生的观点是越语水牛的图腾韦，至迟在唐代已用汉字“韦”做其注音姓氏)是大姓，他们人才济济，历史上的唐宋(侬智高旗下)、明清(太平天国洪秀全旗下)、辛亥革命(孙中山先生旗下)、民国时期(中国共产党韦拔群、邓小平、张云逸旗下)和新中国成立后社会主义建设时期(中国共产党毛泽东旗下)，都集结了不少为国为民的韦氏精英，由于越语、越俗和汉字的障碍，历史上对他们的反映很少，即便反映了，也难得其全。这里收集到的这些，只是天上繁星中的点点，而且多限于近现代。囊括了诗人、民间歌手，医生、长寿老人，教育工作者、专家、学者，各行各业的能工巧匠(含当今专利获得者)，历史上的“秀才学子”、达官贵人、文武精英、商贩地保、造反领袖人物，民国抗日阵亡兵士，为新中国献身的英烈和不同行模范人物，还有曾祸害过一方的枭雄等方方面面的人，只要有根有底、确有其人，都努力收录。至于编撰中的人物排序，

---

① 注，澳门史籍记有1602年的韦麻郎(英文名为 wijbrand van waerwijck，荷兰海军上将)、1689年任澳门总督的韦以纳(英文名为 andre coelho vieira，是澳门土生的葡人)、1792年的澳门王室大法官韦南西奥佩雷拉(英文名为 venancio pereira)等，他们的“韦”，都不是中国韦氏的姓氏。

没有高低贵贱之分，仅以收集到的时间早晚顺列，无其他意义。再就是此次收集纯属于首次开启之作，所收集到的资料离档案要求差得太远：参差不齐，缺失太多。为确保真实正确，对有姓名而无籍贯者只能舍之，即使是这样，数量也是足够浩大的，编撰利用时为节省篇幅，只能从简(只列有籍贯的姓名)处之。考虑到所列者绝大多数都是壮人，除个别外，一般就不另注民族成分。

广西是中国韦姓人口最多的省份，占全国韦姓总人口数的67.2%，近300万人，除了博白、全县等7个县无韦(姓)外，韦姓几乎遍布广西全境，本文按韦姓人口多寡分成大县(韦姓人口最多，有忻城、东兰、都安、河池、上林、容县、柳城、藤县、蒙山、宾阳等10个)、中县(韦姓人口次多，有武鸣、马山、大化、来宾、天峨、巴马、宜山、南丹、凤山、那坡、邕宁等11个)、小县(韦姓人口较一般县多，计有田阳、柳江、隆安、横县、罗城、环江、田东、田林、百色、凌云、乐业、平果、融水、鹿寨、武宣、象州、永福、荔浦、钦州、桂平、贵港、平南、岑溪、防城港市等24个)、一般县(韦姓人口属一般姓氏，有扶绥、天等、宁明、崇左、大新、龙州、凭祥、德保、隆林、西林、靖西、三江、融安、合山、金秀、桂林、阳朔、全州、平乐、龙胜、北海市、钟山、北流、陆川、玉林、苍梧、贺州、昭平等28个)和无韦姓县(计有博白、灌阳、兴安、富川、恭城、资源、灵川等7个)等五个档次分类。出于历史上的原因，广西韦氏不仅壮族有，杂居或近邻的侗、布依、毛南、京族、仫佬、仡佬、黎，甚至苗、瑶、彝、傣、回、汉等也有，主要与西瓯骆越族群相关，统称“百越韦”。他们血缘相通、历史悠久、渊源绵长。

研究表明，古代的百越提法见《汉书·地理志》：“自交趾至会稽，七八千里，百越杂处，各有种姓，不尽少康之后也。”这个百越指的就是当时与华夏平分秋色的越族群落。当时，华夏族居北方中原地区，百越居其南并包含中原周边。华夏和百越，是完全不同的族群，百越是种水稻、讲越语(合之壮语)，而华夏族经营旱作、操的是汉话，那时，越族比华夏族先进，资源丰富，衣食无忧。秦汉以后许多越人地方因“汉化”才丢失了母语，继而为历史所“淹没”，这种“淹没”很多是人为的。“淹没”之下人们以为越族没有了，其实，“淹没”不等于灭绝，民族学家费孝通生前来到广西恍然大悟说过：看来，壮族应该是西瓯骆越民族的真正遗存了(大意)。历史的辩证法就是这样，这片红土地从盘古到布洛佗—姆六甲、“柳江人”“麒麟山人”、译吁宋、桀骏、冼夫人、刘三姐、侬智高、岑瓦氏、陆荣庭、韦拔群等百越古今精英和他们的子民一直生于斯、死于斯，艰苦经营，代代相传，绵延至今，他们发明水稻、种植水稻，“生活苛简”“抟饭掬水以食”，经长期磨炼，铸成了内向、平和、忍让、朴实勇敢，倔强而有进取心，天生爱唱歌，敬老爱幼，极富同情心的民族性格，由古而今，他们母语未变，越俗没改，“欢(壮话，古今越人的民歌)”歌高唱，歌圩照赶。壮族教育家韦鸿恩先生说过下面的话：中国越人未被灭绝、越族未消亡，我们就是，越语还有，我们的“刚板”(壮话，直译成今天的概念是“讲壮话”，“壮”是1954年周总理提议用的)正是古越语的继承和发展，尽管而今方言差异大，但可查的基本词根是一致的，没有变。我年轻时接触过广东人梁启超老先生，明秀园三字就是他题写的。他研究过古越语，有过卓著的见解，可惜他不懂“刚板”，讲广州“白话”，“白话”口音太重，老帅（指陆荣廷）“刚板”引用我们民间山歌，他听不懂，可惜了。为此，我呼吁，凡有志研究越族族史者，都应该学习我们的“板”（壮）话，离开母语是很难决断千万年前的“是非曲直”（指越人开天辟地的历史）的（注，只是大意，非原话）。笔者认为，韦鸿恩先生此话有一定的道理，可以借鉴。总之，广西韦氏与“百越韦”关系密切，“百越韦”就是古代以水牛为图腾的部落民族的后裔。究其分布，主要相对集中在桂北、桂中地区，与红水河和大明山地缘关系密切（史称，海边也有。见《宋会要·蕃夷五·侬氏》：“侬氏，广源州蛮也。其先韦、黄、周、侬四氏为州首领，互相劫掠，唐邕管经略徐中抚之，遂定。”定是定了，但最后，还是韦、黄、周被逐到南部海边，甚至渡海上了海南岛）。图上的这种分布，最大特点许多都是以单一韦姓的自然村屯为生存居住单元。下面，就把收集到的广西韦氏逐县介绍给大家，供分析研究用。所涉及的韦姓人物，都是这方土地所生所养，而且曾为这方土地作过贡献的（当然，贡献有大有小，有正有反），因此，都是有根有底的人，这个根、底可以落实到区、乡、村、屯。如此真实可靠的资料难道不是很能说清问题吗？

被中国共产党中央定为英烈的中国广西韦氏子弟名单有：韦芳（1921—1947，女，壮族，原名韦玉琼，化名林天然，广西百色人）、韦拔群（1901—1932，壮族，原名韦秉乾，广西东兰人）、韦汉超（1901—1938，壮族，原名韦展书，广西东兰人）、韦荣伯（1900—1941，壮族，广西东兰人）、韦廷安（1920—1942，壮族，广西罗城人）、韦一平（1900—1945，壮族，原名韦家惠，又名韦端珍，广西罗城人）、韦启瑞（1900—1927，又名韦元，字灵五，壮族，广西邕宁人）、韦佩珠（1910—1928，女，壮族，广西扶绥人）、韦扬能（1925—1949，壮族，广西来宾人）、韦树高（1920—1945，化名肖华，广西融县即今融安县人）、韦华琰（1906—1947，壮族，广西武宣人）、韦天强（1909—1948，壮族，原名韦世刚，广西武宣人）、韦鼎寿（1925—1949，壮族，曾用名吴树、雷鸣，广西融县即今融安县人）、韦杰三（1903—1926，壮族，广西蒙山人）、韦世常（1921—1950，壮族，广西武宣人）、韦纪（1904—1935，壮族，又名韦日友、韦日有，广西恩隆县今之田东人）、韦菁（1904—1931，壮族，字蔓卿，广西东兰人）、韦氏送（1905—1931，女，壮族，广西凤山人）、韦成篇（1892—1938，壮族，又名韦耀德，化名韦志坚，外号白头翁，广西那马即今马山人）。

另，新版《广西通志》记载的烈士名单：修仁韦友林，桂平韦德山，平南韦统淮、韦荣初、韦统钤、韦树模，邕宁韦启瑞，东兰韦介城、韦明金，天峨韦明甫，田东韦少丰、韦荣（女），武宣韦无强、韦遗祯，都安韦仕力、韦炳信、韦国科，来宾韦建勇，河池韦显成，宜山韦生贵，融安韦声略，阳朔韦法安等；同时披露了各时段、各行业的部分公众人物名单：韦晓、韦辉祥、韦能仁、韦统豪、韦奋志、韦奋、韦祥武、韦世忠、韦荣英、韦达新、韦全智、韦剑辉、韦秀禄（女）、韦继文、韦自强、韦五八、韦绍忠、韦丽梅（女）、韦武、韦琼崇、韦贵康、韦永琼、韦志晚、韦世英、韦福星、韦绍裘、韦世珍、韦玉清、韦国练、韦可伦、韦桂茵、韦新林、韦兴、韦木祥、韦兴国、韦其福、韦卓克、韦锦新、韦耿然、韦松柏、韦贞丰、韦肇秦、韦茂辉、韦宣魁、韦武贤、韦士民、韦炳光、韦胜福、韦高泰、韦凤林、韦文彬、韦智、韦国田、韦廷留、韦仁、韦廷修、韦卜使、韦永琼、韦锦光、韦家林、韦海源、韦桂全、韦美宽、韦学敦、韦广习、韦五、韦志任、韦明善、韦家康、韦心欢、韦怿兴、韦启先、韦安猷、韦运宝、韦建行、韦绍杨、韦景明、韦特珍、韦启绪、韦载金、韦良臣、韦文才、韦建式、韦金韩、韦奋志、韦才铬、韦聚道、韦伯枝、韦家驹、韦乃升、韦在也、韦家鸣、韦振良、韦进、韦文甲、韦立源、韦三武、韦建让、韦舜念、韦建章、韦立刚、韦人鉴、韦仁汉、韦丽庄(女)、韦义喜、韦宗汉、韦宣、韦秀红(女)、韦明德、韦廷仕、韦卜喜、韦盛郁、韦毓宗、韦在治、韦祖能、韦炳援、韦昌余、韦修检、韦德丰、韦志远、韦金利、韦兴然、韦明、韦演易、韦绍芳、韦松立、韦宋蛟、韦思齐、韦清尧、韦铫生、韦全武、韦少华、韦海团、韦连宝、韦锦星、韦亿、韦寿高、韦桂合、韦可夫、韦胜祥、韦焕斌、韦连春、韦火成、韦迷香(女)、韦秀凤(女)、韦瑞坚、韦仁、韦荣回、韦金殿、韦茂坚、韦有祥、韦也奇、韦庭安、韦兰昌、韦覃高、韦朝凤、韦翠莲(女)、韦作尧、韦凤英(女)、韦如同、韦宝珠(女)、韦文球、韦炫、韦永梅(女)、韦玉梅(瑶族)、韦合仁、韦志龙、韦运祥、韦文平、韦道念、韦学坚、韦有喜、韦宁勈、韦士孝(注，属于广西的劳模、先进工作者名单资料只收录到1957年，以后的待补；因可能有多次被授奖的机会，凡有重复出现的名字者，只录用一次)、韦纯東、韦国英、韦星高、韦盛经、韦碧山、韦继松、韦家能、韦章平、韦世经、韦瑞霖、韦立仁、韦德连、韦才元、韦佩行、韦蓝俊、韦国标、韦铁汉、韦江歌、韦达、韦世英、韦武、韦裕廉、韦纬、韦厚奉、韦金育、韦轩元、韦榜文、韦启新、韦显林、韦文雅、韦仁鹏、韦元咸、韦美源、韦以明、韦民、韦仕邦、韦发南、韦大开、韦日钰、韦立法、韦平、韦振鹏、韦承谦、韦德三、韦启良、韦家槐、韦宣芳、韦黄度、韦钦荣、韦刚、韦建国、韦化、韦一能、韦增欣、韦仁汉、韦正礼、韦柏松、韦道生、韦彦权、韦立富、韦普云、韦振群、韦爱昌、韦家声、韦敏怡、韦立功、韦俊谋、韦剑辉、韦启智、韦桂添、韦世文、韦仁义、韦权德、韦饶治、韦受庆、韦启葵、韦宽廷、韦富毅、韦克坤、韦明瑞、韦编贤、韦守强、韦晴光、韦晓、韦显知、韦俊平、韦琼琚等。

一、广西韦氏人口“大县”有忻城、东兰、都安、河池、上林、容县、柳城、藤县、蒙山、宾阳等10个。

1. 忻城县。翻开以往的记述，有“忻城县，巨族为韦、莫二氏，韦氏之族有二系，一系为土著，一系来自东兰，宗支源流，莫可评考”说法(民国·刘介语)。新版忻城县志指出：忻城韦氏来源有四，一为土著，明清以前本地就已有韦姓，并历任土目；一为嘉靖七年，王守仁剿八寨，让东兰韦应鲲、韦显德留守，为上巡检，今古蓬一带为其子孙繁衍；一为清顺治年间(1644—1661)东兰韦兆鹰之子韦士佩、韦士学从迁江迁来思练镇板儿村定居，子孙遍及思练、安东、大塘三乡；其余为从宜山迁来宁江、马泗、欧洞诸乡韦氏。县志还披露了1990年人口普查时，在全县380 079人中，壮族人口为346 328人，遍布13个乡镇。壮人的姓氏以韦、莫、蓝、黄、樊为大姓，而韦姓人口已大于8万(莫姓8万、蓝姓6万、黄姓3万、樊姓2万)，主要分布于古蓬乡板岑村、凌头村，思练乡开洞村水塘屯，板河乡西隆屯，大塘乡拉则屯等。民国时期中国韦氏子弟为国捐躯的阵亡将士的忻城韦氏名单有：韦玉帮、韦体文、韦彩龙、韦文嘉、韦用菴、韦品端、韦鸿杰、韦光明、韦品三、韦大猷等。被登载在广西近期出版的《忻县县志》烈士名单(凡不加注者均为忻县县籍)有：韦立珍(江苏籍)、韦树则、韦绍益、韦肇壁、韦兰新、韦质彬、韦盛经、韦彦烈、韦顺贝、韦林昌、韦现明、韦炳恒、韦炳学、韦国甫、韦永叔(一说永权)、韦成军、韦升、韦文先、韦文光、韦炳锋、韦义东、韦吉祥、韦鸿财、韦奎、韦隆尤、韦鸿吉、韦兰英、韦新尤、韦宏干、韦诗结、韦祥龙、韦初尤、韦仲平、韦汉杰、韦兆尤、韦继龙、韦肇阳、韦盛隆、韦重勤、韦达妹(女，“达妹”是汉字注音的壮话名)、韦凡氏(女)、韦兰新、韦兰光、韦鸿成、韦汉良、韦世来等；公众人物(在本方土地有过“影响”、留下“痕迹”的古今人物，都属。下同)有：韦福田(号海门，广西忻城人，死于光绪年间，著有《鸦片烟文》《戒烟论》《痛哭吹烟郎》等)、韦继文、韦伟登、韦立森、韦日高、韦周、韦桂珍(女)、韦兰芳(女)、韦克辛、韦业猷、韦文宣、韦恒尤、韦日宁、韦绍墨、韦祖森、韦文结、韦必达、韦长仁、韦春茂、韦大耀、韦广培(上林县人，在本县工作居留，下同)、韦吴俊(上林县人)、韦剑(柳城县人)、韦恒尤、韦鸿枝、韦德佩(上林县人)、韦汉强、韦勋猷、韦善书、韦文宣、韦世勤、韦启佑、韦光、韦文秀、韦彪魁、韦春秋、韦炳猷、韦善群、韦实猷、韦作明、韦兰忠、韦启平、韦仲和、韦广培、韦树则、韦绍益、韦德祥(上林县人)、韦法唐(上林县人)、韦重平(柳江县人)、韦柳毅、韦立最、韦彪魁、韦恒猷、韦少周、韦长江、韦黄勋(上林县人)、韦教宣、韦鸿兰、韦少江、韦春茂等。

2. 广西东兰，唐置那羁縻州，1106年宋以文兰峒置兰羁縻州，绍兴年间(1131—1162)将兰羁縻州分成东西两个羁縻州。元将今东兰县置成土州，1397年的东兰州辖今之东院、隘洞、长江、兰泗、武篆等。明史称：“宋时有韦君朝者，居文兰峒为蛮长，传子宴闹。崇宁五年内附，因置兰州，以宴闹知州事，俾世其官。元改为东兰州，韦氏世袭如故。”其世袭关系如下：韦君朝(文兰峒蛮长)→(1106，执政年，下同)韦宴闹→韦富挠→韦钱保→(1411)韦万目→韦质→韦济民→韦万喜→韦爵→韦玩→韦兴宗→韦祖鋐→韦正宝→韦虎臣→(1516)韦虎林→韦起云→(1563)韦应龙→(1573)韦文韬→(1586)韦文奎→韦文灿→(1628—1644)韦继宗→(1652)韦光祚→韦兆麟→韦国忠→韦国岳→(1685)韦兆象→(1704)韦国栋→(1726)韦朝辅。可见，东兰韦族，早就有之。主要分布在武篆的那烈(注，这些汉字注音的壮话地名，只是近音，其意思与汉字字义不挂钩，下同)、那黑、那伦、上圩、巴学、中和、弯坡、果龙、弄辉、林乐、拉乐、红黑、江平、弄竹、锐开、坤王、色故、定桃、纳核、弄台、同仕、仁里、王里、弄中、果扑、弄京，三石乡的公平、弄美、纳合、弄英、五联、仁合、纳腊、新烟、乐里、美逢、板逢、巴王、泗爷、板文、巴造、仁义、弄华、四合、长峒，城厢镇的水峒、好仁、弄流、城厢、那亨、伦界、生满、屯长、钦能、巴拉、达文、弄平、同拉、委荣、江洞、拉巴、坡里、弄目、百豪、田垌，大同乡的弄兰、板坡、坡白、和龙、永模、纳雄、民和、信合、干来、坡峨、平勇、永安、天然、更乐、弄美、弄目、板干、板升、担拢、同旁、可同、弄领、弄由，长江乡的纳洪、拉吉、兰阳、安桃、巴英、三堂、巴挽、周赖、板林、板龙、文旺、集祥、田峒，金谷乡的六合、板路、六龙、接桂、那立、牙能、接浪、龙明、板丁，长乐乡的板兰、定安、楼华、草坪、坡索、纳标、双苏、长乐街、全峒、花香、英兰、三合、深洞、板登，隘洞乡的切学、纳怀、坡拉、百建、板烈、那盘、林往、板老、切亨、建开、那坤、纳就、纳乐、拉社、六通、同乐，兰木乡的达旺、弄雄、那咸、牙老，东院乡的巴拉、达文、委荣、江洞、安篓、弄吉、伦界，块石乡的泗爷、公平、达旺、弄雄，玩石乡的巴纳、拉勿，莫广乡的牙满，北荷乡的那仁、切亨以及波拉、那建、三弄、板隆、板加、太平等区乡村镇的自然村屯里。

民国时期中国韦氏子弟为国捐躯的阵亡将士名单有东兰的韦寇吉、韦玉山、韦同庆、韦英、韦言昌、韦国华、韦伯贞、韦老二、韦健英、韦祖余、韦近仁、韦桂祥、韦健德、韦永荣、韦士荣、韦耀贵、韦华昌、韦绍美、韦兆元、韦日浪、韦廷权、韦流、韦宝光、韦必荣、韦义开、韦正权、韦少强等。

登载在广西近期出版的《东兰县志》烈士名单中的东兰韦氏子弟有：韦介城、韦经益、韦日善、韦仲超、韦立荣、韦述宗、韦茎、韦仲生、韦仲良、韦仲灯、韦仲杰、韦仲修、韦仲文、韦仲芳、韦仲月、韦仲运、韦仲卫、韦仲超、韦仲章、韦仲坚、韦仲玉、韦仲成、韦仲恩、韦仲墨、韦仲民、韦仲给、韦仲堂、韦仲福、韦仲意、韦仲群、韦仲俄、韦仲生、韦祖二、韦秉高、韦秉超、韦日生、韦仕仁、韦忠责、韦忠译、韦灵璠、韦卜七(卜七是壮话名，意思是特七的爸，下同)、韦树祥、韦西、韦英、韦日文、韦三明、韦正刚、韦卜得、韦卜肖、韦卜定、韦卜他、韦卜年、韦卜包、韦卜丁、韦卜腰、韦卜交、韦卜者、韦卜产、韦卜洗、韦卜武、韦卜美、韦卜才、韦卜泯、韦卜年、韦卜双、韦卜义、韦卜耐、韦卜德、韦卜男、韦卜笔、韦卜尾、韦卜坟、韦卜养、韦卜如、韦榜才、韦华恩、韦日昌、韦玉昌、韦缗谓、韦孟德、韦愿邦、韦武烈、韦福元、韦老四、韦日德、韦成元、韦殿福、韦万金、韦日长、韦俊文、韦秉勤、韦日都、韦明章、韦日贵、韦日块、韦峰高、韦介昌、韦佩庄、韦日有、韦钟美、韦立正(1901 年生，定桃村人)、韦钟开、韦日灵、韦钟璠、韦仕益、韦日运、韦仕能、韦廷金、韦珠平、韦日笑、韦灵实、韦日暖、韦中方、韦立正(1902 年生，纳核村人，凡同名者均已复核，下同)、韦玉意、韦孟雄、韦立条、韦立朋、韦忠会、韦正忠、韦龙珠、韦正君、韦龙辉、韦善球、韦玉昌、韦保合、韦尚仁、韦仕规、韦正昌、韦世球、韦卜秋、韦尚先、韦日停、韦万灵、韦树梅、韦日礼、韦文英、韦永懒、韦福祥、韦顺规、韦福贞、韦日南、韦忠义、韦永恒、韦日福、韦凤本(女)、韦应松、韦偏福、韦庆帮、韦彩云(女)、韦日陆、韦卜照连、韦日领、韦世荣、韦树南、韦火春、韦介坚、韦老四、韦武区、韦田、韦日恶、韦廷礼、韦炳文、韦双美(女)、韦日杰、韦仕华、韦仕观、韦廷高、韦日规、韦干权、韦日领、韦日也、韦朝金、韦廷礼、韦日杜、韦朝权、韦日祥、韦日天、韦日奈、韦日领、韦日荣、韦日良、韦日归、韦日常、韦日貌、韦日者、韦日敏、韦日送、韦日告、韦日闹、韦日专、韦日平、韦日狂、韦日规(1910年生)、韦日则、韦日规(1905年生)、韦日生、韦日杰、韦日田、韦日先、韦日昌、韦日暧、韦日狼、韦日合、韦日仁、韦日青、韦日暖、韦日顺、韦日春、韦日超、韦日坡、韦日川、韦日群、韦日况、韦日由、韦日仪、韦日领、韦日福、韦日周、韦日宽、韦日吾、韦日发、韦日生、韦伐昌、韦英俄、韦廷伦、韦廷观、韦修观、韦运书、韦运烈、韦桂文、韦修云、韦修福、韦庆廷、韦相登、韦庆书、韦坤元、韦新元、韦眼元、韦经良、韦经财、韦经训、韦经堂、韦经华、韦经绿、韦庆藩、韦福训、韦圣召、韦秀恩、韦瑞祥、韦义瑞、韦文法、韦红清、韦清久、韦秀端、韦文超、韦卜坡、韦卜德、韦运福、韦卜才、韦文新、韦世祥、韦顺权、韦顺居、韦世邦、韦作书、韦介修、韦卜凤儒、韦尚文、韦孔超、韦启青、韦清仕、韦奉华、韦尚生、韦世英、韦卜领、韦卜年、韦卜义、韦运祥、韦礼元、韦仕标、韦仕丰、韦国丰、韦祖元、韦显金、韦庭安、韦卜双玉、祖烈韦、韦士、韦云昌、韦家福、韦家荣、韦仕雄、韦仕杰、韦大厚、韦东元、韦卜拢、韦九长、韦秀光、韦景光、韦金廷、韦朝端、韦运宽、韦运光、韦运合、韦运刚、韦忠言、韦运良、韦文武、韦运杰、韦运安、韦运元、韦运珠、韦秀高、韦卜物、韦建韩、韦瑞清、韦云清、韦利清、韦庆堂、韦利清、韦庆堂、韦乜修(女，乜修为壮话名)、韦树邦、韦妈凡(女，妈凡为壮话名)、韦卜修、韦庆桃、韦日优、韦国飞、韦云成、韦日法、韦如基、韦日义、韦新堂、韦日安、韦日行、韦孔林、韦炳法、韦正邦、韦正金、韦巨尤、韦卜欢、韦廷升、韦卜转、韦巨财、韦炳良、韦秉祥、韦宗典、韦泰年、韦日能、韦建元、韦永华、韦日火、韦仁合、韦卜花、韦伯林、韦水印、韦日区、韦树权、韦周烈、韦周伦、韦日用、韦仕丰、韦周三、韦仕贤、韦邦才、韦泰书、韦庆光、韦恩长、韦日内、韦老五、韦家元、韦正权、韦日伙、韦日珍、韦日做、韦日而、韦日飞、韦日伍、韦会书、韦廷芳、韦水合、韦圣达、韦锦、韦日田、韦宗斌、韦永华、韦礼权、韦仲、韦昌幼、韦火、韦日、韦顺、韦照选、韦正统、韦正先、韦清选、韦日张、韦家升、韦顺规、韦日举、韦日木、韦卜旺、韦顺华、韦正芳、韦顺韩、韦正长、韦坚、韦顺权、韦善业、韦日伟、韦正金、韦日狂、韦善群、韦日纪、韦卜水、韦善坤、韦日前、韦成康、韦家贤、韦正丰、韦玉章、韦正书、韦善学、韦天谋、韦现任、韦建、韦祖业、韦日所、韦日祖、韦尚林、韦任英、韦尚文、韦祖才、韦恩中、韦士祥、韦若清、韦日福、韦日来、韦日新、韦任伍、韦日培、韦树春、韦日躲、韦日伦、韦日超、韦卜烈、韦日平、韦钟明、韦日春、韦卜安心、韦卜引、韦仁芳、韦金陆、韦立金、韦卜谋、韦好友(女)、韦日爱、韦卜安保、韦才木、韦芳睇、韦树生、韦灵肖、韦日小、韦日连、韦日仁、韦日三、韦仕才、韦满新、韦金全、韦仁高、韦海林、韦日保、韦高廷、韦祖云、韦相尧、韦日案、韦相谋、韦仁隆、韦仕堂、韦人陆、韦金屋、韦华巨、韦钟康、韦保才、韦日用、韦炳安、韦卜卯、韦汉康、韦廷荣、韦日运、韦卜心、韦宝、韦述才、韦正朋、韦日言、韦乙兑、韦林英、韦日德、韦日只、韦乙甫、韦日师、韦德荣、韦日业、韦达道、韦林善、韦林甲、韦尾珍、韦荣生、韦乙独、韦展明、韦保奎、韦保四、韦耀权、韦启明、韦达昌、韦仕朗、韦日运、韦奇马、韦在基、韦旭清、韦宪龙、韦林善、韦孔明、韦玉楼、韦朝金、韦亮玉、韦卜五、韦寿德、韦秀云、韦德芳、韦日搞、韦日福、韦展周、韦锦全、韦尚光、韦玉贤、韦玉文、韦保程、韦日堂、韦日姣、韦德运、韦金传、韦乙东、韦保柩、韦同情、韦树邦、韦日弱、韦炳文、韦利辉、韦家林、韦统北、韦仁玉、韦日庭、韦光荣、韦福江、韦保元、韦土安、韦宝廷、韦木先、韦伙保、韦殿良、韦玉瑶、韦老三、韦日廷、韦天良、韦福昕、韦福拉、韦义云、韦日安、韦卜雄、韦水明、韦日寿、韦四朝、韦日岩(1906年生)、韦玉壁、韦祖成、韦日华、韦日岩(1901年生)、韦良元、韦卜六、韦学科、韦名丰、韦干伯、韦名寿、韦日维、韦日来、韦日莲、韦始举、韦德、韦杰、韦玉开、韦锦才、韦德尤、韦日吝、韦云卒、韦日领、韦永科、韦保右、韦双金、韦鸿福、韦鸿朝、韦名安、韦日初、韦日陆、韦成科、韦玉科、韦名卫、韦水科、韦安尤、韦名辉、韦秀林、韦吉留、韦庆棉、韦老三、韦荣生、韦相杰、韦振光、韦日生、韦东泽、韦世安、韦继安、韦水生、韦华炬、韦世贤、韦仁清、韦述福、韦述宽、韦国泰、韦国安、韦龙合、韦云才、韦云保、韦仲瑶、韦福云、韦元四、韦保亮、韦显袍、韦仲凡、韦金文、韦美祯(女)、韦德昌、韦仕能、韦老四、韦仁生、韦忠元、韦文爱、韦文根、韦文开、韦福尧、韦海磷、韦天松、韦福宽、韦福四、韦尧、韦福龙、韦安代、韦日昌、韦周先、韦义德、韦仁春、韦廷春、韦义才、韦礼弟、韦绍金、韦卜书、韦保青、韦保生、韦绍文、韦卜雄、韦祖力、韦炳芳、韦建平、韦元规、韦祖文、韦建寿、韦介必、韦福林、韦日六、韦四科、韦培科、韦介刚、韦德高、韦清元、韦明金、韦编伦、韦大金、韦卜暖、韦有贵、韦培雄、韦祖金、韦茂宽、韦焕鲜等。

公众人物有：韦正君、韦巨财、韦保长、韦立勋、韦立谭、韦锦、韦鸿登、韦鸿朝、韦彭波、韦玉科、韦鸿科、韦祖先、韦宏尤、韦健东、韦耀开、韦正书、韦仁合、韦祖贤、韦葫盛、韦林稍、韦显安、韦明山、韦荣柏、韦家乐、韦星高、韦朝端、韦文超、韦卜年、韦绍裘、韦世芳、韦肇坤、韦德昌、韦恒松、韦钟康、韦安荣、韦志龙、韦亮清、韦善标、韦冠昌、韦炳华、韦树庚、韦仁珍、韦述福、韦立清、韦庆隆、韦凤昌、韦世能、韦云锋、韦安科、韦坚、韦仕杰、韦金义、韦忠福、韦卜金秀、韦编文、韦卜必、韦彦邦、韦彦高、韦干权、韦钟权、韦云、韦钟瑶、韦凤昌、韦汉超、韦命周、韦星高、韦编读、韦世隆、韦秉华、韦四、韦仲福、韦仕勋、韦廷谋、韦运昌、韦雅芝、韦克诚、韦玉楼、韦树朋、韦水仙(女)、韦达道、韦武、韦炳朝、韦尚廷、韦正丰、韦巨祥、韦华松、韦干柏、韦尊尤、韦相科、韦忠尧、韦卜磨、韦钟旭、韦培求、韦世南、韦廷贤、韦秀金、韦卜扰、韦发张、韦正交、韦立规、韦家雄、韦炳文、韦宝圭、韦运良、韦克成、韦瑞清、韦永科、韦学滔、韦乙秀、韦统元、韦瑞安、韦恒松、韦树昌、韦仁春、韦彭才、韦引才、韦显能、韦卜安杨、韦仕金、韦清元、韦举清、韦仕庆、韦艺金、韦卜顾、韦明山、韦保德、韦义丰、韦秀林、韦玉科、韦芝科、韦鸿朝、韦朝丰、韦孔超、韦午元、韦仲元、韦荣章、韦仲瑶等(以上包含了在30年代土地革命时期广西东兰的县、区、乡农协会长、党委书记、苏维埃主席这些叱咤风云领袖人物名单)；现代的公众人物：韦国清(1913—1989，原名邦宽。广西东兰壮人。中华人民共和国党和国家领导人)、韦祖珍(1912—1982，原名仕，广西东兰壮人。中国人民解放军少将)、韦杰(1914—1987，原名士良，广西东兰壮人。中国人民解放军少将)、韦经益、韦述明、韦世权、韦建明、韦相辉、韦钟璜(曾任1922年的东兰县知事)、韦超群(曾任1949年东兰县长)、韦熠祖(曾任1931年田阳县长)、韦礼伯、韦必忠、韦世烈、韦信音(忻城人)、韦义律、韦秀荣(女)、韦树奎、韦延年、韦善康、韦界儒、韦宝昌、韦贵元、韦伙灵、韦善国、韦儒泰、韦永生、韦玖灵、韦造祥、韦胜、韦培金、韦玉金、韦云飞、韦海昌、韦绍益、韦树奎、韦孟科、韦祖能、韦天富、韦海洲、韦刚、韦德先、韦培轩、韦应灵、韦干生、韦宏、韦达斌、韦加波、韦小鸾、韦盛秋，以及东兰县壮族民间歌手韦荣生、韦永芳、韦美莲等。

3. 广西都安县，这也是广西韦氏集中分布县份之一，韦姓村遍布县内各区乡，尤以福龙、同意、翁同、永良、龙桑、九经、九如、九福、仁联、拉仁、加图、龙燕、庭津、盏合、精华、八甫、妙田、菁盛、三表、崇业、拉烈、胜利、竹山、百璜、百黄、百拉、骨龙、文华、中旧、映山、群乐、龙焕、加范、江洲、觉瑞、怀雄、塘么、和皇、平方、棉山、山脚、良美、吾章、下和、华桂、坡楼、德礼、华占、吞依、敦足、达梧、大调、亮山、升平、尤齐、弄腾、造业、平旺、弄河、平良、巴善、水平、镇兴、元力、安阳、永乐、隆旺、隆福、林茂、双加、隆伸、吉隆、光隆、下街、龙坝、带河、尚智、凤塘、太阳、塘伦、岩马、地同、东庙、怀道、镇安、上节、九道、丹阳、大定、拉棠、甘湾、红渡、桑里、巴潭、迎晖、和兴、学荣、马行和地苏乡材江村等单一韦姓的村屯最常见。

民国时期中国韦氏子弟为国捐躯的阵亡将士名单中有都安韦氏子弟韦振先、韦海荣、韦义坚、韦向春、韦秀才、韦立规、韦志礼、韦成寿、韦绍华、韦日表、韦春德、韦成遂、韦成珠、韦安东、韦吉辉、韦建文、韦士结、韦启二、韦明耀、韦永年、韦世新、韦英贤、韦德山、韦利英、韦永示、韦汉仁、韦士蔚、韦国殿、韦士修、韦国标、韦锦禄、韦如佚、韦永连、韦日印、韦忠禄、韦国辉、韦春芳、韦建文、韦卜存(卜存是壮话)、韦尚金、韦成贤、韦耀明、韦润荣、韦英纪、韦作神、韦建忠、韦彩冠、韦永朝、韦东光、韦冠纯、韦敬忠、韦杰、韦尚模、韦安然、韦文峰、韦桂才、韦启昌、韦永正、韦立中、韦兆德、韦志军、韦绍福、韦香仁、韦文昌、韦性刚、韦民贵、韦振标、韦建才、韦志宏、韦桂琉、韦文秀、韦德修、韦咸胜、韦士学、韦天宗、韦志通、韦学治、韦民四、韦炳益、韦纪崇、韦云加、韦启周、韦国富、韦永基、韦志尊、韦显堂、韦建珍、韦忠亳、韦瑞荣、韦景堂、韦金元、韦德邦、韦金声、韦利生、韦德甫、韦光臣、韦学金、韦奇康、韦建经、韦锦明、韦永英、韦世达、韦永昌、韦永烈、韦美基等。

登载在广西近期出版的《都安县志》烈士名单中的都安韦氏子弟有：韦景新、韦立仕、韦秀华、韦锡英、韦朝森、韦宁康、韦元锋、韦透莲、韦锦昌、韦立豪、韦立仕、韦英文、韦志尤、韦克义、韦芳莲、韦德康、韦志丰、韦振名、韦爱廷、韦朝开、韦尚坤、韦修梅、韦尚洪、韦锦元、韦建成、韦建合、韦德宽、韦彩耀、韦可立、韦克柏、韦德修、韦必元、韦炳南、韦国庆、韦阳规、韦瑞光、韦绍玩、韦安光、韦仕合、韦廷现、韦仕兴、韦绍康、韦荣飞、韦老大、韦善坚、韦显恒、韦景新、韦才、韦龙珊、韦金璜、韦海带、韦永达、韦成明、韦景旷、韦景尤、韦明运、韦宪国、韦荣时、韦云超、韦云汉、韦云岩、韦景生、韦克比、韦信作、韦庆德、韦宏茂、韦启山、韦海国、韦喜、韦炳信、韦乔玉、韦秀英、韦光德、韦信杰、韦海现、韦启华、韦成兰、韦海明、韦安贵、韦宝华、韦焕光、韦志扬、韦育万、韦瑞吉、韦吉星、韦海康、韦吉林、韦家松、韦老二、韦朝清、韦有德、韦乙洪、韦秀林、韦秀光、韦炳文、韦乙练、韦仕元、韦昌元、韦志忠、韦景元、韦富才、韦贞祥、韦家勤、韦寿璜、韦文观、韦文开、韦贵明、韦吉宗、韦怀良、韦汉煌、韦合彬、韦灰林、韦孟林、韦日才、韦仕祥、韦吉清、韦日望、韦日暖、韦日旺、韦相、韦日消、韦二、韦三、韦日途、韦文敏、韦明安、韦修奎、韦志康、韦家贤、韦景阳、韦春康、韦士华、韦金团、韦德康、韦德尤、韦士兴、韦志珍、韦尚仁、韦振贤、韦振扬、韦天目、韦邦福、韦成方、韦海良、韦善员、韦瑞宗、韦振业、韦立东、韦显寿、韦振球、韦有惠、韦理辉、韦春必、韦安全、韦隆才、韦超清、韦志扬、韦俊夫、韦炳年、韦绍西、韦华珍、韦绍华、韦振德、韦汉朝、韦秀年、韦绍发、韦庭昌、韦万和、韦绍光、韦锦白、韦忠武、韦永林、韦秀春、韦昌益、韦子兴、韦定理、韦彩龙、韦子长、韦宝术、韦大邦、韦正邦、韦国良、韦绍登、韦林孔、韦以义、韦增绿、韦鲁邦、韦保廷、韦修、韦绍贤、韦能德、韦桂全等。

公众人物有：韦士高[广西都安地苏乡壮人，道光年间(1821—1850)拳师，荣获“安定拳王”雅号]、韦善美、韦永甫、韦严星、韦少勉、韦成栋(笔名东木)、韦有琴、韦德珍、韦国忠、韦汉超、韦明波、韦吉田、韦德进、韦安光、韦文林(生于江苏扬州，祖籍都安)、韦文耀、韦国扬、韦国权、韦俊标、韦瑞能、韦元威、韦树英、韦耀东、韦瑞琳、韦优、韦生理、韦成森、韦辉国、韦士彦、韦群、韦景秀、韦家勤、韦吴强、韦德仁、韦汉英、韦校常、韦廷邦、韦海珊、韦英、韦文聪、韦景珍、韦冠荣、韦汉芳、韦华元、韦可耀、韦德先、韦安成、韦仕贤、韦乃儒、韦辉、韦兵、韦文贵、韦津、韦泰昌、韦俊荣、韦绍勋、韦文亮、韦振魁、韦海昌、韦无、韦宪廷、韦金山、韦松林、韦树佳、韦承兴、韦仕宁和都安县壮族民间歌手韦淑珍、韦方培、韦素娥等。

4. 广西河池，于1983年改县为市，该市的韦氏也属人口较多的姓氏之一，主要居住在九圩乡八万、大郭、那朝、平垌、江潭，东江乡永兴、加辽、百旺、齐美，拔贡乡贡维、九良，五圩乡龙马、塘降，下考乡下考街、下渡，三旺乡板岜，六圩镇板立、同进、肯研，六甲镇旦洞，河池镇梅洞、拉显、红沙，保平乡南排；长老镇隘口、长老街、化板、地霄等村屯。民国时期中国韦氏子弟为国捐躯的阵亡将士名单有河池子弟韦安、韦永亨、韦宗相(一说韦家相)、韦照玉、韦政申、韦雄、韦惠球、韦辐元、韦正标、韦秀廷、韦昌高、韦绍壮、韦福、韦贵才(一说韦贵木)、韦福田、韦忠辉、韦林中、韦任扬、韦松建、韦文品、韦世明、韦回(一说韦四)等；登载在广西近期出版的《河池县志》烈士名单中的河池韦氏子弟有韦炳国、韦鲁丰、韦元好、韦泰山、韦士国、韦光华、韦老二、韦任模、韦国魁、韦永拔、韦秀骅、韦运转、韦钊、韦莲芳、韦定一、韦芳、韦天才、韦尚登、韦双现、韦全港、韦英红、韦保显、韦天保、韦璃书、韦秀禄、韦龙海、韦连中、韦忠朗、韦家谋、韦光明、韦著阁、韦有伍、韦锦亮、韦天德、韦水平、韦德继、韦元义、韦显成；公众人物有韦善文、韦琼崇、韦建琚、韦家盛、韦荣松、韦荣美、韦宗鲁、韦永香、韦彬、韦永团、韦文科、韦荣将、韦鹏飞、韦日宁、韦景元、韦景芳、韦文长、韦爱善、韦士宁、韦守先、韦成辉、韦鸿枢、韦国福、韦祥、韦有隆、韦焕熙、韦利英、韦海忠、韦温禧、韦新洲、韦景翠、韦耀身、韦建珺、韦焜、韦鸿启、韦彬、韦金亮、韦裕能、韦善文、韦福劝、韦尚洁、韦俊杰、韦荣刚、韦时强、韦仕良、韦禧、韦建、韦明超、韦志强、韦献高、韦海梭、韦海舟、韦一宁、韦士凤、韦怡、韦仁政、韦汉鼎、韦汉明、韦巨祥、韦宗华、韦宝明、韦炼纲、韦德生、韦振民、韦振茂、韦乐群、韦智广、韦景光、韦元相、韦玄成、韦彩明、韦仁彦、韦月爱(女)、韦永昌、韦佩运、韦仕长、韦鸿焜、韦润珠、韦荣禧等。

5. 广西上林县，据梁广模《上林氏族志》(1934年2月，未出版)调查称：全县人口为208 454人，152姓，其中蓝姓(29 195人)、韦姓(28 409人)、覃姓(21 398人)、黄姓(17 519人)、李姓(13 432人)，韦为次于蓝的第二大族，占全县人口(208 454)的13%。韦在24个乡都有分布，但以白圩(20村)、百寿(13村)、古蓬(10村街)、三里为中心，韦为第一大姓；北更、安良、巷贤、双贤、塘西、里丹、镇圩、协和、万福、万嘉、恭睦、澄泰、智勇、大丰等乡镇的韦氏为第二大姓；其他如塘红、思吉、亭亮、西燕、乔贤、蓝甲、东抚、马蹄等乡都有韦氏分布。1982年，上林统计的姓氏有158个，大姓为李、韦、王。总之，而今上林仍是广西韦氏人口密集县份之一。主要居住在贤巷镇六三村、光全村、兴塘村、高贤村、典塘村、长联村、卢柱村、耀河村、木字村，澄泰镇大坡村、东红村、洋渡村、澄泰街、下江村，古蓬乡凌头村，太平镇里丹村、云里村、江琳村、罗勘村，白圩镇爱长村、龙宝村、文岭村、龙楼村，三里镇三里村、双罗村、韦寺村、黄境村、大黄村，乔贤乡龙头村、恭睦村、水头村，塘红乡万福村、中可村、那君村，镇圩乡排红村、古登村，西燕乡江卢村、西燕街，大丰镇罗丹、罗勘、云蒙村等，这里，有许多是连片的韦姓单姓自然村屯。至于源流，新版的上林县志有“壮族标有姓氏，最早见于西汉时的黄同；上林壮人姓氏，最早见于唐碑所载的韦敬办”之说。

民国时期中国韦氏子弟为国捐躯的阵亡将士上林名单有韦日山、韦日容、韦恩连、韦正伦、韦贵堂、韦士东；登载在广西近期出版的《上林县志》烈士名单中的上林韦氏子弟有：韦盛经、韦启华、韦质彬、韦明、韦绍球、韦绍雄、韦绍辉、韦成华、韦正纪、韦编图、韦锦光、韦经华、韦育仁、韦覃祯、韦金堂、韦一忠、韦敏新、韦昭留、韦元璋、韦仕记、韦文林、韦廷英、韦李良、韦容模、韦增咸、韦清俭、韦兆达、韦少林、韦启振、韦佩英、韦凡亮、韦光棉、韦相彬、韦佩福、韦涧保、韦永芳、韦德祥、韦泽森、韦德阳、韦其珠、韦法唐；公众人物有韦厥（生卒时间无考，民间谱牒盛传任澄州刺史，实为土官，唐代壮族文人中的韦敬办、韦敬一是其后人。出土表明：唐高宗永淳元年（682）的《大宅颂》和神功元年（697）或万岁通天二年（697）的《智城碑》诗文系韦敬办、韦敬一所作。其汉文诗《大宅颂》，属六朝骈体文，其中韦敬一之《智诚碑》诗，功力不凡，汉文运用自如。可见当时有些壮族上层人物其汉文水平已较高，能诗能文了）、韦旻［一说韦墫，宋代上林壮族诗人。宋哲宗元祐年间（1086—1093）应试不第，遂隐居于今武鸣与上林间的大明山罗洪洞中读书，据山林泉石之胜，究摄生导引、修身养性之法，学问广博，时人称为“书笥”。旻和南贬的龙图阁学士许德言交好一时，在武鸣、上林文人中很有声望。著有《粤西书载》，已佚，仅存一首］、韦载昌［清道光十三年（1834）上林县举人，放任博白县训导］、韦晓壮（1961 年生，广西上林人，美籍华人，美国旧金山交响乐团小提琴终身演奏家）、韦京美（女，壮族，广西上林人，1976 年任广西女子篮球队队长）、韦黄勋（广西上林县人，曾任 1929 年忻城县县长）、韦广培、韦吴俊、韦显林、韦增寿、韦九贞、韦英成、韦可奎、韦少基、韦日科、韦一凡（原名韦世蕃）、韦恩项、韦盛经、韦以明、韦启华、韦质彬、韦自强、韦爵、韦连昌、韦保中、韦世雄、韦健、韦守安、韦家俊、韦艺民、韦守执、韦恒英、韦炳章、韦万里、韦士知、韦尚德、韦兴国、韦梦呈、韦成良等。

6. 广西容县，1982 年统计有 218 姓，韦氏居第 8 位，时总人口已在 1.2 万人以上，分布各乡镇，又以松山乡儒地村、沙田村、松山村，容城镇，黎村镇，十里乡十里村，宁冲村，杨村等比较集中。民国时期中国韦氏子弟为国捐躯的阵亡将士名单有：韦灿（1898—1940，字玉祥，广西容县人，1940 年 2 月 3 日率部攻打上思侵略日寇，不幸被日军包围，24 日阵亡，1942 年追赠为少将）、韦庆寅、韦德正、韦守新、韦光辉、韦玉梧、韦彬杰、韦荫明、韦树周、韦一清（原注空军中尉）等；登载在广西近期出版的《容县县志》烈士名单中的容县韦氏子弟有：韦一青、韦灿、韦桂辉、韦芳、韦进、韦有容、韦建才等；公众人物如韦丹（753—811，长安京兆人，唐元和初任容州刺史兼容管经略招讨使）、韦云淞（1889—1953，原名来松，字世栋，广西容县凇山乡人，原国民党第十六集团军 31 军军长，上将，1953 年病逝于香港）、韦韶生（女，1935 年第六届全国运动大会广西游泳队女队长）、韦饶玲（松山村人，50 年代全国三级跳远冠军）、韦来庠（？—1968，广西容县松山村人，1941 年广西南宁医药研究所所长，1945 年任广西省立南宁高级中医职业学校校长兼附设医院院长。有《温病学》《伤寒病的研究》等专著留世）、韦赞唐（1906—1951，广西容县人，1939 年任广西绥靖公署少将参议，1948 年任广西省财政厅厅长，1951 年在香港病故）、韦有鹏（凇山乡人，民国少将）、韦加宁（注，此韦加宁与北京积水潭医院外科专家韦加宁同名同姓，不是一个人）、韦荫炎、韦咸壮、韦庆兰、韦乐生、韦绍广、韦家仁、韦民翰、韦碧瑜、韦饶栾、韦勉泽、韦嘉宁、韦来熊、韦有镇、韦有成、韦有荣、韦有潮、韦有暹、韦有熙、韦桂深、韦良伟、韦健庸、韦家伦、韦佩珍(女)、韦振林、韦遒权、韦饶典、韦咸壮、韦侃、韦汝儒、韦清文、韦霞峰等。

7. 广西藤县，1991年统计了全县273个村、14万户人口中，有162个姓氏，韦氏排第9位，共3840户人，至少也有了一两万人口，分别居住在平福乡的安定、留利、平福、寻村、中太、下爽、沙街、民安、丹竹村，藤城镇，埌南镇的虎村、界田，同心乡的大梳、力冲，金鸡镇的沙冲、镇安村，象棋镇黄胜村，岭景乡的石村、和好村、新村，天平镇的塘冲、冷水、新兴、石炉、满街、新马、罗垌、罗平、回龙村，濛江镇的义良、古兰、古厚、双德、那塘、莲垌村及濛江镇上，和平镇的志成、平竹、双垌、屯江村及和平镇上，太平镇的镇街及七政、良垌、大破、仁安、罗社、木崖、永良、善庆、石夏、浮田、新雅村，东蒙乡的护安、上峡村，大黎镇的黎田、和安村，宁康乡的都邦、大塘村，古龙镇的陈平、长沙、大村、金凤、忠隆、田心、古龙村等村镇里。民国时期中国韦氏子弟为国捐躯的阵亡将士名单中有藤县的韦定文、韦佑兰、韦聚兴、韦怡教、韦寅成、韦长棋、韦学宗、韦启业、韦汉华、韦西石、韦寅成、韦拉标、韦耀祯等人；登载在广西近期出版的《藤县县志》烈士名单有藤县籍韦氏子弟韦昌其、韦世麟、韦长茂、韦永忠等；公众人物如韦文林(藤县人，1916—1917年任龙州海关监督，1920年任广西省观察使)、韦藤幼、韦健进、韦肇勇、韦熙泽、韦振礽、韦远佳、韦佐基、韦振林、韦宇琛、韦肇淙、韦礼仍、韦文、韦肇晋、韦国泰、韦炳鏐、韦家玲(女)、韦国柱等。

8. 广西柳城县，民国二十九年(1940)曾统计有106个姓氏，1987年有302个姓氏，韦氏是人口最多的姓氏。主要分布在六塘、马山、冲脉、洛崖(一说洛村)、寨隆、古砦、太平、凤山等乡镇。其中单一的韦姓村有74个，即九汉、银村、大旦、洛村、查岩、五井、大清、欧西、山脚、黄道、羊角、冲聋、米村、斗村、背圩、长山、贡山、指挥、大伍、大陆、洛黄、上全、下全、后全、上六料、中六料、下六料、覃村、大巷、横山、上横水、下横水、吉兆、妙贝、六龄、隆大、仲村、新村、傍参、旁垒、塞梧(一说寨梧)、鸡楼、拉达、潭洞、勤俭、樟排、丘歪、古婆、山弯、寨脚、龙门、田洞、春村(一说眷村)、鸦鹊、吉六(一说辖六)、仁村、岩口、马鹿、纳乐、良社、大炉(一说火炉)、周村、毛岭(一说毛峰)、山冲、龙驹、泗巷、思发、古旭、东村、中团、肯社、黄冲、古昔、木村等都是。民国时期中国韦氏子弟为国捐躯的阵亡将士名单柳城籍有：韦老从、韦生受、韦昭勋、韦庆杰、韦焕然、韦金莲(一说韦亚连)、韦昌锦、韦德华、韦荣成等。登载在广西近期出版的《柳城县志》烈士名单中的柳城韦氏子弟有：韦国交、韦善仁、韦继烈、韦锦璠、韦大炮、韦贡、韦士甫、韦正昌、韦善珍、韦少球、韦福朝、韦福居、韦广大、韦文秀、韦福东、韦登陆、韦彩芬、韦家欢、韦炳志、韦胜廷、韦鼎仓等。公众人物如韦怀汉、韦湘贤、韦金华、韦焕庚、韦天常、韦绍真、韦乔生、韦何荣、韦戴常、韦庆升、韦树纪、韦港基、韦美清、韦正义、韦治芳、韦桂武、韦必达、韦祖扬(汉族)、韦中平(汉族)、韦崇扬、韦丹桂

(女)、韦元发、韦志宣(汉族)、韦文华、韦宏贤、韦朝东(画家)。

9. 广西蒙山，统计表明广西蒙山有196个姓氏，韦氏居等6位，基本上属韦氏人口较多的县份之一。主要分布在新圩乡、文圩乡、夏宜乡、蒙山镇、新圩街、道义村、龙定村、夏宜村、屯律村、谢村、壮村、秀才村、桐油坪村、大车村、文平村等乡镇村屯里。民国时期中国韦氏子弟为国捐躯的阵亡将士名单有蒙山的韦启风、韦萧绘(一说韦尚绘)、韦颖、韦庆忠、韦益晋、韦继光等；登载在广西近期出版的《蒙山县志》烈士名单中的蒙山韦氏子弟有韦杰三、韦贤、韦国华；公众人物有韦乃伦(1850—1913，字炳魁，号文斋，清永安州今蒙山新圩人，州庠生，以军功封巡检职。宣统末年(1911)携眷归家，终年63岁)、韦钰(女，1940年生于桂林，祖籍蒙山，中国电子领域第一位女博士)、韦镇福(号铁僧，广西蒙山人，国民党军少将)、韦仕群(原名韦武俊，“广西拳王”)、韦振福、韦正贵、韦日清、韦永昌、韦显文、韦国权、韦文虎、韦世超、韦汉浩、韦本良、韦德三、韦竹平(原名韦振安，16岁拜师习武，1903年村上失火，烧屋火光冲天，竹平冲入大火中，抱起500斤重的稻米木桶，夺门而出，1917年受聘平乐中学国技教员，他曾让40名学生分成两组，用牛绳拉他，他蹲稳马步，纹丝不动。某年他村里的舞狮队到荔浦拜年，某富户把红包吊到三楼屋檐上，无法拿到手，求救于他，他把一舞狮队员双手往上一抛，抛到三楼屋檐位置时，用刀一割，红包正好掉落到韦竹平手上，全场惊服。看热闹的荔浦街人均叹曰：“此人真大力，少见！少见!!”)。

10. 广西宾阳，汉置领方，唐乾元元年(758)更名宾州，民国元年(1912)改宾阳县。1946年统计有123个姓氏，以韦、黄人口最多。1980年增至295个姓氏，排序前七位者为韦、黄、张、蒙、李、何、陈、吴、施，人口多者达数万以上。主要分布在宾阳镇北街，大桥乡陈撰村，古辣乡稔竹新村、大塘村，太守乡甘村，邹圩乡陈撰村、马村、雅庞村、磨道村，黎明乡独河村、新梁村、那昴村、韦垌村，雷圩乡长运村、平旺村，和吉乡马罗村、北罗村、叠子村、鸦乌村、石灰村，黎塘乡白水村，甘棠镇那洋村、高棠村等。民国时期中国韦氏子弟为国捐躯的阵亡将士名单宾阳有韦德标、韦建调、韦志光、韦志立、韦胜生、韦德福、韦振昇、韦正炬、韦应才、韦宝林、韦宏发、韦福林、韦子乾、韦伟杰。登载在广西近期出版的《宾阳县志》烈士名单中的宾阳中国韦氏子弟有：韦忠初、韦光、韦健臣、韦继先、韦建福、韦德才、韦素生、韦明善、韦进行、韦庆华、韦耀孟、韦兆东、韦彩善、韦钧、韦植新、韦锦志、韦建章、韦兆全、韦元全、韦贞甫、韦仁全、韦永安、韦垫仁、韦成才、韦锦倜、韦士璋。公众人物如韦同芳(1901—1984，印度尼西亚华侨教育家，祖籍广西宾阳)、韦安基、韦轩元、韦均林、韦求香、韦乃文、韦剑平、韦相传、韦业兰、韦世英、韦培方、韦庆韬、韦汉生、韦君平、韦同芳、韦振鹏、韦文雅、韦瀚章、韦守有、韦焕锦等。

二、广西韦氏人口“中县”有武鸣、马山、大化、来宾、天峨、巴马、宜山、南丹、凤山、那坡、邕宁(含南宁)等11个。

1. 广西武鸣县(含南宁)，621年唐置武戈县(今县之两江一带)，次年置武缘、朗宁、晋兴县，其中晋兴县治位于今县之南，宋晋兴更名乐昌，1035年废乐昌、析止戈人武缘，组成今之武鸣版图。元至民初，沿用武缘不变。1912年，时任广西都督陆荣廷改思恩府为武鸣府，次年六月，废武鸣府置武鸣县，由此武缘改武鸣，叫法沿承。1958年隆安、武鸣合并成武隆县，1959年恢复旧制至今。民国期间编的旧版县志称广西武鸣45个“团”（如罗谙团、邓广团、陆斡团等）建置，辖1310个村屯，其中挂有“韦”字的村名有34个，如兑韦、韦堡、下韦、伏韦、韦渌等，基本是汉字注音的壮话地名，意思这里是韦姓人的住地或故居村屯名称。对武鸣韦氏，壮族教育家韦鸿恩先生曾作过专门调查和研究，写有专著上报，可惜今已全无。民国时期中国韦氏子弟为国捐躯的阵亡将士名单中武鸣人有：韦金玉、韦沛霖、韦敏芝、韦炳元、韦翰仁、韦寸龙、韦定之、韦桂廷、韦李进、韦瑞文、韦云汉、韦照德、韦林中、韦金甫、韦文开、韦桂芳、韦美秋、韦礼圭、韦青盛、韦载章、韦翰华、韦桂三、韦启明、韦德良、韦国清、韦学弘、韦保珠、韦英庭、韦豪修、韦汉香、韦树安、韦立勋、韦令荣；登载在广西近期出版的《武鸣县志》烈士名单中的武鸣韦氏子弟有：韦尚之、韦保珍、韦现明、韦岐山、韦美珊、韦礼逵、韦兆兴、韦吉业、韦良仕、韦汉、韦元规、韦孝志、韦锦光、韦兆堂、韦运章、韦利仁、韦永仙。公众人物（含南宁）如韦天宝［1786—1821，字介圭，号烔斋，壮族，嘉庆二十五年（1820）进士，即用知县，分发四川。赴任时病死成都，年33岁。著作《存悔堂遗集》由其遗腹子韦丰华整理编成，已佚］、南宁的韦晴光（广西南宁人，乒乓球世界冠军得奖者）、韦世宁（原籍广西马山）、韦继更、韦东路、韦克松、韦世容（苗族）、韦克义、韦晓、韦汉华、韦炯仍（原籍广西武鸣）、韦湘秋、韦祖汉（原籍广西田东）、韦玉伍（女，原籍广西武鸣）、韦柳春（女）、韦金育、韦萍、韦连文、韦炯作（原籍广西武鸣）；武鸣的韦贵（明人，见前叙）、韦罗寄（广西武缘县人，曾任明代山西平阳府总兵）、韦朝雄（广西武缘县人，曾任明万历年间归顺州守备）、韦邦举（广西武鸣韦渌村人，清宜兴县丞）、韦立恩（1912—1965，广西武鸣壮人，原广西柳州锌品厂总工程师）、韦锦恩（与清进士韦锦恩不是一个人，广西武鸣人，壮族，1913—1919年任南宁海关监督，1919—1921年任梧州海关监督兼交涉员）、韦树模（与黄花岗烈士墓的韦树模不是一个人，武鸣人，前清附生，候选县丞督办、南宁洪水统税税务官、浔州府税、1917年被委任广西省观察使、1917—1919年任龙州海关监督兼镇南关监督）、韦冠英（1887—1961，字栋材，武鸣壮人，民国中将）、韦鸿恩（1882—1959，字咏宾，广西武鸣人，壮族教育家，一生都贡献给发展壮乡的教育事业）、韦冠曹、韦廷献、韦瑞麟、韦潘瑞、韦绍曾、韦章浦、韦冠瀛、韦彩云、韦友松、韦世华、韦怀瑜、韦鼎才、韦增、韦栋才、韦乃俊、韦孔编、韦世钧、韦增庤、韦建卿、韦五儒、韦应斗、韦恭、韦聪、韦廖、韦衣、韦冕、韦世勋、韦海晏、韦有纲、韦克诚、韦龙昌、韦有彬、韦重裘、韦元奎、韦良箴、韦帝经、韦荣、韦凤、韦芳、韦忠浦、韦廷臣、韦铭、韦刘英、韦士华、韦才胜、韦有富、韦文猷、韦永新、韦文起、韦志仕、韦立仁、韦颂恩、韦慈恩、韦宗遗、韦炯位、韦德祥、韦祥德、韦绍犹、韦翰飞、韦世平、韦元州、韦则坤、韦德泽、韦美俊、韦福郏、韦振华、韦天朝、韦珊、韦志祥（水电设计院）、韦志祥（府城高中）、韦绍祥、韦日辉、韦炳星、韦鸿禧、韦玉山、韦汉国、韦宝辉、韦超、韦平英、韦凛宗、韦华、韦瑞成、韦俊雄、韦文贤、韦宝镜、韦以明、韦增文、韦明英、韦天宽、韦美焕、韦荣飞、韦达、韦荣春（女）、韦少雄、韦文锋、韦显堂、韦冠芬（女）、韦春梅（女）、韦兵（女）、韦春华（女）、韦巧灵（女）、韦英（女）、韦锦康、韦志元、韦干文、韦汉英、韦克金、韦立新、韦美凤、韦少宏、韦象清、韦德宽、韦昌平、韦国东、韦克贞、韦明东、韦伯孝、韦增智、韦江平、韦红云、韦统霖、韦燕宗、韦礼宁、韦义波、韦建明、韦增忠、韦献良、韦民克、韦武、韦冰（女）、韦鸿海、韦兆文、韦俊昌、韦世平、韦伟杰、韦振华、韦元金、韦炯隆、韦苏文、韦汉华、韦颂平（女）、韦德福、韦庆珍、韦炯赳、韦瑶生、韦志钜、韦玉馨（女）、韦达（原名韦编隆）、韦文贤、韦剑辉、韦耀辉、韦安祥、韦春发、韦庆莲（女）、韦康桂、韦毓英、韦毓先、韦流邦、韦玉英（女）、韦编元、韦秋菊（女）、韦文珍（女）、韦德强、韦逢德、韦春贤、韦美秋（女）、韦健、韦永、韦宗仁、韦德安、韦烈荣、韦院生、韦阳生、韦洁琳、韦涛等。

2. 广西马山，该县原来是那马和隆山两个比邻县，1952 年将该两县撤并而成。以往的白山兴隆土司家族就是韦氏。马山韦氏分布原隆山部分见于合群乡、合作乡、上龙乡、杨圩乡、白山镇八街、古零乡、乔利乡和兴隆乡等地；原那马方面，据 1934 年清末秀才林锦臣（主纂）、马河图（参编）的《那马县志草略》（手抄本）称：那马姓氏以陆、林、韦、黄四姓人口最多，分布在贡川乡（今已划为大化县）、龙口乡（今已划为大化县）、周鹿镇、高圩乡、片圩乡、庙（今妙）圩乡、定罗圩乡、香村乡、石塘乡等地方。民国时期中国韦氏子弟为国捐躯的阵亡将士名单中，那马方面有韦启鸿、韦秀伯、韦元思、韦振淮、韦彩球、韦尊彬、韦涧琚、韦秀杨、韦汉臣、韦世云、韦彩建、韦德芳、韦钟义、韦金荣、韦凤鸾、韦振皇、韦启聘、韦绍民、韦世珍、韦承恩、韦发生、韦永廷、韦世业、韦尚犹、韦凤安、韦守光、韦明辉、韦锦耀；隆山方面有韦纯英、韦邦钷、韦邦廷、韦兆呈、韦耀基、韦虎廷、韦凤廷、韦世经、韦元成、韦文忠、韦仕杰、韦仕祥、韦抱通、韦佳亮、韦景和、韦朝俊、韦朝光、韦天伦、韦弁楼、韦光廷、韦焕荣、韦重驹等。登载在广西近期出版的《县志》烈士名单中的中国韦氏子弟有马山县人：韦作霖、韦金旺、韦乃柏、韦世花、韦锡显、韦凤毛、韦宝开、韦元达、韦英祥、韦园裕、韦国贵、韦展新、韦启祥、韦宁冠、韦定周、韦成隆、韦邦克、韦郁联、韦金堂、韦炳煌、韦承勤、韦雄、韦元济、韦绍礼（钦州籍人）、韦建芳、韦朝甫、韦宏章、韦启录、韦永南、韦元焕、韦信轻、韦世英、韦桂芳、韦秀云、韦钦宁、韦瑞祥、韦卜笔、韦光国、韦瑞珍、韦运朝、韦绍华、韦德润、韦国寿、韦跃灵、韦严、韦卜依、韦卜梱、韦挺文、韦世平；公众人物有韦国相［今广西马山县境兴隆司官族，平居严格，以礼自处，亦以礼处人，虽朝夕燕见，必冠服相对，睦邻敬宗，年过八十犹率履不衰。明崇祯十七年（1644），司官县其事上本府，优奖耆行］、韦廷辅（1892—1933，壮族，广西马山县周鹿镇周水村首快屯人，1922 年任那马县即今马山县知事，后因支持农运，做内应，1933 年 9 月被国民党政府抓获枪决）、韦波辉、韦品衫、韦东赤、韦克胜、韦美贤、韦炯那、韦庆、韦明、韦钧、韦启荣、韦自恭、韦瑞灵、韦国荣、韦明韩、韦群、韦景图、韦景齐、韦自强、韦寿兴、韦炜、韦秀乐、韦利甫、韦国玲、韦树良、韦谦虚、韦锦松、韦世祥、韦秀臣、韦国爱、韦克荣、韦爱球、韦克洪、韦月英(女)、韦精华(女)、韦飞智(女)、韦小妹(女)、韦薇(女)、韦国规、韦贵德、韦朝安、韦朝吉、韦家生、韦廷辅、韦明德、韦应邦(上林人)以及台湾韦氏韦家禄(原籍广西那马，即今马山，现住台湾)、韦文贵(原籍广西那马，即今马山，现住台湾)、韦肇华(祖籍广西那马，即今马山，现住台湾)和香港韦氏韦瑞群(祖籍广西马山)等。

3. 广西大化县，1987 年大化县从马山、都安等分裂出来组县，因国家兴建大化水电厂而得名。其姓氏概况与都安、马山同。该县的公众人物有韦金石、韦仕邦、韦孟敦、韦秀康、韦成国、韦华京、韦武(原名韦世仁)、韦荣英、韦建英、韦孟球等。

4. 广西来宾县，743 年，广西来宾因旧县(怀义县)在都泥水(今称红水河)、来宾水之东而易名。该县韦氏，主要分布在韦户村、韦村、石牙乡古本村、蒙村乡潘宷村和铁象村、凤凰镇、城厢镇、邓陶乡、平阳乡卢泗村、迁江南胜街、正龙乡蒙村、地川村、康村、古瓦村、合隆村、下料村、大凌村、发东村、三人村、莆田村、罗律村、新道村、迎恩村、平田村、里化村、读村、高堪村、高连村、莲花村、古燎村、福庆村、吉本村、地八村、欢怀村、新河村、弄茶村、牛腊村、三山村、太平村、赛暖村、介塘村、下达村、骨打村、白鸽村、东南村等。民国时期中国韦氏子弟为国捐躯的阵亡将士名单中迁江(撤销后并入来宾)有韦应宏、韦定良、韦宝丰、韦德松、韦固美、韦锦扬、韦周才；来宾有韦肇基、韦老府、韦世耀、韦文国、韦实钦、韦世猷、韦广从、韦照前、韦新良、韦光恒、韦老勋、韦树勋、韦文广、韦士理、韦广禄、韦宝田、韦国风、韦凤玲、韦盛、韦永增等。登载在广西近期出版的《来宾县志》烈士名单中来宾韦氏子弟有韦建勇、韦宝光、韦锦常、韦有荣、韦志强、韦上宽、韦上信、韦国锦、韦特乙、韦金国、韦家亨、韦周强、韦金福、韦成杰、韦跃美、韦作模、韦荣现、韦自强、韦扬能、韦建勇、韦瑞仁、韦汉相、韦威壮、韦少凤、韦学殿、韦新望、韦世凤、韦文爵、韦宝益、韦扬律、韦扬全、韦日明、韦书计、韦世庆、韦作佐、韦贵寿、韦家于、韦老全、韦增勤、韦瑞海、韦作棋、韦冠儒、韦仕吉、韦介英、韦耀谈、韦超能、韦振荣等；公众人物有韦肇隆(？—1938，字德卿，壮族，广西来宾县蒙村乡铁象村人，清绿营兵，由行伍保绥蓝翎守备，历任管带职，民初，占据来宾地盘，拥有二三千人枪，投入旧桂系军阀营垒后，任广西左区第三路副司令、护国第三军第一副司令、广西陆军第七独立旅旅长，改投新桂系军阀李宗仁营垒后，被授予陆军少将五等文虎章，1931 年赴港，不久回县定居，1938 年病逝)、韦学道[字爱堂，广西来宾人。道光十三年(1833)考列一等第一岁贡，授岁贡禀膳生员，功名方遂，未及赴任而卒，赠进士学位]、韦庆稳(1918—1988，壮族，广西来宾县蒙村乡潘宷村人，中国科学院民族研究所研究员，是壮族拉丁化文字创始人之一。1936 年毕业于广西柳州高级农业职业学校，1938 年考入广西教育研究所文史地教学研究班，毕业后在中学任教员，曾破译西汉天书《越人歌》，是壮语专家。有《壮语语法》《壮话拉丁化问题》诸多著述）、韦景春、韦福星、韦增才、韦展平、韦祖明、韦作权、韦体元、韦以均、韦文珍、韦纬、韦演易、韦琼环、韦载卷、韦威平、韦作勉、韦玉玺、韦可志、韦熊、韦书科、韦树青、韦有对、韦宗权、韦照能、韦纪勋、韦文俊、韦宏模、韦体元、韦育凡、韦奋志、韦举忠、韦洁诚、韦冠祯、韦玉林、韦以庚、韦玉棋、韦世伦、韦有对、韦少更、韦宝剑、韦国猷、韦健、韦昌社、韦统标、韦建望、韦德汉、韦佳福、韦肇亮、韦兴邦、韦志良、韦宏贤、韦国事、韦宝程、韦家安、韦炳汉、韦权、韦以然、韦李振、韦秀兰（女）、韦锦秀（女）、韦仁义、韦子雄（柳州人）、韦朵云、韦发宗、韦志贤、韦以邦、韦炳尧、韦家猷、韦文平、韦汝编、韦岗伟、韦武瑞、韦焕恒、韦炳辉、韦振领、韦文培、韦明、韦庆荣、韦家国、韦武智、韦曙光、韦恩华、韦亮、韦威库、韦书贵、韦金韩、韦美荣、韦家升、韦扬竟、韦家程、韦天宝、韦立恒、韦宝瑛、韦扬高、韦传彩、韦景贵、韦政荣、韦学典、韦威朴、韦忠善、韦景琅、韦志吉、韦志敏、韦启文、韦昌前，以及来宾县壮族民间歌手韦守仪、韦顺兰、韦庆国、韦加信、韦红琼等。

5. 广西天峨县，唐置峨州，属羁縻州制，清乾隆置天峨分县，1934 年始置天峨县。其韦氏分布在燕来乡、更新乡、八腊乡、六排乡、板么乡、向阳乡、下老乡、岜暮乡纳朗屯等一些村屯。民国时期中国韦氏子弟为国捐躯的阵亡将士名单有天峨人韦红、韦明昭、韦寿等。登载在广西近期出版的《天峨县志》烈士名单中的天峨韦氏子弟：韦卜新、韦道言、韦武勤、韦三弟、韦卜十、韦吉流、韦选堂、韦秀金、韦永新、韦声朝、韦福金、韦道祥、韦吉东、韦士昌、韦锦昌、韦东昌、韦吉敖、韦及昌、韦明甫、韦强、韦香文、韦显达、韦满武、韦盛蛟、韦家勤、韦长生、韦少荣；公众人物有韦水梅、韦汉群、韦成芳、韦永生、韦汉群、韦干、韦建英、韦乃高、韦仕南、韦瑞英、韦仕顺、韦永年、韦斗星、韦裕衡、韦征年、韦气兰、韦大运、韦大福、韦乃富、韦龙成、韦仝、韦显元、韦锦尤、韦仁坤、韦效生、韦仕清、韦体吉、韦绍雄、韦汉斌、韦志鹏、韦国英、韦景芳、韦显强、韦武雷、韦妈宗明、韦显汉、韦选军、韦明春、韦绍雄、韦胜英、韦长生、韦明立、韦南飞、韦宣、韦明忠、韦举鹏、韦宗永、韦应合、韦家杜、韦政江（柳江县人）、韦愚夫、韦景山、韦英、韦武雷、韦海辉（都安县人）、韦汉辉等。

6. 广西巴马县，原属文羁縻州，明置岜马、甲篆、万冈土巡检司。1934 年置万冈县，1953 年撤万冈县入田东、田阳、凤山等县，1955 年组成巴马瑶族自治县。此县韦氏人口也在万人以上（全县人口 227 579 人，按 1990 年统计的 270 姓中，五个大姓黄姓占 28%、韦姓占 11%、罗姓占 7%、覃姓占 6.7%、李姓占 5.7% 计算），他们的子子孙孙就生活在等巴马的穷乡僻壤里，关键时刻都能为国为民献身做贡献，其数众多，如登载在广西近期出版的《巴马县志》烈士名单的巴马韦氏子弟就有：韦卜领金（壮话名，带卜字的意思是领金的爸爸，下同）、韦日海、韦日松、韦日有、韦日三、韦日六、韦日成、韦日兰（1899 年生）、韦日和、韦日忙、韦日细、韦日丢、韦日生、韦日德、韦日荣、韦日斌、韦日安、韦日甩、韦日兰(1902年生)、韦日宏、韦日付、韦日暖、韦日得、韦日亩、韦日毛、韦日侯、韦日红、韦日见、韦日正、韦日保、韦日乐、韦日很、韦尔德、韦善云、韦承德、韦朝科、韦老大、韦老二、韦世康、韦海山、韦芳、韦卜生、韦子德、韦界元、韦文丰、韦日炊、韦日四、韦日录、韦日考、韦日启、韦日选、韦明昌、韦明在、韦卜日、韦金拾、韦有桂、韦特荣、韦明德、韦金华、韦立天、韦仲君、韦忠合、韦忠伦、韦仕开、韦金合、韦卜昌、韦卜行、韦仕杰、韦仕年、韦仕建、韦卜保、韦仕能、韦敏忠、韦德珍、韦瑞英、韦世华、韦锦福、韦炳凤、韦瑞鸿、韦世明、韦瑞瑶、韦瑞松、韦瑞勤、韦瑞祯、韦瑞明、韦清金、韦仁丰、韦拔弟、韦象超、韦文英、韦象中、韦永望、韦国君、韦卜年、韦象明、韦运华、韦日胜、韦仕元、韦朝正、韦运丰、韦光背、韦海楼、韦朝昌、韦树林、韦规年、韦朝平、韦桂修、韦卜星、韦永恩、韦卜交、韦金海、韦三、韦仕丰、韦文胜、韦海辉、韦文春、韦卜侯、韦卜中、韦老四、韦英雄等。公众人物巴马有韦芳(女)、韦使权、韦汉鹏、韦高新、韦运辉、韦元华、韦善国、韦金湾、韦世烈、韦桂堂、韦自清、韦体吉、韦德香、韦韩韫、韦华、韦秀清、韦月清、韦立研、韦作田、韦淑珍、韦荣锋、韦杏堂、韦廷波、韦庆科、韦尔雄、韦秀荣、韦安新、韦德灵和巴马县壮族民间歌手韦进安。另，1990年公布的长寿老人有韦牙福(女，100岁，壮族)、韦仕青(男，107岁，壮族)、韦金光(男，103岁，瑶族)、韦卜群(男，104岁，瑶族)、韦卜新(男，110岁，瑶族)、韦桂荣(男，103岁，瑶族)、韦乜花(女，100岁，瑶族)、韦乜军(女，102岁，瑶族)、韦乜台(女，101岁，瑶族)、韦乜闷(女，103岁，瑶族)、韦妈令(女，100岁，瑶族)、韦牙仁(女，100岁，瑶族)、韦乜英(女，102岁，瑶族)、韦乜块(女，104岁，瑶族)等。

7. 广西宜州，前111年汉武帝置定周县，治即今之宜州城，630年唐称龙水县，1119年更名宜山县，1993年撤县设宜州市。1990年统计有218姓，韦为首姓，而且这里的壮族以覃、莫、蓝、韦为大姓。分布于福龙乡同意村、弄桑村、福龙村、龙头村、龙新屯、永良村、宜州村、翁同村，北山乡，洛西镇北村、祥北村、洛西街、妙调村、九龙屯，三岔镇古卜村、泗柳屯、红社村新建屯、良因村、新村屯，北牙乡黄龙村、上材屯、龙扇屯，洛东乡大曹村、楞村、坡榄屯，庆远镇，屏南乡合寨村、果作屯，龙头乡，拉利乡保安村、小牛山峒，太平乡围村、思榄村、下维拉孔屯、牛岩屯，矮山乡宜畔村圳岭屯，怀远镇文昌街、北牛村，德胜镇榄树村、大邦村、邦圩屯，流河乡，石别街、清潭村外龙屯，安马乡白屯村拉朝屯，同德乡大安村等。民国时期中国韦氏子弟为国捐躯的阵亡将士名单中，有宜山的韦嘉盛、韦卜朝(卜朝是汉字注音壮话)、韦朝明、韦善、韦有才、韦顺文、韦继份、韦刘泗、韦耀、韦巨道、韦明风、韦高能、韦显章、韦忠海、韦廷居、韦承宗、韦颐作、韦有炳、韦世昌、韦尊贡、韦庆林、韦彪、韦尚权、韦顺德、韦善光、韦树奇、韦星耀、韦建成、韦宝田、韦绍仁、韦庆勋、韦甫廷、韦善松、韦荣才、韦禄新、韦代宜、韦如山、韦华冠、韦克拨、韦守元、韦应隆、韦成德、韦佩珍、韦秉瑶、韦元家、韦恩深、韦立、韦有恒、韦炳等。

登载在广西近期出版的《宜州县志》烈士名单中的宜州韦氏子弟有韦忠武、韦绍堂、韦曾华、韦秀春、韦昌益、韦子兴、韦定理、韦彩龙、韦子长、韦大邦、韦巨邦、韦国良、韦绍癸、韦林孔、韦以义、韦增绿、韦永林、韦绍贤、韦承球、韦定国、韦平、韦汝崇、韦庭勤、韦杰、韦忠臣、韦茂光、韦光庭、韦世清、韦启由、韦佩芝、韦荣业、韦英、韦文生、韦保廷、韦修、韦鲁邦、韦保术、韦造皇、韦应龙、韦应鸾(女)、韦汉文、韦启能、韦汉泉、韦汉臣、韦宏才、韦振模、韦金、韦其昌、韦振义、韦健明、韦生贵等。公众人物有宋朝广西文科进士宜山人:韦安(1088)、韦经(1109)、韦安雅和韦民望(1132)、韦文虎(1274)和韦广(广西宜州人,明宣德二年进士,授御史巡按江西,以清廉公正闻名于世)、韦月石(民国军队少将)、韦时(1922 年任宜山县知事)、韦荣霖(1913 年任浙江泰顺县知事)、韦泉溶(曾任贵州丙妹县县长)、韦津(1949 年任河池县县长)、韦健东、韦海澜、韦炳全、韦少耿、韦之越、韦继松、韦锦田、韦梦骥、韦剑英、韦宝荣、韦才、韦仁山、韦克义、韦秀禄、韦美源、韦福正、韦照斌、韦增亮、韦振雄、韦然超、韦天忠、韦颂椒、韦纯武、韦向癸、韦其宁、韦庆龙、韦吉整、韦必勤、韦立猛、韦必达、韦善兴、韦俊江、韦继高、韦忠厚、韦之坤、韦巨明、韦天黎、韦华隆、韦启汉、韦家勤、韦家立、韦世滚、韦庆龙、韦鹤汀、韦甘睦、韦家本、韦茂兴、韦茂熙、韦必谦、韦长仁、韦作玉、韦快乐、韦家权、韦江歌、韦志忠、韦舒敏、韦慧虹、韦仁寿、韦秀英(女)、韦琮瑜、韦耐生、韦锦荣、韦贵珠、韦天黎、韦志辉、韦明祥、韦善举、韦克敏、韦玉年、韦瑞登、韦瑜叶、韦金俊、韦仕清、韦体吉、韦炳绿、韦清芳、韦庆和、韦孟武、韦荣居、韦文忠、韦林辉、韦新裕、韦红日、韦善才、韦文斌、韦明良、韦锦洲、韦编、韦荣贤、韦宗耀、韦乃煌、韦家松、韦志芳、韦日奎、韦志和、韦以通、韦明珠、韦思庆、韦修建、韦百奇,以及祖籍为宜州的台湾韦氏韦启忠和韦继昂等。

8. 广西南丹,南丹唐时为福、鸾、延羁縻州,明为南丹土州,1917 年改流置南丹县。这里的壮族有八个姓氏,其中,韦姓居第三位,主要分布在六寨、罗富、月里、芒场、吾道等乡镇。民国时期中国韦氏子弟为国捐躯的阵亡将士南丹名单有韦松明、韦金甫、韦三、韦刚来等。登载在广西近期出版的《南丹县志》烈士名单中的南丹韦氏子弟有韦三合(汉族)、韦日兴(汉族)、韦德高、韦义芳、韦孔群、韦吉流、韦秀令、韦世昌、韦吉业、韦承华、韦日昌、韦振强、韦洪等;公众人物有韦洁晶(女)、韦家德、韦永团、韦文辉、韦定芳、韦克印、韦克勤、韦建芳、韦忠武、韦福斌、韦秀辉、韦红、韦纠、韦武琼、韦周、韦子松、韦俊标、韦启伦、韦俊锦、韦祥斌、韦漫源、韦世安、韦光对、韦照华、韦建生、韦任宽、韦秀明、韦猛飞和老寿星韦氏(女,1878 年生,广西南丹六寨镇拉堡村纳邑屯人,生有三男三女,60 岁老伴过世,100 岁眼睛还明亮,手脚灵便,经常纺纱织布,纺纱时昼夜不眠,一斤棉花三天纺完,之后,睡一天半、不吃不喝,起床后吃饱喝足,精神如常。又可以再织再纺。平时不吃稀饭,极少吃肉,但喜欢吃糖。录者注,1994 年县志编写时已 114 周岁,据说 108 岁时凡偶感身体不适时,不吃药,连睡三四天,起床后浑身就舒畅)等。

9. 广西凤山县，宋为罗博羁縻州，清为凤山土州，1919年置凤山县，今有2142个自然屯，韦氏分布在凤城街、板均、恒里、才劳、拉仁村、久文、巴旁、京里、松仁村、平包屯、长洲村、百乐、那老、那乐、那烘、郎里、那旁、那拉，砦牙乡泗务村、板叶村、隆梅村、东风村，乔音乡额里村、那王村，平乐乡海亭村，红洲乡巴标村，袍里乡谋屯、廷社、月里、坡心，甲篆乡那社村、好合村，所略乡尚勤村、平六村，平洞乡戈贤、勤兰、弄林，盘阳乡介莫、那坝、坡利、合乐、福厚、盘阳村，凤凰乡巴追、凤凰村、京屯、巴岩、那色、那朝，江洲乡凤平、维新、江洲村，平乐乡登亭、海亭、力那、平旺、洪力、中亭村、金牙、东王、上牙，林峒、久隆，乔音乡巴甲、老里、上材、若里、康里、那王等村屯中。民国时期中国韦氏子弟为国捐躯的阵亡将士名单有凤山韦四、韦柒、韦春安、韦明熙、韦品玉。登载在广西近期出版的《县志》烈士名单中的凤山韦氏子弟有韦卫国、韦日扬、韦文功、韦善国、韦学选、韦克东、韦廷章、韦纪科、韦世安、韦孝廷、韦选道、韦惠娟、韦莉、韦树豪、韦联浩、韦军科、韦氏送(女)、韦字勋、韦明全、韦亮、韦海、韦金运、韦洪、韦绿春、韦明昌、韦彦之、韦俊礼、韦瑞春、韦安心、韦显文、韦显廷、韦荣斗、韦六、韦仕伦、韦仕原、韦仕领、韦仕仁、韦仕昌、韦仕珍、韦仕佑、韦仕书、韦仕余、韦仕高、韦仕英、韦仕能、韦仕建、韦仕年、韦仕杰、韦田(女)、韦有年、韦八、韦明燕、韦辉、韦显珍、韦明康、韦敏忠、韦教元、韦卜炳益、韦名胜、韦锦超、韦仕贤、韦忠、韦明珠、韦明厚、韦文炳、韦天一、韦妈廷(女)、韦桥、韦述昌、韦单、韦卜朋、韦伍、韦业中、韦炳原、韦文纯、韦文光、韦明巨、韦运廷、韦乔、韦清荣、韦老恩、韦顶亨、韦家烈、韦鸿新、韦启新、韦家身、韦日文、韦日才、韦日合、韦日胜、韦日斌、韦日甩、韦日细、韦日安、韦日兰、韦日丢、韦日光、韦日有、韦日得、韦日生、韦日亩、韦日毛、韦日六、韦日候、韦家有、韦成娥、韦正书、韦正流、韦显宗、韦显高、韦显林、韦显福、韦显荣、韦家金、韦英明、韦忠烈、韦付、韦茂松、韦茂兰、韦炳章、韦卜领金(卜领金，壮话名)、韦光背、韦运丰、韦瑞明、韦运华、韦国君、韦永望、韦象中、韦象超、韦朝正、韦清金、韦修英、韦明全、韦朝昌、韦世明、韦仁丰、韦卜年、韦文英、韦海楼、韦象明、韦瑞祯、韦瑞勤、韦瑞松、韦瑞瑶、韦瑞鸿、韦英雄、韦如在、韦卜中、韦汉才、韦老四、韦海辉、韦卜保、韦老三、韦卜交、韦桂修、韦仕伦；公众人物有韦勉之(广西凤山人，曾任安徽省府秘书)、韦述勋[1871—1930，字鸿卿，壮族，广西凤山县凤城镇凤城街人，光绪元年(1875)世袭父职任凤山土分州第十任土官，光绪三十一年(1905)改土归流被撤职，宣统三年(1911)重被启用为凤山土分州弹压，任期八年，1923年任凤山县知事，1930年看破红尘，饮鸩自尽，享年60岁，留有《穿岩题壁》《鸿卿钓》等许多诗篇]、韦勉之(壮族，广西凤山县凤城镇凤城街人，1937年曾任安徽颍上县县长，1949年回到广西桂林绥靖公署任职，11月出走海外，下落不明)、韦泉英(女)、韦钟瑜、韦四、韦朝永、韦翠兴、韦锋、韦世安、韦裕、韦轶、韦秀年、韦肇云、韦钟瑜、韦联伪、韦名学、韦秀荣、韦革、韦戈、韦祖荣等。

10. 广西那坡县，原属宋置镇安羁縻州，清置镇安土巡检司即后来小镇安厅，之后改镇边县、睦边县(1953)、那坡县(1965)。这里是黑衣壮的故乡，自称布敏，分布于461个村屯中，1990年统计，本县的壮族人口占89.63%，除了布敏，还有布壮、央、峒、侬、锐、嘫、省、决、拥以及由隆安、旧土迁来的许多支系，分别聚居于190个村屯里，代代相承，繁衍不息。民国时期中国韦氏子弟为国捐躯的阵亡将士名单：镇边有韦昭明；那坡有韦照明。登载在广西近期出版的《那坡县志》烈士名单中的那坡韦氏子弟有韦成文、韦志成、韦志洋、韦国林。公众人物有韦建略、韦少文、韦耀武、韦其兴、韦彪、韦建录、韦宗涛、韦有新等。

11. 广西邕宁，该县的韦氏主要分布在蒲庙乡、蒲庙镇、联团村寨面坡，那路乡那旺村那旺坡，南阳乡南阳村坛碰坡，良庆乡那黄村挽立坡，那楼乡那旺村，五塘镇六塘村韦村坡，新江乡新东村那风坡，刘圩乡那里村良伟坡，伶俐乡，那陈乡，四塘乡，刘圩乡等。民国时期中国韦氏子弟为国捐躯的阵亡将士名单中邕宁有韦荣奇、韦吉林、韦进英、韦植夫、韦晀彬、韦国辉、韦特纲(特纲为注音壮话名)、韦国恕、韦长忠、韦长志、韦植夫等。登载在广西近期出版的《邕宁县志》烈士名单中属于邕宁韦氏子弟的有韦启瑞、韦加纯、韦天培、韦木、韦加受、韦作安、韦盛年、韦旭仁、韦智；邕宁的公众人物有韦宏夫、韦苇(原名韦宽彬)、韦彰、韦艳兰(女)、韦乃夫(原名韦宏夫)、韦式诚、韦善补、韦武琼、韦剑锋、韦玲、韦琛理、韦光汉、韦彰、韦育金、韦承谦、韦科常、韦启智、韦如梓、韦崇荣、韦和盛、韦细燕(女)、韦连香(女)等。

三、广西韦氏人口“小县”有田阳、柳江(含柳州市)、隆安、横县、罗城、环江、田东、田林、百色、凌云、乐业、平果、融水、鹿寨、武宣、象州、永福、荔浦、钦州(含灵山县和浦北县)、桂平、贵港、平南、岑溪、防城港市(含上思县)等24个。

1. 广西田阳县，这是壮族聚居的腹心地区，壮族人口占全县人口的89.37%，民国时期中国韦氏子弟为国捐躯的田阳阵亡将士名单有：韦博章、韦宜然、韦建清；登载在广西近期出版的《田阳县志》烈士名单中的田阳韦氏子弟有：韦德珠、韦仕清、韦亚旭、韦仲惠、韦信荣、韦编氏、韦举克、韦举兴、韦加强、韦家磷、韦举忠、韦举正、韦家红、韦俊业、韦健荣、韦廷柏、韦贤民、韦普章、韦绍起、韦耀廷、韦日辉、韦仕同、韦兰铺、韦祥安、韦恩才、韦启隆、韦明光、韦继仁、韦世坚、韦明兴、韦明峰、韦明德、韦云渊、韦修奎、韦焕然、韦学文、韦根文、韦志先、韦志业、韦伟韬、韦廷祥、韦礼升、韦立现、韦智员、韦利刚、韦智任、韦志兴、韦佩朵、韦国岩、韦文车、韦志强、韦善福、韦庆坡、韦朝好、韦青海、韦国飞、韦志文、韦留平、韦建丰、韦朝写、韦尚仁、韦恒权、韦锦标；公众人物有：韦锦恩[壮族，奉仪州即今广西田阳人，光绪二十一年(1895)进士，官居吏部主事]、韦义英(1889—1951，广西田阳县人，历任1930年奉议县县长、广西百色区民团副总司令、县民团司令、洪帮头子等，一贯残暴横行乡里，是有名的南部山区一霸，新中国成立后，因聚匪对抗，杀人放火，恶贯满盈，俘获后1951年被枪决)、韦耀祖(广西田阳人，1930年曾任广西凭祥县县长、1947年的“国大”代表)、韦江、韦志义、韦廷仕、韦恒康、韦健清、韦少祥、韦建元、韦妙初(女)、韦志英、韦凤新(女)、韦觉正、韦世英、韦福斌、韦效生、韦允健、韦世文、韦允昌、韦迪映、韦佩三(女)、韦培英(外籍武鸣人)、韦谦(外籍西林人)、韦学民(女)、韦启东(外籍容县人)、韦东峰(外籍东兰人)、韦少林、韦树恩(外籍武鸣人)、韦传真、韦清风、韦凤三(女)等。

2. 广西柳江(含柳州市)，此地韦、覃为大姓，遍布全县各地，其中韦姓村有59个自然聚居村落，如百鹏乡麦岐村、洛容马平等。民国时期中国韦氏子弟为国捐躯的阵亡将士名单有柳江的韦宜、韦永阳、韦文广、韦果祐、韦祖旺、韦祖惠、韦建山、韦学教、韦英而、韦六一、韦茂兰、韦永烈、韦思康、韦震、韦国虽、韦忠德、韦家柱、韦老兄、韦明林(一说明清)、韦宝生、韦硝之、韦天英、韦果瑶、韦文良(一说文才)、韦楷、韦正宽、韦正伦、韦久、韦记芬、韦志遂、韦明珍、韦显清、韦桂庭、韦新法、韦敬才、韦玉军、韦永杰、韦瑞卿、韦有琼、韦仁林、韦香兰(一说秀兰)、韦辉、韦有旺、韦卿、韦祖悌、韦蒙林、韦鹏等。登载在广西近期出版的《柳江县志》烈士名单中的柳江韦氏子弟有：韦重平、韦天强(原名韦世刚，武宣人)、韦辉汉、韦俊才、韦在群、韦瑞功、韦炳余、韦成庭、韦耀和、韦应芳、韦以立、韦香盛、韦学义、韦民、韦明、韦福雅、韦殿芳、韦文超、韦运祥、韦美钧、韦秀成、韦大兴、韦善刚、韦启克、韦立高、韦汉文、韦义廷、韦美铁、韦光实等；公众人物有柳江的韦日上(1894—1981，原名立权，曾用名刘杰，广西柳江人，壮族，民国政府陆军少将)、韦剑、韦毓芬、韦家杰、韦承瑞、韦如春、韦守江、韦传伦、韦云彩、韦王明、韦神喜、韦铁(原名韦有琼)、韦仲贤、韦星朗、韦仕鹏、韦启光、韦汉旋、韦昭年、韦漾萍、韦祖长、韦永骙、韦立群、韦景、韦文长、韦熙年、韦秀洪、韦文雅、韦如同、韦陆聪、韦咸宁、韦素华、韦日荣、韦宣芳、韦通全、韦胤春、韦冠魁、韦祖明、韦美成、韦士庸、韦文长、韦家国、韦君毅、韦汝江、韦守强、韦如良、韦作贤、韦卓元、韦卓史、韦金台、韦建宽、韦宣梅、韦政江、韦香草、韦金武、韦乐扬、韦美依、韦祯显；柳州公众人物有宋广西文科进士柳州人韦师孟(1082)之外，还有韦文彪、韦新进、韦唯(女，一级歌唱家)、韦耿印、韦玉山、韦小禄、韦义忠、韦国权、韦轩、韦飞燕(女)、韦姜群、韦运兴、韦小涛、韦志飞、韦建军、韦永长、韦耀武、韦智、韦炳祥、韦务实、韦江、韦培尤、韦启光、韦新、韦德佩、韦炳宏、韦滋、韦奋志、韦松柏、韦五、韦立岗、韦良臣、韦乃升、韦心欢、韦昌余、韦伟光、韦仲臣、韦仁斌、韦兆财、韦厚、韦教训、韦昌前、韦继文、韦加忠、韦善极、韦解善、韦兰俊、韦铁汉、韦达、韦正泰、韦光顶、韦兆国、韦科六、韦盛泰、韦有风、韦义南、韦克明、韦秀贵、韦老思、韦连生、韦敏、韦兆宏、韦张、韦必江(1929—1963，壮族)、韦宣芳(画家)等。

3. 广西隆安县，明(1533)才设县，清以后因之。民国时期中国韦氏子弟为国捐躯的阵亡将士隆安人名单有韦加昌、韦挺寿、韦祥春、韦家荣等。登载在广西近期出版的《隆安县志》烈士名单中的隆安韦氏子弟，有韦长春、韦家荣、韦加昌、韦挺秀、韦廷法、韦益、韦仁生、韦全、韦家盈、韦易善。公众人物有韦有琴、韦安良、韦振勇、韦显能、韦阳、韦国耀、韦天棉等。

4. 广西横县，1982年统计有192姓，其中韦、黄、李、张、谢为该县人口较多的大姓。分布在石塘乡高石村，校椅乡那罗村、六味村、韦村、山塘村，附城乡红宜村，马山乡木宜村、连塘村、覃村、平石村，板路乡黄公村、广龙村、竹瓦村，平马乡单竹村、蒙里村，平昌乡七生村、那湾村，良圻乡玉间村，灵竹乡韦村，陶圩乡善塘村、山脚村、六秀村，镇龙乡六昌村，百合镇圩贝村、大炉村、五合村等。民国时期中国韦氏子弟为国捐躯的阵亡将士名单：原永淳(撤销后归入横县、宾阳、邕宁三县)方面有韦士辉、韦玉森、韦咏显、韦光乾、韦金恒、韦修权、韦汝台、韦浩贠、韦美伦、韦才调、韦启德、韦实就；原横县方面有韦炳文、韦日华、韦启邦、韦汝安、韦思胜、韦军西、韦刚、韦锡同、韦治田、韦轰轰、韦守敌、韦民、韦振德、韦振作、韦实就、韦金恒、韦修权、韦美伦、韦咏显、韦汝召、韦启德、韦玉森、韦才调、韦浩贤、韦鸿成、韦士辉。登载在广西近期出版的《横县县志》烈士名单中的横县韦氏子弟有：韦斯广、韦家模、韦振注、韦振球、韦昌群、韦昌然、韦斯金、韦斯英、韦士辉、韦必山、韦丕琼、韦建吉、韦启明、韦家升、韦家琪、韦树环、韦景新、韦布扬、韦恩答、韦树照、韦文通、韦文新、韦文年、韦熙、韦超才、韦定彩、韦永壬、韦昌德、韦尚伦、韦其桃、韦昌映、韦建茂、韦志均、韦昌明、韦仕佳；公众人物如韦銮(广西横县人，明代壮族诗人)、韦其麟(1935—　，广西横县壮人。当代著名诗人、教授。有《玫瑰花的故事》《百鸟衣》《凤凰歌》《寻找太阳的母亲》《苦果》《含羞草》《童心集》《俘虏》等诗歌和专著《壮族民间文学概观》问世)、韦永勤、韦春宜、韦国能、韦世雄、韦健、韦守安、韦家俊、韦艺民、韦守执、韦恒英、韦炳章、韦万里、韦士知、韦尚德、韦世多等。

5. 广西罗城县，1953年撤天河县并入罗城县。这是一个多民族的县份，调查表明，罗城县的壮族有59姓，其中韦姓排第10位；汉族79姓中韦姓排第8位；仫佬族35姓中韦姓排第7位；苗族4姓中韦姓排第3位；瑶(有六姓)侗(有二姓)无韦姓。罗城韦氏主要分布在下里矮洞屯，东门镇，龙岸镇、龙岸乡北源地稿村、北源兴洞村，黄金富镇地吴村，十长安守善乡金鸡村，东门龙山乡班瓦村，龙山乡山寨村，天河(原为县，撤销后并入罗城)华张乡油菜村、推新乡地甘村、金城乡甫村、下村、集城乡塘子村，四把思民乡九龙村、集新村，乔善乔木上甘孔村，龙岸珠江下雅林村等乡村里。民国时期中国韦氏子弟为国捐躯的阵亡将士名单中有原罗城县人韦绍球、韦朝兴、韦祖恩、韦咸渊、韦老甫、韦成基、韦文光、韦廷、韦明珍、韦扬昭、韦宝光、韦振祥、韦佩湘、韦兆礼、韦成、韦国正、韦永昭、韦华、韦明顺、韦思奇、韦启松、韦秉魁、韦显忠、韦士诗、韦德新、韦扬杰、韦士隆、韦士高、韦保玉、韦善金、韦荣宽、韦罗宗、韦士臣、韦安祥、韦光业、韦善珍、韦善高、韦人珍、韦大广、韦家骝、韦方成、韦德绿、韦启烈、韦人荣、韦永隆、韦永宏、韦大洲、韦宝祥、韦有旋、韦启芳、韦荣昌、韦仁理、韦罗昭、韦永直、韦德满、韦明顺、韦庆春、韦文彬、韦罗氏、韦明青、韦明堂、韦明化、韦启富、韦明湘、韦德堂；原天河(撤销后为今罗城境)县人有韦廷、韦明珍、韦杨昭、韦宝光、韦振祥、韦佩湘、韦兆礼、韦福祥、韦成、韦国止、韦永昭、韦人安、韦锵、韦明顺、韦忠奇、韦启松、韦秉魁、韦显忠、韦士诗、韦德新、韦扬杰、韦士隆、韦士高、韦保玉、韦善奎、韦罗宗、韦士臣、韦安祥、韦光业、韦善珍、韦善高、韦人珍、韦大广、韦方成、韦德禄、韦启烈、韦文荣、韦永隆、韦永宏、韦大洲、韦宝祥、韦有旋、韦启方、韦干猷、韦荣昌、韦罗昭、韦德章等。登载在广西近期出版的《罗城县志》烈士名单中的罗城韦氏子弟有韦堃(女)、韦英词、韦炳昭、韦胜庭、韦世通、韦登福、韦彭盛、韦理强、韦联读、韦阳辉、韦连祥、韦修祥、韦明祥、韦世模、韦荣祥、韦家证、韦廷安等。公众人物有韦齐、韦万才(仫佬族)、韦宗凡、韦秀香、韦健、韦人隆、韦贤生、韦升(一说昇)、韦刚、韦联保、韦世琼、韦锦城、韦景泰、韦吴杰、韦民军、韦新建、韦世通、韦家祥、韦海红、韦代华、韦书鼎、韦联仪、韦联强、韦永猛、韦文钦、韦崇凡、韦廷安、韦世强、韦志新、韦仕清、韦体吉、韦齐、韦克邦、韦永恒等。

6. 广西环江县，1952年撤宜北与思恩两县，合成今之环江。民国时期中国韦氏子弟为国捐躯的阵亡将士名单中，有宜北的韦善士、韦树全、韦天合、韦善切、韦英强；有思恩的韦长富、韦卓、韦炳荣、韦绍奎、韦朝栋、韦长源、韦均、韦善、韦振、韦裕、韦然、韦长代、韦坚生、韦标、韦彬、韦树根、韦克先、韦禩、韦金云、韦林英、韦正日等。公众人物有韦继新(诗人，字芹塘，道光末举人，因会试留京三年，不第而归，先开始筹办民团，后掌环江书院，译有七言壮歌十四首)、韦文功、韦炳珩、韦汉波、韦加泽、韦庭必、韦瑞林、韦双甲、韦卓汀、韦向学等。

7. 广西田东县，今之田东唐为惠佳、横山两县，宋把横山县改横山寨，为著名的马市集散地。清为恩隆县，民国易名田东，之后与万冈县相互划辖过一些乡镇。当今黄、韦、李、岑为该县大姓，韦姓在各乡镇都有分布。民国时期中国韦氏子弟为国捐躯的阵亡将士名单中田东韦氏子弟有韦日山、韦日容、韦恩连、韦贵堂(一说贵救)、韦正伦、韦士东等；万冈方面有韦胜标、韦存猷、韦家德、韦海深、韦复兴、韦中兴等。登载在广西近期出版的《田东县志》烈士名单中的田东韦氏子弟有：韦东康、韦东朝、韦福焕、韦桂平、韦春堂、韦天督、韦胜贤、韦大星、韦肇新、韦秀峰、韦日伟、韦日有(又名韦纪)、韦天甲、韦秉祯、韦汉熙、韦吉炳、韦月英、韦少丰、韦荣(女)、韦明台、韦乃主、韦福昌、韦德、韦日常、韦永彭、韦日朝、韦卜礼、韦日英、韦荣尊、韦如山等。公众人物有韦荣(女)、韦少丰、韦凌霄、韦世兴、韦权、韦元光、韦奔波、韦利平、韦汉朝、韦绍章、韦民英、韦冬全、韦建税、韦有保、韦焕卿、韦杰夫、韦玉麟、韦东全、韦汉民、韦树关、韦美艳、韦万春、韦国贤、韦志民、韦正祥、韦莲秀(女)、韦炳德、韦纪、韦华姜等。

8. 广西田林县，有自然村屯共356个，有苗、瑶、徕(当地指晚迁入的汉人)、壮等民族，其中壮族占61.88%(1990年数据)，韦姓人口主要分布于利周乡老山村、旧州镇板坚村、八桂乡渭标村、那比乡六邦村等。民国时期中国韦氏子弟为国捐躯的阵亡将士名单中有原田西(后改名田林)的韦永寿、韦阿交和原西林(西撤销后归入田林、隆林）的韦丘。登载在广西近期出版的《田林县志》烈士名单中的田林县韦氏子弟有韦辑很、韦卜芳、韦卜保、韦仕德。公众人物有韦赢、韦贵年（凤山县人）、韦子东（宾阳县人）、韦江鸿（武鸣县人）、韦妈福（女）、韦素琴（女）、韦寿智（广东人）、韦奇恩（平果县人）、韦炳、韦秀娥（女）、韦钧等。

9. 广西百色，这里的“百色”，也是壮话地名之一，意思是嘴巴被堵塞的地方。土地革命时期，这里是邓小平、李明瑞、张云逸、韦拔群领导的百色起义、创建红七军和右江革命根据地的地区，壮族占80.7%，其余为汉、瑶、回、苗等族。民国时期中国韦氏子弟为国捐躯的阵亡将士名单中百色人有韦忠任、韦其业、韦五等。登载在广西近期出版的《百色县志》烈士名单中的百色韦氏子弟有韦炳贤、韦开祥、韦孝年、韦正德、韦海权等。公众人物有韦立波、韦灵敦、韦少坚、韦五八（瑶族）、韦永青、韦雄、韦绍益、韦金武、韦炳章、韦青山等。

10. 广西凌云，明为泗城土州，1740年置凌云县。1952年凌云、乐业并成凌乐县，1962年复旧。韦氏主要分布于泗城陇浩村椿木坳屯、伶站乡、沙里乡龙化村、玉洪乡江更村。民国时期中国韦氏凌云子弟为国捐躯的阵亡将士名单有韦瑞光、韦玉宝、韦纪业（一说纪年）、韦如发、韦修饕（一说修誉）、韦思高、韦金仲、韦子明、韦绍英、韦瑞灵、韦亚烈、韦仁敏、韦孟龙、韦英德、韦建德、韦三清、韦家琼、韦海波、韦绍福、韦懿珈、韦善民等。登载在广西近期出版的《凌云县志》烈士名单中的有凌云韦氏子弟韦门、韦意忠、韦卜善、韦日奈。公众人物有韦德（1898—1975，字义虎，广西凌云人，国民党陆军中将，1948年淮海战役被俘）。

11. 广西乐业，该县的韦姓人口，主要分布于新化乡仁里村法光屯、连篆村百合屯、磨里村把场屯、中合村百偶屯，幼平乡陇那村交来屯，逻西乡平浪屯、塘慈屯等。民国时期中国韦氏子弟为国捐躯的阵亡将士名单中乐业人有韦雨生、韦炳清、韦申、韦正等。登载在广西近期出版的《乐业县志》烈士名单中的乐业韦氏子弟有韦国英（天峨县人）、韦保吉、韦元廷、韦水、韦美荣、韦桃、韦燕良、韦万改；公众人物有韦文录、韦家福、韦玉清等。

12. 广西平果县，1952年将果德、平治合成之今平果。民国时期中国韦氏子弟为国捐躯的阵亡将士名单有果德方面的韦有进、韦德勤和平治方面的韦瑞杰、韦日玉、韦文新、韦日腾、韦成章、韦兆荣、韦修业。登载在广西近期出版的《平果县志》烈士名单中的平果韦氏子弟有：韦特巧、韦特升、韦永华、韦成安、韦桂华、韦振方、韦瑞明、韦卜省、韦仕、韦日亮、韦标才、韦卜长、韦北祯、韦振荣、韦俊兴、韦老二、韦奇新、韦有明、韦绍康、韦瑞文（抗美援朝的志愿军飞行员）。公众人物有韦全智、韦吉忠、韦延胜、韦富国、韦文总、韦奇业、韦志刚、韦兆勋、韦朝基、韦世秀、韦永甫、韦美能、韦成耀、韦树繁、韦宣仁、韦吉甫、韦正文、韦炳林、韦品生、韦秉士（一说秉仕）、韦汉升、韦大宏、韦启高、韦树关、韦振贵、韦笃文、韦庆敏、韦劲增、韦佑仕、韦云高、韦海荣、韦炽祥、韦清芳、韦艳梅、韦修贤、韦世伯、韦凤葵（平果县壮族民间歌手）。

13. 广西融水，登载在广西近期出版的《融水县志》烈士名单中的融水韦氏子弟有：韦家全、韦启培、韦保英、韦云、韦绍养、韦恒亮、韦世乐、韦有付、韦日奎等；公众人物有韦日刚、韦银花(女)、韦仲华、韦立富、韦玉、韦纯瑞、韦有达、韦仕元、韦亮、韦胜勇、韦济才、韦庆昌、韦凯章、韦耀芳、韦明山、韦鑫、韦壮造、韦有森、韦连芝、韦达、韦帮正、韦郁良、韦培红、韦训祯等。

14. 广西鹿寨县，1952 年撤原雒容、中渡、榴江合为鹿寨县，民国时期中国韦氏子弟为国捐躯的阵亡将士名单中：中渡有韦道鹏、韦祖二、韦老小；榴江有韦玉田、韦耀租、韦有顺、韦原则、韦国强；雒容有韦凤庭、韦佐华、韦大勤、韦福林、韦振江、韦嘉德、韦廷理、韦有通、韦秀芳、韦老隆等。登载在广西近期出版的《鹿寨县志》烈士名单中的鹿寨韦氏子弟有韦修文、韦进顺、韦雄、韦信凡、韦至金、韦忠、韦振、韦荣坤、韦继生、韦积谷等。公众人物如韦道敏(字树莹，广西鹿寨县人，1943 年获陆军少将军衔)、韦韬(1892—1953，号君六，中渡进寨上村人，1912 年保定军官学校毕业后返桂工作，参加了北伐战争，1939 年任国民政府军政部荣军五处少将副处长，1944 年获国民政府颁发的海陆空甲种一等功勋章一枚，1946 年 8 月离职，1953 年卒于家中)、韦祥、韦健祺、韦秀孟、韦壮凡、韦晓萍、韦尚韬、韦辉祥、韦元奉、韦乃文、韦道敏、韦从日、韦依前、韦安卫、韦冠英、韦仕威、韦显成、韦新应、韦定昌、韦向葵、韦修存、韦冠斌、韦善霖、韦兆财、韦化昌、韦在绪、韦继学、韦文雅、韦训祯、韦保华(女)、韦汝昌、韦中藩、韦印良、韦彩应、韦应光、韦建国、韦桂珍(鹿寨县壮族民间歌手)等。

15. 广西武宣县。民国二十三年(1934)《武宣县志》称，覃韦二姓入籍最先，其余则从明清由粤、闽、浙、赣、湘等省迁来。1990 年统计有 142 姓，韦姓为第二大姓，仅次于覃姓。分布于退挽乡汶村、伏柳村、进步村、横山村、梧山村；东乡乡上平岭村、莫岭村；桐岭乡塘莲村；塘岭乡乌龙村；二塘乡朗村；禄新乡地有村；河马乡昊村；新龙乡田合村、良田村、古练村；马步乡平田村；黄茆乡黄茆街；武宣街等南河片。民国时期中国韦氏子弟为国捐躯的阵亡将士名单有武宣人韦文山、韦电耕、韦辅香、韦挽成、韦逸星、韦景精、韦鸿美、韦荣才、韦泰权、韦德或、韦宪宝、韦日新、韦德仁。登载在广西近期出版的《武宣县志》烈士名单中的武宣韦氏子弟有：韦华琰(1906—1947，又名韦华宪)、韦天强(1909—1948，原名世刚，字近仁)、韦华旺、韦尚珍、韦有江、韦昌绸、韦世常、韦世光、韦昌猛、韦朝丕、韦正霭、韦正村、韦良祥、韦启祥、韦启图、韦绍木、韦兆先、韦茂兰、韦德岩、韦树平、韦朝绵、韦志廷、韦正孔、韦善图、韦站邦、韦遗祯、韦宇山、韦威懂、韦国柱、韦炳炎(广东罗定县人)、韦世忠(1922—1996，广西武宣人，其祖来自广东信宜)。公众人物韦敬端(字小庄，武宣壮人，晚清贡生。一生教授乡里，也曾就任过广东某地县丞，后讲学羊城，病死于斯，有诗作留世)、韦绪、韦世鹤、韦镇生、韦新猷、韦桂英、韦英勤、韦俊昌、韦炳纯、韦松英、韦廷布、韦东光、韦耀龙、韦铁委、韦以忠、韦以强、韦精矿、韦海油、韦源曾、韦建雅、韦淑新(女)、韦章平、韦日光(与融安韦日光同名)、韦遗笙、韦盛华、韦国邦、韦凤娥（女）、韦庆和、韦守德、韦继发、韦玉琅、韦慧燕（女）、韦敬身、韦精、韦荣敏、韦天柱、韦昂邦、韦英旺、韦启赛、韦建阆、韦善会、韦新猷、韦荣壮、韦立青、韦雨华、韦英勤、韦世祯、韦先荣、韦耀龙、韦正光、韦立华、韦永社、韦宝田、韦祖籍、韦荣祖、韦凤光、韦正合、韦雄鸿、韦敬礼、韦颖、韦德景、韦国良、韦志瑾、韦安邦、韦国巧、韦志龙等。

16. 广西象州县。1764 年该县有 505 个自然村，1942 年有 749 个自然村，1990 年有 768 个自然村，主要是壮族，包含有覃、韦、莫、黄、陆等姓，其中韦姓为该县第二大姓，属岭南著姓。象州韦氏主要分布于大乐乡大乐村、石朋村、大腊村、古琶村、石朋村，远江镇那敖村，百丈乡，寺村乡交趾村、士篑村、连河村，水晶乡法村，中平乡几头村，妙皇乡寨村、盘古村（该村 200 多户 1230 余人，有覃、罗、廖、韦、周、盘多姓壮人共居，20 代 500 年矣），以及运江镇都以村等。据韦富豪（广西象州县大乐乡人）家藏的《韦氏族谱》称：其远祖韦厥。韦氏属岭南著姓，汉唐已有。始祖韦义奉，从明隆庆时迁入，韦氏祖承“自中明以前无考”，之后多由东兰沿红水河经来宾、柳州迁入象州。对两广韩改韦一说，该书认为此说“易于附会”。而今，经调查表明，大乐乡岭南村至今尚保存有汉墓群约 115 座。……显然，这里是壮族比较古老的聚居地之一。民国时期中国韦氏子弟为国捐躯的阵亡将士名单有象县的韦应有、韦福廷、韦大茂、韦炳勋、韦文锦、韦绍蓁、韦兴汉、韦济波、韦秀芳、韦业修、韦佩深、韦禄顺、韦兆国、韦玉刚、韦有仁、韦若英、韦悦周、韦明利、韦义、韦树业、韦德佩、韦炯芳、韦建周、韦作周、韦朝介、韦应苡、韦大怀。登载在广西近期出版的《象州县志》烈士名单中的象州韦氏子弟有韦金、韦启明、韦作证、韦定周、韦天才、韦云开、韦庆珍、韦古星、韦六姑（女）、韦正初、韦定修、韦运龙、韦桂荣、韦德才；公众人物有韦廷佐[广西象州人，乾隆四十年（1775）任西隆县训导]、韦大卫（广西象州县寺圩乡连河村人，1954 年驾机起义失败，1956 年曾驾驶蒋经国旅游飞机起义返回大陆）、韦德贤、韦献民、韦超贤、韦乃豪、韦茂林、韦国良、韦协中、韦伟、韦纯粹、韦学贤、韦懿馨（女，与武鸣壮族教育家韦鸿恩之女同名同姓）、韦章平（又名振威）、韦永福、韦中士、韦风光、韦绍仁、韦荣强、韦诚凡、韦裕所、韦钦荣、韦祯呈（一说韦祯显）、韦文机、韦敏、韦纯敏、韦纯敦、韦奕宁、韦荣强、韦钧、韦纯宽、韦家福、韦德谆、韦萍、韦志高、韦宗贤、韦纬、韦裕宗、韦敏杰、韦志斌、韦雪英（女）、韦海兰（女）、韦玉花（女）、韦石玉（女）、韦大义、韦纯武、韦献忠、韦应科、韦华、韦辉、韦健、韦铎、韦干、韦绪、韦义、韦爱芬、韦宝光、韦宝善、韦宝实、韦秉泰、韦炳纯、韦炳仁、韦炳先、韦昌权、韦昌盛、韦正荣、韦吉古、韦成经、韦春文、韦大现、韦丹尼、韦德淳、韦德胜、韦定水、韦东明、韦恩造、韦尔仁、韦芳春、韦凤梅、韦凤香、韦福新、韦富坚、韦富英、韦革萍、韦革庆、韦公平、韦冠东、韦光成、韦光林、韦光前、韦光宗、韦贵忠、韦贵宗、韦桂宝、韦桂成、韦桂兰、韦桂鲜、韦桂香、韦国安、韦国成、韦国崇、韦国选、韦国楠、韦国嵩、韦国证、韦海容、韦海棠、韦浩明、韦红德、韦鸿旋、韦鸿燕、韦鸿宇、韦会生、韦家胤、韦家卓、韦建成、韦建宏、韦剑芳、韦剑森、韦金妹、韦金秀、韦锦宏、韦京武、韦军胜、韦康强、韦克锋、韦乐志、韦柳庆、韦柳燕、韦茂林、韦美姣、韦启统、韦清嫄、韦庆超、韦庆川、韦庆吉、韦庆荣、韦权辉、韦日光、韦荣方、韦如刚、韦东明、韦瑞斌、韦善爱、韦少昌、韦少成、韦绍干、韦绍兰、韦绍勤、韦世全、韦树彬、韦松英、韦庭君、韦卫明、韦文祥、韦武经、韦武军、韦祥和、韦兴权、韦秀江、韦秀莉、韦秀容、韦秀英、韦旭航、韦学龙、韦学钰、韦胤道、韦应杰、韦永凤、韦永恒、韦永柱、韦勇前、韦友和、韦友生、韦有明、韦玉红、韦玉祥、韦钰环、韦绍禧、韦远理、韦湘珍、韦云强、韦云忠、韦章平、韦兆坚、韦祯显、韦振均、韦振禄、韦振扬、韦正邦、韦正春、韦正晖、韦正矩、韦正荣、韦正儒、韦政文、韦志编、韦中土、韦卓刚、韦作质等。

17. 广西永福县，唐武德四年(621)置，以永福山名命县，1953 年将百寿县并入永福县。而今永福县有 237 姓，以韦、黄、李、莫为大姓，人口都在 1 万人以上，韦氏与壮族关系密切，是该县壮族黄、莫、罗大姓之后的第四大姓，分布在永安(喇塔、凤凰)、百寿镇(江岩)、三皇乡(荣田)、罗绵乡(江月、上笑、林村、尚水、星草)、桃城(大苏)、苏桥乡(盘洞、石门、大埠)、堡里乡(堡里、三多、拉木、波塘、罗田)、广福乡(矮岭、上寨、龙桥)、龙江乡(双江、西河、龙山、驿马、龙隐、上维、保安、合顺)一带乡镇村屯。民国时期中国韦氏子弟为国捐躯的阵亡将士名单有永福人韦庆华、韦士登、韦正明、韦二弟和百寿(撤镇后并入永福)人韦新潮、韦守道。登载在广西近期出版的《永福县志》烈士名单中的永福县韦氏子弟有韦显敏、韦初新、韦定华、韦炳、韦举宣、韦瑞云；公众人物有韦银豹、韦业祥[壮族，永宁即今广西永福诗人，清同治四年(1865)进士]、韦永成(1907—1997，广西永福人，留学苏联中山大学、德国柏林大学，是白崇禧的外甥，其妻蒋华秀是蒋介石亲侄女，永成曾任国民党广西省党部书记，南宁《民国日报》社社长，抗战后为五战区政治部主任、安徽省民政厅厅长，1948 年当选国民政府立法院立法委员，1949 年赴台，后死于美国洛杉矶)、韦超(1919—1940，广西永福人。中国滑翔运动开拓者)、韦秉中、韦显初、韦秉振、韦政权、韦扬佑、韦延恩、韦涛、韦之、韦玉平(女)、韦显敏、韦炳、韦初新、韦望华、韦玉华(女)、韦定光、韦举官、韦端云、韦宪乾、韦玉英(女)、韦化鹏、韦志光、韦景英、韦献福，以及长寿老人(至县志出版时间 1996 年)韦宗氏(女，103 岁，壮族)、韦老雪(女，100 岁，汉族)、韦菊英(女，100 岁，壮族)等。

18. 广西荔浦县，汉置，因县内有荔水而得名。三国吴析荔浦西乡置建陵，治于修仁。宋修仁、永宁并入荔浦，不久复置修仁。由此，荔浦、修仁并存直至民国。1952 年始撤修仁并入荔浦和鹿寨。旧志称：明代，荔浦居民仍以壮族为主体民族，当时的 300 个自然村就有 270 个是壮人。后因反抗明王朝残酷统治，这里屡遭官兵屠戮，余者只好纷纷外逃。荔浦现居住的壮族，是明末陆续从柳庆、古田迁入，当时韦、潘二姓人最多。而今韦姓人口于原修仁和荔浦境内都有分布，如东镇乡民强甲村、新坪乡新坪村下苏屯、双江乡的高段、龙坪、同福、两江、江埠、修仁镇、马岭镇的同善、地狮等。民国时期中国韦氏子弟为国捐躯的阵亡将士名单中有原荔浦人韦德甫、韦正忠、韦家儒、韦民先(一说民光)、韦庆选、韦文海和原修仁(撤销后归入荔浦、鹿寨)人韦右武、韦杞柳、韦炳开、韦正铣、韦启龙(一说启隆)、韦焕荣、韦承梁、韦重昌、韦永德、韦重才等。登载在广西近期出版的《荔浦县志》烈士名单中的荔浦韦氏子弟有：原修仁人韦升学和原荔浦人韦翠丰、韦远亮。公众人物有韦寒夫、韦俊斌、韦绍奇、韦建光、韦荣光、韦九成、韦远游、韦恒乐、韦建光、韦梦云(女)、韦耀宣、韦孔金、韦绍琦、韦仁山、韦炳光、韦现明、韦熙典、韦元芳、韦华福(在美国总统阿肯瑟州大学执教)、韦炳尧、韦现飞、韦照心、韦远游、韦现飞、韦建光、韦立权、韦德发、韦贤彬、韦韩辒、韦长连等。

19. 广西钦州市，1994 年国家将钦北区、钦南区、灵山县和浦北县提升为钦州市。其中浦北县，元至民国是原合浦县之部分属地，以南流河为两县界河，因位于合浦县北而得名。1959 年曾废，1965 年复置。市志称：秦至西汉元寿年间已有徐、韦、孔、傅定居钦州；元至明发展到 30 多姓；民国三十八年(1949)为 140 多姓；1990 年增至 197 姓，韦姓排行第 14 位，人口达到了 15 696 人，占全市人口总数的 15.2%，韦氏人口的分布概况，见于钦南区、沙埠镇平艮村铜鼓窝，新棠镇，官垌镇，乐民镇，北通镇，张黄镇，安石镇，那忠村、东场乡英窝村，平吉镇，久隆镇，板城乡六虾村、大寺、平吉，长滩乡替美村大番坡茅坡村，钦州镇四街、犀牛脚，大直镇屯品村，大直镇、那丽镇，黄屋屯镇屯北街和原浦北县的三隆、平南、佛子、石塘，以及灵山县的韦塘，那楼，三海镇白木细村，新圩镇六二村、晏村江口坡屯、茶田上笪村，那隆镇庙竹坪村、塘表村，烟敦凤山村，平山镇新庄村，平南镇蕉林村等村镇里。民国时期中国韦氏子弟为国捐躯的阵亡将士名单有钦州的韦顺廷、韦戴春、韦端源、韦裔新、韦女儿、韦允龙、韦算、韦建龙、韦裕新、韦东源、韦少光和灵山韦盛才、韦俊廷、韦炘理、韦玉宝、韦日山、韦日客、韦博章、韦清煜、韦阿林、韦瑞兵、韦廷鲁、韦定之、韦家运、韦陈奇、韦七、韦国安、韦春安、韦恩连、韦有式等。登载在广西近期出版的县、市《方志》烈士名单中有钦州方面的韦氏子弟韦最源、韦文光、韦秀明、韦成珍、韦桂瑶、韦鼎然、韦通才、韦文宪、韦荣光、韦玉胜、韦超越、韦树椿和灵山方面的韦氏子弟韦启瑞、韦家福、韦明贵、韦成业、韦稠业、韦福志、韦以球、韦根光、韦可伸、韦林、韦必江等。公众人物有韦彭、韦杰、韦业葵、韦昌勤、韦国平、韦天飞、韦任智(汉族)、韦大器、韦润小、韦亮、韦红、韦逢嫣、韦少坚、韦雄、韦其彬、韦思浩、韦星宇、韦雄剑、韦雄崇、韦思明、韦榜文、韦善通、韦华、韦煜泰、韦立业、韦星桂、韦业锦、韦光雄、韦仕忠、韦澄矩、韦廷光、韦桂添、韦佑昌、韦裕多、韦榜文、韦善通、韦华、韦煜泰、韦浩明、韦念深、韦学通、韦桂好、韦昌富、韦昌远、韦世昭、韦世运、韦洪波(玉林人)、韦贤全(贵港人)、韦光雄、韦宗礼等。

20. 广西桂平县，广东汉人洪秀全策划和领导的太平天国起义地就在这里的金田村。而今该县有 275 姓，韦非大姓，多分布在蒙圩镇桥官村、新建村，木乐镇的木乐街，罗秀乡木材村、雅石村，中沙乡新安村、南乡村，柴荆乡大坪村；以及金田村、理村等。民国时期中国韦氏子弟为国捐躯的阵亡将士名单里桂平有韦福初、韦建聚、韦楷、韦善明、韦有珍、韦亚业、韦国志、韦真明、韦国福、韦云标等人；登载在广西近期出版的《桂平县志》烈士名单中的桂平韦氏子弟有韦德寿(壮族，注，凡未注者，是资料没提供族籍，属族籍不明，下同)、韦永泉、韦天然、韦锦球(壮族)、韦桂宏、韦儒泽、韦以凤、韦绍温、韦世阳；公众人物如韦昌辉、韦树辉、韦则、韦湘秋、韦振国、韦凡林、韦耀球、韦明斟、韦岗、韦石、韦少华、韦然、韦绍有、韦本初等。

21. 广西贵港，汉属布山地，三国吴置阴平县，唐升贵州，明降为贵县，沿用至今，1988 年始撤县为市。贵港韦氏分布在奇石六泥屯、六马、六炉村、石贵村、河净等村，中里坦阳村、平山村、六台等村，东龙长岭、万寿村、柳蓬村、下覃村、京龙等村，蒙公双寺村、廖瑞村、占蒙等村，山北保横村、煌里村，萌练新河村，振南中团等村，木格五联村、寿莫村，三里分界村，大岭瓦合村，覃塘龙凤村，附城太平村，以及古樟荣颜村一带。民国时期中国韦氏子弟为国捐躯的阵亡将士名单中贵县韦氏子弟有：韦矣、韦书明(一说韦达明)、韦宜情、韦子昭、韦裕桢、韦国安、韦体彦、韦坦然、韦广德、韦城、韦致和、韦振才、韦崇岭、韦宣情、韦瑞芝、韦伟。登载在广西近期出版的《贵港县志》烈士名单中的贵港韦氏子弟有：韦贵荣、韦寿顶、韦兆昌、韦杰文、韦光福、韦建登、韦德光、韦达洲、韦福禅、韦世轩、韦善清、韦建电、韦善豪、韦乃武、韦拔才、韦其许、韦善祥、韦义路、韦永辅、韦义农、韦德泽、韦国伟、韦德修、韦世华、韦寿德、韦振升、韦志祥、韦兆刚、韦如育、韦拣材、韦福兆、韦壁光、韦永忠、韦世麟、韦伯思、韦德贵、韦俊修、韦复中、韦寿田、韦冠仙、韦玉权、韦振忠、韦国文、韦明光；公众人物有韦达新、韦奋、韦能仁、韦华、韦志龙、韦宋杰、韦正辉、韦击、韦智、韦裕康、韦月清(女)、韦志龙、韦炜、韦如纲、韦寿南、韦显林、韦惠章、韦汤永(一说韦福永)、韦榜文、韦志康、韦鹏飞、韦路清、韦映宗、韦常、韦世林、韦清俭、韦继梧、韦创成、韦金盈、韦克凯、韦炎昌、韦奋、韦世锋、韦雨平、韦裕廉、韦布煜(又名汉雄)、韦克森、韦岗、韦新祺、韦绍舜、韦一华、韦元明、韦咸侃、韦沛玲(女)、韦瑞璋、韦踏清、韦壁、韦绍芳、韦善浪、韦有熙，以及老寿星韦爹硬(壮族，采访时为 103 岁。“爹硬”属汉字注音壮话)、韦氏(女，壮族，采访时为 101 岁)、韦姆熊(女，壮族，采访时为 100 岁。“姆熊”属汉字注音壮话)等。

22. 广西平南县，韦氏在该县主要分布在东华乡兴华村、东平村、都兴村，大坡乡良党村，平山乡平山村、登明村，环城乡西村、遥望村，大安镇动介村，六陈镇邦机村、大妙村，大鹏乡波大村，恩旺镇的镇东村以及镇隆镇、官成镇等乡镇和村屯里。民国时期中国韦氏子弟为国捐躯的阵亡将士名单有平南籍子弟韦英、韦爵文、韦明达、韦瑞华、韦伯光、韦北全、韦耀华、韦仕朝、韦世英、韦有才、韦怀经、韦记新、韦业修等；登载在广西近期出版的《平南县志》烈士名单中的平南韦氏子弟有：韦树模、韦荣初、韦统铃、韦统淮、韦爱明、韦相光、韦乃富、韦朝贵、韦顺华、韦生立、韦奎秋、韦美容、韦信开、韦煜辉、韦学北、韦家文等；公众人物有韦人豪（广西平南人，明崇祯任教授，擢都察院司务，以孝友廉静推之）、韦一奇（广西平南人，明隆庆官教授，父母双亡，殡葬皆自承，遗产悉以与诸弟，且为授室）、韦俊（广西平南人，明成化任崖州今海南地吏目）、韦志华（女）、韦志中、韦振华、韦泽芳、韦树莲、韦星毅（一说韦显毅）、韦以宗、韦平凡、韦华陶、韦杏芳、韦劲敏、韦升松、韦汝雄、韦巨耀、韦统豪、韦凤英（女）等。

23. 广西岑溪县，1990 年有 190 多个姓，韦姓居第 8 位（在该县六个人口较多姓氏之外）。韦姓人口主要分布在大湴乡古静村、白梅村，波塘镇杨高村以及三堡、大业、樟木、筋竹、水汶等村镇。民国时期中国韦氏子弟为国捐躯的阵亡将士名单有岑溪籍子弟韦耀棠、韦佐逸、韦振国、韦镜芳、韦显昌；登载在广西近期出版的《岑溪县志》烈士名单中的韦氏子弟有韦秀全、韦仲荣；公众人物有韦树德、韦洪兴、韦冰峰、韦奕昌、韦国海、韦祖芳、韦继梅、韦洪超、韦洪基、韦雄才、韦政清、韦松、韦德才、韦桂元、韦泽超、韦克隆、韦大年、韦大正、韦志才、韦瑞堂、韦冠英、韦静甫、韦玉卿、韦建平、韦亚东、韦传统等。需要指出的是，收集到的资料中，岑溪有位韦五洲（早年是反清“三点会”首领之一，1905 年参加过“柳州起义”，“三点会”于 1910 年被改组为“中国同盟会广西支部”，组织和参加了多次抗清斗争运动，最后因劳累过度病死）原名刘世任，非韦族韦姓人。

24. 广西防城港市（含上思县），1993 年撤销防城各族自治县后提升防城港市（含上思县）级别，辖港口区、防城区、上思县、东兴市。其中的上思县即唐瀼州，治临江县，壮语瀼江即上思，宋为上思土州，1913 年置上思县。全县 120 个姓氏，韦、黄、陆、梁、刘五姓人口均在五千人以上，其中韦姓主要分布在思阳乡高加村，公正乡那芥（一说那齐）村、枯标屯、那齐屯、信良村，叫安乡双板村、叫安村、那荡村、那琴村，华兰乡，七门乡板文村、七门村，东屏乡三英村，那琴乡，高岩（一说高岸）乡，滩营乡垌美村煲粥屯、滩营村到流屯、沥尾村勤沟屯、大海屯，成兴区那勤乡大坝村板芳屯等 100 多个村屯。民国时期中国韦氏子弟为国捐躯的阵亡将士名单中有防城韦氏子弟韦朝进、韦栋才和上思韦氏子弟韦开林、韦替珍、韦同德、韦灿（民国军队团长，率军于上思板旧屯与日本侵略军血战时牺牲）等。登载在广西近期出版的《上思县志》烈士名单中的上思籍韦氏子弟有韦秀连、韦以尊。公众人物有韦文蔚［1858—1940，广西上思壮人，清光绪十六年（1890）武进士第 43 名，授山东登州镇标中营中军守备、京都四品侍卫官等］、韦尧卿（1895—1976，壮话名布典，广西上思公正乡那齐村枯标屯人，壮族。民国二十七年带领乡亲反征粮、征税、征兵“三征”，任总指挥。1946 年支持中共领导的游击队后被国民党政府通缉追捕，和乡亲们一起逃入山中，新中国成立后才从山中回来务农，1952 年被划成地主，1976 年病死家中。改革开放后落实政策，才承认他是党的“地下工作人员”）、韦达明、韦进能、韦强明、韦瑜、韦永祥、韦周益、韦玉油、韦玉佳、韦成兴、韦登营、韦建南、韦杰廷、韦启劳、韦志洪、韦贵璠、韦学干、韦有雁、韦启勤、韦凌云、韦彩源、韦启煌、韦忠南、韦有盈、韦贵云、韦继玲、韦贵瑶、韦家声、韦能声、韦贵申、韦帝龄、韦焕瑶、韦焕齐、韦炳英、韦英文、韦炳钧、韦启珩、韦有璞、韦瑞琪、韦学超、韦显超、韦巨柏(女)、韦景奋(女)、韦嘉珀(女)、韦正邦、韦贵斌、韦贵璠、韦秋莲(女)、韦倪尊、韦正禅、韦启劳、韦雄、韦廷辉、韦秀琛、韦生宏、韦特冠、韦树凡、韦杰廷、韦志洪、韦素富、韦感恩、韦启明、韦嘉寿、韦巨积、韦谦、韦勇、韦常宦、韦启瑞、韦善正、韦凌云、韦的明、韦光泽、韦立汉、韦汉清、韦东生、韦三元、韦臣、韦艺、韦日超、韦文忠、韦树有、韦兆远、韦少防、韦生善(一说先善)、韦贵和、韦开桂、韦杰才、韦德余、韦继烈、韦顺和、韦启章、韦提前、韦俊佗、韦永弘、韦群、韦培芬、韦学和、韦永和、韦子波等。

四、广西韦氏人口“一般县”有扶绥、天等、宁明、崇左、大新、龙州、凭祥、德保、隆林、西林、靖西、三江、融安、合山、金秀、桂林(含临桂县)、阳朔、全州、平乐、龙胜、北海市(含合浦县)、钟山、北流、陆川、玉林、苍梧(含梧州市)、贺州、昭平等28个市县。

1. 广西扶绥县，638年唐置笼州，辖武勒、罗笼、扶南、武礼、武观、武江、龙额等羁縻县。扶南、武观、武江均治于今扶绥县境。宋置永康、罗阳羁縻县和忠羁縻州。永康于明改同正县。忠羁縻州民国改流为绥渌县。1952年同正、扶南、绥渌始合成为扶绥县。统计表明，该县有161姓，在壮族聚居的674个村圩镇里，韦氏主要分布于岜盆弄廪村、东门镇伯党村、板仑村，扶南乡渠多村、长沙村，中东镇新安村、西街、中东镇，维旧乡立岸村，九乐乡，东罗镇客兰村，昌平乡石丽村，克强乡新安村等壮人村中。民国时期中国韦氏子弟为国捐躯的阵亡将士名单中有绥禄人韦铭和扶南人韦文广、韦健森(民国军队团长，属抗日英烈，牺牲于抗击日军的战场上)。登载在广西近期出版的《扶绥县志》烈士名单中的扶绥县韦氏子弟有韦佩珠(女，原名韦银娇)、韦锦佳、韦作增、韦裘余、韦福泰、韦健仁、韦休英、韦永利、韦连建(大新县人)；公众人物有韦敬简[广西西原州今广西扶绥，壮人，唐至德二年(757)，敬简联合陆州(今广西钦州西南)、武阳(今广西罗城县北)、朱兰(今广西东兰)等百余峒壮民起义，反抗唐朝统治，推敬简为帅，号中越王，后受招安]、韦永超(1911—　，字灵隐，广西同正今扶绥人，上海大夏大学毕业，曾任军统广西站南宁简讯员、潜伏组组长，1943年任国民政府财政部缉私署视察，中国玄学研究社社长，去台湾后1954年递补为“国民大会”代表，现留居台湾)、韦玲、韦青山、韦凡昆、韦彩源、韦式诚、韦水平、韦世祥、韦庆雄、韦红琼(画家，广西扶绥人)、韦瑶、韦凡品、韦必克(1915—1986，原名韦作杰)、韦冠曾、韦翠生(原名韦裕福)、韦冠(当过两届同正县县长)，以及1982年统计的扶绥县寿星：韦天星(94岁，壮族)、韦氏(女，95岁，壮族)、韦龙妹(女，104岁，壮族)等。

2. 广西天等县，唐置羁縻州，宋、明、清为向武、上映、都康、镇远、结伦、结安、龙英等土州地，民国土州茗盈、全茗、龙英合并成龙茗县；镇远、结伦、结安、都结合置镇结县；并置武都县，后改名向都。1952 年撤龙茗、镇结、向都置镇结县，1957 年镇结县更名天等县，1958 年撤天等、大新县并成新英县，次年恢复原天等、大新县建置。调查表明，天等县有 110 个姓氏，韦居第 35 位，分布在进远乡弄坚屯、驮堪乡并龙村布鱼屯、镇结乡、向都镇等乡村。民国时期中国韦氏子弟为国捐躯的阵亡将士名单有天等人韦巧富(原向都县)和原镇结县的韦焕义、韦廷恩、韦廷吉，以及韦志颜等人。登载在广西近期出版的《县志》烈士名单中属于天等的韦氏子弟有韦德偶、韦德元两人。

3. 广西宁明县，经统计，该县有 149 个姓氏，其中韦姓人口多居住于桐棉乡板坝村、板油村、板烂村等。民国时期中国韦氏子弟为国捐躯的阵亡将士名单中属于宁明的有韦佩勤、韦仑、韦汉清、韦恒土、韦熙彩等人；而属于明江(50 年代并入宁明、凭祥境地)的有韦庆余一人。登载在广西近期出版的《宁明县志》烈士名单中的宁明韦氏子弟有韦卜保、韦文光。公众人物有韦祥武、韦荣贞等。

4. 广西崇左县，秦置象郡和临尘县，唐置左羁縻州，宋置崇善羁縻县，元太平路辖土州(14 个)土县(4 个)，明改太平府，民国左州改左县、置崇善县，1952 年合左县、崇善县为崇左县。县内韦氏主要分布在那隆乡、驮卢镇水口屯等地带。民国时期中国韦氏子弟为国捐躯的阵亡将士名单有崇善(左县、崇善合成崇左)的韦恒、韦现麟、韦异。登载在广西近期出版的《崇左县志》烈士名单有韦建兰一名。公众人物有韦榕、韦纬祖、韦中俊、韦均林、韦奇才、韦永兴、韦世星、韦日光、韦元荣等。

5. 广西大新县。唐置万承、万形、养利、波、思诚等羁縻州，宋波州更名安平州，民国设养利、万承、雷平、龙茗县，1952 年撤养利、万承、雷平为大新县，1958 年大新、天等合成新英县，1959 年恢复回大新县建置。这里，是櫶木的世界，仅硕龙乡巷口村卜屯(被称为“櫶木村”)就有櫶木 1.5 万株。1980 年统计大新县的姓氏有 137 个，韦姓排第 17 位。主要分散于新振乡万礼村、昌明乡仁化村一带。民国时期中国韦氏子弟为国捐躯的阵亡将士名单中有韦世光、韦世昌(雷平人)。登载在广西近期出版的《大新县志》烈士名单中的大新韦氏子弟有韦庭青、韦安宝、韦庭龙、韦右冯等；公众人物有韦康(清乾隆五十二年三月立《应留革地粮碑》的立碑方上方头人)、韦啻(清乾隆五十二年三月立《应留革地粮碑》立碑的下方头人)、韦建连和老寿星韦世信(女，壮族，农民，1989 年为 91 岁)等。

6. 广西龙州，于民国为上金、龙津两县，1952 年撤后并为丽江县，1953 年改名龙津，1960 年改名龙州。1946 年《龙津县志》统计有 70 个姓氏，韦为第 16 位；1985 年速增到 147 姓。民国时期中国韦氏子弟为国捐躯的阵亡将士名单属龙津(龙津更名龙州)县者有韦金兰一人。公众人物如韦国才、韦建国、韦荣昌(1864—1931，字善堂，花名韦老曲，广西龙州水口乡峒桂村人，早年陆荣廷手下干将，曾任湘桂军第一军总司令兼前敌总指挥等，1921 年解甲归里，不久，又出任龙州县长、第九区民团指挥官等职)等。

7. 广西凭祥市，这里有壮族聚居的村屯 239 个，1985 年统计的姓氏有 170 个，韦姓人口分布在友谊乡柳班村、卡凤村等许多壮族村屯里。公众人物有韦炫(原名韦淇,又名韦迪,化名陈杰,原籍钦州,侨居越南七溪镇,小学义务教员,1929年被派到凭祥县府从事地下工作,为中共党支部书记,1930年2月3日任凭祥苏维埃政府主席,红八军起义失败后,随俞作豫到香港,1932年与谢英返粤从事革命工作,同年10月离去,不知所终)、韦照光、韦秀帮、韦少霞(女)等。

8. 广西德保县,1952年撤销敬德、天保县后合成德保县。清代,广西德保侬(含农)姓和韦姓属该县巨姓,韦姓见于绿柳村绿柳屯、城关镇峒村等地方。民国时期中国韦氏子弟为国捐躯的阵亡将士名单有天保人韦廷鲁、韦瑞丘、韦登丸、韦登隆等。登载在广西近期出版的《德保县志》烈士名单中的德保韦氏子弟有:韦仕丁、韦元根、韦家东、韦炳吉。公众人物有德保的老寿星韦祖妮和韦婆戏(女,编志时都已91岁)、韦加波、韦志仕(武鸣人)、韦海中、韦学虎、韦吉珍、韦荣、韦汉承、韦显堂、韦恒仍(靖西人)、韦祥德(一说韦祥,鹿寨人)、韦炎昌(贵县人)、韦翠毛(女)、韦方很、韦恩元、韦金山、韦德森、韦逢定等。

9. 广西隆林,民国时期中国韦氏子弟为国捐躯的阵亡将士名单上有原西隆(改名隆林)人韦启林、韦显作、韦亚金(一说亚全)、韦清煜(一说精煜)、韦阿林、韦从芝、韦纲华、韦建仁、韦编忠、韦崇芝、韦钟毕、韦秀培、韦友福、韦亚林等。登载在广西近期出版的《隆林县志》烈士名单中的隆林韦氏子弟有韦世强、韦文成。公众人物有韦革新(彝族)、韦发南、韦世强、韦文成、韦祖斌、韦德昌、韦显星、韦德恩、韦荣兴、韦允健和隆林县壮族民间歌手韦汉良、韦文等。

10. 广西西林县,2000年统计资料表明,西林县有壮族85 779人,韦姓多属壮人,分布在那劳村、古梓乡等13个村屯中。登载在广西近期出版的《西林县志》烈士名单中的西林韦氏子弟有韦卜生、韦仁忠、韦启才。公众人物有韦俊甲、韦定利、韦秀林、韦启荣、韦韩韫、韦家润、韦孔安、韦如宏、韦如茂、韦国泰、韦国隆、韦国良、韦家瑞、韦仁忠、韦启才、韦羽飞、韦英平、韦业宇、韦珊珊(女)、韦培英(武鸣县人)、韦谦(西林县人),长寿老人(统计时为1992年)有韦成章和韦娅凡(女)、西林县壮族民间歌手韦李娥等。

11. 广西靖西县,1948年《靖西县志》统计本县约有120姓,而今已达200余姓,韦氏居于第10位。主要分布于南坡老桑、岜蒙同源、新坪高美、武平凌结、同德、新靖的那耀村逐吞屯等。民国时期中国韦氏子弟为国捐躯的阵亡将士名单中的靖西人:韦重阳、韦正、韦新理、韦有六、韦必培、韦永辉。登载在广西近期出版的《靖西县志》烈士名单中的靖西韦氏子弟有韦美才、韦美昌、韦家桥、韦丰绍、韦天全。公众人物有韦贞国、韦永武、韦绍芬、韦宗涛、韦美初、韦永健、韦绍益、韦立坤、韦之略、韦恒仍(德保县人)、韦高振(原籍钦州)、韦平、韦仕安(东兰县人)、韦璠(生于清乾隆年间,广西今靖西县新靖镇那绍村逐吞屯人,增生秀才,能书善刻,靖西大草"鹅"碑为其所刻,镌工颇精美,刻的趯笔即钩的部分尤不失其真,迄今已180年哉,笔锋犹存,在他影响下,该村成年男子都会刻碑,相沿七代矣)等。

12. 广西三江县，这是广西跨湘、黔、桂三省区的县份，原名怀远县(1377年明设三江镇巡检司，1380年废司置怀远县)，1913年因避安徽、陕西同名县而被改为三江县(县境内有都柳江即榕江、浔江、融江流经)。调查表明，而今的该县居住的苗、瑶族人无韦姓；侗族有24姓，以吴、杨姓最多，韦姓居第7位；壮族有八姓，其中韦、覃二姓人口最多。三江韦氏主要集中分布在斗江、高基、和平三乡以及武江乡周牙村、同乐乡同乐村等地带。民国时期中国韦氏子弟为国捐躯的阵亡将士名单中有三江人韦宝璋、韦志元、韦德伪、韦继才；而登载在广西近期出版的《三江县志》烈士名单中的广西三江韦氏子弟有韦启明；公众人物如韦英、韦昌孚、韦仕军、韦添培(苗族)、韦会明(侗族)、韦恭寒、韦启芳、韦继文、韦顺国、韦景星、韦辅汉、韦辅元、韦峥芳、韦建群、韦健民(又名树声，侗族)、韦会明、韦慕寒、韦启芳、韦继文等。

13. 广西融安，原名融县，1953年改为今名。民国时期中国韦氏子弟为国捐躯的阵亡将士名单注融县(今改名为融安)籍者有：韦耀辉、韦显祯、韦志明、韦绍云、韦明琳、韦任璋、韦瑞瑶、韦世福、韦显爵、韦绍谦等。登载在广西近期出版的《融安县志》烈士名单中的融安韦氏子弟有：韦鼎寿、韦儒瑾、韦树高、韦焕烈、韦扬英、韦寿松、韦图利、韦耀高、韦忠、韦明福。公众人物有韦纲(明永宁州浪溪人，壮族，永历三年武状元，官授广西柳庆义旅总兵，累军功得到过朝廷恩赐1.5尺长丝质钦敕书和铁盔、铜关防印章等钦品。受诬后曾领导乡亲反抗朝廷征剿，被困，自杀于洞中。民祀之，把浪溪村名改成冠带村)、韦鼎峙(抗日期间的国民党空军军官，现定居美国)、韦鼎烈(抗日期间的国民党空军军官，现定居香港)、韦克、韦元松、韦鸿欢、韦鼎桓、韦华明、韦之华、韦天聪、韦悦修、韦立夫、韦国光、韦元和、韦裕、韦益松、韦永学、韦定匡、韦梓、韦显怀、韦祖基、韦华山、韦昌培、韦世威、韦力、韦诚、韦昌权、韦远观、韦宗德、韦国寅、韦忠利、韦宗芬、韦日光、韦炳安、韦吉修、韦金生、韦海松、韦声亮、韦鼎恒、韦启茹(女)、韦其富、韦启常、韦寿山、韦华菲、韦庄良、韦守德、韦云芝(女)等。

14. 广西合山市，原是来宾地，1981年析出设市，治里兰，归柳州地区直接管理，因资料收集不多，而今只知道有韦文彰、韦仁、韦方红、韦怀琨、韦振华、韦庆荣、韦编辑、韦日强、韦继光、韦会珍、韦君臣、韦廷俊等公众人物。

15. 广西金秀县，该县韦氏分布在桐木镇古院村、仁里村等地方。登载在广西近期出版的《金秀县志》烈士名单中的金秀韦氏子弟有韦正善、韦桂芳、韦乃玉、韦正扬、韦雅章。金秀的公众人物有韦剑龙、韦光荣、韦锦新、韦绍明、韦云飞、韦建式、韦世运、韦敦斌、韦正扬、韦乃玉、韦雅江、韦佑江等。

16. 广西桂林市(含临桂县)，其中临桂的韦氏多分布在五通镇、茶洞乡等地。民国时期中国韦氏子弟为国捐躯的阵亡将士名单中有桂林人韦子成、韦善宁、韦生和、韦仲武、韦秀德、韦克高和临桂人韦堂生、韦润盛、韦汉、韦家仁等。公众人物有韦之纪[清道光一十三年(1834)桂林府举人，授博白县训导]、韦树萱(1893—?，桂林人，国民党少将)、韦旭波、韦谦、韦必克、韦永生、韦怀彦、韦启彰、韦绍祖、韦怀彦、韦钰(女)、韦华夏；临桂有韦谦、韦世胄、韦兴初、韦业宣、韦世胄、韦兴初、韦业宣等。

17. 广西阳朔县其姓氏经调查有155姓，韦为第29位。主要分布在普益乡普益村、白沙镇正方村等。民国时期中国韦氏子弟为国捐躯的阵亡将士有韦桂标一人。登载在广西近期出版的《阳朔县志》烈士名单中的阳朔韦氏子弟为韦法安；公众人物有韦立权、韦德发、韦贤彬、韦韩韫、韦长连等。

18. 广西全州县，1982年第三次人口普查全州有230个姓氏，韦居第87位，公众人物如韦志光、韦永平(汉族)等。

19. 广西平乐，该县的韦氏，主要分布于源头镇源头村、金井村，附城乡马渭村，沙子镇协中村，乔亭乡人和村等。民国时期中国韦氏子弟为国捐躯的阵亡将士名单有韦俊逸、韦德胜等。该县的公众人物有韦锦富、韦纯祥、韦向前、韦观保、韦俊(女)、韦金生、韦庶屏、韦荣椿、韦秀英(女)、韦照赐、韦松多、韦凤英(女)、韦艳芬(女)、韦自兆、韦植芳、韦朝晖(女)、韦振明、韦益聚、韦振学、韦立帆、韦文生等。

20. 广西龙胜，史称“蛮瘴之地”，是壮族的祖先古代越人生活的地方。秦为桂林郡辖地。隋属始安，唐归灵川，五代至明，属义宁(即今龙胜)县管辖。清乾隆六年(1841)，镇压了侗族吴金银农民起义以后，为庆贺胜利设龙胜厅，“龙胜”二字始与这片土地挂上了钩。民国元年(1912)废厅设县，改龙胜县。新中国成立后仍叫龙胜县。1951年8月成立龙胜各族自治区(县级)。1955年9月改为龙胜各族自治县。这里是“三不管”(三省交界，可以省省不管)和“八不管”(八县交界，可以县县不管)地处边角的地方，北界湖南，西连庆柳，南达桂林、梧州、广州甚至出海，与资源、兴安、灵川、临桂、融安、三江、通道、城步八县毗连，由于背靠越城岭大山和有原始森林依托，是藏龙卧虎的好去处，两千年前的秦瓯之战，一夜间几十万西瓯骆越大军消失得无影无踪，成为史谜。据民间传说，明代来宾、迁江籍的“划马军”(划马，是汉字记音壮话，意思是平等、民主、公正)起义失败后，其余部受命安抚家属，整编制地带着老少秘密潜移到事先找好的这块桂北大山龙脊，隐姓埋名，开荒种田。民国时期中国韦氏子弟为国捐躯的阵亡将士名单有龙胜韦茂信、韦义昌两位。而登载在广西近期出版的《龙胜县志》烈士名单有韦光富(陕西安康人)。公众人物则有韦国成、韦志军、韦国宣等。

21. 广西北海市(含合浦县)，这是南珠的故乡。北海古称古里寨，原合浦地，汉置合浦县，1951年置北海市，1983年辖海城区、银海区、铁山区和合浦县。而今的合浦县有姓氏159个，韦氏排位为第108位。韦氏人口分布比较零散。公众人物有韦振炳、韦桂添(钦州人)、韦庆安、韦日标、韦西平、韦艳、韦瑞贤、韦华军、韦克联、韦奇才等。

22. 广西钟山，1941年统计有115个姓氏，韦姓为第17位，虽非大姓，也还有1700多口人；1987年再统计，增至233姓后，排位仍然是第17位，表明这里的韦氏生存正常，能与时俱进。他们生活在燕塘乡黄宝村，回龙乡川岩村，清塘乡红岩村、石田村、马槽村，公安乡湾岛村，英家乡英家村，同古乡等乡镇。民国时期中国韦氏子弟为国捐躯的阵亡将士名单中的钟山籍者有韦建仁、韦编忠。登载在广西近期出版的《钟山县志》烈士名单中的钟山韦氏子弟则有韦福生；公众人物有韦兴远、韦洪宇、韦艳青、韦继英、韦定坤、韦荣水、韦祖旺、韦光亮、韦英佳、韦梧昌(1983 年考取留学美国佛罗里达州大学)、韦荣佑、韦超(1987 年考取留学美国德克萨斯州大学)、韦必贤、韦记旺等，除此之外，还有韦和英(女，1895 年生，采访这年为 92 岁)、韦英英(女，1897 年生，采访这年为 90 岁)、韦玉英(女，1895 年生，采访这年为 92 岁)、韦兼太(1895 年生，采访这年为 92 岁)、韦氏(女，1889 年生，采访这年为 98 岁)、韦桂英(女，1896 年生，采访这年为 91 岁)等高寿老人。

23. 广西昭平县，登载在广西近期出版的《昭平县志》烈士名单中有家在昭平镇的韦海南一人，公众人物有韦斌福、韦诚凡等，虽不算多，但足以表明该县确有韦姓居民生存和活动。

24. 广西北流县，唐人李德裕诗曰："一去一万里，千去千不还。崖州在何处，生渡鬼门关。"一千多年前的鬼门关地望就是广西北流县。这里的新圩、清镇、六里镇、北流镇、湾镇、大里六马村及扶新的茂化村等都曾是韦氏居住地。民国时期中国韦氏子弟为国捐躯的阵亡将士名单有北流韦氏子弟韦大良、韦兴成、韦忠周、韦夫光、韦贤栋、韦伟才、韦秀升等。登载在广西近期出版的《北流县志》烈士名单中的北流籍韦氏子弟有韦鸿明、韦宏寿；公众人物有长寿老人韦琼珍、韦文昌、韦惠新、韦德胜之外，还有韦森南(1906—1988，广西北流县清湾镇著名艺人，善制作高档家具，结构严密，雕造精美，尤善镂刻屏风、房檐、栋梁图案)、韦京宇、韦本辉、韦京松、韦剑文、韦慕坤(女)、韦克辛、韦本辉、韦兆升、韦宁、韦飞、韦品树(桂平人)、韦贤高、韦莉莉(贵港人)、韦乃作(贵港人)、韦小明(蒙山人)、韦敏(容县人)，以及都是马来西亚华侨的韦龙和韦炳光等。

25. 广西陆川县，1990 年统计姓氏有 270 个，韦姓为第 31 位，排列在该县十大姓之外。民国时期中国韦氏子弟为国捐躯的阵亡将士名单有陆川籍人韦耀明。登载在广西近期出版的《陆川县志》烈士名单中有韦相锋烈士一名。公众人物韦杰、韦光贤(贵港人)、长寿老人(韦文英，女，马坡镇清秀村鸭塘人；韦启英，女，沙坡镇沙坡村人；韦琼英，女，沙坡镇仙山村方田石人)等。

26. 广西玉林市(旧县名有兴业、郁林等)，1938 年统计的 118 个姓氏中有韦姓，主要分居在一心乡葵山村，长荣乡大贺村、新碑村、沙里村、凤泉村，铁城乡经山村，仁厚乡西官村，平定乡白沙村，城隍乡官村等地。民国时期中国韦氏子弟为国捐躯的阵亡将士名单上有玉林人韦金玉。公众人物有韦兆忠、韦简文等，其中城隍官村韦简文清朝时为当地名医，他热心为人写医案、开验方，病人服其方药后，好歹必须回告，以示负责。他不仅医德高尚，特别治家严格，儿孙必须剃光头，不准蓄发，不要做清奴。

27. 广西苍梧县(含梧州市)，1990 年统计有 202 个姓氏，韦氏排第 32 位，主要居住在长发镇合水村、六堡镇、倒水镇马水村、广平镇甘村之外，还散居在马玉、理冲、不倚、河口、大同、古城、外旺、万安、双贤、深塘、石桥、岭狮、古能等村屯，有人口3400人。民国时期中国韦氏子弟为国捐躯的阵亡将士名单中苍梧县(含梧州市)籍有韦甫臻、韦顺芳(一说焕芳)、韦伯洲等；登载在广西近期出版的梧州市和苍梧县《方志》烈士名单中的苍梧县(含梧州市)韦氏子弟有韦秉祯、韦达兴、韦编、韦北成、韦汉文；公众人物包括韦陟(唐长安京兆人氏，曾任梧州刺史)、韦汝儒(广西苍梧县人，1891年光绪辛卯科举人)、韦佩金(江苏江都人，进士，清乾隆五十四年任苍梧知县)、韦红、韦天明、韦纯粹(象州人)、韦朝省(贵港人)、韦红辉、韦锡基、韦芳芝(宾阳人)、韦云栋、韦士鸿、韦廷留、韦光明(一说开明，宾阳人)、韦天明(田东人)、韦韶生(女)、韦孔武(容县人)、韦润添等。

28. 广西贺州(即贺县)，这里的鹅塘镇盘谷村象寨有韦氏居住。民国时期中国韦氏子弟为国捐躯的阵亡将士名单中贺县人氏有韦大福、韦章贵。登载在广西近期出版的《贺州县志》烈士名单中的贺州韦氏子弟有韦农林；贺县的公众人物有韦正名、韦俊、韦华平、韦国强、韦承恩、韦启元、韦能先、韦承椿等。

五、广西韦氏人口“无韦县”有博白、灌阳、兴安、富川、恭城、资源、灵川等7个。状况如下：

1. 广西博白县，民国时期中国韦氏子弟为国捐躯的阵亡将士名单有博白籍韦天培。收集来的一些资料介绍到广西博白县的公众人物里有韦佐、韦载昌、韦启新、韦守杰、韦一峰等人，他们的确是这方水土养活的人，可是1982年进行的第三次人口普查资料中称：博白的115个姓氏中，没有韦姓。这也是事实，必须承认，后面的几个县况，大概都如此，有待深入研究。

2. 广西灌阳县，这里是三国吴置的观阳县，隋初617年萧铣复析观阳旧县地置灌阳县(以灌水改观为灌)。资料表明，灌阳县韦氏仅见些公众人物如韦民、韦芳(女，注明是文市镇人)、韦川等。

3. 广西兴安县，目前的兴安无韦姓资料。

4. 广西富川(现称富州)，只有公众人物如韦启文、韦全兴、韦永佳等。

5. 广西恭城，恭城的韦氏主要分布于粟木锡矿区、莲花乡等，公众人物有韦国新、韦学教等，研究者认为可能是外来“打工”的。

6. 广西资源，1990年统计有228姓氏，无韦姓。县志称该县的壮族是新中国成立后因婚姻关系或职工调动进入的，总人数极少。公众人物韦文功(环江人)是县志编纂策划人员之一，1998年曾任该县县委书记。

7. 广西灵川，民国时期中国韦氏子弟为国捐躯的阵亡将士名单中有灵川的韦良发和义宁(撤销后归入今之龙胜、灵川)的韦涧盛、韦汉、韦家仁等。公众人物有韦昌任(都安人)。

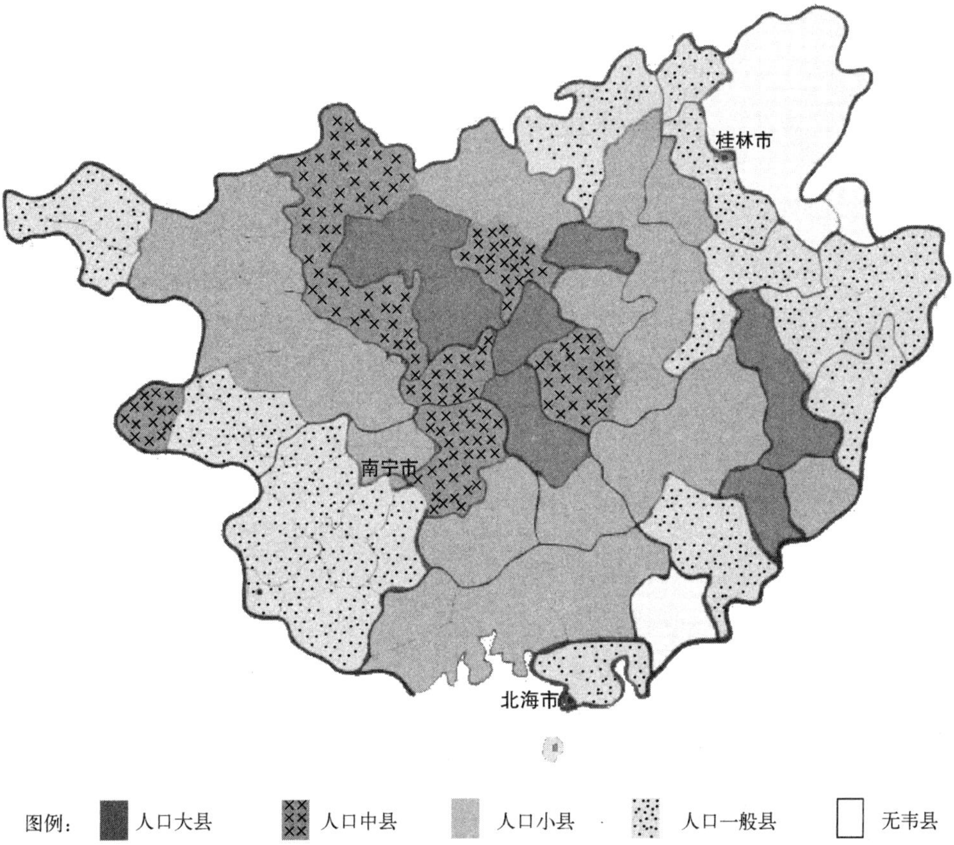

广西韦氏人口分布图

本文在成文时曾得到崇左(县)农小会女士的帮助，汇编出了广西韦氏人口分布图，能一目了然地知道广西韦氏分布概况，对她无私的友谊支持，这里谨表示感谢!

至此，中国历代的韦氏人物就介绍完了，他们都是中华传统文明的缔造者，在这些名字后面，都有它自己动人的故事。篇幅有限，这里不再叙述。应该说，以上中国韦氏人物应包括华夏韦、百越韦、室韦、赐韦等方方面面的后代。关于韦氏，目前已知道了，中国韦姓人口的血型测定结果是：O 型占 38.7%；A 型占 27.4%；B 型占 26.7%；AB 型占 7.2%。其他许多领域的深入研究工作开展得不多。

中国韦氏源流初探

考古表明，中华民族的文明是由多元文化组成的。我们的祖先，目前知道的最早当算“元谋人”(距今170万年左右，在中国云南元谋盆地上，至今已发现了1266颗直立猿人的牙齿化石)了。发现的当时，新华社、《人民日报》曾发布了一个重大新闻：“元谋人”的发现将中国人类历史向前推进了100多万年，表明长江流域的云南是人类起源与发展的关键和核心地区，有力地挑战了人类起源非洲中心论这一学说，为人类起源与发展多元中心论提供了强有力的科学支持。

到了今天，在中国已发现旧石器时代遗址二百多处，新石器时代八千多处，对这些早期人类化石和文化遗址密码破译的概况如下：

我国有1200万~800万年前的腊玛古猿，属于正在形成中的人的腊玛古猿(中国云南)禄丰种距今800万年。

旧石器时代早期的人类称直立人，也称猿人，距今时间200万~20万年，有巫山(距今204万~201万年)、山西芮城西侯度(距今约180万年)、云南元谋(距今约170万年)、河北阳原小长梁(距今约100万年)和东谷坨(距今约100万年)，这四处的地质年代被划为早更新世晚期；稍后的中更新世(距今50万~30万年)的有陕西蓝田、北京周口店(即“北京人”，距今70万~23万年)、山西芮城合河、垣曲南海峪、河南南召云阳、湖北郧县梅铺、大冶石龙头、安徽和县陶店、贵州音洞、辽宁营口金牛山、本溪庙后山等。

旧石器时代中期的人类称早期智人，距今时间20万~5万年，有陕西大荔甜水沟、山西襄汾丁村及阳高许家窑、广东曲江马坝、贵州桐梓岩灰洞、湖北长阳下丁家、辽宁喀左鸽子洞等。

旧石器时代晚期的人类称人，距今时间5万~1万年，有黑龙江呼玛十八站、内蒙古乌审旗萨拉乌苏沿岸和宁夏灵武水洞沟(旧称河套文化)、山西朔县峙峪、河南安阳小南海、河北阳原虎头梁、山西沁水下川、内蒙古呼和浩特大窑、四川汉源富林、北京周口店山顶洞、广西柳江通天岩、青海可可西里、西藏定日苏日和申扎梅雄、台湾台南左镇和台东长滨等。

属于中石器时代(地质上划为全新世，距今七八千年至1万年)的人类则有陕西大荔沙苑、河南许昌灵井、山西沁水下川、黑龙江哈尔滨顾乡屯、内蒙古满洲里札赉诺尔、广西武鸣等。

中国新石器时代的人类就更多了，有(河北武安)磁山、(河南新郑)裴李岗文化(前6000—前5000)；(甘肃秦安)大地湾文化(前5850—前5400)；(河南渑池)仰韶文化(前5000—前3000)；(甘肃临洮)马家窑文化(前3300—前2050)；(山东章丘)龙山文化(前2900—前1900)；(甘肃广河)齐家文化(前2000左右)；(内蒙古赤峰)红山文化(前3500左右)；(山东泰安)大汶口文化(前5400—前4400)；(湖北京山)屈家岭文化(前3500—前2600)；(浙江)河姆渡文化(前5000—前3300)、马家浜、崧泽文化(前5000—前3300)、良渚文化(前3300—前2200，旧称杭州湾红山文化)，以及(广东)阳春独石仔、封开黄岩洞等遗址(前12 000—前9000)、(江西万年)仙人洞遗址(前6800左右)、(广西南宁)豹子头遗址(前8700—前7600)等。

以往所提到的中国古代史，多指夏以前中国黄河流域存在许多部落和部落联盟的社会组织形式，也就是《史记》《左传》《国语》和先秦诸子所记载的夏以前帝王活动概况，但南方广袤的百越地区另有一个系统，它是从流传的盘古开天辟地故事起算。其故事为：宇宙最初由黑、黄、白三股气流凝成蛋形模样旋转，后来，气团爆炸变成三大片，上升者为天、下沉者为地，另一片停留不动就是人间，这就是盘古开天辟地说。之后，雷王上了天，图额(壮话即古代越话“龙”)入了海，布洛陀(骆越、瓯越的子孙壮族给他的称谓)和姆六甲(或少司命、少司或其他称谓)开天辟地，主管人间，开始创造人。姆六甲与女娲不同，她不是“捏土生人”而是“花草生人”。他们创造万物，制定和安排自然界各种事物之间的秩序，排解人间各种矛盾和纠纷，人间和万物终于各得其所，人类的世界开始安居乐业。他们的子孙发明(严格地说，应该是认识了可食野生稻、经驯化改良变成水稻)水稻、种植水稻，“饭稻鱼羹”。所处之地北囊括广西全境，南到中南半岛，东到广东大部，西接句町、夜郎。西瓯骆越部落联盟包括了水牛、黄牛、雷王、孔雀、鸬鹚、鸽、小雁、乌鸦、鹰、蛇等图腾氏族部落，为岭南南部势力强大的联盟，而且曾建有方国，保乡守土(注，不同地区、不同部族虽有不同说法，但百越这里，概貌大同小异)。

越人所传说的盘古开天辟地这段史前时期，在华夏族的后汉以至六朝时代，还不知道这是中华民族传说中中国人类共同的祖先，到三国吴徐整的《三五历记》才开始记载有开天辟地的盘古，过了若干年，宋刘恕的《通鉴外纪》、罗泌的《路史》问世，盘古才成了中国传说中开天辟地的总祖先①，之后，百越这里经历了石器时代，引发出那文

---

① 唐欧阳询编《艺文类聚》卷一引录三国徐整《三五历记》写道：“天地浑沌如鸡子，盘古生其中，万八千岁天地开辟，阳清为天，阴浊为地，盘古在其中，一日九变，神于天，圣于地，天日高一丈，地日厚一丈，盘古日长一丈。如此万八千岁，天数极高，地数极深，盘古极长，后乃有三皇数起，于一立、于三成、于五盛、于七处、于九。故天去地九万里。”徐整，字文操，三国吴豫昌人，道人，曾任太常，为九卿之一。掌宗庙礼仪，为沟通人神之官。其《三五历记》《五运历年记》为纬书，即以神学或迷信附会儒家经义的书，保存了许多神话传说，记录了古代天文、历法、地理方面知识，太常造纬，分内事也。研究认为，历史上百越的盘古文化经三传，北人始接受：第一次徐整将其从岭南两粤介绍到东南吴地，继而通过《艺文聚类》卷一、《太平御览》卷二、《广博物志》卷九介绍到北方；第二次东晋葛洪《枕中书》把盘古提升至“玉清元始天尊”，为众神之首；第三次南朝任昉《述异记》指出“南海中有盘古国”“今人皆以盘古为姓”“盘古氏夫妻，阴阳之始”“南海有盘古氏墓”“桂林有盘古祠，今人祝祀”。而今日的壮话(古越语)“盘古”就是葫芦娃。之后，“盘古开天辟地”成为了中华民族始祖的共识。

化、大石铲文化、铜鼓文化、花山文化等，还建立了古国(如盘古国等)、方国(如韦姓的水牛部落方国、莫姓的黄牛部落方国等)以及汉书上提到的苍梧、邓、西瓯、骆越、句町、夜郎等部落国，到了近代出现在华南珠江流域的壮、布依、侗、仫佬、仡佬、毛南、水、黎民族群等等的发生、发展过程。伴随越来越多的考古出土表明：仅就壮乡地界而言，距今5万~2万年前，广西和云南文山地区有旧石器时代晚期人类活动。其中著名的有：(广西)柳州一带的“柳江人”“甘前洞人”“都乐洞人”“九头山人”“白莲洞人”；来宾县的“麒麟山人”；都安县的“九楞山人”“干淹洞人”；桂林的“宝积岩人”；荔浦县的“荔浦人”；田东县的“定模洞人”；靖西县的“宾山人”；灵山县的“灵山人”；(云南)西畴县的“西畴人”；等等。研究知道，壮族人与柳江人、麒麟山人的体质特征有继承关系。距今1.8万~1.2万年，湖南道县与广西交界也有人类活动。道县一带原为壮族先民苍梧部落活动区域，从该县玉蟾宫岩穴中出土了约1.8万年以上人工栽培稻碳化物，当与苍梧部落先民有关。显然，这是世界上最早发现、利用、驯化、培育野生稻为栽培稻和最早发现、驯化、利用亚洲水牛耕、耙水稻田的民族之一。距今1万~4000年前，广西已有新石器时代人类活动。其中著名的有桂林的“甑皮岩人”、柳州的“鲤鱼嘴人”、邕宁县的“长塘人”、横县的“西津人”、扶绥县的“敢造人”等。这里出现了原始农业、家畜饲养业和制陶业。到公元前21世纪—前221年夏、商、周、春秋战国时期，今壮族地区先后出现过仓吾、越瓯(亦作瓯越)、路人、雕题、桂国等族(方国)名。使用青铜器和铁器，向中原贡献了珠玑、玳瑁、象齿、文犀、翠羽、菌、鹤、短狗、蝉蛇、大贝、大竹等南方土特产，还创造过刻划文。所以，苏秉琦先生在其著文中才有“岭南也有自己的‘夏、商、周’”说法，这是有一定道理的。

《史记·周本纪》：“召公为保，周公为师，东伐淮夷(泗州徐城县北有古徐国，即淮夷山，商的东方大国)，残奄(曲阜，又名弇中)，迁其君薄姑。”蒲姑被赶走后，姜太公才来到山东半岛建国。《左传》的“昔爽鸠氏居此地，季蓢因之，有逄伯陵因之，蒲姑氏因之，而后太公因之”记述的也是这层意思。后来蒲姑跨海到辽东和朝鲜半岛才叫夫余。继续北迁(到今东北三江流域靠近海边一带之北)就是北夫余。这是后事，特别是因语言(华夏语和越语)问题，盘古、盘瓠对应蒲姑、夫余，而古代，盘、蒲、夫和余、姑、古、瓠通。这也是事实。

中国古代，帝王禅让轮到禹，才形成家天下模式。尽管如此，经历公元前21世纪，历十六君四百余年至前16世纪的夏(以河南洛阳的二里沟文化为代表，分布于郑州附近、伊洛汝颍流域和山西汾水下游一带)终被商所灭。夏之四裔有莱夷、九夷、熏育、三苗等，其方国(诸侯或部落)为有穷、有仍、有莘、有易、有鬲、有缗、有虞、有扈、过、寒、商、缯、亳、葛、斟灌、三苗、昆吾、韦、顾、涂山、防风、英、六巢等。

商(十七世、三十王)起于前16世纪，灭于前11世纪，约五百年。用甲骨刻(卜)辞为其特点。当时其周边方国甚多，有人方、淮夷、虎方、群舒、有熊氏、越戏方、祭方、犬方、邢方、基方、余无戎、燕京戎、翳徒戎、西落鬼戎、龙方、辔方、犬戎、羌方、熏育、土方、危方、昌方、鬼方……远夷则有肃慎、氐、羌、濮等。

周，分西周和东周。西周的周人是种稷和麦的创始者，号后稷，姬姓。传舜封于邰，今(陕西)武功西南，传至公刘，到旬邑西，又九传到古公亶父，徙岐山下至周原，前12世纪，开始强盛，周武王十一年(有争议，但史学多用前1066、前1057、前1042、前1027这几个年份表示)灭商，建镐京于西安沣水东，子成王年幼，叔周公旦摄政，营建“天下之中”于洛水之阳，与子康王构建了“天下安宁”时段。康子昭王，孙穆王，曾远游与西王母(可能是西北某部落女首领)相见。因压制国人言论，被国人袭击王宫后，跑到彘(今山西霍县)，由于国无王于是有“共和”行政这个时段。到幽王立褒姒为后，于前771年被申后之父引犬戎攻杀幽王于骊山脚下，西周亡。幽王子平王在晋秦郑卫诸侯护送下东迁洛邑，史称东周。

西周所封的诸侯国有大小之分，大国有鲁(都曲阜)、齐(都营丘今临淄)、丰、薄姑、邶、鄘、卫(都沐)、东、晋、宋(都商丘)、陈、蔡、许、楚(都丹阳)、庸、吴(都蕃离)等。比较著名的夷狄有齐东的莱夷、北有鄋瞒(长翟)，晋南有条戎、北有隗、狐氏、燕京戎、北戎、鬼方；宗周(周老巢)西有陆浑戎；北有严允、太原、翟；江淮间有淮夷、虎方、群舒；楚之西南有濮和扬越；秦之西有羌；燕之东北有肃慎等。

事实上的东周，含春秋(前770—前476，共295年)、战国二阶段。

春秋诸侯专政，天子虚名，大国，凡十三：鲁(姬姓)、齐(姜姓)、晋(姬姓)、秦(嬴姓)、楚(芊姓)、宋(子姓)、卫(姬姓)、陈(妫姓)、蔡(姬姓)、曹(姬姓)、郑(姬姓)、燕(姬姓)、吴(姬姓)。诸侯小国无数[一百四十多个，不含三十余个戎狄部族，如东北有山戎、东胡、肃慎；西北有羌、林胡、楼烦；南有百濮、扬越；东有东莱、淮夷、东夷(东夷属鸟部落图腾的部族，也称鸟夷，分布于山东东部、南部，江苏北部的淮、沫河一带，以沂山为中心)；西与翟、乌氏、貆等错处，中原又有赤狄、潞氏在今山西、河北北境；白狄在今陕北，其别种鲜虞、肥鼓等在河北中部；伊洛间还有扬拒、泉皋、伊雒、陆浑；茅戎在今山西平陆；戎蛮在今河南临汝等]。

战国，因西汉刘向编《战国策》才被当成时代名称。多从前475年起算，至前221年结束，凡250年。春秋在强灭弱兼并之下，最后剩下三十余国，至前386年秦、楚、韩、赵、魏、田齐、燕“七雄”形成，连横合纵之后，“秦初并天下”的前221年结束。特点是各国长城高筑。这个时期，关中有大荔、义渠、朐衍、绵诸、貆等；华阳有蜀、巴、苴等；北有林胡、楼烦；东胡被逐到长城之外；燕的东北有秽、发、高夷、肃慎；北有匈奴；秦之外有月氏、乌孙、析支；巴蜀之南为筰、僰、邛、敞、夜郎、且兰、滇；楚之西为九夷、百濮；越之南为东越(瓯越、闽越)、扬越、骆越。

上面凡是以往认定为中国古代史的正史部分，有汉字记载者，应该说资料可靠，但断裂(指好多历史段落由于找不到文献或出土资料佐证，只好空着)很多。与其并行者，就是民间野史了(如神话、传说等)。说到野史，资料丰富，故事严密合缝，人物众多但可靠性差。然而，随着出土资料日益增多，特别是新石器时代地层的重叠关系渐渐被人们大体弄清楚后，地下遗址成了野史可靠的依据，对照之下，传说神秘的面纱会逐一掀开，因而有人预计，中国史学产生伟大升华的一刻即将到来。总之，利用各方面的资料，是可以填补正史存在的某些空白，如南方百越民族的“盘古”开天辟地，让下面的系列人物纷纷登场，经此链接，就比较完整了。有关盘古氏后的人物，主要有：

伏羲，又叫宓羲、包牺、庖牺、伏戏、牺皇、皇羲、太昊等，8000 年~6000 年前人物，这是新石器早、中期时代，《史记》用的是伏牺，而且说黄帝生在“神农氏世衰”时代。《易经·系辞》讲得更清楚：“古者包牺氏之王天下也：仰则观象于天，俯则观法于地；观鸟兽之文，与地之宜；近取诸身，远取之物；于是始作八卦，以通神明之德，以类万物之情。作结绳而为网罟，以佃(田)以渔，盖取诸《离》。……包牺氏没，神农氏作，……神农氏没，黄帝、尧、舜作，通其变，使民不倦，神而化之，使民宜之。”由于伏羲是大发明家，他的氏族比别人早使用记事符号和懂得制网捕鱼。传说伏羲诞生在今河北省新乐市泗水泉林华村这个地方(一说生于太湖，《易·说卦》“帝出乎震”震即雷泽，是太湖雷神，古代良渚文化出土的神像就是伏羲，通晓一切)，人首鳞身(龙)、风姓，长大后与他妹妹女娲(蛇躯)相配繁衍人类，所以，根深叶茂的中华民族才自称自己是龙的传人。伏羲早于黄帝，汉以后称他是“百王先”“三皇五帝之首”。其功绩是教会人们火烹、织网捕鱼、变革婚姻习俗、倡导男娶女嫁、发明陶埙、琴瑟，制八卦、定历法、设立官制，促成中国文字的形成和产生，留下了古朴的东方哲学思想基础，变成了中华民族抱拳团结、生生不息的牢固共识。他执政活动区域主要在太行以东和山东半岛山地，《淮南子·时则训》记载：“东方之极，自碣石山，过朝鲜，贯大人国，东至日出之次，樽木之地，青土树木之野，太昊，句芒之所司者，万二千里。”标明的是今中国的北方及其东部。在代燧人氏继天而王后，他是最早能通过“思想(文治)”初步统一中国的帝王。南方发掘所得的楚帛长沙《四时》，说到包牺“咎(规)天步[地]”，见山陵不通，于是“命山川四海”，进行疏通。他登陟山陵，见四海浩漫，日月出入，四神相代，便推步之以为一岁，也就是四时。研究得知，伏羲是南方百越良渚文化的神像。理由是：风姓、蛇身龙首、生于太湖、其名为越音汉注，是越人也。经北、南认识上的统一，有充足理由确定包牺氏具有中华民族的国父、中国第一王者的地位。

神农氏号烈改，即炎帝(最早期文献称帝炎，百越语，之后百越失势，才被华夏称制“炎帝”取代)，长于姜水(《水经·渭水注》云：“岐水东径姜氏城南，为姜水。”姜氏城南即今陕西岐山县东)，顺渭水、黄河发展到今之河南、冀南、鲁东北一带，“本起烈山”，有烈山氏和连山氏称号，最后都于陈(今淮阳)，这已是南方地区。《山海经》说炎帝之后有祝融，祝融之后有共工，领导的是与中原不同的南方系统。这边山清水秀，气候利于万物生长，得天地的荫泽，社会发展得早。传说他三岁知稼樯，“神农谷于淇田之阳”。所以《易系辞传》说他：“斫木为耜，揉木为耒。耒耨之利，以教天下。”而屈原在《远游》中要到九疑山去会见炎帝，可见炎帝乃发迹于长江中游之南。他是南方和善耕之神。相传“神农以赭鞭鞭百草，尽知其平毒寒温之性”。“神农尝百草之滋味，一日而遇七十毒。”又是中国医学的开山鼻祖。他一生领导部落相土地、察水源，改善生存环境，制造耒耜，播种五谷，解决吃的问题；制造陶器、制作刀斧，努力改善全人类的生活条件；为民除病祛痛，消除意想不到的灾害，使部落永远保有旺盛的生产力。他统领的这支农医部落后来形成北方旱作和南方水稻耕作两大支系，专家认为，后者就是以水稻为生存的“百越民族”。因此，“炎帝氏族就是百越的先民”，以后北移至长江、黄河之间，炎帝被华夏奉为祖先。有这样一种说法，炎帝是今壮族的祖先。支持这种观点的认为，他的尝百草不是个体而是群体，有壮族先民的一份功劳。壮族祖先在新石器时代中后期就已经尝试用中草药治病了。陆陆续续出土表明，到近3000年前的西周末年、春秋初年，壮族祖先已学会使用相当水平的铜针。用于针灸的两枚青铜浅刺针，发现于广西武鸣县马头乡元龙坡西周末年古墓中，针通体长2.7厘米，柄宽0.6厘米，厚0.1厘米，短而锐利。使用青铜针之前，要经历一段相当长的时间，研究中草药和人体结构，掌握经络，才能达到运针阶段，可见在这之前壮族医药已有相当一段发展史，正好可以和神农尝百草传说时代相衔接。到了汉代，壮族祖先已会使用银针。1976年在广西贵港发掘的两枚西汉初年银针，一枚全长达9.3厘米，其中柄长7.5厘米，针身长1.8厘米，另一枚全长9厘米，针柄长7.2厘米，针身长1.8厘米，继承了马头铜针把长身短浅针的风格。炎帝的共主地位传七十世。广西大明山的特掘、“百越韦”先祖韦厥就保存有他的化身，都是水牛部落的头人。当然，远古的事，也有不同版本(如2013年出版的《中国传统文化百科全书》，认为神农、炎帝为两个人，神农属三皇，炎帝归五帝，炎帝姓姜，牛头人身，可能是以牛为图腾的氏族首领。最初，这个氏族活动于渭河流域，后来进入黄河中游，与九黎族发生了长期的冲突，经炎黄联合，打败蚩尤，促成了黄帝被推举当“天子”的地位)。这里的牛头人身、以牛为图腾的氏族首领之说，恰恰又给百越韦“祖先说”做了铺垫。不管怎么说，南北的炎、黄二帝是有区别的。

黄帝(前2700—前2100，注：从这里起不再注“年”，下同)，《史记》称其生于“神农世衰”时代。是父系时期中原部落的盟长，姓公孙，是东方姬姓部落少典国君的儿子，称公孙氏。生于轩辕之丘(河南新野境)，叫轩辕氏(轩辕氏即天鼋氏，鼋音员，俗称鳖，该部落以大鼋为图腾)，但长于姬水(黄土高原)，也有姬姓。曾是有熊这个地方的国君，又称有熊氏(以熊、虎为图腾，其罴、貙、貔、貅等猛兽图腾部落都是其铁杆盟友)。他活动范围开始是河南中部，后到山西南部和陕西边缘，《史记》称“迁徙往来无常处，以师兵为营卫”，显然是一种“游牧部落”。以后东渡黄河，沿中条山、太行山到达冀北平原，经历52战才夺得天下，在(一说，今之北京市延庆县上板泉村)打败炎帝之后，兼并了炎帝北边部落，当了天下的共主，版图东临海，西至甘肃，北至河北，南抵长江。这是最早的融合区，百越部分部族融入华夏族开始构建中华民族。后来在与蚩尤作战中，久战不胜，说蚩尤会制造五里大雾。当他制造出指南车后，才打赢涿鹿(今河南涿鹿)这场硬仗。涿鹿之战后，轩辕氏取代神农氏，成为中原部落首领，成为华夏族的祖先。黄帝叫法较晚，后世五行认为他以土德王，土是黄色，才叫他为黄帝。黄帝为人很聪明，不满七十天就会说话，十岁大已经能明事理，长大后精通农耕，善于文治，在位时间长，政治安定，国势强盛，并且有了文字、音乐、宫室、舟车、衣裳和指南车等物质和文化上的发展，使社会大踏步前进，都城就设在今天的新郑，所统治的登封、禹县、密县一带，古称“华”，后来这里又是夏的兴起地方，“中华”

“华夏”之说源于此。黄帝有14个老婆(四妃十嫔)，原配西陵氏(即嫘祖)生昌意；老二方雷氏(女节)生青阳；老三彤氏生夷鼓(苍林)；老四嫫母据说是个德行很高的丑女人。黄帝总共生了25子，得姓14人共12姓(内中有两个共一姓，即姬、酉、祁、己、滕、葴、任、荀、僖、姞、儇、衣等)，故子孙后代人丁兴旺，支系繁多。

少昊，亦作少皞，嬴姓(一说姬姓)，名挚(一作质)，号穷桑帝，鸟部落、东夷(因东夷分9支，又称“九夷”)部落首领，也是中国嬴姓和秦、徐、黄、江、李等数百个姓氏的始祖。曾收留和扶养过黄帝孙子颛顼，并培养他成为东夷部落联盟首脑。在位84年，修少昊之法，故被称为少昊。设工正和农正去分管手工业和农业，关心发展生产，亲自观天象，制历法，发明乐器，创作乐典。原本以玄鸟(燕子)为部落图腾，后来在穷桑(西海之滨)任大联盟首领时，见有凤鸟飞至，认为吉祥，改奉凤鸟为族神，拜凤鸟为图腾。对所辖部族均以鸟命之，有凤鸟氏、玄鸟氏、青鸟氏等24种，因此，其所属是24个氏族合成的大部落，是黄帝族向东发展的一支重要力量。

颛顼帝(前2550—前2195，华夏韦氏肇祖)，黄帝之孙，昌意之子，父子都生在若水，即今之雅砻江，流经川西，入金沙江。颛顼20岁封帝，国于高阳，故号高阳氏，在位的78年，是炎黄之后第一个安宁昌盛的时代，世称颛顼时期。颛顼博识有谋、知事任地，能因地生产、按日月定四时(即颛顼历)，他管理有方，让南正祭天地，管鬼神，命黎当火正，教民知礼仪，专料理人间之事情。因此，史称他“绝地通天”。他是上古华夏族和东夷族相互融合部落的盟主和首领，活动于今之冀、鲁、豫一带。当时，太行山东麓的共工部落很强悍，最终还是被颛顼打败，逃到宁夏，怒触不周山而死。颛顼古姓氏为豨(读xi，与豕同，即鳄鱼，俗称豕龙婆)犩(指水牛，壮、越语读“wei”，之后的文献多写成韦。理由详见下文)氏，居地“帝丘”(今河南濮阳一带)，都犩(写成韦)城(在古老的夏朝地图上，就标有韦城这个都市)。其子民以国为姓，传华夏韦的肇基(发祥地)是韦城，肇祖就是颛顼帝，就出于这个道理。

史称，夏的周边有韦、顾、昆吾三个氏族立国，属夏的诸侯国。其中的韦，华夏族用汉字记载的传统说法见“韦”在《国语》《左传》中作“豕韦，古姓氏”，“韦国即豕韦国的省称”“今河南滑县东南有废韦城，当即古代豕韦国都城所在地”之说等，只记述其使用过程，对这个“韦”的含义，未能从历史源头上去点明。另一说是，颛顼的这个古老部族是治服水牛第一人(或部落、部族)，他们是越人，称这个被制伏的庞然大物为犩(发怀的近音)，并以犩为部族图腾，从此千万年来，驯化它、畜养它、役用它。当时，他们也眷养凶悍的鳄鱼，故才得此姓氏。有了汉文以后，由于犩、韦音近，故古代犩、韦通假，豨、豕通假，于是文献上从简计常将“豨犩氏”写成“豕韦氏”或“豨韦氏”)；顾，《国人》作鼓，春秋白狄之鼓，其地在今河北灵寿。夏亡后，韦、顾从中原迁到边远的地区，于是才有《史记·匈奴》“匈奴，其先祖夏后之苗裔也”之说，在那里，形成秦、汉新兴匈奴、室韦、失韦诸小国。因为虞和夏是古代两个联盟的部落，夏亡，虞不能幸存，虞、夏两族相继西迁。战国时夏(秦夏即大夏，秦读大)“逾大行与卑耳之溪”，而虞“西服流沙”(显然，还停留在太行迤西、迤北之地。因此秦始皇《琅邪刻石》《吕氏春秋·古乐篇》有“北过大夏”记载，说明大夏没走远，尚留中国）。西虞指有虞氏由中国北境西迁后的称呼。《逸周书·王会解》的“正北月氏”的月氏即虞氏，《管子》作“禺氏”，《穆天子传》作“禺知”，都属声转。匈奴兴起后，大夏、月氏又被迫西迁，《汉书·西域记》大月氏“本居敦煌、祁连间，至冒顿单于攻破月氏，而老单于杀月氏，以其头为饮器，月氏乃远去，过大宛，西击大夏而臣之，都妫水北为王庭，其余小众不能去者，保南山羌，号小月氏”。故《汉书·地理志》称安定郡(治高平，今宁夏固原，尚在敦煌、祁连之东)、有月氏道之说。这些史学家的看法和观点，有依据，也很有道理。

武王伐商，民族大迁移。虞、夏文化与仰韶文化近，由黄土高原往河西、河东以及伊、洛、汾、沁之间传播，受龙山文化影响而形成二里头文化，这时还没有文字，到大汶口文化层有文字了，殷王事事占卜，每卜都刻到甲骨上，这些甲骨刻划文便是汉字的祖先。武丁时代 270 余年，使卜辞文字日趋成熟。这些文字让夏朝的韦、顾、昆吾三诸侯国被灭之事史上有名，因此变成历史研究的热门货。我们的问题是在这之前，“韦”又是什么？（正统的回答曰：以国为姓、以城为姓……）；那么，为什么叫韦国、韦城呢？韦的含义又是什么？没有说。至少，没说得清楚。比如：对“韦者，何也”回答者就众说纷纭。计有：

杜若甫主编《中国少数民族姓氏》(民族出版社 2011 年 1 月版)有：壮语中姓作“栏”，“同血统大家族住在一起，后采取汉式姓，一千年前已有宁、侬、黄、莫、韦、廖、周、吴等十一姓。按壮语含义及图腾、聚居地、部落名称等，依稀看出起源，新中国成立前因受民族歧视，修谱时多依托内地汉族功臣名将，不宜轻信”。(壮族)“韦为大姓，古姓，唐红水河即有，起源与牡器崇拜有关，又一说，韦原意为水牛，与图腾有关，分布广，以桂北桂中最多，巴马韦姓在 2 万人以上”。

徐铁生《中华姓氏源流大辞典》(中华书局 2014 年 1 月出版)有韦姓 22 种：

1. 豕韦氏之后。

2. 春秋的黄国有韦氏。见《三代吉金文存》的青铜器“黄韦艅父盘”。黄韦艅父，春秋早期黄国人，字艅父，见韦氏《金文人名汇编》。

3. 汉疏勒国有韦姓。见《汉书·西域传》唐疏勒国人入唐，或以事为姓。唐开元(713—741)中名医韦古，即疏勒国人。

4. 古代羌族姓(见《旧唐书·党项传》)。

5. 唐西原蛮姓，今壮族韦姓即西原蛮韦姓之后。

6. 唐中宗赐韦。

7. 回族姓，在京津、河北大厂、江苏南通等。

8. 藏族汉姓，甘肃景泰有之。

9. 苗族汉姓。

10. 彝(见于隆林、云南富宁、屏边等县)、傣、纳西、毛南汉姓。

11. 布依族姓。西原蛮之后，宋时有七姓(龙、方、张、石、罗、程、韦)番之说，其中，韦番即姓韦，如惠水韦番汉姓，其先为布依族，明清属韦番长官司长官之后。

12. 朝鲜族姓。高丽初期宰相韦寿余(一说高丽顺孝王时期韦得柔)，其子孙近年迁来中国，此姓多见于吉林和龙等地。

13. 侗族姓。

14. 瑶族姓(背篓瑶有蓝、罗、蒙、韦四大姓；白裤瑶也有)。

15. 土家族汉姓。

16. 黎族姓，黎语“勒豪”(木棉子)，以木棉为氏族图腾；海南海口、东方、乐东等地。

17. 水族四大姓(潘、韦、蒙、吴)。

18. 景颇族汉姓；见于云南梁河、陇川等地。

19. 仫佬族姓。

20. 锡伯族汉姓；见于新疆察布查尔、塔城、霍城等地。

21. 仡佬族姓。

22. 傣族姓；见于云南金平等地。

田学超编《中华百家姓》(中国工人出版社2004年1月出版)有：韦氏，①出自彭姓；②出自韩姓；③赐姓；④出自子姓，卜辞中有子韦，商王后裔；⑤元成吉思汗后裔，分支在山东费县；⑥官位，两周时期官吏韦弁(两周到战国礼制官职，专管宫廷及重臣韦弁服的制作，兼制编制书简的皮绳)，在韦弁子孙中，有以先祖官职称谓为姓氏者，称韦弁氏，后改单姓韦氏；⑦汉疏勒国的韦氏部落但不属匈奴的别支，而是自古代韦国灭亡后融入西羌民族的韦氏族人，亦有从杜陵沿丝绸之路入西域的汉化韦氏人；⑧《清通志·氏族略·满洲八旗姓》的蒙古族章佳氏，亦称张佳氏、张家氏、斋佳氏，为察哈尔蒙古的主体部落成员，以地为氏，后有改为韦氏的；⑨明清时期，广西庆远府、贵州贵阳府定番州、湖广施南古巴地和今海南东方市等地区的仫佬族、苗族、瑶族、水族等少数民族中，均有韦氏族人分布，其来源大体是唐、宋、元、明、清中央推行羁縻政策改土归流中，改用汉姓韦氏，世代相传至今。

《辞海》(上海辞书出版社出版)有：豕(shi)猪或野猪，《左传·应公八年》：“齐侯游于姑(林下加分)，遂田于见丘，见大豕。”《后汉书·刘陶传》：“今梁已攻河东，恐遂转更豕突(乱窜)上京。”《资治通鉴·唐僖宗乾等二年》：“万一豨突(奔突乱窜)，奈何!”豕韦亦作“韦”，夏的同盟部落，彭姓，在今河南滑县东南。夏末期，与己姓的顾(今山东鄄城东北)、昆吾(今河南濮阳西南；一说今之许昌东)助桀为虐，为汤所灭。室，姓，宋代有室种。室韦，意译“失韦”，古族名，起源于鲜卑、肃慎、丁零、乌桓及自成一系之说。北魏史书始有记载，有五部，分布在今嫩江流域及黑龙江北岸之地。唐时有二十多部(蒙兀室韦只是其中一部)，各部发展不平衡。住在南部的以狩猎为主，并开始驯养家畜，有低级农业；住在北部的从事狩猎。部落由千户或几千户组成，首领号“莫贺咄”。北魏至唐常向中原王朝进贡。曾附属突厥。在契丹建立辽朝过程中，部分被合并入辽。一部与今蒙古、鄂温克、鄂伦春族有渊源。又有：韦，熟牛皮，《周礼·春官司服》“凡兵事，韦弁服”；通“围”，度量表示一抱。《汉书·成帝纪》“是日大风，拔甘泉寺中大木十韦以上”；违的古字，违背。《说文·韦部》称：“韦，相背也”；姓。韦族是最早擅长养猪，制革、蒙鼓、制皮衣和铠甲的。其中一支擅长鞣皮，以猪为氏族原名图腾，鞣皮的技艺形成族徽和氏族名称，所居之地称豕韦，建的城堡称邦，后立了国，称韦国，以后发展为姓，以国为姓；韦姓出于高阳氏颛顼之后，子老童，老童生黎、吴回，在高辛氏时代先后担任祝融官，吴回子陆终，终有6子，分成六大部落，其中老三钱铿，又称彭祖氏，彭姓。彭国一度十分强大，称彭伯。彭国中有豕韦之地，夏少康封元哲于豕韦，称豕韦氏，也十分强大，被列为夏商五霸，是诸侯国，受封子姓韦侯(甲骨文卜辞有子姓“侯韦”存在)。豕韦即韦，靠近商，前1028年武丁灭韦后，封刘累治豕韦，韦被迫改刘，不久，又复国，恢复韦姓。以国名为氏，遂有豕韦、韦氏。彭姓韦氏至少有3200年历史。豕韦国灭后，子孙四散，一部分北移，在今东北地区演变成室韦；向西北陕甘地区，留下许多韦、韦加三点水的地名和水名(主要还是在河南一带活动)。笔者注，大概由此演化出与鞣、韋音近的“沩”古汉字；秦汉由彭城迁山东孟鲁的韦氏，与东夷防风氏混居，形成风姓韦氏望族，一支南至云贵和广西，与当地土著混居，形成壮、布依、水、侗、苗瑶等韦姓，并在壮、布依、水、瑶中变成大姓。三国两晋，韦姓已分布于长江南北广大地区。宋韦姓足迹南北各地，西夏也有韦姓。当时广西韦氏已成为广西大姓，人口近9万，占全国人口0.1%(全国韦氏大姓仍在河南，占韦姓总人口的26%。而分布于河南、广西、湖北、安徽四省的韦氏占全国韦氏总人口为71%，其余分布在河北、浙江、四川、江苏、江西。形成两大块即皖、鄂豫和广西)；明朝韦姓人口不增反减(明以前，韦姓人口主体一直在中原和南方，宋、元、明北方战争不断，韦姓主体人口受到冲击)，明时浙江成为韦姓第一大省，约占韦姓总人口的21%，主要分布在浙、桂、江苏三省，大约占全国韦姓总人口的54%，其次是皖、粤、闽、鄂诸省。形成了东南浙苏皖和两广两块大聚集区。明清初，韦姓踏入台湾。当代一些文献称，全国韦姓人口已达到370万，全国排第68位，占全国人口的0.3%，目前集中在广西，约占全国韦姓人口的76%，其次在安徽、广东、贵州、江苏、河南、云南六省，又集中了14%的韦姓人口。因而形成了以广西为主中心的、向外逐渐递减的分布局面。

澳大利亚籍学者马纪行《中国最早姓氏记录——从谱牒学观点看龙虎古墓的发现》文中说，“今日我们知道的祝融氏后代，除了邬、郐、路三氏，还有上官、司马、罗、庄、严、程、彭、钱、班、鄂、芋、楚、熊、屈、景、昭、曹、倪、和、苏、顾、温、董、季、莘、虎、朱、云、韦、童、苗、岑、沈、叶、辛、怀等氏”共39姓氏。对此，《辞源》认为：“吴回，火神也，古重黎为火正，甚有功，能光融天下，帝喾命曰：祝融，其弟吴回，后复居火正，为祝融。”意思是6000多年前，颛顼是黄帝的孙子，而重黎、吴回又是颛顼的孙子，他们的39个后代(见马纪行文)以赐号为氏，就是祝融氏。其中，39个后代中有韦姓，可见，韦姓的出现，至少也有6000多年了，这是古老的姓氏之一。有研究指出，公元前2514年，在位的帝颛顼南至交趾，颛顼就是祝融氏。对此，专家认为，它证明了颛顼与百越韦的关系相当密切……总之，说法种种。

对上述各家“引文”所列的提法和给出的信息(虽然不全)，壮族教育家韦鸿恩先生有他自己的看法：他说过，他年轻时曾对上面“问题”做过思考，为了说服自己，他一度暂时放下教鞭，心甘情愿地跟随乡友(被任命为东兰县县长)到大山深处去做了一年的县府秘书长，又到广西都安县地苏乡当了一届乡长，而且还到上林县去当了一届教育局局长，实地考察这些古代骆越部族余存者原生态韦氏聚集概况，据说曾与韦家子弟说了下面这些话(大意)：颛顼的“韦”，更早的含义是图腾，《国语》《左传》和继后的说法都是华夏人在汉字产生后“推论(或杜撰。指古汉字通假、从简以及就字论事等)”出来的。图腾“韦”源于百越第一个制伏水牛(壮话水牛叫“wei”，发“怀”的近音)并以之为图腾的水牛部落[附图都是百越壮人而今役用的亚洲水牛，它们被穿了牛鼻之后，虽为庞然大物，却能温顺如绵羊，都粗放于云贵高原的大山里(壮话叫“牛轮”)，驯服如家养，能终日自己寻草充饥，无需人去鞭管]。

图一　出工

图二　等待

图三　遥望

图四　犏仔耕田

图五　戏水

图六　休闲

图七　静思

图八　母子牛

图九　壮乡粗放的西林水牛

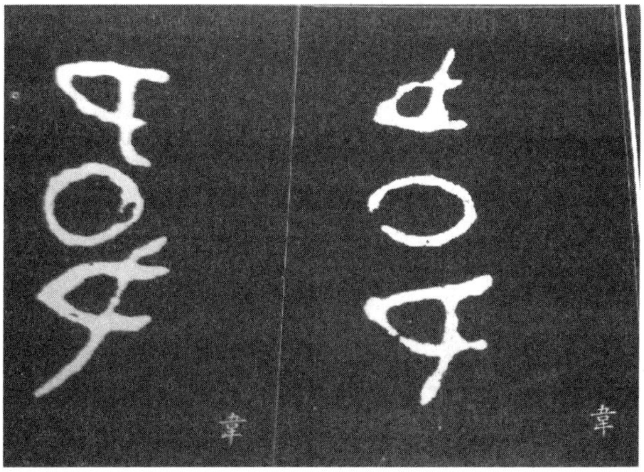

图十　甲骨文韦拓片

追索水牛“怀”变成汉字“韦”的“过程”，韦鸿恩先生说：开始应该是声音、是叫法，以后变成华夏注音字“犩”(见杨雄《方言》，原注越语)，后来该字不通用后变成古汉字“封存”了，用音近的“韦”取而代之，见图十，这是一说。而豨韦国(即豕韦国)的这个“豨、豕”，后人也都当成对“猪皮”加工“注”说了。其实最早加工的是鳄鱼皮而非猪皮，中国鳄鱼老百姓叫猪婆龙，皮可蒙鼓。出土的鼍(音驼，鳄鱼的一种，俗名猪婆龙，皮可蒙鼓)鼓的鼓蒙就是用鳄鱼皮做的(注，鼍鼓是山西襄汾县陶寺村南前4300—前4100帝尧陶唐都城出土之一，属夏之前尧舜时期文物，该鼓用鳄鱼皮作鼓蒙。据说炎黄时期，这里曾是水牛和猪龙婆鳄鱼的故乡)。韦氏祖先治服水牛后，牛皮(包括鳄鱼皮等)咬不动，放着要腐败、要臭。于是引出制革和废物深加工，形成产业(严格地说制革是水牛部族必须做的副业)，精益求精之后甚至发展成了祖传专利，这个专利应该就是水牛皮、鳄鱼(龙)皮、黄牛皮、兽皮、马皮、蛇(龙)皮、鱼皮的深加工(专家认为，对猪皮加工是很后很后的事了)，这是既能发财又能养人的工种，老、残、弱、幼、男的、女的都适合的工种，这是很了不起的发明和发现。随着地球变暖，北方华夏族地段水牛、鳄鱼南移后逐渐远去，就剩下黄牛皮、兽皮、马皮、鱼皮加工了，存在决定意识，凡是史书要提到豨韦国即豕韦国的话，华夏文人们就“想当然”地把这个“豨、豕”韦都当成只对“猪皮”进行加工，不会想到什么水牛、鳄鱼和水牛图腾了。因此，这里韦鸿恩先生特别强调“水牛图腾韦”是百越韦的本源。他还说，实际上深究之后，《左传》对华夏韦的认识曾有“以乘韦先牛十二犒师”的记述，民间也有“韦者，五、口、牛也”的说法为它作了佐证，至少在私有制社会初期的制革个体经营者中，凡掌握此门道，养活一家五口人是不成问题的(用于水稻农耕的水牛也一个样，经济效益大不两样，因为农家有条水牛耕耙，大不相同，基本符合“五口牛”之说)。总之，都点出了“韦”与牛(只是没点明是亚洲水牛而已)关系密切。笔者认为，这些，能从侧面佐证韦鸿恩先生“水牛图腾韦”是百越韦本源的正确性，当然，也是华夏韦的本源。

钱坚(华夏韦氏太祖)，钱坚即彭祖(民间说法他活了八百岁，故叫彭祖。那时“天干地支”初创，采用“小花甲”记年，60天算一年，孔子时代还有一季人二季人之说，就是这套纪年法搞的，折合于今天是130多岁，和当今的老寿星差不多，应该说民间传说没有问题)。钱坚领导过夏朝的诸侯国，史称“韦”(国)，爵位为“侯”，封于彭城(今江苏徐州一带)，因而他又有大彭或老彭之名。该国也有被叫成大彭国或豨韦国(即豕韦国)的。在封邑里，他的后代华夏韦子孙得以发展，他应该是华夏韦的太祖。

通常，民间都说彭祖是四川彭山县人(西昌雅砻江畔，古称若水)，生于斯，为官一阵后，又返回彭山。而《吴杭志》称彭为阳周吴人，蜀眉州彭山县是其卒处，故其山曰彭亡山，县东六十里仁寿县香炉山是彭祖烧香处，仁寿得名于此。《列仙传》也称今吴兴钱氏即其后人。另外的版本有说他是黄帝之后，高阳帝颛顼之玄孙，陆终氏的第三个儿子，出生时取姓篯，取名铿。受命殷王攻打徐州(史称“彭伯克邳”)，得胜后被尊称“彭伯”。册封于徐州，当时的徐州被人们叫成彭城，立国后叫大彭氏国，是衣食俸禄之地。后因长寿之秘被殷王追杀，取消封号、封地，逃回彭蒙山，与采女生小女采娥，等等，不同版本的传奇故事颇多，这里就不一一罗列了。

蚩尤，有各种各样说法，比较新的认为是中国原始社会末期，活跃在今河北、山西及山东西部的一个农耕部落与该农耕部落酋长之共同名称。蚩尤部落为“神农世衰”时代神农氏氏族的后裔，归属于炎帝部落联盟范畴。传说蚩尤部落擅长金属冶炼和制造兵器。蚩尤部落与黄帝部落争战失败后，其遗裔大部分留居中原。据《管子》所记，蚩尤部落加入了黄帝为首的部落联盟，并在其中担任了重要公职。《拾遗记》载，邹氏、屠氏为其遗裔中可查之姓氏；一部分迁到北方，与荤粥(匈奴之别名)有族源关系；那些南迁者，则与苗民、三苗有族源关系。

三苗，是古代对南方人的泛称。后来，西北也有三苗。如甘肃平凉西北，古有乌氏戎。他们是驩的苗民逐鹿中原失败后，残兵败将到了“河关之地”。考证河关属金城郡，西汉始元六年，治所允吾(今甘肃永靖西北)。这里出土石璧，是良渚文化产物，“允吾”为古越语地名。故《后汉书》有：“西羌之本，出自三苗，姜姓之别也。”还可以上溯，战国这里置乌氏县，祁连敦煌古有乌孙戎，西汉文帝时他们迁新疆（东汉称他们为乌支），今新疆地名以“乌”发声者多，与古越语“乌”发声（做地名）相关，源于良渚文化，出土证明西北苗民是良渚文化族裔。故《大荒北经》有“颛顼生驩头，驩头生苗民”之说，可见，民族融合，古已有之。对此，一般而言，古之“三苗”，是南方民族的泛称。

尧，名君之一，姓尹祁，初名（一说号）放勋，因“饮于土塯，啜于土刑”，说明尧与陶业相关，被称为陶唐氏，也称唐尧。开始活动于河北唐县一带，后迁到晋南临汾盆地。其父帝喾，有四妃，与姜源（郃国女）生弃，教民种五谷；与简狄（甘肃高台有贼国之女）生契（商的祖先）；与庆都（大帝之女）生尧，即唐尧；最后一个妃子叫常仪，聪明美丽，长发垂足，生帝女和挚（少昊）。尧划九州，定都平阳（今山西临汾），命羲和管时令，定历法，办教育，协和万邦。《史记》写道：唐尧“其仁如天，其知如神。就之如日，望之如云。富而不骄，贵而不舒。黄收掩衣，彤车乘白马。能明驯德，以亲九族。九族既睦，便章百姓，合和万国”。在他这个“合和万国”时期，各个大小不同的部落陆续形成了各种方国统治地位，犹如今日民营企业，有一定的投入产出，自负盈亏，拥有一方天地，养活了一方臣民。这种社会基础，离散就会家败人亡，凝聚就推动社会进步和发展。尧舜通过禅让，让邦国形成联盟而且很好相处、民主交接，在位七十载而咨四岳，四岳举舜，考察二十八年后，发现舜是块好钢，尧把共主位子禅让于舜，舜勤勤恳恳，让人民得到福祉，故后人有“尧天舜日”之颂词，构筑了史家赞声不绝的尧舜禹昌明时期。

舜，东夷人，《史记·五帝本纪》载“舜耕于历山（济南），渔雷泽（兖州），陶河滨，做什器于寿丘（曲阜）”，生于诸冯（今山东诸城），姚姓，名重华，亦称仲华、重明、重景，这些名字都是与他有双重瞳孔的眼睛相关，后来西迁至今山西永济一带，便有“冀州之人”之称。因为建国于虞，被称有虞氏，甚至叫他虞舜。舜父名瞽叟，双目失明，又不辨善恶，前妻生舜，后妻生象。从小丧母的舜，饱受继母、小弟和父亲的虐待，但是舜宽厚老实，对打骂和陷害总是逆来顺受，不记仇，一如既往地孝顺父母、关爱弟弟，后来帝尧看重他，选他做接班人，把两个女儿（娥皇和女英即湘妃）嫁给他，成了共主，他积极发展生产，凿井开渠，广结人才，用身教和德教治国，化解民族部落之间的矛盾。他主掌共主时，让夏族的始祖禹去治理洪水，让周族的始祖弃主管农业生产，让商族的始祖契分管教育，让东夷人臬陶负责刑罚，充分调动了各个部落的积极性。舜的时代政治清明，物质丰富，人知礼仪，天下信服。故孟子曰：“舜生于诸冯，迁于负夏，卒于鸣条（河南开封附近），东夷之人也。文王生于岐周，卒于毕郢，西夷之人也。地之相去也，千有余里；世之相后也，千有余岁。得志行于中国，若合符节，先圣后圣，其揆一也。”

禹，姒姓，名文命，叫夏后氏。传说其母吃了薏苡（或神珠）才怀孕生了他，因此叫他做禹。其父名鲧，被舜派去治水，禹也跟着去了，九年时间里，水患越治越厉害，终因治水不利被舜处死，而且改派禹继之。吸取父亲失败的教训，禹通过调查，“疏九河，瀹济、漯而注之海，决汝、汉，排淮、泗而注之入江”，治水成功，舜把共主的位置禅让给他，由他去主管而今之豫西、晋南为中心的华夏古国家。关于禹，由于甲骨文中没有记述，到商、西周也还都没有有关禹的说法和资料，那个时段又处于时代的转折期间(即史称的由“天下为家”向“家天下”转变)，故有人疑惑过他的身世。禹娶南人涂山女为妻，《史记》有：“夏之兴也以涂山。”“禹生石纽(即汶山郡广柔县，今四川绵阳北川羌族自治县。当时这里还没有羌族人)，西夷人也。”研究结果，禹是良渚文化等南方民族的后裔，有苗蛮血统，至少是华夏化的苗蛮后裔。

女娲，中国北方系统创造万物的女神(注，百越这边就是姆六甲、少司命、司命等“花草生人的花神”)。传说她是伏羲之妹，“人头蛇身，一日七十化”。当天地未有人类之时，她抟黄土作人。期间，力不暇供，乃引绳于泥中，举以为人。故富者黄土人也，贫贱凡庸者绳人也。她不但能制造万物，还能“炼五色石以补苍天，断鳌足以立四极，杀黑龙以济冀州，积芦灰以止淫水”。因而变成了传说中整理天地之神。

布洛陀和姆六甲(还有盘古)，这都是古代南方系统的人物。实话实说，这是中国古代史重要组成部分，以往被人们忽略了。其实，流传在今右江及其上游驮娘江、西洋江流域，红水河及其上游南、北盘江流域、左江流域的壮族神话传说《布洛陀经书》中的布洛陀，壮话意思是无所不知、无所不晓的智慧老人，是神话谱系里的第二代男系祖神。故事梗概是：从前的世界既“无首领”也“不娶妻”，既“无官印”，也没有“攻贼”和“白吃百姓”，后来有了“主人”，有了“王”，“后来王攻贼，才得掌官印。装扮做头领，白吃天下人”。这些统治者和剥削者，互相攻击，掳掠牛和奴隶，“得白脸男奴，得红脸女奴。牛归大首领，奴隶归末公”。“经书”共28卷本、1000多万行，传颂创世和从原始共产主义社会往古代奴隶社会演化的过程。宇宙最初由黑、黄、白三股气流凝成蛋形模样旋转，后来，气团爆炸变成三大片，上升者为天，下沉者为地，另一片停留不动就是人间，雷王上了天，图额(壮话“龙”)入了海，布洛陀主管人间，开始创造全人类和万物，制定和安排自然界各种事物之间的秩序，排解了人间各种矛盾和纠纷，人间和万物终于各得其所，人们的世界才安居乐业。故事从侧面反映了鸟头人、鸟酋长或鸟首领的布洛陀，是当中神力无比的“英雄”。布洛陀开天地，造人，定万物，取火，开红水河，造谷物，造牛，教养家禽，造屋，射太阳，造铜鼓……他为人类做了八件好事：规定万物的活动规律；发明人工取火，用火取暖熟食；开凿红水河，使其入海；造谷物，教人耕种；用泥捏牛，助人耕田犁地；教人驯养家禽，不断使其繁殖；教人利用木材茅草造屋建房；制定人间的道德规范。西瓯骆越部落是越人鸟部落最古老的部落之一，也是百越的本支，被称为祖部落或母部落。因此，姆六甲(意为鸽祖母)、布洛陀(与雷王、龙王是兄弟)、雷王、布伯等都是当中重要的神祇。布洛陀是创世神、始祖神和宗教神。他们的子孙史不绝书。骆越部落联盟的地望北囊括广西全境，南到中南半岛，东到广东大部，西接句町、夜郎。包括了水牛、黄牛、雷、孔雀、鸬鹚、鸽、小雁、乌鸦、鹰、蛇等氏族部落，为岭南南部势力强大的联盟，并建有方国。而今老挝的老族、缅甸的掸族、泰国的泰族，多是秦、汉以后先后从广西或云南一带向西迁移，最后定居下来的后人。他们语言相似，习俗相近，生产生活方式大致相同，同属于干栏文化、铜鼓文化、有肩石器文化和那文化(稻作文化)区，而且流传着同一母题洪水和葫芦神话，其居住的建筑形式也一直保持着传统的"人栖其上，牛羊犬豕畜其下"的木结构干栏形式。他们共同语言为越语，既不同于中原地区的华夏语或汉语，也不同于楚国的方言汉语，生产生活方式为："处溪谷之间，篁竹之中，习于水斗，便于用舟。"共同的民族习俗是文身断发，铜鼓文化，干栏住宅。自然崇拜(天神即雷神、地神即土地神、水神、火神即灶王、树神、林神、山神、石神)，寨老崇拜，祖先崇拜(壮人重祭祖，包括祖坟)，是典型的农业民族，种植水稻，水稻种植经过古代越族发明后，技术外传，推向世界，形成稻作文化圈，今日全世界共20亿人食大米，占全世界人口的三分之一，其中，饮食大米比例在50%以上者为16亿；饮食大米比例在25%~50%之间者为4亿。历史上的壮泰分离，时间约为三国两晋南北朝(公元3世纪后半叶至6世纪初)时段，属同源异流。

在上述古代人物铺垫基础上，才有本文综合诸家之说对中国韦氏的源流做些探索，因为中国史，包括正史和野史，由华夏文字记载的"正统"史籍和华夏文字无法记载(言语不同)下来的百越(地域那么辽阔)民间传说，加上各种出土的发现，都是重要的史料，这是前提。

中国韦氏的"韦"，与越语水牛叫成"wei"相关，上古百越民族的水牛部落首先发现并制服了水牛，之后经驯化变成了稻耕的主力，此乃图腾韦的本源。之后，由于水牛和鳄鱼南移和远离，才逐渐有如下的分支。经筛选比较后，我们把认识上比较认同的中国韦氏的四支源流——华夏韦、百越韦、赐韦(桓改韦)、室韦的发生发展概况介绍如下：

华夏韦

关于华夏韦氏的发生、发展概况简述如下：

中国上古时期分十纪，即九头纪、五龙纪、摄提纪、合雒纪、连通纪、叙命纪、循蜚纪、因提纪、禅通纪、疏仡纪。在图腾韦部落(或部族)之后每纪都有存在的姓氏，是建都立国之本，又称古帝号。如因提纪有13氏：辰放氏、蜀山氏、豗傀氏、浑沌氏、东邑氏、皇覃氏、启统氏、吉夷氏、凡燧氏、狶(读xi)韦(应该是"犩"，越语注音古汉字，读"wei"，即水牛)氏、有巢氏、燧人氏、康成氏等，其中狶韦氏即韦氏，古已有之。

这支韦氏氏族的肇祖、最古老的祖先是高阳(即颛顼，传说黄帝孙子，五帝之一)，立过国，用古姓氏称之，叫狶韦国即韦国，国于高阳(今河南濮阳一带)，在位78年，治国有方，创下安宁昌盛的颛顼时代。之后，钱坚即彭祖，组建领导过夏朝的一个诸侯国，史称"韦"国，爵位为"侯"，并受封于彭城(今江苏除州铜山一带)，也叫大彭国。国力雄厚，影响甚远。至禹子启，建立了君主制国家，历启子太康、中康，中康子相。至相，被东夷后羿取而代之，史称"太康失国"，时狶韦国、大彭国受牵连，大彭国后代集体逃散，一支到渭河平原西部，于扶风县沣川(又叫丰)。天下大治后又东迁故地韦城。当相子(启的第四代)少康、少康子杼觉醒以后，奋力复国，使夏中兴，国道大增，史称“少康中兴”。大概于前2050年，少康帝封大彭氏后裔元哲“于豨韦之圩，其地滑州，韦城是也”。元哲是个人才，虽属大彭别孙，但地位不高，于是少康赐三皇以前的古帝王号“豨韦氏”给元哲，“名门后代”，以此名正言顺地去治理受封之地(今江苏铜山附近，属南下的一支)，也建成夏的重要的诸侯国“韦国(或豨韦国)”，治国有方，元哲被尊称韦君。国力强盛，子孙兴旺，后代以国为氏，这就是韦氏，始祖为元哲。

前1733年(武丁50年)，韦国被商灭，由于韦国经济地位很重要，武丁选派养龙(笔者注，指蛇和鳄鱼)能手刘累去统治豕韦国，使豕韦氏被迫改韦为刘。(传说国灭后，韦氏一支东迁江苏徐州一带，秦汉时西迁至陕西，形成著名的京兆韦氏；第二支进入湖北、贵州，与巴人混居，形成巴人中重要的韦氏族；第三支北上华北、东北，最终形成黑龙江地区赫哲人的先民)。不久，刘累统治被韦伯遐取而代之，重建了豕韦国，史称韦伯国。前1027年韦伯遐参加周姬发(周武王)领导的八百诸侯同盟伐纣，大战于太行山前牧野(今河南安阳市郊)，纣自焚，商灭，改西周。周朝封韦伯遐于万福河西岸(今山东成武县、邹县一带)，称豕韦国。

西周春秋初，韦氏进入河南。东周，河南韦氏已十分活跃。到战国末期(前280年前后)，豕韦国被鲁国兼并，这是中国韦氏的第三次被灭国。

前206年，韦伯遐24世孙韦孟参加刘邦起义，西汉立国后，为刘交(楚国元王)—夷王(刘交子)—刘交孙(戊王)三代王傅(相)30余年。去位后迁鲁国邹县私塾里孟贤庄。繁育四世孙韦贤、贤子玄成，均为汉朝丞相。

用汉字记下的这些活动，因地域多在华夏活动带上，发生时间又是秦以前，因此有人将这一地区的韦氏取名为华夏韦氏。先秦时期起源于中原的华夏韦，其上可追溯到黄帝，传黄帝打败炎帝后，紧靠中原的百越水牛民族通过融合获得生存和发展，有汉字记录时这里的水牛和鳄鱼图腾标志物已随地球运行轨道变化南移远去，水牛部落已走入立国阶段，开始盛行以国为姓了。黄帝是融合部落盟主，就其历史演化经过，华夏韦氏的演绎表可以写成：百越水牛图腾韦……→韦(氏)→(彭氏)→韦氏→豨韦氏→刘氏→豨韦氏→韦氏。在华夏甲骨文记述下，显然，华夏韦肇基(发祥地)是韦城，肇祖是颛顼帝。其关系为：颛顼→(一说生称)“称”→老童(卷章)→昊回→陆终→钱坚→……太祖是钱坚。钱坚爵位为“侯”，封于彭城(今江苏徐州一带)，又称大彭或老彭→始祖元哲，夏的诸侯国(此时中国，有许许多多个诸侯国)韦国国君，后代以国为姓，即为韦姓。可见，韦姓夏朝已出，有近5000年历史了，元哲当是华夏韦韦姓始祖。这支韦氏，经历三次灭国的磨难，从汉臣韦玄成封相西徙陕西后，裔孙昌盛，到唐代已形成了九个支系，产生了十四名丞相，几乎支撑了盛唐的治国家业，影响深远。

宋朝统计的全国人口(1066年为2909万人；1110年为4673万人)韦姓有9万多人，约占全国人口的0.11%，排名第200位。而960年，北宋初刊印的《百家姓》中，韦氏定为第50姓。当时浙江、广西、湖北、安徽的韦姓人口占全国韦姓人口的71%，河南韦姓为第一大省，占全国韦姓的25%。其次分布在河北、浙江、四川、江苏和江西等地，形成北为豫鄂皖、南为广西两大聚集区。

明代，韦姓有人口 4 万多人，约占全国人口的 0.04%，排名 150 之后，当时浙、桂、苏是韦姓集中区，三省韦姓人口占全国韦姓人口的 54%，浙为韦姓大省，占全国韦姓人口的 21%。其次分布于皖、粤、闽、鄂、川、江西、河南、河北、贵州等。原大省的河南人口向东南转移，全国韦姓分布中心仍是广西。明代江浙一带的“韦姓兵”，为打下明代江山，贡献不小。

清朝的韦驮保，乾隆二十九年(1764)镇安府知府，满洲正蓝旗人，监生。很可能和东北室韦相关。韦氏这个支系历几千年的沧桑，从中原辐射全国，为中华民族的文明昌盛做出了许多贡献，传说在山东兖州的韦氏宗祠曾有一副长联广为传颂，可以说是该支韦氏发生发展的一种概括，这里列出，就算是本部分的结尾。该长联(注，标点及括号内容等为笔者所加，旨在方便读者理解)全文如下：

“由汉代以至明时，七老尚书(相当于今之中央部长)。九堂御史(秦汉仅次于丞相，是皇帝之秘书兼监察、执法和重要图籍，西汉御史大夫、丞相、太尉合称三公，掌中央最高政务。明撤，改监察院)。汉唐六宰辅，邹鲁五儒宗，近代居高官，五公孙和三父子，鸿名垂宇宙，古今相业孰重三，我体先人好传家，为子孙计；

自兖州而迁京兆，三朝父相，百粤将军，叔侄八词林，兄弟七进士，大臣兼国丈(国丈，国王岳父)，二伯爵与三王侯，礼学表忠良，姓氏普天惟不二，尔曹后裔宜法相，读圣贤书。”

追根溯源，华夏韦本源乃出自水牛部落图腾称谓，相互融合以后追赶汉姓发生发展的时代潮流，才陆续有赐以古帝王姓氏，以国为姓，以地名、城池、官职、职业、迁徙等为姓氏之注释或提法。篇幅有限，这部分就不讨论了。

百越韦

这是一个不能忽视的“新”课题。作为探索，百越韦的发生、发展可用下面图表表示：

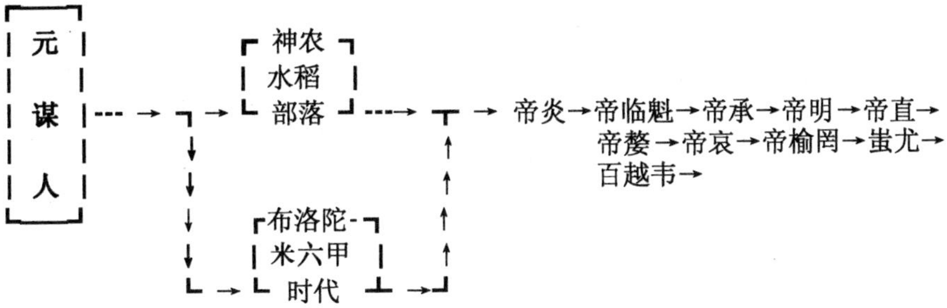

研究指出，我们必须承认：中国至少有个与华夏族族群并列发生、发展的越族族群体系，即史称的“百越”。首先，它们的语言体系不一样。华夏族群称之为“炎帝”，越族族群呼之为“帝炎”，这是越语的倒装结构，而今遗存的越语即壮语(壮族话)，依然沿用这种“结构”称谓。又如华夏族捏土生人的女娲，到越族族群是“花草生人”的

“米六甲(壮族地区叫法)—少司命(湘、沅流域古越族地叫法)—司命(江苏连云港一带古越族地叫法)”的花神。古代的中国，从连云港一带经湘、沅流域直到而今最西边的壮族人聚居地段的辽阔地区，都是古代越人生息繁衍的区域，在这里，人们认为，他们每个人都是米六甲花园里的一朵花，不生孩子就敬花神，生了孩子也请花神保护，直到成人。表中的布洛陀(壮话名)是壮民族的精神领袖，与米六甲并提。他们和汉人的尧、舜等相当。“布洛陀－米六甲”时代，相当于华夏族群的尧舜时代。农耕方面，越族族群以水稻种植为主，而华夏族群主要是旱作(小米和稷)。所有这些，基本符合梁(庭望，中央民族大学教授)氏“板块学说”中江南稻作文化圈的说法，即：从云贵高原尾部开始东延，至桂、粤、琼、港澳、湘、鄂、浙、赣、闽、苏、台等半弧形地带，其地理特点为丘陵遍布，山峦不高，河道纵横，四大淡水湖泊皆分布于此。西南部的喀斯特地形则孤峰林立，山奇水秀。东面临海，多台风。华南则属亚热带气候。这里，气温较高，雨量充足，四季如春，年平均无霜期240天以上，适宜水稻作物生长，孕育了稻作文化。春秋战国时期，江南是越人的天下，越人的祖先是我国乃至世界上最早发明水稻人工种植的族群，至今全世界一半以上人口以大米为主食，越人对全人类的贡献很大。自秦皇汉武以移民方式瓦解越人以后，千百年来，长江以南的越人不断被汉化，有一部分移居东南亚，国内的越人经历融合之后只剩下9个民族，主要分布在桂、粤、海南、黔、滇、湘等省、区内。越人汉化的地区，痕迹尚在，田野调查表明，有汉化越人的地方，才有汉语方言，这是古越语与古汉语互相吸收、冲撞的结果。越人后裔壮侗语族民族至今仍保存自己的语言，除壮族有古壮字外，民族文字不发达。越人的特点是饭稻鱼羹，以大米为主食，副食是水稻转化物(猪、鸡、鸭、鹅、鱼)。服饰以宽短为特色，崇尚蓝黑色，文身雕题。干栏(壮话，即住房)是越人的创造，适于炎热多雨和虫蛇滋生地域。越人善舟，3000年前曾用舲舟(双体船)横渡太平洋到达美洲。水稻耕作讲求细腻，磨炼了越人及其后裔细致、耐心、顽强、坚韧、宽容、随和的品性。越人绵里藏刚，不喜迁徙。历史上所建的地方政权在各个文化圈里是最少的，主要功能是保土安邦。宗教有原始宗教、原生型民间宗教和壮化佛教、道教(傣族流行小乘佛教)等。历史上的越人在中华文明发展上早期胜于华夏，而后落后于华夏，但紧紧追赶华夏，在吸收汉文化，经历了不同程度的文化相互交融后，产生了江南文化这块鲜花沃土，越人汉化地方，成为了我国文化发达的地区。越人善歌，以歌代言，因此，壮侗语族诸族喜欢用民歌表达自己丰富细腻的情感，形成歌海，产生了刘三姐这些名噪千古的歌仙。而其中的壮族文化，因起源于沿海一带，带来海洋文化的影响，这个文化综合体有“水稻种植”“灌溉”“梯田”“役养水牛”“崇拜祖先”“生殖崇拜”“以猪作牺牲”“涂毒武器”“铜鼓”“干栏”“海底采珠”“壮锦”“针刺治病”“矮马”“香猪”“海盐晒卤”“桂粉”，以及竹、铁、漆等。壮族文化具有其独创性，通过古代壮族文化的传颂，壮汉文化的联系，壮族的名称变化，壮族民间文学、民间传说、各种出土文物，以及它沿陆上、海上的传播，国内、国外文化接触和传播(如荔枝输出、烟草输入等)，以及旅行家徐霞客的科学考察等，都证明了这一点。秦以前，曾形成过三个文化活动中心，即江浙越文化活动中心，闽越文化活动中心，岭南越文化活动中心。为中华民族早期文明昌盛做出了卓著贡献。

早在1951年，费孝通先生在其《关于广西壮族历史的初步推考》文中就曾经很感慨地说：“壮族自称‘越伊人’，使我们联想到古代东南沿海的‘于越人’，广西的壮族可能就是这古代民族余留到现在的一部分。”总之，越人通过壮族绵延至今，“越”风依旧，“越”俗非但未变，而且，承前启后，不断创新，默默无闻地在为中华民族的文明昌盛作出自己的贡献，这是一个值得国人为她骄傲的民族。既然如此，越、壮可以画等号、应该画等号了。本文为叙述方便，凡提及“越”族时，有时用“越(壮)或壮(越)”表之，以便贯通。而今所论的百越韦，就植根在“越伊人”当中。

说到越(壮)人的姓氏，汉字史籍上有这种说法：“南蛮……种类甚多，散居山谷，无氏族之别，又无名字，所生男女，唯以长幼次第呼之。”这些，不全对，至少，名字是有的，至于姓氏则视社会经济发展进程而定。“南蛮”(百越)人如此，非“南蛮”的华夏(今汉)人，也是如此，都要走过这样一条有名无姓，然后才是有名有姓的道路。难道尧和舜、三皇五帝以及孔子的诸多前人等，不也是仅有名而无姓吗？其实，这个课题是秦汉以后提出来的，原因是要融合，要接触汉俗。

越人(涵盖前面的三个越人文化中心)到秦以前还是有名无姓，如由汉字记录下来的布洛陀、勾践(越国国王)、雅鱼(电影《越王勾践》的勾践妻，越国皇后)、西施、夫差(吴国国王)、前528年越人歌者“榜枻人”、前3世纪的越王勾践子孙“錩”(史称越国被楚败，錩与其君长避楚，走丹阳皋乡)，稍后点的“无诸”(闽粤王)、“摇”(粤东海王)(见《前汉书》卷95)，西汉时的“丑”(无诸之孙，汉立其为粤繇王)、译吁宋(西瓯越人领袖，“秦瓯之战”越方主帅，战死沙场，是壮家的民族英雄。译不是姓，是祖父、祖公的意思，也可用于男性长者，表示尊重对方，今之贵港壮人仍沿用此称谓)、桀骏(骆越将领，“秦瓯之战”越方主帅译吁宋战死沙场后，因智勇双全，被推举为主帅，率兵与秦军继续展开保土之战)、吕嘉(瓯骆人首领，任南越国丞相)、(赵郎)都稽、(归义侯)郑严和田甲、(瓯骆佐将)黄同、(僚侯)毕取、居翁(原湘长侯桂林监，平南越国后桂林地区的长官，越人)、(驰义侯)何遣等，均见于《史记》或《汉书》里越人的(越语)名字，是史家用记音方法通过汉字记录下来的记音名。可见，越人不是无名，而是其名含义深邃，汉字记音又不妥帖，使族外之人不容易理解而已。

《汉书·地理志》颜师古注引臣攒语曰：“自交趾至会稽七八千里，百越杂处，各有种姓。”这个“种姓”又有个什么说法呢？“种姓”是氏族时代通过图腾去作为其存在的一些标志。这种图腾标志，通常可以用语音去表达、去呼唤，渐渐就成了这个部落的代名词。研究表明，壮族先民曾经有12个大部落，即水牛部落、马蜂部落、蛙部落、羊部落、蛟部落、鱼部落、雷王本身的嫡系鸟部落、黄牛部落、虎(森林)部落、竹部落、潭部落和黄土地部落等。其中水牛部落是12个部落中最为强大的集团，他们或者是首先把野生水牛捕捉、驯养的先行者，或者是专门豢养水牛的专业集团，最后，终于使之变成了当时原始农业的先进生产力(役牛)。水牛的驯养，应该是百越民族的专利。

在壮人5万年前的祖先“柳江人”和广西来宾“麒麟山人”的“家”就发掘有水牛骨头。考古指出：生活在距今5万年第四纪更新世晚期的广西柳江人、来宾麒麟山人，已捕捉有水牛类动物，其中柳江人是早期智人的原始黄种人，属蒙古人种，其体型特征与现代人基本相同，比古人阶段的广东马坝人和山西丁村人进步，比新人阶段的北京山顶洞人和四川资阳人原始，在与柳江人、甑皮岩人化石的脸部特征对比后发现，麒麟山人有可能属壮族先民的始祖，并且很有可能是用火的先人；在布洛陀时代，壮族先民已懂得给水牛穿牛鼻子了(见《布洛陀经书》)；大约7000年前属百越地段的浙江河姆渡文化第4层发现大量的农业和家畜饲养化石中，动物方面就有猪、狗、水牛等家养的牲畜。河姆渡文化代表性的农具骨耜，仅河姆渡一处就出土上百件。采用鹿、水牛的肩胛骨加工制成，肩臼处一般穿凿横銎，骨质较薄者则无銎而将肩臼部分修磨成半月形，在耜冠正面中部刻挖竖槽并在其两侧各凿一孔。还发现了安装在骨耜上的木柄，下端嵌入槽内，横銎里穿绕多圈藤条以缚紧，顶端作成丁字形或透雕三角形捉手孔。此外，还出土较多的水牛骨头，可能水牛也已被驯养。这些出土发现，显然比泰国暖诺他出土早了很多。无独有偶，传说中的炎帝姓姜，牛头人身，他就是以水牛为图腾的氏族首领。由古而今，越(壮)语的“韦”音就是水牛，当年这样喊，今天的壮话还是这样喊，没变！可见，产生“韦”的源头在于水牛，韦字是从这里“喊”出来的。据韦鸿恩先生说：清末民国，大明山还有野生水牛生存，采药的看到它躺在丛林深处的大树脚下，一点都不怕人。可以设想，汉代《尔雅》把水牛书作“犩”，注明是古越语水牛的发音字(据说还有一个“ 涉”古汉字，也发这个音，古代文献也用过)，而今历史的“犩”已列入古汉字，但该过程说明了古越语很早就和古汉字挂了钩。只是古代，文字初创，在字数不多的情况下，凡音同者，可以通假，即相互可以混用，不算错。于是“犩”通“涉”“韦”，最后当“犩”“ 涉”被舍弃放到古汉语库“封存”后(东汉许慎《说文解字》已无此字。全书只提到旱地黄牛，无水稻田耕作的水牛了)，随着年代的久远，就事论事的话占了上风，通用的“韦”已与水牛无缘，这是后话。

秦始皇一统中国，在越人区强行推广汉字，越(壮)族刻划文字的初创戛然而止，被人为地掐死了。由于语言上的碰撞，被融合的越人区便产生了变了味的汉话(老百姓说是“醋熘汉话”，专家美其名曰“方言汉话”)，包括广东话、江浙话、闽南话、赣南话、无锡话、宁波话、客家话、湖南话、桂柳“官”话等，不管怎么说，虽然难听难懂，但毕竟都是汉话，可是具体到今日的壮乡，状况就不一样了，历史虽飞奔，但越(壮)话一直沿袭不变，汉语和越(壮)语相差很大，汉字很难表达壮音的含义，秦汉以后，这里受汉俗影响也逐渐兴用汉姓，文人们以汉字近音为壮话注音去书写事物和地名、人名，闹出许多笑话，诸如广西河池一条著名的古老河流因河床弯弯曲曲壮话叫“达够”，地图册上汉字译成“打狗河”；出土文物上有上交“由老祖母培育的糯米良种”，有壮话自报后被记录为“母狗糯”；民国期间被强拉入伍的壮人名字如韦“十编图”“爹硬”(见本书韦氏名谱。壮话意思是“编图”“硬”的父亲)等。汉字是这个字，音是这个音，含义大不相同。因此，同样道理，本来是古越语“犩”(壮话是水牛。还有本文前面提到的"涉"字)同音字，作为姓氏，它表明是古代水牛部落的子孙，而被转化为"韦"字以后，汉字辞书诸多注释中这种本源含义已荡然无存。

对以上诸种说法中，有关百越韦的"韦"与"与牡器崇拜有关"之说法，韦鸿恩先生严肃指出，这原本是我们壮人平时彼此搞笑的话，不足取。在民间，为了活跃生活，壮家类似这种能搞笑的词语很多，常被引申，有些甚至能让人笑得前仰后翻、颠三倒四的，不足为奇。在大明山武鸣境就有如人牡器的自然景观，大的出奇，当年香火还顶旺。在人类发展进程中为了获得生产力崇拜牡器是有的，但那不是一人一姓的专利，特别是变成个人或部落群体的专属就不好理解了，相反，岭南水牛，凶猛异常，被驯化和役使时间也很久远，作为部落图腾标志顺理成章，所以说，韦姓归属水牛部落"图腾说"合理、自然，归属牡器崇拜则过于牵强附会，不足取。由于岭南水牛图腾部落是个大部落，人口多，终成"布朵"(壮族一种自称)大姓，广布于右江、红水河及柳江一带，韦氏子孙繁衍，遍及各地。

秦戍五岭，越人世界变成了华夏中央的统一管辖地方，绝大部分越人被融合汉化，母语丢失，只有桂西、滇东南、黔南和广东部分县市未遭此劫，至今还能使用自己古老的越语，保留有越俗，变成了历史"百越"的唯一遗存。随着华夏汉俗的引入，秦汉以后姓氏渐被开发，据《神秘的壮乡》披露，与图腾相关的姓氏有韦、闭、巴、莫、杨、侬、黄、凌、梁、覃、郎等。而今，其中除了"wei"与汉字"韦"挂钩有唐碑作证外，其他都还是停留在文献上的假设猜测和民歌传说。图腾"wei"与汉字"韦"音近但意义截然不同。尽管如此，既然作为姓氏存在，还是那句老话："韦"字写来无短长，都是一家人。至于"百越"遗存的壮、黎、苗、侗、景颇、仫佬等九支少数民族中，也有图腾"wei"即汉字"韦"这个姓，其血缘关系，是客观存在的东西，无须怀疑，更加"都是一家人"了。

除了水牛部落，壮族黄牛部落的图腾"黄牛"，汉字的记音字是"莫"。兴姓以后，该部落及其后代其姓被写成莫字。羊部落子孙为杨(近音)姓，都是杨姓，汉壮含义相差很远。虎(森林)部落子孙姓侬，出过赫赫有名的侬智高，壮家的英雄，当了仁惠皇帝，是唯一出过皇帝的壮族大姓。黄土地部落是农业部落，以土为尊，土为黄色，故称。其后裔在唐代也曾称雄一时，《新唐书》卷222载：至德元年(756)，黄洞首领黄乾耀联合一百余洞壮民武装反抗。唐贞元十年(794)，其子黄少卿复起，攻陷13州。黄氏领导的这场农民起义，前后长达百年之久。潭部落之得名来源于喀斯特地形。由于石灰岩的腐蚀，地表形成了许多消水洞。这种地下暗河形成的消水洞水量变化莫测，有时烈日杲杲，却突然涌出水来，使小山弄形成十天半月的临时湖泊，令人惊叹不已，尊之为鬼神，子孙覃姓亦为壮族大姓。1992年出版的《龙胜县志》称"龙脊寨边石板桥上刻有三鱼共首图"一碑，其意思是古代壮族鱼图腾保留的遗痕。壮族学者中央民族大学教授梁庭望先生指出：鱼部落大约与蛟部落为邻。所谓岭南"陆事寡而水事众"，指的主要是打鱼，其次才是采珠拾贝(捞珍珠)。古代岭南，江、海、泉、河多水族，故而奉之为神物——鱼图腾。石板上刻有三鲤共首图，是龙胜壮人以一足踏三鲤的方式来认祖归宗，表明他们是鱼部落的子孙；广西凌乐县壮人大年初一禁呼你我或名字，互称“鱼”；以及传说中刘三姐骑鲤鱼上天变仙等：都是鱼图腾的遗痕。鱼部落先并入蛟（壮话叫图额，近音，蛇类）部落，后又一同并入水牛（壮话叫图怀，近音）部落。其子孙即闭（bya）姓。这些，都是重要佐证，非无稽之谈。

迄今收集到的韦、闭、巴、莫、杨、侬、黄、凌、梁、覃、郎等，都是按图腾的呼唤由汉字注音字去形成的瓯、雒越人（壮的先人）姓氏。这种由字音变成的姓，其壮意和汉意差异很大。所以，已故的壮族学者兰鸿恩先生在他的《广西民间文学散论》（广西人民出版社 1981 年第 1 版）指出：“壮族姓氏来自‘图腾’。”“汉族的姓氏和壮族的姓氏是没有什么同源的可能。因为同一个姓氏的写法、念音虽然一样，但汉字的含义和壮语的含义是很大不同的。”如“黄，在汉字里是黄色，而在壮语里却是皇帝”；“莫，在汉语里和‘没有’一样，而壮语里却是‘黄牛’”；“陆”字壮语既是“绿色”，也是“鸟”的意思；壮语“覃”是尝味道的“尝”；“侬”是“森林”，或指“深密”；“蓝”是“用竹编织的篮子”；壮家杨姓的“杨”，指的是羊，由羊部落图腾而来，与汉字原意差之甚远……不管怎么说吧，这种姓氏口碑的传说，可靠性差些，但它毕竟填补了史前的空白，有一定的可用性。

秦以后，在汉文化框架下，随着社会经济的发达，部分壮人（壮人上层人士、缴纳税赋或完粮要录记姓名、抓丁当兵或做役力等）开始使用姓氏。有人根据汉字史籍的记载曾对越（壮）族姓氏做了统计，秦有 9 姓（无韦姓）；至汉代有 18 姓（无韦姓。该统计方法说明，汉代本朝收录的姓氏共 9 姓，加入秦代已有的、不重复的姓氏，重复者只算一姓，相加共有 18 姓。以后逐代姓氏的累计，均按此法，下同）；到隋朝有 25 姓（无韦姓）；至唐有 43 姓，开始录有了韦姓；五代十国仍是 43 姓，不增不减（有韦姓）；宋有 55 姓（有韦姓）；元有 56 姓（有韦姓）；明有 64 姓（有韦姓）；至清有 99 姓（有韦姓）。以上这些资料，都是官方史籍记载的越（壮）族平民百姓的姓氏，大多都是朝廷称的“反贼”，也有当官的，但很少（评见《神秘的壮乡》一书）。该书专文指出，所有这些姓名和族称统计均来自官方文书，应该不会错，是真实的。

在人类发展的历史长河中，中国的越人是发展生产的尖兵，为了满足生产对越语的需求，他们曾创造过自己的文字——刻划文字（如广西平果甘桑刻划文的发现，其规模和学术价值可以和华夏语族殷墟甲骨文比美，仅仅这里的出土，已有五六百个字符，专家认为这些都是趋于成熟了的文字，记事绝对没有问题，时髦的说法要写小说也是可以了的），可惜的是，在使用推广阶段，却被一场战争打“死”了。秦戍五岭，改变了越人安居乐业的局面，除了桂林—梧州—贵港一线以西的西瓯、雒越还存在之外，其他（江、浙越，闽越、东瓯越等）都被秦军占领，融合为汉，那里的越人在丢失母语之后，操融合方言汉话（即今之江、浙、闽等方言汉话和广州话、桂柳官话之类）了。在秦始皇强制推行方块汉字制度的扼杀下，越人的刻划文字应用和普及推广只能戛然而止。毕竟，汉语和越（壮）语差异过大，汉字无法表达壮（越）语丰富的内涵，之后的漫长岁月里，存活的西瓯、雒越越人（今之壮人）们又锲而不舍地迅速创造了方块古壮字

(有10 700个字)以适应自己民族语言的需要，然而终因得不到中央政府的支持、认可，只能流行于民间，无法统一推广。这么一来，在一切都依赖汉字记载的大前提下，越(壮)民族史变成了口传，结果是偌大个百越种群的姓氏变成了只有汉字注音而无实物记载，导致秦汉以来五六百年间百越姓氏在汉字史籍中寥寥无几，无法反映出该部族群体的存在和分布规模。这种“空白”与只有口碑、没有实物记载有关。即便到了今天，也只有百越韦这个姓氏有实物佐证，即见于唐(624)百越韦家子孙所撰的碑文等文物中，落款“韦敬一”“韦敬办”，并勒石为证，摆到跟前了，才敢去说百越韦由古而今是确确实实存在的，并非猜测的口头传说。

韦家碑文传出的信息是，百越族群中的一支韦姓人，其祖是澄州(今广西上林)韦厥。关于韦厥，有诸多说法，至少，他原是上林一带最有势力的壮人氏族部落联盟的首领，当唐王朝取代隋王朝后，岭南地方被萧铣割据，唐派李靖南下，败萧，招抚岭南冯盎、宁长真等，授予官职，安辑九十六州。韦厥在李感召下，归附唐朝，遂得世袭之封，他们裔孙后代环绕大明山生存繁衍。另有一种说法则是否定附唐说，认为时间上要往前移，其祖韦厥可能是老百姓说的特掘(壮话，厥、掘音近)，他是春秋战国时期(或更久远)大明山一带某个阶段水牛部落联盟的首领，建立过方国(有许多战国时期的出土)。不管哪种说法，上林唐碑都是其后代之作。后代姓韦，初唐就有图腾韦与汉姓韦姓挂钩证据，以勒石为证，确确实实。

壮族教育家韦鸿恩先生的谱牒记曰：鸿恩先祖文聪、宥伯系韦厥裔孙，明孝宗弘治(1488—1505)初年由上林迁来，是武鸣太平乡文育村始祖。鸿恩父开宗，前清庠生，终生执教，乡人题匾“窦氏家风”颂其教育世家，凡22世矣。目前文育村韦氏已发展形成了四个自然村屯，并分支为十二月房：一月房主韦文应，即今之金满、鸿德、鸿云、鸿檀等。二月房主韦贵芳，该房早迁居广东肇庆府(今肇庆市)独乐村，人口一千余人，移居时太祖韦锡部，子韦朝焕。三月房主无后，由五月房韦礼隆继。四月房主韦宝康，即今廷科、顺科、政理、政太、政兴、政光等。五月房主韦应程，今观瑞、庆支、肇京、日满、树恩、典隆、琪瑞、礼隆、兴吉、逸兴、日光、瑞隆、桐华、日辉等。六月房主韦宗显，今天进、天送等。七月房主无后由六月房继。八月房主佚名，今之炯位、炯仍、炯述等。九月房主韦有彬，即今尊才、尊三、杨禧等。十月房主韦文选，今天庭、蕃宗等。十一月房、十二月房待考。文育村是旧时板构屯、岜等屯、那桑屯、独女屯(注，壮话地名)的总称，它是由古代韦氏老祖文聪、宥伯从外地迁入发展形成的。文育村的十二月房分支分布为：板构含4、5、6、7、8、9、10月房，岜等含3月房，那桑含1、2月房，独女含10、11、12月房。文育村的自然条件完美独特，山清水秀，林木茂盛，开垦出来的多数是保水良田，所以历代儿女勤劳于此，生活于此，代代传接，生命不息。

据说，韦鸿恩先生早年曾任过上林县教育局局长，为寻找500多年前祖宗的肇端(发祥地)，他曾走遍上林县的大村小寨，无果而终。当地壮家卜老对他说，明代这里是八寨壮、瑶起义的老巢，从景泰五年(1454)到嘉靖二十三年(1544)百年时间，义旗此落彼举，壮烈非凡，而王文成、韩雍的官军轮番追剿，毁村烧寨，尸骨如山，尔后，又送来了大量外省移民，填补“空白”，而今，“八寨”的原址在哪里？我们都说不清，别说找人了……可见，当年的高压统治和民族压迫引发的战争何等残酷！

通过韦厥这支韦姓的发现，人们窥见了百越韦在唐以前就存在了。要知道，姓氏源流，是有血缘关系和非血缘关系之分的。血缘关系是认祖归宗；非血缘关系是找靠山，提高自己的地位或身价，韦厥和他的子孙也在找靠山，韦厥的后代说他是京兆人，随李靖南征败了萧铣，因功留守，官封澄州刺史，世袭。应该说，他们是在舍弃自己老祖宗的图腾、徽号姓氏去攀附权贵。对此，专家是这样去解读的：唐武德四年(621)，高祖命李靖(571—649，字药师，雍州三原今陕西人)率军南征，击败萧铣，缚回长安处死后，次年亡其国。岭南俚人首领宁长真、冯盎、李光度等人率民归附唐朝。时，唐已置王管经略府于广州，在广西也设桂、容、邕三管，并在桂西、北山区(合称即今之壮族地区)推行羁縻制度，设置羁縻州、县50多个，委任各部落首领为管理官员，史籍记之为(设羁縻州县者)“以其酋为都督刺史，虽贡赋，版籍多不上吏部”。文字不多，但这里讲得够明白的了，所谓给部落族人头目、土官授的都督呀、刺史(包括各种名不上经籍之官职)呀，为了安抚，还尽量给了许多好处(有世袭封地、有贡赋保证有吃有喝的，也有统治镇压的特权等)，然而，这只是一种土政策，版籍多不上吏部(相当今天之中央人事组织部门)，国史也不录(相当于没有档案)。新中国成立后，许多研究人员都曾费尽心思寻找过这些史籍资料，确实没有诸如韦厥这些酋“首”、头目、土官之名(澄州刺史)或事，说白一点，就是没有正式“委任状”。此路既然不通，那么专家说换个角度去思考吧，退一万步说，京兆韦氏子孙韦厥按当今说是有户口的，边关有功，带功名回长安故地耀祖光宗、养老难道不好吗？为何蜗居大明山脚下这种“蛮瘴”之地、委屈受罪呢？可见，土官韦厥(其他历代土官也都一个样)的“京兆韦氏”通常泛指户籍等(之类)之说，也只是为了提高自己的地位和身价而已。所以，可以这么说，图腾韦在桂西地区是存在的，而且形成了大小不同的许多部落，其子孙蔓延开来，他们的头目一直为历代君王所利用，管理一方。事实确实也是如此，好多韦姓土司都世袭至清朝才被“改土归流”，而今广西韦氏仍是壮乡大姓，与历史环境吻合。这，也是事实。

据《新唐书·南蛮传》披露：“西原蛮居广、容之南，邕桂之西。有宁氏者相承为豪。又有黄氏居黄橙峒，其隶也。其地西接南诏。天宝初，黄氏强，与韦氏、周氏、侬氏相唇齿，为寇害，据十余州。韦氏、周氏耻不肯附，黄氏攻之，逐于海滨。”说明了即使是西原蛮这些地方(今左江、右江中上游，延至云南东南角和越南东北角)，也有百越韦的氏族部落存在过，以峒为范围，有后裔生存繁衍，直到今天。与此情况类似的，越人后期分支形成今天壮侗语族的壮、傣、布依、水、仫佬、毛南、侗等9个少数民族，以及互相杂居地方的瑶、苗等兄弟民族中的韦姓者，应该都属百越韦。

在壮族历史中，有避诛连改姓的，如宋朝，受侬智高造反诛连，其森林部落侬姓族人被迫改用赵姓(见《岭外代答》卷十：“智高乱后，侬氏善良，许从国姓，今多姓赵氏”)。有不愿意者，把“侬”去掉偏旁，改成农姓，而且为数不少；平时，平民百姓中也有改姓者，规模不这么大，如入赘子女改姓、抱养子女改姓（对此类，壮乡有“三代还宗”之说，即其孙子辈可复用原姓或起用本姓）、犯法改姓等的韦姓，也应纳入百越韦研究讨论范畴。

这里，涉及壮化和汉化问题，这是战争和大量移民造成的历史问题。笔者认为，界线主要在语言丢失与否，其次也要考虑血缘。就地域而言，状况是广义的壮乡由东而西绝大部分地区都汉化了，凡是古今的越（壮）大区，随着移民深入，移民的经济地位发生了变化，开始是点，稍后成线，最后扩大到面，占了主流之后，母语即越（壮）语全部丢失，取代的是融合语（方言汉话）。这时，除了个别人，几乎都以汉人自称，其他方面（习俗、宗教信仰等）也将随历史的久远而慢慢淡忘，这叫做汉化；反之，则谓壮化。有没有壮化存在？有。秦汉的赵佗和他潜留下来的兵将们，融合在越人之中，佗曾自称越人长老或越人，基本上说就是壮化了。即便是今天，在狭义壮乡的腹地，也有点、线、面语言分布这种“怪”现象，即商贸点和围绕它的交通线是汉人落脚地方，坚持讲汉话，而其四周的“汪洋大海”（即面）都是壮人，说壮语，这种局面下的移民汉人，与壮婚媾，其子女几代大多都被壮化，习俗已改，变成地地道道的壮人了。这类韦姓，只要有根有据，允许他们选择宗支，百越韦欢迎他们。

广西有72个县市都有韦姓人口安居，主要是土生土长的百越韦。近邻的云南文山地区、贵州南部、广东西部和越南河内以北也是韦姓分布区域。他们很可能是百越韦的根苗（因为壮、贵州布依、云南傣、侗、仫佬、水、毛南、海南黎、木佬等是西瓯雒越分成的9支）。往东大片的百越故地，尽管活跃的是鸟图腾部族，也不排除有古代水牛图腾韦氏部落的族群分布，那里的千千万万的越人子孙虽然汉化了，时代久远几乎不知道中国韦氏有过“犩”通“韦”与水牛图腾的关系，而今知道了也不晚，都姓韦，认祖归宗，但凡是姓韦者，都是水牛部族“韦”的根苗。反正，俗话说得好：韦字写来无短长，都是一家人。

唐初，中央政府置王管经略府于广州，在壮乡广西也设桂、容、邕三管，有韦丹等华夏韦入桂当官，同时，桂西、北山区则设羁縻州县，“以其酋为都督刺史，虽贡赋，版籍多不上吏部”都是事实，然而若以此东挂西联，企图以此去否定广西一带百越韦的存在是不对的，认为百越韦是外来派，否定历史，也是不确切的，因为没有根据。

赐韦（或桓改韦）

赐韦，指唐中宗李显因桓彦范保驾有功，要重用他，派他远到西域去驻守疏勒要地，作为重臣，官僚的姓氏很重要，于是用汉丞韦贤受封于食邑之地，既乎众望，又得民心的扶阳节侯和“同后（韦后，唐中宗李显妻韦皇后，豫州刺史韦玄贞之女，显被幽禁于庐陵，韦妃子同赴庐陵，在庐陵，显想自杀，韦妃子力劝不要轻生，以此深得宠爱，恢复帝位后韦妃被封为皇后，即韦后）属籍”的姓氏“韦”给之，令其变为有名望、有地位、关系深远的扶阳郡王之后代。这是很具有战略意义的行动，也是非血缘关系的姓氏高攀趋附功臣的一种引申，专家分析指出，如赐韦的桓改韦，当时唐代的长安，皇帝夫人姓韦，是韦玄贞（豫州刺史）之女，尊称韦后，京兆长安韦氏属权贵豪族，因此，民谣有“长安韦杜，离天尺五”。桓彦范作为重臣派他去西域坐镇，那边有“室韦”族群存在，也姓韦，“韦姓无短长，都是一家人”，桓彦范在想，若自己姓韦该多好，赐姓后桓彦范变成韦彦范，都姓韦，可以套近乎，又有身价，老子是韦后的人了，(到西域)发号施令才有权威……这类功能性的赐姓，历史上除了唐中宗赐桓彦范改韦姓之外，如陆终四子侩人赐妘姓、五子安赐曹姓、六子季连赐芊姓、本文韦氏人物谱中提到的南北朝华夏韦英之子韦瑱因赐“宇文氏”而改姓等都是。

室韦

室韦，汉唐时的称谓，通常指西域古代的室韦氏。《汉书·西域传》载：室韦氏部落与契丹等部落在中国西域、蒙古一带先后建立了五十多个小国(史称“《西域》以孝武帝时期始通，本三十六国，其后稍分至五十余，颜师古注：‘司马彪续《汉书》云至于哀、干，有五十五国也’”)。这里所说的西域五十五国，当然包括疏勒国，而疏勒国正是由室韦氏后裔建立起来的小国。因此，《辞源》说“汉疏勒国亦有韦氏……”“室韦，契丹别种，《北史》曰：‘室韦在易吉北千里，其南者为契丹，北者为室韦。’此部落在后魏时始通中国。有南室韦、北室韦、钵室韦、深末怛室韦、大室韦之五部，后为契丹所并。”这里的“室韦”，就是外兴安岭一带汉以前北移的中国水牛图腾韦氏与当地民族融合后的后裔。以前就存在，宋魏时期为“失韦”，陈齐时期(557—589)最昌盛，而且有好多个部落国(如室韦、钵室韦、深末怛室韦、南室韦、北室韦等)，后魏时始通中国，反转回来渐渐又走融合之路。713 年，唐玄宗设室韦都督府，后来的《唐书》也多次提到“室韦”(见唐代附图)。

如《唐书》卷 215 上《突厥传》：“隋大业之乱，姓毕可汗咄吉嗣立，华人多往依之，契丹、室韦、吐谷浑、高昌皆役属。”《唐书》卷 217 下《回鹘传》：“颉利可汗之灭，塞队空荒，夷男率其部稍东，保都尉楗山独逻水之阴，远京师才三千里而赢，东室韦、西金山、南突厥、北瀚海，蓄古匈奴地也。”《唐书》卷 110《李多祚传》：“室韦及孙万荣之叛，多祚与诸将进计破之。”对此，《通鉴》卷 205 证曰：“延载三年，腊月甲戌，默啜寇灵州。室韦反，遣右鹰杨卫大将军李多祚击破之。”五代、北宋，室韦虽存在，最后并入辽国，变成主干。这些史籍证明了中国韦氏确实有室韦这个支系。他们生活在古代的中国西部、蒙古一带以及外兴安岭和大兴安岭地区，先后建立了五十多个小国，繁荣昌盛。其中疏勒国(今新疆喀什、噶尔英吉沙尔二城，古国名，疏勒，土名叫喀什噶尔，地在乌兰乌苏河南岸，为新疆要埠。汉、宋为西域国名，唐设疏勒安西都护府)室韦，就有中国韦姓华夏韦，俗称汉族姓氏的子民。如唐开元(713—741)誉满中原的名医韦古，就是地道的疏勒国人。又如《藏史》记录的唐懿宗十年(869)吐蕃(今藏族)人韦·阔协列登领导史称“邦金洛”(意思是边民反上)的起义斗争，主要活动在朵甘思地区(今昌都、甘孜一带)，并向东挺进，其势猛不可当。后来，又得到吐蕃(今藏族)匠人韦·洛颇琼积极响应，其势尤大，斗争历经几十年；后遭到镇压，终于失败(见近期出版的《昌都区志》《甘孜县志》等。笔者注，《昌都县志》把韦·阔协列登写成韦·科西

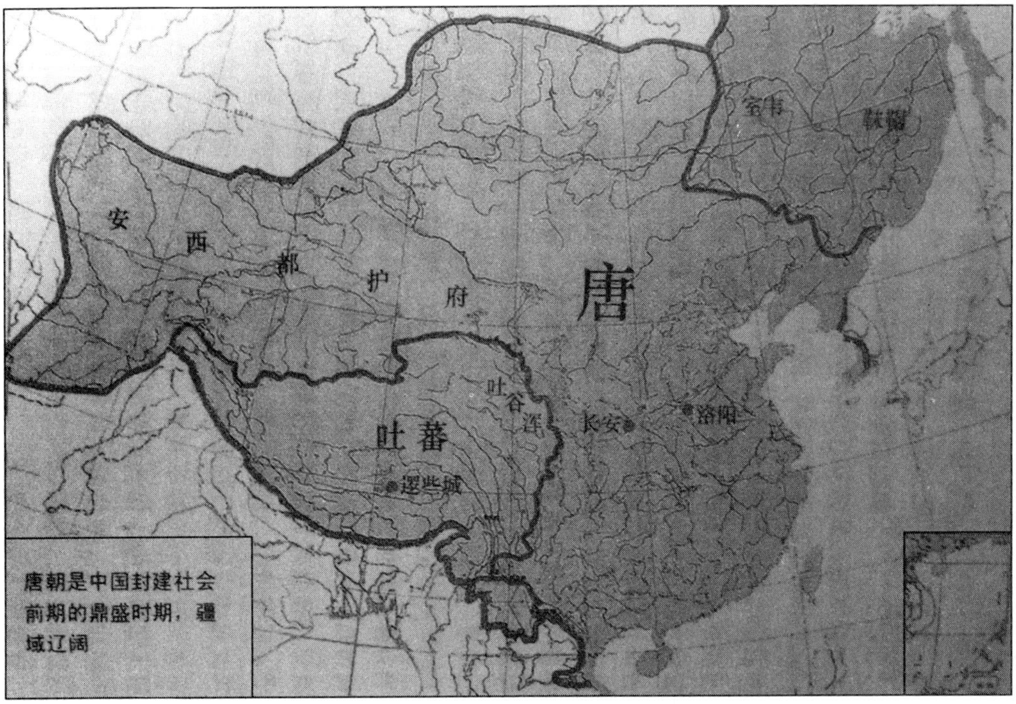

来邓，可能是译音的问题，应属同一人。而近期出版的西藏方志称：藏人名字带“·”者，“·”的后面为本人名，“·”的前面是家族名、庄园名、姓氏、出身、职业、替你命名的活佛名字或代号等），这些就是史籍称的当年西部室韦。应该属于图腾韦支系。

关于室韦的发生、发展，徐中舒在《先秦史十讲》（中华书局2009年7月出版）中指出：成汤灭夏，开始先把韦、顾、昆吾三族灭了，夏亡后，韦、顾从中原迁到边远的地区，于是有《史记·匈奴列传》的“匈奴，其先祖夏后之苗裔也”，并形成了秦、汉新兴的匈奴诸小国，汉与他们接触后才知道他们出于夏后氏。因为虞夏是古代两个联盟的部落，夏亡，虞不能幸存，虞夏两族相继西迁，战国时夏（秦夏即大夏，秦读大）“逾大行与卑耳之溪”、虞“西服流沙”（停留在大行迤西、迤北之地。秦《琅邪刻石》《吕氏春秋·古乐篇》的“北过大夏”说明大夏尚留中国），西虞指有虞氏由中国北境西迁后的称呼，《逸周书·王会解》的“正北月氏”的月氏即虞氏，《管子》作“禺氏”，《穆天子传》作“禺知”，都属声转，匈奴兴起后，大夏、月氏又被迫西迁，《汉书·西域记》有大月氏“本居敦煌、祁连间，至冒顿单于攻破月氏，而老上单于杀月氏，以其头为饮器，月氏乃远去，过大宛，西击大夏而臣之，都妫水北为王庭，其余小众不能去者，保南山羌，号小月氏”之说。《汉书地理志》安定郡（治高平，今宁夏固原，尚在敦煌、祁连之东）有月氏道。总之，“夏、商之际夏民族一部分北迁为匈奴，一部分则南迁于江南为越”。路线经安徽巢湖。夏国中韦、顾、昆吾“三族在殷商时代以豕韦人口众多，逐次北迁，远及于黑龙江与内、外兴安岭一带，顾及昆吾则留居河北、河南诸地”。“豕韦北迁后又称室韦或失韦，豕、室、失皆声转。豕韦以养猪食其肉，并以猪皮为衣得名。室韦既译其音，亦兼释其义，故《旧唐书室韦传》有‘或为小室，以皮覆上，相聚而居，至敷十百家'之说。"豕韦北迁至西汉时又称涉，涉即韦的转音，古脂祭合韵，故相通。《淮南子·原道训》有"匈奴出涉(即韦)裘"，西汉始见涉。《后汉书·涉传》："元朔元年(前128)涉君南闾等，畔(同叛)右渠(朝鲜王燕人卫满之后)，率二十八万口诣辽东内属，武帝以其地为苍海郡，数年乃罢。"这个室韦大郡就28万口，其他则分布在热河及辽东半岛的广大地区，为数也不少。其后，辽太宗耶律德光选其族人为皮室军，有精甲三十万。《辽史·国语解·百官志》有"皮室军制有南北左右皮室，及黄皮室，皆掌精兵"，皮室即室韦，后为古语。靺鞨也是室韦从辽东半岛北迁的一支，《礼记·明堂位》注靺"东夷之曰昧"，女真人称为鞨(明朝鲜人称女真为靺狄哈或靺良改，哈、改与鞨皆人的意思，狄、良指林中)。夏、商室韦北迁后分布在河北、辽东半岛和热河全境，是辽、金、元、清、兴起的后盾。《新唐书·室韦传》有："大室韦濒于室建河(今额尔古纳河)，河出俱轮(俱轮池即今呼伦贝尔湖)，迤而东，河南有蒙瓦部(即蒙古旧称)。"可见，中国历史中的辽、金、元、清都是室韦后代。古代北狄当为构成中华民族之一支，殷商之时，狄为易，殷契之母为简狄，明殷之母系为狄，其字或作易、作逷、狄、狄，古狄与易通，周易为北狄输入，骨卜为北人创始，狄之异文为翟。《北史·高车传》有："高车盖古赤狄的余种也，初号为狄历。"狄历本义为林木中人，春秋有赤白之分，指穿的衣色，白为朝鲜、赤为西藏民族。中国以衣冠上国自居，白衣是麻衣，又称布衣，穴居的赤狄(如西藏人)以穿赤衣著称，都是中华同类。匈奴兴起，北狄因匈奴鸿沟而远去，其部族远窜于匈奴的北东西三方，东为东胡，西为乌孙、康居，北为丁令。分布是沿蒙古北境之独洛河与西伯利亚之贝加尔湖，或更东至东海滨之黑水。总之，一些史家认为，活跃在辽阔北边地域的室韦，曾是中国图腾韦氏的一个支系，对我们韦家来说，"韦"字写来无短长，都是一家人。

拨开了历史的迷雾，作为探索，对室韦的发生、发展可用下表表示：

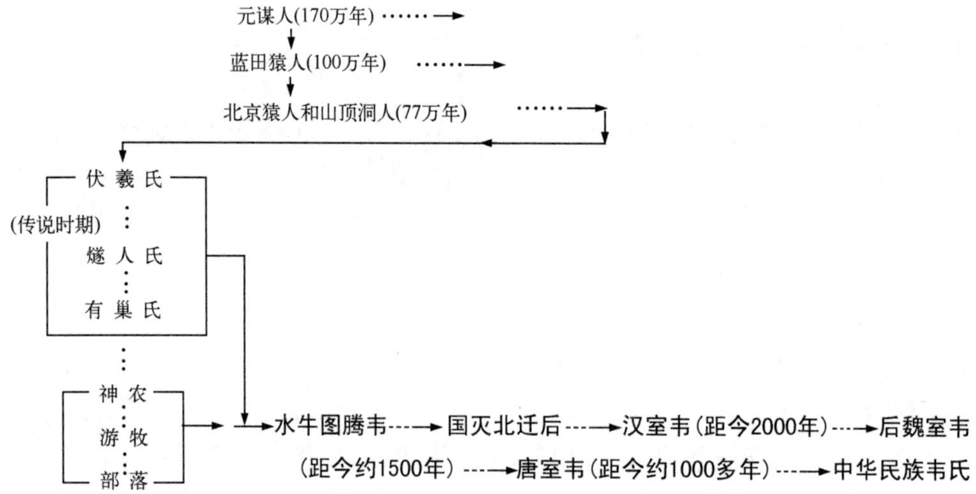

经过田野调查后，有些专家提出了"泛室韦"概念，即沿长城一线以西，直到古疏勒国地域，都曾是室韦生存繁衍的活动带，今天，他们星星点点地散落分布在许多地

方的各个民族当中，包含了商王韦氏后裔、两周韦弁后裔、成吉思汗韦氏后裔、疏勒国韦氏部落后裔、察哈尔蒙古韦族部落后裔、融入羌人部落的韦姓人后裔、丝绸之路上定居的韦姓汉人后裔和外商汉化的韦姓人后裔，等等，他们都是有一技之长的水牛部族图腾韦氏历代移民的后代，他们以韦氏为荣，传宗接代，为中华民族的文明昌盛作出了默默的奉献，他们的组成，就是今天的“室韦”（或泛室韦）。至于史学家认为历史上还可以外推到朝鲜、外兴安岭、西亚、黑海边许多国外（失韦后的）“韦氏后人”，将不在本文讨论之列。

谈谈被人为炒作的“韩改韦”

“韩改韦”是被人为炒作的，已有公论，不能纳入中国韦氏源流讨论内容。对此种“干扰”，应本着还原历史，澄清事实的态度去对待。所以百多年来，每当“韩改韦”提法冒头之时，批驳的文章就很多，铺天盖地，经归纳，目前趋同的意见依然认为这是一种人为炒作，不足信。概况如下：

韩改韦，最早是清人张澍《姓氏寻源》的“萧何使蒯彻匿韩信子于南粤，赵佗使改姓韦，取韩字之半，封于滨海。今为土官”。1915 年《辞源》列之为“萧何使蒯彻匿韩信子于南粤，取韩字之半，改姓韦”条。近期的中国文学出版社出版的《姓氏追根寻祖》记述为：“另一支为汉初名将韩信的后裔，韩信原不见重于刘邦，是汉丞相萧何月下追韩信，把他举荐于刘邦，楚汉相争中，韩信立有不可估量的大功，后刘邦又疑其要谋反，又是萧何定计杀了韩信，故有‘成也萧何，败也萧何’的说法。韩信被杀后，萧何深感对不起韩信，但为了维护汉朝的稳固，他又不得不这样做。当时韩姓的亲属都被处斩，萧何就悄悄留下他一个儿子，派心腹送到最南边的海南岛隐居起来，使其继承韩信的宗祧。为了怕人怀疑，就去掉韩字的一半成韦字，以此为姓，发展为另一支韦氏。”（有人概括之为“遗孤案”）

1982 年 3 月 17 日《安徽日报》第三版登宣城发现韦纵琳（韦志俊侄）同治年间编的《韦氏族谱》、太平天国北王韦昌辉胞弟韦志俊（太平天国右军主将，参加过金田起义，建都后封为国宗，职同丞相，投降清廷后，带家小落籍安徽宣城）墓及墓碑，以及光绪三十一年韦金彤《韦氏简谱》和散落见于广西东兰、凤山、都安、宜州、大化、平乐等地民国前后《族谱》手抄本有如下类似记述：韩信有三子，天祯（或贞）、相、保。天祯在山东青州府益都县任职，与谭三耀、谟讳烈义结金兰，韩信被害后一同逃到山东兖州府邹县，无法藏身后转到河南开封改名换姓：韩作韦天贡、谭改覃怀满、谟改莫天辉，行商月余后南下绍兴府鸡鸣县中和街龙家巷，后又转辗到福建、广东、广西，最后到广西宾州阳老村住下，租地为生，在此，天贡娶周氏女生九男三女：玉龙、凤、虎、逢、璋、豹、耀、坤、乾和美英、雄、汝；覃娶潘氏生 11 男；莫娶罗氏生 13 子。并迁安定司涞绵村，又迁德胜司土街，之后，莫家迁南丹后始与罗博分居（有人称之为“逃命案或逃命说”）。

对以上内容进行报道或为之传媒者，被视为赞同派。显然，对这种提法进行揭穿、批驳者，被称为“反对派”。

反对这种提法的又被分成两类，一类是主要针对遗孤案进行质疑、批驳的“反对派”。清康熙初的闵叙，官广西学道，任内撰《粤述》，对壮族的姓氏、椎髻、铜鼓等均有考据辩证，著书提出了自家之说。如辩壮族韦姓为汉代韩信后裔之误曰：粤西“土官多韦姓，乃韩信子孙也。云方吕后擒信时，舍人负其幼子，求救于萧何。何泣下，谓中土不可承，乃作书属南越尉佗抚之，子孙因以韦为姓，其所书尚存土司……第汉法踵秦之残酷，彼高祖时萧何敢与佗通书耶？存此以质博雅者”。这里，闵叙以问作答，予以公然否定。以后，陆次云撰的《峒溪纖志》也称：“广南有韦氏者，韩信之后也。当淮阴侯被缚，信有客匿其孤，求抚于萧相国。作书致南越尉佗。佗重信，又怜其冤，慨然受托。姓之以韦者，去其韩之半也。孤后入粤西，有武功，世长海堙。(广东)顺德梁章冉著《南越五王传》，言及此事，引阮志指为无稽之谈，说‘盖韦氏世为溪峒长，后等齐氏，其家乘有此说云云。……第汉法踵秦残酷，彼高祖时，萧何敢与佗通书耶?’阮氏、梁氏有理。”其他持此观点的书、文相当多，不再一一列举。近期，壮族学者梁庭望先生也在著作中指出：关于岭南“韩改韦”的一些说法，如一曰源于韩信遗孤避罪岭南，取韩一半而成。此为壮族大姓贵族攀附高门惯伎，不足信。这些反对，基本上都是持否定态度的；另一类是近期，针对逃命说的质疑，这方面的文章也较多，具代表性的有韦耀龙先生在《中华百家姓氏诗选・中国韦氏的由来》认为：“相传汉代时，有名将韩信的后代改姓为韦之说。传说韩信在帮助刘邦建汉以后因受汉高祖刘邦的猜忌而被杀，他的儿子韩滢在萧何和蒯彻的保护下南逃广东省的南海县(今改为南海市)扶养，为逃避官府追捕而取‘韩’字的右半边为韦姓。此传说缺乏充分的证据，只是传说而已。《史记》是公认的传记体历史好书。却没有记载韩信之子被萧何和蒯彻抄送到南粤给赵佗扶养之事。可越往后时间越长，关于韩信遗孤之说，编造日臻完善。这是民间吉人天相、忠良有后思想在做祟。有人说，韩信与赵佗是‘故交’，实际上韩信与赵佗不可能是‘故交’，赵佗是秦将。公元前219年随任嚣开拓岭南后，一直未回过中原，前209年项梁、项羽越兵反秦，韩信从之。韩信从未到过岭南，既不是同乡、同事，又从未谋面，‘故交’从何而来，前196年韩信被杀，南越王赵佗还臣服西汉中央朝廷，一月杀韩信后，五月刘邦派陆贾招抚赵佗，立赵佗为南越王。剖符通使，所以赵佗收留韩信遗孤之说，是不成立的。坚持‘韩改韦’的人有的说：蒯彻是韩信的‘家将’。蒯彻是秦汉时著名的辩士，他化装成看相算命先生，鼓励韩信反刘邦，韩信不听他的话，蒯彻便装痴装狂，离韩信而去了，蒯彻何以成为了韩信的‘家将’？韩信在西安被杀时，蒯彻远在山东淄博的齐国。后刘邦即通知齐国抓了蒯彻。由蒯彻护送遗孤到南越，纯属无中以有。因此，韩改韦的说法，尚缺充分的证据。”顺便加一言，笔者查阅过青州、益都、衮州、邹县新版、老版方志，确实没有发现有韩信三子活动的传说或信息。

面对韩改韦的炒作，笔者拜访过一些专家，听了他们评说。专家一针见血地指出：最早是用萧何把韩信遗孤、托付南粤赵佗、改韩姓成韦姓的版本，因“依据不足”被封杀后，改而变成韩在山东有三个儿子，其中老大韩天祯改名换姓南逃，转辗到福建、广东，最后落脚广西，生九男三女，后代日益昌隆的版本，之后，(以韦昌辉一家为首的)并编了族谱，据说清末民国有些地方还补立了墓、树了碑，企图铸成“事实”。这种“事实”不容易站得住脚，因为由汉至今，就算两千年吧，30年一代，经历了多少代了，历代的子孙都干什么去了？怎么也不出来烧纸求鬼“鸣冤叫屈”？偏偏到明末清初才醒悟过来呢？当然，晚醒也算孝顺，只是韩天祯“老祖宗”的汉墓有没有？古老点的坟茔(隋、唐、宋、元)有没有？是不是也是金坛①一个，放到岩洞里？真是这样的话，这么一来，就不是什么韩信后代、名门贵族了，这是典型的壮牯佬“屈蹲葬”，韩信一家是华夏族的汉人，名门显贵，不尚屈蹲葬，他们信仰的是死了要“入土为安”，让他们蹲到金坛里受熬煎，没那种习惯，是肯定安然不了的，非墓葬不可。民间的这些事情，值得去推敲的东西太多，问题是这些平民百姓图的是什么？专家想不通。既然“想不通”，就得再研究、能不能从社会状况分析入手呢。专家说，历代的统治帝王，对边远少数民族都是掠夺和镇压，然而以明王朝最甚，朱元璋上台后，特别亏待广西，首先把海疆划给了广东，广西成为内陆省，连盐都吃不上，出现了白米换盐的船队在梧州港排成长龙的怪现象，这是一。更甚者，明王朝在不到三百年的时间里，几乎年年用兵于广西。明洪武到万历200多年内，动用了国力组织的大规模征剿就有16次，其中，一场战争其年代持续百年者有5次；动用兵力在10万以上者有4次。人们知道，战争是政治的继续，是统治者推行高压政策的重要手段，他们发动战争全是为了掠夺、为了镇压、为了统治，其残酷性见刽子手韩雍(与王阳明大儒配合，是当年征剿官军的最高统帅之一)的白描诗：“积尸如山血如川，诛锄只许留襁褓。兔窜狐奔罗网密，我军追戮如芟草。”反正，就是要通过残酷的战争手段去镇压广西各族人民，这是二。如此之下，由于当时的民族歧视很厉害，视少数民族猪狗不如，写到纸上都加“犭”旁，当成畜生。平蛮烧杀过后，为填补“真空”，他们从省外调来了大批移民，分配给好田好地，形成“同是做工干活的种田人，人分几等，差异太大了”的态势，这些现实教材在明代是非常突出的，因此，有人也在做“梦”：若能通过“韩改韦”一下子就变成官招移民(当时叫编民)了，还敢欺侮我吗？这是三。还有……就不再一一细列了。于是专家顺这些条条去分析推理后说，当年的“粤西”百姓(应该是头面人物)赞同“韩改韦”者，大概就是这种心态。图的就是“猪狗不如”的少数民族，能挂上个“汉”(编民)字，好有个出头的日子，如此而已。因此，明末清初，在粤西(广东西部，当年，这里大片大片的还是今天壮族的先民)就开始有“韩改韦”的民间“炒作”说，清版《广东通志》曾作条目登录过。然而很快，就被广东省内外专家、文人否定，就此报刊文摘才收敛，“炒作”转回民间(不死不活地搁着)。专家说，若以平民百姓的这种“梦”去思考，也还可以说得过去，然而欲解安徽宣城之“谜”，对韦昌辉这种人，心态就不那么简单了。专家说，为了招兵买马，和少数民族做一家人都姓“壮”，当上王爷了，编谱说自己是

---

① 金坛，见韦波辉主编的纪念壮族教育家韦鸿恩先生文集《清贫的富有》一书。言是壮人“二次葬”的器物。

韩信之后，将“问题”引进来了，不姓壮姓“汉”，想做什么呢？专家指出，对严肃的问题要严肃解决的话，首先在血缘上出大问题了，少数民族的祖宗和“韩改韦”的祖宗不是一个爹妈生的，用老百姓的话说，拜错“鬼”了，试问“昌辉死鬼”你愿意吗？如果愿意，三代还宗，搞个仪式直接改回韩姓好了，何必去让后人为这等事吵吵闹闹辩个不停呢？居心何在?！专家接着说，今天的香港、台湾同胞就很聪明，老公姓陈、老婆姓李，生下儿子让他姓“陈李”氏，把今后该拜的“鬼”都定好了。所以，专家语重心长地说，他认为这些年来“韩改韦”的反对派强调的是重事实、重证据，在理。否则，越编越乱，越乱越难圆。他想不通的是，这些年人们搞这么复杂干什么？只要有确切证据、血缘对得上、别拜错“鬼”了就好办了，办法是，凡要坚持主张“韩改韦”者，就名正言顺地“还宗”，从汉朝到现在，已不止三代，胆子大一点，把那半拉补要回来，姓“韩”，去户籍部门说一声，没人禁止的。先例有元代人韦平，当地人尊称之宁远伯，今安徽境灵璧人。明军北伐，只身逃匿于今河南内黄县焦村，入赘乌氏，改乌姓，生四男一女，小女李姓，临终遗言五世后复归韦姓。其子孙恪守其言，故今河南内黄、濮阳、安阳等有“韦、乌、李姓一家”之说。这些处理方法人鬼结合都很好，应该效法，可以效法。

结束语

炎帝领导的中国百越水牛部族是最早发现和首先治服“wei”(发“怀”的近音，汉语译为水牛)的民族，在当时这是件很了不起的大事，发现者用他的母语——越(今壮)语给牠命名为“wei”。华夏族知道后，以古汉字“犩”表之，注明是越语命名的动物，发怀音。在壮乡，从古到今，人们一直把水牛叫“怀”，沿用至今。无独有偶，千多年前分支到泰国的壮人先民融合当地民族形成而今的泰人后，也把水牛叫成“怀→益”(注，壮族教育家韦鸿恩先生说，早年他在广州请教过一位泰国青年，告诉他“怀→益”的“秘密”：怀，长音，益为短音)，是当年古越壮语“怀”的拖长叫法略带点尾音，可见，壮泰同源异流，是彼此相互印证的。

孟子曰：“舜生于诸冯，迁于负夏，卒于鸣条，东夷之人也。文王生于岐周，卒于毕郢，西夷之人也。地之相去也，千有余里；世之相后也，千有余岁。得志行于中国，若合符节，先圣后圣，其揆一也。”古代的中国，黄河上游为华夏部落(一说此部落有黄帝、炎帝两大亚类，传黄帝以姬水成，发祥于陕地。炎帝以姜水成，发祥于渭水上游。炎帝这边，同时又有共工氏这一族。当年彼此都相互往来，炎、黄还有婚姻相连，后来甚至结成联盟。黄帝兼并炎帝后，华夏部落向南发展，与羌、夷、苗、狄等联合奠定了华夏族基础后，经夏、商、周始形成华夏民族。一说黄帝、尧、弃、稷是纯华夏人)；黄河下游属东夷部落，地界环渤海至江淮。著名人物如舜、太皞、少皞、蚩尤都曾是东夷领袖；到长江以南则是三苗部落住地，“三苗”细分还有南三苗和北三苗。诸如伏羲、女娲、驩兜等属南三苗，而祝融，是迁移过来的，虽然也当了盟主但他属北三苗。前面提到的神农即炎帝，是水牛部落的头人，少昊是鸟部落头人，都是水稻田种植部族的民族。相传的勾龙(禹)、驩兜(驩头，即共工)、勾芒(即祝融，东方之神，人面马身)、勘寻、太皞、颛顼(豕韦为其古姓氏)、昆吾、重黎、吴回、勾践、不寿、不扬等公众人物，有研究认为真有其人，名字都是越语汉注，是苗蛮血统。只是高阳(即颛顼)此人很有意思，他是东部民族的祖神，与勾芒(祝融)助禹战胜过三苗。然而在陕西凤翔雍城秦公大墓石磬书上有："天子匽喜，龚桓是嗣，高阳有灵，四方以鼎"记录，它明白地告诉我们，高阳是秦人的祖神。以上似乎很矛盾，其实不然，秦人姓嬴，本是东方民族，长期迁徙，始安居西方。还有，史载有"鲧(即共工、水利专家、民间敬颂的水神)…→(生)禹(别名勾龙，娶当涂女，有一段政治婚姻)…→(生)驩兜…→(生)祝融…→繁衍形成己、董、彭、秃、妘、曹、斟、芈诸姓子民的世系关系表"，以及"驩"是尧的重要佐臣，《大荒北经》有"颛顼生驩头，驩头生苗民"之说，等等。这些关系和史料，应该真实表明华夏韦和百越韦在古代，是同根同祖，源自图腾韦。

岭南百越韦是炎帝后人，是坚持从事水稻耕作的百越水牛部族人群(当然，坚持从事水稻耕作的还有其他图腾姓氏的百越族群，如鸟部落、森林部落等)，他们天天与水牛相伴，种稻食稻，其中的水牛部落依旧以图腾"wei"(水牛)为区别标志，并坚持在岭南群山之中绵延生存和继续发展，生生不息，他(她)们有自己生存的空间，有可以与甲骨文比美的刻划文字，他(她)们被正史称为西瓯、骆越族群，而今的壮族(还有布依……京族等)是他(她)们绵延下来的后裔。秦始皇一统中国后，强制推行华夏方块字，图腾"wei"(水牛)渐渐(有证据可寻的是初唐)被套用到方块字韦作百越韦的姓，有碑石证明的，表明韦厥是他们的始祖。

按正本清源角度理论，图腾"wei"(水牛)才是中国韦氏的真正本源，无论是华夏韦还是百越韦，甚至包括因历史原因往北或往周边移居并与当地居民融合成为蒲姑、夫余、室韦、失韦、皮韦、靺鞨、涉、乌孙(或乌支)等各种民族的韦氏，都与图腾"wei"(水牛)同根共祖，根是炎帝，肇祖是颛顼。

基于如上道理，建议对凡是用于中国姓氏的"韦"，请定义如下：【韦】中国姓氏的"韦"，是古汉字"犩"的替代字，《尔雅》《方言》《山海经》等说它于威反、鱼威反，发越(壮)语"wei"音，原意是水牛。"wei"是百越水牛部落民族的图腾标记。在《尔雅注证》(作者郭郛，商务印书馆出版社 2013 年 1 月出版)中指出，中国的水牛在距今一万年左右已家化成畜，后用于耕田犁耙的工具，驾犁的犁字，即有牛。牛图腾即以(水)牛为图腾神，《山海经·西次二经》副的七神就是人面牛身。中国韦氏的先祖就是最早征服、驯化、家养"wei"(亚洲水牛)的第一人，并给它定名为"wei"的主人。家养除了水牛，还有猪婆龙(鳄鱼的一种)，这些作为，在当时是名震四方的，于是才出现了该部落拥有"豨韦氏"这个古老图腾的姓氏。

这里，根据壮族教育家韦鸿恩先生的研究，建议对中国韦氏源流演化关系作如下表述：

1. 中国韦氏的"韦"为越语"水牛"的音，本意是百越人在发现、治服亚洲野生水牛以后给它命的名。通过驯化、畜养、役使、充分挖掘其潜力之后，他们获得了百越水牛部落的美名，并用它作为部落的图腾标志。这就是水牛图腾韦的来历。其古老姓氏为豨韦氏。古老汉字有犛、涉、韦等，在中国大地上其发生发展经历了如下几个大变革。

（1）在越语为母语的年代里，水牛被发现之后，吃其肉，解决生活问题；剥其皮，进行革类加工，创造“一牛养五口”（五、口、牛）小作坊生产方式满足战争装备需要这些主线要求；此外，更重要的是促进了水稻田耕作的变革和发展。因此，百越韦这个群落在中国早期社会乃至世界的影响巨大非凡。

（2）由于地球环境的变迁，中国从北到南水牛、鳄鱼南移，百越韦从事水稻耕作的这部分人群一直与水牛没有分离，形影相随，特别是他们母语未丢，因而能始终保持了水牛图腾的本源含义的认知未变。这就是百越民族中西瓯、骆越支系后代壮族等百越韦能绵延到今天的道理。而北边只能环绕制革这个副业成效上去发展和演化。

2. 由于黄帝打败炎帝使融合中失去母语并加入华夏的“百越韦”，只能跟随华夏姓氏发生、发展的路走下去，于是有历代各种阶段的姓氏演化，但是万变归宗，证明他们都是图腾韦的后裔。

3. 慎终追远，探本溯源，原本是一桩艰难复杂而且很庄重的事情，具体到中国韦氏，血缘又并非单纯一脉，有华夏韦、百越韦、室韦，以及各种各样的归宗在不断地形成，为韦氏增添新鲜血液，充实力量，因而才得以发展壮大，而今，瓜瓞绵延，韦氏子孙已遍及神州，延伸至海内外。尽管形成和发展在时间上早晚有别，然而随着代久年湮，斗转星移，长期共处，相互交往，不仅在感情上，而且在血缘上都已融为一体、合为一族了，真可谓是“敬发千枝归一本，宗朝万水实同源”。在中华文明的历史长河中，韦氏子孙们疾恶扬善，奋发有为，积仁重义，敢有作为，成绩卓著，功德无量，因此，在中国韦氏大家族里不存在有什么“正宗韦氏”和“左道旁门”之分，还是那句老话：“韦”字写来无短长，都是一家人。

本文在形成过程中，利用了壮族学者兰鸿恩先生的撰文《女娲、少司、米六甲》资料，中央民族大学梁庭望先生、广西民族学院顾有识先生的著文资料，韦汉超主编的《中国韦氏通书》，韦波辉主编的《清贫的富有》，余天炽、覃圣敏、蓝日勇、梁旭达、覃彩銮合著的《古南越国史》，马雪芹著的《古越国兴衰变迁研究》，黄现璠、黄增庆、张一民编著的《壮族通史》，张声震主编的《壮族通史》，韦炯隆编著的《神秘的壮乡》以及我国已出版的各省区新版的县志等著作资料改编整理，意在传媒，谨表感谢！

由于水平有限，如有错误之处，望批评指出。

（作者　韦涛）

深藏在百姓家中的寿星们

为了弘扬壮族教育家韦鸿恩先生尊老、敬老的教育思想，工作余暇的我，从新版地方县志（全中国有两千多个县市，每县一“志”，至少有2000多部，这里，时断时续的我，只涉猎了遍布神州的398部）饱读之后得到了一些收获：以往讲长生不老，是历代帝王的梦想、仙家道士鼓吹的专利、豪富名门贵族饭后茶余奢谈之言，可惜他们大多短命多、长寿少（如中国够上帝王的总共312人，10岁前就死了的有10人；11～20岁死的30人；21～30岁死的55人；31～40岁死的58人；41～50岁死的53人；51～60岁死的54人；61～70岁死的41人；71～79岁死的6人，余者清乾隆弘历89岁、梁武帝萧衍86岁、武则天82岁、宋赵构81岁、元世祖忽必烈80岁）。资料还告诉我们，中国真正的寿星基本深藏在寻常百姓家中，他们共同的信念是动可延年，思能抗衰；深信“常坐身不健，常睡体自瘫”；热爱劳动，一生靠劳动去锻炼身体，勤劳刻苦，奔波操劳，乐于奉献；做人克勤克俭，生活俭朴，种啥吃啥，图四季常新。一日三餐，少荤多素，穷过日子。起居有律，早睡早起，饮食有度，性格爽直，开朗豁达，小事不计较，大事不糊涂。交朋结友，待人以礼，遇事随和，顺从自然，不追时尚，不图荣禄，不嗜烟酒，不为名利，不暴饮暴食，身体力行，自有所好，老有所乐，在天、地、人和谐大环境中，以乐哈哈的、童心犹在的心态，融入其中，因而才能活到百年，长寿不衰。这里，特别在今天，寿星们用他们的践行告诉我这样一个道理：在我们这个阳光璀璨的社会主义国度里，人民当家做主，安居乐业，心情舒畅，生活愉快，长寿是必然的（曾有过这么一组数据可供参考：中国人的平均寿命夏商朝为18岁，东汉为22岁，唐朝27岁，宋朝30岁，清朝33岁，中华人民共和国成立初期35岁，1957年为57岁，1981年为68岁，1985年为68.97岁）。统计表明，中国的而今有许许多多寿星。本文所披露的寿星资料，虽然随手捡来，但有名有姓，真实实在，他们所铸造神奇的一生，是我们国人（也是地球人）的骄傲，是人类文明史中重要的文化遗产，因此说，他们理应名垂青史！这既是壮族教育家韦鸿恩先生的心愿，也是编撰本文的企望。本文的显示（哪怕只显示了其中的一角），抛砖引玉，供志同道合者共同去搜集、补充、研究参考。

广西壮族自治区

巴马县百岁老寿星名单：一、清代有寿星蓝祥（瑶族，1810年出生，享年142岁）邓诚才（1898年出生）。二、中华人民共和国（统计至1990年）有：（一）汉族，女，102

岁的有：杨梅英、王奶球；101岁的有：杨玉秀(女)、谢志富(男)等。(二)壮族，女，100岁的有：梁牙青、陈妈乱、罗乜诚、周牙堂、黄妈遍、罗妈教、黄乜信、韦牙福、何牙能；101岁的有：杨乜青、覃牙勤、潘妈球；102岁的有黄牙冷、黄牙合、梁妈宗、黄妈托、黄乜架；103岁的有：黄妈广、唐牙蒙；104岁的有：黄妈生、熊牙土；105岁的有：黄乜恒、莫牙万、李乜相、甘牙一；107岁的有：黄牙烈、浇乜牙等；男，102岁的有：黄显常、陆英解；105岁的有：黄仕苗；107岁的有：韦仕青。(三)瑶族，女，100岁的有：罗妈达、韦妈金、韦牙仁、卢乜录、陆乜发、韦妈令、黄彩顺、罗乜言、韦乜花；101岁的有：卢乜金、韦乜台；102岁的有：韦乜英、蒙妈秀莲(注，广西少数民族称谓，意思是蒙秀莲的妈)、韦乜军；103岁的有：蓝美凤、蓝乜六、卢的花、韦乜闷；104岁的有：韦乜块、罗秀珍、杨乜进、黄曼中、黄布铁；106岁的有：黄妈能、蒙乜果、卢妈光；109岁的有：纳的闷；125岁的有：罗美珍；130岁的有：罗爱珍；男，100岁的有：覃卜逢；103岁的有：蓝卜平、韦金光、韦桂荣、蓝茂良；104岁的有：韦卜群、罗卜元；106岁的有：罗老四；107岁的有：卢的肖；108岁的有：蓝伯平、陶运海；110岁的有：韦卜新等。

永福县百岁老寿星(不全)名单：陈老翠(104岁，其夫人也过百岁)、龙丽珍(女，106岁)、吕佩芳(过百岁)。

凌云县百岁老寿星(职业未注者都是农民，性别未注者为男)名单：黄金才(壮，1892—1992，享年100岁)、杨未英(汉，女，1888—1988，享年100岁)、劳世辉(壮，1890—1991，享年101岁)、周高(壮，女，1889—1991，享年102岁)、罗金秀(瑶，女，1889—1990，享年101岁)、覃金台(壮，女，1891—1993，享年102岁)、韦氏兰(瑶，女，1890—1993，享年103岁)、王世美(瑶，女，1892—1996，享年104岁)、吴氏娘(汉，女，1885—1988，享年103岁，职业工商)、那正华(瑶，1887—1990，享年103岁)、张氏三(汉，女，1888—1991，享年103岁)、岑氏(壮，女，1888—1991，享年103岁)、李满妹(瑶，女，1888—1993，享年105岁)、石五妹(瑶，女，1889年出生)、韦氏近(壮，女，1889年出生)、罗自林(壮，女，1890年出生)。

陆川县百岁以上寿星有(统计至2008年)：一、已过世的有：十四婆(女，1886—1987，享年101岁)、王亚贵(1887—1087，享年100岁)、叶宣礼(1878—1980，享年102岁)、吕八婆(女，1886—1987，享年101岁)、吕瑞楷(1848—1949，享年101岁)、刘氏(女，1886—1987，享年101岁)、刘福英(女，1894—2003，享年109岁)、池春生(1885—1988，享年103岁)、麦仕芳(女，1887—1990，享年103岁)、李振元(1886—1986，享年100岁)、李伯美(女，1886—1986，享年100岁)、张义柏(1902—2004，享年102岁)、张仕珍(女，1903—2004，享年101岁)、陈世文(1887—1987，享年100岁)、林德桂(1886—1988，享年102岁)、周十三婆(女，1881—1987，享年107岁)、庞世英(女，1898—1998，享年100岁)、傅钟氏(女，1836—1939，享年103岁)、黄汉珍(1887—1987，享年100岁)、谢先贤(女，1894—1996，享年102岁)、蓝瑞英(女，1906—2006，享年100岁)、黎峻修(1907—2007，享年100岁)；二、还健在的老寿星(性别未注者为男)有：1900年生的有：黄仕清(女)、刘惠清(女)；1901年生的有：吕素珍(女)；1902年生的有：庞育芬(女)、曾永芳(女)、阮端福、李仕芳

（女）、杨绍英、甘月英（女）、卢秀珍（女）；1903 年生的有：蓝秀英（女）、黄惠珍（女）、陈洪志、张美芳（女）、张桂芳（女）、吴家盛（女）、刘玉坤（女）、刘德珍（女）、吕志英（女）、韦文英（女）、韦启英（女）；1904 年生的有：黄腾辉、黄瑞华（女）、林祖训、莫若经、钟锦生（女）、张绍文、李一珍（女）、刘瑞华（女）、吕秀珍（女）；1905 年生的有：曾瑞英（女）、谢玉英（女）、梁桂芳（女）、梁结英（女）、陈桂英（女）、周瑞清（女）、陈承坤、陈文才（女）、张耀芳（女）、吴寿英（女）、杨品端（女）、李彦英（女）、阮锡盛、冯经明、宁庭茂；1906 年生的有：赖英贤（女）、黎月珍（女）、黄秀英（女）、梁志英（女）、梁英瑞（女）、林振芳（女）、张其芳（女）、陈志英（女）、陈纯沛、李兰英（女）、吴绍杰、万玉光、吕秀清（女）、吕日琼（女）；1907 年生的有：戚汉英（原名戚玉彰）；1882 年生的有：温永芳（女）；1886 年生的有：梁惠贞（女）、池春山；1887 年生的有：范玉芳（女）、林氏（女）、麦秀英（女）、肖海书、冯富昌；1899 年生的有：李六婆（女）、李秀英（女）；1895 年生的有：黄永珍（女）、吕仕英（女）；其他未注出生年份的百岁老人还有：黄世坤、黄德英（女）、彭永琼（女）、覃玉英（女）、钟惠（女）、庞锦芳（女）、吕桂清（女）、韦琼英（女）、卢月珍（女）等。

北流县百岁以上寿星有（统计至 2007 年）：一、已故的百岁老人名单：高寿为 100 岁的有：林振清、覃雪芳、宁美珍、刘调惠、林树珍；高寿为 101 岁的有：胡瑞英、庞瑞芳、梁惠祥、林维珍、陈维聚、谢德珍、韦文昌、林秀文、罗淑娟、黄秀英、冯德珍、林维新、李世英、梁权贞、窦维仲、黄桂英、杨义深；高寿为 102 岁的有：钟广济、张善清、朱恒才、罗桂清、黄育英、李玉贞、韦惠新、梁水清、邱德珍、覃汉贞、林桂才、黄月辉；高寿为 103 岁的有：李晶模、李文伟、梁通文、陈庆声、吴善华、陈富清、陈步清、杨锡名、甘远通、冼成芳、覃有芬、宁桂芳、陆桂英、李容珍；高寿为 104 岁的有：卢仕群、梁少芳、曹会珍、梁文芳、陈玉珍、曾有才、谭月常、梁桂昌、梁启蒸、潘居旺、韦德胜、胡燕珍、宁远英、李英兰、黄瑞芳、张莲英；高寿为 105 岁的有：梁盛富、徐万松、陈凤英、麦惠芳、朱世英、林郁盛、何福全、张子荣、陈玉珍；高寿为 106 岁的有：陈希恒、钟海芳、刘色华、李超芬、陈玉芬、何学龄、蓝玉英、杨开忠；高寿为 107 岁的有：林惠英；高寿为 108 的有：陈佰芳、何英、杨义正；高寿为 111 岁的有：邓桂芳；高寿为 112 岁的有：李桂芳；高寿为 117 岁的有：梁敏芳。二、统计时还健在的百岁以上老人名单：1882 年生的 116 岁高寿老人有：杨春芳；1898 年生的 110 岁高寿老人有：陈汉芬；1900 年生的 108 岁高寿老人有：顾兴芳、陈福珍、林正才；1901 年生的 107 岁高寿老人有：李惠芳、陈德珍、李秀珍、梁秀珍、何可仁；1902 年生的 106 岁高寿老人有：宋昌华、卢文珍、钟桂芳、贺兆英、岑时乐、杨开程；1903 年生的 105 岁高寿老人有：庞文芳、罗惠群、黄英兰、李广珍、谢丽彬、黎其芳、覃淑珍；1904 年生的 104 岁高寿老人有：韦琼珍、张美容、田达珍、黄秀清、阙玉英、叶海芬、李坤志、陈庆宾、苏玉珍、潘绍清、张惠清、黄爱珍、邓桂芳、邹日清、马宝建、林有芳、冼桂芳；1905 年生的 103 岁高寿老人有：吴仁芳、封伯全、曹桂英、周素清、莫德全、黄明珍、苏惠清、黄耀文、源桂芳、谭月英、顾耀珍、李琼芳；1906 年生的 102 岁高寿老人有：李少华、黄维贤、黄瑞连、曹英芳、欧叔奎、黄桂芳、赵玉英、黎业登、邱永祥、梁福祯、庞源廉、刘业珍、欧惠珍、覃福珍、季应群、苏树珍、黄月英、陈慈德、池瑞华；1907 年生的 101 岁高寿老人有：宋伟芳、杨惠珍、蔡受华、黄仕兴、张瑞清、黄月盛、何桂芳、陈龙英；1908 年生的百岁高寿老人有：曾元桂等。

东兴市的百岁以上老人(民族未注者为汉族)有：苏玉英(女，1909 年出生)、阮杰忠(京族，1908 年出生)、陈锦朝(1910 年出生)、苏月英(女，1905 年出生)、颜喜才(女，1903 年出生)、黄忠信(1901 年出生，妻子施吉英 1905 年出生，2008 年 9 月去世，享年 103 岁)、刘永英(女，1910 年出生)、施明英(女，1910 年出生，壮族)、叶贵(1905 年出生)、刘景明(京族，1910 年出生。景明的大姐 105 岁过世)、符明芳(1910 年出生)、张光莲(女，1907 年出生)、周贤秀(女，1909 年出生)。

南丹百岁以上老人有：韦氏(女，1878 年生)。1982 年统计有黄娅利金(女)、陆四英(女)、李老卯(女)、罗杨氏(女)、陆奶(女)、班黄氏(女)、蓝老保。1990 年统计有蒙劳安、叶长顺、黄韦氏(女)、莫元英(女)、杨金秀(女)、何明志、刘奶望(女)、黎岩妹(女)、黎奶(女)。

贵港百岁以上老人有：韦爹硬(壮族，采访时为 103 岁)、韦氏(女，壮族，采访时为 101 岁)、韦姆熊(女，壮族，采访时为 100 岁)。

扶绥县百岁以上老人有：韦龙妹(女，104 岁，壮族)。

大新县百岁以上老人(都是农民)有：黄宜昌(女，壮族，1876—1978，享年 103 岁)、赵世亨(女，壮族，1871—1976，享年 105 岁)、李时兴(男，壮族，1872—1981，享年 111 岁)、零金天(女，壮族，1983 病故，享年 108 岁)、李飞(女，壮族，1881 年出生)、赵氏(女，壮族，1880 年出生)、农氏(女，壮族，1881 年出生)、李氏(女，壮族，1881 年出生)。

德保县(1990 年统计)健在的百岁以上老人(都是农民)有：吕黄氏(女，壮，1889 年生)、许氏(女，壮，1889 年生)、农造玉(女，壮，1889 年生)。

西林县百岁以上老人(统计时为 1992 年)有：韦成章、韦娅凡(女)。

河北

南皮县百岁以上老寿星名单(统计至 1992 年 12 月)：李培生(1886 年出生)、严牟氏(女，1990 年出生)、张艾氏(女，1890 年出生)、井连春(1883 年出生)。

赵县百岁以上老寿星名单：雷大妮(又名雷小年，王老射之妻，女，1878—1981，享年 103 岁)。

贵州

凯里县百岁以上老寿星名单(统计至 1995 年 12 月)：石今福(苗族，105 岁)、阮祥珍(苗族，女，105 岁)、杨巫婉(苗族，女，104 岁)、杨吾、杨楸(苗族，女，102 岁)、杨光美(苗族，女，102 岁)、林王氏(汉，女，102 岁)。

江西

兴国县百岁以上老寿星(汉族)名单：王水秀(女，1883—1987，享年 105 岁)、王桂秀(女，1884—1987，享年 104 岁)、王炳秀(女，1894—1997，享年 104 岁)、王灶秀(女，1898—1997，享年 104 岁)、王石娇(女，1901 年生)、王志英(女，1904 年生)、邓扬秀(女，1889—1993，享年 104 岁)、平惠珍(女，1903 年生)、石朝璜(1904

年生)、朱石秀(女，1906 年生)、刘丹秀(女，1868—1971，享年 103 岁)、刘光祺(1893 年生)、刘满女(女，1901 年生)、刘桂香(女，1904—2004，享年 100 岁)、吕正桂(1903 年生)、吕瑞莲(女，1901 年生)、李才全(1874—1976，享年 102 岁)、李有成(女，1904 年生)、李济玉(女，1903—2003，享年 100 岁)、李招秀(女，1902—2003，享年 102 岁)、李带秀(女，1884—1983，享年 100 岁)、李桂招(女，1897 年生)、李桂香(女，1887—1991，享年 105 岁)、李吉崇(1888—1987，享年 100 岁)、李章燊(1902 出生)、陈里秀(女，1901—2004，享年 104 岁)、江凤香(女，1904 年生)、肖发钦(1852—1953，享年 102 岁)、肖正清(1896—1996，享年 101 岁)、张玉凤(女，1878—1982，享年 105 岁)、张发秀(女，1893—1994，享年 102 岁)、张招桂(女，1903 年生)、吴招春(女，1894 年生)、林义秀(女，1889—1995，享年 107 岁)、杨月娇(女，1882 年出生)、杨桂发(1902—2002，享年 101 岁)、杨贵和(女，1896—1997，享年 102 岁)、杨德秀(女，1895—1996，享年 102 岁)、周长秀(女，1895—1997，享年 103 岁)、胡贤宾(1836—1936，享年 101 岁)、钟四秀(女，1904 年生)、钟祥秀(女，1900—2000，享年 101 岁)、钟李婆(女，1884—1983，享年 100 岁)、钟常连(1892—1991，享年 100 岁)、郭三秀(女，1898—2000，享年 103 岁)、龚石秀(女，1904 年生)、龚光茂(1903 年生)、黄裕兴(1876—1977，享年 102 岁)、黄桂香(女，1896 年出生)、黄腾法(女，1890—1996，享年 107 岁)、曹女氏(女，1901—2003，享年 103 岁)、曾仁秀(女，1863—1962，享年 100 岁)、曾德明(1901—2000，享年 100 岁)、谢贞仪(女，1827—1927，享年 101 岁)、谢永秀(女，1884 年生)、谢成秀(女，1901 年生)、谢冬秀(女，1888 年生)、谢秀莲(女，1897—2004，享年 107 岁)、谢育星(1904 年生)、谢荣春(女，1903 年生)、赖书福(1885—1986，享年 102 岁)、赖松香(1900—2000，享年 101 岁)、廖富柏(1814—1915，享年 102 岁)、廖才秀(女，1902—2003，享年 101 岁)、廖伦富(女，1904 年生)。

修水县百岁以上老寿星名单(统计至 2008 年)：龙国良(1896—2001，享年 105 岁)、温成梅(女，1897—2001，享年 104 岁)、冷杏林(1900—2001，享年 101 岁)、樊二嫂(女，1900—2001，享年 101 岁，石坳乡人)、樊二嫂(女，1901—2007，享年 106 岁，大桥镇人)、陈述同(1901—2003，享年 102 岁)、刘继菊(女，1902—2007，享年 105 岁)、刘玉珍(女，1903—2005，享年 102 岁)、赖怀桂(女，1904 年生)、游二秀(女，1904—2006，享年 102 岁)、朱世满(1903 年生)、查拔英(女，1905—2008，享年 103 岁)、卢秋香(女，1905 年生)、吴文连(女，1906 年生)、许敦菊(女，1907 年生)、万三嫂(女，1908 年生)、宁茂香(女，1908 年生)、车兆兰(女，1908 年生)。

湖南

麻阳苗族自治县百岁以上寿星(未注性别者为男)：一、明清时期有：满廷富(104 岁)、刘朝熙(106 岁)、张滕氏(女，103 岁)、聂存风(104 岁)、谭约泰(102 岁)、薛天海(101 岁)、曹植台(101 岁)、张朝谒(100 岁)、聂田氏(女，101 岁)、刘杨氏(女，102 岁)等；二、民国期间，兵荒马乱资料不全，据说有百岁以上老人约 9 人(名单待查，后补)；三、中华人民共和国：1953 年统计时百岁以上寿星有 6 人；1990 年统计时有 8 人；2000 年统计时有 9 人。下面是至 2007 年 8 月 31 日前登记的百岁以上老人名单：1898 年生有(黄银凤，女)；1900 年生有(龙登友、唐玉梅，女)；1901 年生有(刘多多，女、杨仄妹，女、张冬秀，女、杨考娥，女)；1902 年生有(马香菊，女、周长凤，女、田二妹，女、刘玉英，女)；1903 年生有(陈亚妹，女、宋春元，女、陈喜玉，女、唐冬娥，女、张要凤，女)；1904 年生有(舒彩娥，女、滕生妹，女)；1905 年生有(刘四月，女、陈桂英，女、郑八妹，女、时玉凤，女、唐双凤，女)；1906 年生有(段金菊，女、郑双梅，女、刘冬爱，女、黄桂英，女、刘文英，女、欧有兰，女、孙二妹，女、陈孟菊，女、滕宝珍，女、滕久长、滕金爱，女)；1907 年生有(龙求善、田联喜、杨崽妹，女、谭莲秀，女、谭金要，女、张爱兰，女)等。

云南

麻栗坡县百岁以上老寿星(不注民族者为汉)名单：盘金珠(瑶族，1823—1928，享年 105 岁)、何胡氏(女，1830—1941，享年 111 岁)、莫刘氏(女，1852—1955，享年 103 岁)、高冯氏(女，1867—1972，享年 105 岁)、刘彭氏(女，1866—1973，享年 107 岁)、张包(苗族，1857—1978，享年 121 岁)、戴玉清(1876—1979，享年 103 岁)、刘杨氏(女，1886—1986，享年 100 岁)、余王氏(蒙古族，女，1888—1988，享年 100 岁)、李信香(女，1892—1995，享年 103 岁)、秦赵氏(女，1890—1995，享年 105 岁)、余海英(女，1896 年生)。

红河县(统计至 2015 年 3 月)百岁以上老寿星(不注民族者为汉)名单：邵转莲(1880—1982)、李阿施尾(女，彝族，1882—1983)、简彩莲(1887—1990)、杨琼芝(1894—1995)、高年凤(女，1895—1994)、李能者(彝族，1904 年出生)、董记云(1905 年出生)。

石屏县百岁老以上寿星(民族未注者为汉、性别未注者为男)名单(统计至 2005 年 1 月)：周陈氏(女，1882 年出生)、李秀英(女，彝族，1898 年出生)、红河县(统计至 2015 年 3 月)：邵转莲(1880—1982)、李阿施尾(女，彝族，1882—1983)、简彩莲(1887—1990)、杨琼芝(1894—1995)、高年凤(女，1895—1994)、李能者(彝，1904 年出生)、董记云(1905 年出生)。

安徽

亳州百岁以上老寿星名单(统计至 1986 年)：单张氏(女，1622—1723，享年 101 岁)、赵振峰(1630—1736，享年 106 岁)、周德茂(1634—1735，享年 102 岁)、赵士全(1665—1770，享年 105 岁)、韩晋科(1664—1772，享年 108 岁)、刘起玉(1672—1772，享年 100 岁)、张氏(女，1672—1772，享年 100 岁)、刘统泗(108 岁)、张友仁(109 岁)、赵景成(100 岁)、杨友才(1881—1983，享年 102 岁)、张韦氏(女，1882—1983，享年 101 岁)、刘杨氏(女，1886 年出生)、边玉兰(女，1885 年生)、满运生(女，1885 年生)。

广东

连山壮瑶自治县百岁以上老人名单：韦美娟(女，1896 年出生)、邓二妹(女，1889 年出生)、李二妹(女，1889 年出生)、李瑞帮(1889 年出生)、李作坤(1893 年出生)、唐金兰(1897 年出生)、胡晚妹(女，1897 年出生)、郭大妹(女，1894 年出生)、唐三妹(女，1892 年出生)、李进祥(1879—1983)、杨招娣(女，1897 年出生)、赵星才(女，1887 年出生)、马志昌(女，1895 年出生)、赵干晁(1896 年出生)、黄宗桥(女，1895 年出生)、唐庆全(1887—1988)、黄儒莲(女，1889 年出生)、黄石华(1889 年出生)、彭七妹(女，1897 年出生)、王文勋(1897 年出生)、黎先福(1892 年出生)、黄雪兰(女，1893 年出生)、程月兴(1897 年生)、陆云伍(1889 年生)。

怀集县 1990 年统计百岁以上老人有：孔英(外嫁女，110 岁)、黎顺妹(女，100 岁)、莫氏(女，101 岁)、吴配智(女，102 岁)、李桂荣(102 岁)。

三水县 1990 年统计的百岁老人共 21 人。

海南

澄迈县百岁以上老人(统计至 2008 年)有：曾氏(女，1886 年生)、王秀莲(女，1886 年生)、王氏(女，1886 年生)、温李氏(女，1886 年生)、唐王氏(女，1888 年生)、何刘氏(女，1889 年生)、陈罗氏(女，1887 年生)、季德月(1889 年生)、陈爱天(女，1889 年生)等。

另，十大百岁夫妻评选中相加年龄最小的是海南省的老寿星洪芳香和妻子王玉工，也有 203 岁了。

辽宁

庄河县百岁以上老人名单：

一、(1934 年统计)有：闫成章(102 岁)、谭常吉之妻曲氏(104 岁)、孙中亚之妻张氏(103 岁)、王邹氏(当年 107 岁)。

二、统计至 2005 年的名单：(一)已过世的百岁以上老人名单：钟刘氏(女，1898—2001)、辛国义(1899—2004)、孙陈氏(女，1900—2003)、栾邓氏(女，1901—2002)、孙董氏(女，1901—2002)、张甲善(1901—2002)、许振山(1901—2001)、王泽祥(1901—2002)、施于氏(女，1901—2002)、周高氏(女，1901—2001)、崔宋氏(女，1901—2003)、于毕氏(女，1901—2003)、孙适先(1901—2002)、徐刘氏(女，1901—2004)、唐宁氏(女，1901—2005)、孙张氏(女，1902—2004)、孙桂兰(女，1902—2004)、张子金(1902—2003)、崔忠君(1903—2004)、唐兆元(1903—2004)、倪赖氏(女，1903—2004)、曲季氏(女，1903—2005)、闫宋氏(女，1903—2004)、郑吴氏(女，1903—2005)、刘金铜(女，1903—2005)、梁玉英(女，1903—2003)、尹洪安(1904—2004)、孙王氏(女，1904—2005)、王关氏(女，1904—2005)、于丰海(1905—2005)。(二)可能健在的百岁以上老人名单：1900 年出生有：董冷氏(女)、庚吕氏(女)；1901 年出生有：汤常氏(女)；1902 年出生有：王纪氏(女)；1903 年出生有：孙明礼、冯明福、王孙氏(女)、蔡天英(女)、隋季氏(女)；1904 年出生有：吴孙氏(女)、乔安义、潘桂兰(女)、王振延、孙王氏(女)；1905 年出生有：安金贵(女)、吕宋氏(女)、滕姚氏(女)、姜殿英、王武氏(女)、高德生、刘洪德、刘洪柱、曲刘氏(女)、宫张氏(女)；1906 年出生有：都元魁、于淑荣(女)、侯鼎山、崔振年、姜富、郑吉轩、于都氏(女)、刘玉胜、李王氏(女)、李成修、于孟氏(女)、汤孙氏(女)。此外，还有洪李氏(女，1889 年出生)、徐炳文(1889 年出生)、金王氏(女，1887 年出生)、张赵氏(女，1889 年出生)等。

山东

1981 年普查，莱州百岁以上老人有 3 人(都是女性)。

江苏

1990 年如皋县百岁以上老人有 22 名，获得名单的男性为：吴启明(103 岁)、薛绍轩(102 岁)、朱从义(100 岁)、张寿光(100 岁)、任长吉(105 岁)、吴寿清(100 岁)、朱广明(100 岁)、周学成(100 岁)。女性为：马寿莲(100 岁)、黄兴婉(100 岁)、张长凤(100 岁)、冒正芳(100 岁)、卢李氏(100 岁)、顾陶氏(100 岁)、姚姜氏(100 岁)、张李氏(100 岁)、印美英(101 岁)、吴金美(100 岁)、纪祥英(100 岁)、高蒋氏(105 岁)、石李氏(101 岁)、马如凤(100 岁)等。

湖北

钟祥县百岁以上老人(汉族)名单：1905 年出生的有：(男)唐永才，杨士千，谢家芝，李先荣，周传福；(女)高玉珍、许梅英、陈云英、刘兰英、周学英、王翠兰、付加祥、刘道兰。1904 年出生的有：(女)刘守英、狄万秀、肖香兰、邓秀英、邓桂芝、方氏、许顺英、张桂兰、张玉英、季焕英、尚玉芝；(男)杨华山、袁纯乾、唐德财、王万芳。1903 年出生的杜学英(女)、贾文彩(女)、欧居英(女)、王祥珍(女)、任先芝(女)、王永秀(女)、李大英(女)、邵兰香(女)、张志香(女)、郑启英(女)、陈先全、师尚兵、谭大华、韩宗鲁等。该县娘娘寨百岁以上老人(汉族)另列如下：陶大英(女，1898 年 9 月出生)、董兴凤(女，1900 年 3 月出生)、王大英(女，1901 年 1 月出生)、韩传英(女，1901 年 3 月出生)、王道英(女，1901 年 6 月出生)、韩玉珍(女，1901 年 8 月出生)、李凤生(女，男 1901 年 8 月出生)、张菊香(女，1901 年 12 月出生)、邓进英(女，1901 年 12 月出生)、陈华兰(女，1902 年 1 月出生)、李方兰(女，1902 年 7 月出生)、黄发珍(女，1902 年 8 月出生)、马桂英(女，1902 年 11 月出生)。

四川

1994 年统计的百岁以上老人(未注者都是汉族)名单：

乐山市中区：(女)100 岁有：刘玉仙、朱敬华、豆桂珍、黄素华、王周氏；101 岁有：谭保山、李素珍、杨福华、郭桂珍；102 岁有：杨信贞、胡志清、敖正林；103 岁有：王刘氏、陈海洪、武贞如、刘吕氏、周素华、高明珍、李淑容；104 岁有：梁凤鸣、僧仁喜；105 岁有：陈元珍；106 岁有：李素清、曾秀英、袁守友。(男)105 岁有：刘汉清。

乐山市五通桥区：(女)100 岁有：徐朝贵、刘秀珍；101 岁有：钟秀珍、何清福、黄友珍；102 岁有：李宫氏；104 岁有：袁绍林、胡存元、钟秀珍；105 岁有：陈兰生；107 岁有：廖吉珍；108 岁有：杜品华。(男)102 岁有：张金华。

乐山市沙湾区：(女)100 岁有：钟竹君；101 岁有：李淑芳、杨国如；102 岁有：聂年珍；103 岁有：刘福枝、徐桂珍；105 岁有：王友珍、许素华。

仁寿县：(女)100 岁有：李凤云、沈涧香、杜银芝；101 岁有：郑洪珍；103 岁有：黄炳香、张银舟、王淑芳；104 岁有：胡春秀、郑守珍。

彭山县：(女)100 岁有：赵徐氏；101 岁有：赖学华、胡罗氏、曾梁氏、许程氏、康显均；103 岁有：张刘氏；104 岁有：熊瑞清；105 岁有：徐罗氏；107 岁有：秦素民；110 岁有：谢洪兴；112 岁有：邓吉民。

洪雅县：(女)100 岁有：宋王氏；102 岁有：李培珍；105 岁有：苏罗氏。(男)103 岁有：周甫成。

峨眉山区：(女)100 岁有：彭杜莲、林淑容；101 岁有：罗修善；102 岁有：周海珍、李桂芳；103 岁有：徐淑娥；104 岁有：刘桂兰、唐妙元；109 岁有：彭存友。(男)101 岁有：艾甫成、汪汉清、卢舟明。

犍为县：(女)100 岁有：彭复兴、范顺；102 岁有：钟桂英；105 岁有：陈吉玉。(男)103 岁有：苟春廷。

青神县：(女)100 岁有：陈福珍；101 岁有：姜妙福；102 岁有：鲁玉珍、李有枝；108 岁有：毛玉珍。

并研县：(女)100 岁有：曾般氏；101 岁有：黄绍安；102 岁有：姜翠香；104 岁有：李银珍；105 岁有：尹树民、张桂枝。(男)张海廷(105 岁)。

夹江县：(女)100 岁有：徐黄英；101 岁有：张淑芳、杨修英、陈许氏、周桂莲、周吕氏；103 岁有：代少清、朱王氏、张尚先、于淑明；105 岁有：钟秀连。(男)100 岁有：胡海洲；101 岁有：任海清。

沐川县：(女)104 岁有：郭忠良；102 岁有：罗泽珍、魏进高。

眉山县：(女)100 岁有：丁银仙、杨福玉、郑学明；101 岁有：敬碧玉；102 岁有：周玉蓉、李淑琼、罗洋珍、魏进高；103 岁有：周瑞枝、张洪银、杨素荣；104 岁有：李秀英、夏光荣、何玉珍、郭忠良；106 岁有：肖孔氏。

峨边县：(女)101 岁有：彭杨氏、杜黄氏；102 岁有：韩太莲、段庆云。

丹棱县：(女)100 岁有：姚彭氏；101 岁有：刘成伦；108 岁有：罗陈氏。(男)104 岁有：郑元金。

2006 年统计的百岁以上老人(未注者都是汉族)名单：

乐山市中区：(女)101 岁有：饶素珍、雷加玉、任信义、吴素华、叶秀贞、陈知木、叶文清、杜少荣、朝素珍、代素容、黄淑芳、万龙昌、杨登顺、陈桂英、王素清、辜李氏、周秀英、王桂英、李善容、陈淑君；102 岁有：罗文清、徐守度、向秀英、魏素珍、张巧珍、余素清、肖淑君、季桂珍、吴宋氏、肖淑君；103 岁有：谢志伦、易树清、龙桂珍、程汝轩；104 岁有：黄锡华、梁宋氏、轵秀枝、代桂林、罗郭氏；105 岁有：黄素华、胡秀珍、童素珍、张秀珍、杨科吉、王玉南、周秀枝、季桂珍、周淑容、张素华、邓玉成、朱桂枝、王秀清；107 岁有：谢素华、但林珍；110 岁有：周玉珍。(男)101 岁有：杜少云；102 岁有：汪炳洲、黄志清、宋立常、范正华；106 岁有：刘洪鑫。

乐山市五通桥区：(女)100 岁有：何玉康、孙桂枝、漆素芳、周正芳、苟光六、肖金富、陈国英、孙成久、许在华、李有莲；101 岁有：冯作仙、王桂芳、梁术芝、文淑华、陈素芳、张桂全、周明贵、胡思珍、余树云、周素华；102 岁有：陈淑珍、潘金秀、刘福珍、易泽华、董作芝、许溯芬；103 岁有：陈桂枝、黄秀英、刘素桂、何秀珍、杭国珍、宋继桃、冯立华、王永华；104 岁有：汪桂芳、周志坚、罗秀英；105 岁有：罗淑俊、王素华、张惠容、许桂英；107 岁有：林桂枝；108 岁有：袁礼书。(男)100 岁有：邱洪章、谢德宣、程德明、彭光富；101 岁有：彭开华、彭乐军、蔡云光、杨洪发；102 岁有：王兴顺、邹德荣；103 岁有：杨启文；104 岁有：赵清云；105 岁有：张国生、胡维玉。

乐山市沙湾区：(女)101 岁有：孙元明、罗素清、王方氏；102 岁有：刘淑贞、吴光彩、邓守瑞、汪凤明、张淑英、杨素珍、许淑珍；103 岁有：刘福枝、徐桂珍、罗桂珍；104 岁有：朱含珍、许淑兰；105 岁有：王友珍、许素华。(男)101 岁有：程树清；102 岁有：张德明；103 岁有：张子金；108 岁有：杜高奎。

乐山市金河口区：(女)101 岁有：吴素芳；104 岁有：古玉珍；106 岁有：徐前香。

乐山市峨眉山区：(女)101 岁有：邹秀英、任树明、龚元枝、杨万兴、黄玉秀、袁桂芳、张秀英、杨淑芳、余水珍、谢玉兰、兰玉男、齐桂珍、罗淑明；102 岁有：彭慧成、夏有元、彭清元、尹淑成、吴淑清、林淑清、彭淑清；103 岁有：何桂芳、罗顺清；104 岁有：黄元清、丁九英、杨张氏；105 岁有：丁明英、季玉珍；106 岁有：杨桂芳。(男)103 岁有：罗心亮。

犍为县：(女)101 岁有：周海珍、刘秀英、袁炳秀、季方元、余福珍、周敬云、陈素清、龙淑琼、杨洪珍、龚秀珍；102 岁有：李道珍、钟月珍、董凤莲、彭凤明、张华清、陈淑清、王守成、夏礼光、朱莲珍；103 岁有：包代明、袁合氏、朱秀芳、戴素华、刘玉珍、袁承贵；104 岁有：易国珍、黄高珍；105 岁有：周贵珍、祝永秀、潘光珍；106 岁有：喻贤堂。(男)101 岁有：张丕贤、张立清、杨友三、万光富、谢国安、官常生；102 岁有：刘通海、李开盛、杨俊福、彭商元、陈树云；103 岁有：李光才、王加友；104 岁有：吴孔明。

井研县：(女)101 岁有：李海枝、马淑容、漆淑容、刘淑珍、徐淑容、卢淑容；102 岁有：闵云芳、秦淑香、黄涧先、曾明英、雷淑容、丁本何、卢桂珍；103 岁有：廖刘氏、王翠容、刘淑容；105 岁有：周本邱、邓明芳、雷淑乡；106 岁有：廖淑芳、曾述容；109 岁有：徐银香；108 岁有：刘淑芳。(男)102 岁有：李洪珊；103 岁有：丁吉宣；105 岁有：张近才。

夹江县：(女)101 岁有：刘玉棱、陈刘氏、王淑珍、曾桂如、王秀英、夏志明；102 岁有：管淑华、吴桂枝、杨金枝、李秀莲、干云芳、刘李氏、杨淑氏、季桂芳；104 岁有：洪良英；106 岁有：陈淑容；109 岁有：杨淑珍；112 岁有：吴贵珍。(男)105 岁有：王喜平；106 岁有：吴兴珍。

沐川县：(女)101 岁有：杨放清、李正新；102 岁有：邓文海、刘大芬、王术云；104 岁有：林万荣；107 岁有：吴便情。

峨边彝族自治县：(女)100 岁有：谢胡氏、祝光莲。(男)101 岁有：祝道友；103 岁有：杨元伊；104 岁有：杨俊清。

马边彝族自治县：(女)101 岁有：江桂芬；102 岁有：唐福珍；103 岁有：阿比牛牛(彝族)、方素英、郑宗兰；104 岁有：马黑干干(彝族)、俄木果果(彝族)、蔡吉云、高世凤；106 岁有：郭锦清；107 岁有：李门阿干。(男)102 岁有：马德清(苗族)；103 岁有：灰德明(苗族)；108 岁有：李伯玉。

都江堰百岁以上老人名单有：(男)100 岁(杨继舟、黄少清、兰国政、刘少荣、杨子钦、丁焕廷)；101 岁(赵子成、张光太)；102 岁(罗子成、万吉成、赵小云)；103 岁(王德春)；104 岁(黄银山、白仲山)；105 岁(董振林)。(女)100 岁(付周氏、杨尹氏、张袁氏、帅素芳、唐玉英、朱昌群、赵藤氏、陈胡氏、方素清、杨明清、魏素荣、兰玉清、张黄氏、张福珍)；101 岁(骆玉华、韩术清、左碧如、周官氏、廖玉英、季马氏、杜淑惠、杨德葵、孙赵氏、董玉书、吴学良、高罗氏)；102 岁(雷段氏、吴玉辉、王俊芳、刘漪莲、陈淑辉、李张氏、吴廖氏、刘吴氏、杨术华、张信忠、董品玉、袁孝华、罗会英、何桂芳)；103 岁(肖万氏、王春蓉、高周氏、郑杨氏、苟玉兰、宋李氏)；105 岁(罗齐氏)；106 岁(罗李氏、陈党氏、罗月英、党唐氏、贾学华)；109 岁(陈术清)。另，2000 年统计有百岁老人 28 名(男 3 名，女 25 名)。

新疆

哈密地区百岁以上老人(1982 年资料)名单有：许玉氏(女，汉，101 岁)，维吾尔族(男)有：艾孜孜·依敏(101 岁)、牙热·伙吉买提(102 岁)、先木西丁(108 岁)；(女)有斯尼孜·艾力(101 岁)、那力汗·托乎提尼亚孜(105 岁)、湖皮提汗·巴里(108 岁)。

和田地区的墨玉县百岁以上老人(都是维吾尔族农民)名单有：(男)100 岁的有买买提托合提·库尔班、托合提买买提·肉孜买买提、马合木提·克热木、买买提·阿皮孜、托合提·买买提、伊敏尼亚孜·加依木、尼亚孜·吐尔逊、伊敏阿洪、艾提、阿不拉·祖艾东等；101 岁的有哈孜、巴克热·阿不都拉、马合木提·依斯拉木；102 岁的有卡德尔·木沙、库那洪·库尔班、依干拜尔迪·卡热、艾合买提托合提、吐尔逊阿洪·尼牙孜、吐米尔·阿洪、依斯马依力吾拉；103 岁的有吐尔逊买买提、买买提托合提·巴哈乌丁；105 岁的有萨吾提·塔力甫、艾合买提依明、艾力·努热；106 岁的有艾孜拉·依达耶；109 岁的有马合木提·热黑木；113 岁的有热拉力·阿不都热依木。(女)100 岁的有阿依姆尼沙、依娜瓦提汗·阿力本；101 岁的有吐木热汗·阿力木、吐尔逊汗·巴拉提、尼沙汗·托合提、色力木汗·党肯；102 岁的有含迪其汗、阿不都哈力克·巴日提；105 岁的有再娜甫汗、斯热汗。

河南

夏邑县 1982 年统计百岁以上老人共 4 名(最高年龄为 114 岁)。据该县司姓祖谱记载，司姓 1 ~ 11 世先祖(始于南宋)平均年龄达 86 岁，其中 90 岁以上 3 人，百岁以上 2 人。还有已经 100 岁的该县曹集乡农民郭允千，其家族亲属均长寿，年龄大都在 90 多岁。

重庆市

百岁以上老人有：杨昌志(女，出生于 1902 年)、刘绍清(102 岁)、朱伯先(过百岁)。

(编撰人　韦浩)

“画”配诗(二首)

风声雨声读书声，
树下“蜗居”①为育人；
千万学子出头日，
方知校长教诲心。

（西安 · 王阿英）

明秀②景色在眼前，
归客爱听育人声；
校长九泉真笑了，
创新已有后来人。

（南京 · 特报）

---

① “蜗居”为壮族教育家韦鸿恩先生创建鸣山中学时自建的树下室，干打垒的平房而已；
② 明秀指广西武鸣明秀园，当年中学校址。

苦学的精英，壮人的骄傲

壮族教育家韦鸿恩先生与尹学良老师曾在明秀园中学一起执过教，时间虽不长，但尹学良老师每每回忆起来总觉得很有意思，他多次对在京上学的武鸣乡友说过：韦校长(当地老少都如此称呼韦鸿恩先生，尹学良老师也是)曾来听过他的课，给他鼓舞很大。他们算是忘年之交了，他很敬重韦鸿恩先生的师德和办教育精神。

教育家韦鸿恩先生深知尹学良的苦学经历，对其评价很高，说他苦学出身，品学兼优，是壮家人难得的才子。因此，他曾多次在韦家子弟面前说过下面的话：“寺圩乡有个尹学良，你们应该学习他的苦学精神！”“他的苦学会成就他的人生，今后他必定是我们民族的精英。”韦校长(这是沿用当地老乡对韦鸿恩先生的称呼)他言中了，新中国成立后，尹学良老师从南到北，为淮河、为黄河贡献了他的一生，其科学研究，硕果累累，是我国为数不多的治黄专家。尹学良老师是2009年7月7日过世的，过世后，他的朋友、学生、赞助过的穷子弟、壮乡的父老乡亲曾多次通过笔会纪念他，在尹学良老师90岁那年，他们请求我们纪念文集把尹老师生前的遗作《九天揽月记》转录发表，让壮乡的父老乡亲们也了解了解，以示纪念。本文的“他们”既是尹学良先生的追随者，也是我们《清贫的富有》一书的读者。对他们这种无私的关注、积极的支持行动，我们表示感谢！这里，我们还特别感谢广西武鸣高中南宁校友会推荐的尹学良老师另一篇遗作(见附影印件)，能同时转录发表，不胜荣幸。

尹学良老师是我们壮人苦学的模范，民族的精英，我们会永远纪念他的。

附尹学良先生遗作《九天揽月记》和《漫漫求学路　武高别有情》于后。

附 1

尹学良遗作：九天揽月记

1986 年 4 月尹学良(1924—2009)在美国参加国际河口泥沙会议时的照片

序

我从一个偏僻农村的壮家穷孩子，经过多次辍学、漂泊流浪，靠当工役读完了高中和大学。走上工作岗位后，在风风雨雨的磨难中，曾负责过国家重点攻关科技的专题研究，参与了国家大型水电工程的审查评估，到过名牌大学讲课，为国家培养了研究生，出版过五本专著，并获得省、部级科技进步奖和国家级科技进步奖，最终成为了一名高级工程师、教授和科学工作者。就我自己的感受而言，其中的艰难历程不啻九天揽月。诚然，登天揽月，即使是科学发达昌盛的今天，也是极其困难的。除非是宇航员，否则，谁也办不到。我并非宇航员，只是一位穷书生，当然更办不到了。回忆我的一生，碰到了种种遭遇：一是在那兵荒马乱、兵(国民党兵)匪(乡间土匪)横行、日寇猖獗的年代里，为了圆读书之梦，我有几次死难临头，但没有死，幸存了下来。尔后，再去继续艰难跋涉和攀登时，结局依然是一次又一次地挣扎在死亡的边缘线上！——这里面的酸甜苦辣，只有自己知道，别人是不会理解的。二是在那血雨腥风的十年动乱中，我被癌症缠身，加之政治上的种种折磨和家庭的不幸遭遇，使我又一次被推到了死亡边缘。——显然，我今天能走到了这一步、能取得了这些小小业绩，是极不容易的，可以说，它与揽月一样艰难。

所幸的是，我这个穷孩子、穷书生，历来都把什么死亡、坎坷、困难、权阀，什么政治迫害、抢掠剽夺、名誉地位等诸如此类的东西，通通置之度外。我之所以这样，既非不知天高地厚的傻子，亦非不自量力、好高骛远之徒，更非专事钻营、踩着别人头颅往上爬的无赖，而是只想多读书、圆自己求学之梦；只想多做些事、将知识化为力量的一名普通人、一名普通的科技工作者。我的一生，就是把这两个“只想”当作自己的“寸金堤”，一步一步坚持向前走，之后，终于上到这个台阶而已。正是：

“沥血铸得寸金堤，任尔狂涛摧劈也难移！”

——述者于中国水利水电科学研究院

2002年年底

上 篇

穷且益坚，不坠青云之志

临江仙

1940 年，日寇入侵，我求学的武鸣初中被迫搬到都安县，途经大弯弓险隘(位于武鸣和马山两县交界处)时，我与同学无不惊叹祖国江山之雄伟，愤激其将沦落于日寇铁蹄之下。随行之寺圩乡同学，皆当时乡中俊彦，至今亦皆鬓发苍苍，成就斐然矣。1996 年有感而记之。

莽莽弯弓山隘峭，英豪愤激如潮。
国仇家恨气难消。
一声长啸里，岭坳俱惊嚎。

五十六年神体苦，几千万里涛礁。
腾翔搏击尽鲲蛟。
童头何所憾，梁栗已丰饶。

我这辈子的命运不算好，也不算坏。倒不是走上了平坦的中庸之道，而是一下子从浪尖跌到涡底，一下子又从涡底被抛到浪尖；逢凶化吉，逢吉化凶，反反复复，长期受折腾的结果。记得父母常说，我很小时曾得病死去，父亲把我放在灶前稻草垫上，正要卷起拖出去埋掉时，我突然睁开眼睛，奇迹般地活过来了。1940 年冬初中辍学在家时，堂兄不知好歹，开玩笑地用粉枪顶着我的胸膛胡乱扣动扳机，没响；他把枪口朝上，再扣动一次，“砰”的一声，枪响了，打坏了几块房顶上的瓦片。原来枪不是空枪，只是引信放久了，连打两次才响。1943 年秋至 1944 年夏，高中辍学期间，为了到桂林找点事干，我连续来回四次，每次步行三天半，然后先乘送煤车，再转坐大火车到桂林，过着漂泊不定的流浪生活。当时日本鬼子正准备入侵广西，有一次，为了看日美飞机空战，我和当地男女老少四十多人，一起被飞机场守军当成汉奸抓进监狱，一连四天四夜，守军口口声声说要按军法枪毙我们，好在我们这些人都属无辜，最后全都无罪释放了。1944 年年底，日寇占领武鸣，我和武鸣高中庶务员逃难时被地方民团抓住，说我们是日本汉奸，五花大绑后用大枷锁在圩亭上，并指令守卫的说，“只要外边有枪响(指日本鬼子到)，就把他们毙了”，幸好当天没事；第二天民团把我们押送到县政府，才获释放。以后的几个月，我还多次被抓捕，真是九死一生。当时，我帮学校搬迁、逃难，常往返于敌占区和后方之间，我们随时都有可能被敌、伪、匪、汉奸抓捕或杀戮。后来，我又有过一些鲜为人知的灾难和经历。如参加工作后，有人怀疑我为什么家贫还能上大学，当年是否已当上“特务”。在多年的审查批斗中，我多次说：“如果我是特务，任由你们杀剐好了!”幸好没被杀剐，因为我实在不是特务。又如“文革”期间，1970 年我患了癌症，正在紧急治疗时，却被押送到三门峡改造去了；后获三门峡领导的照顾，回北京治疗，在垂死挣扎中，我非但没有被癌症整死，反而还荣获“抗癌英雄”的证书。到了 80 年代初，全面恢复和执行职称制度后，由于我几十年来工作业绩丰厚，因而很快就评定为高级工程师，紧接着又被授予教授职称。这样的“运气”，能简单地说成是好还是坏么?! ……

好了，要事略述如上，详情让我慢慢地从头说起。

人家生辰八字即年、月、日、时齐全，我却只有甲子(民国 13 年，即 1924 年)两字，月、日、时都没有人能给我说清。这当中是有缘由的：我很小时因病死去，后又转活过来。既然死而复生，该生于何时？不去记是对的。其实，主要还是家穷，缺衣少食、无医无药，生不足喜，死不足悲，既不过生日，又不去算命卜卦，因而生辰八字也就没有记下的必要了。只是后来上学、参加工作，每每要填写履历，没有这些东西，就碰见了“难题”。只能乱写了，什么“八一三”(即八月十三日出生)、“八一五”“九一八”“九二〇”等，都被填用过。直到 1986 年，组织上要替我办出国护照时，领导说，以后别再改了，否则护照会失效，就不能出国了。于是，我的生辰八字才被领导一手敲定为：1924 年 9 月 20 日！就在这个“良辰吉日”，我出生于广西壮族自治区武鸣县寺圩乡(今属府城镇)永合村琴皮屯(壮话地名)。父亲没有条件上学，只在军阀混战中被拉夫当过一段苦役，走了几个县，算是见了点世面。三个姐姐和一个哥哥都是文盲，靠力气在自家几亩薄田里刨食，生活自然很穷苦。三个姐姐出嫁后，父亲也老了，家里的耕牛又瘟死，只能依靠哥哥一人打短工和挖野薯度日。根据土改法的规定，农民在解放以前三年内没有耕牛的，都是贫农。我家十多年没有耕牛，哥哥给人家打工，土改时自然属于贫农。

琴皮屯老宅(资料提供和摄制：潘有泰)

我几岁上学已记不清了，由于家穷，总是读读停停。小学校离家约3里路，开始时有一位同学同我一起走读，后来可能是他不愿意读了，就只剩下我一个人去走读。一个小孩每天穿过荒林坟地，来回吃饭上学，的确是很苦的。但我却是读书上了瘾，因此，也就不觉得苦。有一段时间，父亲借到了一些破书，叫我每晚背读。都是些古文，如《左传》之类，多读实在使我受益匪浅。由于在校我认真听课，回来又能多读些书，因此成绩不错，受到学校老师表扬，家庭父母也愿意支持。正是："人家养子爱聪明，我为聪明误一生(苏东坡句)。"为了支持我上学读书，父兄承担了很多的艰辛劳苦。

1937年春，我那时12岁半，以第二名的好成绩考进寺圩乡中心小学念高小。学校离家8里路。白天穿过山林荒坟回家吃饭，晚上一律住校，困难更多了。在中心小学有一个新的感觉，别人都是大地方来的，因此见多识广，而我的家可能是全乡最闭塞的，所以我发现自己的见识少得可怜。学校设施的确简陋，除了课堂书本之外，很少能看到别的书籍。而不少同学的家里都有藏书，因此，他们已广读了很多诗词，我却没有。为了补己之不足，我只好向这些同学借来抄读。对功课的学习，我根底好，自然不在话下，所以，我可以尽量放开地去攻读各种借到的书籍。高小两年，是在严格训练中度过的。在校住宿，早自习，晚自修，自己管理自己，一分一厘零用钱也要按规定格式记账。学校生活，除回家吃饭时间以外，几乎都是集体行动，有时半夜还要紧急集合，打上绑腿，"夜行军"到乡下去。我们是几位老师严格训练、精心教育的巨大受益者。现在我们还都十分怀念我们的这些老师。

高小将毕业时，有同学约我去考武鸣县锣圩国民中学。那是一所供饭食的、培养乡村干部和教师的学校。我很想去，以解决膳食问题，但我父亲不同意，他叫我上初中。

1939年初，我去武鸣街(县城)报考"广西省立武鸣初级中学"(简称"武中")。这是近邻四五个县共有的一所唯一的中学，每次只招一班(40～50名)学生，竞争可谓激烈。从我村到县城近70里路程，我是一个人独自走去的；班上同学去的也不少，但他们村交通条件好，与我们偏僻小村不一样。我这是第一次去县城，出发前，只靠别人说说路线如何如何，就自己上路了，这可以说是我的第一次冲闯。考试时，别的科目都不成问题，可是语文却出了大事。我一开卷就一面抄题一面做，倒挺顺利的。做完填空、解词、造句等，卷纸已经快写满了，还有作文一项没有做，这可怎么办呢？此时，才知道前面那些题目是不用抄的，直接在考题纸上写就行了。我不仅占用了作文卷纸，又耗费了很多时间，急得直冒汗，怎么办？后来决定作文要写很短，大概只有四五句，文字也不过三五十字。然后在后边写些附言，说了自己的错误，就交卷了。虽然交得不晚，但心里很犯嘀咕。回去对老师说了，老师倒很安慰我，说作文不一定要多写，抓住要点写就成，并说我已经很好地抓住要点写了。后来果然考取了。与我同时考取武中的寺圩乡同班同学，一共五六名。这可能是几个县、几百个乡小学中考取率最高的。后来，同班中连我在内有三名都能读到大学，可见我们原先的基础教育学校在老师的辛勤教学、严格训练下，的确造就了一批英才。

1939年春，考进了广西省立武鸣初级中学的我正14岁半。由于家穷，筹备伙食费、学杂费很困难。学费很少，主要难在伙食费及杂费上。开学了，因为筹不够费用，只好先去请假，否则到期不注册就被取消录取名额。请假后继续筹借，等借到了钱时已耽误了20多天，我马上赶到学校，此时学校已上了三个星期的课。延迟到校，别的功课不要紧，英语却出了困难，字母的读写、拼音都已讲过了，失去了重要的学习机会，赶了几个月才勉强跟上。到学期结束时，各门功课已不成问题，期考也无须特别准备。生活艰苦，弄得我身体很虚弱，经常神志恍惚，有时甚至昏了过去。记得有一次考试，刚发下卷子就昏过去了，趴在桌子上昏睡。醒来后，才知道现在在考试，勉强地提起精神，赶紧做完交了上去。所幸考得还不错。当时最大的问题是营养太差，每天除了很差的三餐外，我没有别的营养食品来源补充。读中学期间，我曾对父亲说过，几年来我没有吃过一文钱的零食糖果。爸爸说："我们家穷，只好这样了。"

武鸣初中第一学期，我是第35班。我们老师十分优秀，不少从北方逃难来的好老师都在这里执教。我们受到了很好的教育和严格的训练。当时学校也是执行军训体制，扎绑腿，扛木枪，定时上操、教练，学生生活过得顶紧张。

初中第二学期，日寇侵占到南宁，学校迁到陆斡紧靠山边的琴泉屯(壮话地名，今武鸣县罗波乡凤林村)那里，但在琴泉上课不久，就被疏散回家了。1940年初，学校通知说，学校已搬到雷圩、杨圩北面的隆山县上龙乡，叫我们快去参加期考。我和三个同学一起去。到了上龙，期考却考不成，过了几天就又跑回了家，白白挨饥受冻了几天。

1940年春，学校搬到都安县城开学，从家中到那里要走两天多才到。多数同学都有家长挑送行李。我只好烦劳他们，自己也带些。在都安，经常发空袭警报，上山逃难。原来的老师也换得差不多了，教学质量比第一学期要差得很多，比第二学期也差；但能连续学下去，也比第二学期挨疏散回家好。上课条件极差，每人一个小板凳，一张托板就算桌子，不过，总算能上课、能学习了；课后大家还热情地参加当地的抗日宣传活动。六七月份放暑假回家，我们也在家乡自觉地参加了这种宣传活动。

1940年七八月，第四学期开始，学校又搬到都安材江乡下。我终因家穷而辍学了。

见到全乡的各年级同学都能继续上学，自己却去不成，感到非常悲伤。那时年纪还小，还没有考虑到将来前途如何的问题，还不会想得那么远，只是想到不能再学下去而难过。在闭塞的偏僻农村，连书也没地方借，真不知如何是好。后来，大概是10或11月份，爸爸从圩上回来，说县城有什么训练班招生，好多人都去报名，说家穷，上学很难，就算“弃文就武”吧，叫我也去试一试。我自己想，这回我可能要去当兵了。我走去县城看，原来是“三民主义青年团武鸣分团服务训练班”。我什么也不懂，也不知道三青团是什么性质，就报了名。入学后不上什么课，更多的是个别谈话，或者开会、讨论、表演、辩论，或者到外边宣传抗日，总之，活动是围绕着爱国、政治形势、贫富关系与原因、各种社会现象等中心议题，反复启发我们为国家、民族、人民献身等。当时，武鸣县南边的高峰坳是日寇的前哨。国民党县政府已跑到隆山、都安（北边的县）去了。我们在县城开班，敌机轰炸以后，到处是断壁残垣。让我们自己动手修理武鸣初中的破房子住，自己垒桌子，搭凳子，开荒种菜。这里暂时是敌占区与国民党区之间的“真空地带”，我们都被告知随时准备逃跑。大约在1941年1月某天夜里，开了一个追悼会，追悼新四军的牺牲烈士。第二天就赶快散班回家。当时，我对训练班事情都不理解，也没有人给我明说；后来才逐渐知道，那是共产党地下党员借三青团的招牌（当时是国共合作时期）招收人员，到“真空地带”训练，以扩大革命力量。由于1941年1月，日本鬼子从南宁撤退，国民党军政正在迅速搬回，所以我们这个班只好赶紧解散。散班之前，开了皖南事变追悼会。这种事本来是瞒着国民党干的。50年代我从北京回家时，还亲眼看到我们当时（1940年年底）训练班的老师陆明才、阮集群（他们都是中共地下党员）的烈士纪念碑，矗立在武鸣县双桥乡南面路旁，这时自己才真正明白当时所参加的训练班是属于进步组织的性质。但我却为此背了一辈子的“嫌疑”。1950年8月我参加工作填履历表时，写上该班是革命的、进步的，但人们却说革命的就不可能用三青团的名义，该班肯定是反动的。这个历史事件，似乎在武鸣县当时也没能弄清楚，很多人好像也怕沾上关系，不敢深究。一直到“文革”后期才彻底明白。所以，单位在给我写结论时，只写参加三青团训练班，不写该班性质。经我催问后，才补上该班为地下党员开办，为培养革命力量等字。确实，别人坏事变好事，我却好事变坏事。还有，我为家庭贫穷而能上大学这件事，也一辈子被困扰着。人们不相信我这个穷人家的孩子能上大学，他们的逻辑是，能上大学的必然是地主资本家的孩子，说我这个穷人能上大学，一定是拿了特务的经费。

日寇退走后，武鸣初中也搬回原址（武鸣县城内西北角），但元气已大伤，房屋都是破烂的，老师几乎全换了，条件比原来更艰苦。我的家境没有起色，还是极度困难状态。为筹借求贷，父兄心焦力疲；我也更多挨饿受冻。1941年春，我回到学校复学，降到36班。学生的军训课也改为童子军训练。

在与我共读的同学当中，除了我家很穷和有些属于城市小商贩子弟之外，其他同学的家庭都是很好或较好的；广东、南宁的富豪子弟也不少。有一次，有位同学买香烟（当时为时髦品）散发给大家抽，我也抽了。抽过几天后，自己感觉到见烟就想抽，知道初步上瘾了。当自己感到抽烟既花钱又无好处时，便定下决心，决不再抽了；直到现在，五六十年过去了，我不管在什么场合，碰上什么人物，让我抽烟，我绝对不去抽。这虽是件小事，但我觉得也是一种意志考验。我这一辈子，凡知道自己的行为是不良的，我是能够立即痛改前非，决不再犯的。

我不为考试而临时准备，更不会加班开夜车。有一次夜间我已熟睡，有位同学把我叫醒，去帮他补习。好多同学都在那里，我当然不好意思不去，结果和他们弄了一夜，自己反而病了，我的身体到底不如他们健康。

初中第四学期(1941 年夏)或第五学期(1941 年冬)，比我高一班或两班的尹祥同学毕业了，邀我去考南武师范学校(校址在南宁)，那是有饭食的学校。他家境也不好，和我一样穷，靠他父亲卖劈柴上学。我们都感到上普通中学很困难，因而结伴去考了，而且都考上了。但后来我没有上师范，他感到很遗憾。他的文才很好，口若悬河，没能够进一步深造，真可惜。

1942 年夏，初中毕业了，学校保送我免考上南宁高中，全班有两名保送生，我的成绩最好。南宁高中是广西有名的高中，与桂林高中、玉林高中名列广西前茅。此外，在广西较有名的还有梧州高中、柳州高中等。在南宁高中我上的是第 42/43 班(每学期招两班)。原来和我读高小、读初中的几名同学，中途都没有辍学，现在都比我早上高中一学期，他们上的是第 40/41 班。

到南宁上高中，第一次见到电灯、自来水觉得很新奇，这更使我知道了自己闭塞得很。别人——同学中还有华侨富商子弟和广东来的学生——不仅有钱，而且见多识广；但我也没有什么自卑的必要。在班里我是最矮小的，坐第一排，排在几名女生之后。因为筹借费用困难，主要是生活费、杂费，我到校时已耽误了几天，不会讲白话(指广州话，区别而今泛指的广东话，下同)是我(壮家子弟)的困难，到校很久都不敢和同学、老师讲话。不过，这也不是什么大难关，大约过了一个多星期，有一次开班会，班长在会上用白话大发雷霆，骂大家不听他的话，大家都不吭声，我原不认识他，因为我到班上之前他就被选为班长了。我听了很不满意，站起来，用刚学的广州话说："你不能强迫大家听话，你不过是个班长，是大家选出来替大家服务的，并没有什么了不起。你不愿意当也可以嘛!"班会也就此结束。我这是第一次开口说广东话，以后也就敢和别人讲话了。俗话说，万事开头难。很多事，捅破了这一层纸，事情全解决了。至于怕班长与否的问题，我上高小第一学期就当过班长，没什么了不起的。

在南高上学，我算是最穷的学生了：衣服破了来不及缝补，就临时绑扎一下，或用铜线铁丝穿缝，后来发明用糨糊或米饭粘补；脚上有草鞋就算不错了；冬天细雨绵绵，北风呼呼，身上寒冷自不必说，脚上的草鞋都是湿的，两脚全长冻疮，又疼又痒，夜里很难入睡。

此段求学期间，为了学习英语，我曾写信给重庆的美国大使馆和英国大使馆新闻处，索取电讯周报。收到我的信后，前者每星期寄来一本，直到我离开学校为止；后者寄来几本书，以后就不寄了。这些资料和书本，对我来说真是如鱼得水，我如饥似渴地反复阅读着，这不仅使我的英语水平有所提高，而且也经常使我从中知道了一些关于太平洋战争的详情及世界大势。此外，我还从图书馆借出《天方夜谭》等英语小说来读，假期则将故事讲给人们听，这也是一项乐趣。当然，这些做法主要还是为了学习好英语。

对我来说，功课是不成问题的，我随时都可以自由应付同学们的提问。1942 年冬放寒假前，老师出两道寒假数学作业，当时我就解答给同学们听了，但我又想到如果改变题目的一些内容，那又该怎样去解呢？带着这个问题，我从南宁回家，一面走，一面想（别人都是坐汽车回家的，只有我一个人走路）对各种问题都设法去解答。走了一百五十多里，在离家只剩十多里路处，突然，那些问题全都解通了，心中非常高兴。真像朱熹诗所说的“半亩方塘一鉴开，天光云影共徘徊，问渠那得清如许，为有源头活水来”。一个人一边冥思苦想，一边独自走了百多里，其艰难可想而知。但边走边想使我忘记了疲劳，并在学习上取得了新的胜利，这种胜利的喜悦，使我终生难忘。我平生总有对一个问题尽量找更多的办法去解答的习惯，回想起来，这种习惯就是这时开始形成的。全靠想，把全部条件、方法、过程都放在脑子里，不需纸笔帮助，也是训练脑子的一个办法。实践使我深深地体会到，“业精于勤而荒于嬉”是真理啊！

1943 年夏放暑假回家，我又因家境困难读不下去了，高中才读一年又要辍学。但这次我不像初中辍学时那样感到难过，既不感觉意外，也不感到可惜，因为一是有了思想准备，二是有了办法。我想，我是能够自学的，不一定非上学不可。虽然上学可集中力量学习，那是最好的，但我没有条件，又何必去强求呢。

我下决心进行自学，可惜老家处于闭塞之地，连书也借不到，这使我又犯愁起来了。大概在 1943 年 9 月吧，爸爸说可以到桂林一个亲戚那里去找点事干。我欣然同意了。一般人去桂林，都坐汽车经南宁、宾阳到柳州，再转火车到桂林。我没有那么多路费，只好独辟蹊径，翻越大明山。从家走，经陆斡到天马，住一晚；第二天经思陇到宾阳，又住一晚；第三天经邹圩到迁江，再住一晚；第四天走半天到白鹤隘，转坐煤矿小火车到来宾，然后改乘大火车上桂林。要走三天半，路上住三晚。当时正值抗日战争时期，路旁伤员、饿死的人的遗骸比比皆是。看到这些悲惨情景，也曾想到什么时候自己也可能落到这个地步，那就听天由命了。古语说：穷且益坚。想到这句话，咬咬牙又勇往直前了。就这样，终于到达了桂林。此时，反而不觉得困难和劳累，精神倍加振奋。

桂林当时是全国的文化都城，从沦陷区撤退来的文人都集中在这里。街上到处搭盖竹棚、草棚住人，不少人不得不住到山洞里面去。我去的地方是郊区，叫百面山。到了七星岩，再向北走不少路，都是荒山野岭，最后才到那个警察训练所。我在桂林的这个亲戚只是一个职员，办法也不多，而且拉家带口，条件也极困难。他先介绍我去当勤务兵，每天替军官们打水扫地、倒尿盆、跑腿、服务；我当然看不惯那些军官们的作风态度。后让我去守门口，在荒山野地，白天还可以过得去，晚上又冷又孤单，在远离人群居住的地方看门守夜，周围没遮没挡，围墙是用竹片捆绑成的，要守它通宵达旦，实在难熬。该训练所名为军事单位，其实只有警察学员和教练官员，所谓门口也只是装装面子而已，因此极为简单。后来又让我去当传达。传达室共有两人，有什么重要公文、信件要送到城里去的，当然得交给老传达去送了，一般的、不重要的文件才让我去送。有时也做点别的事情，如帮军官们买东西等。我还是在亲戚家吃饭；他家也难，仅可糊口而已。我干的工作，是不是有工资，我也不问；其实，一切均由我那位亲戚操作，即使有工资，也不过是勉强够吃饭罢了。何况，我在没有工作的时候还吃白食呢。每天到他家吃饭，越来越感到难过，内心总有一种寄人篱下、端人家饭碗甚至白吃人家饭的内疚。因为不能饱腹，不得已，有时只能到外边捡些农田遗漏的白薯、花生等来充饥。夜里，则和那位老传达挤进他那又脏又破的被子睡觉，弄得满身虱子。说实话，当时这样干只是临时糊口而已，没有长期干下去的打算。

有一位高中同学，不知道为什么转学到桂林高级工业学校来读书。该校设在广西大学校内，实际上就是由广西大学教师上的课。他知道我失学流浪到桂林，就给我写了一封信。收到他的信后，我走了60多里到良丰雁山去看他。可能他家庭也不太好(当然比我好多了)，而且家离桂林近，才离开南宁高中到该校来。在离开他那里转回桂林北郊时，他带我去学校看他们的征答栏。栏上有两道数学征答题。我回到训练所的第二天，就将写好的答案寄给了他，而且每道题都用两种方法解答。不久，接到他的热情洋溢的信，说：题纸贴了很久，尘垢飞积，奈芸芸数百师生，均未能揭下，而兄见后次日，即以每题二解见赠，许多同学都非常敬服，等等。

在桂林受苦受难三个多月，年底失望地回了家，希望能再上学。回家的路和去时一样，独自一人走了几天。到家后，很快就收到那位在桂林高级工业学校同学的来信，说该校招插班生，叫我快去。我决定去。这时曾义春同学也要跟我去，他要转到桂林师范学院附中去读。我家赶忙筹借路费，最后还是没能借到，只好先借用从桂林回家时别人托带回武鸣老家的4元钱，同时，托带的一包糖果也只好暂缓送去。这就犯了一个错误。到桂林后，托带者因接到家里来信，说没有收到钱、物，说我吞没了他托带的东西。我只好说已让家里拿去，可能还未送到(相距60多里，得专门步行送去)。后来他家来信说收到了，但糖已融化。这当然是我的错。因为穷，筹集4元钱很困难而耽误了人家托带的过年礼物。

曾义春是我的老同学，高小、初中、高中都在一起，到1943年年底，他比我已多上一年学了。我们是同乡，又是相处得很好的挚友，至今年过七八十了，关系仍然如此。去桂林时，他父亲挑东西走一天多送他到宾阳县思陇乡，他从思陇上汽车到迁江等我。我则翻山从思陇一个人继续行走一天多到迁江，会上他，然后两人一起到白鹤隘上小火车、大火车直上桂林。然后，他转学入桂林师院附中，我则赶去良丰。在桂林高级工业学校注册组，沈崇锦老师对我说，你来晚了，已经考了一个上午，今天下午继续考。我把情况告诉她，说我是从武鸣走了好几天路赶来的。她听后让我在办公室独自补试，我就在办公室把各门考题赶做完。交给她时说，我还要赶回桂林东北郊区去。她很诧异，说，明天就发榜，不用回去了。我说不回去我只能挨饿，我一文钱也没有带。她要求我留在她那里，让人做好饭菜，拿到办公室来给我吃，晚上就睡在学生宿舍。原来她和她先生(广西大学教授)在饭馆包饭，家里不起火。我第一次得到这样热情的周济，救我于冻饿之中，当时非常感激，但不知道以后如何才能报答她。

第二天，沈老师告诉我，说我已经被录取了，而且可以享受甲种公费，即除了免学杂费外，有饭吃了，但还要自筹菜费。我说："菜费我没有能力筹交。"当即要求学校让我当一份工役，希望依靠打工就读。她说她帮我向学校问问。过后她回复我，说学校没有先例，还是让我回去想办法。其实那时的菜费只占伙食费的一小部分，主要是饭费，但我到哪里去筹借菜钱？回桂林后我又流浪了一些日子，到开学时只能两手空空地上学校去，再次去求沈老师。沈老师又找学校说说，学校仍不同意让我兼当一份工役。她让我请假二十天回去设法解决。在桂林，我虽有几位同县人，一是我的亲戚，一是托我带东西回武鸣去的同乡，一是曾义春，但我都无法向他们开口。不仅是"开口靠人难"，而且明知借后几乎还不起，哪里还好开口呢？最后迫不得已，写了一封信给武鸣县在桂林当大官的某某人，接到他要我前去的信后，我拿着信到他的接待处，那里的人给我填一张接见单，就拿着进去了，一直撞到接见厅。厅里正有一大批人(一二十人)在谈话。我这个衣衫破烂的人突然出现，让全场的人惊愕了一阵。那位大官火了，质问我："没有条件何必读书呢？没有钱不读就不行么，为什么这样硬要读书？"我当时也火了，说："我要求读书不是坏事，我要求你帮助，你不答应就算，为什么当众质问我呢？"说完我就转身走出，再不理他了。走到外边走廊，碰见一位职员，问我姓什么，我说姓尹，他问见到了么，我只好没好气地说见到了。这时他拿出一封信给我，说，那位大官给你四元钱。我说"不要"就走了。看来那位大官也不是不愿帮助我，我写信求他，他安排秘书拿钱在走廊上等我，给了我就完事了；却不料那位秘书没拦住我，让我直接冲了进去，因而惹起他的大火。这不过是以后的分析罢了。我虽然穷，也不食嗟来之食。这是当时的骨气，到头来，却使这次上学成了泡影。

二十天的假期到了，我老老实实地再去见沈崇锦老师，告诉她我真无法借到菜钱，并再次要求设法叫学校给我当一份工役，经过努力她仍无法解决。晚上，她还安排我到学生宿舍住。当晚，几个同学和我聊天，他们对我离开南宁高中很不理解。他们告诉我一个新的情况：这里毕业后要工作两年才准报考大学。这我就不愿意了。第二天早上，我又去见沈老师，把情况告诉她，说我不读该校了。谢谢她后，我又回到桂林北郊，仍在亲戚家吃白食。

正在这时，警察训练班招收学员，我亲戚的小舅子要参加，但怕考不上，求我帮考。我自然很愿意帮助，也是一个报答的机会，当然远不足以解决我吃白食的内疚。尽管我不愿当警察，但还是去报考了。结果，不仅帮那位小舅子考上了，我自己也考上了。

也正在这时，警察训练班的一位警官要去当临桂县二塘乡警察所所长，该所新设，正在筹备之中，我决定跟他去了。给我的任务，第一是帮所长从桂林东北郊把家具搬到桂林西南二塘火车站南边，家具全是我们几个人扛着送去的。第二是和另一个人看守一堆新棉被。警察所的房子还没找到，到了二塘叫我们在老百姓家里搭伙吃饭。以后又陆续来人，他们都不住在我们这里，我们也不知道他们的情况。幸运的是，在这里，我每天都能看到书，从旧书摊上花很少的钱买来的书，很解我的“渴”。

有一天晚上，我正在油灯下看书，突然空中机关炮声大作，发生空战了。原来警察所就在桂林飞机场旁边，警察所就是为飞机场而设的。陈纳德的美国飞虎队就驻守在这里。我们天天看见飞机，但未看见过空战，我叫醒那个同伴，到门口去看。门口那里看不见，又走到巷里，逐步走到村口，空战已停了。突然出来一个军人，拿枪对着我们，说我们是汉奸，说刚才天上很多火箭都是汉奸放的，不由分说把我们逮去了。我这才想起，自己穿着没有领章符号的警察衣，和他们理论也没有好处。逮去和几十个村民关在一起，口口声声说我们是汉奸，要枪毙。我们说是警察也不顶用。每天几次审问，并说要把我们送到防空司令部去法办。过了四五天，警察所才把我们领出去。可能对我们很恼火，迟迟不搭理我们。当然，我们不应该丢下东西到外边去看热闹。好在警察所处于筹备阶段，尚未正式工作，因此放出来后没受人训责。以后又来了几个警官，人也逐渐多了。知道我是高中生，让我写英文小文章给他们看。因为他们今后要常与美国军人、飞行员打交道，很需要懂英语的工作人员。看样子，警察局想叫我当一名警长。我写了一大篇材料交上去了。其实，我并不愿意在这里当什么警长。所以，过后不久，一位名叫廖英的当地人(可能是警长衔)，介绍我去秧塘乡中心小学当教师，我就去了。廖先生帮了我一个大忙，我很感激他对我的帮助。1946 年我上大学后，曾专程去找他，但没找到。其实，经过日寇蹂躏，那里早已人事全非了。

1944 年三四月间，我 19 岁时，到秧塘乡中心小学任教师，和一群高小学生在一起。后来，一些学生想请我去开补习班，给他们补习功课，以应付初中、高中入学考试。我去了，为此，几位家长还宴请了我一次。据说，过后每位家长还要分别宴请。当然，所谓宴请，不过是吃吃饭。当时民生凋敝，能有多少大吃的，这只不过是当地履行尊师的一种习俗而已。后因校长不同意我再去，也就罢了。这期间，校长还让我填写加入国民党的申请书。起初我不同意，但他说都要填写才行，我只好填了。过后不久，我就离开了那里。此事也就不了了之。

1944 年 6 月，我去桂林看曾义春，相谈甚欢。他告诉我，长沙大火，衡阳失陷，桂林紧急疏散，赶紧跑吧。我在乡下，对这些事一点都不知道，听后，我也同意马上跑。于是叫他赶紧收拾，和我回到秧塘。当晚我向校长说明，并请他给些钱。当时工资很微薄，我又刚去不久，还未及转正，每个月校长爱给多少就多少，我也不去理论。这次校长竟回答说没有钱，只有一些糙米。我哪能背糙米上路呢？就这样白干了一阵。

第二天早上，我就和曾义春赶二十多里路到二塘火车站。那是个小火车站，此时却也人声鼎沸，都是向南逃难的人。来了几趟车，我们都没能上去。后来，一列平台车靠站，大家都挤上去，我们总算也挤上去了，自以为找到了一个逃命的地方。正在高兴，而那列车却往山里驶去，把我们拉到山沟里就丢下不管了。全车的人只好扶老携幼走了回来。我们在这小火车站又等了不知多久，过去了多少列车，都无法挤上去，心里非常焦急。后来，有一列带棚货车靠站，车门都关着，大家都爬到车棚顶上去，我们也跟着爬了上去。车顶光滑，没地方抓，摇晃、振动、危险都顾不及了。还算好，似乎一路上也未见被摔下去的。这次冒险扒车，倒给我们一次亲身体验物理惯性、相对运动等原理的实践。但据说有不少扒上客车顶，甚至火车头的，在钻过隧洞时都被刮了下去，死伤不少。毕竟货车顶比客车低一些，所以我们才未出事。

雨、风和饥饿紧紧和我们作对。从桂林到来宾的车顶生活，时间长，没吃喝，苦不堪言。正好一路上又下着雨，全身湿透了，再加上行车风、自然风使劲地吹，虽是6月天也透凉心骨，令人难受，不得已，只好人挤人地趴在火车顶板上。货车沿途停车过程中，逃难者不断倒腾：旧的去，新的来。我们因未到目的地，不敢短暂下车，怕漏车、怕地方被占了。幸得该趟货车从桂林一直开到来宾，我们不必中途换车，省了很多事。但到达来宾，我们已冻饿疲劳得快死了。从来宾还要转上煤矿小火车。所以到来宾后，谁也顾不及休息、吃喝了，先挤上煤斗车再说。就这样，历尽千般苦难，终于回到了迁江的白鹤隘。这样的火车“旅行”，我心里暗自盘算，希望今后不会再有了，但愿如此吧。

当时，从桂林逃难的人，有顺水路向南逃的，有经山路向西北过百寿县(现为永福县)跑的，而以乘火车、汽车向柳州方向跑的最多。从柳州出来，大多是从外省逃来的人，他们继续乘火车过金城江、都匀到贵阳，部分从柳州转汽车经迁江往南宁。从柳州到来宾的为数不多，原因是到来宾后也过不了红水河，当时渡河可不是件易事。而由来宾转小火车到白鹤隘的更少。但是，毕竟是逃难大流徙，如今，这条小路与往时相比，也显得很挤了。到了白鹤隘，我们才能喘一口气，因为再走半天，过了河就是迁江，这里已是红水河南边，属安全地带了。据说后来日寇追来，在迁江红水河北岸排队等过渡口的几百辆汽车，都被日寇烧成灰烬。即使是来宾一带，当年损失也大，死伤惨重。

总算逃到了白鹤隘，以后接着的，就是我们两条腿的行程了，途中当然也不再有什么限制、逼迫的事了。但腰间囊空如洗，肩上加了一副担子，虽然全身累饿无力，形势紧迫，也不容久拖。身无分文，住旅店是不行了，只能寄人瓦檐下熬过一晚，天微微亮就赶快上路，路上见有粥摊，喝些粥就算果腹。我没有什么太多行李。曾义春除了当初他爸爸挑送来的行李以外，又加上几个月来在桂林买的书，显得特别难办。离开白鹤隘，因为行人众多，都是要赶今晚渡过红水河的，必须紧跟，因此，我们走得相当吃力。过河到迁江后，当夜宿在车站广场中，不幸半夜下雨，又躲到瓦檐下。如此折腾，次日真的挑不动了，走不到百米，就停下来，没法，不得不扔掉几本书；再走不到百米，又停下来，再扔掉几本书。就这样，最后到了没有可扔的了才算。苦熬了几天几夜，我们终于回到了家乡寺圩。先到曾义春家，我家比他家远，他到家时，我还得再走20多里才能回到家。

大难不死，总算留下了一条命。我和曾义春这次五六个月的历程，真像走进阴森可怕的魔宫：曾义春他顺利地到了桂林，顺利地上一学期高中，后来又艰难地回家，变成身无分文的无产者。我本人原本就是无产者，又一次到了桂林；考进了桂林高工，没上成学反被国民党大官教训一通；受好人救济于冻饿之中；当了非正式的警察；第一次进了监狱，天天被提去审问；当了小学教师；当过补习班教师；最后，仍以身无分文的无产者身份回到老家。我们路线相同，经历各异，也可以算是异途同归吧！

回忆几个月来两次上桂林，有辛酸，也有美好的憧憬。为了求学，为了谋生，桂林的东、西、南、北，良丰雁山，二塘，秧塘……，每次徒步几十里不知来回走了多少次，街上、山边、水旁，不知徜徉、失神了多少次。在良丰雁山大学校园内，周围都是莘莘学子，或挟书高步，或漫步怡神，或高谈阔论，纵横捭阖。事实是严酷无情的，憧憬与现实反差何其强烈！最后，自己心中唯有暗自伤神而已。在将要逃难离开桂林时，我心里十分矛盾：回去吧，回去又能如何；留下吧，饥寒且不必说，前途又在哪里？人们都说桂林山水甲天下，我在桂林，又何曾见到有什么美景，七星岩前漂泊流浪多少次，却一步也不敢走进去。真所谓“人言洛阳花似锦，久住监中不知春”啊！

回到家里，我立即写信给南宁高中校长林雪萍，把我家的困难和自学情况告诉他。我为贫困休学了一年，一年中我已经把高中功课全部自学完了，我要求学校照顾，让我毕业，或让我跳级，直接参加毕业班学习。他是认识我的，我自以为很有可能。但接到他的回信，说没有这样的先例，不好办，他仍是要求我接读二年级。

到 1944 年的 8 月，我休学已有两个学期了，如再不回学校就算自动放弃学籍了。不得已，我只好回学校去，降到第 46/47 班，接着始读二年级。这时武鸣已成立武鸣高中，第一班也正好到了二年级。我和该班原是初中的老同学有联系，曾写些科幻小说给他。他登到学校壁报上给大家看，并说大家对我的东西很感兴趣。此时，我还翻译过英文文章寄给南宁报纸，希望得些稿费。但那时报纸少，也无暇发表我的东西，因而分文未得。读书、写科幻小说、翻译英文文章，这种生活只过得一个多月。不久，日寇第二次入侵广西，南宁紧急疏散。南宁高中也赶紧搬往隆安。我因经济困难，只好回武鸣高中插入第一班。

回武鸣高中，我成了相当独特的人物。没有一个人有我这样丰富的经历：到的地方多，见的东西多，碰到的、做过的事情也多；没有人比我穷困；但我的功课却比别人好。同学们学习碰到了难题都来问我，我决不推辞，一定设法帮助解决。因为高中数理化都学过了，用不着再学。在我的日记中，每天都是探讨科学的问题，这使班导师感到很惊讶。我根据对数原理，在两张纸条上画上数据，就可以计算乘除题。又把它改成两个同心圆板，转动圆板也可以算乘除题。班导师见后说，好像是叫计算尺的东西。叫我到西门外一位从广西大学回来的学生那里去看。我去看后，的确就是叫计算尺，原来这玩意儿早就由外国人发明了，大学里、工程部门已经用得很多。计算尺我从未见过，但用纸条、纸板也能做成与计算尺用法相似的计算器，是自己想了、自己做出来的。我想，如果我早生、早学对数，计算尺可能就是由我发明的了。后来我上大学，见到更多的计算尺，有的很简单，和我的基本一样，但长度只有一个单位（真数 10 倍）。一般的则很复杂，包括三角函数、开方、乘方等，但原理仍是一样的。所以我对计算尺的原理早就知道了。记得 1947—1948 年间，清华大学曾用照相影印的办法，制成计算尺，在国内销售，虽然有点粗糙但价钱很便宜，即使这样，我仍无力买来使用。此是后话。

当时武鸣虽是南宁的后方，但两地相距不远，只隔着一个高峰坳，因此也不安定，县城的各个机关和民众，很快就疏散逃跑了。我在武鸣高中只读了一个月，就宣布疏散，同学们都四散回家。校长和老师们逃难搬到我们寺圩乡，先到寺圩蒙村，后到那烟、骆材村，部分人员再向邓柳乡四育村跑。可怜的是从外地远来武鸣任教的老师，也随着大伙东奔西颠，他们平时已经很穷，这时更加困难了。此时，我则尽力帮助学校老师。老师们分住很多地方，而且继续逐步向更偏远的地方搬逃。他们在我家也住过几批。最后，又向那马县(今属马山县的西部)搬。头一天，校长和一大批老师搬走，第二天我和其他一些同学赶了上去。我本不在搬走之列，只是和老师一起走，送送他们而已。岂料我们到禄隆村时，知道第一批人昨天到此，正碰着日本鬼子，校长、教务主任和一位同学(霍宗政)被日本鬼子掳去了。家属们都在那里呼天抢地呢；其他人也不知该怎么办，心中很着急。后来派我和卢庶务(校长的小舅子)转回去了解情况，寻找营救办法。我们回来后，查知三人已被鬼子带到仙湖圩日军据点去了。那里虽是我的邻乡，情况却不太熟悉，是否有汉奸政权也不知道，所以我们不敢到圩上去。确实，我对日本鬼子非常憎恨，极不愿见到他们，也从未见过他们，因而也不愿意找汉奸或直接找日本鬼子谈判，只好通过一些赶圩的老百姓打听，也找过一些地方父老请教，同他们讨论如何营救的事。有的说，只有等部分鬼子外出时打进去救出来一个办法，有的说，趁夜间去偷挖洞救出来，等等，但都很冒险。虽然当时在仙湖圩的鬼子并不多，不过一二十人或二十多人，加上一帮伪军、汉奸等帮凶，但国民党兵早已跑到后方去了，而当时还没有组成抗日民兵(以后才有这样的组织)。我们了解情况后，就赶到那马县去找学校向他们报告，看看怎么办。

在去找学校报告的过程中，一场临近死亡的灾难就到来了。那时日寇、国民党军队、一些散兵游勇、土匪都是我们所惧怕的，我们不敢走大路，走小路也不安全。但是，为了营救学校领导和同学，我们两人只好硬着头皮抄小路绕过仙湖向北走。那里都是山沟林莽，羊肠小道。走出县境刚进入那马县的片圩乡时，我们就被那里的“民团”逮住了。这里传说日本鬼子要从仙湖上片圩扫荡，因此，我们就被怀疑是日本鬼子派来的汉奸。我们被抓后，立即被押送到片圩街上。在国民党时期，这里每乡都成立了民团，“民团”团长也就是乡长，是乡里真正的土霸王。我们押到后，不经审问，团长就叫团丁把我们绑在街亭上。打骂一顿过后，又抬来一副长约一丈的木脚镣，把我们两人的脚都铐上，锁死后让我们躺在地上。团长还恶狠狠地交代说：“只要听到外面有枪声，就开枪把他们打死，以免鬼子进来了，我们来不及收拾他们。”显然，我们成了死囚，就像要杀的鸡被绑了脚扔在地上一样。我们只能仰着平躺，连坐都不行。身上所有值钱的东西都被搜去了。我倒没什么，可那位卢庶务就不一样，不但有钱，还有金银。他平时戴的金戒指，都被搜去了。我们苦苦地躺着，等时光赶快过去，盼望一线存活机会的到来。这时正是寒冬腊月，冻饿就不用说了。过了好久好久，才有些兵、老百姓渐渐靠近询问，我们说我们是武鸣高中的老师和学生，之后，人们对我们的仇视情绪才逐渐缓和。熬到天晚时分，日本鬼子幸好没来(平时经常来骚扰、打劫的)，第一个生死关算是过去了。晚上，团丁把我们转移到"民团"团丁宿舍去，脚镣也抬了进去，依旧把我们铐着。这些团丁已经大略知道了我们的底细，特意在地上铺了一层稻草给我们垫着，还在旁边帮烧了一堆火让我们取暖。听说民团里还有我们的同学在那里当队长、小队长之类的。第二天早上，乡长才叫带我们去问话，然后说要押送我们到那马县城(今马山县周鹿镇)去：于是，让团丁们把我们五花大绑押上了路。出了片圩街街口不久，转过一片林地，押送我们的人才说，是他主动向乡长要求亲自押送的，同时给我们解开了绑绳。他原来就是我们学校的学生，但我们过去并不相识。这又给了我们一条生路了。在战乱时期，乱逮我们、虐待我们，对民团来说，这是可以不理的小事；但他们把卢庶务的钱财搜去，到了县里若把事情张扬出去，对他们是不利的。碰到这种事情，一般解决的办法就是杀人灭口。我有一个同学就因这样在押送途中，被推到路旁枪杀了。这次幸好改由我们的同学押送出来，我们才有活命的机会。

我们走了几十里路，被押送到县里。刚进衙门，正好这里也在审问一名犯人，口口声声要送他去枪毙。审完那犯人后接着审问我们。我们说是武鸣高中的，这一答，气氛立即改变。原因是我校逃难到这里，那是无人不晓的。不巧，学校不久前又向平治县(今平果县北部，当时驻所为榜圩镇)逃去了，所幸的是，还有一位教师住在县府旁边。他们立即派人去找那位教师来，经见面说清，我们当场即被释放。真是九死一生，又活了过来！此时的卢庶务也不敢说及丢失金银的事了，因为日子还长，怕后事还多，只好忍气吞声了。

第二天，为了找到学校，一大早我们就继续向平治县进发。经过邹圩，朝现在的风梧圩、榜圩方向去。这一场经历过后，卢庶务变化很大，已失去往日的气质，可能钱财都被搜去了，只靠剩下的一点小零花钱解决饥餐渴饮的开支。我原本一身破烂，什么也没有，虽经事变，但原来的那种天不怕地不怕的气质还有。我们依然徒步行进，在行进中为了防卫，我们每人拿一根打狗棍，这与当地来往乡民相比，自然有些异样，惹的疑惑颇多。不少地方我们都受到盘查，有的还把我们带到兵营去审问。沿途虽然没受多大的磨难，但总是挨人欺凌，于心不甘。既然枪在人家手里，我们又能奈何?!好不容易才赶到平治县，见了老师、校长家人，向他们汇报，他们也没有什么好办法，无可奈何之下，学校又叫我们再回寺圩乡想想办法，我们又立即赶转回来。回到那马，听说校长三人已被释放并赶往平治县去了。我们可能因走不同的路而未能碰上他们。但得知校长他们已脱险，我们心里也踏实多了。我们两人仍继续走自己的路，赶回寺圩去看学校留存的东西。回到寺圩，把学校的东西整理一些以后，就雇了几个民工(他们都是我的邻居，我哥哥也在内)一同把东西赶送到平治县去。这是第二次上平治县，虽然学校给我们开证明，不怕什么关卡，但那时日寇、国民党军队、民团、土匪，都是可怕的。这批东西送到平治后，学校决定让我当一名工读生，拿一份工人工资。和我一起当工读生的有三人：我，还有和校长一起被日本鬼子逮去又放回来的霍宗政，以及一年级的卢本晟。卢的哥哥(或叔叔)是学校职员，也随学校搬迁。这时，我正好20岁。从此，我摆脱了家贫的困扰，开始靠双手劳作糊口。不仅读到高中毕业，后来上了大学也是靠了这个办法。虽然工人工资极其微薄，糊口之外很少有结余，但此后我的上学再也不被中断，真是苦中之幸啊。

1944年年底，卢庶务和我们三人一同又回寺圩继续搬运学校的图书、仪器、校具等。这次弄了八九担东西，我们还找了5个同学(其中2个是女的)一起偷越仙湖日寇占领区。这是第三次上平治县了。进入那马县城时，国民党军守城门，稽查来往行人；城门还架着机关枪，挖深沟，垒沙袋，戒备森严。我们刚进到城里，正要休息，突然听说日本鬼子要来扫荡了，街上顿时兵荒马乱，人们纷纷逃跑，我们一伙也赶紧跑出城门。一到城门，原来在那里严阵以待的国民党军队通通都不见了，比老百姓逃得还快。我们一行挑的挑，扛的扛，越过乡村，跑到山顶，和逃难的群众一起躲着。不久，好像只响过几声枪声，局势就平静下来了。逃难群众逐渐分散回家去，我们也让民工(我的邻居和哥哥)自己返回老家。等到天黑，山上的逃难者都散尽了，我们才把学校的东西藏在山上，然后到山下去找住宿的地方，在一家人那里借一间房子住了下来。第二天早晨，卢庶务决定一个人留下来，找人去把放在山上的东西搬回来，我们则带同学转逃回寺圩。日寇既然到了那马，那么，那马到平治这段路是否还可通行就很难说了，以后，日寇还要去哪里，我们更不知道。当天我们不敢走大路，看大方向抄小路，或者在没路的荒山野岭上往东南走。我们绕过那马县城，越过那马到平治的大路，然后朝东南走。沿路我们也不敢多问路，怕暴露身份，被土匪察觉我们是远方人。傍晚，真是疲惫万分，才进一个村去找东西吃。当时走进村里，立即轰动了整个山村，人们纷纷来看望我们，纷纷议论。我们的壮话语音和当地差得较远，有几个同学是城里人，只会讲“武鸣官话”，不会讲武鸣壮话，更不会讲那马壮话。还有两位女扮男装的女同学，也难遮掩过去。我们只简单吃了些饭，声言晚上不走了，以稳住村民。天黑定以后，一些妇女小孩回去了，我们才突然说要走，找人帮带路向仙湖东边进发。谈了很久，有的说路很远，不好走，不敢走；有的低声议论，并和我们讨价还价；也有说说就回去的。最后我们只好决定自己走。我们出村后，摸黑走了一二里路时，遇到了岔道，一条较大的向下走，一条较小的则向左上山坡，我们选择了向左的较小的山坡路。可是越走路越窄，最终没有路了。只好看星星定方向，继续走，穿山林，过溪谷。我们三个男的，由两个在前作先导，一个押后，把女同学夹在中间；还有个小孩，他可能是初中同学，跟着姐姐要和我们逃到后方去，现在也只好随我们摸黑走了。没有路，但我们知道，左边是那马到仙湖的官道，虽不通汽车，却也比较大，日本鬼子、国民党兵就经常走这条路，我们不能靠近。但我们模模糊糊地知道，只要设法跨过这条大路，到达了东边，那就可以走进仙湖乡的东部地区，可以走到我家了。左边是大官道，右边是乡、村通道，这些道路都是日本鬼子、伪军、土匪、流氓经常出没的地方，我们不敢走，也不敢靠近。我们一行人，中间是女同学，人与人之间距离两三步，都不许说话。看准大方向就左顾右盼地摸索着往前走。大概接近天亮时，碰到左边的官道，仔细察看没有动静后，我们就赶快越了过去。这条路，似乎是以前我和卢庶务被民团逮住后押送到片圩或那马走过的路，过了这条路，心里就安定一些了。片圩就在那马县的南端，再往前走就是我们武鸣县。但我们仍很紧张。在山沟林野中乱窜，究竟已走到了哪里都不知道，困了就地休息，冻饿我们不怕，路不清楚也不怕，就怕匪、军(国民党军)、日本鬼和流氓。我们不敢节外生枝，一门心思，只想到了南边就靠近我家了。我们的女同学女扮男装，早已被村民发觉了。有些女同学还是县里的富家子女，有的可能还是县里最富的呢，但国难当头，逃难躲命，也只好和我们一起受苦了。

天亮了，虽看清了山势和道路，但还不知道我们到底走到了什么地方，也不敢出去露面问人。我们壮话方言太复杂了，那些乡民讲的壮话我们也听不太懂。饿了只吃些干粮，困了就躲在山沟旁边休息一下。下午，穿过一条大路，看方向判断，可能是仙湖乡到寺圩乡的通道，知道差不多到家了，胆子也壮了。放胆去问了当地人，证实了这个判断没有错，真的再走30里就到我家，只要跨过大路，就是安全地带了。在这一带，人们大抵都认识我或听过我的名字。当晚终于走到了我家。这次，我们真像做了一场噩梦！

几个同学经过两天一夜的艰苦跋涉，倒也都非常兴奋。到了家，大家七嘴八舌地回忆起来，有的说，路上看见几个大火球来回飞动，准是鬼火，当时感到很害怕；有的说，在一个地方转了很多圈才转出来，准是碰着拦路鬼了。后来我们才知道，第一天晚上进去的村子里，有我们的一位同学，当时未能见到他。他给我们透露，说当晚村里几个流氓、匪盗知道我们要走，就到路上等着劫夺；等不到，他们后半夜才回村里去的。我们真是太万幸了！在兵荒马乱之时，死伤的事情随时都可能发生，发生之后又有谁去过问呢。过后，几个同学都说能把这件事写成小说，那一定是很感人的。

大家在我家住了一天多。把同学都送走后，我们三人接着又转回那马，见了卢庶务，共同把学校的东西护送到平治去。这是第三次上平治，第四次上那马了。之后不久，我又返回寺圩一次，把老师们逃走时寄存在老乡家中的物品带上，然后第四次转到平治县去。到平治县才知道霍宗政、卢本晟两个同学已随国民党一个师长上田东那边当兵去了。原来，那位师长和我们校长认识，他正好过平治来，就把他们两人带走了。如果我不离开平治，当时很可能也跟着走了。因为学校正在飘摇之中，复课遥遥无期，待下去也不是办法。不过，我是不喜欢当兵、当警察的，否则我在桂林早就去当了。我还是希望能继续读书，学校没有解散的前景，我的希望自然也不会破灭。这是1945年三四月间的事，至今我仍记忆犹新。

记得也是在这段时间，省政府决定以武鸣高中为主体，把宾阳中学等一起合并过来，成立广西第二联合中学，校长叫我跟随，经过贡川、隆山(现马山县城)到都安县选校址。沿途自有地主、商家、县长等官绅接待，享受大吃特吃的待遇，这是我平生第一次。校址选好后，我返回平治接教导主任和校长夫人等上都安，我和卢本晟陪行。

卢本晟刚从军队回来，霍宗政则好像未回来。我和卢各带一支校门站岗用的、根本不管用的破枪。这一次走的路和上一次与校长走的路不一样。途中穿过两个大岩洞，一个很高很大、光亮光亮的、下边满是迷宫一样的石垛，路就在石垛中间转弯抹角地穿过。在这个岩洞中，只要坏人有一支手枪对准我们，我们这两支破枪就毫无作用；即使坏人只有一根木棍，躲在拐角处攻击我们，我们也无法跑掉。真不知道那些石垛是怎么形成的。人工修嘛，工程量非常大，不可能；自然形成嘛怎么那样壁直陡峭，其拐角就像人砌的墙角一样。我们紧攥着枪前行，心情非常紧张，根本不敢东张西望。幸好无事，真算命大。过了这个岩洞，接着到一个大落水洞，一条不小的河穿进洞里去了。这倒是一个奇景，在地图上是找不到这条河的。桂西壮乡，这种暗河很多。沿河走一会儿就是一个大黑岩洞，我们要由此穿过去。进去时黑咕隆咚，什么也看不见，走了一段才见对面亮光。如果有人躲在洞中，他们能看见我们，我们却什么也看不见，在这里，坏人不用枪都可以轻易地收拾我们。据说，这两个洞是平治到那马之间，经常有土匪出没，发生杀人、抢劫的地段。这次，我们不仅有财可劫——我和卢本晟虽是穷光蛋，但别人有——而且还带有两支枪。枪，虽是破枪，然而在别人眼里它总是支枪啊，它们正是土匪争着要抢掠的东西。很有可能，我们会因这两支破枪而丢掉性命。幸好这次没出事。过后越想越害怕。别人为财而死，我们要是为了两杆不能用的破枪，而丢掉性命，好不冤枉！过了黑洞，接着上一只小船，顺红水河而下。我和卢手拄着枪，并坐在一头。船到中途，突然从后面有人伸出一支手枪，“砰、砰!”地向对岸打了两枪，把我们吓得面色煞白。接着那人说：“看我打那块石头!”“砰”又是一枪，把石头打落下来了。很可能是他看不上我们的破枪，才以此显示一下威风。如果我们的枪好用，他可能就不会放过我们而打空枪了。那人问我们是干什么的，到哪里去。我们说就到前面一个村镇，住在我们某某同学家里。我们的同学，他从邻县偏僻乡镇到我们武鸣县来读高中，自然是家有资财而远近闻名的，很可能是大财主。那人听后连说：“认识，而且是邻居。”于是，才转为和颜悦色，把我们带到那个同学家附近才分手，真不知那人是什么角色。

第二天，我们渡红水河到了都安县境，其位置大约是现在的大化附近。一上岸就被国民党军队拦住，带到队部询问，当然是说说就解决了，因为我们护送的都是高中的头面人物，在当时当地，他们应该说是不小的人物了，军队当局面子还是要给的。学校决定在大化稍北的三龙乡复课，我们来到三龙乡，刚安排好校舍、宿舍和生活设施，在平治县的人马就陆续迁来了，霍宗政也随着而来。

不久，学校派我和霍宗政、卢本晟三人回武鸣召集同学，迎聘新教师(主要是何亮老师和他的夫人)。何亮老师当时是武鸣县第二初中(原名锣圩国中)校长，是有名的数学老师，他的夫人是有名的英语教师。召集学生的任务好办，贴出告示就行。招聘新教师却没有完成，因何老师一家也不好离开原学校，虽然还躲在山里没能开学。武鸣、锣圩等地还是日本鬼子出没地带。我们从武鸣返回时，经过那马，又把寄放在那里的三支破枪带走，每人一支。正如前面所说，这种破枪对我们而言，是丢命枪，而不是保命枪。带上这种破枪装样子，没有好处，弄不好要丢掉性命的，这是一个深刻认识。现在，一些人去什么地方，总喜欢把提包、背包锁来锁去，怕别人偷。其实坏人如果想要，一拿就走，何必开包？我历来尽量敞开我的包口，让别人一目了然，要拿就拿，看不上眼就别拿。我这样做以后，倒安全了。

三人过了红水河，进入都安县境，知道这里安全没多大问题了。欢喜之余，每人开一枪试试。我的子弹引信“啪”一声响，子弹却没炸开，霍宗政的则连引信都不响，卢本晟朝山上的大树打了一枪，也不响。放下枪后，突然“砰”的一声，响了。起初，我们还以为是附近的土匪打来的。仔细看，原来卢本晟放下枪，退出废子弹时，忘了压一下子弹，结果使顺便推上的新子弹走了火。还好，枪口没指向我们，但也离得不多远了，大家闹了一场虚惊。

回到三龙，继续做开学前的各方面准备工作。从前，我们高中一共只有三个班，现在变成广西省第二联合中学(简称联中)，连初中也有了，再加上新招的高中第四班，人数还真不少。大概在1945年四五月份开了学。我们三个工读生，课后除做一般工友活、打水扫地外，还要去办学校特派的事。有一次，叫我到别的乡去催要教育附加粮。我一个人走进大山区，都是爬山路，绕着大山走。走了半天才到乡里，把催粮单子交给了乡长，就返身赶路了。那时粮食就是钱，发工资也就是发几十斤糙米。

这是我的第四学期。第三学期在南宁读了一个月，后又在武鸣读了一个多月，第四学期在都安三龙乡读。不记得那时究竟上了什么课，可能没有老师，功课安排得很松，好像只上了一些语文课。

1945年8月初，校里让我到都安县城去买纸张文具。就在这时，县城疯了，到处是号外、新闻电讯，鞭炮声不断。都安县城本来盛产鞭炮和纸张，为了庆祝胜利，都被抢购一空，真是都安纸贵，都安鞭炮贵了。先是美国投放原子弹，一颗，两颗，接着是日本鬼子无条件投降。军队的无线电向平民公布新闻电讯了。我这个饱受日寇侵略、饱受颠沛流离苦难的人，此时也沉浸和融化在这胜利喜悦之中，正是“剑外忽传收蓟北，初闻涕泪满衣裳”(杜甫句)。在都安县城，我终于有机会饱览了百姓那种欢乐景象。确知日本鬼子无条件投降后，我迅速买了东西，赶紧把这特大的好消息带回三龙乡去。

回到三龙乡，我带回去的消息使三龙乡和学校轰动了。那里离县城仅50里左右，却一点也不知道什么原子弹、无条件投降之类的事情。我见人就说，人们也都纷纷来问我，又纷纷传播。顷刻之间，三龙变成了另一个小“都安县城”。乡民知道了这些好消息，乡村公务员知道了这些好消息，街道商人知道了这些好消息，个个眉飞色舞，喜笑颜开。我们学校的师生更是如拨开万里乌云见了晴天，有的人索性跑到县城去喝酒庆祝，有的去再打听有什么更新的消息。没去县城的见从县城过来的人就询问再三，询问有没有更新的消息。当时信息闭塞的程度真到了极其可怜的地步。在当地，除了军队有无线电之外，其他的包括县政府都没有无线电，因此什么消息都不知道。过去县政府的信息是从南宁、武鸣向北传的，如今武鸣、南宁落入敌手，消息传递就更困难了。至于县以下的消息，全靠人传，乡里是没有电话的。

这当儿，有人问我去买文具纸张，得多少 Commission？当时我不知道是什么意思，他们还说我装傻，其实我真不懂。后来，他们说“Commission”就是“佣金”或“回扣”。他们说，只要说说，商店就会开给你。我哪里知道呢？直至今日，我的确没有收过别人或单位的什么 Commissiom。我幼小时学过的古文中，有“窃人之财，犹谓之盗；况贪天之功，以为己力乎”，至今还深记脑中。

恰在这时，收到我父亲的来信，说哥哥因征兵逃走了，乡里把我母亲押了起来，问我怎么办。我赶紧离开学校，决定从三龙向南直走——往时，都是向北到都安转隆山回武鸣去的——我这条路真走对了，就是过“清渡”直插隆山乔利，而不是由都安过“红渡”、乔利。虽然当时发大水，很多路段被淹，有时得绕过山边，攀荆棘藤葛，走无路山野，真是苦不堪言，但到了乔利，就是熟路了，因为初中时曾在都安县城读了一个学期，来回走这条路好几趟了。回到家一看，真是凄凉万分！哥哥嫂嫂逃走了，老父亲不知躲在哪里，老母亲被押在乡公所里。我赶紧跑去找乡长。当时我已不是普通无名之辈，且那时有明文规定，高中生不再征兵，因此我不怕抓去。乡里上高中的极少，历史上上过高中的也不多，而我又更特殊。我对乡长说，抗日已经胜利，就要裁军，还兵于农了。乡长说上头让征兵，乡里也没法，让我带老母亲回去就是了。我马上跑到关人的房子去，看到老母亲和几位老人被关押在潮湿阴冷的房间里，什么坐凳、石块都没有，坐在地上，受苦了几天。我扶着母亲回到家里，说不出是喜是悲。老母亲得平安回来了，有点喜，而更多的是悲，家徒四壁，食物没有，兄嫂老父不能见面。我的老母亲，衣裳单薄，颤颤巍巍的，身体孱弱极了，几天来她被强行关押，哀伤至极，心神受到了极大的伤害。顿时，往事纷纷涌现脑际：多年来，虽然我不常在她身边，但小时夜间依偎妈妈取暖的情景还历历在目：家中被子又老又硬，睡觉时，把所有的衣服全压在被子上，还要再加一层稻草，就这样，母子才能入睡。较大后，我常跟妈妈去选摘未成熟的谷穗，挖捡人家收获时掉剩的豆粒、薯尾来充饥……现在，老母亲又受此折磨，我心里非常难过！

第二天早上，我不得不辞别老母，赶回都安三龙去。到学校后，全校都在忙忙碌碌地准备搬回武鸣了。不几天工夫，全校师生便浩浩荡荡，经过都安、红渡、隆山、乔利，一起走路搬回武鸣（详见“抗战期间尹先生随校逃难搬迁活动示意图”）。正是：“即从巴峡穿巫峡，便下襄阳向洛阳。”（杜甫句）

大概9月吧，我仍一面当工役，一面读书，在武鸣高中上第五学期。中秋节时，我买了一斤月饼送回家给我的年老双亲。这是我第一次孝敬他们两位老人家的。母亲咬了一口，说这是她历来吃过的最好的月饼。哥嫂也极可怜。嫂嫂家穷，到我们家一样穷。她1939年年底嫁过来，到1950年，总共生了七个孩子，都没能养成。哥哥除家里的农活外，还经常出外打短工。这年中秋节，哥嫂得分尝我带回去的一口甜食，他们刚含入嘴里，泪水却禁不住地流了出来……

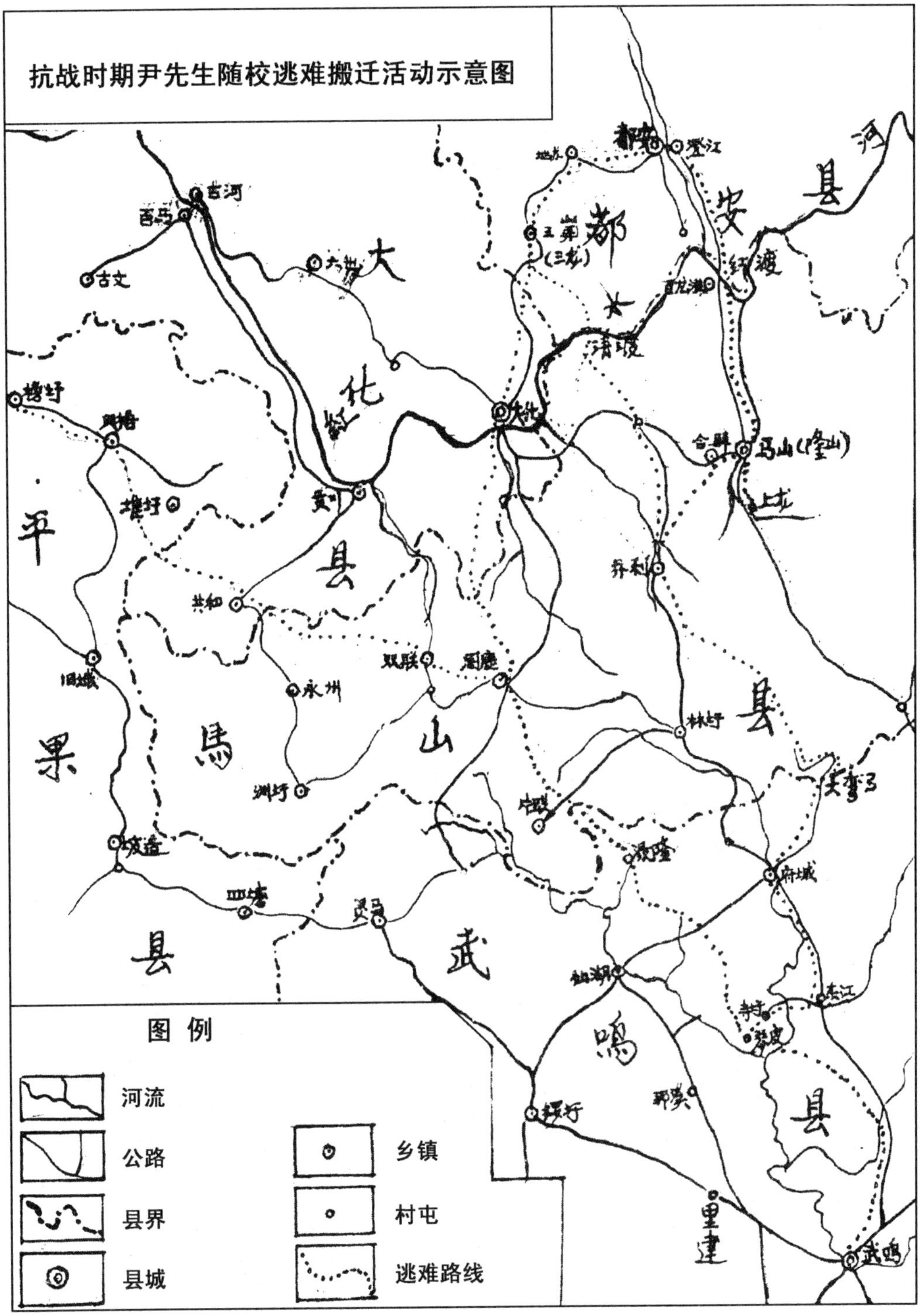

抗战时期尹先生随校逃难搬迁活动示意图

第五学期，我和霍宗政、卢本晟除了每天共同扫地、除草、清理校内广场之外，各人分别负责给老师宿舍打水扫地。有一位年老老师，我还替他倒尿壶。同学们不知道怎么了解了这件事，很有意见，议论开去，我倒不在乎。后来那位老师对我说不要再替他倒尿壶了。我对那老师说："你年纪大了，这是我应该做的。"当我给同学们讲清了这些道理后，就再没有人去议论了。

学校的功课对我来说没有什么问题。不仅同班同学遇到疑难经常来问我，外班同学有时也来问。代数、几何、立体几何的几位老师也经常找我去帮他们解决一些数学问题。那时老师水平参差不齐，很多都是临时来教课的，有些预习课就找我去帮忙。有时别班同学也找我去帮忙补课，到课堂上像老师那样讲课。班上同学还叫我把数理化功课编个摘要，以便复习准备毕业考。我编了一本《高中数理化摘要》，由几个同学刻成钢板油印，每个同学都分到一本。另外，我还编了一本《高中三角习题解》，南宁开明书局打算出版；后来因为都是数学公式，排版困难，加上怕销路不好而没能印成。我本想从中弄些稿费，自然也就落空了。

1945 年年底放寒假前，家里为我完婚。结婚那天，我还在学校里上课。对此，我虽不太愿意，但家里人说已经订婚七八年了，小时候就订下的，不好推辞，已经耽误人家青春多年，再推辞也不应该。这是社会责任，我是这样想的。因此，我们虽从未见过面，结合完全是按父母之命、媒妁之言那一套办的，我也只好认了。这可能与我过分迷于上学、其他事情不愿分心去多想有关。到如今，夫妻相处近 60 年了，虽是老

（从左到右） 第一排 孙儿
第二排 尹夫人(梁秀平)、尹学良
第三排 大儿媳妇、尹立、尹升(资料提供者，曾永芳)

式婚姻，也还过得不错。好像是李鸿章在回应外国使臣讥笑时说过的：西方婚姻是一壶开水，过后就凉；中国老式婚姻是冷水壶放在火上，逐渐热起来的。这当然是一种遁词，但个中却也存有一些真实之情理……关于老伴，是值得大书而特书的。她集中继承了我们壮家妇女的许多优点：勤劳，俭朴，贤惠，明理，热爱生活，吃苦耐劳，默默奉献。她用她毕生的心血去支撑这个家，去支持我的事业，使我在全力以赴地去投入工作时，没有后顾之忧。在她的呵护和精心教育下，两个儿子都先后考进了北大，受了高等教育，大儿子现在供职于美国。小孙儿 18 岁就被推荐入美国康奈尔（cornell）大学上学，第一年给他的奖学金为 1.7 万美元，该校是美国东部几所大名校之一，在全美也属名列前茅的大学。如今，不仅大学毕了业，而且攻读完了研究生学位。

弟尹升（左）、哥尹立（右）
资料提供者：曾永芳（中间）

读高中时，我虽然不再需要听数理化老师讲课，有些老师还要在课前向我讨教，但我从不旷课，更不在课堂上给老师难堪，我也从没向别人说某老师向自己讨教的事，我必须维护老师的尊严。同学们问我功课，我必定仔细解答，从不嫌弃别人，不给别人说一句难受的话。我从来没有解答不了的问题，但我从不骄傲自满。因此，我的同学关系是非常好的，和老师的关系也是非常融洽、非常好的；这种情况一直到读大学以后仍然一样。

高中第六学期，我开始自学大学功课了。但那时所能接触的大学书极少，老师们经过颠沛流离后，藏书都没有了，书店、图书馆还没有恢复。到校图书馆去翻，只剩残余几本书，还没开箱整理，而且都是 1937 年以前买的小书，可能还是 20 年代的书呢。我学了《静力学和水力学》《材料力学》《微积分》等书，其实这些书都不能说就是大学书、大学功课，但当然也是大学课程内的东西。条件有限，只要能找到比自己所知高深一点的书，我都拿来学习，从中获益，开阔眼界。

高中将要毕业时，有位老师问我上大学要学哪一门。我说数理。他说，学数理是高深，但目前国内用不上，找不到工作，只好去当教师；还不如学土木工程，什么工程都能做，保证能找到事干。他也是学土木的，还没毕业，临时到我们学校来当教师。我信了他的话，以后我真的学了土木工程。

此时，我决心要到上海去报考北方名牌大学。有位家住广州的同学说，到广州先到他家，再乘船北上。我当工读生，拿一份工人工资，每月几十斤糙米，食用后不剩多少了。毕业后学校让我兼管图书、仪器，帮整理各种资料，拿职员工资。这时候，我两次去南宁，准备下广州，都没有去成。主要是南宁到广州的船不定期，还没有确切的开船日期。身上总共只有很少的十多元钱，办不成什么事，如果去广州恐怕就花光了。即使这样，我觉得无钱也不可怕，既然能在广州有了个落脚地，能住得下去，再设法打工，积了钱再北上。并非初生牛犊不怕虎，而是过去多么艰苦、危难都闯过来了，也都活下来了，我还怕什么？南宁的同学让我把钱先存下来，一个月利息百分之十，我的十块钱真的变成了十一块。可是，那时物价飞涨，纸币贬值极快，这种增值没有用。正好在这时候，桂林广西大学出通告，在南宁设一个招生点。我知道要是下广州再去上海，确实有困难，很可能耽误很长时日，错过招生时机，到头来损失就很大了。于是我改变了主意，报考广西大学土木系。报名、考试后，我又立即赶回武鸣高中，继续供职。

也正在这个时候，县里打算保送五名学生去读桂林师范学院。而且这所学院即将搬到南宁，改称南宁师范学院。五名中，有武鸣高中的，也有南宁高中的。我考上了。到南宁统一复试时，数学题没有写明是代数、几何或三角、解析几何的门类，于是每道题我都用至少两种方法解答，各种求解方法的答案都相同，自我肯定是对的。考完出来，同学们都来问我。我反问他们答案如何，从而知道了他们大多或者没做，或者做得不对，几乎全得零分。结果，武鸣县保送的几个人中，只有我一人考上。我选了读数学系这个专业。

师范学院一年级新生在南宁开学，而广西大学尚未出榜。我到师范学院注册后，借故说家人有病要请假，学校准假 20 天。我仍回武鸣高中继续供职等候。20 天满了，我只好到校上课了。师范学院能公费食饭，不用愁生活问题。在这里，周围的楚楚学子，可真神气，我虽衣裳破损，其他却没有任何值得自卑的。人家已上了 20 天课，熟知各方面情况，我却生疏得很，感到有些孤独。主要是人家都讲北方话，可能是老师多是北方人，同学中湖南、江西的也多，桂林以北的人也愿意学北方话。从广西官话转讲北方话，对我来说又是一关。正像在南宁刚上高中时要改听讲广东白话那样，我好几天都不敢开口。这次，偏偏又重复了上南高时，在班会上第一次开口讲广东白话的事。师范学院数学系一年级学生，有一天开班会，为了决定班级编号的问题，争得不可开交。一派说要按进校年份算，那就算 46 级(1946 年)；另一派说按毕业年份算，那就算 50 级(1950 年)。双方阵线清楚，都振振有词，都很有道理。后来我站起来，第一次用北方话讲：你们这种争论是没有用的，学校本部还在桂林，学校怎样定我们就怎样叫，我们能自定吗？即使是由学生民主决定，我们的二年级、三年级、四年级同学都在桂林，我们能自定吗？听了我的发言，大家一声都不吭了。给大家的印象是：看来这个衣裳破损的、瘦小的、初到还不太会讲北方话的同学，思路还是很清楚、很正确的。

不几天，广西大学发榜了，登在报纸上，我榜上有名。我不好意思对学校说不愿意读师范，也不好说不再来了。因为我对该校风气、学习环境印象都是蛮好的。我对学校只好说因家庭问题，我还要再请假。办理批假的那位老师很敏感，直接说我是考上广西大学了，并拿出报纸给我看。他还说你要离校，我们不反对，但不要看轻我们这个学校。我说不是看轻，而是很看重，只是我的志向不同而已。他不但给我办好了离校手续，还给我开了肄业证书。只几天，就这样关心我，并开了肄业证书，我真感激不已。

我转回武鸣高中继续工作。校长教师也很欢迎我、关心我，给我工作，给我工钱。然而，要到桂林去上大学，光靠身上的这十多元纸币，自然是不够的。

广西大学要开学了，我又第三次踏上去桂林的路。两年多了，这次再走这条路，心情极为复杂。前两次上桂林，经历了许多磨难，缺衣少食，打工流浪，漂泊不定，尝尽人生甘苦；今天又上桂林，是从一个流浪儿变成大学生，真是悲喜交加！但无论如何，我是走上了新的搏击战场，要更加努力去战斗。前面，我乡除了两位老前辈上过师范学院外，这回，我成为全乡第一名上大学本科的学生。

广西大学当时校址设在桂林良丰雁山公园里，我是1946年入学的。1996年回忆起当年新生入学的情景时，我填了一首《鹧鸪天》，以补记其事云：

鹧鸪天（当时校址在良丰雁山公园内）

雁岭弦歌绕复徊，太学迎得众英来。
共申忧国怀乡愿，苦炼经天纬地才。

五十载，曝形骸，腾翔搏击竞礁崖。
燕然勒记鲲蛟志，燕岭桃花万里开。

1946年秋到桂林上了广西大学，先在校本部将军桥报到面试。系主任亲自面试，先问英语题和一般问题，接着问静力学，问桁架力学分析等，这些正好是我自学过的，答得很干脆准确，他很满意。接着，又问我还学过什么，我说学了微积分等，他听了笑笑。以后，他曾对同学们说，这届学生中有根底很好的同学。

正式上课之前，先办新生训练班，各系新生一起听课。校系领导介绍学校情况、学科情况，还请教授讲学科发展形势，谈为人之道等。训练大约搞了两个星期。真是大学！我们正像走进大宝藏的殿堂，进门后先浏览一下珍宝目录，了解一下宝藏分类，怎样到达那里，求学应有什么态度、精神，等等。短短十几天，使我们从只见一树一丘的平地，上升到了天空，一望千里。大学啊，这就是大学！

训练班结束，一年级同学都到良丰校分部，住在雁山公园里。正式上课了，上课的教室就在对面山坡林区内。此处也是两年多前我曾想就读的桂林高级工业学校所在地。旧时，这里遍山的教室、宿舍、工厂和商店，掩映在青山碧水之间；如今，经日寇践踏，只剩下少许刚修复的、孤零零的房子了。雁山公园那边的房子修复得较好，校分部办公室、学生宿舍都集中其间。我们土木系新生宿舍称为“红豆院”。宿舍背靠一座高而小的石山；左有相思洞，可以穿过洞到后边去，洞下有相思江流过；前面隔一小路，是一个百多平方米的小湖，湖心有个小岛，岛上建一亭，湖称鸳鸯湖，亭叫鸳鸯亭。相思江绕过湖左边向前流去。湖的那边是梅园，遍种梅花；再过那边去是桂园，遍种桂树。鸳鸯湖的正右边，是一个大湖叫碧云湖。湖面建一大宿舍称碧云榭，供电机系两个班同学住在那里，宿舍两边由九曲桥连到岸上。湖对岸为红楼，机械系等同学住在这里。楼后又是一座高而小的石山。红豆院右侧，山与湖之间，有路引向山后的其他宿舍和食堂。我们的红豆院很可能就是公园里最优胜的地带了。而最热闹的地方，当属由梅园向左，过相思江、过相思桥后到出大门之间的地段。

上学后，我首要的问题是生活来源的解决。来校前，我请乡里开了一张家庭赤贫的证明，从而获得了学校公费待遇。其实这种费用是很少的，而且常常是拿不到手的。当时已经进入内战阶段，国民党政府忙于“剿共”，对教育无暇顾及，因而学生也常举行反饥饿大游行。后来通过同学的关系，我在苏子注先生的医药研究所里当了一份工役，拿一份工人工资，这就是我的整个衣食来源了。研究所可以说是有名无实，没有什么高级研究人员，只有两三名技师，加上一两位技工。好像只有一次养过三四头牛，试验性生产过一些牛痘苗。这个所职员平时几乎都不来上班。记得1946—1949年即抗日结束到解放战争胜利期间，人们只能领到些微薄工资，艰苦度日而已。而且因为货币贬值，每领到工资得赶紧上街换成银元，以防纸币贬值。所里领来的“美国战争剩余物资”的仪器设备倒不少，都关在房子里，我每星期都要去所里几次，做些工作，清理清理这些设备，也算尽尽责任了。有时还要帮所长、所长太太(出纳)出去买东西。他们待我很好。从研究所到学校，路不算近。这个研究所地址就在叠彩山木龙洞过河的荒地上。可能是搞医药研究的，要远离闹市，以免传染吧。

到校后，我立即查找周济过我的沈崇锦老师。她还在，正任校分部的女生部主任，专管理女生的。据说她不很受人欢迎，因为她管得很严，不让男生去找女生，不让女生自由散漫。在人心浮动的年代里，罢课、游行示威的学生，往往先从这些人中去找打击对象。她是我的恩人，她和丈夫两人待我很好，所以我也经常去看望他们。他们的“严管”思想可能会影响我一些，但我有我自己的独立思维，即使有所影响也不会太大。

1946年秋天我到大学后，乡里的教师和乡村官员给我筹集捐款，共得4元多钱；我爸又借得4元，一共8元多，寄到学校来给我。这当然不是我的所求，现在，我靠自力更生生活已经勉强过得去了。8元多钱，这表现出多么浓浓的乡情和深深的父子之情啊！我非常感谢乡里的老师和朋友们的关怀和支持。他们的工资也很微薄，要为我的求学而捐出几角钱，就很不容易了。支持穷困学生上学，这种情意和精神是很高尚的，特别是在那个多灾多难的穷困时代。对那张随信寄来的乡亲们的捐款名单，我保存了好久。我父亲寄来的4元，当然也极不容易。我22岁了，未能为家庭分忧，未能赡养父母，还要老父母为自己儿子去受苦难，我是非常难过的。我家不是富裕家庭，父母兄嫂穷极困难，度日如年，还要为我上大学而节衣缩食，去忍受更多的苦难，想起来实在很内疚。

我把家里寄给的四元钱买了一支国内生产的最便宜的新华牌自来水笔，它也是我生来用上的第一支自来水笔。在此以前，我使用的都是蘸水钢笔。我知道，它虽轻轻的，但其情意却是很重很重的啊！我每次拿起这支笔，总有一股激励的力量，在推动我去顽强奋进！整个大学期间，家里能支持我的就是那么一支自来水钢笔，但已是很不容易了。

大学第一学期，有一次我去桂林东北面的百面山，去看看曾寄居过的警察训练班。真是沧海桑田啊！那里已恢复为原来的一般土山坡，什么痕迹都找不到了。我又找一位愿意跋涉游览的同学，一起到秧塘去看望那位廖英先生，是他在1944年春介绍我去当小学教师的，因此，我才有幸脱离了当警察的命运；我非常感谢他，想念他。可惜在秧塘乡南边的廖村，没打听到他的下落。其实经过两年多的战争灾难，一切都已物是人非了。这次在桂林访友，我们走的路是定了个大方向就一直走过去，逢山过山，逢水过水，而不是先向北走进桂林，再转西南去秧塘，顺老路走。这，也许是我长期奋斗而养成了的一个特点——总想找到新路，找条捷径。

和同学们生活了一段时间以后，我逐渐被别人认识了。我的外表很惹人惊异：在一批衣冠楚楚的学子中，独有一个衣衫破烂的、捡别人丢弃的烂鞋来穿的、个子又矮小的土佬，这当然是很显眼的了。冬天脚冷，我捡一双大鞋套在我的破单鞋上穿。为了御寒，什么都不怕别人见笑。可是，班里的同学也终于看出我的内在东西。对人和气，功课不错，喜欢替人解难等，因而都对我很不错。

第二学期，全班同学选我当班常务。按当时习惯，班里设班代表和班常务等职。班代表大概相当于现在的班长，主要管外务，内务也管一些。班代表每学年改选一次。班常务主要管班会内务，等于副班长，管理班会，一学期选一次。班会还有几名干事。这一次改选，把我也选上去了。系学会和校学生会每年都改选一次，但四年级同学因快要毕业就没有被选举权了。第一学期我什么都不是，第二学期当班常务，二年期(第三、四学期)我当班代表，即班长，一直当到毕业；二年期(第三学期)起，我被选到系学会中和校学生会中任职；三年期我当系学会主席。

抗日胜利后，由于国民党发动内战，工运、学运、农运风起云涌。桂林各界学生也经常停课、罢课、集会、游行。我进大学本想安静地读书，将来为国家、为社会效劳，也是时代使然。但当时，内战激烈，同忧国事，学习也就无法安然了。

1947年六七月我一年级结束，从良丰搬到将军桥校本部来上二年级。到校本部不久，校学生会选举，土木系的同学推举我为候选人。竞选真是如火如荼。别系的候选人可真卖劲。但我不想在政治上努力，没有亲自出面竞选，没搞什么发表演说之类。结果却出乎意料，这一年一度的全校大选，以我的选票领先而结束。我得三千多张选票，第二名比我少千多张票。为什么我的选票如此之高，至今我也弄不清楚。很可能政治上的两派，都认为我这个执中庸态度者，对其不会有害或者还可能加以利用；另外，我的人缘较好，也为一般中间派所喜爱，这可能也是个重要原因。总之，都认为我能为同学们办事。对党派之争，那时候我知道得很少，也不想走政治之路，这的确是我那时的真实思想。再说，到二年级我同时还是系学会干事和班代表。这样，除了搞好学习之外，其他活动已使我忙得不可开交！

同年九十月间家里来电报，说老母亲病重，我赶紧请假跑回家。到家里，老母亲躺在床上，已经气息奄奄，睁开眼说了声："小儿回来啦！"二姐、三姐、哥、嫂、妻都侍奉在床前。我跪扶在床边，失声痛哭。当晚，母亲一见我回来，就安然仙逝了。看来，老母亲已经苦苦等我很久很久了，终于等到能见小儿子最后一面，然后再离开人世。大姐因为家贫体弱早先死去，没能奉送老母，怕母亲过分悲哀，我们大家一直都瞒着老母亲，不把大姐过早逝世的噩耗告诉她。

给母亲送葬后，父亲告诉我，说前时一位大官到武鸣县来，在县长、县政府及公众欢迎时，拿出十五元钱给了县长，交代县长转给我母亲。那位大官说我家贫穷还能拼力送子上大学，精神难得，请拿这些钱给我母亲治病用。后来，钱经过乡里转到了家人手里。大官给钱那时，是我母亲刚刚病倒，或者已经病了好久了，我就不知道了。不管怎么样，据家人说，我母亲从染病到逝世，实际上一个医生都没找过，一副药也没服过。拿到的钱，也可能被花销到其他更急用的方面去了，家中贫寒，就只好这样了。但对此事，我是应该感谢的。

老母亲虽然死去了，直到如今在我的心中，在我的感觉中，母亲始终是活着的。母亲也同我一样，当我每次离开了家庭，她无时无刻不在想着我，盼着我，等着我。我也永远不会忘记，母亲在我小时候搂抱着我，给我喂水、喂药，冬天晚上，我蜷曲依偎在母亲怀里取暖，白天跟着她下地。——这些回忆起来的往事，都历历在目。记得离开母亲上学时，母亲送我到村口，母子依依不舍，我也几步一回头。上初中三年六个学期，生离母亲时间多漫长啊，我经常整夜暗自垂泪。如今我已快80岁了，每想起亲爱的母亲，总觉得老母亲仍然站在家里看着我，盼着我，想着我。母亲啊，您没有走，我经常在梦中和您在一起。

这次因母亲病重请假回家，临行前有位南宁大商家出身的同学，叫我回校时经过南宁顺便帮他把自行车带到桂林，并答应我，从家到南宁的汽车费、从柳州到桂林的火车托运费由他负责，其他路费我自负。这样，我从南宁到柳州不必走路而可骑自行车了，以车代步，这不仅可以节省不少费用，而且又给我一个沿途观光的好机会。我从南宁一直骑自行车到柳州，那部单车安有摩电灯(小发电机)，我日夜兼程地赶着路。当我骑车过昆仑关时，特意浏览了昆仑关胜景。我沿途看了很多东西，也算开了眼界，受益匪浅。到柳州我把自行车托运过后，就坐着火车直上桂林。

1947年秋，曾义春同学也考上广西大学机械系。当时我是二年级，在校本部上课学习。他是一年级，还得到良丰校分部就读。有时我们相互邀约到桂林来玩玩，相见极欢。我俩高小同班，初中前期同班。我初中休学一学期，高中又休学一年，他倒一帆风顺。现在他比我晚一年上大学。看来，他受到“家贫难上学论”的影响冲击不小。结果高中毕业后回乡，在我们母校寺圩高小当教师。后来，也可能受到我的影响，看到我居然上了大学，不能不惊讶而奋进。如今，已考进了广西大学。再后来，我上大三或大四时，我们高小同班毕业的同学林可明也考上了广西大学，到桂林读书来了。他在初中、高中时被耽误较多，经过奋斗，最后也终于上了大学。看来，我们乡里的这一代英豪，都各领风骚，各有悲欢逸事。

在学校中，每个时期我总有几个很要好的同学。有时要好到可以拜把兄弟的地步，但我们总没有往这个地步去发展。我们坚持君子之交淡如水；好同学相遇，要么敞开心扉，高谈阔论，要么共同漫游，或者一起去游泳。我们这些意气相投的好同学，很有节制，从不忘乎所以。从不上茶馆、饭店、游戏场所，不海聊无度。我的经济虽极度困难，但我从不向别人，包括向好同学伸手，别人也很理解我这种性格。我平生宁可冻饿也不乱收别人之所赐，这是我的一贯思想。正因如此，我和很多同学们的关系，都是很好的。

这个时期，我虽然不再像以前那样饿极了，但由于底子薄，身体健康基础相当差。有一阶段我患了神经衰弱症，夜里很难入睡。好心的同学规劝我，说晚上不要再多用脑子了。于是我下定决心，每晚9点钟就睡。尽管寝室里三个同学中，每晚他们两人都在用功，我到时候自己却早早入睡了，俨然像个大懒蛋。但我的功课不成问题，还能应付同学们的询问，各种询问我总是能给予圆满解答。小学、中学到大学，我从没买过糖果和点心吃；1950年到工作岗位，一直到1956年仍然如此。不吃糖果零食已经成了习惯，不想吃，甚至有些反感。1956年家庭搬来北京后，才慢慢开始吃一些糖果。经济困难，自然没有条件上馆子点菜，也成了习惯。即使到现在，工作五十多年了，年纪也已经老大，仍然没有上馆子去点菜、炒菜的习惯。有人说我抠门，其实我是穷惯了，而且，以后也没有富过，因此，“抠”，还是需要的。俭可养德，我信奉这种人生哲学。

20世纪40年代末期，学校的活动很多。停课、罢课、游行示威，持续不断；校内学生会、系学会也经常有事。功课能上的我就赶紧去上，因为，除了当学生，课后我还有一份工友的工作要去做，即每周都要去医药研究所办点事。虽然所里工作不太紧，但我拿人家钱、做人家事，总要做好一些，何况，我又不能天天都去所里，因此，每去一次，总要做多一些工作。此外，根据我的兴趣，我还要尽量抓紧时间多学些知识，不能仅限于课堂上讲的那些。图书馆经战火洗劫后存书已少得可怜，而且要等修理建房后才能开馆。我只好看看借得到的极少的一些书籍。有一次，从旧书摊买到一本老的《最小二乘方法》，读后感到道理很深奥，很难掌握，于是再重读一遍，仍然不行。再后就分节分段读，先读一、二、三节，闭书反思，如果掌握不下来，则再读一次、二次，如果能掌握了就转读二、三、四节，如此循序渐进，直到全书都读通而掌握了，才算完成。这是我碰到的最难读的书，虽然该书并不是很厚，花的工夫却最多。我读古文、诗词用的也是这个方法，更重要的是能经常反复复习。一个人走路，我就一边走一边背书，背诗词，复习功课。我读书的方法就是这样形成的，其概要是 1、2、3，2、3、4，3、4、5，4、5、6——如此去递进学习。归纳起来，也就是预习、学习、复习的多次反复，务必弄清并记下各部分的精髓为止。除了诗词之外，我都不背书，什么原理、定理、推理我都不背。只要掌握住基本道理（如公理就是我们公认的简单道理），运用正确的方法，就能自己导出定理、推理来，再用简单、正确、确定的语言表达出来就行，不必去死记硬背。这里面，已开始积淀了简单、正确、确定的数学语言这方面的内涵了。

这段期间，我还找到些零碎活路做，只是不算多。例如一位同学邀我去帮一个天主教堂测量宅基，得到一份劳务费。当然是很微薄的，这也是我拼命谋求生存的一个部分。虽然我的熟人、有钱的朋友很不少，但我从不向别人伸手求助。

1948 年秋，我上三年级时又被选进校学生会，同时被选为系学会主席，还当班代表。这年发生了一件大事：土木系教授王朝伟，兼任校分部注册部主任，和一位英语教师在安排课程上吵了一架，并动了手。到底谁先动手说不清了。于是先是校分部沸腾了，接着校本部也沸腾了。各班各系都广贴大字报，要驱逐王朝伟，打倒王朝伟。在当时，游行示威不断，不少事件都是从学校官员身上开始的，校长、教导处、训导处是主要对象。王朝伟被打倒是很自然的。我们土木系四年级的同学，对王朝伟印象也不好，主要是他教的结构力学过严。实际上，他在校分部任注册部主任，和我们四年级同学是不相干的。如今，四年级班会也写出打倒王朝伟的大字报。我找了一、二、三年级的班代表和班常务，还有系学会干事一起商量。我说，从形势上看，打倒王朝伟的官员身份是势在必行，但我们要尽量爱护、保护我们的教授。三个年级的代表及系学会干事都赞同我的意见。于是出现了土木系学会不表态，一到三年级各班也不表态。四年级同学曾私下向我警告，要我表态，否则连我也要打倒。我把意见和他们谈了以后，他们就不再有进一步的活动了。接着我们找到王朝伟教授，让他辞掉校分部注册部主任一职，专门当我们的教授，其他事就由我们负责了。王教授这时已经焦头烂额。他会想到，大字报、广播声，口口声声要打倒他，而全国内战正酣，要是被广西大学驱逐，后果如何设想。想来想去，他心里确实觉得不是滋味。王教授听了我的谈话，也只好认了。由于土木系学会及其几个班对他的事都不表态；别系同学问我们，我们则私下宣传要保护老师的想法。这事大约过了两三天时间，事态平定了下来。王朝伟成了土木系的专职教授。新中国成立后的 1951 年，王朝伟教授还被提升成为土木系的系主任。

在那如火如荼的斗争年代，我们这样做，会有人说我们是逆潮流，甚至会提到反革命上去。但在当时，对全国特别是我们偏僻的广西来说，轻易地驱逐一位教学严谨的好老师，会给教育事业造成很大损失的。

王朝伟教师个人对我不错，在这件事中，我是否出于个人情感呢？我不能说完全没有，但我从保护、爱护老师出发却是实情。我不能从个人出发，带动几个班和系学会盲目而动。应尊敬教师，这也是起码的做人标准。经过做这些工作以后，全校各系、各班都接受了我们的处理方法，说明这样对待王教授是正确的。

这事以后，学校学生会也开展过爱护老师、慰问老师的各种活动，捐款、买点心、食品送给老师等。我除了对系里的老师这样做以外（我是系学会主席），也代表校学生会慰问外系和基础课的老教授（我是校学生会干事）。这类活动，其目的主要是揭露国民党要战争不要教育，不顾老师的贫苦艰难的罪行，和当时的反饥饿斗争在大方向上是一致的。

三年级下学期，国民党政府摇摇欲坠。1949 年 4 月南京政府逃到台湾，政局更急转直下。广西国民党政府也瘫痪了。大约五六月份，有同学说，我们系主任要去台湾。我赶紧找一位同学一起到系主任家里去，和他说了很久。我们说，共产党马上将取得全国性的胜利，这个日子快要来到了。共产党不歧视知识分子，而是欢迎、需要知识分子的。我们不替国民党当走狗，不与共产党作对的，怕什么。我们劝他放心留下来，继续做我们的系主任，不要再去走过去那种颠沛流离的悲惨道路了。他仔细听我们谈，也和我们融洽交换意见，主任夫人也过来一起谈，最后他表态决定不走了，这时我们才高高兴兴出门告辞。可是第三天听到同学说系主任已经走了。我赶紧跑到他宿舍去看，已是人去楼空，心中感到非常遗憾。我们对他的表态估计错了，否则我们可以动员更多的同学甚至全系的同学去挽留他。当然我们不会强迫老师的，但动之以情，晓之以理，还是能够打动他的。三十年过去后，80 年代末，我们有同学到美国去，曾登报寻找他，果然找到了他。我自己也反复思念他，不是为了我们之间有什么个人来往关系。在那个年代、在广西，能多挽留一位好教授或聘来一位好老师，意义是很重大的。

1949 年下半年，广西国民党政府瘫痪了，学校无法再上课；医药研究所关门，我失去重要的生活来源。6 月，学校提前结束学期，提前放暑假。我为了活路，随同学跑回南宁，设法找份工作，以便活下去。和我们一起跑回南宁方向的人真多，前面有一大批同学在路上遭到土匪劫掠，行李全被抢被烧，连身上的衣物都被剥下来拿走，女同学也逃不脱。我乘的车半路上出事故，差一点儿翻下了山坡，我们险些丧命；这个“事故”使我们远远地落在后面，而躲过土匪的劫掠。这次经历，也算是捡了一条命和躲过了一次惊扰。

回到武鸣，我找到当时的武高校长，要求找份工作做，他答应下学期开学后就让我来当教师。然后我又回到家乡，找到了寺圩乡在国民党县政府中的头面人物，对他们说，共产党肯定就要取得全国性的胜利了。建议组织寺圩乡搞独立，叫共产党的游击队回来接管乡政府，原乡政府人员仍然继续工作，马上切断从府城到武鸣的公路交通，实行免除征工、征夫、征兵、征粮等政策。他们说这是件大事，得再考虑一下。接着我回到寺圩乡。乡长说，欢迎我回来主持乡政。我说我并不是想当乡长，希望他们很好考虑。看来他和县里的几个人联系过，但没有结果。这些国民党官员，到了非常时期，仍然不识时务，这是他们的根本立场所决定的。终于在解放战争过程中和新中国成立后的日子里，他们都得到了应有的下场。

我回家，看到家里的贫穷惨状，实在待不下去了。为了解决家庭困难，我跑到隆山县(现马山县)同学家，打算借些粮食给家里度日，可惜没能借到。回家后只好转去武鸣县城，到武鸣一中(初中)找何亮校长求份工作。何校长马上答应，叫我立即到学校来协助筹办招生事宜。于是，我到明秀园去当上了武鸣一中教师。不久有人告诉我，说我回寺圩说服乡当局独立的事，山上的共产党游击队已经知道了。

不少同学暗地邀我上山参加共产党打游击，我说革命马上就要成功了，我才挤进去，占一份“功劳”，不应该了。在这里，我不上山，也能为游击队做些事。因为那时，在我们乡里，我已能讲些话了，人家也能听得进去，我也不怕遭受什么暗算。游击队到一些财主家借枪，这些财主来问我怎么办，我说交出去算了，留下来反而不好。其实，那时候，我们北区的游击队活动不多，也很少打仗。国民党的县民团主要在南区伊岭乡和中区邓广乡一带与游击队打。从南区抓来的游击队家属，有一次就关在我们学校里，被关家属的家人来看望，就常在我的房间内休息、吃饭。

一个民团的营(或连)长背着冲锋枪到学校来看望我，他叫尹光庭，他家离我家约6里地。从前我们没见过面，不认识，我只知道他在外边当什么军官。此时，他正带兵在南区围剿游击队。他说，跟游击队打仗真没意思，不打不行，打又打不赢，心中感到烦闷。我告诉他，你带自己的部队，趁夜间从围剿游击队的战线上拉出，到寺圩乡投奔游击队去吧。以后，他真这样做了。新中国成立后不久，我和一位教师乘解放军军车，去锣圩看剿匪，正好碰到尹光庭。他仍背着冲锋枪，对我说，当时和我分开后，就设法拉部队回寺圩投奔共产党，果然成功了。经收编后，当了共产党剿匪部队的炮兵营营长。他很感激我当时对他的忠告。新中国成立后不久，他就荣获复退回乡了。自从在锣圩与他见面后，我们始终没再见面。据乡友尹汉辉同志说，当时尹光庭突然回到寺圩，部队驻扎在蒙村祠堂里；游击队力量小，也不敢动他们，他逐渐地和游击队接上线，最后就起义参加了游击队。人们并不知道事情的缘由。尹汉辉还说，“文革”期间尹光庭被打死了。这是不应该的。

我在武鸣一中上课任务较重，教一个班的算术课、一个班的几何课、一个班的物理课，还当新生班班主任。一般学校历来女生座位都安排在教室的前排(那个时代，女生少)，而我在排座位时却打破了这种传统，按照女生的要求把她们安排在中间。这竟成了校里的新鲜事，学生墙报出了号外。那时学习秩序差，我规定如果不交作业我就不上课，还真为此停课了一次。这一着，学生墙报又出了号外，说老师罢教了。这样做，对扭转下滑学风是起到了一定的推动作用的。教学方面我是很认真的。物理课没有演示、试验仪器，我自制几种小仪器给同学们演示，大家都感到很有兴趣。校长的大儿子当时已上高中，对我的工作也非常喜欢，非常支持，经常来帮忙制作教具，说这对他也很有启发。

同学们对我很好，经常到我房里谈各种问题，女生也经常成群结队地来。我不感到自己是老师而是他们的兄长。有的学生家里有坏钟、坏留声机之类也拿来给我修，我也尽力而为。记得有一次帮一个同学修了留声机，他还拿了一张义勇军进行曲唱片来试唱，我们一边试机，一边跟学唱，快乐极了。其实，当时这首歌已被定为新国歌。这种十分融洽的师生关系是长久的，后来我到北京工作，20世纪50年代后期不少过去的学生和同学考上了北京院校，又经常到我家来，过节就集体来过，家里热闹非凡。开始时，有武鸣一中的老师来信，说某某同学(我当班主任时的学生)要来北京上学，他家庭困难，叫我就近帮扶。我当然爽快地答应了。此时，我每年都寄些钱回去，给邻村上高中而家贫者，帮扶他们上学。如今，家乡人要来北京上学有困难，我当然更应该帮忙了。但这位同学很坚强，到北京后我们经常问他有什么困难，有什么需要就说，他却一次也不曾提出过。其他不少同学也经常来往，和我们就像一家人似的，这种关系一直保持到现在。

这种珍贵的师生关系后来不断扩大，不是我的学生、不是我们县的同学，也都称我做老师，并经常到我家来。后来我家频遭磨难，家庭经济很差，再没有能力支持别人了，不少青年学生还是喜欢跟我们来往，他们都对我很好，经常到我家走走，直到目前，仍然如此。我，当然不是什么桃李满天下，我教的学生并不多，但有那么多的兄弟、朋友相互关心，相互往来，这也是我个人和家庭难得的最大幸福。有一次，一位同学从安徽来信，说要向我借10元钱。因我急着要马上出差，到武汉“长办”招待所住下后，我立即去一个小邮局把钱寄出去给他。后来没收到他的复信，不知他收到否。过了很多年，再次出差武汉又到该招待所住下，偶然记起过去曾在那里寄过钱，顺便进该邮局去问问。邮局问清是寄10元到安徽的，服务员就拿出钱来还给我，也没要我什么证明材料，好像也没看什么工作证之类，我猜可能那10元钱因投递不出而退了回来，已压得很久了。真遗憾，那位同学(好像是外县的，不是武鸣县人)不知怎样了。我一直都惦记着他，没能及时帮他排忧解难，心中一直感到很内疚。素来，我拿钱给别人，从不再想要人家归还，因而我从来当然也不去记账。这次，因那位同学在安徽的住址不固定，才留下一个究竟收到了没有的心思，也才发生过了几年我才去查问的事情。从这件事也可以看出，20世纪60年代的邮局工作人员，作风多么可敬！

有一次，在一中教学期间，武鸣高中的同学曾派代表来请我去教他们的数学，说他们的老师教得很不好。我本想满足他们的要求，再说这也可多得些钱来养家和积蓄一些以便继续上学。但我心中不踏实，便问他们向学校说了没有，他们说没和学校商量，还说不用和学校商量的。我立即说，那可不好，不能因找到我而打倒了一位老师，让他丢了饭碗。我一再给他们讲清其中道理，最后终于谢绝了他们的要求。

何校长一家笃信基督教，每星期天都要上教堂去做礼拜，何夫人叶老师(当时是著名的英语老师)经常邀我一起去，我随去了一两次。确实，我不喜欢信教，以后就不再去了。他们一家待我都很好，曾请我去他家过节吃饭。他大儿子常到我的宿舍，看我自制什么物理教具等。后来我到北京工作，他上广州艺术学院读书，一南一北，相距数千里，还经常来信。可惜他英年早逝了。

1949 年 12 月初，武鸣县城解放了，学校暂时停课，我就趁机回家看看，到乡里看新政府。那时游击队也回来了，正加紧收缴民间零散枪支弹药，让地主富户交粮等。当时我曾主动参加工作，我和另一名游击队员到大杨村的大财主家通知交粮。他是寺圩乡有名的大富户，可能是数一数二的。当时，地方上的土匪、国民党残余、旧社会残渣余孽等活动还很猖獗。我们二人虽都带着枪去，但来回都得非常小心警惕。我们抄小路走，一路上很多人都站在山坡上瞭望，看寺圩乡方向究竟有什么事。在我们经过的地方，不少人都认识我，而更多的则是听到我的名字后才知道。这个地主的儿子，曾是我们寺圩高小第 5 班的同学，这次没有看到他。到了地主家，地主极力要求减少交纳数字，我们自然不能答应。当时在广西大学比我高一级的仙湖乡一名同学也到寺圩参加工作，他究竟是毕业后回去就参加了游击队，或者是新中国成立后才参加的，那就不清楚了。

哥哥在抗日战争时捡到一颗手榴弹，放在家里十多年了，我让他赶快交上去。我三姐夫家里有支枪，我也让他交上去。三姐夫听我的话，也很快把枪交了。

新中国成立初期，南下大军有些部队就驻扎在学校宿舍和教室里。部队经常来邀我们去玩，叫我参加一些座谈会，这时各种活动还是不少的。后来，我接到上级通知大学要复课，并让解放军用军车护送我们回桂林复学。我赶快领出工资——每月几十斤糙米，拿到市场上卖了换钱，连家也没能回去，就赶到南宁去集中。记得当晚到南宁，第二天凌晨就到部队军营，军营供应早饭，吃了就上车赶路。四十辆军车真是浩浩荡荡。军车是用篷布包盖的，一路上人都闷在车篷内，坐在车厢的底板上。当时，路上还有国民党残余匪帮骚扰。对付那些土匪，军队当然不怕，但我们却很害怕，只闷着坐车，连话也不敢大声说。据说车队过迁江北边时打了一阵枪，不知是真是假。车队从南宁出发，经宾阳、迁江、柳州、荔浦、阳朔直到桂林，一连闷了几天，才回到了学校。学校变了，“解放区的天是明朗的天!”歌声不断，学校充满了新气象，师生十分喜欢。我到校后，立即参加到秧歌队里去排练、表演，出外宣传，到桂林市去参加会演等，同时积极参加各类学习班，学习改造旧思想，反对个人主义和反对资产阶级思想，树立新的思想、新的人生观。按说这时我已是第四年级第一学期末了，但实际上功课进度还只是上三年级末的。当时不少同学思想动荡，离校去上新成立的军政大学。有的还邀我去，说广西新解放，需要大量干部；说什么学技术不如出去当干部等。但我仍坚持留下来了，不愿意走那样的捷径。有留校同学谈起几个月来他们留校迎接大解放，开展如火如荼的护校斗争的经历。听了这些介绍，我不免感到自愧。在这样的非常时期，我为了找碗饭活命而离校走了，不能参加这些护校斗争，回想起来颇感遗憾!

不久，四年级学生会改选，我不再有系学会和校学生会的被选举权了，但仍被选为班代表。旧历新年期间，由于治安不好，道路不通，寒假几乎所有的同学都留在学校。趁此机会，请得学校拨一些伙食费和旅费资助，就在除夕那天我带领全班同学，到兴安县城湘漓分源的灵渠，进行测量实习。出发前，我苦苦地请了一位教授同去指导，那位教授最后是同意了。但刚到兴安，当晚他就要上火车回学校去。我把老师送上火车站时，心里真感到有些不高兴，很不理解。我多年不在家中过年，即使在家过年，也是过的那种一年不如一年的穷困“年”，“过”和不过都一样，自然不会感到多大的重要性，加上全班同学都回不了家，这更使我不去想在家过年过节的事了。以后时间长了，阅历多了，我才理解到，那位老教授跑回家的心情；辞旧迎新是中国人家庭团聚、吃团圆饭的传统佳节啊。这样，我才逐渐认识到我那次的不高兴，实际上是犯了不尊重别人、不尊重老师的一种错误表现。

在兴安灵渠，我们住在一所中学校内，自己带被盖、锅碗，自己到街上买米、菜，自己做饭吃，总之，一切完全自理，实习内容也自己定。我们进行了天文测量、水道测量：三角测量，自然包括水平测量及基线测量等，但不包括水文测量。大年初一，城乡家家爆竹声声，锣鼓阵阵，而我们这一帮青年学生，则在灵渠两边来回跑动，大声呼唤吆喝，老百姓看了感到奇怪，我们却自得其乐。这次实习全班都很兴奋，是一次完全自理、自持、团结互助的学习活动，实际上，也是我们这些新中国大学生一次很有意义的集体过新年野游。

在兴安车站，我第一次看到火车上牌子的文字自左向右地横写，感到很新鲜、很科学。

实习完毕后，有个别同学回家去，以后不见回来了，据说家是地主，回家参匪去了。这也是人生的一个重大的转折，各人有不同的道路选择，有些人转到别处去了，有些人改上军政大学去了，有些人再没有了下落，也有人进了监狱的。

1950 年上半年，是我上大学四年级的最后一个学期。按学校决定，我们每一年都要搬一次宿舍。这次我们搬到一个土山顶上，三年级同学也搬到那里，同住一间大房子。大房子门外放一个大水桶，晚上自来水来时自动引水到大水桶供大家使用，早上和下午用水高峰时，水就压不到桶里。我发现水位相差并不大，仅 1 米多一些，压力不够，于是发动宿舍全体同学自己动手，一齐挖个大坑，把水桶埋深，这在当时也算是较大工程了，就这样，基本上解决了大家的用水问题。从前，学校设有工友负责扫地、搞宿舍卫生、送开水等，现在解放了，这些自我服务性劳动都要同学们自己动手去干，这对我们是一种锻炼。我经常组织同学们对周围环境进行整理、清扫、铲草、运土、开路等，使我们宿舍环境卫生大为改观，多次受到学校的表扬。

一位从美国回来的教授，带回了几十张如大古力电站、田纳西流域治理工程等的工程彩色照片，大小像现在通行的彩色照一样，我把照片借了回来，用幻灯机放给同学们看，不少同学要求放了又放，别系同学来看的也很多，大家都很感兴趣。这对提高同学们的学习兴趣和教学质量是有好处的。

土木系分结构和水利两个专业，大概在三年级时分的，分专业时，我没很好地考虑而填了水利专业。王朝伟教授知道后，专门找我去，说像我数学基础这么好，应该上结构专业。我虽然很同意他的说法，但表已经填报了上去，也就算了。其实，如果当时认真些，去要求改一改就行了。我没有做，我想，新中国刚成立，哪一行都需要人才，只要努力去学习就是了。王教授很认真地编写讲义，并逐步修改增补，最后用石印印出卖给同学们。我也帮他做了这方面的工作。

王朝伟教授的老母亲长期住在北京，新中国成立后路通了，王教授回北京接老母亲到桂林来。老母亲不幸途中劳累染病，到桂林不久就逝世了。王教授老母亲在医院中治疗，逝世后搬回学校安葬，我都尽力奔跑帮助。在安葬教授母亲时，我组织全班和土木系其他同学到场表示哀悼，影响所及，其他系也有很多同学自动到场。虽不举行什么追悼仪式，但整个山坡及对面的土坡上都挤满了同学及教职工，情景也很肃穆庄重。这对进一步搞好师生关系起了很好的作用。

不久，我到桂林市军管会询问，有什么工作能叫我们做的，军管会让我们去做恢复灵川县甘棠渡灌区的测量工作。学校对这件事很重视，派一位教授前去指导，应该说，我们这次活动，是新中国成立后广西大学第一次为社会主义建设、恢复经济而做的重要事件。我们是毕业班，要准备毕业，却让我们去而不改让三年级或二年级同学去，除了因为是我主动去联系之外，学校把它当作重要事件来处理，这可能才是主要的原因。军管会给我们提供伙食，其他全由我们自理，自然也是没有酬劳的义务劳动。

测量结束那天，军管会给我们加菜，当地叫“打牙祭”，即吃得丰盛一些而已。但吃饭时却有一个小组还要出去赶完最后的测量工作，测完后他们就直接到火车站回学校，加菜就无法参加了。我参加了“打牙祭”，早早吃完后就和大师傅一起送饭去给他们吃。临行时我向教授借了他的照相机，问了问怎么个照法就出去了。到工作现场测量工作正好完成。稍事收拾，大家立即围过来吃饭。我抓紧时机，照了一张相。他们吃完饭，我们就从工地匆匆忙忙地一起赶到火车站回校了。

回到学校，校长亲自到办公室大楼前欢迎我们，给我们讲了话，照了一张合影照，由此可见学校对这次活动的重视程度了。回到还有别班同住的宿舍后，看到离别十多天的大宿舍被弄得到处是垃圾。我出了一张大字报，批评了这种现象，并立即带领同学们做了一次大扫除。

后来，教授把照片和相底给了我。虽只照了两张，却照得蛮好的。和校长合影的那张，是我们的凯旋留念照。一帮衣裳不整、草履征尘、喜气洋溢的小伙子，和老校长(新中国成立后来的老干部)挤在一起，两侧和后面放着我们的测量仪器、花杆、标尺等。另一张在一棵大树下，春气盎然，一帮小伙子有的正在装饭，有的跷着泥腿正往嘴里扒饭，有的正向菜盆里伸筷子，劳累的神色刚从脸上消退，胜利的喜悦洒满了整个空间，很有生活气息。参加测量的每位同学都要求加晒这两张照片。特别是在大树下的那张，不管照片上有没有自己，它都是自己参加了这次很有意义的、充满胜利喜悦的活动见证。这里没有任何矫揉造作，大家都没注意，听到咔嚓的一声才知道被照了相。所以，有的同学还埋怨没能稍许收拾一下！但是看到了照片上自己的超凡脱俗的神态，又不能不十分地高兴了起来。其他虽在场而只现一条腿、一只手或什么也没见到的同学，也因为能各自找到自己的位置而欢欣雀跃。这是我第一次拿照相机，第一次学照相，尽管背景有点乱，但它毕竟是我的首次学习摄影实践的作品。

20世纪50年代初，学校团组织——新民主主义青年团号召我们入团。班上有同学申请了，团组织也派人和我谈话，动员我申请。我说自己不够格，不好申请。这是自己当时的思想实情。我自己想，解放军沐血奋战，才解放了广西；许多同学留校迎解放，开展护校斗争。我却离校回家找工作，找碗饭吃，对比之下，差别太大了。这种自卑感影响了我，终于没有申请。其实，当时我26岁了，已经超龄。

这期间，我的生活发生了很大的困难。医药研究所那边的工作关系早断了；靠原来在中学做教师没存下多少钱，而且已渐渐花光；万事待兴的新社会、新时期，写些东西投稿很难刊用，也得不到什么钱。经济压力弄得我晕头转向。我早已无力到食堂和同学们一起开饭了，自己买点米来自己煮吃，就像叫花子那样。尽管这样，我还是没向任何人乞讨，也不曾开口向人借钱。王朝伟教授知道了我的情况，给了我一个袁大头银元，才解决了我不少困难。有几个同学见我太困难，也不时帮助我。有一次，我走进一个1945年以前日寇破坏的房子里，无意中捡到了一个有孙中山头像的小头银元，这就可以继续买些米，又让我喘了一口气。当时在瓦砾堆中见一个银元，捡了起来抹拭一下，高兴得立即走了。为什么不再挖找一下，会不会再有别的遗物呢？现在回想起来，心中还感到有些后悔和遗憾。

将毕业时，新来的系主任通知我，说学校决定派我到哈尔滨军事工业大学(简称哈工大)进修，相当于读研究生吧。还说，现在刚解放，无法到国外留学，从苏联来的专家教授，很多留在哈工大里面，你去那里就等于出去留苏了。土木系派我一个人，别的系还有谁，我不知道。对于派我去哈工大一事，我心里当然十分高兴。但我既不打听，也不张扬，根本不告诉别人。想不到，毕业后系主任找到了我，说不能再派我去哈工大进修了，因为有人说我有三个问题：一是有个人主义思想，二是走中间路线，三是没有劳动观点。我听了，心中很感到意外，也很难受，但我不说什么，更不表示反对，不表露有什么了不起的悲伤。我历来遭受的困难、碰到的打击太多了，对此我还怕什么造谣和中伤！而且，天涯何处无芳草?！我就是这种不等不靠谁恩赐的人！班里同学知道此事——不知道从哪里知道的，我从没告诉过别人——都很气愤，专门为我开了一个会，好像也叫做平反会。过去班会都由我召集，因为我是班代表。这次却由他们召集，请我参加。会上主要是反对有人给我乱加的三条所谓问题。大家说我家贫、生活艰苦，但从不侵占别人利益，不伸手求人，怎能被说成是个人主义？说我积极参加各种社会活动，积极参加宣传，主动去找军管会组织服务，怎能说走中间路线？用幻灯放美国工程照片难道就算是崇美吗？经常组织大家劳动，自己也很卖力带头干活，怎能说没有劳动观点？会上同学们讲了一大通，最后让我也说说。我说，开这样一个会，我非常感谢，但看来没有什么用，大气候是这样，大压路机之下的小石头，没有别的选择。我只表态不同意大家继续再开展这种活动。

俗话说："水退石头现，事久见人心。"这是很有道理的。后来的多年社会实践，终于使我认识到，那次送我去哈工大进修化成泡影，的确是我有生以来第一次遭受的政治打击，嗣后同样的打击竟然接踵而来。某些有权有势的人，捞不到留学机会，哪能让我去呢？挫折使我逐渐概括形成了一些脱离现实的理念：政治上不让我上去，只好致力于技术了。其实，任何一个社会的科学技术，都脱离不了政治的。现在回忆起来，当时我制止同学们不要再继续进行这种讨论，是很明智的。最后，广西大学通知我，让我留校当教师，我没有同意。

26岁，我大学毕业了，在学校等候分配。我愿意到工程单位去工作。等到第二个月，学校开始发给一个月的生活补助，我这才开始好过一些。后来，我们三个同学事先与南京水利实验处联系，接着相约到南京找叶永毅先生。离校时一位同学的夫人把我们送到火车站，她看见我的几件简单、零碎的行李，不禁嫣然一笑。我知道与她丈夫的皮箱、大行李相比，我确实显得可怜。但她笑的倒不一定是针对我的行李少，而是收拾得太零碎了。于是我把几件绑在一起，这才好拿得多了。三人怀着为国效劳的希望上了火车。当时的车行驶速度极慢，也没有卧铺。我们从桂林出发，途经湖南、江西、浙江、江苏、上海，最后到达南京，一连坐了大约一个星期，真可谓是长途跋涉。到了南京，叶永毅先生接见我们，说我们在南京只能待一天，后天就要到北京去。因为中央政务院正在召开治理淮河会议，急需水文工作人员。机会难得，血气方刚的我们，第二天跑马似的参观了中山陵、明孝陵、玄武湖等，第三天一早就登车北上。又是坐了几天火车，才到北京。到中央水利部报到后，就立即投入工作。这是1950年8月中的事。我正式参加工作了，这个月国家第一次发给我们每人70 000元人民币(旧币，相当于现在人民币7元，但其价值不同。下同)，我第一次得到了正式工资。于是，我投进新的人生历程了。

学生时代结束了！我得回头问问自己，我为什么甘冒千辛万苦，一定要上学呢？不是要想当官发财，我没有那种奢望。我从小受苦惯了，我从没想到过要比乡亲父老过得更好。现在我近80岁了，我一直不图物质享受，我总认为生活过得去就行。我有钱宁愿拿去帮助别人解决困难，只是在这方面，遗憾的是我做得很少、做得极不够。我从小只想多读些书，读书学习过程就如遨游仙境那样幸福，并不觉得苦，当读懂了书中的一些道理后，我就觉得无比的快乐。我平生生活是很艰难的，生活艰难倒觉得更充实些。我从小立志以王勃的“穷且益坚”为座右铭，以激励自己，因而每次遇到困难都能顶得过去。穷且益坚，一直是我战胜种种困难的强大动力源泉。当然，后来我也有了为国为民的思想，但那是后来读了书、受了教育才逐渐形成的，并非出娘胎就有。我深深懂得，我不是那种生而绝顶聪慧的人，后来做出一些成就只是靠勤谨学习、艰苦奋斗的结果。这正暗合“业精于勤而荒于嬉，行成于思而毁于随”(韩愈句)的教导。可惜这两句话是我后来才学到的，已嫌晚些了。

下　篇

行成于思而毁于随

虞美人

少年胝足红河上①，
野渡混浊浪。
壮年挥汗沪杭东②，
海阔潮高雷爆震长空。

而今观雨仙游洞③，
疑是黄粱梦。
沥血铸得寸金堤，
任尔狂涛摧劈也难移。

① 20世纪40年代，因上学、打工谋生及帮学校逃难、搬迁而渡过(广西)红水河十余次。
② 50年代到长江口外及到杭州湾看钱塘江口和钱潮湖。
③ 90年代在古赵都邯郸黄粱寺。这里的仙游洞，传说是黄粱梦典故发生的地方。

1950年8月广西大学毕业后，我立即到南京水利实验处(即南京水科院前身)，只休息了一天，参观了中山陵和玄武湖等南京名胜，第三天就转到北京中央水利部报到，参加政务院治淮大会的水文分析工作。虽然淮河的水文工作由治淮委员会研究，但会上河南、安徽、江苏三省对洪水的处理意见分歧很大，争论不休。这年刚刚发生过的特大洪水，三省都大遭洪害，生命财产损失惨重。大家的惊魂都安定不下来。我从南京北上，经过凤阳、蚌埠时，亲眼见到了洪水肆虐所造成的哀鸿遍野的惨相，不禁记起小时所唱的凤阳花鼓戏：“说凤阳，道凤阳。凤阳年年遭灾殃。堤坝不修河水涨，田园万里变汪洋。大户人家改行业，小户人家卖儿郎。奴家没有儿郎卖，身背着花鼓走四方。”这种大平原洪灾泛滥，灾荒的惨烈，我从未见过，也没有想象过。现在刚参加工作，就被派去承担了这么重大的任务，精神非常振奋，倍感责任重大。我和大家一样，下大决心，在谢家泽教授的带领下，什么条件也不去想，什么困难都不在乎，全部时间、精力都投入这场战斗中，夜以继日地干。我们先分析当年(1950年)特大洪水的雨量、水位、流量，对假定的几种蓄、滞、减治水方案进行计算，然后再分析1931年特大洪水。这样一天天地算下去，会议也一天天地见了眉目。分析计算工作终于结束，会议也开完了。毛泽东主席发出了“一定要把淮河修好”的号召。这是新中国的头一项特大水利建设工程。全国的水利科技工作人员都积极响应了这一伟大号召，踊跃地投入了这场战胜大自然灾害的斗争中去。比我低年级的广西大学同学也都提前毕业，由老师带队到治淮工地战斗来了。由于参加分析、计算洪水数据的任务，我虽未去工程现场，但后来也发给我一枚“治淮纪念章”。

毛主席关于修好淮河的题字

纪念章

不久，水利部人事处让我填档案表。我仔细、认真地填写后交上去了。人事处看了我填的表，内部提了两个“疑问”：一是能上大学而且毕业，其家庭怎能是贫农？二是参加的三青团服务训练班怎能说是进步组织？这两个“疑问”，使我在人生道路上受到不少冤枉和蒙难。但当时组织又不在我面前正式提出这等事，却是暗地里长期地打上问号，这个情况是经过多年被审查斗争后我才逐步知道的。

治淮会议结束，大约已是8月末或9月初了。9月初发工资时，我拿到了140 000元，我非常高兴。我写信给爸爸，告诉他我怎样到了北京，现在拿140 000元，可以养活他了。当时的生活费用很低，我每个月可以给他50 000元，自己留90 000元就行。大约9月29、30日我收到家人来信，那是堂伯父代写的，信中说我爸爸已在4月间逝世了。随信寄来了一块黑纱，让我戴上寄托哀思。我失声痛哭了很久。很多同事都来安慰我，帮我戴上黑纱。可怜我的老父亲啊，多年来为我辛劳受苦，为我日夜思虑；在我学业刚完成、刚走上工作岗位、艰难困苦刚要过去时，就辞世而去了。古话说：谁言寸心草，报得三春晖。正是我该报答父亲的恩德时，他老人家却溘然而去，怎能不叫我悲痛呢！真个是“哀哀父母，生我劳瘁”“欲报之德，昊天罔极”！然而这块黑纱我也只能戴一天多，十月一日“国庆节”早上，就得把它拿下来，因为要到天安门去参加庆祝大会。对老父亲的哀思，只好埋在心底了。

伯父在信中还说，我的大儿子刚出生半年，爷爷见了一面，也能给爷爷一个安慰。而且代替我给他老人家送了终。当时我年轻不懂事，想问题也很天真，自认为解放了，家乡的妻子儿子，哥哥嫂嫂，这些新社会的主人，在共产党领导下，应该翻身了，生活不会再有什么大问题了，他们靠劳动吃饭，我可以不再为他们的生活而忧虑了，我的任务就是全力投身到工作里去。

不久，水利部决定成立水文局，让谢家泽教授当局长，谢教授立即进行筹备。人员大部分从南京来，另一部分从各地调来。这时，中国水利事业百孔千疮，不仅百废待兴，不少项目还要从无到有，弥补空白。年底，谢局长带领叶永毅先生（后当水文研究所所长）和我三人，一起到三家店和卢沟桥选择实验站站址。嗣后，叶所长编写预报洪水方法的文章，叫我为他准备材料和例证，最后终于写成《怎样预报洪水》，发给全国水文工作者学习。因我对永定河的分析比较深入，并在继续进行研究分析，最后决定由我拟定永定河洪水预报方案，后向全局人员做了学术报告，并定于1951年实施。接着水文局决定在永定河流域增设大量水文测站、雨量站、报汛站。卢沟桥水文实验站也于此时成立。水文局成立了测验科、审编科和水文研究所。我被安排在水文研究所，但通常我的工作都是谢局长直接安排的。

1951年汛期，中央水文局决定试行永定河洪水预报，这在全国是先行者。当时虽有一些帮手，主要还是我一人工作。我晚上就睡在办公室桌子上，头枕电话机。我编了各种各样的预报表格工具。大多数报汛电话都直接传来，我接到后立即抄录、计算；而报汛电报则由电报局先用电话通知内容，然后派专人送来，再由我整理填表、计算。预报信息则马上用电话直接报给永定河河务局（防汛指挥部）。7月中某日的半夜，报来官厅山峡区下倾盆大雨。经计算，可能要发生500立方米/秒的洪水。我立即打电话给永定河防汛指挥部（永定河河务局）。防汛指挥部问，是要超过500还是可能小于500，因为如果超过500，全体防汛人员都得上堤严守。我说可能小于500，人员不必都上堤；待洪水到三家店后再进一步预报。结果等来等去，并没有发生洪水。预报失败了。我报告了谢局长，他感到很遗憾。待到8月初雨量资料送来，才知道官厅山峡区并没有下大雨。我们的三个报汛站包括斋堂、清水寺都集中在一起，因为设在河谷边，却都下了暴雨，使我上当了。当时通信条件很差，边远山村没有电话、电报，又装不起无线电，只能拣有电报的乡镇设站，三家店水文站设在永定河出山口，离北京仅十多二十公里，也要靠电报传递。而且，我所根据的三个站的代表性如何，也没有资料验证。过去山区内从来不设雨量站，只有1951年增设了大量测站后，才告诉我们这三个站的代表性很差。这就是首次预报失败的原因。

8月16日晚，大同以西下了大雨，我将报来的雨量逐时计算成洪水，逐时打电话给防汛指挥部。河里出现洪水后，又逐时根据水位、流量向下游计算官厅、三家店、卢沟桥的水位、流量，最后确定是发生一次大洪水了。17日清晨5点钟，我打电话给谢局长，他家住西单白庙胡同，告诉他发生了大洪水，已过官厅，估计6点到三家店，8点到卢沟桥，并告诉他预报各站水位、流量多大。他说马上到部里来。6时他果然赶到了，问三家店涨水了没有，我说还没报来。他说又糟了。就在这时，电话声响了，报说三家店已经涨水了。谢局长喘了一口气。接着三家店连续报来新的水情，洪水迅速上涨。6 时的报汛水情极接近我的预报数。谢局长向部里要了一辆卡车，带了一卡车的水文局人员赶着到卢沟桥去(那时，可能是 7 点钟前后就上班)。因路上车挤，紧赶慢赶，约 8 时才赶到卢沟桥，已是洪流滔滔，浊浪滚滚，水面接近铁桥下弦了。防汛人员都紧张巡逻，我们水文实验站人员也在紧张施测。卢沟桥实际洪水位只比我预报的低 20 厘米。从大同以西降暴雨起，依次不断地向下游预报，当时所能用的方法都用到了，精确度也不低。

洪水降落后，谢局长把我带到防汛指挥部，会见河务局局长等。指挥部很感谢我们的预报。历来永定河洪水陡涨猛落，经常措手不及就发生险情了。现在洪水来的前几小时甚至十多小时就知道，当然好得很多。谢局长也谈到了 7 月间预报失败的原因。

洪水过程中，我随时根据报汛资料分析各站水情，写成《永定河 1951 年 8 月中旬洪水的初步分析》一书。经过谢局长的修改，在《水文丛刊》中的“洪水分析参考资料专刊”刊出。并在封一内页和序言前面，同时印有由部长、副部长署名的《中央人民政府水利部关于进行洪水初步分析通知》，发给全国水利机构，要求“各地水利机关重视这一工作，抓紧时间进行。对问题较多的，带有控制性的测站，尚需派人下去具体指导，进行检查研究”。这可以说是我的第一本专著，虽没有多高的水平，但对全国都是有影响的。尔后，永定河的洪水预报工作交由河北省自己做了，全国各河流的预报工作始依次展开。

1951 年、1952 年之际，在全国开展的“三反”“五反”运动中，我检查出一条，即在学校毕业后等待分配时，学校为解决毕业生在等待期间的生活问题，每人发了一个月的补助费，我领后半个月就离开桂林去南京，没有向学校退还那半个月的补助费，自认为是贪污了。不少同事用公家信封信纸写私人信的，也都自己进行检查并逐一上报。可见那时候的民风还是很淳朴的。

1952 年，官厅水库已动工兴建，水文资料却总整理不出来。经华北水利工程局的要求，水文局同意让我赶紧整编永定河历史水文资料。我答应三个月拿出初步成果，再加一个月复核校阅。这原是一项很困难的工作，整编科花了很长时间没能完成。因为历史旧资料太混乱，错、漏、假太多。这次让我负责赶做，组织了三四十人，还有不少从伪政府接收过来的官员们，包括伪县长、团长，其中还有一名伪师长等帮抄写。工作除按一般正常方法进行外，还要注意测站的条件、变动沿革、上下站的关系、流域的雨量、水量分布关系等。我如期完成了任务，同时在工作中做了不少分析研究，如把非汛期缺乏资料的都插补了月水量，分析了年雨量与年水量关系，写出了分析报告。以后水文局刊印成年鉴时，将这些分析报告、插补材料也刊入。这是很特殊的做法。因为一般年鉴不做分析、插补的。这次工作经验，后来曾在水文局新扩大成立的审编科、河北省水文处、山西省水文处宣讲过，并被邀请到天津大学水利系向水文班宣讲。

工作结束后，我到永定河上游去普查一次，官厅山峡更是经常要去的地方。1952年六七月，我和叶永毅所长到官厅水库工地去观察，了解到大坝设计洪水还存在问题。我于是提出建议，让官厅水文站狠抓汛期的洪水施测，要求连续测洪水，要测出洪水绳套(即水位流量关系曲线)。碰巧1952年永定河发生大洪水，水文站又有一位留美刚回来的专家负责，洪水测得很出色，给水位流量关系曲线延长了很长一段，从而解决了水库设计洪水问题。

1952年七八月，我到河北省易县、紫荆关等水文站检查水文站工作。去千河口水文站时，到张坊镇就已黄昏，路不好走，人家都说不能再走了。陪我去的河北省水文总站人员也不走了，我自己决定一个人继续向前走。我背有一台水平仪和一台流速仪(连铅鱼)，那是为了帮各站校验流速仪和水尺零点用的。当时站上条件异常艰苦，仪器设备很困难。这段路都是乡村小路，还要过两次河(就是现在拒马河十渡一段)，路又不熟，过河更成问题。我摸黑走了两三个小时，到晚上八九点才摸索到千河口，人们都很惊讶。据说这段路，当地人也不敢夜间一人走。我自己倒不怕坏人、土匪。当时治安是可靠的。但过后想到那一带荒野还是有虎狼等野兽，而夜间摸着过河更危险，但终于闯过来了，实在是万幸之极。我之所以要这样不辞辛苦赶去，只是想早一些到站上，多了解站上情况，一到天亮就能与站上人员共同投入一天的工作。当时工作上艰苦奋斗的精神大抵如此。

1952年8—10月间，苏联专家拉普徒列夫，要来查看黄河人民胜利渠的泥沙问题。水利部事前派我到黄河水利委员会及现场去了解问题的情况，回京先向苏联专家汇报，随后又陪同专家到现场视察。在此期间，不断参加、协助黄科所进行的黄河泥沙测验工作，与黄河泥沙结下了不解之缘。

1952年底，我被派往河北省水利厅协助组织1951年、1952年海河流域水文资料的整编工作；河北、北京、山西的水文人员都来参加。和一大帮年轻人包括刚到水文局的几个天津大学毕业生一起工作，确实是一件愉快的盛事，而且交了不少朋友，也和河北水利厅水文工作人员混得很熟。

1951年、1952年审干运动，认为我隐瞒家庭成分，把我狠审了一通。穷苦的贫民与上大学的矛盾，我怎样讲他们都想不通，没人能耐心地听我讲下去。最后把我说成是没落地主才勉强停了下来。但祖宗的有钱与没落，与我何干，我从小就贫穷是肯定的，审查给我的情绪打击极大，但过后并没有影响我的工作。其实对我审查的真正的问题是关于贫农却上了大学是不是拿了特务经费，是不是一个潜伏的特务，只是这次运动还未公开提出而已。

我把到各水文站检查所得，写了一篇关于测站水位特殊涨落情况和原因的文章，又把分析永定河洪水、计算雨量的方法等资料整理出来。这些在水文局测验、整编两科都起了相当的影响。他们常找我去讨论，并说请我做顾问。谢局长叫我分析了解荆江分洪问题、独流减河问题、1939年华北特大洪水问题。为了永定河洪水控制，我经常到官厅水库、官厅山峡去了解、调查情况及调查历史洪水等，还常到郑州黄河水利委员会去协助他们搞精密泥沙测量，经常到引黄沉沙池等去察看情况。

1953 年七八月间，辽宁大伙房水库建设工程进度被迫放慢，原因一是土质太湿，一是设计洪水问题。部里请几个苏联专家去解决前一问题，请谢局长和设计院几个人去解决后一问题，我也参与其中。在沈阳工作一段时间，主要是分析资料和到现场调查。沈阳设计院还请我讲洪水调查的经验、方法。正在这时，大伙房水库以上降了暴雨，我认为是一个很好的机会，就建议组织人力赶测洪水。辽宁省设计院派人和我们赶到抚顺，在日伪时设有断面的地方用浮标赶测流速，洪水退落较低后，就赶测断面。我拿水尺蹚着齐胸的深水从南岸到北岸测了断面，很好地测到了洪水过程，后来计算出来，把大伙房水库的设计洪水问题十分完满地解决了。其实，这和解决官厅水库的设计洪水方法一样，经验是：积极地狠抓一切可以得到的第一手现实资料。

洪水过后，部里来电叫我们就地下去调查洪水灾情，慰问地方。我到铁岭县和该县县长下去调查访问。此时松花江接着降大暴雨，部里让谢局长和我赶去哈尔滨。因铁路交通已经全断，飞机票也只买到一张，于是谢局长一人去了，我继续在辽宁调查访问。这次哈尔滨大水，谢局长帮抓洪水预报，指导防洪，起了很重大的作用。待铁路交通恢复，我赶回北京，才知道部里要派我去新疆克拉玛依油田帮助解决供水问题。但因我回不来，改派别人去了，失去了一个学习的好机会。

20 世纪 50 年代初，钟表还是一种稀罕物，众多地处边远村野的水文站能有一个双铃马蹄表就算不错了。不少水文站每天靠日影来校正时间，也就马虎过去了。而测流速的秒表走时也不可靠，必须经常校对、有时得送到省城去检测，而且必须速去速返，不能耽误工作，为此，伤透了人们的脑筋。我经过仔细计算测流的误差原因及其分布规律之后，发现主要误差不在秒表上，因而提出可以用每天误差不到五分钟的马蹄表(闹钟)来检测秒表的办法。人们听后哗然，认为不可思议，马蹄表质量太差，岂能与秒表相提并论?！我指出误差小于每天五分钟，相对误差只是 5/1440 = 0.34%，而测流误差可允许达到 5% 甚至 10%，相比起来，前者只是一个小数。至此，仍有个别人认为，精密度应该要求更高才合适，不宜往低处靠。我认为，不应该为了个别小数而妨碍整体工作的运行。最后，该法受到公众及领导通过，并正式写入水文站技术文件，被全国采用。这虽是一件小事，却是行成于思的一个例子。正是“业精于勤而荒于嬉，行成于思而毁于随”(韩愈句)。

50 年代初，水文站含沙量测量比较粗糙，很不精确。有的到河边取一桶水测量其含沙量就算是全河的平均含沙量了；后来逐渐增加到几根垂线、每线几点混合。黄委水科所最早进行精密泥沙测验法：以点流速、含沙量，加权计算垂线平均含沙量。后来全国广泛采用。一般是每条垂线采 6 个点或 11 个点的流速、含沙量，然后加权计算垂线平均含沙量。此法是精密的，但成果不一定精密。因为河道流速、含沙量及其分布瞬息万变，历时一久，面目已非；而且这办法工作量极大，成为水文站非常繁重的一项工作。我研究了布兰托(Prandt)的流速分布规律，罗斯(Rose)的含沙量分布规律以及黄河、长江等大量的精密泥沙测量资料以后，得出垂线水深0.2、0.6、0.8三点含沙量的1.95倍、1倍、1倍的平均值，约等于垂线平均含沙量的结果。因此提出以三点各2、1、1筒水，混合作为垂线平均含沙量的水样。称“211体积混合测沙法”，并指出所得结果会稍许偏小，但不影响测量质量。此法提出后，水文局交由全国普遍进行实验。其后理论分析、资料分析、野外实验对比，在全国广泛开展。其结果是：本法大量节省了野外测验工作量、室内计算工作量、用器量、测验时间等，约各节省85%，而且误差在允许范围以内，稍许偏小。最后本法被写进《中华人民共和国水文测验规范》，后多次修订再版，该法始终保留，全国通用，至今未变。2000年，原水文局技术处处长陈道弘先生曾为保障知识产权而给我写了一份证明书，且加盖了水文局的印章，因为没有别人知道该法的发明者是谁，但我也不去为此邀功。

我曾写好了一篇关于讨论苏联一个水文公式的文章，送给一位处长看。后来也不再去问他。想不到这成了我的一条罪状，也真有意思。

约在1954年年初，组织上要提拔我当科长。以后却宣布了别人，没有我，我被压下来了。

1954年定级时，群众讨论决定我为九级工程师，但宣布时却把我压成十级，我心中当然很不满，但也从不为此向任何一个人发过牢骚。我继续好好干我的工作。我绝不去巴结谁，逢迎谁，不为名位钻营。当时我极相信新社会。第一次认购公债，我不顾家庭如何困难，认购了220元，积极支援国家的建设，成为认购额最多的人。水文局领导曾跟我说，让我少购些，顾一顾家，我很天真地说社会主义农村用不着我去管了。

1954年六七月，部里派我到河南、湖北、广西、广东、浙江去考察了解。离开前局里让我到广西顺便回家看一次。因为我多年没顾家了。我问，我1940年参加三民主义青年团武鸣分团服务训练班的事是否已经解决？我有证据证明，那是地下党借“三青团”的名誉吸收社会进步青年进行革命宣传活动的，它是进步组织，不是真正的国民党三青团，我参加这个组织的活动没有错。水文局办公室主任说，已经解决了。我说倘若还需要，我可以再找更多的证明。办公室主任说，不必要了，已经解决了。我于是放心地离京南下。

到广西家里看了一下，家里人事皆非。1949年离家至此，已过5年，父母都已不在，儿子4岁多了，哥哥嫂嫂原来连生7个孩子都没养活，这是在新社会养活了的第一个，全家都极其高兴。我在家中住了两三天，就急忙到南宁乘船去广州。到了广州，在广东省水利厅和水文处、设计院的人员一起，去中山县等地参加野外测验工作。这大概是我的特点，每到一个地方，必然到站上参加野外工作以便体验了解。也在这一年，我就曾与黄委会水科所人员到黄河多个主要站查看，每到一站总不放过参加具体工作的机会。

准备离开广州去浙江之前，接到水利部电报，要我回北京参加肃反运动。到广州忙了多天，还没有出去玩过，赶紧背了照相机到黄花岗去看看。刚照了一张相，胶卷就转不动了。原来广州天气热而潮湿，胶卷都粘坏了。幸好所照的七十二烈士陵墓照片还很清楚，成了到广州的唯一纪念照。

回到北京，参加了肃反运动，我下决心仔细整理自己的历史材料，向共产党表明自己的一切，积极争取成为共产党的一员。但自己也似乎感到被冷遇了：一些风言风语，说不要写那么多，只要说出实事就成；积极分子会没找我，不少人有意避开我；等等。我也顾不了许多，积极地参加到运动中去，同时仔细地写了自己的身家历史。

运动后期，宣布水文局的肃反运动结束，但同时宣布有些人没有交代自己的问题，需要个别帮助解决，我是其中之一。我非常震惊，当即站起来表示反抗，说我没有丝毫问题，如果有，任杀任劳改都不在乎，用不着什么再帮助。人们都顺着说不要关门太早，等等。当晚“帮”我的那个人找到我，我照样表明了态度，绝无什么可说的。他说你不自己讲，我们就要开全局会斗你。我说我不怕，任意斗。第二天果然召开全局大会叫我交代。我说我没有问题怎样交代。办公室主任说，你从头说起。我就把我的政治历史，从头起一点一滴地谈，什么时候，什么地方，和什么人谈了什么，做了什么等，都谈了出来。他们听得不耐烦了，说不要说那么细，说主要的。我反问什么是主要的，你说说。办公室主任说，就把三青团的事谈谈。我当即火了，拍桌子说，三青团的事你不是说已经解决了吗？我回广西前问过你，如果没有弄清，我还能再找些证明么，为什么现在又说没解决，你这是什么用意？我这样的气愤发火，可能超出了常态。在当时运动中常有打人骂人的情况下，是要吃亏的。我虽说不上是铁骨铮铮，正气凌云。但心里坦然，我何惧之有?！全局人员平时对我也很好，没有无故加害打骂的。我问得办公室主任(局级老干部)哑口无言，只好说，那就让大家提问题吧。但也只有几个人提了些意见，说我骄傲自大，不相信别人，等等，没有一件能提高到政治问题上去。最后，办公室主任只好宣布散会，但仍说要继续帮助我。然而，一连过了几天，没见来人找我。最后才向我摊牌，说我有两件事没有交代：一是我反苏。我反问怎知道我反苏？他们说你写了一篇反苏文章，说苏联公式怎么不对，已交到人事处去了。我说那是正常的学术讨论，怎能说是反苏？而且我写后并不向外传播，而是交给处长的，谁知道他直接送人事处密报去了。二是我偷听台湾广播，说是人家检举的。我说我去黄委会出差时，晚饭后常到水科所的大会议室玩。那里有人下棋、打牌。有人听收音机。收音机都是别人调的，听唱京剧的，我也听。以后有人说那是台湾教京剧的。于是人们也不再调该台，我也不再听了。怎能说是我偷听台湾广播呢？……于是，审查也就此结束，不了了之，以后不再叫我交代什么了。当时我也真实诚，不反问他们算不算反苏，算不算偷听敌台，也不向他们要回那篇文章。这件事虽形同儿戏，但当时一条检举文字就能误人一生的多得很。其实，当时水文局揪我的，还不止这两条，还有与特务组织是否有关系，家贫怎能上大学等，很可能都被排在那里，只是没通通告诉我而已。好在此后水文局还能继续放手使用我。我也不因此而畏缩，仍然积极工作。

1954年冬，我又被借调到测验科，去编写《中华人民共和国水文测验规范》。我简直成了救火队队员，哪里紧急就调到哪里。我负责流量和沙量的测量和计算，几乎占规范编写工作的绝大部分了。规范条文都应该是严谨、简洁、具有数学语言性质的。这与我所草拟的公文，曾获得水文局质量最高的评论相符。而且我到过、见过的水文测站很多，并时常随测站人员下河测验，有丰富的实践基础。因此，规范最后冠以“中华人民共和国”字样出版，绝非一般普通文件可比。

编写规范中每个部分，每条条文，每个细节，都要严加研究讨论；特别是对很多技术理论，都要仔细弄清，有时得召开群众会议共同商讨。自己提出的技术、理论都要经过群众和领导通过，才能写入规范。如前面说过的211体积混合测沙法，不仅经过集体讨论通过，还交付全国广泛试验，最后才写入规范。写条文的同时，我还编写了许多技术说明文件，最后连同规范草稿，油印后分发全国广泛学习讨论。

1955年秋，在天津召开全国水文骨干和领导的规范学习会，天津各大学水利系也有参加会议的。我负责讲解流量和沙量的测算部分。条文本身倒是明白易懂的，因此讲解的主要是其技术说明。整个学习过程没有听到什么不同意见和不满意的见解。

学习会结束，我又与几位同事到京广沿线各省市，协助组织规范学习推广工作，还到广西、贵州等；然后，我又独自一人被派到昆明，去组织该省的学习班。和一些年轻的基层水文工作者一同过1956年春节。其实我已六七年没在家中过春节了。一人在外，忙忙碌碌地工作。昆明的春节，倒是到处茶花烂漫，樱花飘香，总之，过得也很惬意。

在昆明，我还抽空到宜良、陆良、海梗等水文站参观检查，了解各水文站的工作、设备情况等。同省水文总站人员的交往关系也很融洽。

在昆明期间，我写信给北京新成立的水电部水利科学研究院水文研究所所长叶永毅，说自己愿意从水文局转到水科院去。不久，叶所长即给昆明复信，让我回经广西时，顺路将妻儿带到北京，直接到水科院报到。关于调动工作的手续，将完全由他代为办理。

1956年4月中，我带了妻儿从广西回到北京，直接到水科院报到、安家。这总算使大学毕业后多年独居北京、一心工作的我，有了一个家。然后到水文局辞行。水文局领导说：“挽留你，挽留不住了，很遗憾。但请你再留两个月，帮写一本水文站检查规范，不知道可以吗?”我只好答应了。于是，从4月到6月仍留在水文局写规范，6月中才正式离开。当然以后还常与水文局联系。

这次主动要求调出，对我一生的影响当然很大。人们削尖脑袋要求进京、上调，如果那时不调出，结局可能与现在大不一样。问题是，我这个人一心扑到工作上，不去注意调整与周围领导的关系，会吃大亏那是肯定的。然而在水文局，领导放心给我工作，并尽量发挥我的作用，从不硬性叫我做这做那，而是让我去主动努力，发挥专长，更不去责备我、限制我，这也是事实。但当时让我弄不明白的是，我抛家弃子，忘我工作，为人民服务，全力拼搏，而在多年的政治运动中，我却受到了不公正的对待，有些人甚至还以“莫须有”的罪名抓住我不放，从政治上卡我、压我，是何缘故？

就在这时，水科院谢院长(原水文局局长)正与叶所长商讨我的工作安排问题。叶所长当然希望我到水文研究所去；谢院长则认为，泥沙研究所应该有熟悉水文工作的人，主张派我到泥沙所去。经过长达近两个月的商讨(有时还征求我个人的意见。但我没表态，听领导说了算)，最后，谢院长的主张占了上风。我终于一辈子投身于河道演变研究中了。

到泥沙所让我研究永定河河道演变，目的是以永定河为模型，研究黄河在三门峡枢纽建成后的演变和治理问题。原来，谢院长已提出要做永定河河道的测验研究，请河北省设立实验站。但是这时有人说，官厅水库已建成、北京引水工程就要完工了，永定河下游就要变成干河，没有什么研究的可能性了。我跑到官厅水库去了解，知道水库坝底有渗漏问题，必须泄空处理。因此，还会有不短时间下放水流，下游不会很快枯干，实验站还是可以建立的。于是泥沙所正式设立永定河河床实验站，原由河北省水利厅筹备的部分都接收过来。原部里水文局金秉章科长过来主管实验站站务，我则负责泥沙所河床演变组工作兼管实验站技术。

以后，我就经常跑永定河河边了。方宗岱所长曾说，别人下雨就往家跑，老尹却总是往河边跑，经常风里来雨里去的。其实，几年来我几乎是以永定河边为家了。这年八月中秋节，我拿着馒头在河边一边吃一边流泪。小女儿生后三个月就动大手术，我在河边工作而没能上医院看一眼。女儿一病十三年，北京、全国各地去找医生，每周都要上医院输血、抢救，全是妻子一人辛苦操劳；我只能顾自己的工作，全然不能顾家。这，成了我一生的内疚。

工作是繁重的。永定河水情、测站布置、测验方法、测验时机、资料整理等都得关心；永定河的工程状况、历史演变都要摸清；河道、工程的变化，更要时时注意。当时通信条件极差，除卢沟桥一处外，连电话通信都做不到。我跑到铁路局联系借用电话线问题，也没能解决。交通除了两条腿，就只有很少的几辆自行车。60 公里河段经常两岸走来走去。以后，沿河各县防汛办公室陆续装起电话，才比较好些。

1956 年 8 月，我正在河边工作。突然大堤决口了。这真是一件很意外的大事。刚建起的新社会，事事欣欣向荣。上边还修了官厅水库，永定河却决了口。如果报道出来，影响很大，我们也很害怕。以后仔细分析研究，弄清了原因，倒也取得了不少经验。

1956 年提级时，水利部水文局主动建议给我连加二级，即从十级提到八级工程师，工资 115 元(现行币制，下同)。在当时算是不低了，也算是补回 1954 年被压低的一级。很多大学毕业生，以后直到 70 年代末，还是 55 元或 62 元。而我大学毕业刚 6 年就拿 115 元(以后到 1963 年又加到 135 元)。我家衣食简朴，都在农村穷惯了的。这时工资有些富余，就开始帮扶一些家乡穷学生上学。虽然不多，也算心意。我欠家乡太多了，否则心理也不平衡。但可惜这段时间不长，以后家遭不幸，这种帮扶也就不得不停顿下来了。

我的主要工作仍然是研究黄河的演变与整治，是着重通过永定河来研究黄河的，但不仅限于永定河，我还要经常到黄河去研究、了解，而且要放宽眼界，要“从里从外看黄河，从正从反看黄河”，要把黄河看个透。这可能是我的工作特色，我也从中得益极多。1957 年地方进行南运河裁弯，组织采取了我的建议，设立了观测站进行观测，开始由我们派人去协助工作，后交漳卫南运河管理局直接领导，我则经常下去看。我也经常到长江、荆江查看，分析资料。1957 年我们去苏北废黄河观察研究清水冲刷河道变化问题。其他研究黄河的组织成员，也仿照我们去观察了解。1957 年苏联专家萨莫伊洛夫来华讲学，专讲河口问题，我也去了。从南京上船出长江口，到上海、杭州参观学习，看看长江口、钱塘江口及钱塘潮，大开了眼界。

1957 年，空军司令部同意了我的请求，免费派飞机连续航测永定河河道图。这在国内还是先例。1957 年起开展永定河河道整治，开创了上下游、左右岸共同协商治理永定河的纪元。因为永定河过去上下游、左右岸人民经常争斗，不准在河中修工程，我们耐心地找两岸各县县长、水利局长、干部一起，经常沿河跑，一面观察，一面商定工程，使沿河两岸的领导和群众对整治方案都很满意。由于思想工作做得比较细致，方案制定又科学合理，因而我们制定的整治方法和河道治导线，领导都满意支持，群众拥护参与，施工质量达标，工程完成后基本上都受到了很好的考验。直到现在，各县都很积极遵循，不愿意改动。黄河的、长江的、华北各河的治河工程人员也经常来永定河参观学习，永定河治理成了一个样板。

河道主流不断来回摆动，支汊生生灭灭，滩地也不断被主流顶冲而坍塌，这是永定河和黄河的主要共同特性，也是灾害发生的主要根源。主流不断摆动，顶冲点不断改变，滩地坍塌部位不断改变，堤防也因而常受威胁，甚至被冲毁决口，确是黄河、永定河的大患。因此，观测河势变化规律，并及时向下游通告其变化情况，是个重要的工作任务。为此，我特地组织永定河沿河防汛人员，并印制河势观测空白图纸，分发给他们，要求他们及时将各河段河势变化情况描绘下来，并及时通知其下游段和对岸。到汛末再召开河势学习研讨会，研究这个汛期的变化情况，与水流过程相互对照，提高认识，寻求规律，设法进行根治。

1958 年，水科院和电科院、中科院的水工室三家，合并成为水利水电科学研究院。从水工室过来的钱宁先生到泥沙所来，后任泥沙所副所长。1958 年，泥沙所派出一队人员，到郑州与黄委会部分人员组成黄河下游河道研究组，钱宁先生任组长。我则仍在北京负责以永定河为基地的黄河河道研究工作。此后，这两组对黄河变化趋向的认识逐渐背道而驰，终于形成两大派别。对黄河的形成、变化特性等各方面，两者的观点几乎都是不同的。甚至有人因永定河与黄河有种种差异，而否认其相似性。

官厅水库修建后，1953年、1954年、1955年水量都不小，多处河道摆动，堤防出大险。1956年并发生了小水决口。1956年建实验站后，不仅当年大水，1958年、1959年水量也不小，河道也多处摆动。实验站实测得很丰富的宝贵数据资料，并出了很好的研究和治理成果。1960年以后，来水才大大减少，实验站也依次缩减、撤销。建立在科学基础上的河道整治工程在大水期都很好地发挥了作用，只是缺乏特大洪水的考验。到1992年，我特地将此向水利部技术委员会做了总结报告，这是后话。

永定河的研究依次取得成果。河床粗化研究，再加上水槽试验资料在学报上发表公布，成了国内外的先行者。提出的计算大坝下游河床冲刷深度公式，为国内外预报坝下清水冲刷的首创。弯曲河道造床研究及模型实验，在国内外占了鳌头。1959年秋写年终报告时，我把水库建成后永定河下游的各种变化较全面地进行综合分析总结，领导认为已达到全面课题总结的水平，因而作为向新中国成立十周年献礼而直接拿去出版成书了，书名为《官厅水库建成后永定河下游河道的变化》。这可算是我的第二本专著，也是国内第一本全面讨论水库下游河道变化的著作。其实我在写作时，只是作为年终报告来写的，没有作为专著的打算，因此，很多研究到的方面并没有写进去。比如河床粗化、冲刷深度计算、造床模型试验等已有论文的部分，以及历史文献、变化预估、与黄河等河道的关系，等等，都没有收入。但永定河的研究成果还是很受各方面重视的。苏联要求有偿取得我们的成果。苏联专家来华要我陪同去黄河、长江等观察。国家要把永定河、黄河、长江的研究成果，送去匈牙利学术会上交流。按道理这次交流会应该是我去的，因为我研究并掌握了这方面的丰富资料和有关情况。然而，当时出国人员要求很高，另派一名中共党员去了。这些我都不在乎。问题是总有一些人对我不怀好意，或者要夺我的成绩；或者不让我出头，似乎我妨碍了他们的飞黄腾达。记得还在水利部水文局工作时，我就碰到这样极少见的两种人：一种是自许极高，工作上、业务上总想和人家比，但总比不上。于是心理平衡不了，急得只想自己和自己过不去，活得很别扭。但有一点，他们从不去伤害对手。这种人还算是好样的。另一种人则更坏，比不上就施展手腕，利用权势压人。20世纪60年代初以前我还不知道这一套，我埋头工作，有什么就讲什么。因为，我们从永定河所得和人们从黄河所得发生矛盾了，两派经常争论。其实科研上的争论应该是正常的。有一次，在所里讨论工作时，有人竟主张让我集中力量，去开展长江等弯曲河流的研究。我惊醒了，这明明是要把我从黄河研究中排挤出去。我当即反击了一下，不让他们得逞。无数事实教育我，有些人什么本事都不很大，唯独搞窝里斗搞得很有手段，真是太卑劣了。

永定河下游河道和黄河下游的河道一模一样，只是大小不同而已。上段是卵石夹沙河床；中段是宽浅河槽、宽阔滩地的沙质河段；再下为河槽较为窄深、滩地较少的尾闾。中下段河槽内主流来回摆动，故特称为游荡河道。主流一顶冲滩地，该处滩地便强烈坍塌。滩地塌尽之处，便是堤防险工、经常决口成灾之处。主流摆离之处随即淤起滩地，因此一边塌滩，一边淤滩，长期平均大抵滩地面积不变。官厅水库修建后，下泄清水，淤滩能力大减，最多能由上游河段冲刷带下来的粗沙淤成低滩；而河道摆动，滩地坍塌的情况依旧。这样，原有的滩地逐渐坍塌减少，河槽随之展宽；堤防靠大溜而成为险工的地方增多，防汛困难也增加。我根据永定河上出现的这些严重后果，再加上对模型资料的分析及对其他河道的观察，指出三门峡水库建成前，必须很好地加强护滩工程，以迎接建成后的清水冲刷。

这一预告，在黄河引起一定的重视，因而也新修了许多护滩工程。但郑州的黄河下游河道研究组却执相反的看法，认为清水冲刷，主流将原地冲深下切，并逐渐变成弯曲性河道，滩地不会坍塌损失，并以“下切为主”自称之。而以“展宽为主”命名永定河组的主张。

1960 年春，三门峡枢纽开始下泄清水。于是京广桥以西，除了由于老险工工程和邙山山崖控制较强，主流变动较少的地段，主流下切冲深较明显之外，其他地段，特别是京广铁桥以东的河南、山东河段，滩地大量坍塌，河槽展宽、堤防险工增长，防汛处于十分被动的境地，大部分新修护滩工程被冲毁，部分老护滩工程也被淘空而坍塌。武汉水电学院张瑞谨院长总结为：“下切明显，展宽严重。”这其实只是一般的和稀泥，没有说到为什么这样变和将来还会怎样变。因此这场争论并没有结束。以后三门峡的运用方式改变，争论也随而暂缓。

1962 年，三门峡水库库区问题暴露了。4 月，内蒙古邀请我去协助研究西辽河问题。途中顺便考察闹得海水库及柳河时，我发现它们和三门峡问题的趋向很相近，因此多搜集分析了些资料。回来后向院长和水电部副部长汇报。他们都很重视，派我带人再去研究，并让辽宁省积极配合。我再度去考察，并写出了报告，回来后在水电部《三门峡水利枢纽问题座谈会》(1962 年 9 月)上报告，这是国内外关于多沙河流上建滞洪水库对河道影响的第一个分析，而“小水排大沙”会使河道变坏就是从此开始说的。我在会上另做发言，建议修建“泥沙反调节水库”来解决这个问题。这也是用水库调节水沙解决河道问题的开始。

1963 年 9 月，水电部召开《三门峡水利枢纽问题第二次座谈会》，我又谈了水库小水排沙对下游河道的影响问题及处理方法等。

针对 1963 年海河发大水，到处泛滥，损失严重，河道变化也很大的事实，1964 年初，我建议对海河各条河流进行一次航测。经领导批准后，即请民航局负责这项工作，我随机观察，以便随时与机组人员讨论航测范围等。结果将永定河、大清河、子牙河、南运河干流及重要支流都很好地航摄下来，成为 1963 年特大洪水后一套完整资料。

1964 年春，水电部组织高级泥沙培训班，学员都是大学毕业后有过三年以上工作经验的专业人员。我负责讲授河床演变课程。分 4 次讲完。据教务组的反映，我和一位清华老教授、两位美国归来的教授成为最受学员欢迎的四位教师。“文革”结束以后，我还接受清华大学的邀请，为其高级泥沙训练班讲课。

1964 年底，国务院召开《三门峡水利枢纽问题座谈会》，我向会议提供了“黄河的害沙及其处理问题”的报告，说到黄河为什么这样变坏的，河性怎样形成的，三门峡水库建成后的情况怎样，以及怎样处理问题等。但会议只考虑水库里的问题，不注意黄河下游的事。以后下游河道的问题终于暴露了，滩地坍失几十万亩，河槽成倍展宽，河槽淤浅过半，淤高迅速，形成了悬河中的悬河，完全应了我的预报。经过改变水库运用方式，问题才缓解些，但并没有解决好。

水科院又要组建泥沙观测队，包括水库观测、河道观测等，由我负责创办。我一方面搜罗人员、测量仪器；一方面选定观测场地。我亲自跑到岗南水库、黄壁庄水库、三盛公枢纽、青铜峡枢纽等。后经领导批准，先在三盛公枢纽立点，其次再在青铜峡立点。我亲自率队伍到两地建站以及和当地机构会商合作问题。以后，水科院另派了一名观测队队长，我才渐次退出。

在青铜峡立站时，我顺便到兰州一带了解黄河情况。回京途中恰遇黄委会领导视察组，我又和视察组一起工作数日。回到北京，领导说回来得正好，刚给你打电报，叫你赶快回来，参加部里组织的三门峡水库库区调查工作。于是，我又匆匆地出发到山西、陕西调查三门峡库区特大洪水的淹没情况和损失。对整个库区的河道都仔细调查了一遍，还到处翻阅了各地的县志、历史等资料，收获极大。

1965 年，三门峡枢纽开始改建，但下游河道问题的争论仍很剧烈。这年，水科院和黄河的科研力量合并成黄河研究队，钱宁先生总负责，下分水库组和河道组，河道组由我负责。后来，我又把河道组分成河南组和山东组，分别由水科院和黄科所各一名科技人员领导。各在郑州花园口和济南泺口蹲点。我自己则经常在两地来回巡看，同时兼管武汉水电学院一队实习学生的辅导工作。经常带他们到河边观察和到水文站参加测验，但很少给他们讲课。

这一年，曾在黄委会大礼堂作了两次河床演变的学术报告。

这一年，没有对黄河的认识提出什么新观点，只积蓄了水库下泄清水以后，更多的一些新认识。其实，这已是“文化大革命”的前夕，大有山雨欲来风满楼之感，政治运动及煽动性言论层出不穷。9 月底，水科院人员紧急从郑州全部撤回北京。

年底，应山西省水利厅的邀请，我到夹马口大型电灌站了解因河道主流外移引不进水的问题。省里打算把引水口上移，而用渠道将河水引下来。关键是渠道堤防的保护问题，大溜过来，外侧要被淘刷冲毁，大溜过去，内侧要受渠水的冲淘。对此，我认为不如改渠堤为半深的悬挂式砼板，大溜过来，刷通底部仍能引水；大溜离开，板底以下淤死，成了真正的渠道。

1966 年四五月，应内蒙古水利厅的邀请，我又到赤峰以下的西辽河，看苏家堡枢纽的建设问题。因为西辽河与永定河、黄河完全相似，而且上边修了红山水库，正像官厅水库和三门峡水库一样，因而我经常来此观察。最早在 1962 年就来过。这次与内蒙古水利厅的同志到红山、开鲁、通辽一带，主要是讨论苏家堡枢纽的规划。我曾提出，开鲁一带是内蒙古的粮仓，地下水很丰富，而通辽一带及其以东，则缺水严重。

不如将西辽河的水量留给通辽一带使用，而开鲁一带应多开发地下水。那里地下水丰富，地表补充水源也丰富，有西拉木伦河和老哈河，且南北都是沙丘地带。但这个意见没被采纳。

离开西辽河，我又赶到沈阳，观看事先派往那里研究柳河、闹得海水库的工作组，并带他们到抚顺观看大伙房水库。

1966年夏，黑龙江省认为哈尔滨江段变坏了，亟须建立一个治理江段的研究院，并对江段进行紧急治理。报告直送中央最高领导，要用3000多万元经费(当时的3000万是很大一个数)。中央领导将批准时，要国家计委下去看看。国家计委叫水电部、铁道部等一起派员同往，水电部由我为代表，铁道部是管两条铁桥的，也去两位技术干部，由国家计委任组长。到哈尔滨后，我立即对江段进行仔细观察，对堤防、铁桥、取水口、渡口、江段上下等都不放过，还常到水文部门、防汛部门了解、访问。最后在为我召开的一次会上，我指出除了堤防安全必须加强注意之外，还拿不出江段已有严重变化的迹象和资料，省里也没能提出有关资料。随后，中央工作组即时返回北京。此时，已爆发了“文化大革命”。

1966年、1967年我还能自由工作。1966年秋冬，曾到山西考察夹马口电灌站取水口问题，原拟做个模型，后没做成。1967年，又到山西解决天桥、阳城、沁水、册田四个水轮泵站规划问题，最终结果是天桥泵站改成电站。还到长江、荆江去看裁弯问题及到黄河看防洪问题等。年底，乘隙回老家顺便带孩子看病。这次回家，在村旁小河上下查勘多次，到省水利厅、县水利局多次，亲自规划设计并促成了作金电灌站的建设。在“文革”中期该站虽被破坏，80年代又恢复了。

1968年4月，我到黄河口去参加一次河口规划考察。原来，地方认为黄河口的钓口河已经淤坏，必须马上改道，并报到中央。中央已组织众多单位、众多专家考察论证。结论仍然是钓口河淤坏了。于是，让油田机械化施工，开挖改道引河，准备于1968年6月就改道过清水沟去。这次我们去的任务，是要做改道后的规划。当时知识分子已经基本靠边站，由知识分子中的极“红”分子和工人、军代表等掌权。我被分到钓口河组，任务是研究6月改道、不再行水以后钓口河的用途。我是一名普通组员，还有黄委会设计院的、水文处三四个人及中科院地理所两个人。先到河上看了一次，回来后大家都懒洋洋的，认为这条河就要废弃，有什么好研究的。我提出再沿河查看一次，大家全都反对。我坚持说，照我看，这条河还很好，还可以再使用，不应该改道废弃。大家听了都很同意。于是第二次再沿河查看一次。这一次，我们订好了沿河测量观察计划。结果得到河道水深、流速、河宽、河道形势、滩坎等很多因素的大量数据，分析出了这条河的几个基本因素，再与其他时候、其他河段的相比，都证明这条河道形势是很好的。然后，我又分析河口河道演变的一般规律，提出河道演变的阶段性论。用这个理论去检看当时的河道，说明它正处于越变越好的年轻阶段，远未到老死时期。我写了文字报告，提出不要改道。我向黄委会革委委员谈了，他支持我的意见。我去向规划队汇报，受到地方人士的强烈反对。我又到山东河务局去，正好召开防洪会议，我在会上汇报，也受到强烈反对。我再向山东省革委会生产组汇报，他们听进了我的意见。接着安排我向省革委会委员穆林和省军区司令童国贵分别汇报。两人都同意可以不改道，并指示要地方保护该工程，不让洪水冲毁。我从济南回到河口，又向惠民地区专员和军分区司令汇报，一开始，我就说省革委和省军区领导的意见，地区和军分区听后也不再有异议。这时地方人员虽然仍然强烈反对，但我不怕了。不过，我也看到地方要采取的策略：让洪水自动冲入改道。于是我回到北京，向水电部领导汇报。部长和军代表原已定好时间听取我的汇报，但后来他们临时被国务院召去，改让基建司和工管司听。两司都同意我的意见，并说已收到黄委会的电话，黄委会也赞同我的意见。我说，当前要保护所挖引河，不让洪水冲入，造成自然改道。他们说部里马上下通知，要保护住引河，不准决口。与此同时，我又分析弄清了地方认为河口已变坏的错误原因。

问题于是完满解决了。1969 年，水电部部长到河口，指示“分而不改”，即使水位过高，可以分洪而不改道，进一步肯定了该河可以使用。以后，直到 1976 年才正式改道，使原来 4 年就要改的道，延长到 12 年才改。其实，用 12 年后，河口仍然很好。这是我在黄河口取得的第一个明显的胜利。流域机关和水利部已定的，而且即将完工的大工程被否定了。

从河口回北京后，我开始受“文化大革命”的冲击，被隔离审查，要坦白交代。我不能再像 50 年代那么硬了，否则是要挨打的。这时候打人成风，好像不打人就不算革命，直打得死去活来，口号是：“打倒在地，再踏上一只脚，叫你永世不得翻身!”总之不让你好过。我想，好汉不吃眼前亏，先避免被打，“罪状”可以答应考虑，磨过时间再算。我可以说自己没有问题、什么问题都没有。但一见到别人攥紧拳头走过来，就赶快说让我想想、查查。别人锋利的尖长指头可以伸到我的鼻梁上，只要不伤到我就行。这时什么自尊心都不存在了。因为，“打死了活该”，还谈什么自尊。

为了表明革命的成绩，一些造反派派人对我的所谓问题四处内查外调。据家乡来人说，有两人不远万里，到我们老家大队部，一问，知道我家里原来极穷，就赶紧跑了。虽离家只有六七里的山野路，也不去看一下我们的破屋。想把我打成隐瞒成分的地主富农的希望落空了。

突然，听说关于我的所谓外调材料到手了，有些人高兴地说抓着了一条大鱼，并到我家里来动员家人和我划清界限。家里人都知道我勤恳地工作，表现很好，不会有什么问题，没想到有什么要划清界限的事。我天天被逼着要坦白交代。但是，我没有问题交代什么？我也不怕什么吓唬。最后终于把所谓问题给我摊牌了，说有人检举：在广西大学地下党传阅的敌特材料中有我的名字，是特务。我很大声地说：我没有问题，我要求和检举者对质。我自己在广西大学并非无名之辈，新中国成立后我一不逃跑，二不改名换姓，三不消极阴沉，我热情地参加学生会的各种公开社会活动，参加文艺表演队到桂林去表演，我带领全班同学去开展生产活动，开展学生实习和社会活动，如果我是敌特，能这样做吗？我提出，我很怀疑这种地下党文件的实在性。因为新中国成立后，地下党就掌权，如果我是敌特，为什么不当时就抓住我？我更怀疑这个检举人的品德，他是否弄假害人？他既有这样的材料，为什么不早提出来，而要过20年才检举？是不是知道我没被整垮，而在20年以后又新生诡计呢？我不能不要求对质。过后，他们转而说，再查看过以后，不是特务，是三青团员。我说，我也不是三青团员，你们查去。

后来下放干部，叫做拆庙赶和尚，先宣布单位撤销了，把人都下放了。但是一些有权势的却能留守北京。我的小女儿病重，离不开医院，我自己也患了视网膜炎，不能见光。但也被责令先把行李搬到三门峡去。我的一部分行李、书物，就这样于1969年底被送走了。

1970年4月我患了癌症，赶紧动手术切除，然后放疗（放射线治疗）、化疗（服抗癌药）。到10月，又来催我去三门峡了。我要求给我写政治审查结论。他们写了给我，说地下党传闻材料的事，未查出可靠的根据；1939年底，参加了三青团服务训练班。我问该班的性质，怎样不写上去？他们只好又加上了一句："该班系我党地下组织举办，以训练革命力量的。"这就对了，为什么不把事实写清，而只写参加了三青团训练班，把正面的组织写成反面组织呢。结论后还说了一句，说所有问题都是人民内部矛盾，也就是承认我没有政治问题了。但我很想问一问，既然是人民内部矛盾，为什么把我整得那么苦？不过，当时那样问，又有什么用?！于是，由他们买了车票，两人押着我上火车，去三门峡了。家中留下一个快死的女儿，两三天要上医院输血、抢救，当时的我正身患癌症，也在紧急治疗之中。即使这样，也要把我送到外地去。据说我一离家，家里马上把孩子送进医院去抢救。造孽啊！一路上，我一面想家里的孩子怎么办，一面想自己患着重病，还被流放千里之外。真是"云横秦岭家何在？雪拥蓝关马不前"（韩愈句）！

我到了三门峡，那里的人都惊了。各级领导很难给我这个重病号安排工作，政工组的人专门开了会，问我，你来干什么，你能劳动吗？你能爬大坝吗？最后，安排我在办公室听电话。其实也没什么电话。大家都上工地，电话机根本没用。我还未动过那部电话机呢。我到医院去看病。大夫问我要什么药，我说了几种，他都说没有。我又说一种叫胱胺酸的，他很高兴地说，有，给你开18粒。我说，北京肿瘤医院，每次给我开200粒（2瓶）。他说18粒是三天药了，这里不准多开，给我开18粒已经够多的了。他主动给我开了一个星期的病假。开好后，又自己把它搓成团扔了。叹说：一个星期病假也不能解决问题呀。他写了一个条子，让我找医院领导谈谈。我去见那位领导。他马上让我回北京治病。他还说，因我家在北京，就不必另派人陪同去治病了，还省了事呢。三门峡领导很同情我的处境，马上让我回北京，并叮嘱我去水利部说说，把工作也弄到北京算了。

回到北京，家里又喜又伤心。女儿病得要死，随时准备上医院输血、抢救，我也是个身患癌症、需要紧急治疗的人。一家两个重病人，大儿子在黑龙江接受改造，叫我们怎么过。我不认识水利部管人事的，要把关系调回北京，谈何容易？

我从三门峡回来刚三个月，女儿就死了。打一封电报到黑龙江给大儿子，电文是："妹死父病母极盼儿归。"初中毕业就到黑龙江锻炼了三年的大儿子，总算获准回来一次，看看这个悲惨的家。可怜我的女儿，生下来就患有严重的贫血病，经常上医院输血、抢救，十三岁就死去。我历来不迷信，但 1964 年我也曾到西安骊山顶上的小庙立过誓愿，盼望圣母娘娘让我折寿救活她。可怜她的妈妈，除了负担全部家务，成年累月地背着、抱着女儿到处求医、求药，赶去抢救，焦心损形，寝食不安。更可怜的自然还有我，大学毕业，把妻子扔在老家，先到工作岗位，7 年后才接他们来，一心扎在工作中去；女儿动大手术切除脾脏，我仍在京郊永定河边，不能回来看一看、帮一帮；中秋佳节，别人团圆在家，我从食堂买了个馒头就到永定河边去工作，一面哭一面想女儿病痛；大儿肝炎住院，妻子因病急要住院，我仍在南运河边，接到电报后，还得先打电报向领导请假，才赶了回来。我为了什么？而偏偏仍有那么一些人，总是要挤我，压我。家庭之不幸已使我非常难过，加上政治上的折磨和打击，更使我痛苦万分。

女儿死后，我们赶紧搬家。因为原地一点一滴都是记忆深刻的凄悲景象，再也承受不下了。我们搬到人家都不愿去的地方、我们是心里被迫、被驱赶才去的。不少好邻居，都劝我们别搬到那里去。我们还是去了。自我流放吧！

这时，我已是单位在外地的人员。每次整顿户口，总要被吓唬一遍，要取消我们的北京户口，全家都被赶走。我几乎什么都不能做了。没有工作，没有任务，前途极渺茫，将来如何都不知道。书当作废纸卖掉了，只拣了几本古文，日夜读一些，聊以度时。后来，请在外文局工作的邻居帮借了英语小说来读，也还算好，总共读了近二十本英语名著。到街头看下象棋也是一乐。早上到公园练太极拳，真是风雨无阻，大雪也去，下雨就找避雨的地方练。病假工资虽少了些，还可以过得去。逍遥而过，虽说不工作，但与那些"上班"的逍遥派相比，与那些上班而搞帮派斗争的相比，更对得起良心。

1975 年、1976 年，退休让孩子接班成了制度。我听说，退休而让远在黑龙江的孩子回来接班，是个很好的选择。三门峡也派人来谈退休问题，似乎我退出工作，让公家省些负担，也是时候了。古人五十而知天命，我却"四六"(1970 年我 46 岁，下同)即脱离工作，"五一"(1975 年)就退出历史舞台，退休回家。几十年千辛万苦，出生入死，从一个偏僻壮族农村的穷孩子变成大学毕业生、科学工作者，却只能工作 20 年(1950—1970)，确实很不甘心。后来，因为考虑孩子回来了，要到三门峡去，工作也不理想，才放弃了走退休接班顶替之路；改而走父母身边没有孩子照顾之路，终于把大儿子调回北京。

1976 年五六月，我被借调回北京工作。像换了一个人，也像恢复了"文革"前的我，一样成了工作狂。先让我考虑永定河卢沟桥分洪模型。后让我到中央防汛办公室，分到黄河组。按照我的工作作风，只要是我工作范围内的，用不着指派，我都要努力干。结果，黄河防汛问题基本上都是由我负责。8 月下旬，预报黄河要来大洪水，部里派五人工作组到山东蹲点，我也去了。我一到济南，就扎在防汛办公室内，整天和他们在一起，了解水情、汛情，分析水情汛情，提出处理措施。晚上半夜将情况综合后，给北京中央防汛办公室用电话汇报。有时候乘车出去沿河查看。经常与山东军区、济南军区司令员、省革委会主任等开会讨论。工作虽很紧张，又经常熬到深夜，但得益不少。我以后的研究工作中，很强调防洪、洪水位的重要性，受此影响极大。

大洪水过后，我和部里一位处长从济南顺河到河口考察。到利津时，我自己到利津水文站上去过夜。我与站上的工作人员，包括船工、测工都很熟，他们待我也很亲切。一位技术人员，把他整理的历年各次测量平均河底高的资料，给我了。回来后仔细分析，发现黄河河槽汛期冲刷、非汛期淤积的现象。以后又得知，河槽大水冲刷，小水淤积。并定出了冲淤的分界流量。这一下子，和我在“文革”前得到的小水淤积，淤坏河槽的认识联系起来了。我重新研究黄河河性、河性成因和改造河性的积极性又调动了起来，并成了我一生努力的方向。

1976 年冬天，黄河的防凌也是我主管的。通常，黄河的防凌大多在春节时期最为紧张，这一年，我也忙得不亦乐乎。但山东、河南这年的凌汛比较好过。1977 年，宁夏、内蒙的凌汛比较严重，三四月我即从北京飞往宁夏银川，然后顺流而下，与宁夏、内蒙防凌人员了解、分析、处理两省区的防凌事宜，同时保持和北京的联系。还为石咀山发电厂取水工程，联系解决了钢材的供应等问题。防凌中动用了炸药爆破、迫击炮炮击、飞机轰炸等技术措施，甚为壮观。

1977 年春，黄河水利委员会和水电部达成共识，要修建桃花峪水库和任家堆电站。水电部派出一个工作组到郑州去落实、贯彻这一决定。我是这个工作组之一员。我一面参加活动，一面搜集、分析有关资料。在洛阳住两三天，我写成了“调节低水流景，刷深黄河河槽”的报告。并对桃花峪水库、小浪底水库、伊洛河夹滩滞洪作用等做了分析。深知桃花峪水库的弊病，也调查了解了不少人的看法。到郑州开大会讨论时，各方面与会者连同泥沙界的专家教授，都表示同意部里的意见：修建桃花峪水库和任家堆电站。仔细听了他们的意见之后，我表达了我不同意修建桃花峪水库，而建议修小浪底枢纽。会上震动很大，想不到竟有人反对，更想不到反对者竟会是我。我本来是工作组成员，不应该反对自己的任务。但我举出了大量的资料，多方面讨论了小浪底和桃花峪的优缺点。从责任来说，我应为工作组服务，听领导的安排。但作为一名科技人员，我更应该从国家利益出发，从科学技术上详细说清事物的本性。我谈完以后，才有几位黄委会的科技人员也表示赞同我的意见。会议结束后，我又邀约黄委会的科技人员，共同写信向中央表达我们的见解。后来，中央见到我们的联名信，没有批准水电部的报告。很快水电部和黄委会也转而赞同我们的意见，向中央要求修建小浪底枢纽，这就是现在正在施工的国家重点工程：小浪底枢纽工程。如果没有我们的反对，当时批准修建桃花峪水库(同时，还修建任家堆水电站)后，小浪底工程就没有修建的余地了。因此，是我，是我们，使小浪底枢纽工程的兴建成了可能。我们做对了。虽然，这事让不少领导对我耿耿于怀，但也有的单位、领导对我有好感。现在看来，当时我的做法有其不正确之处：我有不同意见，应该事先向有关部门谈，不应在会上最后才倒戈。但我也知道，倘若我事前表达了反对意见，我就没有机会参加会议，到会上发言、倒戈了。事情确实无法两全。我让别人尽量先讲，最后再说我个人的意见，总是可以的吧！

的确，事有两难。我是宁愿循别人意愿而圆滑过去，还是根据我的科技责任，根据工程的优劣，国家之利害而争论？前次，在1968年，人们说黄河口已老死，必须改道，而且已做好工程，我只要顺别人的主意就行，何必去争说河口还很好，跑这跑那，找人汇报，与人争论，自讨苦吃？这次，水电部与黄委会已取得共识，决定上桃花峪水库，连历年极力反对的河南省也只好同意了，全国有关的大专家、大教授都附和了。黄委的大专家们都写文章、材料，“证明”了。我何苦要去反对，博得一些领导的极端反感呢？这是一。我倒戈过来，反对派我去干的任务，以后谁还会让我去工作呢？这是二。工程部门都喜欢强调自己的工程决策正确，工程效益大；专家教授们也喜欢强调自己的论点正确，办法高超。我却要直言不讳，自然会触犯他们的声誉和利益；因此总是吃力不讨好，而且会经常在这些方面出问题，这是三。我是个工作狂，有关我的事，不管什么，我都一抓不放，做完、做妥为止，经常不去管领导怎么想。50年代在水文局时，人们就曾在会上批评我，把工作当成“自己的”；虽然有些与会者当时误会了，反而给我辩护，说这是好态度，每个人都应该把国家工作当成“自己的”去干；然而当时我知道，提意见者的本意是我工作起来就看不到旁人，看不到领导，这当然是很成问题的，特别是看不到领导，就容易会发生大问题。但在过去，许多领导，不管怎么说，还能从大局出发、从工作出发，放手让你工作，在工作上从不和你争高低，因此，只要你是勤勤恳恳工作的人，还让你过得去，不会发生什么太大问题。“文革”以后的一段时间里，情况和过去大不相同了，地位比你高的，怎么着也不让你比他风光、比他得意；地位比你低的，总想方设法把你踩下去，或者爬到你的头上去，决不让你的光芒比他们大。过去说“功高震主”就要危险，在那个时期，此说仍是真理。这是四。面对这种新情况，显然，我的前景于此可见了。到1977年，我已53岁，真的应该“知天命”才是。但是当时的我，并不知道这许多。

1977年我们工作组去郑州、黄河，我还另有一个任务，即审查山东分洪道规划。因为在此前，人们就说，黄河已处在决口大改道的前夜，黄河不行了。因此，有的人提出，进行人工改道；有的人提出，在山东修分洪道，先用作分洪，再逐步过渡到改道。我写的《调节小水流量刷深黄河河槽》论文，就是为此而作的。我把明清黄河与此时的黄河相对比，指出此时的黄河还年轻得很，还可以长期使用下去。再加上1976年得到的黄河小水淤槽的认识，以及60年代的认识，可以通过调度小水，刷深河槽，改造河性，而更长久地使用下去。接后，有人循我的方法，又对比了明清黄河和此时的黄河，提出了黄河还能使用60年的结论。也有计算得还能再用100年的。而我，则已把目标提到长久使用、永不改道的改造黄河、根治黄河上去了。

1977年7月7日上午，我在中央防汛办公室，突然发现陕北地区一个报汛电报都没打来。赶紧打电话问黄委会，黄委会说没收到。再打电话问西安，他们说可能下了暴雨，当地电讯都断了。我叫他们赶紧查。下午西安查后报说，延安被大水淹没，死了百多人，三座桥被冲毁，很多名胜地方、建筑都被淹没。我赶紧写了简报，上报中央领导。过几天，水电部一位副部长带队到延安视察、慰问，我也去了。目睹大洪水、泥流蹂躏的惨状及陕北风情。这还是我第一次到陕北。在延安，除了一般的行政活动外，还仔细了解了洪水来源、报汛测报情况等，查清了其中的错、漏问题。原来，洪水测报不仅艰苦卓绝，而且是很严密的系统工程，每一环节都很重要。这次，因中间环节的疏漏，以致损失极为严重。这期间，我还到志丹、子长、安塞、瓦窑堡、绥德、黄陵、洛川、延川、清涧、吴堡等地去进行了调查。尽管这个时候，我被查出患了高血压症，高压达到210毫米汞柱，但工作要紧，我仍和以往一样，没有时间去顾及自己的健康问题。

此后，我还多次到陕北进行调查、了解，研究加速黄河上中游的拦沙问题，提出了一些独特的见解。

1977年，全黄河洪水不算很大，但局部洪水却很突出，死几百人，工程失事也多。

1977年冬凌汛也是我管。按规定，三门峡开河蓄水位不得超过326米，眼看就要突破。我打电话问河南两岸能否开闸用水。回答说，两岸很旱，正需用水呢。我让他们赶紧大量引水，同时让三门峡加大泄量。结果使水库的最高水位只升到325.99米，控制得恰到好处，而两岸也引用了大量河水，皆大欢喜。

我集中力量把精力投放到工作上，忘我地投入，表现不错。1977年9月9日，毛泽东纪念堂第一次开放，就给我去瞻仰。

1978年初，水科院恢复成立，我又正式地成为水科院人员。这一年，不仅给我落实了政策，我还被选为全院的先进工作者。

1978年、1979年在郑州连续召开两次治黄学术会议，我都提出调节小水、改造黄河、根治黄河的治黄方策。会上还争论过河口对黄河淤积的影响问题。人们多认为，河口淤积是黄河下游淤积的原因，淤积是平行淤高的。我举出很多根据，不同意这种观点。争论很强烈，以后，还不断地争论。

1979年，黄委会委托张瑞谨院长在庐山召开治黄方策讨论会，一共六七人参加。我们8月下旬到武汉，正值酷暑时节，遂转上庐山，恰恰是个很好的避暑机会。会议确实也有避暑安排的意图，希望这帮老专家、老教授好好休息一下。庐山会议的主题，认为黄河下游的研究可以放下了，应转到中游去研究水土保持、拦沙问题。我不同意这个提法，我认为黄河河道的改造问题，应该很好研究。从庐山下来，我们乘船而下到南京观光，在南京，又停了几天才回北京。

1980 年提级时，别人都提了，却没给我提。事后还对我解释，研究所里建议提我，已报上去，院里却考虑提一个老年归国华侨。我当然不会轻信，压挤我是真的。此后，更加紧排挤我。把我排挤到黄河河道研究以外。有什么研讨机会都尽量避开我，尽量不派我出面，希望我变得无声无息。外单位、部里若非指名找我、邀请我，只笼统地叫单位派人参加的话，就绝没有我去的份儿。除非是他们做不了，或者要利用我去冲闯，才乞尊于我。但是，我毕竟还是有一定的潜力、一定背景的。不让我做，我照样做。不让我去，别人指名邀请我，我还得去。而且，特别是科研，沃土可以变沙荒，沙荒可以变沃土，人的因素特别重要。自从武大郎开店后，虽不让店员比自己高，但别人并不认为武大郎高了，而要他去参加高个子俱乐部；倒显得全店都是矮子，没一个高的。先是排挤我，后又排挤别人，不少卓有成就的，都被排挤到外单位去了。90 年代初，武大郎开店的办法已显出“成效”。有的说这个店已没有人在研究黄河，只有尹先生一个人了；有的说这个店没有几个大将了；当然，被挤走的人也有说要回来挤垮这个店的。——我当然不去理睬这些，我还是做我要做的事情。我把主要精力放到河口研究上，而黄河下游河道的研究也不放过。我经常参加有关的会议，发表不少文章，同时，还参加不少国家大型水电工程的评审工作，参加地方工程泥沙问题的研讨等。

高级工程师要评定时，领导向我要两篇外文翻译稿，说准备提我为高级工程师，我给他两篇英文的、两篇俄文的期刊复印件后，很顺利地评上了高级工程师。接着又评上了教授。

1982 年，我从重庆乘船而下察看三峡，后经桂林、西津、大化等，回家只住两天，看了父母的坟墓，就赶回北京了。以后还多次到重庆、三峡、宜宾、成都等各地去察看。

1982 年夏天，水电部一帮专家到北戴河疗养，我也去了。这是我工作以来第一次正式疗养。把工作都丢了，一身轻松，也挺有意思。但说丢下工作，心里还是忘不了。广播中说，黄河大水，八千多流量，就向东平湖分洪了。我很惊讶，八千多就分洪不对吧。黄委会几位老总也不知道。以后事情的确说明，是不应该分洪的，后遗症还很大。只为一时防汛省力而胡乱分洪是不行的。

1984 年，组织上又安排我到北戴河疗养了一次。

我希望把小浪底枢纽作为改造黄河的工具，不能简单地当成电站来使用，否则黄河问题将更严重，或者需另建工程来作泥沙反调节。对此，工程部门当然不愿意听，但他们也拿不出可靠的反驳意见。经过多年反复争辩，这种矛盾很难解决。国家在审查该工程的计划时，有关单位没有指名要我参加（想排挤我的意见），于是我们单位领导自己去了，没让我去。国家计划委员会知道后，特邀我参加。会后，又把我的意见专门摘录作为附件上报中央领导。小浪底工程很可能批不准，黄委会主任急了，亲自找到总书记求批，才勉强批了下来。过后，水电部召开了一个全国有名专家教授会议，给进一步阐明自己的意见的机会。会后水电部总工程师(副部长)还专门找我说，保证避免我所担心的问题发生。现在，人们逐渐认识到这些问题了，正在设法处理中。

1984 年，黄委会有关单位说，黄河口已经到应该改道的时候了。上报了中央。水电部、石油部、国家计委、黄委会、胜利油田开了很多会，没法解决。上报了总理、总书记，各方面震动很大。因为改道要影响油田的开发生产，损失很大。于是各种思潮应运而生，每年要开挖 3.5 亿吨的泥沙啦、要做大模型啦、每年投资 2 亿元去治理啦，等等。1985 年初，顾问委员林乎加，国务委员康志恩(副总理)找到我，问我有没有办法。我说，可用我的改造河口的办法延长河口使用年限。康委员召集石油部部长、副部长、各司局长、设计院、油田有关领导等四五十人听我讲解。会后，石油部计划司司长带着油田人员到水电部来商量要让我研究。水电部和黄委会领导主张让他们也参加进来研究，石油部不同意，怕受他们的影响。他们原来就主张要改道的。最后，石油部决定委托我研究。我在研究过程中，受到排挤、打击不少。一次，部里的三位总工程师沿黄河视察，要我也去。到山东听汇报时，当地一位总工程师汇报说，他们主张要经常不断改道，却有人主张要稳定河口，与他们唱反调。这是在明确地当面骂我。我不动声色，“以后再说”。经过几个月的仔细分析、计算、研究，发现当时河道可能发生的洪水位，比大堤的设计防御洪水水位还低 2.25 米，河道比降也偏大很多，根本不必改道，也用不着改造河口，不必修什么工程。问题于是顺利解决了。以后，我又计算得黄河口仍能安全运用 50 年以上，加上人工改造，还能安全再使用 20 年以上。水利部门赶忙校核，结果所得和我的一致。原因是我所用的材料本来都是水利部门自己计得，并上报了中央的，没有理由翻改。只是我改用防洪安全作为改道标准，虽出于他们的意料，但也没有辩驳的余地。从此，黄河三角洲 2000 多平方千米的地面，可以由经常泛滥受灾地区的荒原，改变为可以长期稳定开发的富饶地区了。这个研究成果，已经给联合国贸易与开发组织(UNDP)提供咨询。

1986 年我到美国一次，到密西西比州杰克逊开会，又去维克斯堡、巴丹路赫、新奥尔良，然后到旧金山，游览了一通才回来。我从不要求出国，这次是领导主动让我去的。历来，各种国际会议，写文章送去就能参加。我不是写不出文章，但我从不愿去求别人给钱、给关照。瑞士国际水力学会议，我寄去文章且被接受了。但我未向任何人请求让我去，结果自然也就未去，只把我的文章刊在论文集上。

1986 年夏，我去武汉开长江三峡枢纽科研会议。会上很希望我参加研究，特别是清水冲刷深度、河床粗化等问题。因为在国内，是我最早研究这个问题的。但到后来，却没再安排我去参加，明显地受排挤了。1994 年才发现，我们单位不参加，吃亏很大。于是转让我去当敲门砖，又去武汉好几次，可惜晚了。

1987 年让我退休，是和一大批技术人员一样，一刀切下来的。其实，这时我正担负着两项国家自然科学基金研究课题，理应让我继续做完。但既然领导要我退，我又何必去求呢？有的人，因为要等下一次提薪提级，而施展各种伎俩争取延长，占了大便宜。我却没有这种心思，也没有那股“精神”，只好老老实实地退了。

退休后，我还是努力工作，先把两项国家自然科学基金研究课题做完，然后继续搞我的河性、河型研究，改造、根治黄河研究。此间曾到福州开海洋工程会议，后去厦门，回来途中在杭州、南京访问，并到苏州游览了一次。

1987 年，中日坝工、河工会议在中国召开。我到广州参加会议，到番禺、中山、南海、顺德等县看了一番；然后到桂林兴安、漓江、阳朔；转到南宁、大化、岩滩水电站。和日本专家一起，倒很热闹。这次到广西，不能回家看了。从岩滩回到南宁，立即乘飞机赶回北京。

1988 年，在黄河口，康世恩国务委员邀我一起乘直升机去视察胜利油田。这几年，我成了胜利油田的座上嘉宾。胜利油田总指挥李真(石油部副部长兼)还亲自到宾馆看望我。油田副指挥林希泉说，我对稳定黄河口论断的价值，怎么说也不会过高。然而却有个别单位宣称，是他们挖了河口河道，才稳定了黄河口的；实际上，原来叫嚷要河口改道的也正是他们自己。

1988 年，水电部、黄委会、水利经济会邀请我参加黄河口开发讨论会。接着，那里又要召开一次更大范围的黄河三角洲开发会议。但会议通知送到单位，单位领导带着他的助手到河口来了。在河口碰见了我，只好说，既然你在这里，就参加会议吧。我说不邀请我，我何必参加。我就回了北京。其实，我们单位，只有我和我的助手研究黄河口，别的人是没有参加研究的。邀请我们单位派人参加会议，自然是邀请我们。为什么不让我们去？类似的事，以后还有，例如，利用权势从我手中夺去国家科技攻关课题的领导权，利用河口研究名誉出国考察，一切都背着我干，等等。可惜科学研究不是喊口号，讲些大话，发些意愿就行的。不仔细深入分析了解，能做出成果来么？黄河下游的研究，也是这样给他们排挤掉的，结局也都差不多。

1989 年，我分析了黄河 70 年代以后的演变特性，提出黄河河南段现在的问题是：由于入汛时三门峡枢纽“小水排大沙”，以及汛期洪水过后枢纽的“小水排大沙”而造成的小水淤积，河道不能变好而维持宽浅、多汊、游荡状态。若能稍许改变水库运用方式，河南河道就能改造好。为此，我建议以三年为期，试验改变水库入汛及汛中的运用方式。这个建议虽有不少响应，但未能实施。因为，各种各样的思想很多。主要是不愿让我“得逞”罢了。这个问题，在 1993 年 8 月一次会议上，全国政协副主席钱正英也说是可以试试，至少是汛前排沙问题可以立即解决。原黄委主任给我来信，也说排沙是可以立即解决的。

1992 年，水电部技术委员会召开永定河下游治理的技术讨论会。要我在会上介绍 50 年代的研究和治理。会上有两种新思想，其实是正副两位部长的思想。前者主张开挖永定河河槽；后者主张铲去原来修建的丁顺坝，全部改成护岸。我在会上发言，对这两种思想都不同意。挖河不是挖了就稳定，必须修很多护岸、护底工程，得不偿失。改成顺堤护岸，堤内将要全部变成黄沙低滩，不仅很难治理，而且必然在北京旁边造成一条广阔的黄沙带；这样，我们就要成为历史罪人。我认为50年代的治理工程是正确的，造成了一条两岸翠绿的大林带，一面治河，一面治了环境。会上不再出现什么别的意见，只对50年代的治理，还没受到特大洪水的考验感到遗憾，并提出再继续治理下去。

一次部里电话通知我，部长工作会议叫我马上去参加。会议正谈海河问题，问我是否能做永定河大模型。我说可以，而且我们单位可以承担。又有一次，我正在内蒙古托克托，研究电厂引水问题，电话催我立即回北京，部长叫我去开部长工作会议，也是研究永定河的事。后来部里给我们150万元做模型，由我们单位承担(我不参加)。单位安排工作后，还要请部里追加到350万元。可惜，以后部里经费拨不下来，只拿到150万元，模型也只做了一半就扔了，真是可惜。

1993年8月，在全国政协副主席钱正英建议和全程参加下，水电部召开了我的治黄方法座谈会，北京及郑州黄委会二十余名专家、教授参加。两天的座谈会进行了热烈的讨论。会后，1993年9月3日《中国水利报》进行了报道："尹学良提出治黄新见解——改造下游河道与控制河口水位相结合，200年内不加高黄河大堤。"这次会上，钱正英副主席又提到三门峡枢纽汛初"小水排大沙"，是不应该的，是可以改变的。

黄河为什么不断淤积，淤积形态如何？这也是两个争议很大的问题，我都有与别人不同的论点，也可以说争论是由我挑起的。

第一个问题，前人中一派认为就是因为来沙太多，另一派人认为是河口淤积上延引起。这两种说法可以追溯到明清时代，近人沿袭而已。黄河来沙的确很多，但若河道再窄深些，全部泥沙不难输送入海。河口淤积延伸，使近河口段比降变平，的确使河道易受淤积，但上延影响不是很远。我做过很多分析计算，认为两种说法虽有一定道理，但并不全面，也不是根本的。根本的原因在于，山东上段和河南段是因为小水期来沙过多，把河槽淤浅变宽，输水输沙能力太弱。大水期来沙多是不可怕的：大水淤滩刷槽，输水输沙能力反而增大。黄河口海浅潮弱，承受占来沙大半的冲泻质(不在河道中淤落的细泥)，河长单线每年延长十多公里，海岸线早就淤出很远。据考证，目前的海岸线远在6000多年前就形成了。而且当前黄河河长远比过去从天津或苏北入海时短得多。因此，目前的河口淤积，不是当前河道淤积的主因是可想而知的。

第二个问题，人们因袭古人的河口淤积、引起河道淤积的说法。清代阮元认为河口淤积最厚，以上越远越小，成楔状分布。20世纪50年代以来，提出河床平行上升的说法，是把河口淤积已造成了黄河不淤平衡纵剖面的假说，再引申下去而得的结果。我认为，现在黄河来沙的20%淤在艾山以上，5%淤在艾山到利津之间，不管河口是否还要淤高，这些泥沙总要淤积下来，怎能说形成了不淤平衡纵剖面呢？据计算，即使河口保持在原地，而且不再淤高，河道还是要继续淤积，比降逐渐增大，淤积率逐渐减小。直到千多年以后，淤积率减至目前淤积率的1/10左右，河道淤高几十米（花园口以上可淤高50多米），总共淤积1400亿立方米左右，才能勉强称为形成了不淤平衡。这当然是不可能达到的，因为堤防不能维持那么高，何况河口还要淤积外延呢。因此河道淤积，绝非楔形，也非平行，不是全部由河口淤积控制的，而是由当时的水沙条件决定的。

20世纪七十年代至九十年代，我培养了三名研究生，现在都已成为高级工程师或博士、教授，成为工作骨干。

20世纪八九十年代，我还经常到内蒙古西辽河、河套地区，为地方解决大型水利水电工程问题。

20世纪90年代以来，我陆续整理我的科学研究成果，陆续登在全国性刊物上；不少争论了几十年的理论问题也有些进展。所写的《黄河下游的河性》一书，约40万字，由水利出版社出版。《黄河口的河床演变》一书，约40万字，经水利电力出版社审查，原准备用水利部出版基金出版，但以后该基金经费无着落，改由铁道部出版社出版。另外一本科学研究论文集也已接着出版，亦40万字。我的愿望，一生为之奋斗的愿望，改造黄河、根治黄河，今生不能实现，留给别人点评、研究去吧。

20世纪90年代我的三本著作，集其自序片言如下：

《黄河下游的河性》自序：河性在矛盾中演化，认识及本书也在矛盾中形成。浩繁的资料文献，不休的舌剑唇枪。40多年的悠悠岁月，以其雕虫小技，殚思极虑，仅为改造黄河、根治黄河献身而已。

该书“后记”中有一段：至于把家庭辛酸苦难全都推给妻子梁秀平一人承担，成为数十年来十分内疚的憾事，只好等再有时日，徐图抚慰与赎衍了。

《河床演变河道整治论文集》序言：希望从里从外去观察，从正从反去理解，从新从头去认清，从细从全去看透。虽然才力有限，成就寥寥，但将一切置之度外之后，经过几十年的胼胝苦斗，也算有些感悟，无悔今生。

《黄河口的河床演变》自序：从此再也离不开这种拼搏与论争。花谢花飞，且不问花归何处，果落谁家，只知今日之黄河口三角洲，已成为蓬勃稳定的工农业、石油生产的重要基地，对黄河口的认识，也已远非昔比。明乎此，则一切穷通与枯荣，都不在话下了。

在90年代初开始的“八五国家重点科技攻关”中，我负责的黄河口演变规律及整治项目，提出了引导黄河去淤高储油海域，使海上油田变成陆上油田等几条建议，从而可节省五十多亿元开发经费。该项目荣获水利部科学技术进步一等奖，1998年又荣获国家科学技术进步二等奖证书及奖章。

1998年6月6日，我患了脑梗死。经急救车送医院，虽从鬼门关前逃脱了出来，但从此也全部脱离了工作。40年代，只想多读些书，以后只想多做些事的愿望，也就彻底结束了。

总结这辈子的历程，我得益于“坚”“勤”“思”三字多多，从而做到无私无畏、勤谨求真。上学期间如此，工作以后仍然如此。工作期间，工作任务是在上级给出一个大框框之后，自己就着这三个字去施展才能，自由翱翔，直到收获丰盛为止。从这方面来说，我的工作历程是很愉快而幸福的。我把一切权阀势利、一切政治迫害、一切抢掠剽夺都置之度外，以主人公的精神，主动去找问题，主动去定专题、主动去想办法，解决种种难题，为国家为人民作出自己的贡献。这样的科学研究历程，谁能说不满意呢?!

病榻僵卧，浮想翩翩，瞥见窗外之仙人掌，五峰直插云天。不禁忆及前作五律《大山莹记》……

大山莹记

仙人掌，热带沙漠植物也。家种一株，十余年矣，高可齐胸，酷似仙人巨掌。景分三层：下为丘陵平芜，有三江五湖之貌；中为层峦叠嶂之五岳，岩嶕嶙峋；上为直插云霄之五峰。蔚为壮观也。余对这株仙人掌好生宠爱，时常浮想联翩。

沙蒿贫瘠地，万里至京师。
五岳峥嵘骨，三江喷涌诗。
晶莹碧玉柱，剔透瘦湖石①。
矗立云天外，琼楼现倩姿。

① 太湖石简名湖石，以瘦、透、奇著名，材质匀正，表里如一。

后　记

这本小册子始写于1997年，由于身体不好，中间断断续续，直到2002年底方完稿。

1998年，正值母校武鸣高中90周年校庆，这以前，武高南宁校友会号召校友们写一些纪念母校的文章，我有一篇题为《漫漫求学路，武高别有情》的短文（见附录二），被收入该校友会编的《光明之路》书中，有些校友们看了以后，感触颇深，于是敦促我把艰辛的求学过程继续写完，我接受了这个意见，就把这个小册子写了出来。

由于往事时隔较久，有些较细小的事情已回忆不起来了，但是最基本、最主要的阅历还是记得很清楚的，故都能如实地记录下来。遗憾的是，近年来身体欠佳，脑子不好使了，部分回忆的文字组织得比较粗糙，而且文白混杂，错漏百出，时不时还掺杂进一些家乡壮族口语，读起来不甚顺畅。因此，该稿经黄全安、黄卷超、李天贵、顾有识、陆炬烈、韦炯隆等校友过目后，提了不少宝贵意见，并在文字上帮我做了许多加工整理工作；黄卷超、韦炯隆校友还为我整理了一份关于我从事科学实践活动的一览表，附于书后，以便于查阅；出版过程中，又得到了潘维和、邓绍英、陆生麟、张朝康、肖仁昌、曾永芳、潘有泰、尹兆奇、尹焕明、顾汉杰、曾有英、蒙树家、曾肇祖、李享荣、韦鸿禧、李德清等校友和朋友们的关心、支持，做了许多具体工作；香港苏宗庆校友还专为本书题写了书名；等等。在此，谨对这些同学、朋友们致以衷心的感谢！

尹学良

2003年7月

注：2003年8月本文曾被中国香港天马图书发行公司出版（见照片）。

附 2

尹学良遗作：漫漫求学路　武高别有情

（影印版）

漫漫求学路　武高别有情

尹学良

我出生在广西武鸣县偏僻的北区寺圩乡农村的一个贫苦农民家庭。我从读初小，到高小、初中、高中、大学，可说是跋涉着不寻常的漫漫求学路，历尽艰辛，其中，最值得回味的要算在母校武鸣高中这个阶段了。

我12岁时念完村小，于1937年春考上寺圩中心小学读高小。学校离我家8里多路，每天放学，我得跑回家喝玉米粥，再跑回学校上课，一天来回跑几趟，困苦自不待说。1938年底我高小毕业考上了县初中，学校离我家70多里路，年刚14岁的我，每星期六下午和星期天得跑回家背米背柴来县城在亲戚家自己开火熬粥以上学。我家里很穷，靠三个姐姐耕几亩薄田和哥哥打短工支撑这个家庭并供我上学，困难是很多的，每每接济不上，我经常辍学。断断续续地上学，人家初中只念3年就毕业，我不能连续学习，念了4年，即到1942年才毕业。毕业后上高中，家中支持不起。真是“天助我也”！我千恳求万恳求，母校武高特别批准我一面当学校的一名工友，一面当学生。所以说：漫漫求学路，武高别有情！

到武高读书，前边还有一段不平凡的曲折的道路。1942年夏初中毕业，因我的成绩特别优秀，学校免考而保送我到南宁高中读书。南高我也只读了一年，又因家庭接济不上再次被迫辍学。之后因求学无门,我只好两次跑到桂林打工谋生。到1944年6月,长沙大火,日寇侵入到湖南衡阳,桂林紧急疏散,我经过长途跋涉,走间道,闯险关,历尽艰险,步行回到家里。读书是我的热切追求,于是写信给南高校长要求复学,校长同意叫我从二年级读起,但我去复学只读了一个月,南宁也紧急疏散,不得已我只好转学回武鸣,进高中插入第一班学习。插班上课不到一个月,武鸣也紧急疏散了。当时学校决定师生撤退搬迁到大后方的那马、隆山、都安、平治等边远山区县去,一边逃难,一边坚持给无法疏散回家的同学上课。此后的几个月,我以校为家,与学校共存亡,一直主动地积极地帮助学校打前站做安排,先到这些县份去寻找安全的的村舍,选择借用合适的校址,然后转回头接老师、家属和同学们安全撤退搬迁。我抄小路来来回回往返步行于武鸣、那马、平治、隆山、都安等县的荒山野岭中,我和学校的几个工友们一站站地帮助迁校,一站一站地接送老师、同学和家属,一站又一站地搬走贵重的图书、教具仪器。那时大路我们不敢走,是因为走大路极易被日本鬼发现挨抓,或者被逃跑的国民党官兵当作日本密探抓起来,关押毒打,甚至可能无辜丧命。虽然只走小路,但往返联络和搬迁,经常也遇上危险,有时也被日寇、日伪、土匪、地痞流氓等拦截、羁押或打骂。记得武鸣第二次沦陷,1944年下半年疏散搬校时,起先校长、老师等先搬逃到我老家寺圩乡乡下(我家都先后住过几批人),接着继续往那马县周鹿一带(今属马山西部)奔逃。学校先头大队人马先到了周鹿,后续的紧随搬迁跟上。当学校校长等一批人逃到崬龙村时,正好碰着日本鬼子,校长、教导主任和霍宗政同学三人不幸被日本鬼子掳去,关在仙湖乡街上的日本鬼子据点里。剩下的家属都在崇龙村那里呼天号地，求救无门，悲愤至极；其他的师生也忧愁万状。第二天我陪同余下的老师同学追赶先头队伍到崇龙村，才知道校长他们三人已被日本鬼抓走了。情况十分危急！怎么办？最后学校决定派我和卢庶务（校长的小舅子）转回了解情况，并设法营救。我和庶务回到仙湖，偷偷地找街上的老百姓和地方人士询问，并同他们讨论如何营救的问题。他们说：驻仙湖的日本鬼子才20多个，校长他们被关在据点附近的民房里。群众献计说，营救的办法只有两个：一是等部分鬼子出外掳掠时组织人马打进去，将校长他们救出来；二是在夜间偷偷钻进去挖墙掏洞，把人救出来。不管用哪种办法，危险性都很大。我们了解情况后，立即就赶回那马向学校汇报。当我俩抄小路绕过仙湖向北走，穿过山沟林莽，刚过县境进入那马县边缘的片圩乡时，就被那里的民团逮住了。据说日本鬼子扬言要从仙湖掳掠片圩一带，可恶的民团怀疑我们是日本鬼派去当侦探的汉奸，于是就把我们逮捕并押送到片圩街上。民团团长就是片圩乡乡长兼任的。到了那里，团长士兵个个都对我们投来仇视的目光。不由我们分说，团长先命令民团兵士把我们五花大绑毒打一顿，然后又抬来一副桎梏，把我俩梏牢双脚，使我们坐不得，站不得，只让我们躺在街头的泥地上，并派人看守。民团团长交代守兵说："只要听到外面有枪声，就证明他们是密探，你们就把这俩个家伙开枪打死，以免鬼子来了管不上。"那时正是十冬腊月，又饿又冻，我们呻吟着，牙齿哆嗦着，好不可怜。渐渐地有些士兵和圩上老百姓近前来探问虚实，我们如实说我们是武鸣高中的老师和学生，这样，那些仇视的目光才渐渐消失。到了晚上，确实日本鬼子没有侵入片圩骚扰打劫，事实证明我们不是汉奸，这才得免于一死。但不是就了事，第二天民团又派士兵押着我们送到那马县城，再次加以审问。学校大队人马刚从那里向平治县搬迁撤退，只剩下一位老师处理遗留事宜。为了证实我们不是汉奸，县府官员立即去找这位老师来对证。老师一来即呼喊我们的名字，可怜地为我们谈起情况，这才当场得到释放。真是九死一生，万幸至极！不久，校长他们三人也从日本鬼子手里逃了出来，先于我俩到平治县寻到了大队伍。……几个月的逃难流亡，象上面的灾难我还遇上好多次。为了生活，更为了读书，我始终同学校师生同生死共命运，继续尽我的所能义务服务到底。

1945 年 8 月，可恨的日本侵略者无条件投降了，我们学校才能从外地搬回，逐步恢复正常上课学习了。经过大半年的逃难，学校更了解我，学校接受我的要求，吸收我为一名校工，发给一份工资，这才解决了吃饭、学习的经济大难题。批准当工读生的我，每天课余，白天勤恳地给学校打扫清洁，给老师打水扫地，洗痰盂，倒尿盆，好让我们的老师能安心教学；夜间，我得同工友们轮值护校巡逻。对自学我一贯抓得很紧，即使是在逃难期间，一有空我就看书，学功课，自学一些大学的功课。平时，我积极帮助同学补习功课，代替老师给同学解答各种学习难题，还自学翻译些英文书籍，编写些参考资料，三年级那时，我为同学们编了一本《高中数理化摘要》，油印分发给同学。我的勤奋和诚实，赢得了学校领导和老师同学们的喜欢。就这样，我的中学学习断断续续，历尽艰难。1946 年我高中毕业了，考上了大学土木工程系……现在我已年逾古稀，回想起来，母校给我当位工读生，给我解决了无钱读书的困难，母校给我培养了自强不息的奋斗精神，给我知识，我是终生不忘的！

****

作者简介：尹学良 原武鸣高中1班学生，1946年毕业，国家水利部水电科学研究所研究员，已退休。

附 3

尹学良先生科学实践活动

1943 年尹学良先生（下简称尹先生）读高中时，根据对数原理曾用两条纸片画对数格，拉动纸片即可计算乘除题。后来知道，此种计算技术早被外国人发明成计算尺了。

1949 年下半年，在广西武鸣县一中任教期间，尹先生因陋就简地为该校制作多种物理实验、演示教具，以提高学生的接受能力和学习兴趣。

1950 年广西大学毕业后，到中央水利部参加政务院治淮会议的水文分析工作。

同年，为水文局编写的洪水预报方法文件提供各种例证。后具体负责研究永定河的洪水预报，并于 1951 年实施，成为全国的先声。

1951 年，在实施永定河洪水预报时，尹先生根据报汛资料随时进行洪水分析，写成了《永定河 1951 年 8 月中旬洪水的初步分析》报告。该报告被印成专刊，作为水利部部长公文《中央人民政府水利部关于进行洪水初步分析的通知》的附件，下发全国，要求全国重视抓紧这项工作。这，当属其第一部专著。

1951 年冬至 1952 年春，负责审编永定河历史水文资料，为官厅水库的设计提供依据。审编中，尹先生做了很多分析研究，写成分析报告，附印于整编成果中，这在全国都是特例。后到天津大学水利系等做了学术报告。

1952 年 6 月，建议官厅水文站抓紧测好当年洪水，很好地解决了官厅水库悬而未决的设计洪水问题。

同年 8 月，被派去了解黄河人民胜利渠泥沙问题。为苏联专家的视察提供基础，后又随同专家视察。

年底，协助组织海河 1951 年、1952 年的水文审编工作，并到河北、山西水利厅做了水文审编学术报告。

1953 年 7 月，被派到辽宁解决大伙房水库设计洪水问题。大胆采用了像解决官厅水库那样的办法，使问题迎刃而解。

这期间，尹先生经常到全国各地检查水文站工作。针对工作中的问题他写了几份技术材料，成为了我国水文测验的重要参考资料。

1953 年，提出了“211 体积混合测沙法”。经全国广泛试验研究之后，被全国通用至今。

1954 年，负责编写《中华人民共和国水文测验规范》中的流量、沙量的测算部分。同时编写了技术讨论材料下发全国。并在 1955 年全国规范学习会上进行了宣讲。

1955 年至 1956 年春，往返奔走于各省，协助组织规范学习。

1956 年 4 月，从昆明返回北京后，主动要求调到水利水电科学研究院工作。接受的任务是通过永定河去研究黄河的演变和整治。

从这一年起，尹先生开始做造床模型试验。按不同的水沙搭配造出了不同河型。这在国内外都是首次。其研究成果《弯曲性河流形成原因及其造床试验初步研究》曾在《地理学报》上发表。该研究成果指出，弯曲性河流和游荡性河流之所以不同，与来水来沙关系曲线的斜率大小不同相关。

1957 年，到长江、荆江、南运河调查。并负责成立了南运河河床实验站。

同年，到淮阴以下的废黄河进行调查。同年，又参加了苏联专家的河口研讨会，并陪同去南京、上海、杭州、长江口外考察及观看了钱塘江潮。

1958 年，应邀到内蒙古包头解决城市防洪问题。

这一年，国家开始整治永定河。尹先生请得空军免费航测永定河河道，每年两次。年底，在中科院地理所将其取得的成果进行了交流。

1959 年，陪同苏联专家到永定河、黄河、长江考察。

同年 1 月，提出清水冲刷河床粗化成果及粗化深度计算公式，为国内外首创。该成果后来在 1961 年地理学会上，在 1965 年《水利学报》上，以《清水冲刷河道重建平衡》《清水冲刷河床粗化研究》为题正式发表。

这一年，做永定河物理模型试验。也曾做过气流模型，但中途被停顿。

这一年，尹先生的永定河研究成果报告《官厅水库建成后永定河下游的河床演变》印成专著。这是国内第一本这方面的书。该书提到的经验教训，以后很多都已在黄河上发生和验证了，因而永定河的整治工程也成为北方多沙河流整治的样板。当时所主张的左右岸、上下游共同研究布置工程的思想，一改过去不准修建长于 30 米丁顺坝的规定；所制定的治导线等，三十多年来一直成为全河两岸都愿意严格遵守的信条。这一年，其所负责的南运河研究也出了成果，并写出了初步总结。

永定河研究成果和黄河(研究)人员的研究成果成了两大争论派别。1960 年三门峡枢纽建成，黄河所出现的很多问题，都与永定河的情况酷似。实际资料表明，三门峡下游的问题确实严重，如滩地的迅速坍塌，险工增长等。由于没有很好地吸取永定河的经验教训，仅几年时间，黄河滩地坍失了 40 余万亩，险工大量延长，造成防汛被动。这些，都印证了尹先生所倡导的理论是正确的。

1962 年 6 月，尹先生研究了辽宁闹得海水库资料后，提出滞洪水库要使多沙河道下游变坏(即河槽迅速淤高展宽，河道变坏)的认识。这在国内外是首次。此时，三门峡水库问题刚开始暴露，有关方面正在考虑改为低水头运用。对此，尹先生及时指出了其中的问题，提出了应该通过调节水库水沙的办法去解决。在此期间，尹先生开始形成和提出了修建小浪底枢纽作为“泥沙反调节水库”的思想。这些认识，在国内外也是第一次。所有这些，当尹先生在水电部召开的三门峡水利枢纽问题座谈会上将其学术思想报告后，又引起了学术上的激烈争论。

同年，陪苏联专家去黄河、长江视察。

1963 年海河大水，尹先生建议航测海河各河河道，并坚持随机视察，取得了大量宝贵的第一手资料。

这年 9 月，在水电部召开的三门峡水利枢纽问题第二次座谈会上，尹先生又一次深入阐明了三门峡枢纽的上述改建方针(即运用方式采用上必须注意不使小水排大沙)。

1964 年，被请到水电部全国高级泥沙培训班上讲河床演变课。

同年，水科院成立泥沙观测队，由尹先生负责筹组，并亲自到三盛公、青铜峡等地去选点设站。

同年秋，三门峡水库淤积严重，尹先生被派到库区进行广泛调查。

同年冬，尹先生在国务院召开的三门峡水利枢纽问题座谈会上提出了《黄河的害沙及其处理问题》的报告，阐明来水来沙关系决定输水输沙关系以及河道形态、河性河型的机理；提出应把黄河的泥沙分成有害与无害和如何处理其有害部分的思想；指出建库前、建库后这些害沙的成因和数量、分类及转化等。这是国内第一次提到的害沙思想，并正式提出改造黄河、根治黄河的问题。

1965 年，为黄河技术干部讲授河床演变课。协助武汉水院学生实习工作。负责黄河泥沙研究队中的河道演变研究组的工作。

这一年，应邀解决西辽河苏家堡枢纽的规划问题。

1966 年，在国家计委领导下，尹先生去哈尔滨解决江道整治规划问题。负责分析资料、了解情况及编写最终报告。

同年，到山西解决夹马口水轮泵站引不进水的问题。

1967 年夏，到长江、荆江了解裁弯工程问题。

1968 年 4 月，尹先生到黄河口，指出钓口河自 1964 年初开始启用后，河道从散漫、乱流、猛烈淤积阶段向良好方向发展，正处年轻时期，不能就此放弃和改道。为此，他极力反对当时正在进行的河口改造工程。经向山东省革委、山东省军区、水电部等领导汇报后，终于制止了该工程的使用。这是尹先生理论实践应用上的一个重大胜利。

同年 6 月，正当尹先生从黄河口胜利回京时，受到“文革”冲击而被隔离审查。接着，被下放到三门峡劳动改造。但因身患癌症，只去了 10 天，即获三门峡领导的关照，返回北京治病。

1976 年春恢复工作后，到中央防汛抗旱办公室负责黄河流域问题。这年夏，黄河大水，尹先生到济南蹲点。秋，沿河调查黄河河道情况，获得了河床冲淤与水流大小关系的资料，并定出冲淤分界，为认识黄河走出了重要的一步。

1976 年春，在黄河防凌工作中，既配合水利资源的利用，又控制三门峡水库的水位，使资源利用和顾全大局两方面都做到了恰到好处。

1977 年春，黄河中游凌汛紧张，尹先生赶赴宁夏、内蒙古了解、分析、处理两省区的防凌事宜。

这年夏天，延安被淹，随部长赶赴现场了解、慰问，并查明了洪泛形成原因，总结了经验教训。

1978 年，尹先生铤而反对当时水电部与黄委会关于要兴建桃花峪水库和任家堆电站而放弃小浪底枢纽的决定，坚决主张兴建小浪底枢纽。意见一直上达中央最高级领导，终于保住了小浪底枢纽的重要地位。

这期间，尹先生曾针对人们有关黄河下游已经处于决口大改道的前夜的说法，对比了现河道与明清黄河的条件后，指出黄河河道还很年轻，还能很好地继续使用，因而否定了黄河下游分洪道改道方案，认为改造后黄河的潜力是足够的。所写的论文，参加了 1978 年 9 月在郑州召开的学术讨论会。后荣获水科院科技进步一等奖。

这一年，被邀请到清华大学水利系高级泥沙培训班讲河床演变课。

1979 年秋，在郑州召开的学术讨论会上，对黄河治理方向争辩很激烈时，尹先生又进一步主张改造黄河、根治黄河。

80 年代，由尹先生培养的三名研究生，已成为水利方面的专家、教授，为国家提供了高级人才。

1981 年，到青岛了解黄河口海域数学模型问题。

1982 年，去辽宁讨论闹得海水库改建问题。

1983 年，参加国务院审查红水河天生桥枢纽工程。

1984 年，到三峡、桂林、南宁、西津、大化等观察了解。

这一年，在参加国家计委审查小浪底枢纽工程时，尹先生坚决反对将枢纽简单建成水电站。计委将其发言摘要作为附件上报国家领导。为此，水电部专门召开会议对其建议进行讨论。

1985 年，水电部三位总工程师去黄河视察，尹先生应邀陪同。

这一年，受石油部委托，尹先生研究了地方当局要将黄河口改道的问题，发现当时河口洪水位尚比堤防防御水位低 2 米多，河道比降也比正常输水输沙比降大 34%，显然，还可以再安全使用四五十年而不必改道。据此，提出了不改道的正确意见。实施后，使油田免受损失，使河口三角洲从年年泛滥受淹变成了繁荣的工农业及石油生产基地。此成果已向联合国 UNDP 组织做了咨询。

同年 5 月，参加水电部工作组，到湖北省检查防汛工作。

1986 年夏，到武汉参加三峡枢纽技术座谈会。

这一年，负责了两项自然科学研究基金课题。

这一年，尹先生被国家派到美国，参加在美国召开的国际河口泥沙学术讨论会，在会上做了学术报告。其间，到过密西西比州、威克斯堡、巴丹路赫、新奥兰治、旧金山等地观光考察。

1987年，参加广州中日河工、坝工学术讨论会，做了学术报告，会后到桂林、兴安、南宁、大化、岩滩等地参观考察。

1989年，参加了三门峡枢纽建成三十周年学术讨论会。提出改变三门峡枢纽运用方式的建议。受到黄委主任和全国政协副主席钱正英的赞同。

1990年5月，到承德参加水电部等单位召开的水土保持会议。

同年6月，到湖北洪湖参加水电部评审长江界牌河段的整治规划设计。

这年11月，到郑州协办华北水利学院高级泥沙培训班，并被该院聘为客座科研教授。

1992年，在水电部技术委员会上，尹先生汇报了永定河五六十年代的整治经验。

1993年3月，到武汉参加三峡工程讨论会。

同年5月，在全国政协副主席钱正英建议并亲自参加下，水电部召开了尹学良治黄方法(即改造黄河、根治黄河)研讨会。9月，《中国水利报》报道了研讨会消息。数十年来，尹先生不仅全力以赴地研究黄河下游的河床演变及整治，同时还研究了与黄河相似的和极不相似的其他河道特性，包括永定河、柳河、汉江、上下荆江、长江、南运河、废黄河、滹沱河及一些国外河流等的演变特性，以作佐证或反证。对黄河河性、河性形成的原因、通过改造河性去根治黄河等课题，尹先生都提出了一套从理论到实用的治河方法。这在国内外也是独创的。

同年12月，到宜昌参加国家计委评审隔河岩大型水电站的设计。

这一年，《水利学报》还刊登了尹学良先生《河型成因研究》论文。这是尹先生根据黄河河槽大水冲刷、小水淤积，大水淤滩刷槽、小水淤槽，以及大水与小水、滩面与河槽、冲刷与淤积的不同作用，提出的一整套来水来沙搭配关系决定河性、河型成因的理论。此文也是尹先生的总结性论文。在国内外也是独特的。

90年代，尹先生又陆续整理出版了三本专著，各约40万字。至时，已陆续出版了五本专著(其书目为：1951年《水文丛刊》刊印的《永定河1951年8月中旬洪水的初步分析》；1959年出版的《官厅水库建成后永定河下游的河床演变》；1995年12月中国水利水电出版社出版的《黄河下游的河性》；1996年8月中国建材工业出版社出版的《河床演变河道整治论文集》；1997年4月中国铁道出版社出版的《黄河口的河床演变》)。

1994年夏，去宜昌座谈三峡枢纽泥沙研究问题。

1995年，去福州参加海洋河口会议，提出黄河河口研究报告。

90年代由尹先生负责“八五国家重点科技攻关”中的黄河河口课题，于1997年获水电部科技进步一等奖、1998年获国家科技进步二等奖。

八九十年代是尹先生科学实践活动比较繁忙时期。尽管如此，他还多次到黄河中游考察研究，参加探讨达旗火电厂、托克托火电厂的引水问题；多次应邀到西辽河解决河道枢纽及引水口等问题；多次到海河各河段讨论、评审河道治理的规划设计问题。他认为，只要工作需要，他永远是有求必应，不遗余力。

1987 年尹先生被“一刀切”宣布退休以后，仍主动去承担“八五国家重点科技攻关”的课题，为治理黄河顽强地去贡献自己的一份余热。

2001 年 1 月出版的《中国民族百科全书》第 10 卷，将尹先生列为该书中国科技界 25 位入选人之一，主要评价是：“一生从事治理黄河工作”，是中国“为数不多的治黄专家之一”。

（由黄卷超、韦炯隆等整理）

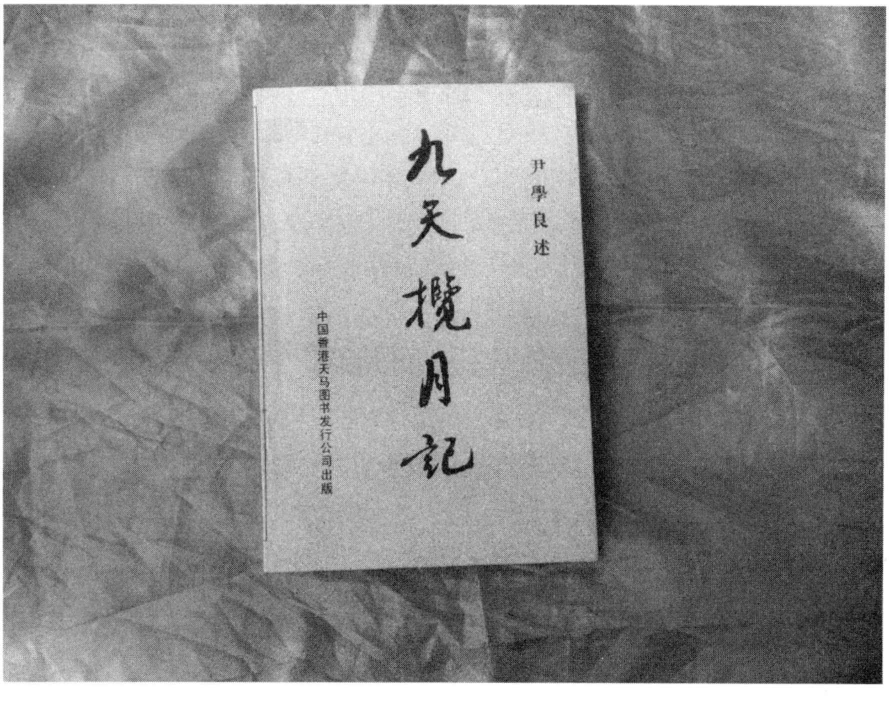

附 4

尹学良先生成果

一、出版著作

专著名称	出版时间	出版单位
1. 黄河下游的河性	1995 年 12 月	水利水电出版社
2. 河床演变河道整治论文集	1996 年 8 月	建材出版社
3. 黄河口的河床演变	1997 年 4 月	铁道出版社
4. 黄河口演变规律及整治(合著)	1997 年 12 月	黄河水利出版社

二、发表的论文(不完全统计)

1. 官厅水库修建后永定河下游河道的变化　1958 年第 2 期《泥沙研究》
2. 清水冲刷河床粗化研究　1963 年第 1 期《水利学报》
3. 黄河下游冲淤特性及其改造问题　1980 年复刊号《泥沙研究》
4. 黄河口的大型并汊改造　1982 年第 4 期《泥沙研究》
5. 1960 年黄河口劫夺改造　1983 年第 3 期《泥沙研究》
6. 论治黄方策　1983 年水科院论文集
7. 黄河口的河床演变　1986 年第 4 期《泥沙研究》
8. 关于分流淤积的一些问题(尹学良等)　1988 年第 3 期《水利学报》
9. 黄河山东河段河槽冲淤计算成果　1989 年水科院论文集
10. 黄河下游的河性(尹学良等)　1992 年《地理学报》
11. 河型成因研究(尹学良等)　1993 年第 4 期《水利学报》
12. 黄河下游河道纵剖面形成概论及其持续淤积的原因(尹学良等)　1993 年第 2 期《人民黄河》
13. 黄河口河道的大型变迁(尹学良等)　1993 年第 8 期《人民黄河》
14. 黄河水沙变化对河口演变的影响(尹学良等)　1993 年黄河水沙变化研究论文集
15. 黄河口清水沟行水年限的计算(尹学良等)　1996 年第 3 期《泥沙研究》
16. 改造黄河根治黄河建议　1996 年第 2 期《水利规划》
17. 闹得海水库库区及下游河道的变化　1997 年第 7 期《水利学报》
18. 黄河下游纵剖面的形成(尹学良等)　1997 年第 1 期《泥沙研究》
19. 黄河口河道 80，90 年代的演变(尹学良等)　1997 年第 2 期《泥沙研究》

20. 黄河强烈游荡、严重淤积的原因(尹学良等)　　1997 年第 7 期《水利水电技术》
21. 黄河下游河床演变三大基本问题的研究(尹学良等)　　1998 年第 1 期《水利学报》
22. 黄河下游纵剖面的形成(尹学良等)　　1999 年第 1 期《国际泥沙研究》
23. 河型成因研究及其应用(尹学良等)　　1999 年第 2 期《泥沙研究》
24. 黄河下游的过去和未来(尹学良等)　　2000 年第 6 期《水科学进展》

三、获奖项目

黄河口演变规律及整治研究　水利部科技进步一等奖　1997 年

黄河口演变规律及整治研究　国家科技进步二等奖　1998 年

水科院奖项多项(略)

(整理人：陈金荣)

八十寿辰纪念照片一
照片资料提供人：陈金荣

八十寿辰纪念照片二
照片资料提供人：陈金荣

“欢”，是真正的越人歌！

壮族学者黄山同志告诉过我们的一段往事。中学时期他在明秀园就读，一次在与韦校长请教如何看待刘向的《越人歌》时，校长告诉他，我们西瓯骆越是古代越人的一支，爱唱歌、善唱歌、以歌代言、用歌会友是我们的专长，也是我们的特点，千百年来，我们的“欢”（壮话，指民歌）人民一直在唱着，这是真正的越人歌。如果能旧瓶装新酒，介绍点世界各国、加进些科学知识、文化元素，把你们学过的东西，插上“欢”的翅膀，朗朗上口，变成人民群众的认知工具，该多好啊！这项工作好做，因为只要是“色凛”（壮话近音，指土壮字）记下的“欢”，什么方言的歌手都认得、都能唱，“乜老”（壮话，妇人）“勒包”（壮话，小孩）都懂，这种普及文化、传播知识办法“神”极了。他又说，一个民族，只要文化不落后就不怕……校长的这些话给我启发很大，只是后来，我跟共产党打游击，打垮了蒋家王朝，新中国成立后，我上了大学，毕业参加工作后又忙这忙那，然而这些话永远萦绕着我，而今退休了，想编本《壮语版中外民歌名曲一百首》总可以吧？

当时我们韦家有子弟担任广西武鸣高中南宁校友会秘书长，听完后，很感动，就让在文艺方面颇有天赋的我们韦家子弟韦炯那老师（注，韦鸿恩先生的侄儿）张罗这件事，通过他的串联，找了退休下来的壮族文艺界老将蓝球、陈振虞、邓品晶、李锦耀等老者三整两整，没几天工夫一本有简谱、有古壮字、新壮字和汉文相互对照的《壮语版中外民歌名曲一百首》出世了，他们原有个计划和设想，请政府支持成立一个壮话小合唱分队，到壮乡各县村寨去传唱，活跃壮民的文艺生活。为此还打来了报告，只需要一点启动经费支持。报告是递上去了（自治区级的），种种原因，最后是不了了之。怎么办呢？“找找出版社吧”，人家温馨地提醒我们这种少数民族的书卖不得钱，只能自费出版。“自费出版吧”，当年国内书号费要价很高，我们承受不起。最后，通过香港校友申请香港书号来个自费出版，终于让《壮语版中外名歌民歌一百首》在2002年问世了，为了省钱，黄山同志连轴转、熬夜校对、自己设计封面，做了许多工作，可惜赶印出来的书不能上架公开发行，无法广为传播。

一年一年过去了，这些“卜老”如黄山同志过世了，蓝球同志又过世了，陈振虞老师也过世了……根据这些过世作者的愿望，作为纪念性刊物，我们决定申请收录到贵纪念性文集上去刊登（见后附），让她名正言顺地在国内得以与读者正式见面，让壮乡的中小学师生、民间歌手们不断去传唱她们，也教孩子们唱，娱乐社会，活跃人民生活，推动社会进步！以此去纪念壮族教育家韦鸿恩先生和他那些过世了的追随者们！

还有，壮族教育家韦鸿恩先生除了肯定壮歌“欢”的作用以外，他对绘画、书法、壮剧、演文明戏、收集民间散落的诗文等也极为重视，而且放手让韦家子弟去发展自己的特长和爱好。比如在广西报考黄埔军校“热”的那些年代，乡里长辈动员他大侄去报考，由于酷爱国画，自己与艺术投缘，不愿意去，找到他诉苦后，他支持他、安抚他，说，人呀，总要走自己的路……又如他肯定了他三弟与黄炯钊当年结成的“三少民间歌手”班子的活动《游唱》；对他的侄儿们在边远山区隆山积极参与并成功推动文明戏演出活动(见由黄文萍提供的《演出之前》剧照)等，感到很高兴，也很自豪，都说当年的他捋着胡子逢人提到时都说：“好！很好！”

照片上名单：韦炯那、黄文萍(女)、谭佳顺、
白柳金(女)、程明光、蒙柏忠、黄庆坤、覃振康(资料提供者黄文萍)

黄文萍近照：与爱人韦波辉在长江三峡水库大坝上

值得提起的还有这么一件事，有一年，身为新华社广西分社社长的苏永勤先生在欢送友人去美国侨居的酒会上说：他知道韦校长(注，指壮族教育家韦鸿恩先生)一直在收集壮乡诗人的诗文，校长本人的日记也是用“诗”来记事的，可惜从苏联留学归来后，他利用当记者的机会一直在努力搜寻，都没有结果，太可惜了……我们把苏先生的这段话“补记”在这里，也算是对韦老先生勤于多元探索的一种纪念吧。

（广西武鸣太平文育韦氏家族整理并供稿）

附

汉壮对照：中外歌曲一百首

（编撰者：韦炯那等）

Fwen Raeuz Lumj Diuz dahseizCin
欢偻廪条汏随春
山歌好比春江水

1=♭B $\frac{2}{4}$ $\frac{3}{4}$

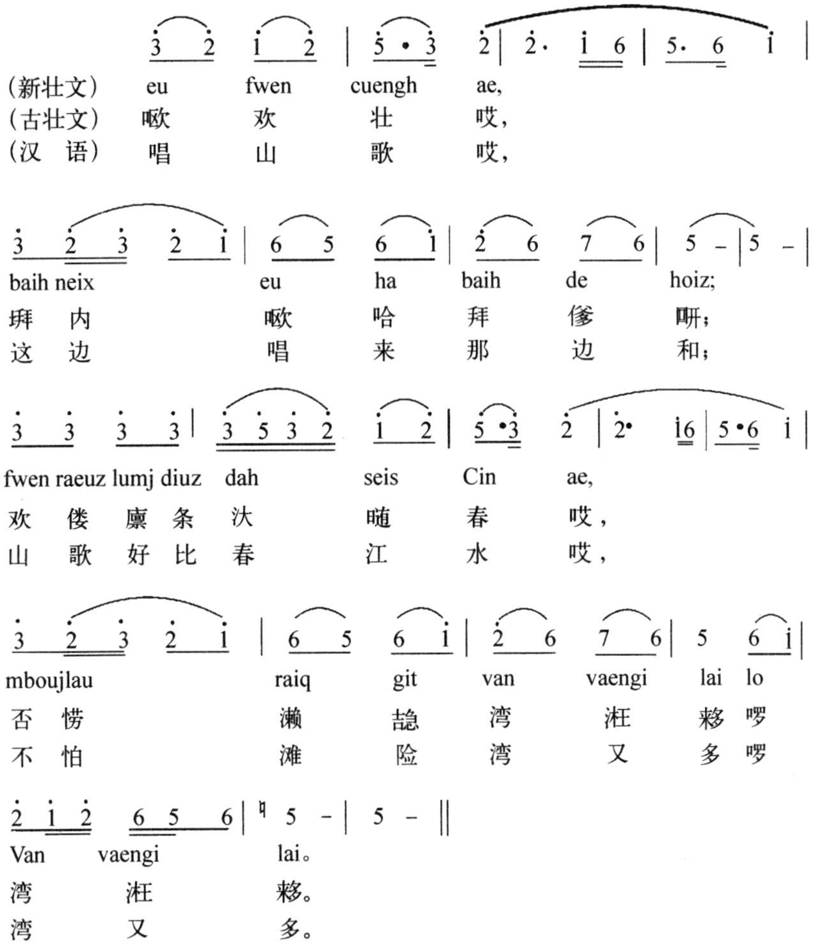

（电影《刘三姐》主题歌）

注：歌词的第一行系新壮文，第二行系“色潇”(壮话近音)即民间流行的古壮语，第三行系汉语、汉意译文，下同。

Siengj Nuengx siengj Dwk Ngoenz Dem Ngoenz

1=♭B 2/4

想狌想廸昙添昙

想妹一天又一天

（电影《刘三姐》选曲）

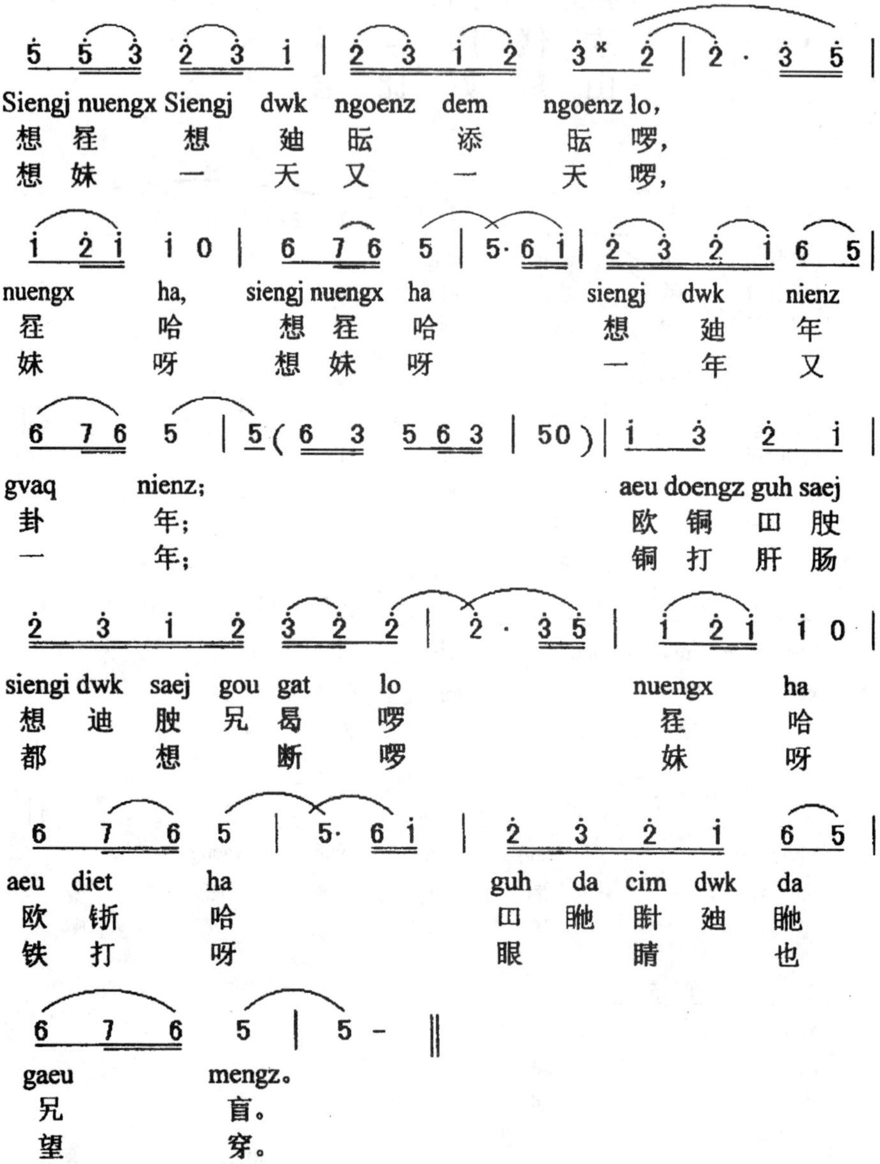

Fwen Raeuz Lumj Diuz dahseizCin

1=♭B 2/4 3/4

咰欢粝万萝

一首壮欢谷万萝

广西马山壮族三声部民歌

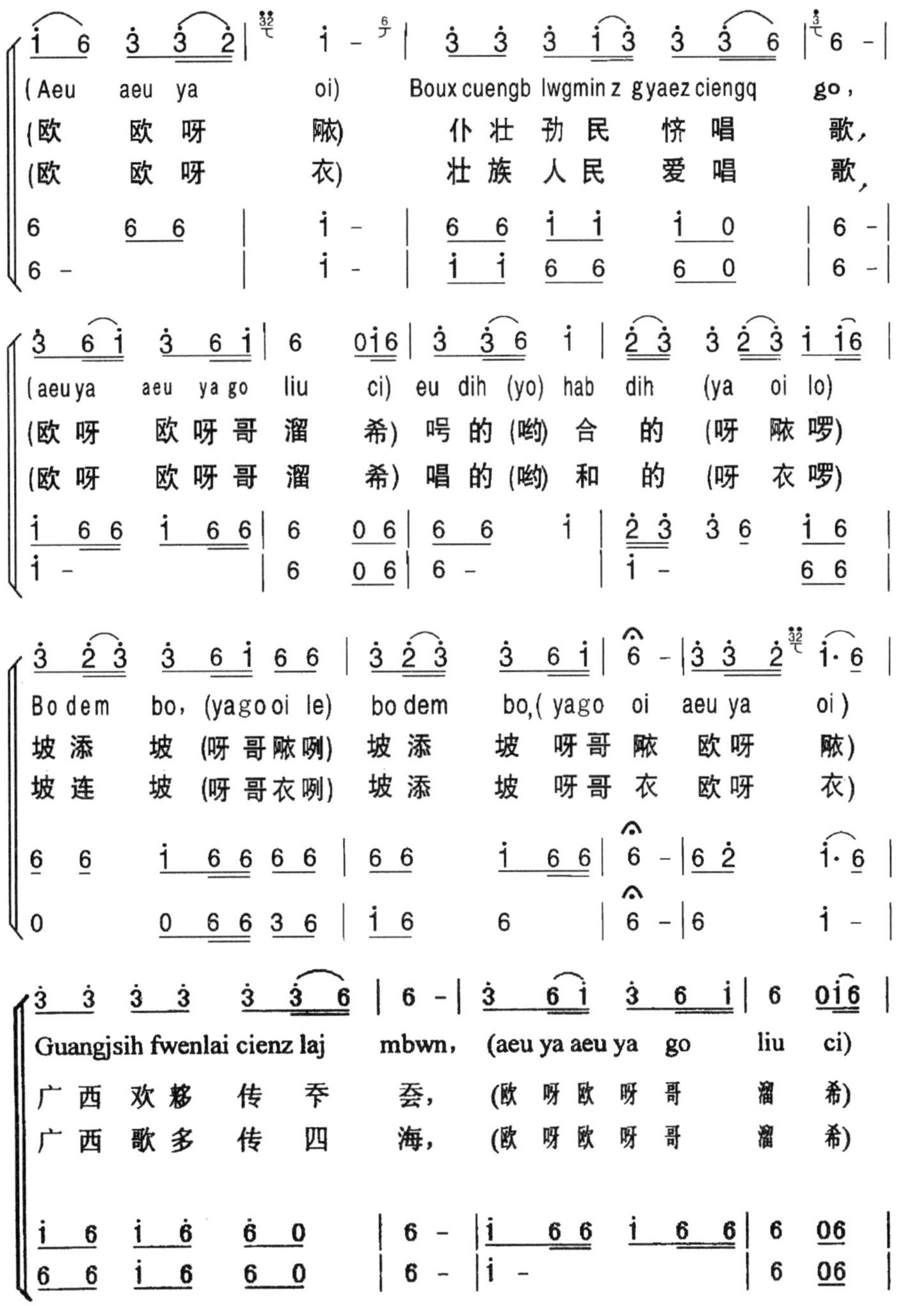

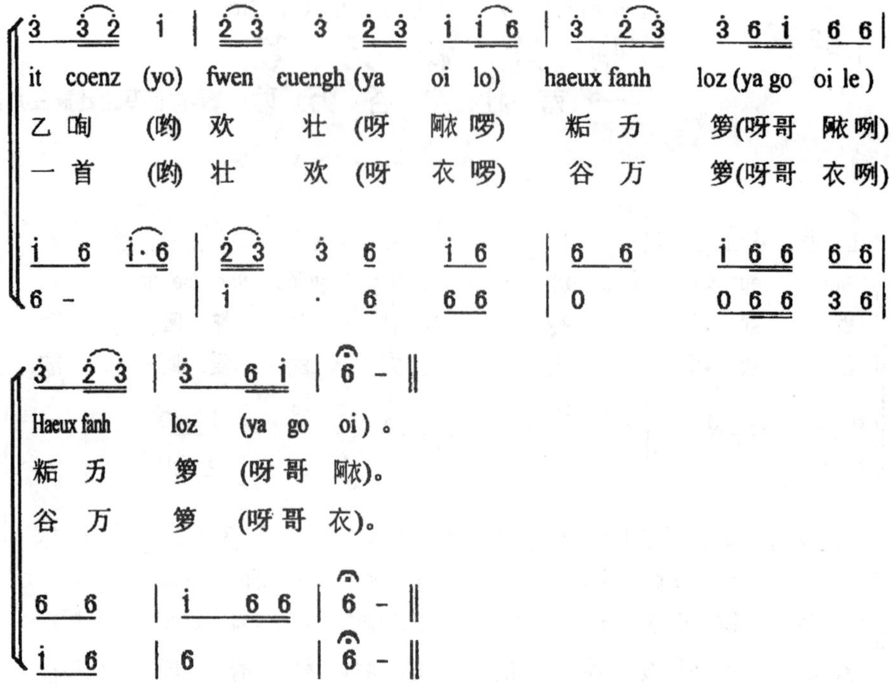

Haenh Cietfwen Gvangjsih

1=♭B $\frac{3}{4}$

悬节欢广西
赞广西民歌节

广西凭祥、龙州壮族民歌

三月

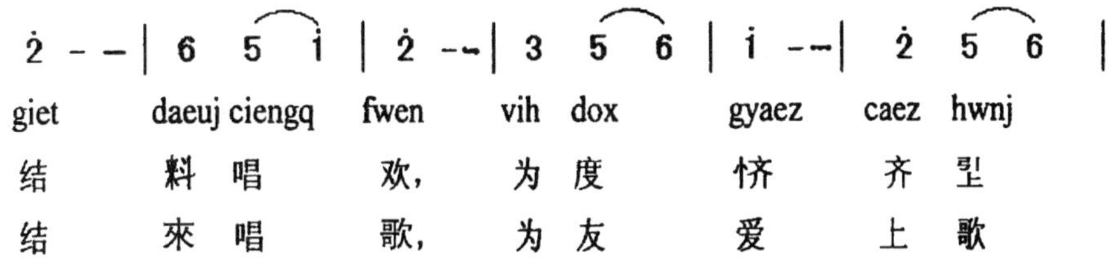

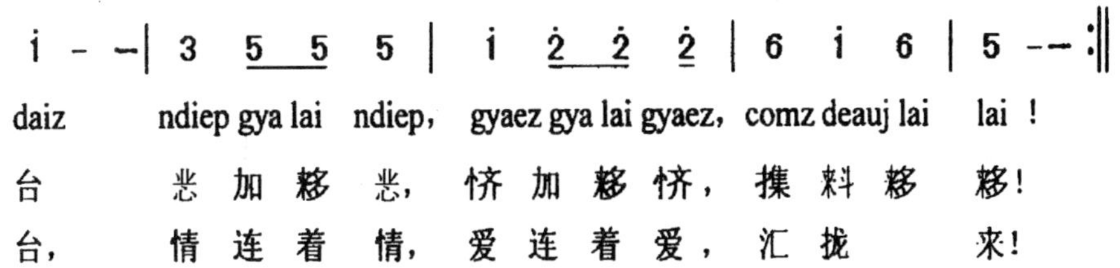

Haemh neix Va'gyaeu Ndwen Engq Luenz

1=^{b}B $\frac{2}{4}$

𬂽内花㦗胅更圝
今宵花好月更圆

（《刘三姐》选曲）

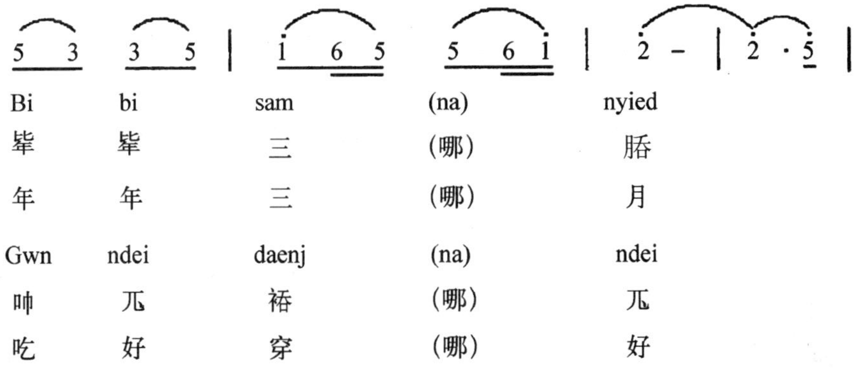

1̇ 6 1̇ 2̇ 1̇ 2̇ | 6 · 5 5 | 5 3 3 5 |

dwg ciet fwen (ha), sing go
迪 节 欢 (哈), 声 歌
是 歌 节 (呀), 月 儿
dwg vunz cauh (ha), Haemh neix
迪 伝 造 (哈), 𪰹 内
人 创 造 (呀), 今 宵

5 6 1̇ 2̇ 1̇ | 6 · 5 | 5 · 6 |

van diemz
㤝 甜
明 亮
va gyaeu
花 𧿹
花 好

1̇ 2̇ 1̇ 6 5 6 | 5 – | 5 – ‖

rongh ndwen luenz。
㝯 肟 圆。
歌 儿 甜。
ndwen engq luenz。
肟 更 圆。
月 更 圆。

Mingz Cienz haj daiq yangz

名传五太洋
名传五大洋

1=C $\frac{2}{4}$

广西平果、田东
壮族二声部民歌

5 – 1̇ | 2̇ – 1̇ 6 5 | 5 3 3 5 1̇ 2̇ | 1̇ 6 5 |

(Na di gu ha) you gyangh raezyougvangq (lw), riuz bae
(哪 的 咕 哈) 右 江 㱃 又 宽 (嘞), 流 𡿨
(哪 的 咕 哈) 右 江 长 又 长 (勒), 奔 流

(na di gu ha) Bingz goj Denzdungh ndei (lo), bya dah
(哪 的 咕 哈) 平 果 田 东 𠃣 (啰), 岜 汏
(哪 的 咕 哈) 平 果 田 东 好 (罗), 山 水

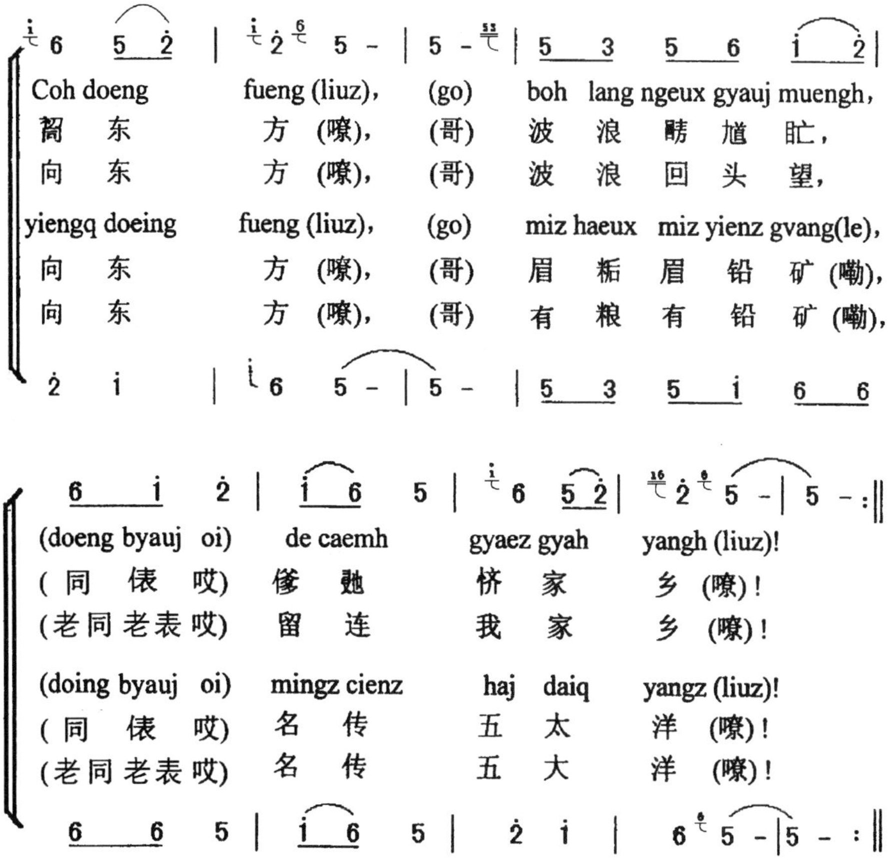

Cam Va

嘇花

问花

1=C $\frac{3}{4}$

广西武鸣、马山壮族民歌

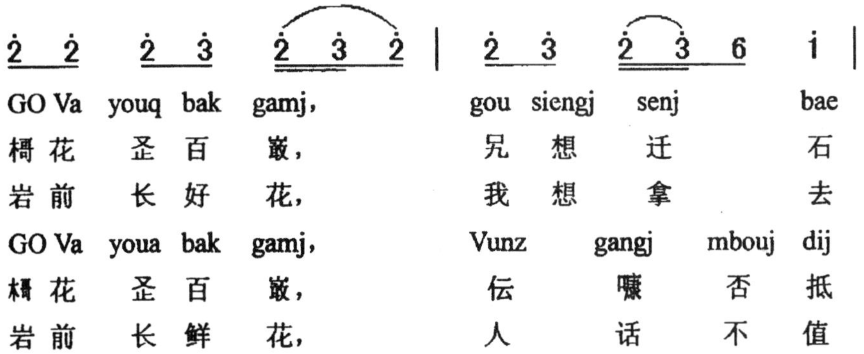

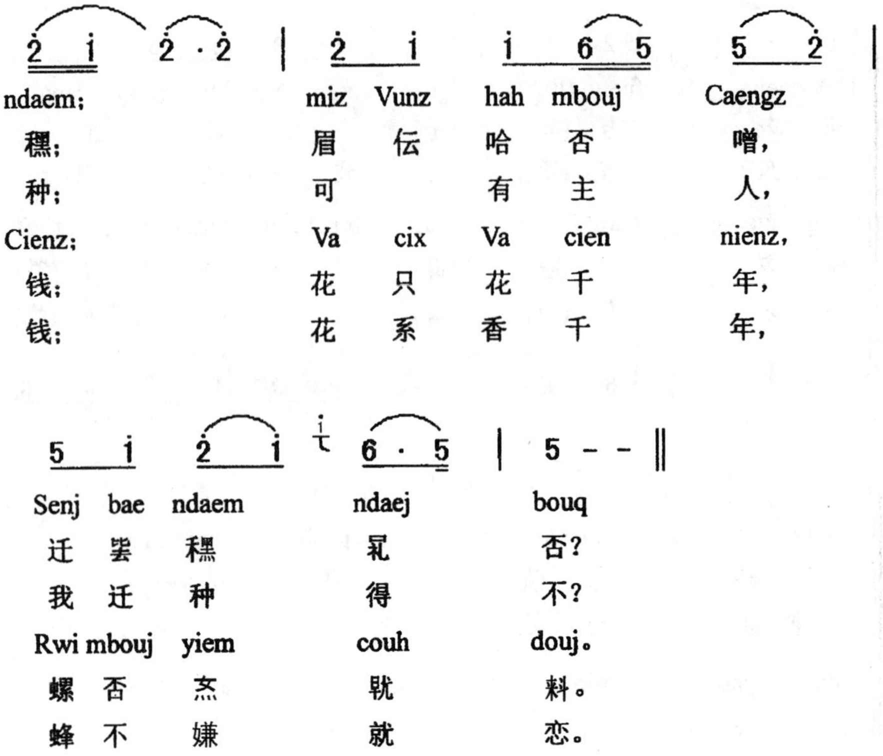

Bohmeh Aencingz Cungj Mboujlumz
仪 奺 恩 情 总 不 䜌
父 母 恩 情 永 不 忘

1=C $\frac{2}{4}$

广西靖西壮族民歌

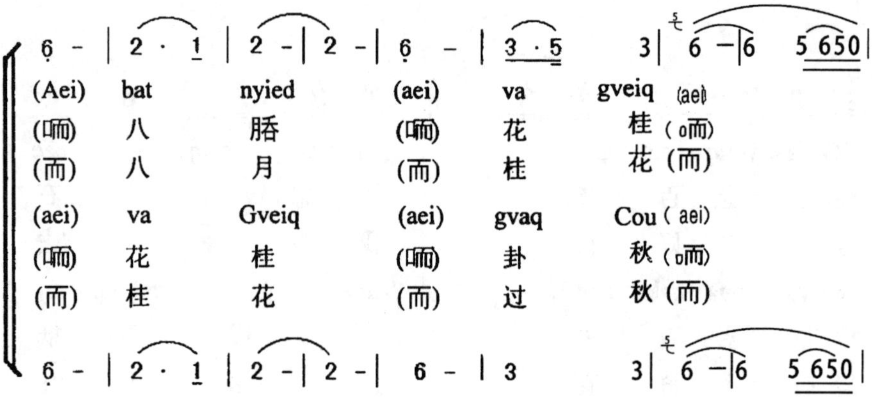

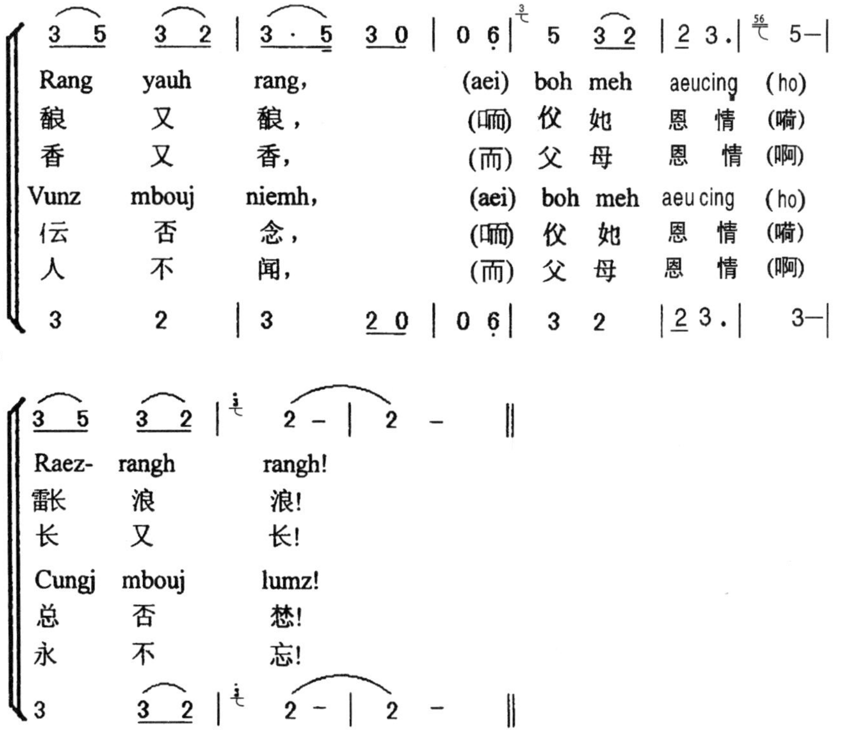

Cij Ce liuh
只切溜
西切溜

'B $\frac{2}{4}$

广西都安壮族民歌

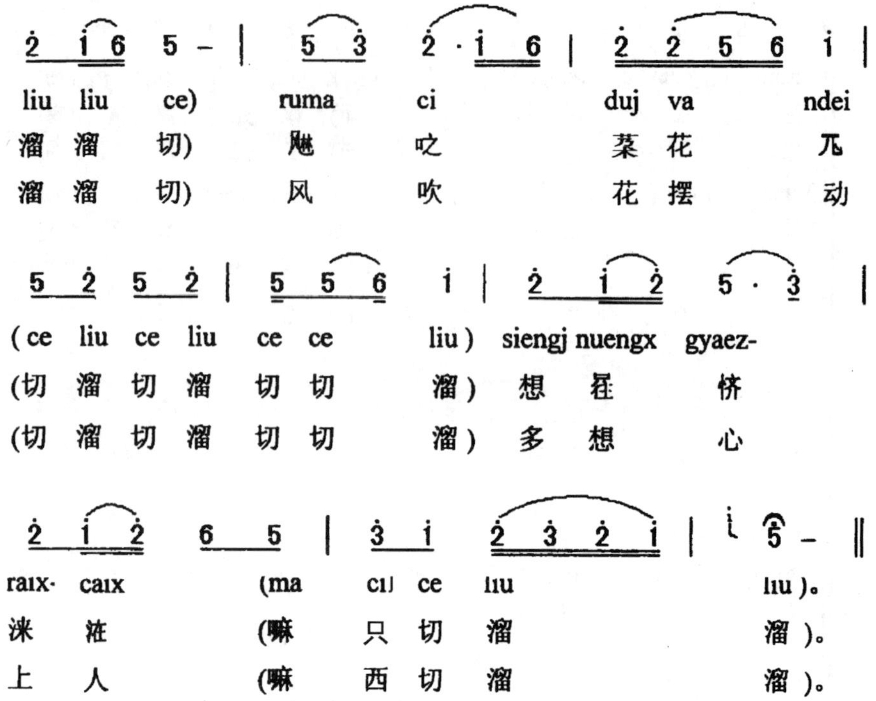

Singgo Hawj Vunz Gyaez

1=C $\frac{2}{4}$

声歌许伝侨
歌声使人迷

广西上林三里屯
壮族民歌

i 3 3 i 2 3 | i - | 5 i i 5 | 5 · 6 |

linz go heu caez, Va nding got nye faex,
林 梱 䒤 齐, 花 㸰 擖 楦 榇,
乡 无 限 美, 花 儿 抱 枝 头,

boux cungj haenh ndei, laj ndoi lienz ndoeng faex,
俌 总 㦡 兀, 㕷 墸 连 岽 榇,
个 都 赞 美, 山 前 连 坡 背,

i i 5 | i 0 3 | 2 i 2 3 | i 3 · | 2 i 5· ‖

hoengz seix -seix, boux lawz yawj mbouj gyaez。
红 喼 喼, 俌 哂 䁖 否 㤝。
红 绯 绯, 谁 看 不 痴 迷。

roeg ciu- meiz, ciengq dwk hawj vunz gyaez。
鸿 鹊 鹛, 䛊 廸 许 伝 㤝。
众 画 眉, 歌 声 使 人 迷。

Gohyoz Ndaemnaz Couhseih Ndei
科学穛畓䀏示兀
科学种田就是好

1=D 2/4

广西河池壮族
多声部民歌

0 0 | 0 0 | 0 0 |
Gohyoz ndaem naz couh seih ndei, seiq cawq haeux henj
科学 穛 畓 䀏 示 兀, 四 处 粨 䵷
科学 种 田 就 是 好, 四 处 金 谷
2 5 5 5 | 6 4 5 | 6 · i 5 ♮4 |

2 i 6 | 2 5 6 | i 6 i 6 |
lienz dien deih, mbanj hung mbanj iq fouq hwnj
连 坦 埅, 板 夻 板 㰞 赙 㐅
连 天 地, 大 屯 小 村 同 致
5 5 | 6 ♯4 5 5 | 5 ♯4 5 ♯4 |

6 · 1̇ | 6 2̇ 2̇ 6 | 7 7 5 6 5 | 6 5 ‖
bei boux geq lwg ngez caez vuen heij (u ye)。
呰，俌 萜 孖 狔 齐 恣 喜 (乌 耶)。
富，男 女 老 少 齐 欢 喜 (乌 耶)。
5· ♯4 | 5 ♯4 5 ♯4 | 5 5 3 5 5 | 5 5 ‖

Fwen Duenz
欢团
猜谜山歌

1=G $\frac{2}{4}$

广西武鸣壮族山歌
黄山记谱填词

5 6 7 2̇ · 3̇ | 2̇ 6 7 2̇· 7 | 6 7 6 0 |

1.Sai：Roengz daemz (ha) bae hwnq (ha) dap (hw)，
财：垏 圫 (呀) 呰 䞃 塔 (呖)，
男：塘 中 (呀) 去 建 (呀) 塔 (嘞)，
2.mbwk：Sam yied (ha) cingj mingz (ha) daengz (hw)，
婳：三 月 (呀) 清 明 (呀) 肝 (呖)，
女：三 月 (呀) 节 清 (呀) 明 (嘞)，
3.sei：Dan ci (ha) caeuq dan (ha) sangz (hw)，
财：单 车 (呀) 侵 单 (呀) 镙 (呖)，
男：独 轮 (呀) 加 独 (呀) 辕 (嘞)，
4.mbwk：Gyangh-daiq (ha) -gungh sep (ha) bya (hw)，
婳：姜 太 (呀) 公 蛗 (呀) 鲃 (呖)，
女：姜 太 (呀) 公 钩 (呀) 鱼 (嘞)，

2̇ 6 7 2̇ · 3̇ | 2̇ 6 7 5 · 6 | 7 6 7 5· |

Miz song (ha) gak haemq (ha) sang (hw)；
眉 双 (呀) 角 龇 (呀) 龒 (呖)；
有 两 (呀) 角 多 (呀) 高 (嘞)；
guh haenx (ha) naengj dak (ha) dai (hw)；
田 粝 (呀) 糇 迪 (呀) 妎 (呖)；
蒸 (糯)饭 (呀) 祭 花 (呀) 婆 (嘞)；
caemh houj (呀) hangz seng- (ha) eiq (hw)；
勉 合 (呀) 行 生 (呀) 意 (呖)；
也 算 (呀) 生 意 (呀) 事 (嘞)；
Naeng hamq (ha) dah haenz (ha) ngoenz (hw)；
工 塪 (呀) 汏 贫 (呀) 昛 (呖)；
整 日 (呀) 坐 岸 (呀) 边 (嘞)；

5 6 7 5 | 5 6 7 2·3 | 3 2 7 6 0 |

Laj de (ha) dik va (ha) cang,
夻 傪 (呀) 劈 花 (呀) 窗，
花 窗 (呀) 安 塔 (呀) 底，

Gaenz guh (ha) cij fat (ha) caiz,
勤 田 (呀) 只 � (呀) 财，
发 财 (呀) 靠 勤 (呀) 劳，

Duz vaiz (ha) mbouj rox (ha) leix,
徒 怀 (呀) 否 馿 (呀) 理，
牛 儿 (呀) 不 知 (呀) 趣，

Louq naeuz (ha) aen- qyaem (ha) doengh,
漏 吽 (呀) 偲 椮 (呀) 动，
如 果 (呀) 浮 标 (呀) 动，

5 6 7 5 | 2 6 7 2·7 | 6 7 6·7 0 ||

Cungq gyang (ha) de dienz (ha) saed (ha hw)。
中 间 (呀) 傪 填 (呀) 实 (呀 咟)。
中 间 (呀) 夯 实 (呀) 了 (呀 嘞)。

sou lwg (ha) ndai qeij (ha) gik (ha hw)。
攸 劧 (呀) 孫 几 (呀) 馗 (呀 咟)。
小 子 (呀) 莫 懒 (呀) 多 (呀 嘞)。

Dien dauq (ha) deih daeuj (ha) beng (ha hw)。
颠 倒 (呀) 埊 料 (呀) 拚 (呀 咟)。
倒 着 (呀) 去 拉 (呀) 多 (呀 嘞)。

Aiq- deng (ha) loenghbya- (ha) seng (ha hw)。
爱 虰 (呀) 挵 鲃 (呀) 生 (呀 咟)。
鱼 生 (呀) 送 酒 (呀) 琳 (呀 嘞)。

Youq gyangh Raemx cingx Heu

1=A $\frac{2}{4}\frac{3}{4}$

右江淰清苛
右江水清清

广西田阳壮族
多声部民歌

2 5 2·16 | 6 5 2 5 | 2·16 | 2 6 5 2 | 5 6 2 5 |

Yooq gyangh raemx cingx heu, (le)song hamq roeg gae
右 江 淰 清 苛，(咧)双 岸 鸿 鸠
右 江 水 清 清，(咧)两 岸 野 鸡

2 2- | 4 4 | 2- | 2 2 42 | 6 42 |

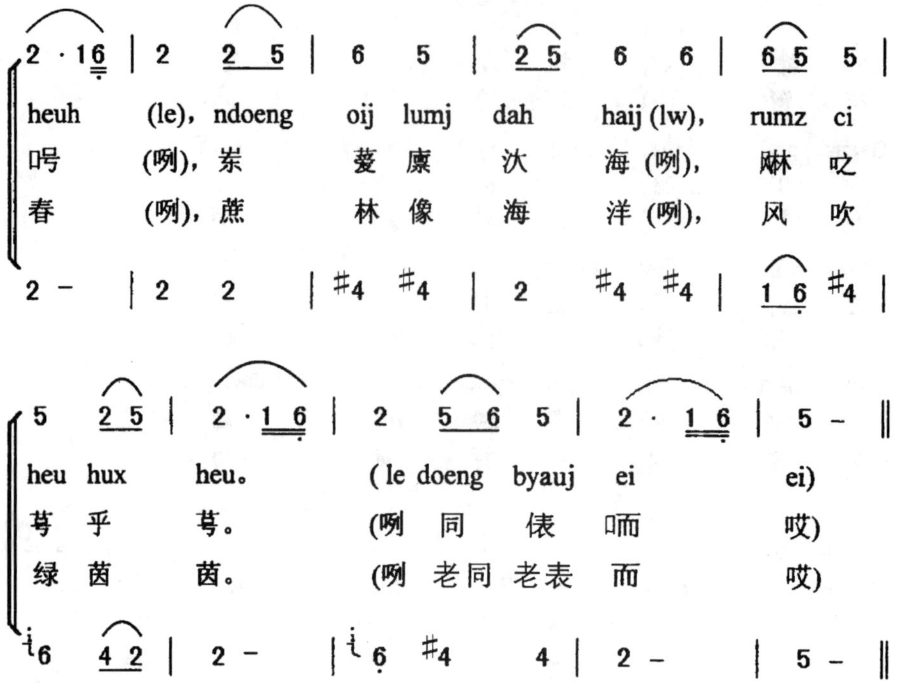

Swiq Gya pbangx

1=C $\frac{4}{4}$

洗 砗 螃

广西京族民歌

洗 贝 壳

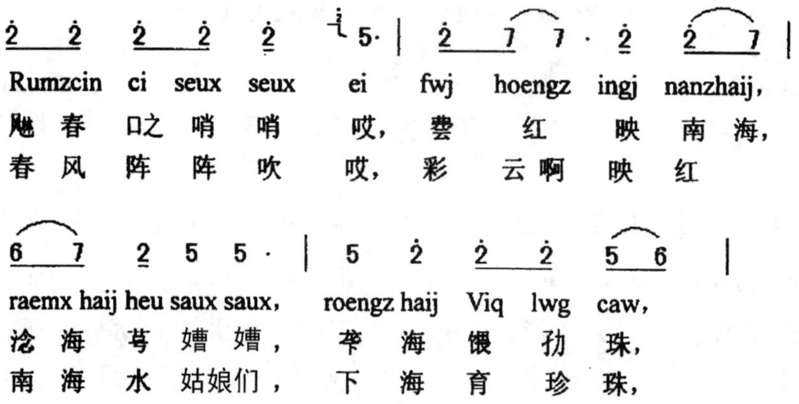

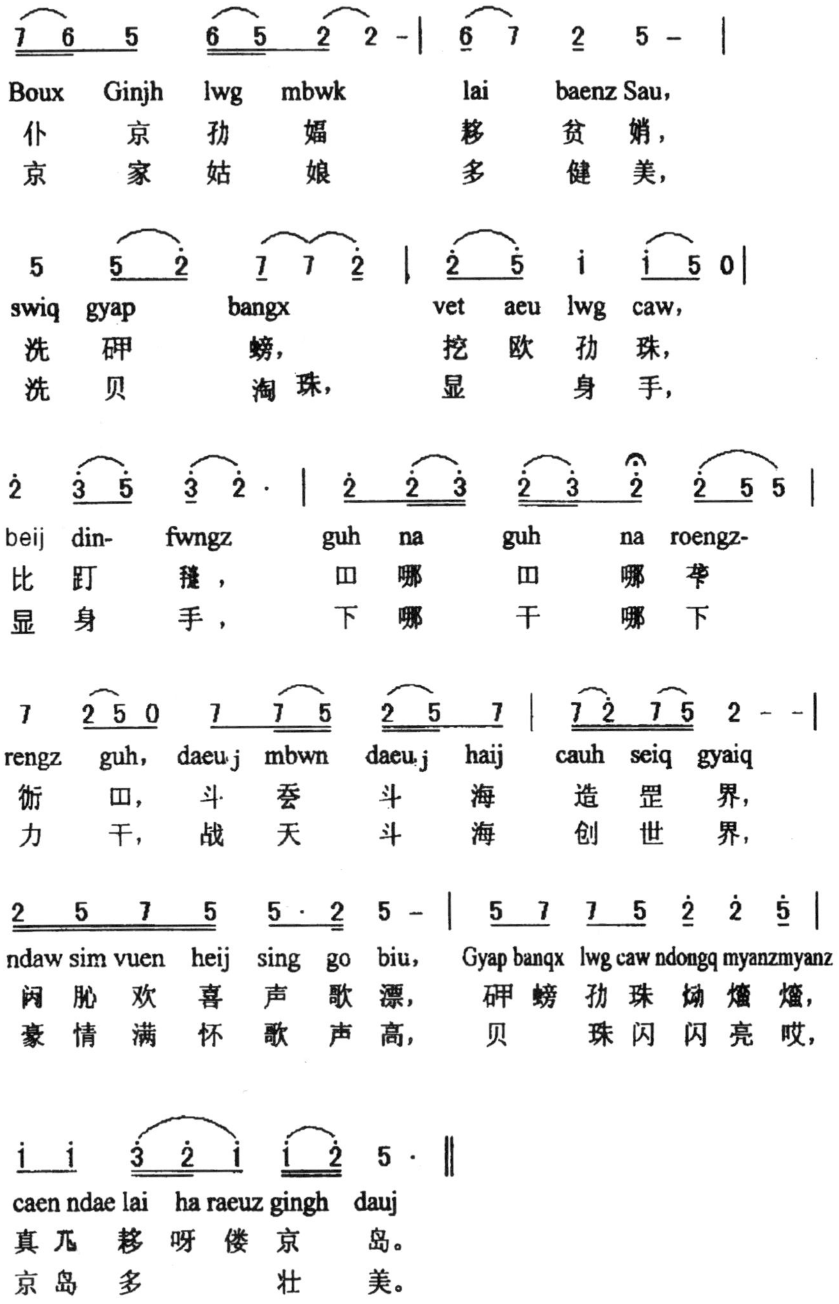
Boux Ginjh lwg mbwk lai baenz Sau，
仆京劝媢移贫娋，
京家姑娘多健美，
swiq gyap bangx vet aeu lwg caw，
洗砷螃，挖欧劝珠，
洗贝淘珠，显身手，
beij din- fwngz guh na guh na roengz-
比盯𢫕，叫哪叫哪笋
显身手，下哪干哪下
rengz guh，daeuj mbwn daeuj haij cauh seiq gyaiq
衔叫，斗吞斗海造罡界，
力干，战天斗海创世界，
ndaw sim vuen heij sing go biu，Gyap banqx lwg caw ndongq myanzmyanz
闷胣欢喜声歌漂，砷螃劝珠㶶熩熩，
豪情满怀歌声高，贝珠闪闪亮哎，
caen ndae lai ha raeuz gingh dauj
真兀移呀偻京岛。
京岛多壮美。

Vihmaz Mbouj Mbin Daeuj Caemh Rungz

为麻否函料尬笼

何不飞来共一笼

1=A $\frac{3}{4}$

广西宁明
壮族民歌

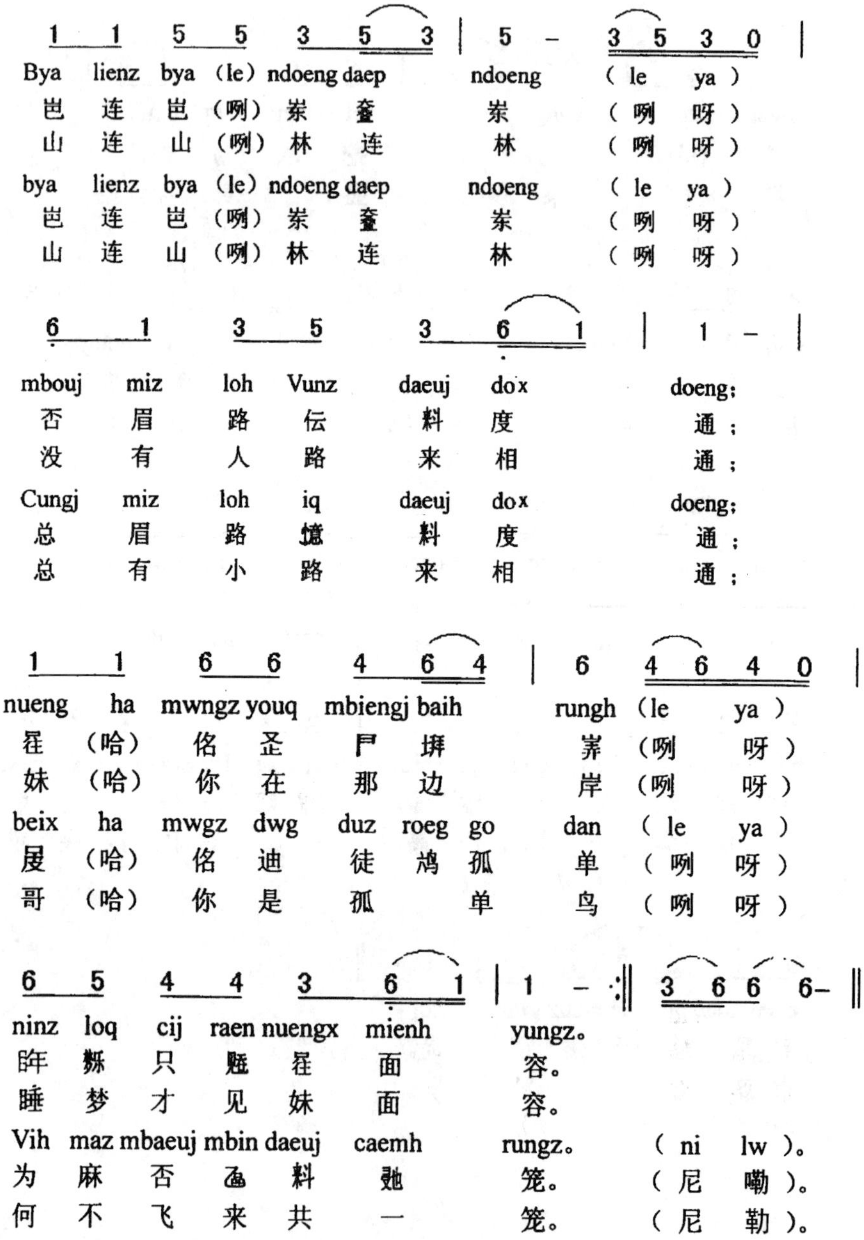

Haenh Vaiz Diet
悥怀铁
赞铁牛

1=C $\frac{3}{4}$

广西靖西壮族民歌

Mizgwn Mizdaenj Ndei Fanh nienz
眉吽眉袮兀万年
幸福生活好万年

$1^{b}B\frac{3}{4}$

广西隆林壮族民歌

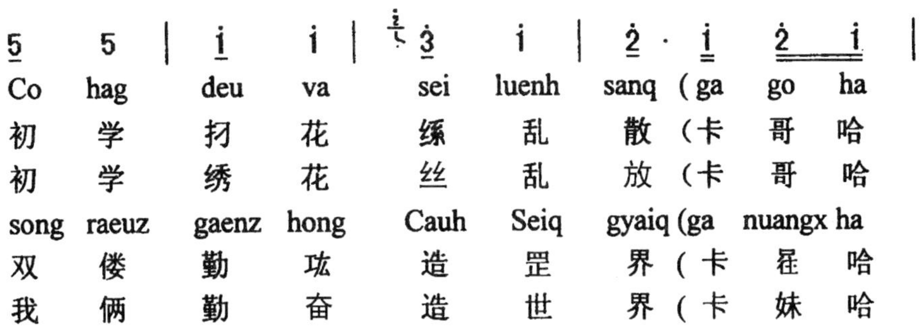

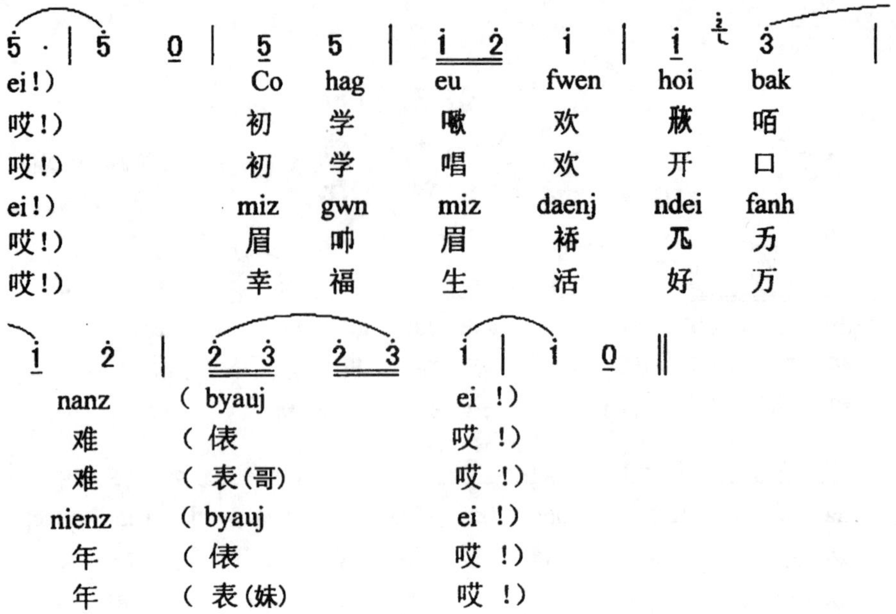

Baenz bang Lwgsau Ndai-naz Vaiq
贫帮劲娋耖䎱跶
成帮姑娘耘田快

4/4

广西凭祥
壮族民歌

Go Ngauz Gyoiduengq Lwgnyez

1=F $\frac{2}{4}$ $\frac{4}{4}$

歌撒箱魁劲伲

广西那坡壮族民歌

摇篮曲

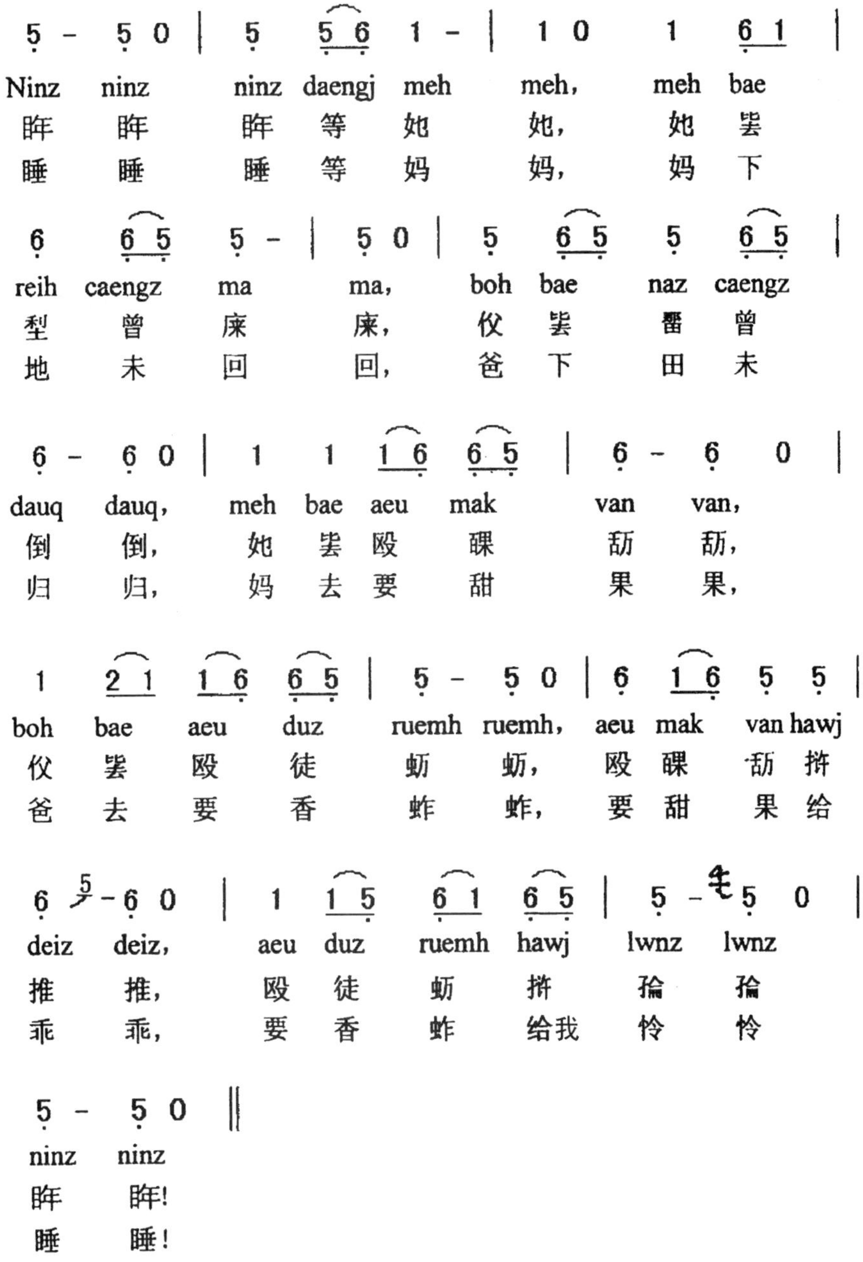

Bakbit Mboujbeij Bakgaeq Soem

咟鸡否比咟鸡𠵍
鸭嘴不比鸡嘴尖

1=G $\frac{2}{4}$

广西全州民歌

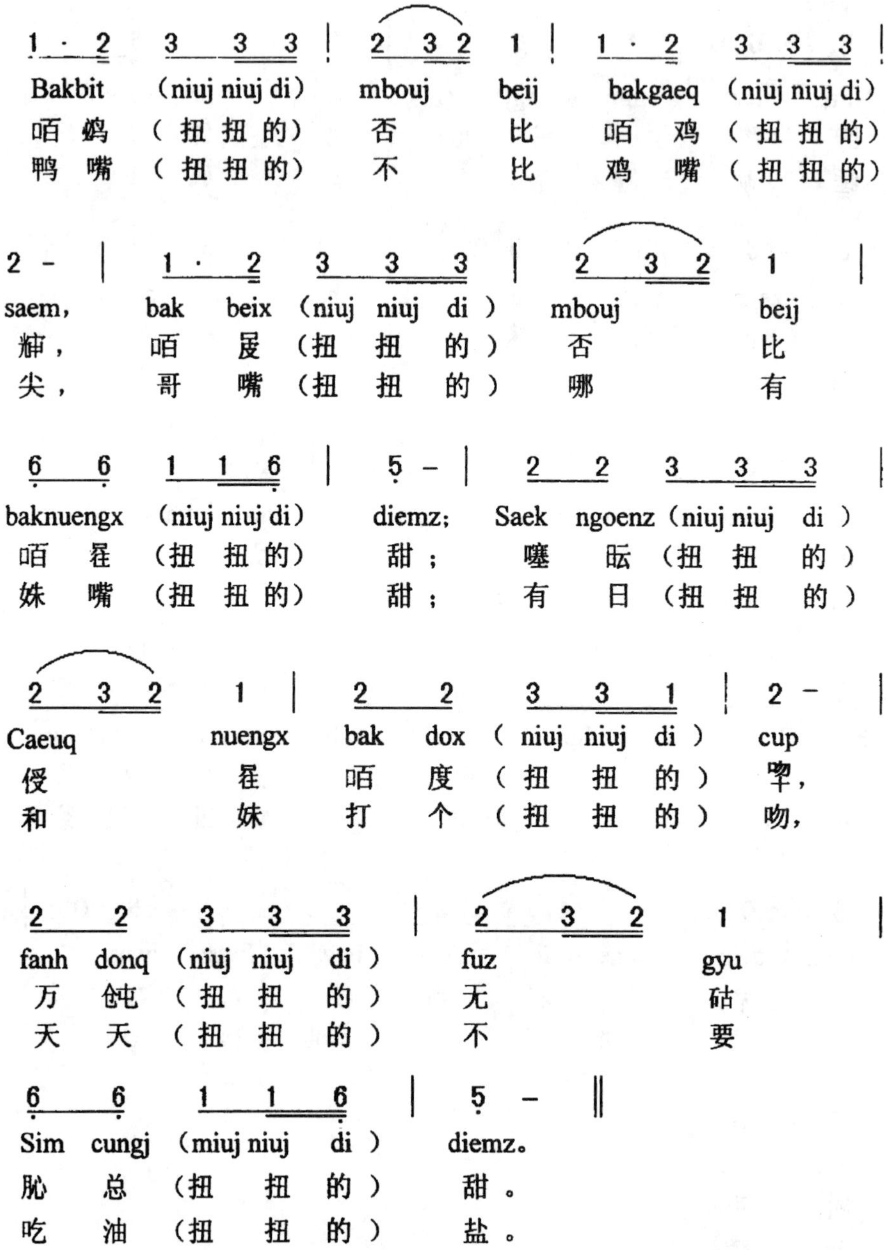

Gaenzguh Fatcaiz Vaiq
勤叫拙财踧
勤劳致富快

1=C $\frac{3}{8}$

广西都安壮族民歌

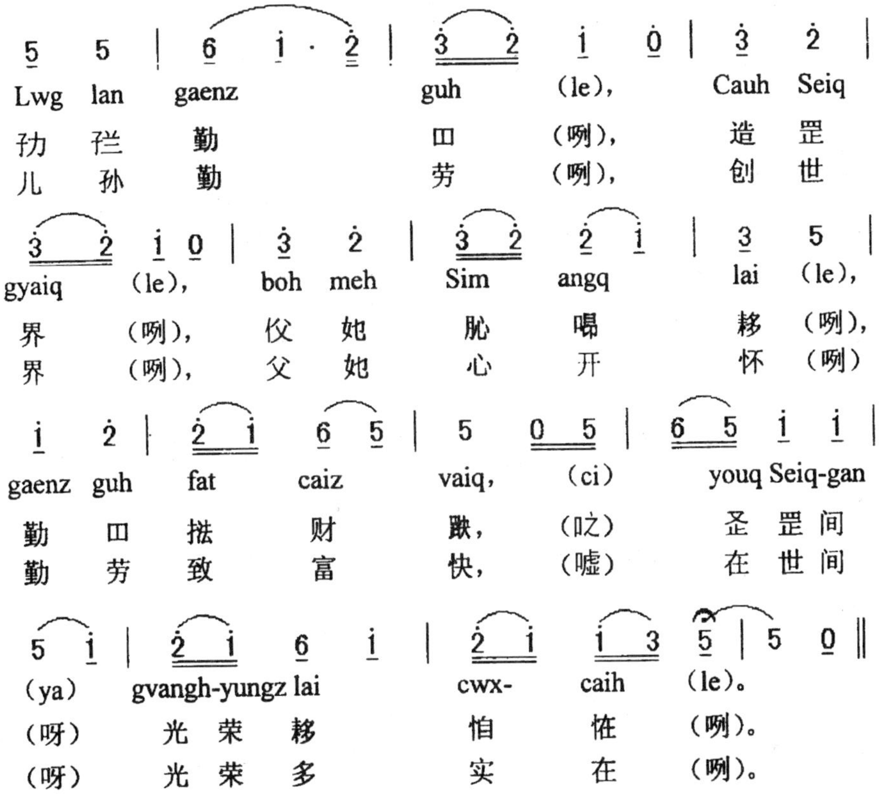

Go yauz yauz
歌摇摇
摇摇歌

1=^{b}B $\frac{2}{4}$

桂西民歌
长春改编

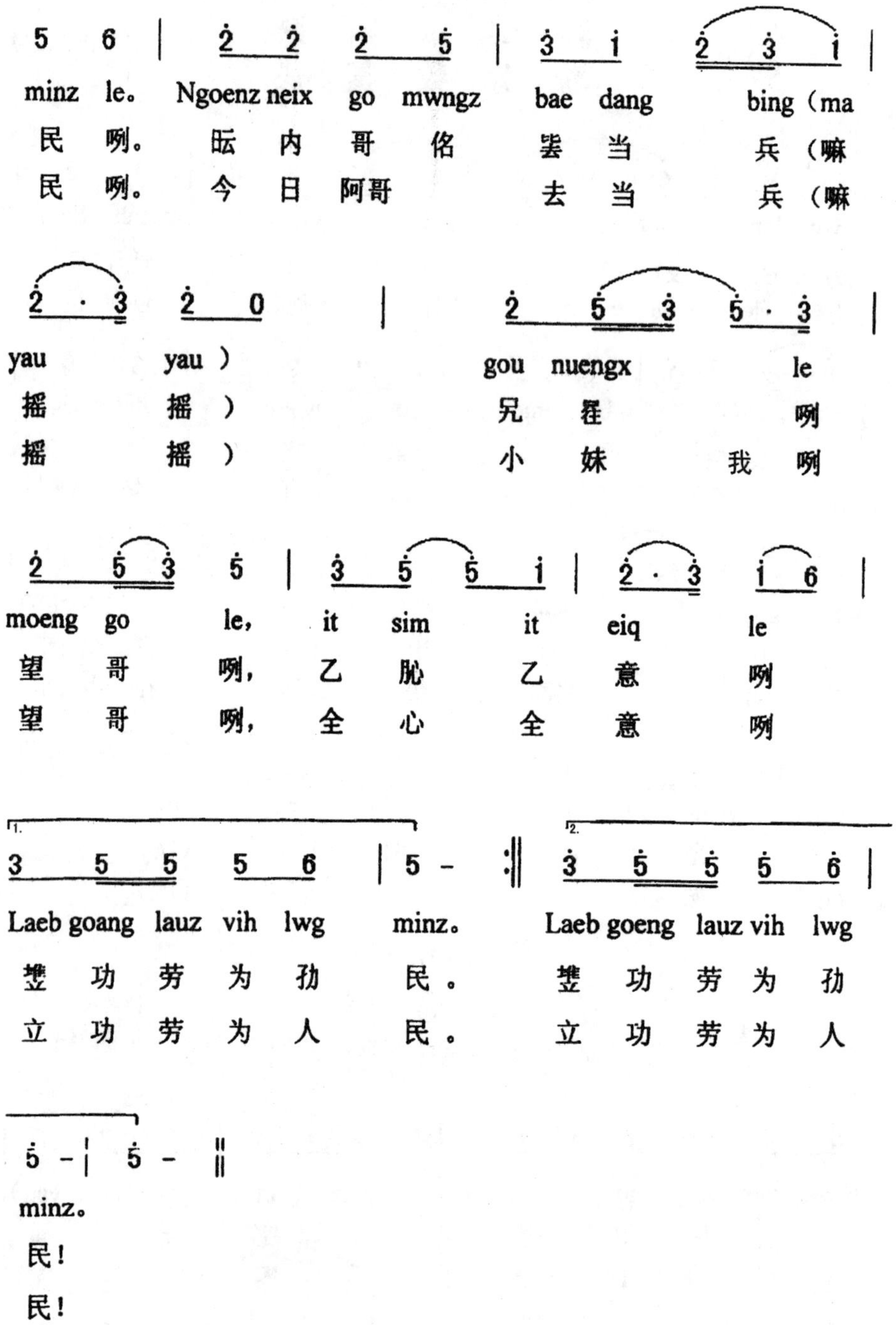
minz le。 Ngoenz neix go mwngz bae dang bing（ma
民 咧。 昡 内 哥 佲 辈 当 兵（嘛
民 咧。 今 日 阿哥 去 当 兵（嘛
yau yau ）
摇 摇 ）
摇 摇 ）
gou nuengx le
兄 猚 咧
小 妹 我 咧
moeng go le, it sim it eiq le
望 哥 咧，乙 胐 乙 意 咧
望 哥 咧，全 心 全 意 咧
Laeb goang lauz vih lwg minz。 Laeb goeng lauz vih lwg
埊 功 劳 为 劲 民 。 埊 功 劳 为 劲
立 功 劳 为 人 民 。 立 功 劳 为 人
minz。
民！
民！

Ndaw ndoeng daeuj dah sau vinj hau
闲岽料妖娋褽皓
林中来了白裙子

1=C $\frac{5}{4}$
中速稍慢

广西德保壮族
北路山歌(①)

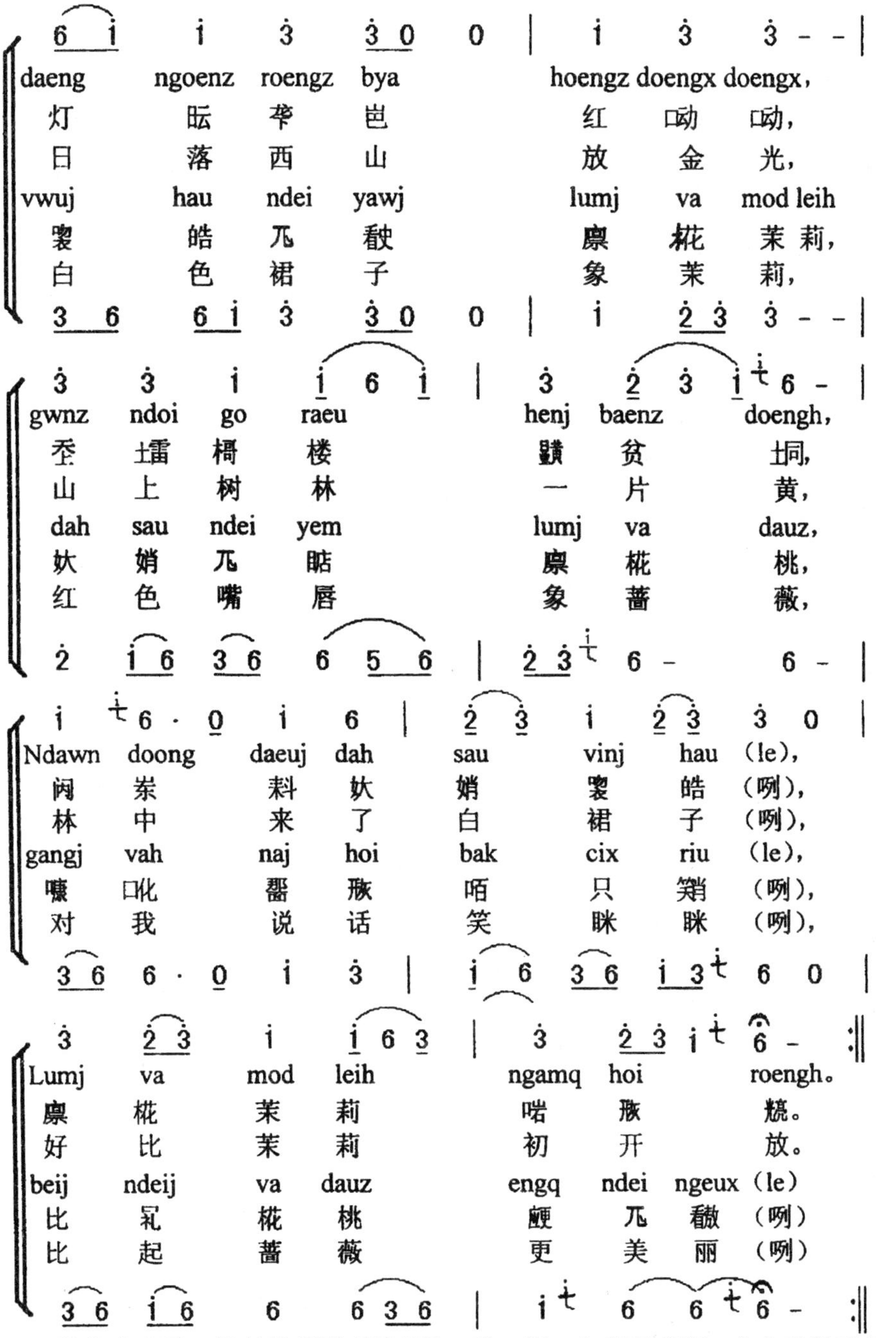

注：①北路山歌，是壮族民歌“诗”的一种，属一人唱高声部，众人唱低声部的同声合唱。

gaeu ciengq “cih yangh” bi bi rang

兄㪟“诗秧”眸眸馠

我唱“诗秧①”年年香

1=F 2/4

稍慢、悠扬地

广西靖西

壮族下甲山歌

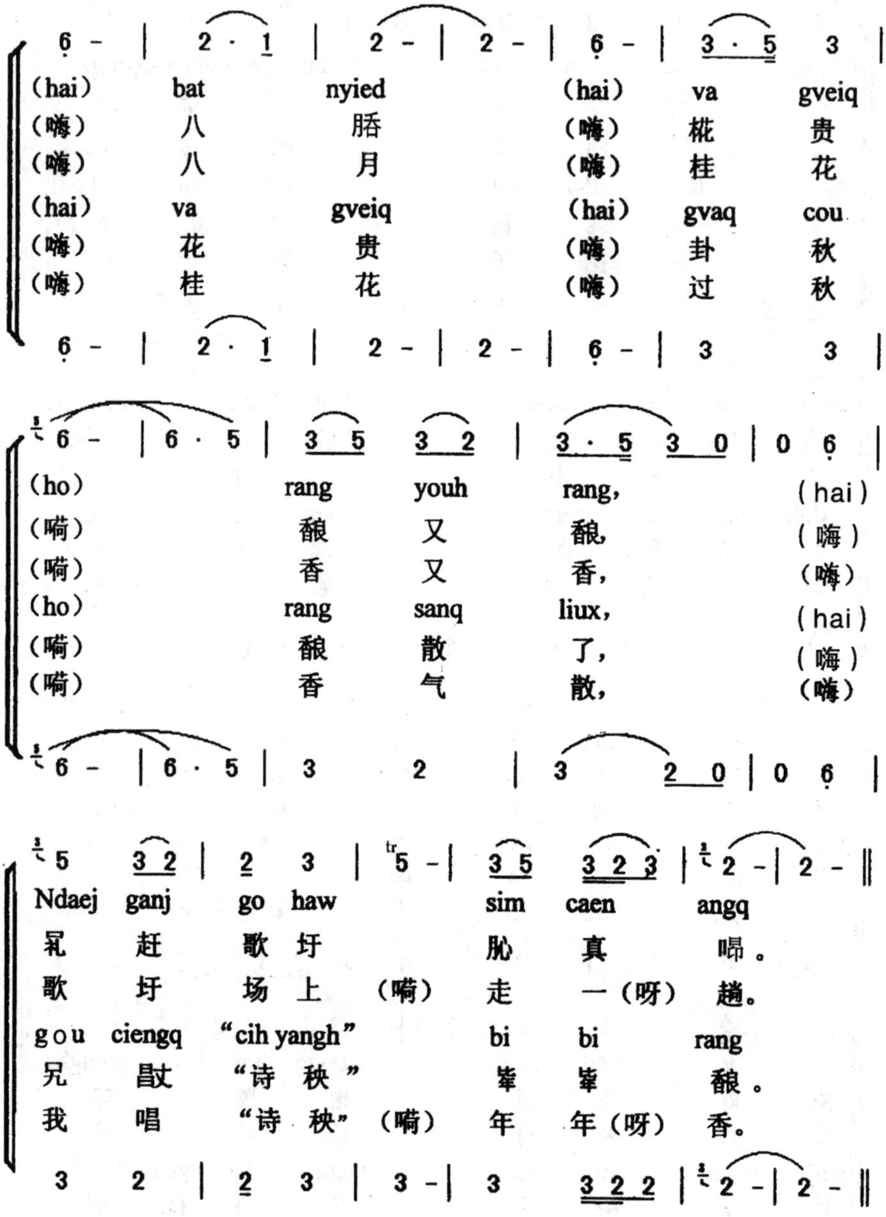

注：①“诗香”壮语为壮族民歌“诗”类的一种，流行广西靖西一带，又称下甲山歌。

Cuengq yiuh rumz

放风筝

1=C $\frac{3}{4}$

广西马山壮族儿歌
志 钜 填词
振 虞 记谱整理

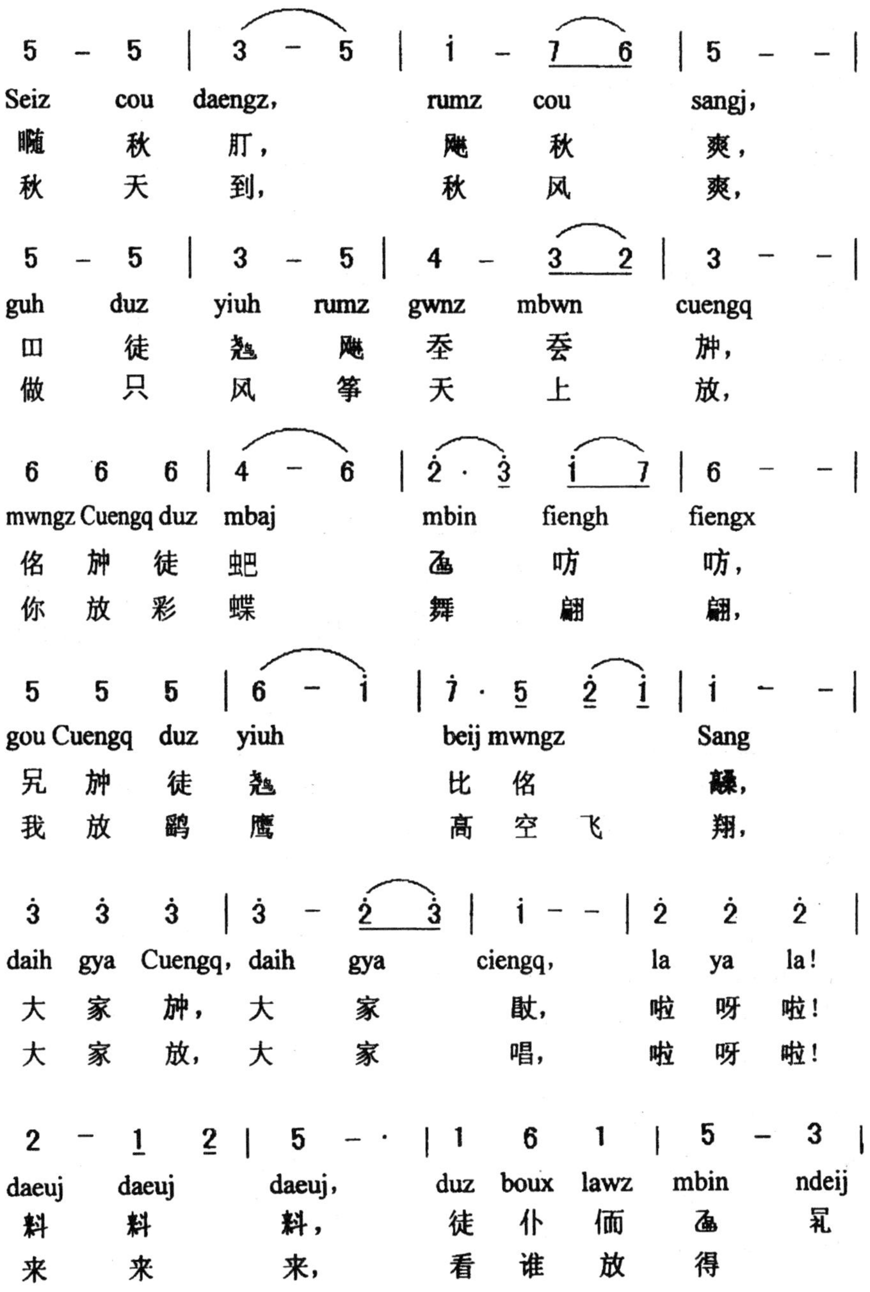

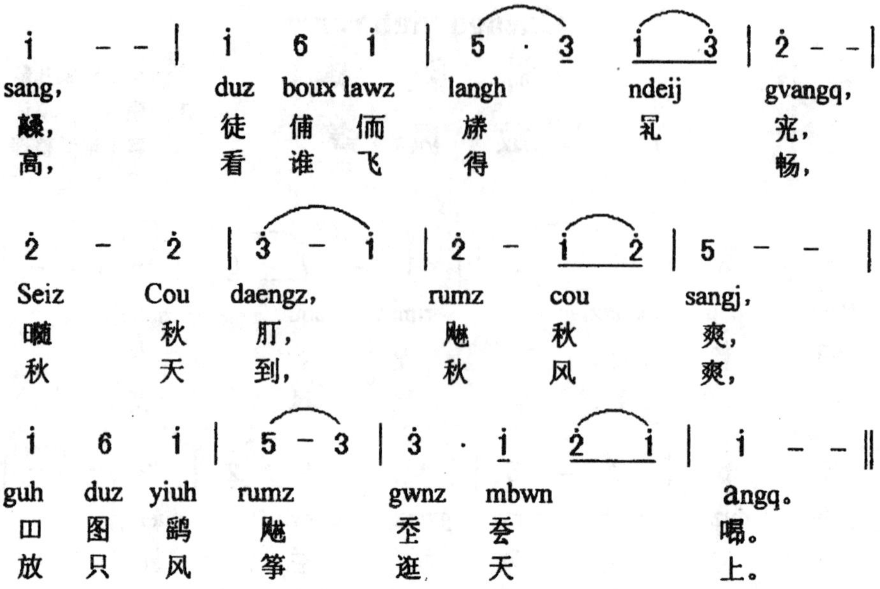

Laeuz dawz neuh

楼捍鸣

瞭望楼

1=C $\frac{2}{4}$

广西马山壮族民歌

炯那　填词

振虞　记谱整理

3 1̇ 6 5 | 3 1̇ 6 5 | 3 6 5 3 |
ciangj ndaej geiz hoengz ciengj ndaej geiz hoengz riu dwk
抡礼 旗红 抡礼 旗红 䇣 廸
夺得 红旗 夺得 红旗 笑 嘻

2 0 | 3̇ · 3̇ 3̇ 1̇ | 3̇ · 3̇ 3̇ 1̇ | 2̇ 3̇ · 1̇ |
maez, li li li li li li li li li li li
阕， 哩 哩 哩 哩 哩 哩 哩 哩 哩 哩 哩
嘻， 哩 哩 哩 哩 哩 哩 哩 哩 哩 哩 哩

2̇ – | 2̇ 0 ||
li li。
哩 哩。
哩 哩。

Gwih max hoenx ciengq
驸犸揾仗
骑士战

1=F 2/4

广西马山壮族儿歌
炯那 填词
振虞 记谱整理

5 · 3 2 5 | 1 1̇ · 1̇ 1̇ 0 |

3 · 3 2 5 | 3 0 | 6 · 6 5 6 | 2 0
Mwngz ak gwih max, gou dwg gij bingh,
佲 勀 驸 犸， 兄 迪 骑 兵，
你 是 骑 士， 我 是 骑 兵，

1 · 6 | 1 2 | 3 2 3 | 5 – | 5 3 5 | 6 –
gwih max hoenx ciengq lienh baenj lingj, mwngz gamj cungh,
驸 犸 揾 仗 炼 本 领， 佲 敢 冲，
骑 马 打 仗 练 本 领， 你 敢 冲，

7 5 3 | 6 1̇ 1̇ | 1̇ 6 | 5 · 3 2 5 |
gou gamj dingj, gwih max hoonx ciengq beij saw
兄 敢 顶， 驸 犸 揾 仗 比 𫄧
我 敢 顶， 骑 士 疆 场 比 输

1 (1̇ 1̇ | 1̇ 0) ||
hingz。
赢。
赢。

Dwk lwg rangq

迪劲耒

打陀螺

1=♭B $\frac{2}{4}$

广西马山壮族儿歌
志钜 词
振虞 曲

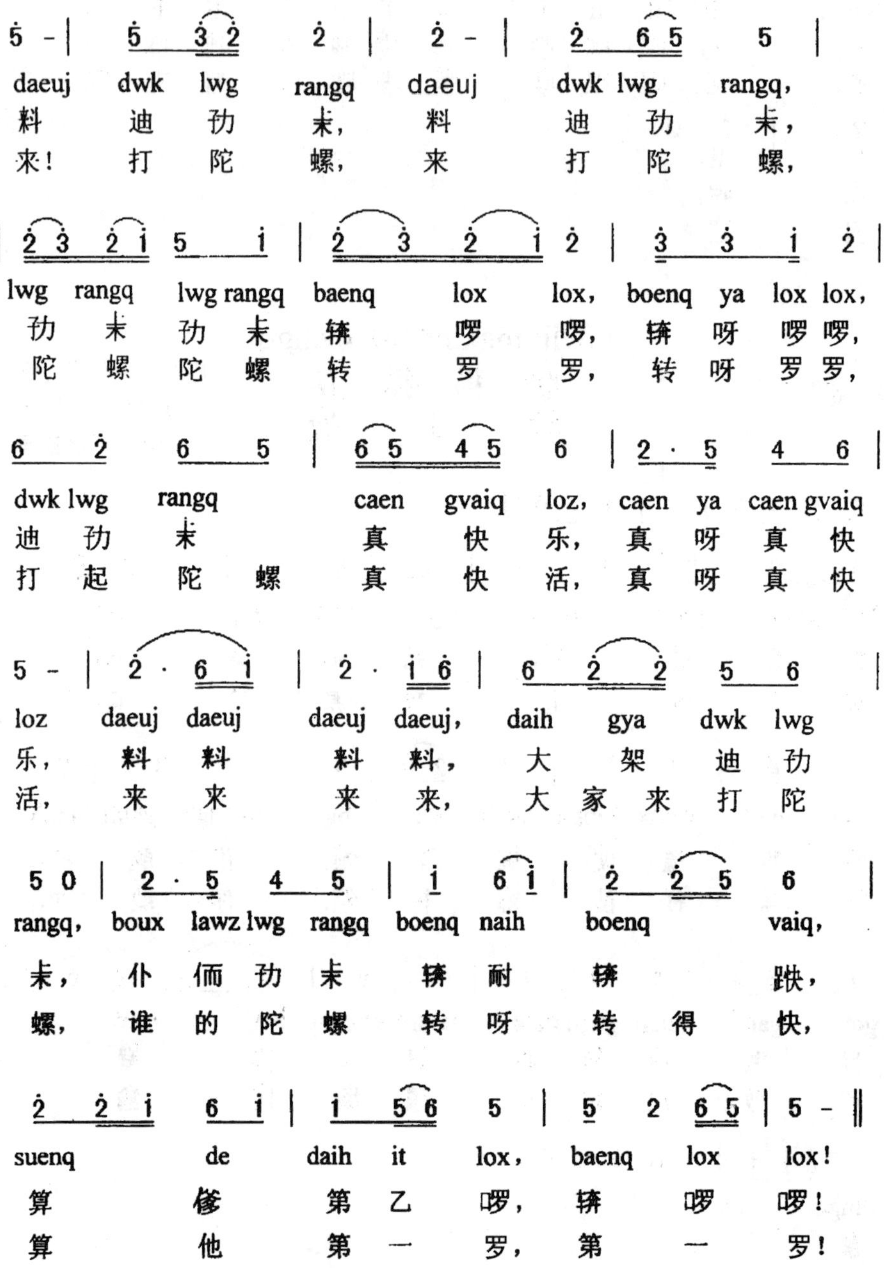

Diuq gyaeuj faeh gih

跳尥飞机

跳飞机头

1=♭B $\frac{2}{4}$

广西马山壮族儿歌

炯那 词

振虞 曲

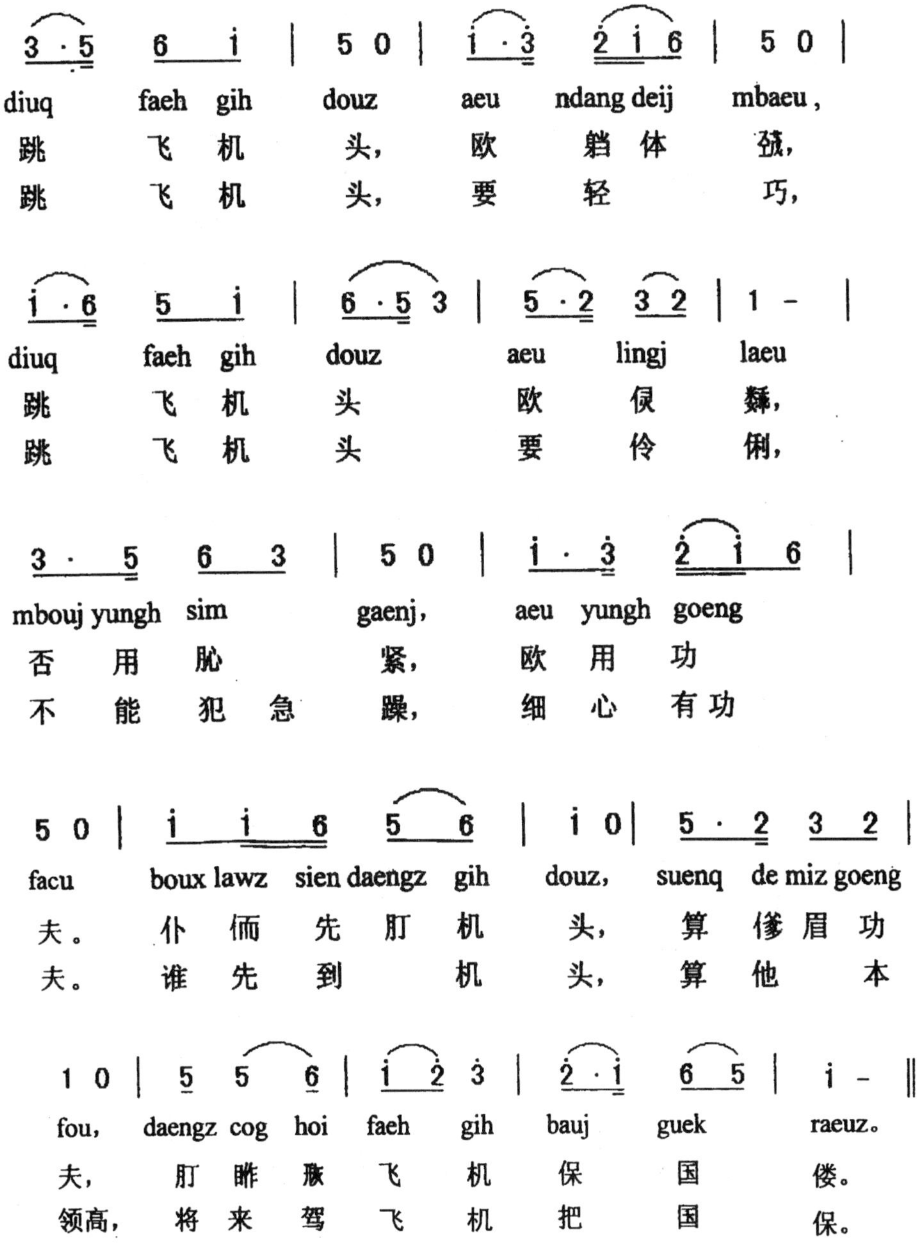

Diuq cag
跳 绯
跳 绳

1=♭B 2/4

广西马山壮族儿歌
炯那 词
振虞 曲

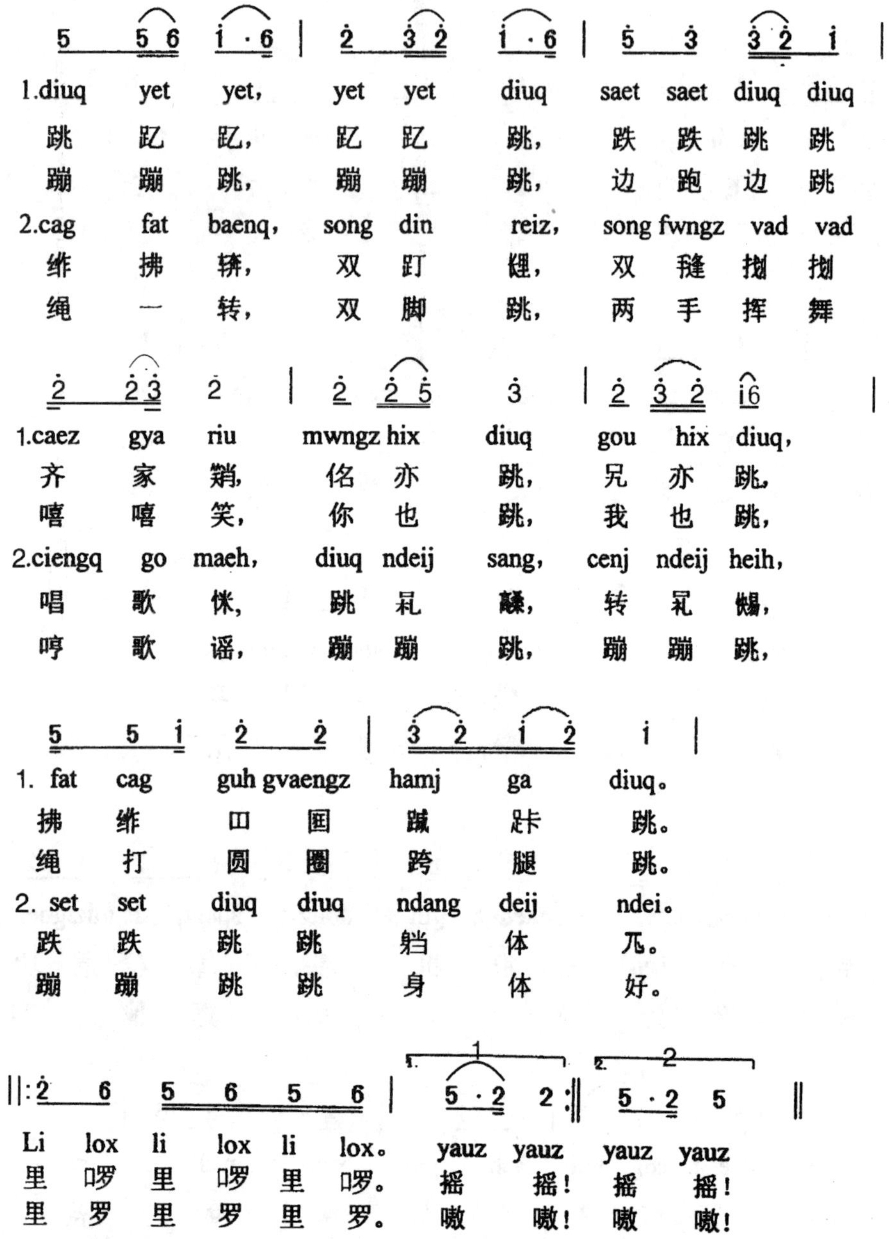

Dik lwg gyienq

踧劲毽
踢毽子

1=F $\frac{2}{4}$

广西马山壮族儿歌
炯 那 词
振 虞 曲

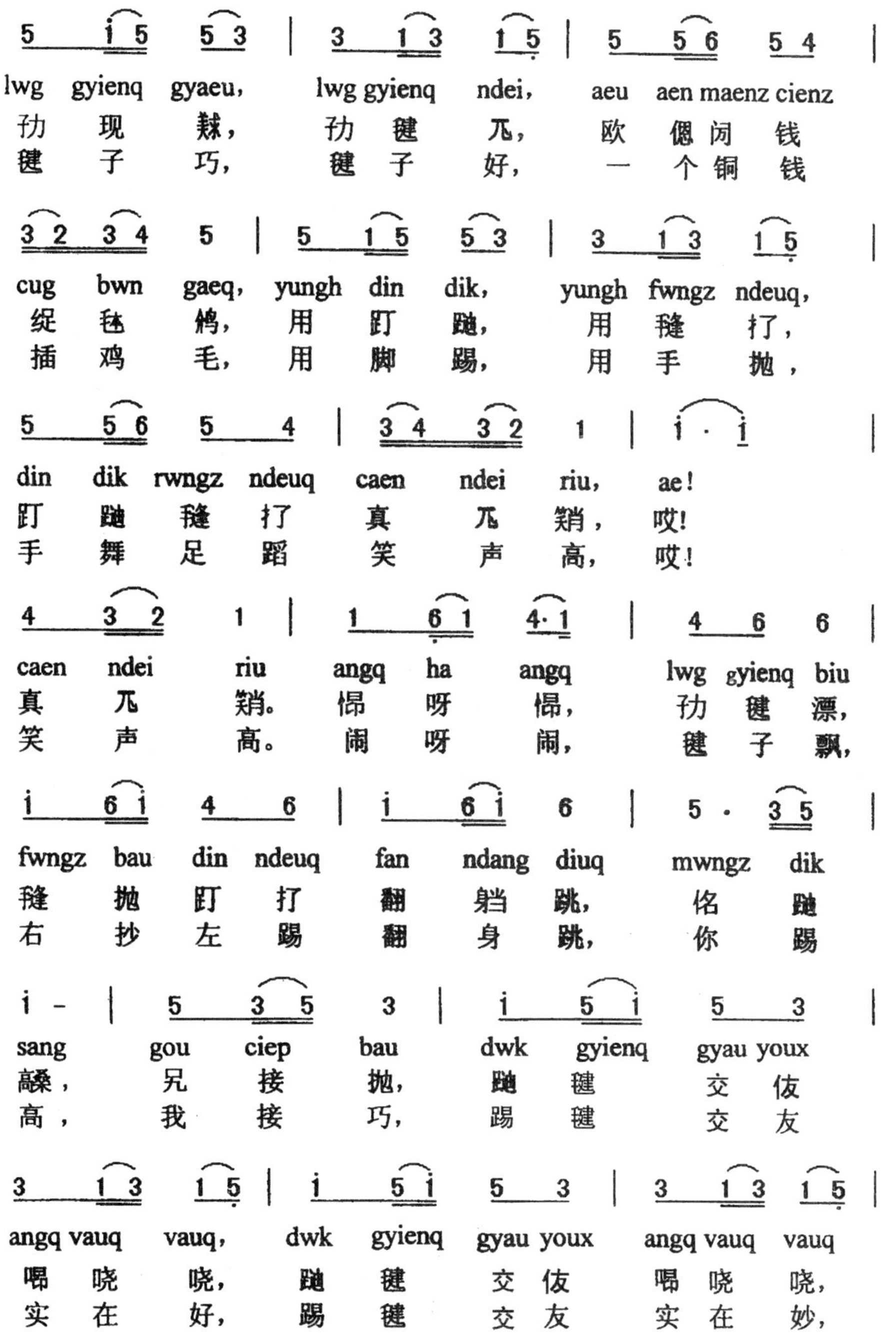

i 5 i 5 | 3 - | 5 3 5 | i - ‖
dwk gyienq gyau youx angq vauq vauq
踘 犍 交 伖 喝 哓 哓！
踢 交 朋 友 实 在 妙！

Coeb maenz yiuz
焯 莀 窑
烧红薯窑

1=$^{\flat}$B $\frac{2}{4}$

广西马山壮族儿歌
炯 那 填词
振 虞 记谱整理

5 3 5 6 | 5 6 5 | 6 6 1 2 2 |
daeb maenz yiuz, coeb maenz yiuz, lwg maenz cug rang
揑 莀 窑， 焯 莀 窑， 劧 莀 粟 馠
砌 薯 窑， 烧 莀 窑， 红 薯 熟 了

3 1 2 | 2 5 3 | 2 1 6 1 6 |
myaiz doq riuz, myaiz doq riuz, myaiz doq riuz,
渭 嗵 流， 渓 嗵 流， 渓 嗵 流，
口 水 流， 口 水 流， 口 水 流，

6 2 3 6 | 3 5 3 2 | 6 6 1 3 |
ndei ndei faen gwn mbouj dox nyaux, rang rang diemz diemz
兀 兀 分 叩 否 度 遨， 馠 馠 甜 甜
好 好 分 吃 莫 吵 闹， 香 香 甜 甜

3 2 1 2 | 6 - | 6 - ‖
boux boux riu。 ai！
仆 仆 辨。 哎！
个 个 笑。 哎！

注：① 唱完第一段词，插白：捡柴火去罗！② 唱完第二段词做圆圈跳舞③唱完第三段词，众欢呼：红薯熟罗！（二、三段此请顺兴另加，此略）

ndaem faex angq
穤 奔 愓
种 树 乐

1=F $\frac{2}{4}$

广西马山壮族儿歌
炯 那 词曲
振 虞

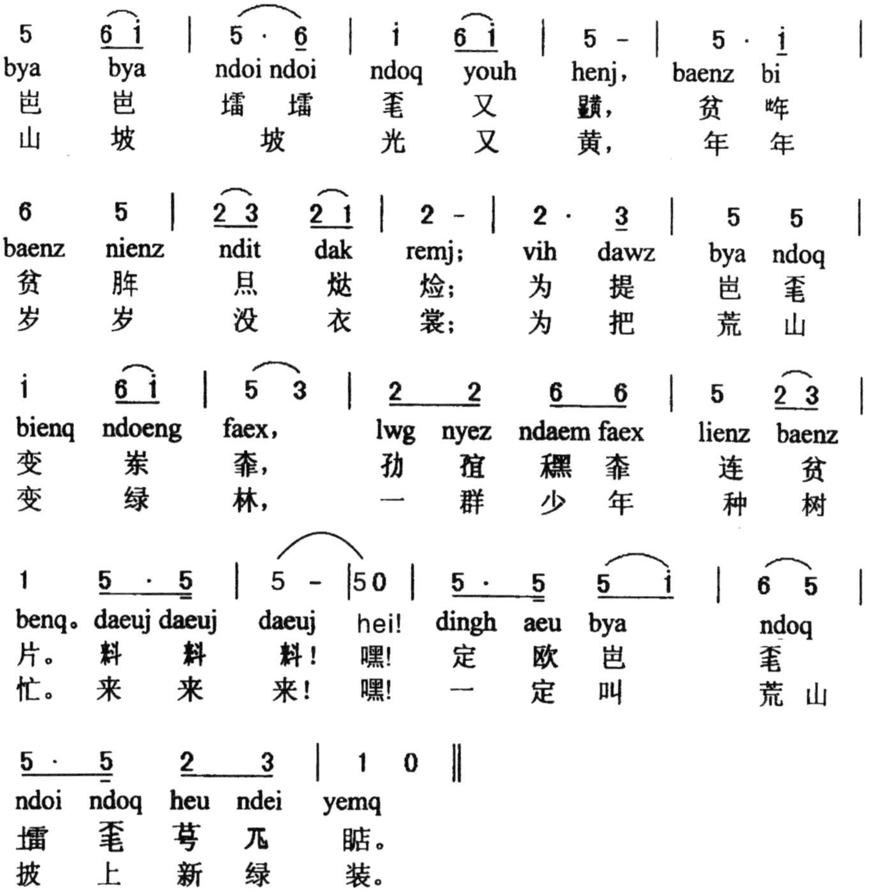

hoenx ciengq raemx
揾 仗 淰
打 水 仗

1=F $\frac{2}{4}$

广西马山壮族儿歌
炯 那 填词
振 虞 记谱整理

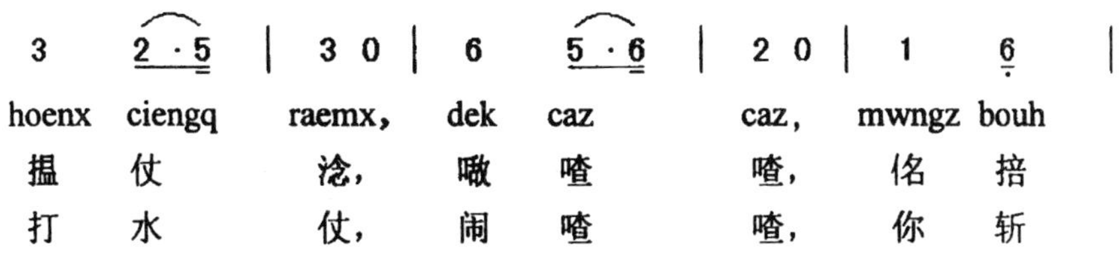

1 2 | 3 2 3 | 5 - | 5 5 3 5 | 6 - |

ndang gaeu gaeu bouh naj raemx mbin raemx sinz

䏧 兄 兄 掊 翻，淰 𠁅 淰 磞

水 来 我 冲 浪，浪 花 飞 溅

7 5 | 6 - | i · i i 6 | 5 2 5 |

lumj duj va， ndaem roengz vaengz， cengj hwnj ma，

廪 莶 桃，阛 苓 潧，撑 𤴼 庲，

象 朵 花，潜 深 水，钻 出 来，

‖: (白) x · x x x | x · x x | 6 · 6 | 5 3 | 2 5 |

(gung hax gung ha daj baz daj!) ciengq raemx sing sing hap gvaq

㧪 呀 㧪 呀，打 呀 打！仗 淰 声 声 哈 卦

攻 呀 攻 呀，打 呀 打！水 仗 声 声 震 长

[1.] 1 - :‖ [2.] i - ‖

dah。 dah。

汏。 汏。

空。 空。

Dwk cik
𤀄 䏰
打尺子

广西马山壮族儿歌
炯 那 填词
振 虞 记谱整理

1=C $\frac{2}{4}$

5 i i · 3 | 2 i 6 5 | 5 i i 3 2 |

dwk cik ndei， dwk cik ndei， cik meh dwk lwg

𤀄 䏰 兀，𤀄 䏰 兀，䏰 妑 𤀄 劧

打 尺 好，打 好 妙，母 尺 打 子

hingz hix ndei saw bix ndaej hingz saw baeng z youx

行 亦 兀，𩨋 亦 兀，行 𩨋 朋 友

赢 也 好，输 也 妙，奖 罚 一 样

5 6 5 | 5 i i 6 5 | 5 3 5 6 i |
byiu ndeij gyae， byiu ndeij gyae， byiu ndeij gyae，
漂 䒙 𨘂， 漂 䒙 𨘂， 漂 䒙 𨘂，
漂 了 了， 漂 了 了， 象 飞 鸟，
cungj dox gyaez hingz hix ndaee saw hix ndae，
总 度 愭， 行 亦 兀， 斆 亦 兀，
跑 和 跳， 赢 也 笑， 输 也 笑，

5 i 6 5 | 5 2 3 1 | 3 3 2 3 |
mwngz rau ma gou rau bei， gyae gyae la
佲 䠾 庲 兄 䠾 𣅀， 𨘂 𨘂 拉
一 尺 一 尺 不 怕 累， 飞 远 啦
daj daj lwg cik lienh ndang daej fei fei la
打 打 㐱 叭 炼 躺 底， 非 非 拉
打 打 尺 子 身 体 好， 飞 飞 啦

i · 6 | 5 i 3 2 | 1 - ‖
gyae ndei ndei la rei 。
𨘂 兀 兀 啦 嚅 。
飞 得 好 啦 好 。
gyae ndei ndei la rei 。
𨘂 兀 兀 拉 嚅 。
飞 走 了 啦 了 。

yiuh coemj gaeq lwg

鹞 摓 鸰 㐱

鹞鹰抓小鸡

1=C $\frac{2}{4}$

广西马山县壮族儿歌
炯 那 填词
振 虞 记谱整理

5 i | 6 6 5 | 2 6 5 i 2 3 i | 2 · 3 2 |
gaeu dwg meh gaeq hung, rungx lwg lai youh gvai
兄 迪 妑 鸰 奄， 𩹏 㐱 𪨆 又 㑊，
我 是 好 母 鸡， 子 女 多 又 乖，

5 i | 6 6 5 | 2 6 5 i 2 3 2 |
gaeu doiq gyoengq lwg gvai， lig laiz Seiq gvan
兄 对 佡 㐱 㑊， 历 来 最 关
我 对 小 鸡 仔， 从 来 最 关

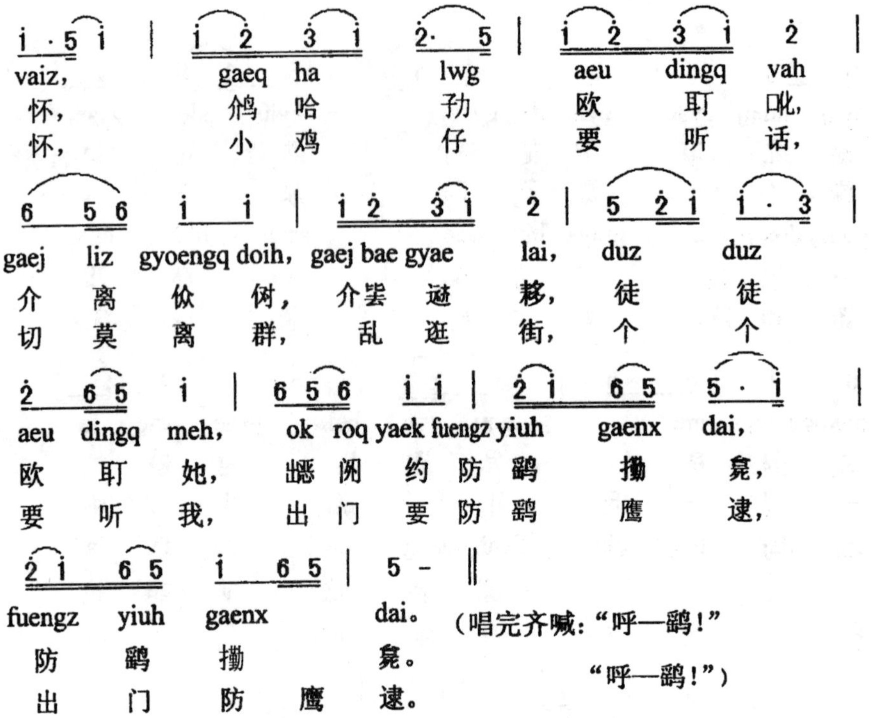

1=♭B $\frac{2}{4}$

Duz guk yaeuh yiengx lwg
图猾骄祥犰
老虎骗小羊

炯那、振虞 词曲

（老虎：“0—mo!0—mo”吼叫上场）

老虎（唱）

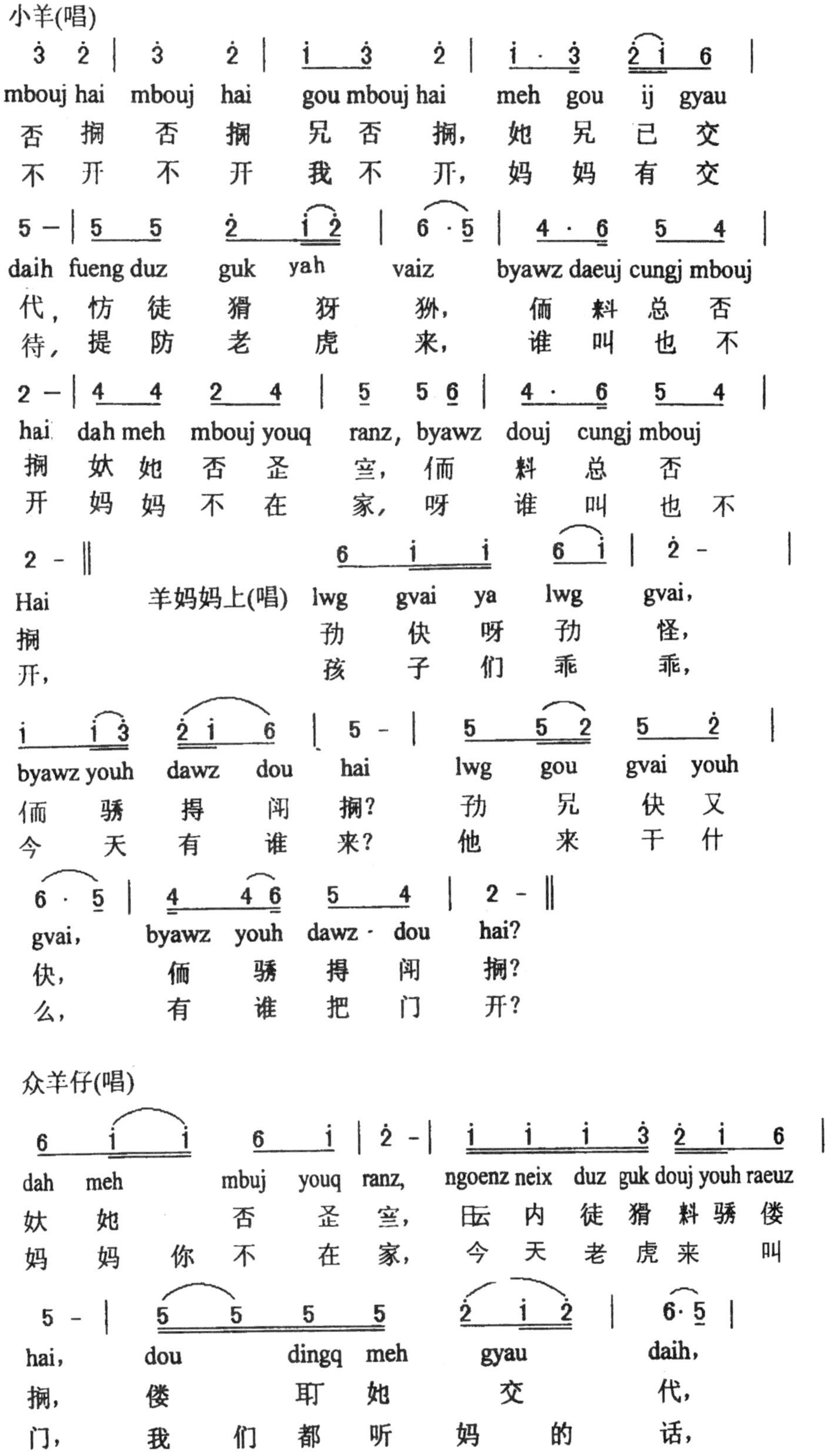
小羊(唱)
mbouj hai mbouj hai gou mbouj hai meh gou ij gyau
否 㧛 否 㧛 兄 否 㧛，她 兄 已 交
不 开 不 开 我 不 开，妈 妈 有 交
daih fueng duz guk yah vaiz byawz daeuj cungj mbouj
代，仿 徒 猾 犽 狳，佲 料 总 否
待，提 防 老 虎 来，谁 叫 也 不
hai dah meh mbouj youq ranz，byawz douj cungj mbouj
㧛 妚 她 否 圣 宔，佲 料 总 否
开 妈 妈 不 在 家，呀 谁 叫 也 不
Hai 羊妈妈上(唱) lwg gvai ya lwg gvai，
㧛 孙 伕 呀 孙 怪，
开，孩 子 们 乖 乖，
byawz youh dawz dou hai lwg gou gvai youh
佲 骄 拇 闬 㧛？孙 兄 伕 又
今 天 有 谁 来？他 来 干 什
gvai，byawz youh dawz · dou hai?
伕，佲 骄 拇 闬 㧛？
么，有 谁 把 门 开？
众羊仔(唱)
dah meh mbuj youq ranz，ngoenz neix duz guk douj youh raeuz
妚 她 否 圣 宔，阹 内 徒 猾 料 骄 偻
妈 妈 你 不 在 家，今 天 老 虎 来 叫
hai，dou dingq meh gyau daih，
㧛，偻 耵 她 交 代，
门，我 们 都 听 妈 的 话，

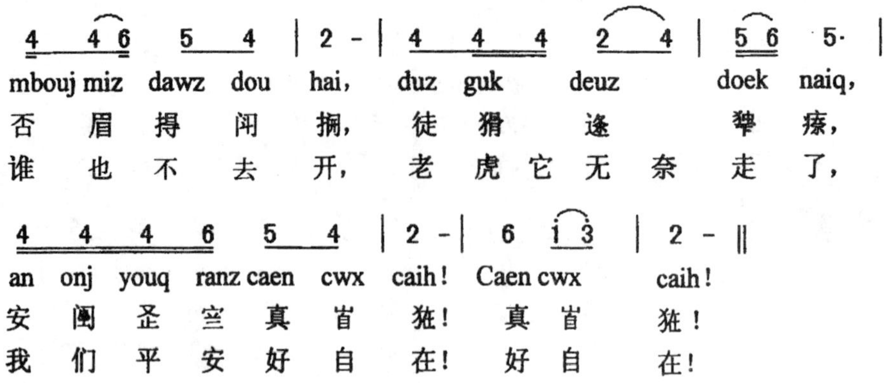

Naengz ganq gaeq meh ok gyaeq lai

能干鸠姆嘘蹬移
英雄母鸡下蛋多

1=F $\frac{2}{4}$

广西马山壮族儿歌
炯 那 填词
振 虞 记谱整理

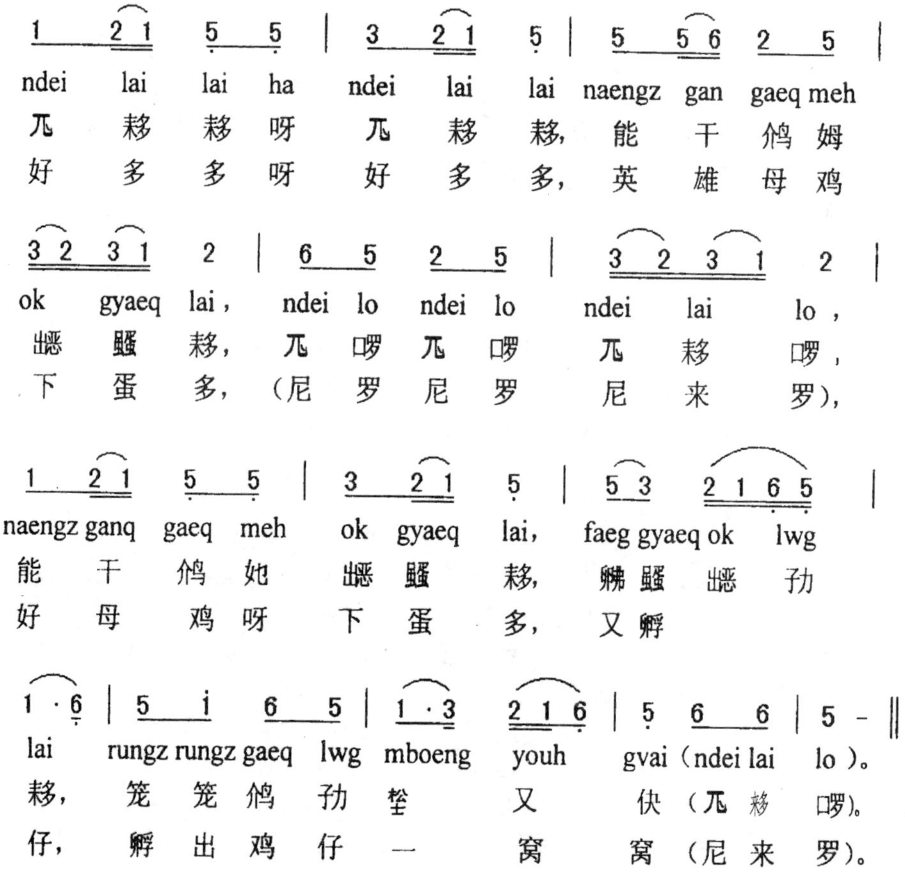

Boux fangz lumh bya

仆 昉 擴 鲃

瞎 子 摸 鱼

1=C $\frac{2}{4}$

振虞词曲

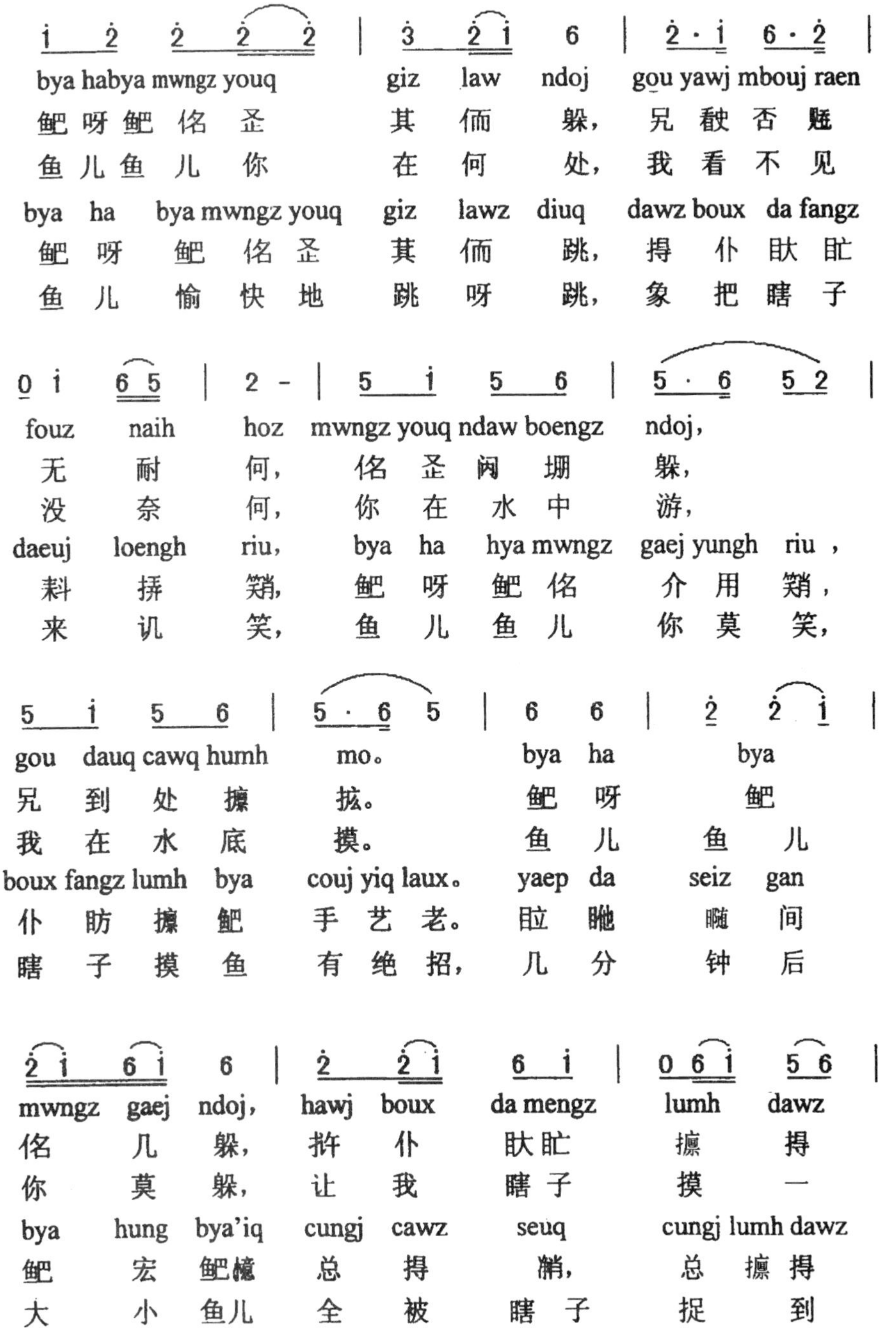

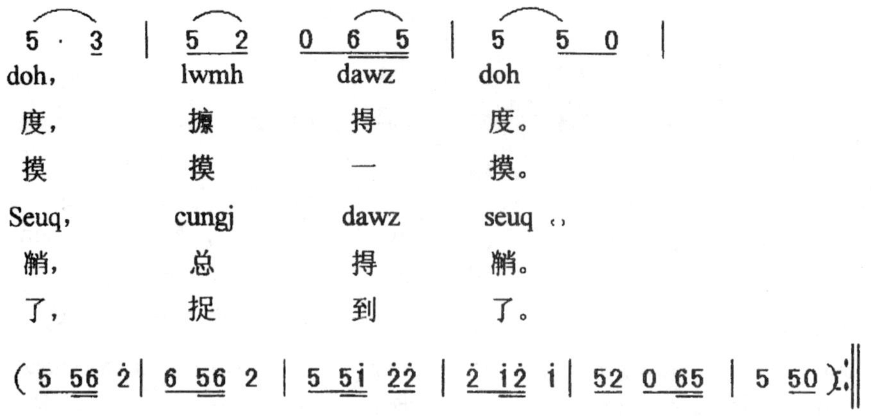

ranz gou youq gwnz bya sang

窒兄圣歪岜龘

我家住在高山上

1=♭B 2/4

广西马山县加芳壮族民歌
振虞 编曲

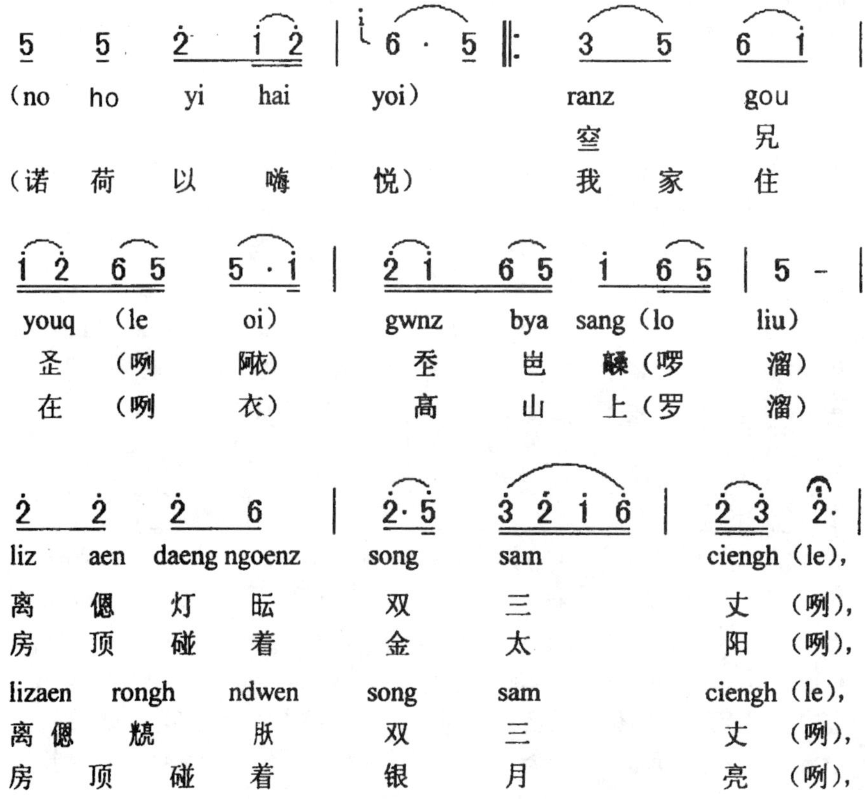

Biengz deih rwen go

雰 埊 䬠 歌

大 地 飞 歌

1=C 4/4

郑 南词
徐沛 东曲

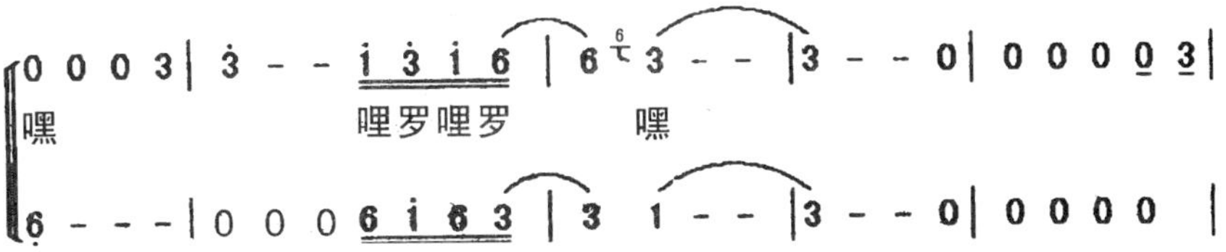

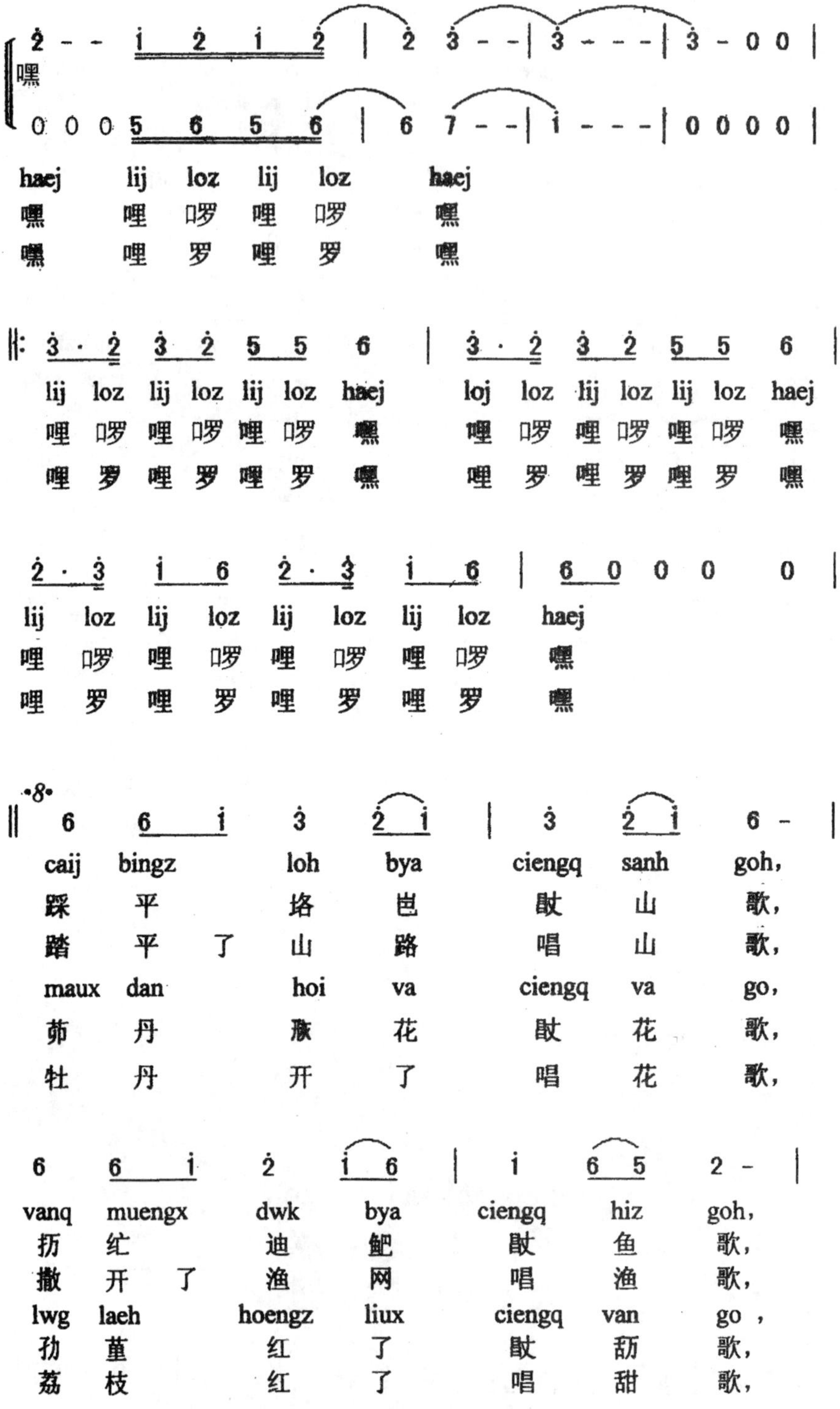
嘿
haej lij loz lij loz haej
嘿 哩 啰 哩 啰 嘿
嘿 哩 罗 哩 罗 嘿
lij loz lij loz lij loz haej loj loz lij loz lij loz haej
哩 啰 哩 啰 哩 啰 嘿 哩 啰 哩 啰 哩 啰 嘿
哩 罗 哩 罗 哩 罗 嘿 哩 罗 哩 罗 哩 罗 嘿
lij loz lij loz lij loz lij loz haej
哩 啰 哩 啰 哩 啰 哩 啰 嘿
哩 罗 哩 罗 哩 罗 哩 罗 嘿
8
caij bingz loh bya ciengq sanh goh,
踩 平 咯 岜 眈 山 歌,
踏 平 了 山 路 唱 山 歌,
maux dan hoi va ciengq va go,
茆 丹 豚 花 眈 花 歌,
牡 丹 开 了 唱 花 歌,
vanq muengx dwk bya ciengq hiz goh,
扨 纻 迪 鲃 眈 鱼 歌,
撒 开 了 渔 网 唱 渔 歌,
lwg laeh hoengz liux ciengq van go ,
劲 茧 红 了 眈 甜 歌,
荔 枝 红 了 唱 甜 歌,

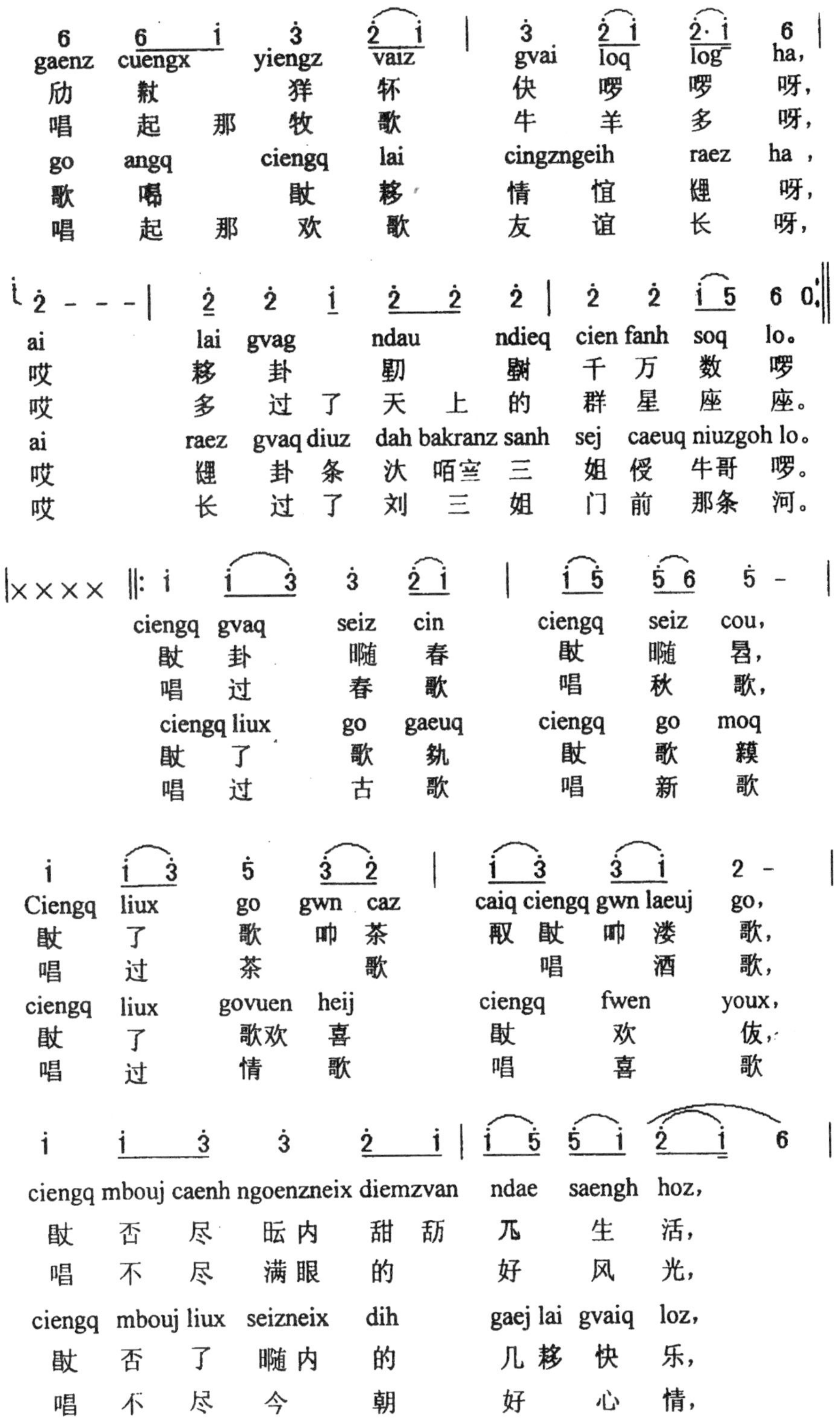
gaenz cuengx yiengz vaiz gvai loq log ha,
励 粆 徉 怀 侠 啰 啰 呀，
唱 起 那 牧 歌 牛 羊 多 呀，
go angq ciengq lai cingzngeih raez ha，
歌 喝 畆 移 情 谊 䟲 呀，
唱 起 那 欢 歌 友 谊 长 呀，
ai lai gvag ndau ndieq cien fanh soq lo。
哎 移 卦 𠘴 𣎴 千 万 数 啰
哎 多 过 了 天 上 的 群 星 座 座。
ai raez gvaq diuz dah bakranz sanh sej caeuq niuzgoh lo。
哎 䟲 卦 条 汏 陌室 三 姐 倿 牛哥 啰。
哎 长 过 了 刘 三 姐 门 前 那条 河。
ciengq gvaq seiz cin ciengq seiz cou,
畆 卦 𣅶 春 畆 𣅶 秋，
唱 过 春 歌 唱 秋 歌，
ciengq liux go gaeuq ciengq go moq
畆 了 歌 𣱇 畆 歌 𣱸
唱 过 古 歌 唱 新 歌
Ciengq liux go gwn caz caiq ciengq gwn laeuj go,
畆 了 歌 吣 茶 再 畆 吣 漤 歌，
唱 过 茶 歌 唱 酒 歌，
ciengq liux govuen heij ciengq fwen youx,
畆 了 歌欢 喜 畆 欢 伖，
唱 过 情 歌 唱 喜 歌
ciengq mbouj caenh ngoenzneix diemzvan ndae saengh hoz,
畆 否 尽 昖内 甜 㽹 𠘨 生 活，
唱 不 尽 满眼 的 好 风 光，
ciengq mbouj liux seizneix dih gaej lai gvaiq loz,
畆 否 了 𣅶内 的 几 移 快 乐，
唱 不 尽 今 朝 好 心 情，

gyaez gou cungh vaz

爱我中华

$1={}^{b}B\ \frac{4}{4}$
每分钟 112 拍
快活、自豪地

乔羽词、徐沛东曲

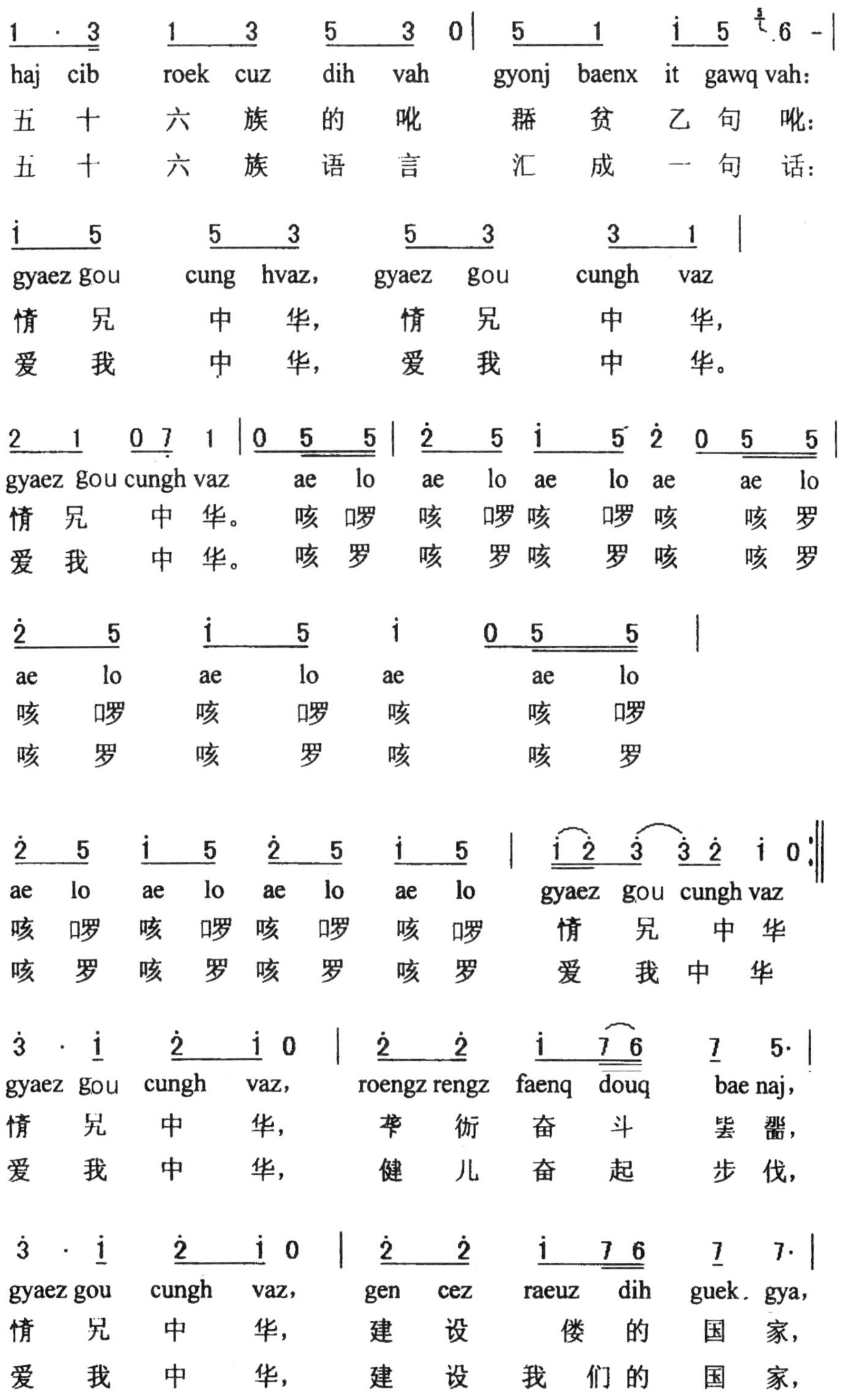
haj cib roek cuz dih vah gyonj baenx it gawq vah:
五 十 六 族 的 吪 䎃 贫 乙 句 吪:
五 十 六 族 语 言 汇 成 一 句 话:
gyaez gou cung hvaz, gyaez gou cungh vaz
情 兄 中 华, 情 兄 中 华,
爱 我 中 华, 爱 我 中 华。
gyaez gou cungh vaz ae lo ae lo ae lo ae ae lo
情 兄 中 华。 咳 啰 咳 啰 咳 啰 咳 咳 罗
爱 我 中 华。 咳 罗 咳 罗 咳 罗 咳 咳 罗
ae lo ae lo ae ae lo
咳 啰 咳 啰 咳 咳 啰
咳 罗 咳 罗 咳 咳 罗
ae lo ae lo ae lo ae lo gyaez gou cungh vaz
咳 啰 咳 啰 咳 啰 咳 啰 情 兄 中 华
咳 罗 咳 罗 咳 罗 咳 罗 爱 我 中 华
gyaez gou cungh vaz, roengz rengz faenq douq bae naj,
情 兄 中 华, 𫚧 衎 奋 斗 𫚨 𬰑,
爱 我 中 华, 健 儿 奋 起 步 伐,
gyaez gou cungh vaz, gen cez raeuz dih guek. gya,
情 兄 中 华, 建 设 偻 的 国 家,
爱 我 中 华, 建 设 我 们 的 国 家,

3 · 1 2 1 0 | 2 2 1 7 6 7 5· |
gyaez gou cungh vaz cungh vaz ndwn maenh lumj bya,
情 兄 中 华, 中 华 亍 劳 麂 岜,
爱 我 中 华, 中 华 雄 姿 英 发,

3 · 1 2 1 0 | 2 2 1 7 2 2 1 7 |
gyaez gou cungh vaz haj cib roek cuz beix beix nuengxnuengx
情 兄 中 华, 五 十 六 族 屡 屡 程 程
爱 我 中 华, 五 十 六 族 兄 弟 姐 妹

2 2 1 7 2 2 1 7 | 2 5 0 2 1 0 |
haj cib roek cuz dih vah gyonj baenz it gawq vah
五 十 六 族 的 吪 幡 贫 乙 句 吪
五 十 六 族 语 言 汇 成 一 句 话

4 3 2 1 0 ‖
gyaez gou cungh vaz!
情 兄 中 华!
爱 我 中 华!

Youq gwnz Byagim Baekging
圣 歪 岜 金 北 京
在 北 京 的 金 山 上

1=D 4/4

藏族民歌
马倬词曲

(6 1 2 3 6 1 2 3 | 3 5 6 1 2 2 1 1 6 | 6 - - 6 6) |

6 6 1 3 3 2 | 1 2 3 2 2 1 1 6 |
Youq gwnz bya-gim Baek-ging hauz- gueng ciuq seiq
圣 歪 岜 金 北 京 豪 光 照 四
北 京 的 金 山 上 光 芒 照 四

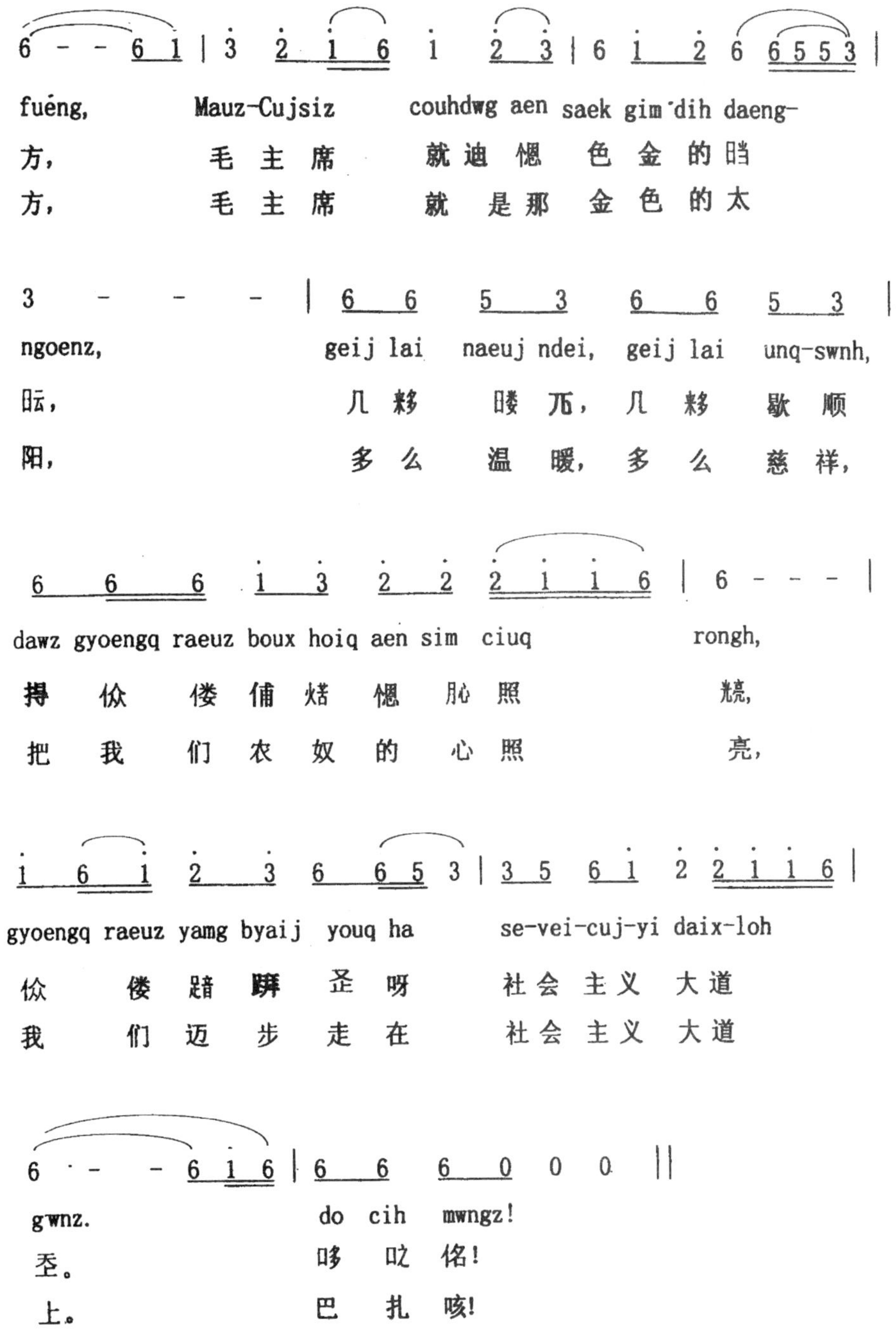
6 - - 6 1 | 3 2 1 6 1 2 3 | 6 1 2 6 6553 |
fueng, Mauz-Cujsiz couhdwg aen saek gim dih daeng-
方， 毛主席 就迪愢 色金的昍
方， 毛主席 就是那 金色的太
3 - - - | 6 6 5 3 6 6 5 3 |
ngoenz, geij lai naeuj ndei, geij lai unq-swnh,
昿， 几䊆 𥅍 𠲛， 几䊆 歇顺
阳， 多么 温暖， 多么 慈祥，
6 6 6 1 3 2 2 2 1 1 6 | 6 - - - |
dawz gyoengq raeuz boux hoiq aen sim ciuq rongh,
拇 佽 偻 俌 焅 愢 胣 照 㮔，
把 我 们 农 奴 的 心 照 亮，
1 6 1 2 3 6 6 5 3 | 3 5 6 1 2 2 1 1 6 |
gyoengq raeuz yamg byaij youq ha se-vei-cuj-yi daix-loh
佽 偻 踣 跰 丕 呀 社会主义 大道
我 们 迈 步 走 在 社会主义 大道
6 - - 6 1 6 | 6 6 6 0 0 0 ||
gwnz. do cih mwngz!
歪。 哆 吃 佲！
上。 巴 扎 咳！

Go Gai Ceizraemxrouh

歌倛糎淰溇

卖汤圆小调

1=C 2/4

轻快地

台湾民歌

6 2 6 2 6 | 6 2 6 2 6 | 3 6 3 6 | 3 2 1 7 6 |

6 5 3 2 1 2 | 3 7 | 6 3 3 6 3 | 6 3 3 6 3)|

3 6 3 | 6 7 3 |

1.2.3 Gai ceizraemx- rouh, gai ceizraemx- rouh,
倛 糎 淰 溇 倛 糎 淰 溇.
卖 汤 圆, 卖 汤 圆,

6 7 6 5 6 6 6 | 3 5 3 6 |

iq iq dih ceizraemx- rouh yan youh raeuz,
愔 愔 的 糎 淰 溇 玏 又 溇,
小 小 的 汤 圆 是 圆 又 圆,

3 . 3 6 6 | 3 5 5 3 2 | 3 . 3 6 6 |

1. it vanj ceizraemx- rouh rim youh rim, sam gak ngaenz ceij
乙 碗 糎 淰 溇 阃 又 阃，三 角 银 纸
一 碗 汤 圆 满 又 满，三 毛 钱 呀

2. it vanj ceizraemx- rouh rim youh rim, sam gak ngaenz ceij
乙 碗 糎 淰 溇 阃 又 阃，三 角 银 纸
一 碗 汤 圆 满 又 满，三 毛 钱 呀

3. yaek gwn ceizraemx- rouh vaiq di cawx, gwn liux ceiz rouh
约 吶 糎 淰 溇 趶 的 趌, 吶 了 糎 溇
要 吃 汤 圆 快 来 买, 吃 了 汤 圆

3 5 5 3 2 | 3 6 3 6 |

1. ndaej vanj ndeu, ceizraemx- rouh ceizraemx- rouh

叧 碗 刀，糎 淰 溇 糎 淰 溇

买 一 碗，汤 圆 汤 圆

2. ndaej vanj ndeu, ceizraemx- rouh ceizraemx- rouh

叧 碗 刀 糎 淰 溇 糎 淰 溇

买 一 碗，汤 圆 汤 圆

3. angq sim douz, ceizraemx- rouh ceizraemx- rouh

喝 胣 头，糎 淰 溇 糎 淰 溇

好 团 圆，汤 圆 汤 圆

3 2 1 7 6 | 3 2 1 7 6 7 | 1 2 3 |

1. gai ceizraemx- rouh, ceiz raemx- rouh ndaej dang caz couq haeux.

倐 糎 淰 溇，糎 淰 溇 叧 当 茶 受 粝。

卖 汤 圆，汤 圆 一 样 可 以 当 茶 饭。

2. gai ceizraemx- rouh, mbuj hab bak dih goj ndaej doiq hawj raeuz

倐 糎 淰 溇，不 合 咟 的 可 叧 退 许 偻。

卖 汤 圆，公 平 交 易 可 以 保 退 换。

3. gai ceizraemx- rouh, daeuj nguh gai liux sou gaej gvaiq gou.

倐 糎 淰 溇，斗 误 倐 了 攸 介 怪 兄。

卖 汤 圆，慢 来 一 步 只 怕 要 卖 完。

6 . 7 | 6 5 | 3 6 3 6 |

1、2、3
ae hei ae yo ceizraemx- rouh ceizraemx- rouh

哎 咳 哎 哟 糎 淰 溇 糎 淰 溇

哎 咳 哎 哟 汤 圆 汤 圆

3 2 1 7 6 | 6 5 3 2 1 2 |

1. gai ceiz raemx- rouh ceiz raemx- rouh ndaej dang

儥 粢 淰 溇 粢 淰 溇 兄 当

卖 汤 圆 汤 圆 一 样 可 以

2. gai ceiz raemx- rouh gungh bingz gyauk hiz ij doiq

儥 粢 淰 溇 公 平 交 易 于 退

卖 汤 圆 公 平 交 易 可 以

3. gai ceiz raemx- rouh daeuj nguh gai liux sou

儥 粢 淰 溇 斗 误 儥 了 攸

卖 汤 圆 慢 来 一 步 只 怕

3 7 | 6 - | 6 - :||

1.caz cauq haeux.

茶 受 粝。

当 茶 饭。

2. youz faenh sou.

由 分 攸。

保 退 换。

3. gaej gvaiq gou.

介 怪 兄。

货 卖 完。

Ranz Gou youq Ndoi sang namh henj

空 兄 圣 墰 嚄 埔 黈

我家住在黄土高坡

1=E 4/4

自由地

西北民歌

陈哲 词

苏越 曲

(5 - - - | 2 5 2 5 5 - | % | % | 2 - -) |

2 . 2 2 2 · 5 2 5 | 5 . 4 3 2 - |

Ndoi sang namh henj dwg gou dih ranz (lo go)

墰 嚄 埔 黈 迪 兄 的 空 (啰 咽)

我 家 住 在 黄 土 高 坡，

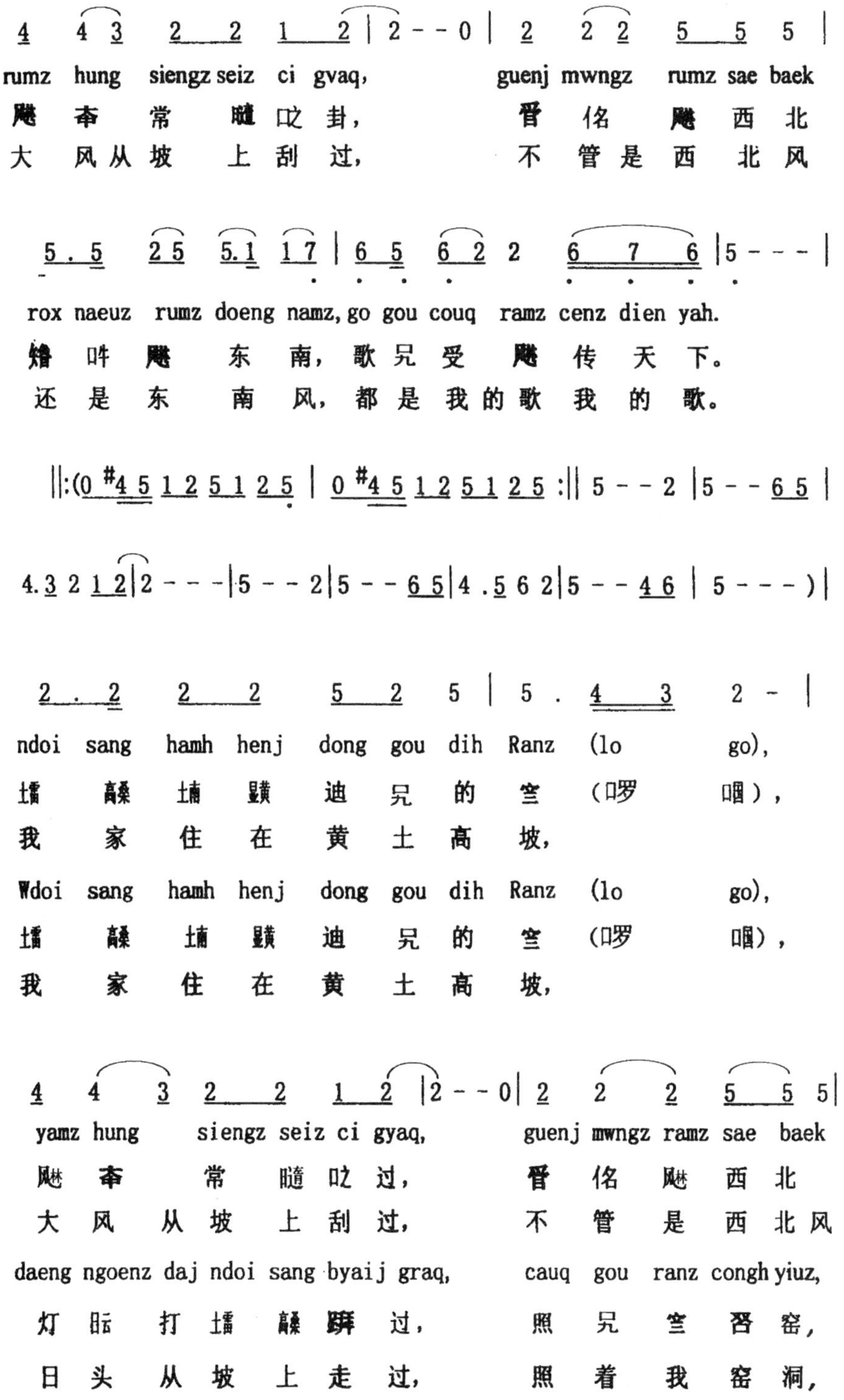
rumz hung siengz seiz ci gvaq, guenj mwngz rumz sae baek
飔奔常瞪吃卦，晋佲飔西北
大风从坡上刮过，不管是西北风
rox naeuz rumz doeng namz, go gou coug ramz cenz dien yah.
䌹咔飔东南，歌兄受飔传天下。
还是东南风，都是我的歌我的歌。
ndoi sang hamh henj dong gou dih Ranz (lo go),
墥䕯墒黋迪兄的峑（啰唃），
我家住在黄土高坡，
Wdoi sang hamh henj dong gou dih Ranz (lo go),
墥䕯墒黋迪兄的峑（啰唃），
我家住在黄土高坡，
yamz hung siengz seiz ci gyaq, guenj mwngz ramz sae baek
飔奔常瞪吃过，晋佲飔西北
大风从坡上刮过，不管是西北风
daeng ngoenz daj ndoi sang byaij graq, cauq gou ranz congh yiuz,
灯眃打墥䕯跰过，照兄峑𡄌窑，
日头从坡上走过，照着我窑洞，

5 . 5 2 5 5.i 1 7 | 6 · 5 6 2 2 6 7 6 | 5 - - - |

rox naeuz ramz doeng namz, go gau couq ramz comz dien lyah

𬱖 吽 𫗄 东 南， 歌 只 受 𫗄 传 天 下。

还 是 东 南 风， 都 是 我 的 歌 我 的 歌。

cik gen goeu byangj maz, lij mizduz meh vaiq gaen gaeu gvaq.

晱 䏭 只 膀 麻， 里 眉徒 㚴 怀 跟 只 过。

晒 着 我 的 胳 膊， 还 有 我 的 牛 跟 着 我。

(5 2 5 5 5 1 2 | 4 3 2 1 2 5 1 2 | 4 . 3 2 6 | #4 5 - - -) |

4 4 3 2 0 1 | 4 4 4 3 2 - |

Mbouj gueuj gvaq bae geij lai ngwnz ngoenz,

否 管 卦 𡊞 几 䎎 𫝇 昖，

不 管 过 去 了 多 少 岁 月，

4 . 4 4 3 2 5 5 | 6 - - - |

coj goeng ceng gaeu louz gaeu dwk roeng ma ,

祖 公 生 只 留 只 迪 㞒 庲，

祖 祖 辈 辈 留 下 我，

4 4 3 2 2 2 1 | 4 4 3 2 - |

louz gaeu gwnz ndoi sang ywnz ngoenz ciengq dih go,

留 只 𡎚 墖 𬌗 𫝇 昖 唱 的 歌，

留 下 我 一 望 无 际 唱 着 歌，

2 . 2 2 4 2 1 2 5 | 1 - - 2 | 4 - - 6 7 6 |

hanz lij miz Vangz-Hoz henz ndang ndij diuz dah, a! a!

还 里 眉 黄 河 垠 躬 㑺 条 汏， 啊！ 啊！

还 有 身 边 这 条 黄 河， 啊！ 啊！

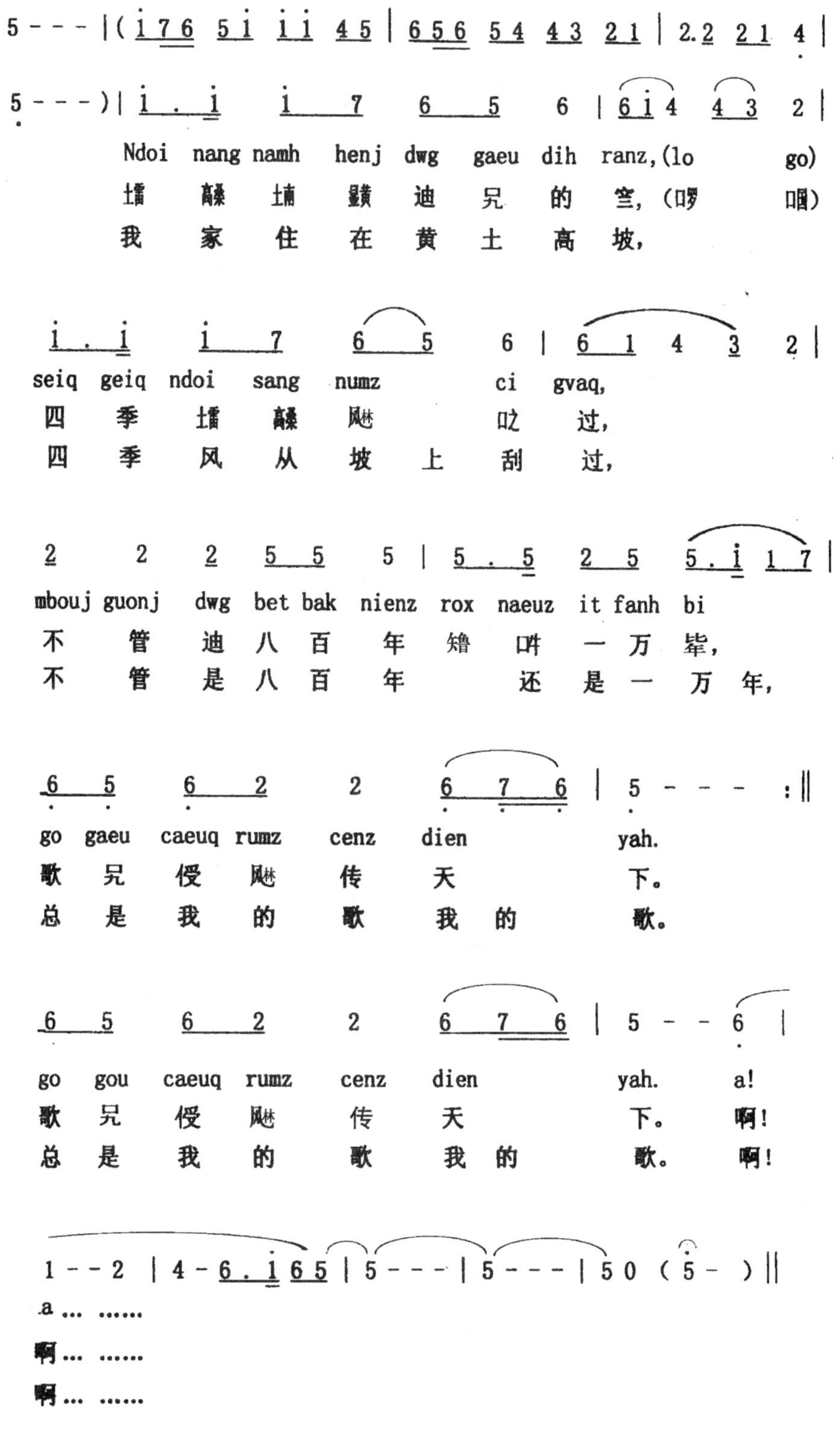
Ndoi nang namh henj dwg gaeu dih ranz,(lo go)
我家住在黄土高坡,
seiq geiq ndoi sang numz ci gvaq,
四季风从坡上刮过,
mbouj guonj dwg bet bak nienz rox naeuz it fanh bi
不管是八百年还是一万年,
go gaeu caeuq rumz cenz dien yah.
总是我的歌我的歌。
go gou caeuq rumz cenz dien yah. a!
总是我的歌我的歌。啊!
a… ……
啊… ……
啊… ……

Dah'iq Raemx Riuz
汏𢥷淰流
小河淌水

1= ♭E 4/4 云南民歌

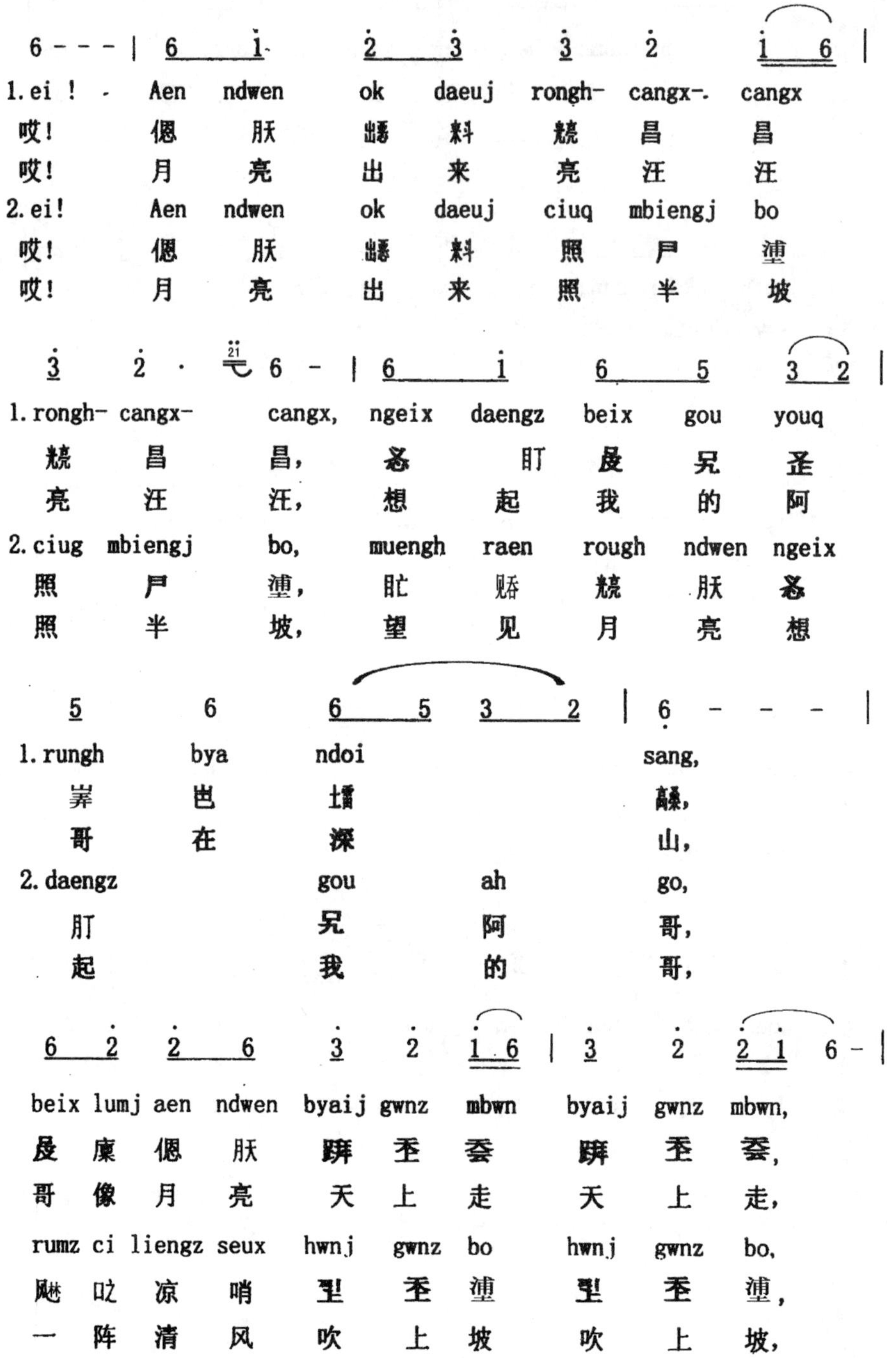

2 - - 6 | 3 2 1 6 3 2 1 6 | 6 1 6 5 3 2 |

beix ha! beix ha! beix ha! laj bya dah' iq raemx
叐 哈! 叐 哈! 叐 哈! 㟖 岜 汏 㶇 涂
哥 啊! 哥 啊! 哥 啊! 山 下 小 河 淌
beix ha! beix ha! beix ha! mwng ndeij dingq- nyi dah
叐 哈! 叐 哈! 叐 哈! 佲 𠮩 盯 眲 妋
哥 啊! 哥 啊! 哥 啊! 你 可 听 见 阿

5 6 · 6 5 3 2 | 6 - - - :|| 0 3 3 2 2 | 6 - - - ||

riuz bae gyae- gyangq gyangq !
流 𡲞 遈 喹 喹!
水 清 悠 悠!
nuenqx heuh a go? ei a go.
𡛁 啹 阿 哥? 哎 阿 哥。
妹 叫 阿 哥? 哎 阿 哥。

Sau Caeuq Mbauq
娋 偻 䳘
妹 与 哥

1= bE 4/4 上海民歌

2 2 2 6 . 6 | 1 1 1 1 2 1 6 5 5 - |

Sai: 1. Vih maz mbouj gyaez mbauq?
財: 为 么 否 㤰 䳘?
男: 为 什 么 不 爱 我?
Sai: Sau ha sau 2. mbouj yough cek gou ngaiz gvaq ndauq,
財: 娋 呀 娋 否 用 撂 兄 挨 卦 㓐,
男: 小 妹 小 妹 不 用 留 我 做 孤 哥,
Sai: 3. gou ngeg gaenx guh ndei gaij- sau,
財: 兄 额 勤 𠮿 兀 改 造,
男: 我 定 改 造 勤 干 活,

6 i 2 i 6 . i | 5 5 5 5 6 5 3 2 2 - ||

Mbwk: aen vih mwngz gik lai, rox gwn mbouj rox cauh.

娟： 因 为 佲 㱪 㩼， 𫴖 吽 不 𫴖 造。

女： 只 为 你 懒 多， 会 吃 不 干 活。

Mbwk: mwngzlouz langh nem gwn, lumj ndaek gauj- vaq laux.

娟： 佲 流 浪 粘 吽， 廪 得 佁 偨 佬。

女： 你 流 浪 讨 吃， 死 抱个 讨 饭 钵。

Mbwk: mwngznaengzgaijsaun dei nuengx nyienh haq laeng mbauq.

娟： 佲 能 改 造 丌 㛚 愿 㚜 楞 䰟 。

女： 你 若 改 造 好 小 妹我 愿做 你老 婆。

Fwn Mbouj Saj Va Va Mbouj hoengz

雺否洒花花否红

雨不洒花花不红

1= ᵇB 2/4 3/4

云南民歌

6 . i 6 6 i | 2 . i 2 - |

Beix dwg gwnz mbwn it duz lungz ,

𫥮 迪 丕 㚘 一 徒 龙，

哥 是 天 上 一 条 龙，

雾 芬

5 . 3 2 i 6 | 5 6 4 5 6 - |

nuengx dwg laj deih va ngamq mwn,

㛚 迪 孨 㙜 花 啱 𢤯，

妹 是 地 下 花 一 蓬，

6 i 2 3 | 2 i 6 5 3 2 |

lungz mbouj fan dang fwn mbouj doek,

龙 否 翻 躺 雺 否 𠰉，

龙 不 翻 身 不 下 雨，

5 · 1 6 5 | 5 · 3 2 - |
fwn mbouj saj va va mbouj hoengz,
雰 否 洒 花 花 否 红，
雨 不 洒 花 花 不 红，

2 · 2 2 5 | 1 2 1 6 5 3 2 |
lungz mbouj fan dang fwn mbouj doek,
龙 否 翻 躺 雰 否 挲，
龙 不 翻 身 不 下 雨，

5 · 1 6 5 | 5 · 3 2 - :||
fwn mbouj saj va va mbouj hoengz。
雰 否 洒 花 花 否 红。
雨 不 洒 花 花 不 红。

5 · 3 2 - ||
Va mbouj hoengz！
花 否 红！
花 不 红！

Daeng ngoenz ok daeuj Angq ba ba
灯 旼 𪨊 料 㖔 㕧 㕧
太 阳 出 来 喜 洋 洋

四川民歌

2 3 2 1 | 2 3 0 | 1 2 3 2 |
Daeng- ngoenz ok daeuj (lo ei) angq baq- ba (lo
灯 旼 𪨊 料 (啰 哎) 㖔 㕧 㕧 (啰
太 阳 出 来 (罗 哎) 喜 洋 洋 (罗
Cij aeu guh hong (lo ei) beij vunz gaenz (lo
只 欧 𠺗 𡎝 (啰 哎) 比 伝 勤 (啰
只 要 劳 动 (罗 哎) 多 勤 快 (罗

2 i 6 0 | 5 6 i 6 | 2 2 6 |

langh lo) gwed hanz gwnz mbaq (langj langj ce

郎 啰) 揭 棒 歪 肥 (朗 朗 切

朗 罗) 挑 起 扁 担 (朗 朗 切

langh lo) mbouj you gwn lix (langj langj ce

郎 啰) 否 忧 呻 哩 (朗 朗 切

郎 罗) 不 愁 吃 来 (朗 朗 切

5 6 0 | i 6 2 i | i 6 2 | 2 - ||

gvangh ce) hwnj gwnz bya (ou lo lo)!

光 切) 型 歪 岜 (嘔 啰 啰)!

光 切) 上 山 岗 (欧 罗 罗)!

gvangh ce) mbou you daenj (ou lo lo)!

光 切) 否 忧 裕 (嘔 啰 啰)!

光 切) 不 愁 穿 (欧 罗 罗)!

Va-govaiz Geij seiz Hoi

花 槁槐 几 膸 䔻

槐 花 几 时 开

1=D 2/4

中速、高亢、自由

♩=80

四川民歌

i i i 6 61 6 | 5 i 6 6 5 6 | 3 - | 3 0 |

Bya sang gwnz dingj (yo) miz go vaiz (yo ui),

岜 鬛 歪 顶 (哟) 眉 棵 槐 (哟 喂),

高 高 山 上 (哟) 一 树 槐 (哟 喂),

5 5 3 6 53 2 | 5 3 6 · 3 | 2 - |

fwngz raeuz lanz ganh (se) muengh beix lai yo

䄜 撸 栏 杆 (啥) 肚 㞎 䅈 哟

手 把 栏 杆 (啥) 望 郎 来 哟

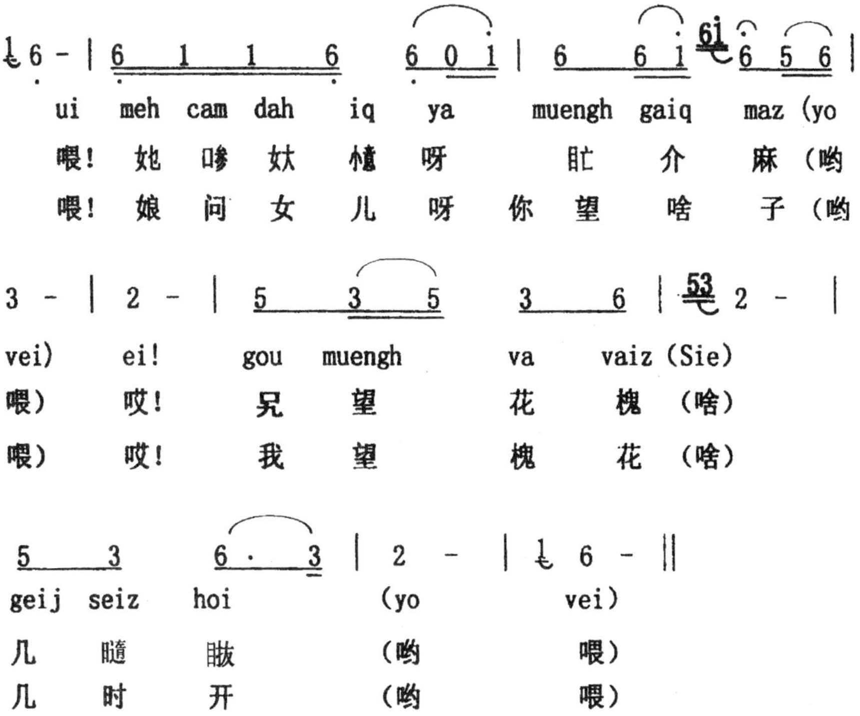

San Va-Lamz
纟山 花 夕
编 花 蓝

1=G 2/4

稍 快

河南民歌

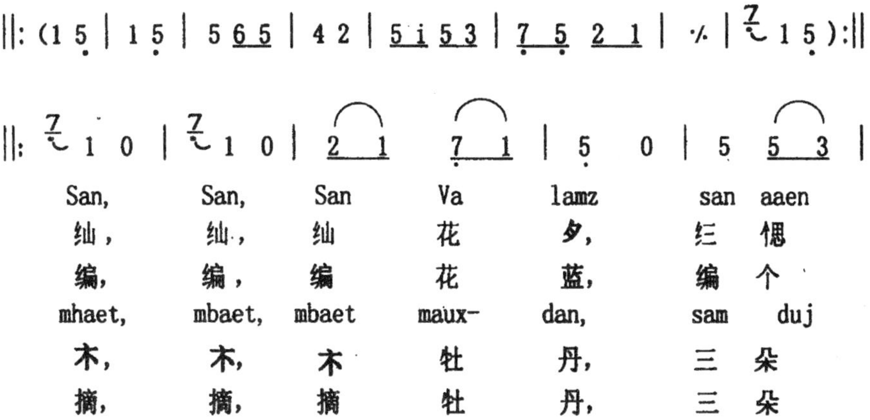

2 3 2 1 | 2 1 7 1 | 5 0 | 5 1 |

Va- Lamz hwnj bya baih nam, Namz san

花 夕 圼 岜 㟙 南， 南 山

花 蓝 上 南 山， 南 山

song duj mbaet baenz lamz, maux- dan

双 朵 木 贫 蓝， 牡 丹

两 朵 摘 得 一 蓝， 牡 丹

2 3 2 1 | 2 1 7 1 7 | 1 0 | 5 1

hoi doh hoengz maux- dan, duj du

㧡 度 红 牡 丹， 朵 朵

开 满 红 牡 丹， 朵 朵

hoi Va moq youh sien, lwg sau

㧡 花 䅽 又 鲜， 劧 娋

花 开 多 妖 艳， 姑 娘

2 3 2 1 | 2 1 7 | 1 0 | 5 . 1

Va hoengz hoi ndaej yienj, duj duj

花 红 㧡 㝵 䁈， 朵 朵

花 儿 开 得 艳， 朵 朵

raen liux sim gag van, lwg sau

䀏 了 䏛 各 甛， 劧 娋

见 了 好 喜 欢， 姑 娘

2 1 | 5 . 7 | 1 0 | 1 . 2 | 4/4 5 6 5 |

Va hoengz hoi ndaej yienj, Gim maux- dan

花 红 㧡 㝵 䁈， 金 牡 丹

花 儿 开 得 艳， 金 牡 丹

raen liux sim gag van, henj hau heu

䀏 了 䏛 各 甛， 黄 皓 荭

见 了 多 喜 欢， 黄 白 红

4 5 - | 5 i | 2 3 2 1 | 7 1 0 | 5 5 3 |
dan heij ngaenz maux- dan, ngaenz maux-
丹 咳，艮 牡 丹，艮 牡
丹 咳，银 牡 丹，银 牡
hoengz heij beij Ndongq-myanz-myanz, beij nadongq myanz
红 咳！比 焮 燵 燵，比 焮 燵
绿 咳！比 鲜 艳，比 鲜

2 3 2 1 | 5 . 1 | 2 1 7 | 1 - | 1 - |
dan na go na ha yi ya hei!
丹 那 个 哪 哈 咿 呀 咳！
丹 那 个 哪 哈 咿 呀 咳！
myanz na go na ha yi ya hei!
燵 那 个 哪 哈 咿 呀 咳！
艳 那 个 哪 哈 咿 呀 咳！

(5 53 | 23 21 | 5 . 1 | 21 7 | 1 - | 1 -) :||

Va- maed- leih
花 茉 莉
茉 莉 花

江苏民歌

1= ♭E 2/4

||: 3 2 3 5 6 5 6 i | 5 3 5 6 |
1. Seiq rang dwg Va- maed- leih,
最 馥 迪 花 茉 莉，
好 一 朵 茉 莉 花，

2. Seiq gyaeu dwg Va- maed- leih,
最 麸 迪 花 茉 莉，
好 一 朵 茉 莉 花，

3. Seiq ndei suenq duj Va- maed- leih,
最 丕 算 荎 花 茉 莉，
好 一 朵 茉 莉 花，

i 2 3 | 2 i 6 i |

1.Seiq rang dwg Va- maed
最 [illegible] 迪 花 茉
好 一 朵 茉 莉
2.Seiq gyaeu dwg Va- maed
最 [illegible] 迪 花 茉
好 一 朵 茉 莉
3.Seiq ndei suenq Va- maed
最 [illegible] 算 花 茉
好 一 朵 茉 莉

5 0 | 5 3 5 6 | i 2 3 i 6 5 |

1.leih, guh- maz va rang
莉， 吅 麻 花 [illegible]
花， 满 园 花 草
2.leih, Doek- Nae fanh hau
莉， [illegible] [illegible] [illegible] [illegible]
花， 茉 莉 花 开
3.leih, gaiq maz gyaeu ndei
莉， 介 麻 [illegible] [illegible]
花 满 园 花 开

5 2 3 5 3 2 | 1 6 1. | 3 2 1 2.3 |

1.cungj mbouj ndaej beij, gou siengj
总 否 [illegible] 比， 兄 想
香 也 香 不 过 它， 我 有 心
2.cungj mbouj ndaej beij, gou siengj
总 否 [illegible] 比， 兄 想
雪 也 白 不 过 它， 我 有 心
3.cungj mbouj ndaej beij, gou siengj
总 否 [illegible] 比， 兄 想
比 也 比 不 过 它， 我 有 心

5 6 1 6 5 | 5 3 2 3 5 3 2 |

1. iet fwngz mbaet duj ndeu, hoengj- lau boux
乯 缝 木 菾 彐, 烘 愣 俌
采 一 朵 戴, 看 花 的
2. iet fwngz aeu duj ndeu, heiq- lau boux-
乯 缝 欧 菾 彐, 忾 愣 俌
采 一 朵 戴, 又 怕
3. nyaeb aeu duj ndeu, hoengj- lau bi- naj
扒 欧 菾 彐, 忾 愣 辈 畓
采 一 朵 戴, 又 怕

1 2 6 1 | 2 · 3 1 2 1 6 | 1 6 5 . :||

1. hen suen ndaq baenz seiq.
嗧 囦 訞 贫 罡。
人 几要 将 我 骂。
2. wnq de gangj mbouj ndei。
伆 偧 嗛 否 兀。
旁 人 笑 话。
3. bwnh noix fat mbouj haeh
屎 尐 抾 否 惕。
来 年 已 发 芽。

1=F 2/4
稍慢.伦满地

Gwihmax Angqangq Buetgvaq Gwnzbya
驸犸悒悒跋卦歪岜
跑马溜溜的山上

四川康定情歌

3 5 6 6 5 | 6.3 2 | 3 5 6 6 5 |

Ghwih max angq angq buetgvaq gwnz bya baj fwj bau siz siz
驸 犸 悒 悒 跋卦 歪 岜，把 雲 盷 吡 吡
跑 马 溜 溜 的 山 上，一 朵 溜 溜 的

Mbanj leix gyaeu gyaeu din dah cej, yienghSiengq gyaeu gyaeu dih
栏 李 轪 轪 的 妚 姐，样 佣 轪 轪 的
李 家 溜 溜 的 大 姐，人 才 溜 溜 的

It daeuj caen caen dih gyaez de, bonj seih lek lek dih
一 斗 真 真 的 悄 修，本 事 勠 勠 的
一 来 真 真 的 看 上，人 才 溜 溜 的

Laj mbwn gyaeu gyaeu dih lwg Sau, Caih gou caen caen diu
斈 吞 轪 轪 的 孙 娋，猜 兄 真 真 的
世 间 溜 溜 的 女 子，任 我 溜 溜 的

6 3· | 3 5 6 6 5 | 6.3 2 |

de ha ndei ndei gyaeu gyaeu dih ciuq youq
修 哈，尨 尨 轪 轪 的 照 圣
云 哟，端 端 溜 溜 的 照 在

ndei ha, mbanj cieng coek coek dih daq go
尨 哈，栏 张 奞 奞 的 大 哥，
好 哟，张 家 溜 溜 的 大 哥，

ndei ha, ngeih daeuj caen caen dih gyaez de
尨 哈，二 斗 真 真 的 悄 修
好 哟，二 来 溜 溜 的 看 上

gyaez ha, laj mbwn coek coek dih lwg mbauq
悄 哈，斈 吞 奞 奞 的 孙 鲍
爱 哟，世 间 溜 溜 的 男 子

5 3 2 3 2 1 | 2 6· | 6 2· | 5 3· |

Gangh ding gyaeu gyaeu dih Singz ha rongh ndwen van

康 定 粖 粖 的 城 哈。 熴 朕 弯

康 定 溜 溜 的 城 哟。 月 亮 弯

gig gyaez gyaeu gyaeu dih de ha. rongh ndwen van

极 忛 粖 粖 的 傪 哈。 熴 朕 弯

看 上 溜 溜 的 她 哟。 月 亮 弯

rox caux ndei ndei dih gya ha rongh ndwen van

鐠 造 㕦 㕦 的 家 哈。 熴 朕 弯

会 当 溜 溜 的 家 哟。 月 亮 弯

caih mwngz loeg lienh bae gouz ha. rongh ndwen van

猜 佲 趴 踺 呰 求 哈。 熴 朕 弯

任 你 溜 溜 的 求 哟。 月 亮 弯

2 1 6· | 5 3 2 3 2 1 | 2 6· :||

van, Gangh ding gyaeu gyaeu dih Singz ha。

弯, 康 定 粖 粖 的 城 哈。

弯, 康 定 溜 溜 的 城 哟。

van, gig gyaez gyaeu gyaeu dih de ha。

弯, 极 忛 粖 粖 的 傪 哈。

弯, 看 上 溜 溜 的 她 哟。

van, rox caux ndei ndei dih gya ha。

弯, 鐠 造 㕦 㕦 的 家 哈。

弯, 会 当 溜 溜 的 家 哟。

van, rox caux loeg lienh bae gouz ha。

弯, 猜 佲 趴 踺 呰 求 哈。

弯, 任 你 溜 溜 的 求 哟。

Daz-banj-singz dih lwg-sau

达板城的孙娟

达板城的姑娘

1=F 2/4

风趣地

新疆民歌

6 6 6 7 1 1 | 2 3 2 1 1 6 |

Daz banj singz dih lwg sau yex vunz gyaez,

达 板 城 的 孙 娟 惹 伝 忛,

达 板 城 的 姑 娘 逗 人 爱,

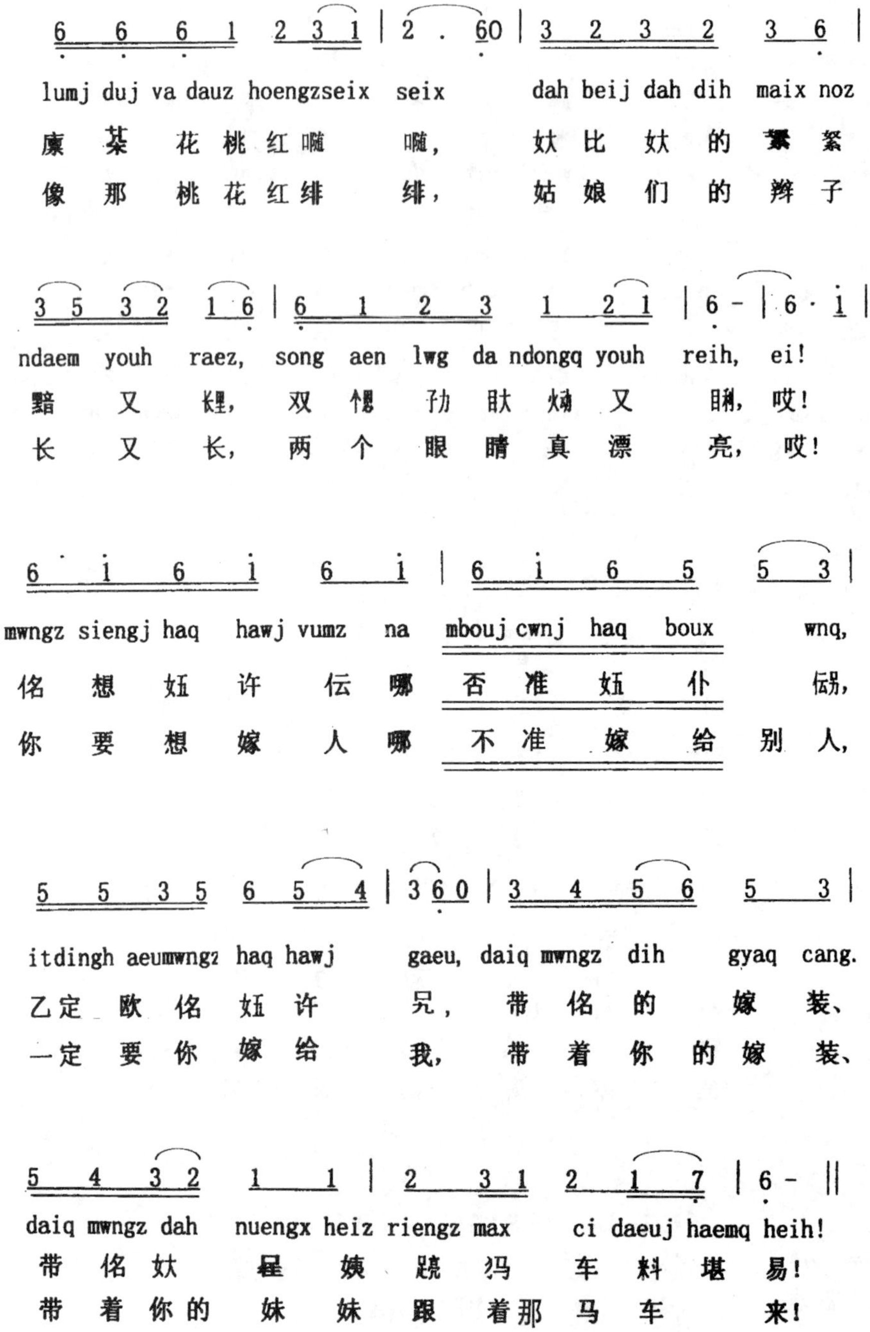
lumj duj va dauz hoengzseix seix dah beij dah dih maix noz
廪 桊 花 桃 红嚧 嚧, 妖 比 妖 的 繄 紧
像 那 桃 花 红 绯 绯, 姑 娘 们 的 辫 子
ndaem youh raez, song aen lwg da ndongq youh reih, ei!
黯 又 㹁, 双 㑘 孙 肽 炴 又 瞓, 哎!
长 又 长, 两 个 眼 睛 真 漂 亮, 哎!
mwngz siengj haq hawj vumz na mbouj cwnj haq boux wnq,
佲 想 妅 许 伝 哪 否 准 妅 仆 㑈,
你 要 想 嫁 人 哪 不 准 嫁 给 别 人,
itdingh aeumwngz haq hawj gaeu, daiq mwngz dih gyaq cang.
乙定 欧 佲 妅 许 兄, 带 佲 的 嫁 装、
一定 要 你 嫁 给 我, 带 着 你 的 嫁 装、
daiq mwngz dah nuengx heiz riengz max ci daeuj haemq heih!
带 佲 妖 昰 姨 踥 犸 车 料 堪 易!
带 着 你 的 妹 妹 跟 着 那 马 车 来!

Byaek—Hau Nyaet

芲 皓 偠

小 白 菜

1=A 5/4 4/4 凄凉地 河北民歌

5	3	3	2 -	5	5 3	3 2	1 -
1. byaek	hau	nyaet	ya,	ndaem	dieg	req	a,
芲	皓	偠	呀,	穯	垡	磁	啊,
小	白	菜	呀,	地	里	黄	啊,
2. riengz	boh	gvaq	ngoenz,	lij	suenq	ndei	a,
踉	仪	卦	眃,	里	祘	兀	啊,
跟	着	爹	爹,	还	好	过	啊,
3. aeu	liux	meh	laeng,	sam	bi	buenq	ya,
欧	了	妠	愣,	三	𢆥	半	呀,
娶	了	后	娘,	三	年	半	呀,
4. daeg	nuengx	gwn	noh,	gou	gwn	dang	a,
特	偌	呻	𦟃,	叧	呻	汤	啊,
弟	弟	吃	肉,	我	喝	汤	啊,
5. meh	seng	siengj	gou,	boux	lawz	rox	ya,
妠	生	想	叧,	俌	佅	鱈	啊,
跟	着	爹	爹,	还	好	过	啊.
6. va	dauz	hoi	ya,	va	gingq	loenq	ya,
花	桃	𣏐	呀,	花	杏	㑘	呀,
桃	花	开	呀,	杏	花	落	呀,

1	3	2 1	6 -	2	1	1 6	5 -
1. song	sam	bi	lwg,	mbouj	miz	meh	a!
双	三	𢆥	劧,	否	眉	妠	啊!
两	三	岁	上	没	了	娘	啊!
2. dan	lau	boh	gou,	aeu	meh	laeng	a!
单	愣	仪	叧,	欧	妠	愣	啊!
只	怕	爹	爹,	娶	后	娘	啊!
3. seng	daeg	nuengx	iq	beij	gou	gviq	a!
生	特	偌	憶,	比	叧	贵	啊!
生	个	弟	弟,	比	我	强	啊!
4. gaem	vanj	raemx	da	doek	sax	sax	a!
抣	碗	淰	眈,	落	洒	洒	啊!
端	起	碗	来,	泪	汪	汪	啊!
5. gou	siengj	meh	seng	fangz	hwnz	loq	a!
叧	想	妠	生,	魴	痕	鲁	啊!
我	想	亲	娘,	在	梦	中	啊!
6. siengj	daengz	meh	seng,	gou	nyienh	dai	a!
想	肘	妠	生,	叧	愿	歹	啊!
想	起	亲	娘,	一	阵	风	啊!

（副歌）

6 1 6 5 - | 6 2 1 6 5 - ||

meh gou a! meh gou a!

妣 呙 啊! 妣 呙 啊!

亲 娘 啊! 亲 娘 啊!

Dahhung Hwnjraemx Raemx Doisa

1=# F 2/4 3/4
节奏自由

汏奔𤅷 沦沦推沙
大河涨水沙浪沙

云南民歌

1 5 1 2 | 2 · 1 6 6 5 | 1 5 6 5 |

Dah hung hwnj raemx raemx doi

汏 奔 𤅷 沦 沦 推

大 河 （那个） 涨 水（那个） 沙（呀） 浪（个）

1 · 6 | 56 5 - | 5 0 | 5 6 6 5 | 6 1 2 2 |

sa yo, Duz bya duz gungq doiq dem doiq

沙 哟， 徒 鲃 徒 鲀 对 添 对

沙 哟， 一 对 （那个） 鲤 鱼（是）

3/4 1 5 1 2 2 1 | 2/4 2 1 · 6 | 6 5 - | 5 0 |

doiq gungq doiq bya (ih yoh) youz hwnj ma(yo),

对 鲀 对 鲃 （咻 哟） 游 𤅷 庲(哟)，

一 对 （那 个） 虾 哟，

5 5 #4 5 | 6 1 5 5 | #4 5 1 1 |

cij raen bya- leix bya- leix ha ndwet diuq

只 賉 鲃 鲡 鲃 鲡 呀 㹻 跳

只 见 （那 个） 鲤 鱼 （是） 来 戏 （个）

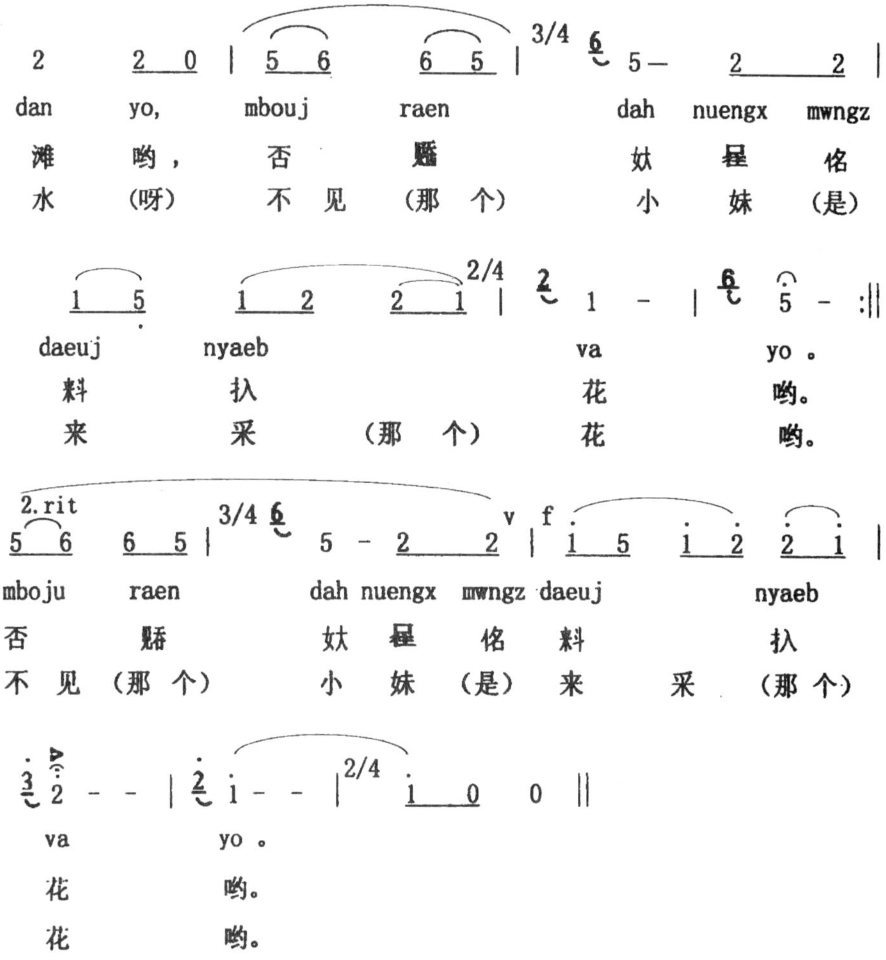

SINHGYANGH Ndei

1=F 2/4
稍慢.喜悦.亲切.优美

新 疆 兀
新 疆 好

新疆民歌
马寒冰词
刘炽填配

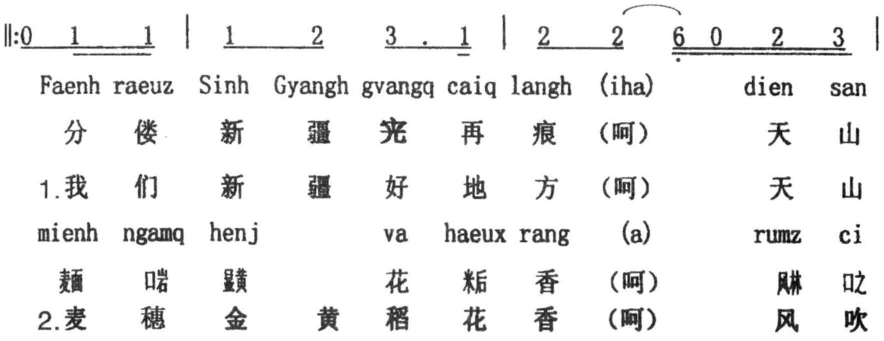

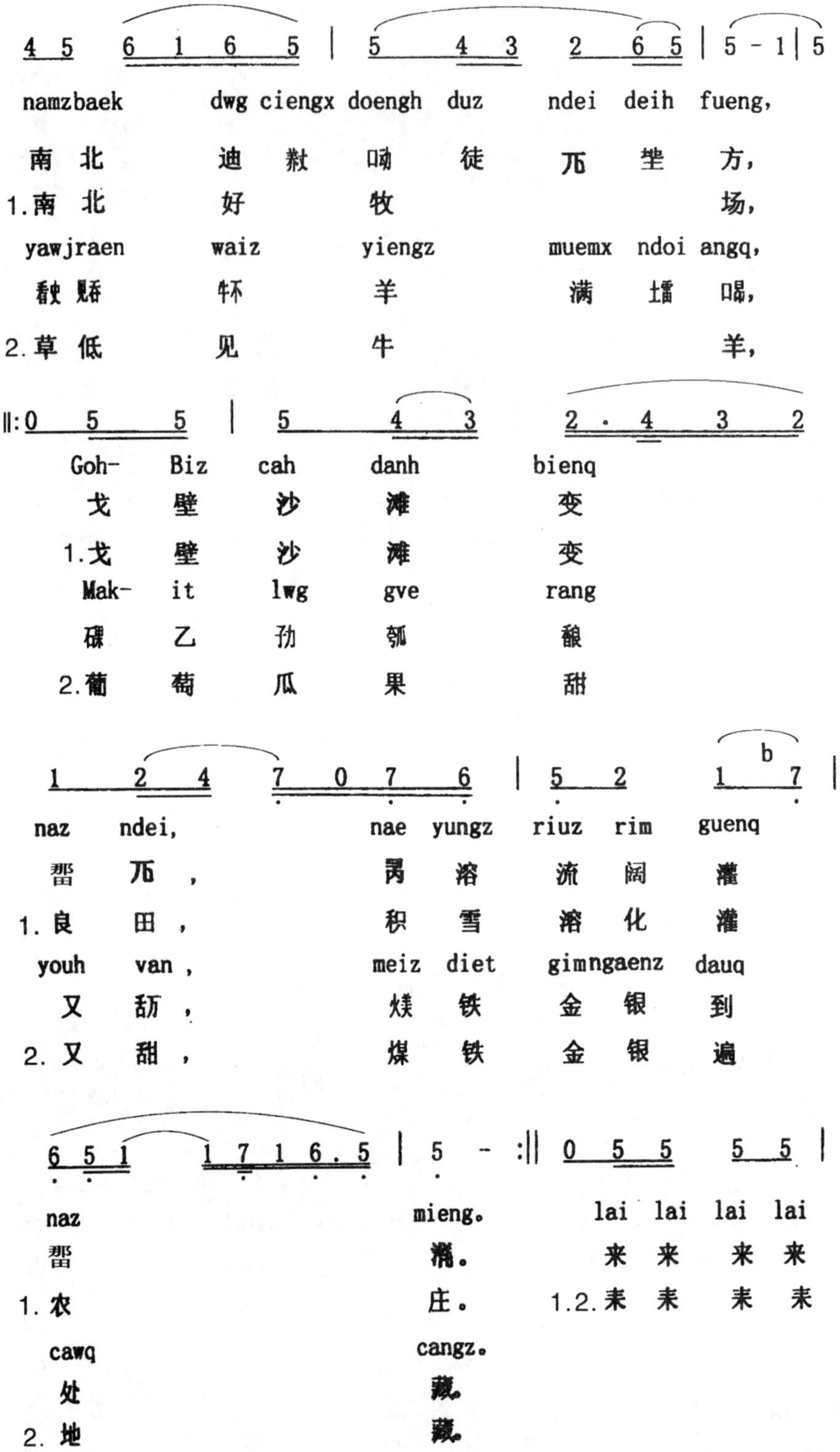
namzbaek dwg ciengx doengh duz ndei deih fueng,
南北 迪 敹 吻 徒 丕 坒 方,
1.南北 好 牧 场,
yawjraen waiz yiengz muemx ndoi angq,
䁱䞶 怀 羊 满 墦 唱,
2.草低 见 牛 羊,
Goh- Biz cah danh bienq
戈 壁 沙 滩 变
1.戈 壁 沙 滩 变
Mak- it lwg gve rang
碟 乙 劲 瓠 稂
2.葡 萄 瓜 果 甜
naz ndei, nae yungz riuz rim guenq
𦰡 丕, 霄 溶 流 阔 灌
1.良 田, 积 雪 溶 化 灌
youh van, meiz diet gimngaenz dauq
又 甜, 㶸 铁 金 银 到
2.又 甜, 煤 铁 金 银 遍
naz mieng。 lai lai lai lai
𦰡 溜。 来 来 来 来
1.农 庄。 1.2.来 来 来 来
cawq cangz。
处 藏。
2.地 藏。

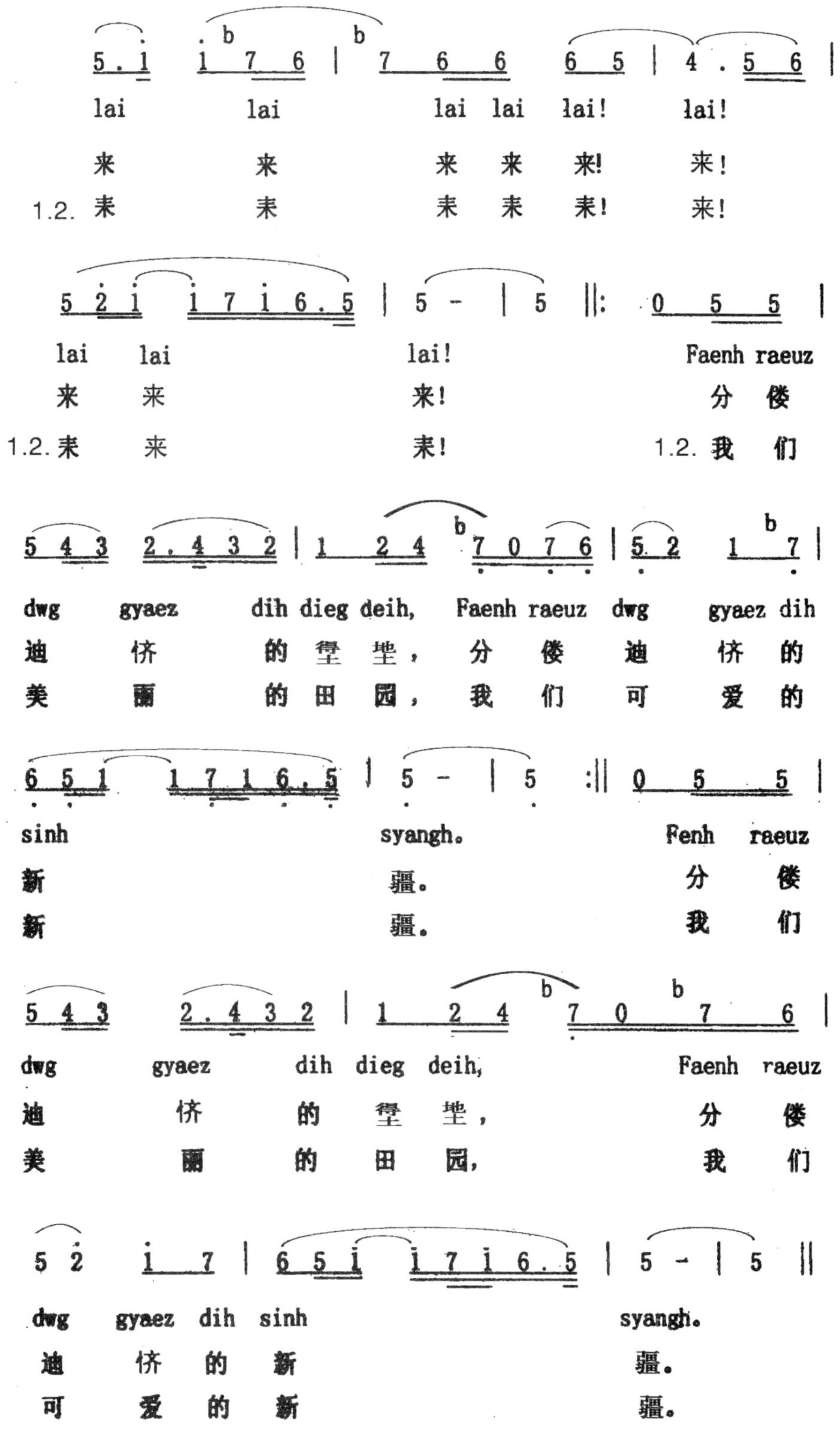
lai lai lai lai lai! lai!
来 来 来 来 来! 来!
1.2. 来 来 来 来 来! 来!
lai lai lai! Faenh raeuz
来 来 来! 分 偻
1.2. 来 来 来! 1.2. 我 们
dwg gyaez dih dieg deih, Faenh raeuz dwg gyaez dih
迪 侨 的 垡 垫, 分 偻 迪 侨 的
美 丽 的 田 园, 我 们 可 爱 的
sinh syangh。 Fenh raeuz
新 疆。 分 偻
新 疆。 我 们
dwg gyaez dih dieg deih, Faenh raeuz
迪 侨 的 垡 垫, 分 偻
美 丽 的 田 园, 我 们
dwg gyaez dih sinh syangh。
迪 侨 的 新 疆。
可 爱 的 新 疆。

soengq hawj gou ngez va maez gvae ndeu

1=C 2/4

搓拚兄榵花玫瑰刁
送我一支玫瑰花

新疆民歌
王洛宾词曲

6 6 6 6 6 | 6 . 6 2 2 #1 | 2 3 | 3 - |

1. mwngz Soengq ngez va maezgvae hawj gaeu,
佲 搓 榵 花 玫 瑰 拚 兄，
你 送我 一 支 玫 瑰 花，

2. mwngz dangh da sang yawj siuj gaeu,
佲 当 眺 囍 䚓 小 兄，
你 要 骄 傲 轻 视 我，

3. duz roeg bwz lingz dajndawfwng mwngz cuengq bae,
徒 鸠 百 灵 打闷搓佲 放 辈，
百 灵 鸟 儿 从你手中 飞 去，

4. Song raeuz caez angq lumj duz roeg bwz lingz,
双 偻 齐 唱 廪 徒 鸠 百 灵，
我 们 象 快 乐 的百 灵 鸟，

4 4 4 4 4 | 3 2 #1 2 | 2 - | 2 - |

1. gou saed sim saed eiq do- cih mwngz,
兄 实 胉 实 咴 哆 吃 佲，
我 要 诚 恳 地 谢 谢 你

2. cingjmwngz yawj yawj gaeu dih goeng fou,
请 佲 䚓 䚓 兄 的 功 夫，
你 就 瞧 瞧 我 的 本 领，

3. mbin daengz heij vunz ndaw Suen va，
飞 肝 许 伝 闷 阀 花，
落 到 人 家 的 花 园 里，

4. baenz ciuh dox gyaez mbouj doh liz,
贫 朝 度 侪 否 度 离，
永 远 相 爱 不 分 离，

1̇ . 1̇ 1̇ 1̇ | 1̇ · 2̇ | 3̇ 3̇ 1̇ |

1. daj an mwngz dawz bonj faenh guh runz
打 安 佲 捀 本 份 叫 伝
那 怕 你 把 自 己 看 做

2. gou dangh naeuz bae ra ndaej daegm bauq beij
兄 当 吽 坒 椤 吊 特 朐 比
我 要 是 选 上 一 个 更 好 的

3. duz roeg bwz ingz lumj va it yiengh
徒 鸠 百 灵 嚷 花 乙 养
花 儿 一 样 可 爱 的 百 灵

4. saenh aeuz dih ndiep gyaez caen sim ndat
分 偻 的 悲 侨 真 胋 烒
我 们 的 爱 情 象 那 燃 烧 的

7 6 6 | 1̇ 1̇ 1̇ 1̇ 1̇ |

1 bamz, gou lij yawj dij
疨, 兄 里 䙶 䣁
傻 子, 我 还 是 照 样

2. mwngz ndei, mwngz couh sieng sim
佲 兀, 佲 眈 恡 胋
小 伙, 就 会 刺 痛

3. dwg gyaez, mwngz nanz dauh naenx sim
迪 侨, 佲 难 道 䟾 胋
鸟 儿, 难 道 你 忍 心

4. baenz feiz, geij lai rumz hung ci
贫 奘, 几 彩 飏 奆 吃
火 炬, 大 风 也 把 它

7 6 #5 6 | 6 - | 6 - :||

1. gyaez ciengx mwngz.
侪 敹 佲。
看 得 上 你。

2. gag laeg hoz.
各 勒 胎。
你 的 心。

3. dawzde lumz bae。
僢 趑 娄。
把 她 忘记。

4. ndaep mbouj ndaej.
熼 否 旵。
吹 不 熄。

Mbiengj ndwen rongh benz hwnj daeuj
戸 朕 熀 趀 𰀀 料
半个月亮爬上来

1= bB 4/4

青海民歌
王洛宾词曲

0 3 4 5 5 | 4 5 4 3 #2 3 |

1. Mbiengj aen ronghndwen benz hwnj bya,
戸 愢 熀 朕 趀 𰀀 岜，
半 个 月 亮 爬 上 来，

2. Mbiengj aen ronghndwen benz hwnj bya,
戸 愢 熀 朕 趀 𰀀 岜，
半 个 月 亮 爬 上 来，

3 5 4 3 2 #1 2 | 3 . 3 3 0 |

1. ih lah lah benz hwnj bya,
咿 啦 啦 趀 𰀀 岜，
咿 啦 啦 爬 上 来，

2. ih lah lah benz hwnj bya,
咿 啦 啦 趀 𰀀 岜，
咿 啦 啦 爬 上 来，

1 2 3 4 5 5 | 4 5 4 3 #2 3 |

1.ciuq daengz dah sau gaeu daiz cang naj,
照 肛 妆 婧 叧 枱 食 罯
照 着 我 的 姑 娘 梳 妆 台,
2. vih maz dah sau gaeu mbouj ok ma,
为 么 妆 婧 叧 否 𡂿 𪟝?
怎 么 我 的 姑 娘 不 出 来,

3 5 4 3 2 #1 2 | 3 . 3 3 0 :||:

1. ih lah lah, daiz cang naj,
咿 啦 啦, 枱 食 罯,
咿 啦 啦, 梳 妆 台,
2. ih lah lah, mbouj ok ma?
咿 啦 啦, 否 𡂿 𪟝?
咿 啦 啦, 不 出 来?

1 2 3 4 #5 5 | 5 5 5 0 |

cingj mwngz dawz congh cueng vaiq hoi ha,
请 佲 挦 𠻗 窗 䟃 𢫫 呵,
请 你 把 纱 窗 快 打 开,

6 6 6 - | 5 6 5 4 3 0 |

ih lah ha, vaiq hoi ha,
咿 啦 啦, 䟃 𢫫 呵,
咿 啦 啦, 快 打 开,

3 6 6 6 0 | 5 6 5 4 3 0 :||:

ih lah lah vaiq hoi ha,
咿 啦 啦 䟃 𢫫 呵,
咿 啦 啦 快 打 开,

1 2 3 4 5 5 | 4 5 4 3 #2 3 |

caiq cingj mwngz dawz duj va maez gvaeq,

赧 请 佲 挦 蕠 花 玫 瑰，

再把 你 的 玫 瑰 摘 一 朵，

3 5 4 3 2 #1 2 | 3 . 3 3 0 :||

menh menh dih vit roengz ma。

慲 慲 的 刎 平 庲。

轻 轻 地 扔 下 来。

Duh-daz-rwj dem Maj-li-yah
都达尔添玛丽亚
都达尔和玛丽亚
（又名《可爱的一朵玫瑰花》）

1=D 2/4 4/4

新疆哈萨克民歌

王洛宾词曲

1 . 2 3 | 4 5 4 3 | 2 0 | 3 2 3 4 | 5 - |

1.Dwg gyaez dih it duj maez gvae va, dah sau Maj- li- yah

迪 侪 的 乙 蕠 玫 瑰 花， 姕 娋 玛 丽 亚，

可 爱 的 一 朵 玫 瑰 花， 塞 地 玛 丽 亚，

2.Hah- saz- gwz hauh seng rengz rwd rwd, daeg mbauq Duh- daz- rwj

哈 萨 克 骺 生 衏 咘 咘， 特 䠷 都 达 尔，

强 壮 的 年 轻 哈 萨 克， 伊 万 都 达 尔，

1 . 2 3 | 4 5 4 3 | 2 0 | 3 4 3 2 | 1 - |

1.Dwg gyaez dih it duj maez gvae va, dah sau Maj- li- yah

迪 侪 的 乙 蕠 玫 瑰 花， 姕 娋 玛 丽 亚，

可 爱 的 一 朵 玫 瑰 花， 塞 地 玛 丽 亚，

2.Hah- saz- gwz hauh seng rengz rwd rwd, daeg mbauq Duh- daz- rwj

哈 萨 克 骺 生 衏 咘 咘， 特 䠷 都 达 尔，

强 壮 的 年 轻 哈 萨 克， 伊 万 都 达 尔，

4/4 5 i i 2 3 2 | 2 i 7 6 5 i |

1. ngoenz haenx gou gvih max dwk nyaen youq gwnz bya,

胵 霠 兄 骑 獁 迪 猵 圣 岙 岜，

那 天 我 在 山 上 打猎 骑着 马，

2. haem hneix cingj mwngz gvaq dah daeuj ranz gaeu raen naj,

韬 内 请 佲 卦 汏 料 宯 兄 僫 需，

今 天 晚 上 请 你 过 河 来 我 家，

i 2 3 2 i 3 2 2 i |

1. cingq dang mwngz eu fwen sing hap haeuj

正 当 佲 嘔 欢 声 哈 合

正 当 你 在 山 下 唱 歌

2. gueng imq duz max mwngz cai daiq aen

恍 飪 徒 犸 佲 豽 带 愢

喂 饱 你 的 马 儿 带 上

7 2 i 7 6 - | 6 i i 7 i 6 5 |

1. gwnz mbwn dingj bya, sing fwen hawj gou gyaij loek roen

岙 𡗶 顶 岜， 声 欢 拚 兄 瞬 𥑛 坤，

婉 转 入云 霞， 歌 声 使 我 迷 了 路，

2. dungh buq lah, deq aen rongh ndwen benz hwnj ma,

冬 不 拉， 篳 愢 糠 朕 趆 罡 料，

你的 冬 不 拉， 等 那 月 儿 升 上 来，

5 6 6 5 6 5 5 3 · 2 |

1. gou daj gwnz ndoi doek gingjroengz ma,

兄 打 岙 墵 犨 濒 夆 庲，

我 从 山 坡 滚 下，

2. danh dungh buq lah gok cax cax,

弹 冬 不 拉 嗰 咇 咇，

拨 动 你 的 琴 弦，

1 · 2 3 ∨ 5 4 4 3 |

1. ai yoz yoz mwngz dih sing fwen

哎 哟 哟 佲 的 声 欢

哎 哟 哟 你 的 歌 声

2. ai yoz yoz song raeuz eu fwen

哎 哟 哟 双 偻 嘔 欢

哎 哟 哟 我 们 相 依

3 5 2 2 1̇ ||

1. caemh heux gwnz dingj bya。

魁 绣 歪 顶 岜。

婉 转 入 云 霞。

2. doiq dap laj go va。

对 荅 𨑜 棵 花。

歌 唱 在 树 下。

1=b 4/4

慢板

go hauh seng diuquj
歌 駂 生 跳 舞
青 春 舞 曲

新疆民歌

王洛宾词曲

3 2 7 1 3 2 1 7 6 6 4 3 |

daeng ngoenz roengz gya haet cog ciuq gaeuq benz hwnj ma,

灯 眃 夅 岜 乾 眸 照 纨 趀 𤍒 床,

太 阳 下 去 明 朝 依 旧 爬 上 来,

3 2 7 1 3 2 1 7 6 6 6 6 |

bi neix va loenq bi moq it yiengh hoi muenx nga,

辈 内 花 伢 辈 摸 乙 养 豚 阖 杋,

花 儿 谢 了 明 年 还 是 一 样 的 开,

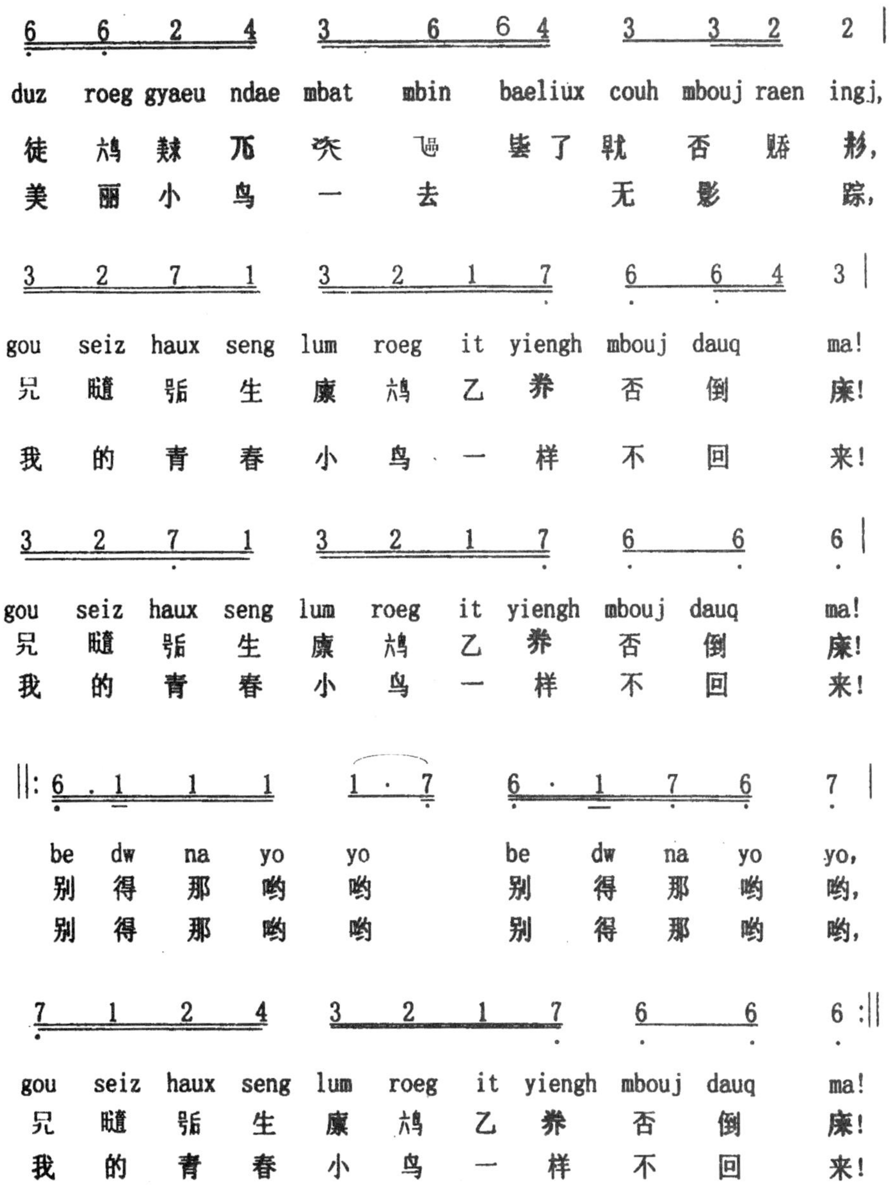
6 6 2 4 3 6 6 4 3 3 2 2
duz roeg gyaeu ndae mbat mbin baeliux couh mbouj raen ingj,
美丽小鸟一去无影踪，
3 2 7 1 3 2 1 7 6 6 4 3
gou seiz haux seng lum roeg it yiengh mbouj dauq ma!
我的青春小鸟一样不回来！
3 2 7 1 3 2 1 7 6 6 6
gou seiz haux seng lum roeg it yiengh mbouj dauq ma!
我的青春小鸟一样不回来！
6 . 1 1 1 1 · 7 6 · 1 7 6 7
be dw na yo yo be dw na yo yo,
别得那哟哟别得那哟哟，
别得那哟哟别得那哟哟，
7 1 2 4 3 2 1 7 6 6 6
gou seiz haux seng lum roeg it yiengh mbouj dauq ma!
我的青春小鸟一样不回来！

Fanh Seia Dwg Baengz Youx

乣罡迪朋友
永远是朋友

1=E 4/4
♩=56

任卫新词
刘　青曲

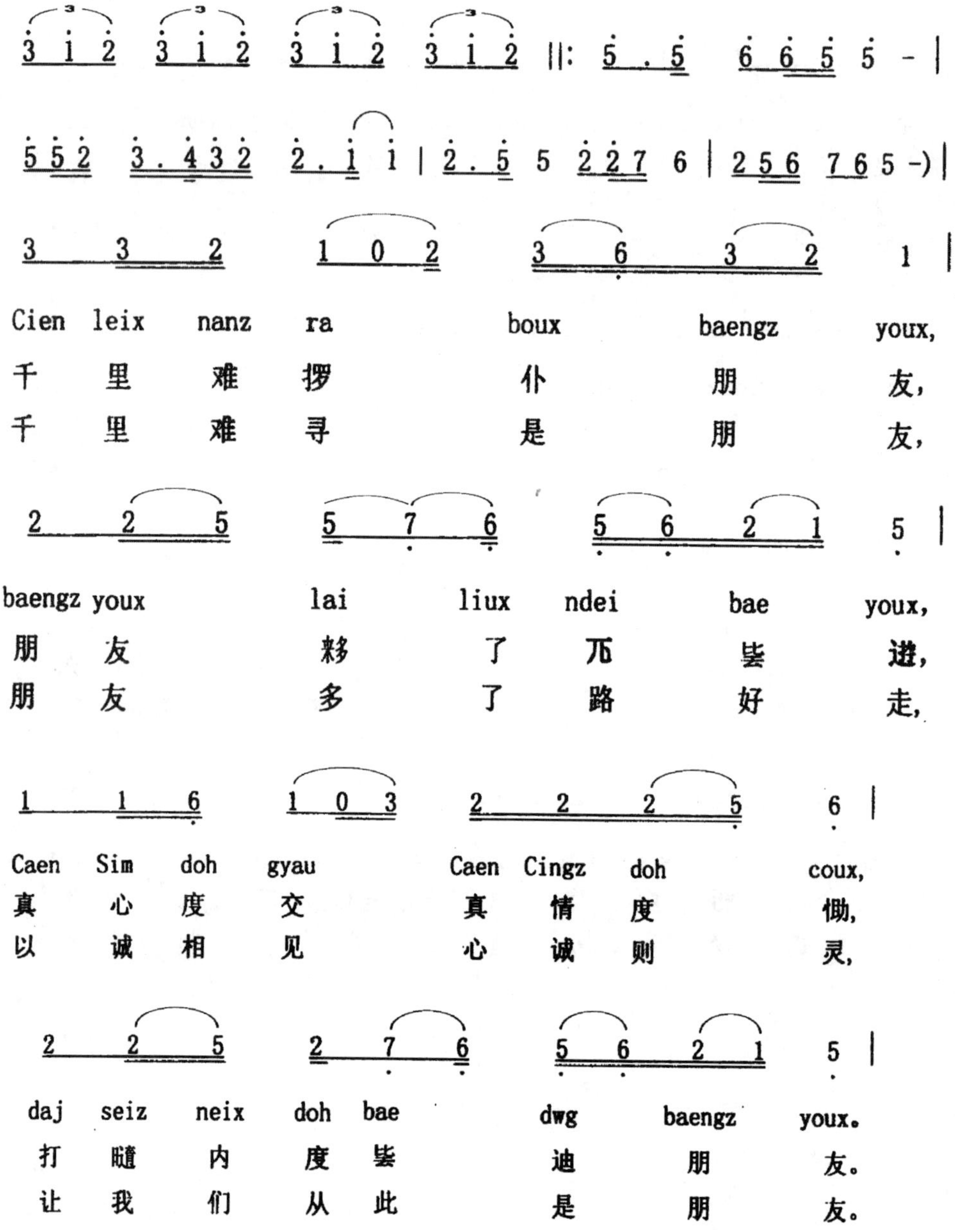

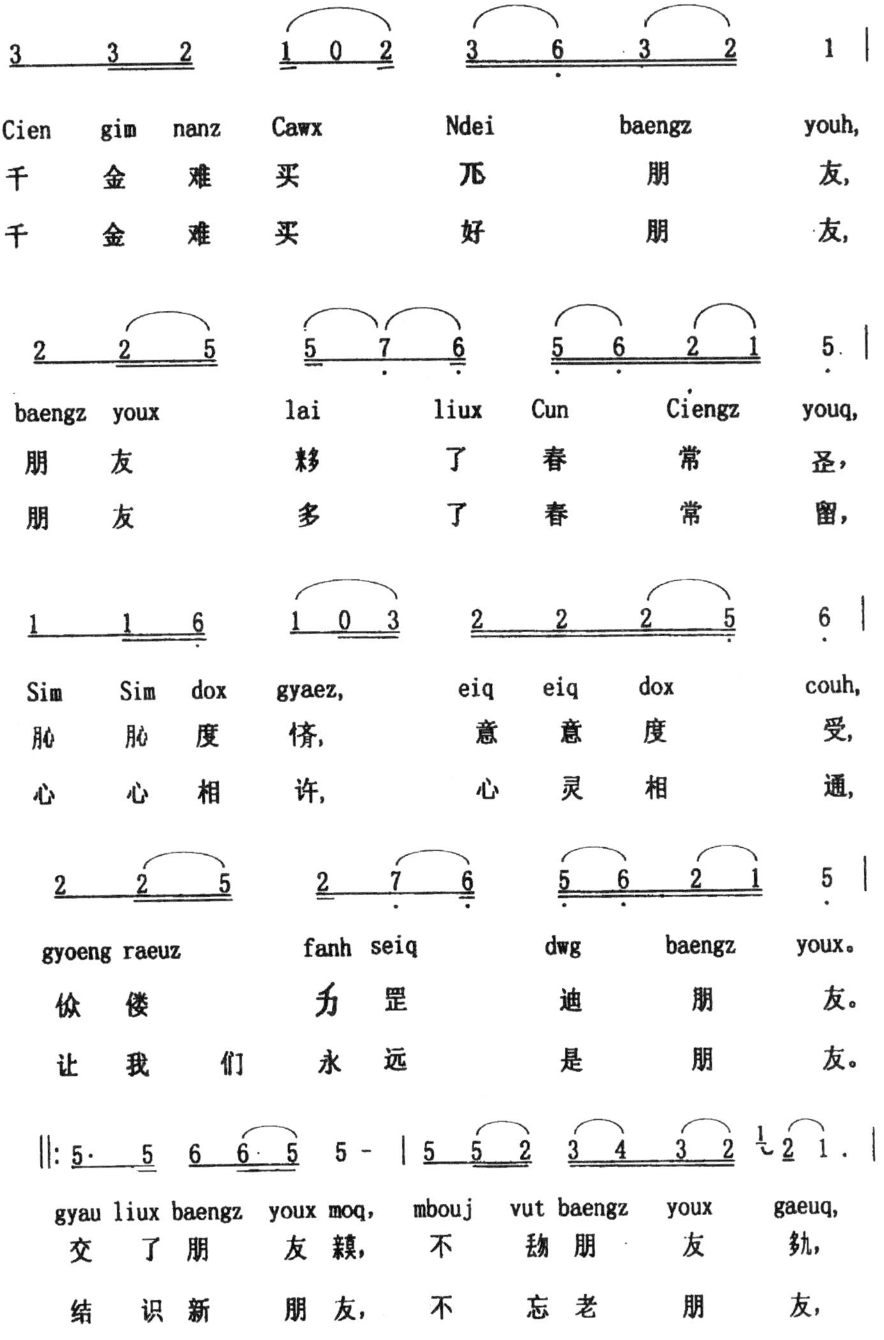
Cien gim nanz Cawx Ndei baengz youh,
千金难买丆朋友,
千金难买好朋友,
baengz youx lai liux Cun Ciengz youq,
朋友夥了春常圣,
朋友多了春常留,
Sim Sim dox gyaez, eiq eiq dox couh,
胣胣度侪, 意意度受,
心心相许, 心灵相通,
gyoeng raeuz fanh seiq dwg baengz youx。
㑣偻万罡迪朋友。
让我们永远是朋友。
gyau liux baengz youx moq, mbouj vut baengz youx gaeuq,
交了朋友䅶, 不勐朋友钆,
结识新朋友, 不忘老朋友,

2 · 5　5　2 2 7　6 |

hauj　lai　baengz　youx　moq,

好　䌈　朋　友　䅥,

多　少　新　朋　友,

2 2 5　5 2 3 2 1　2 - |

bienq　baenz　baengz　youx　gaeuq

变　贫　朋　友　犰,

变　成　老　朋　友,

5 . 5　6 6 5　5 - | 5 5 2　3 4 3 2　2 1 . |

mbwn Sang deih　hix　na,　ba　Sang　raemx　ciengz　riuz,

𠀾　𩐋　坒　亦　㐤,　岜　𩐋　淰　常　流,

天　高　地　也　厚,　山　高　水　常　流,

2 2 5　5　2 2 7　6 | 2 5 6　7 6　5 - :||

nyienh　raeuz　dauq　cawq　Cungj miz　ndei　baengz　youx.

愿　偻　到　处　总　眉　兀　朋　友。

愿　我　们　到　处　都　有　好　朋　友。

2 2 5　5　2 2 7　6 | 5 2　2 6　6 - |

nyienh　raeuz　dauq　cawq　Cungj miz　ndei

愿　偻　到　处　总　眉　兀

愿　我　们　到　处　都　有　好

6 5 5　5 - - | 5 - - 5　0 ||

baengz　youx.

朋　友。

朋　友。

Youq mwnq gyae gyae dih deihfueng

圣 埛 遬 遬 的 垡 方

在 那 遥 远 的 地 方

1= ^{b}E 4/4 王洛宾词曲

$6\ \dot{1}\ |\ \dot{2}\ \dot{1}\ 7\ \ 6\ \dot{1}\ \ \dot{2}\ .\ \dot{1}\ 7\ |$

1. Youq mwnq gyae gyae dih deih- fueng,
圣 埛 逝 逝 的 垡 方,
在 那 遥 远 的 地 方,

2. Naj de hoengz meiq riu miz cenj laeuj,
䎃 傪 红 麸 䳭 眉 盂 湎,
她 那 粉 红 的 笑 脸,

3. Gou nyienh vut cenz bu gya- dangq,
兄 愿 勎 全 部 家 当,
我 愿 抛 去 了 财 产,

4. Gou nyienh bienq baenz lwg mienz yiengz,
兄 愿 变 贫 犳 绵 𦍩,
我 愿 做 一 只 小 羊,

$6\ \dot{1}\ \ \dot{1}\ 7\ \ 6\ -\ |$

1. miz dah ndei guh niengz,
眉 妭 兀 姑 娘,
有 位 好 姑 娘,

2. Lumj daeng ngoenz canegz lang,
廪 眙 昡 曾 䴖,
好 像 红 太 阳,

3. gaen de bae ciengx yiengz,
跟 傪 𨑜 兓 𦍩,
跟 她 去 放 羊,

4. Gaen youq de henz ndang,
跟 圣 傪 埛 羊,
跟 在 她 身 旁,

6 i 2 i 6 5 6 5 4 5 |

1. Beux lawz byaij gvaq de dih henz ranz
仆 咟 踓 卦 修 的 垌 空
人 们 走 过 了 她 账 房

2. Fouq lwg da de ndongq youh rongh,
付 孙 眈 修 炥 又 光亮,
她 那 活 泼 动 人 的 眼 睛,

3. ngoenz ngoenz raen naj de riu⁻ nyumj nyumj
昡 昡 睡 罯 修 膆 吽 吽
每 天 看 着 那 粉 红 的 笑 脸

4. Gou nyienh de aeu diuz faex bien saeq,
兄 愿 修 欧 条 奞 鞭 细.
我 愿 她 那 细 细 的 皮 鞭

6 i 4 5 6 5 4 3 · 2 | 2 – – 0 ||

1. cungj yaek ngeux gyaeuj yawj seiq cai ndoma sam.
总 约 瞰 兂 䁼 四 再 阆 三。
都 要 回 头 留 恋 的 张 望。

2. Cenh lumj doengh- haemh aen ndwen ngamq hwnj sang。
专 廪 咚 䁆 个 恩 朊 啱 到 蟇高。
好 像 晚 上 明 媚 的 月 亮。

3. Caeuq de gep va ndei yawj dih ih - cangz.
受 修 挟 花 兀 䁼 的 衣 裳。
和 那 美 丽 的 金边的 衣 裳。

4. Ciengz Seiz menh menh fad gou noh ndang.
常 䁷 慢 慢 拢 兄 胬 躺。
不 断 轻 轻 打 在我 身 上。

Gij Ngaiq Cingz Boux Ragruz

1=E 4/4

佁爱情俌搼艪

纤夫的爱

崔志文词
万 首曲

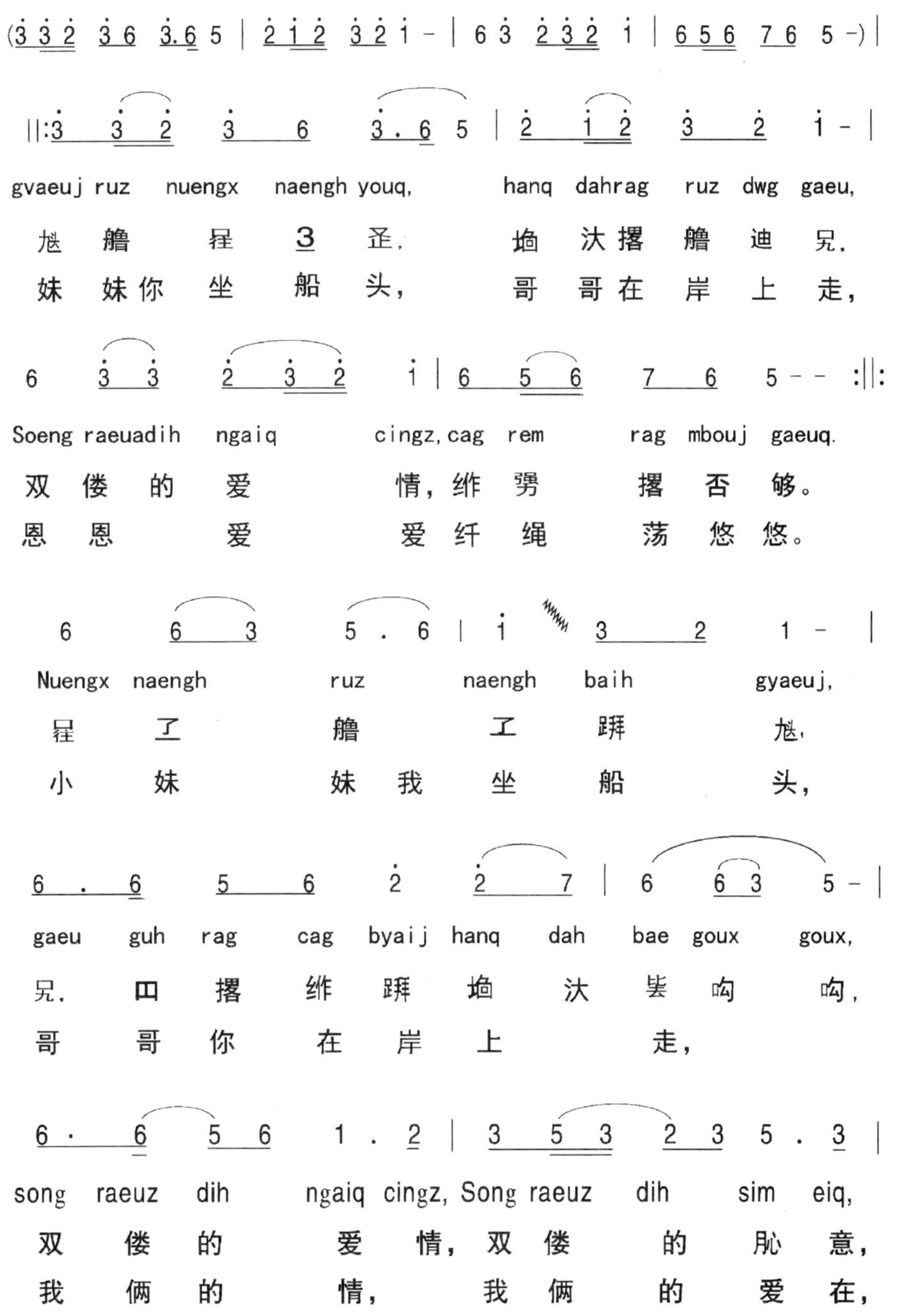

6 3 6 6 5 6 3 2 | 1 0 6 3 2 3 7 6 |

lumj cag rag rem bae gyoux gyoux, au rag rem bae gyoux

廪 绯 擢 甥 毕 咻 咻, 噢 擢 甥 毕 咻

纤 绳 上 荡 悠 悠, 噢 荡 悠

5 - - 0 6 | 1 1 2 3 2 6 | 2 - - 2 |

gyoux. mwngz it yamq it vaek gyaeuj va

咻。 佲 乙 蹽 乙 掝 尫 哇

悠。 你 一 步 一 叩 首 哇

Beix raemx hanh doek mbouj dingz va

戾 淰 汗 犨 否 停 哇

你 汗 水 洒 一 路 哇

6 · 6 5 6 2 2 7 | 6 · 7 6 5 - |

mbouj miz yieng hwnq ij lai gouz,

否 眉 样 俻 于 移 求,

没 有 别 的 祈 求,

nuengx raemx da gag daek sim douz,

毑 淰 肽 各 犨 心 头,

泪 水 在 我 心 中 流,

6 6 · 6 6 · 5 | 2 . 3 7 6 5 3 |

cij muengh gaem gaenj nuengz dih fawngz

只 望 拎 屛 毑 的 𢬤,

只 盼 拉 住我 妹 妹 的 手,

cij muengh daeng ngoenz doek baih sei,

只 望 灯 昿 犨 坢 西,

只 盼 日 头它 落 西 山 沟,

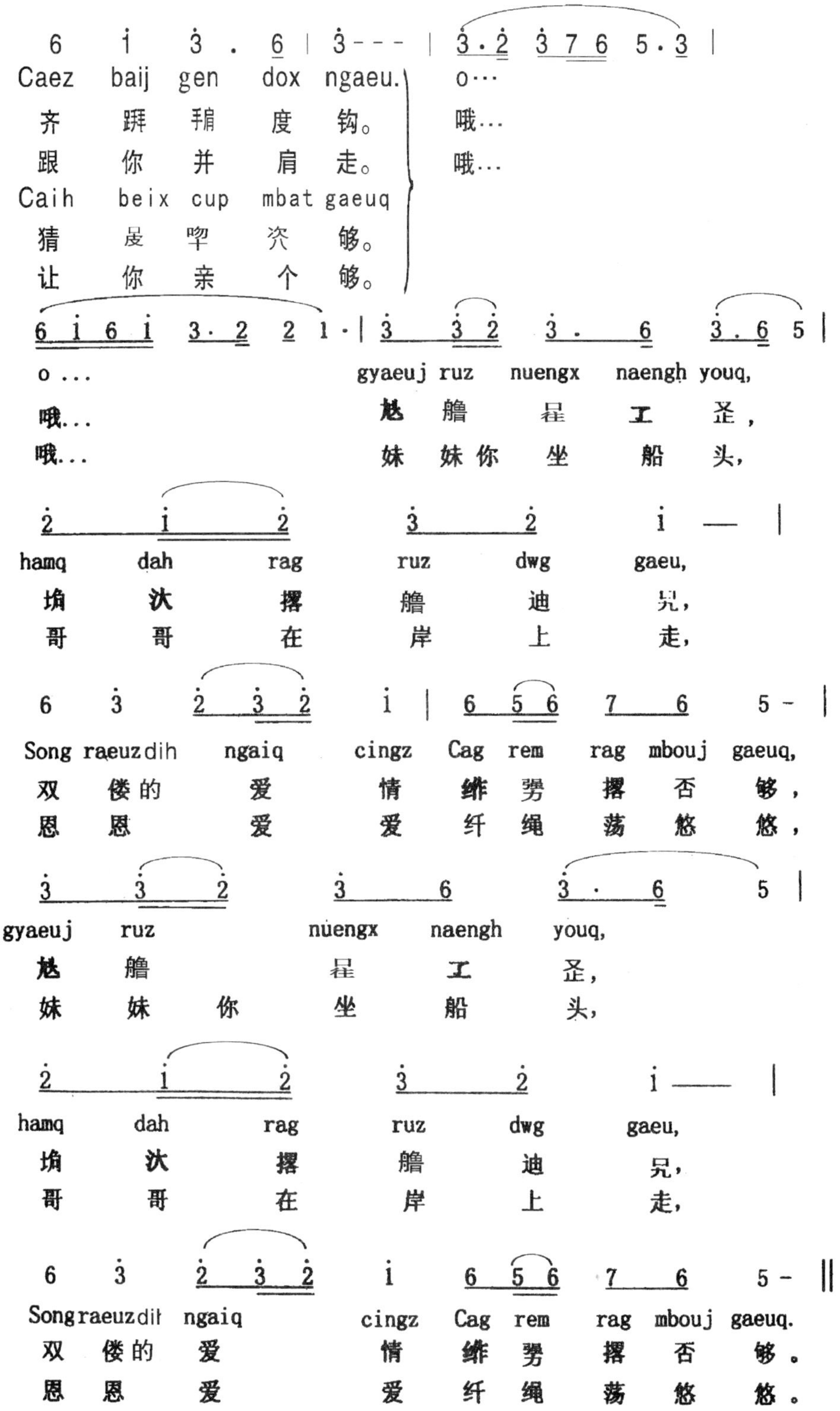
Caez baij gen dox ngaeu.
齐 跰 㻊 度 钩。
跟 你 并 肩 走。
Caih beix cup mbat gaeuq
猜 居 咿 泬 够。
让 你 亲 个 够。
o…
哦…
哦…
gyaeuj ruz nuengx naengh youq,
妹 妹 你 坐 船 头,
hamq dah rag ruz dwg gaeu,
哥 哥 在 岸 上 走,
Song raeuz dih ngaiq cingz Cag rem rag mbouj gaeuq,
双 偻 的 爱 情 绯 䨑 摆 否 够,
恩 恩 爱 爱 纤 绳 荡 悠 悠,
gyaeuj ruz nuengx naengh youq,
妹 妹 你 坐 船 头,
hamq dah rag ruz dwg gaeu,
哥 哥 在 岸 上 走,
Song raeuz dih ngaiq cingz Cag rem rag mbouj gaeuq.
双 偻 的 爱 情 绯 䨑 摆 否 够。
恩 恩 爱 爱 纤 绳 荡 悠 悠。

Dajbaj dauq ma

打靶倒𪞖

打靶归来

1=C 2/4

行进速度 轻松、愉快

牛宝源 王永泉词

王 永 泉曲

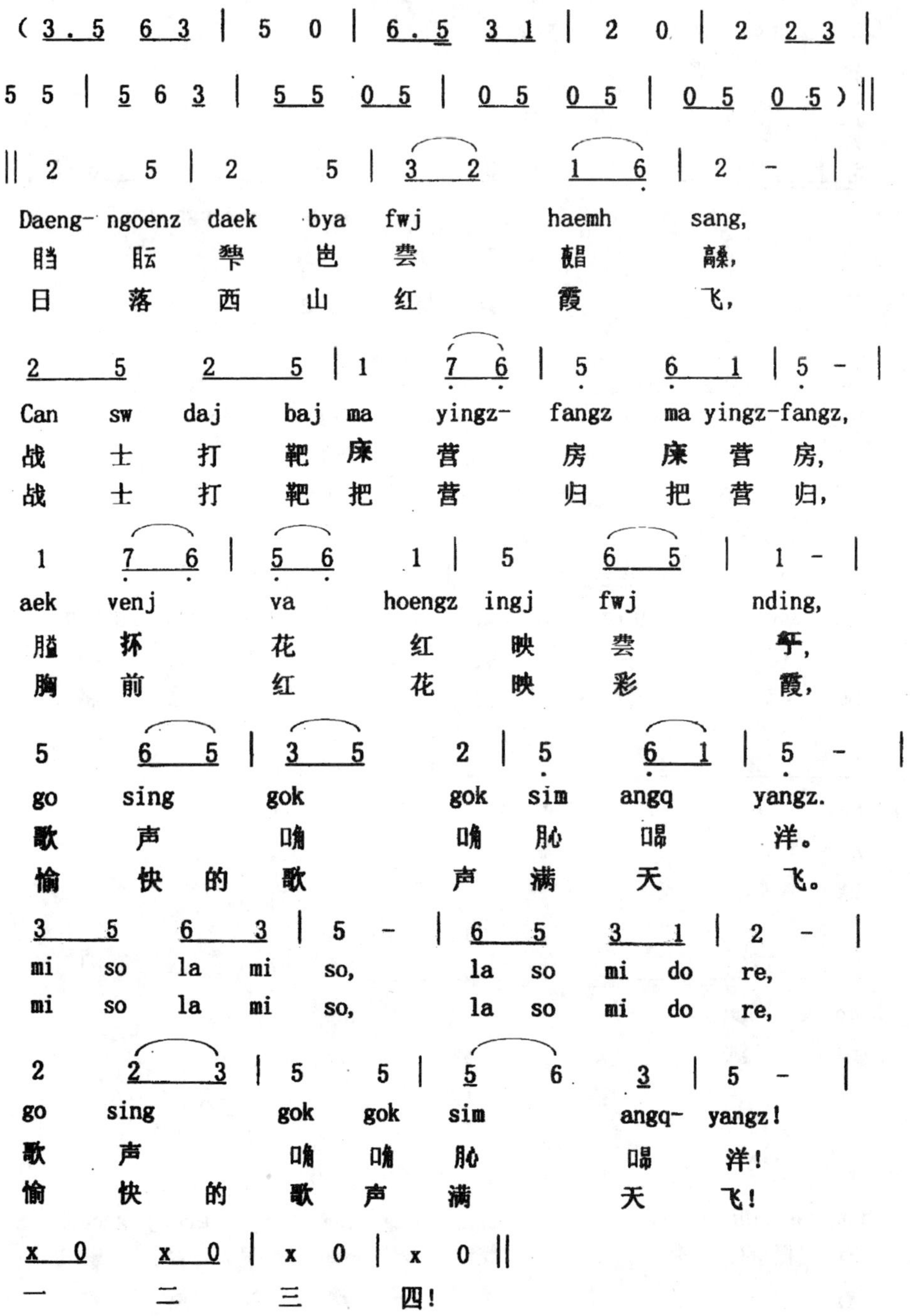

Laeuj Goujnyied Gouj
氿九月九
九月九的酒

1=F 4/4

陈　树词
朱清荣曲

2　5　6 7 6　5 0 |

1. Caig daengz gouj nyied gouj
叡　肝　九　月　九
又　是　九　月　九

2. Caig daengz gouj nyied gouj
叡　肝　九　月　九
又　是　九　月　九

5. Beix nuengx caeuq baengz youx
昆　㛪　受　朋　友
亲　人　和　朋　友

1 1　6 0　2 3 2　2 |

1. haemh cungz- yangz nanz comz youq,
𣎏　重　阳　难　搡　圣，
重　阳　夜　难　聚　首，

2. you saeuz (ha) gya you saeuz,
忧　愁　(呵)　加　忧　愁，
愁　更　愁　情　更　悠，

5. Caem laeuj rim yingx cenj hwnj daeuj,
冗　氿　𥻘　扔　盏　玍　料，
举　着　杯　倒　满　酒，

2　5 . 5　6 7 6　5 0 | 1 1　6 6　5 0 0 :||

1. siengj gya dih vunz (ha) youg dieg rog biuh- Liuz.
想　家　的　伝　(呵)　圣　垡　阘　漂　流。
思　乡　的　人　儿　漂　流　在　外　头。

2. maj ranz dih daj- sueng ciengz seiz youq sim daeuz.
庲　𫣤　的　打　算　常　瞷　圣　胉　头。
回　家　的　打　算　始　终　在　心　头。

5. ndumq caenh ngeix gya saeuz, fiz laemx gwnz bak dou.
嚂　尽　𢙺　家　愁，　醉　踱　𡈼　咟　闰。
饮　尽　这　乡　愁，　醉　倒　在　家　门　口。

(0 1 5 6 5 2 | 2 1 2 1 -) |

‖: 5 5 5 5 5 5 6 5 |

3.6.Byaij byaij byaij byaij byaij a ou

跰 跰 跰 跰 跰 啊 噢,

走 走 走 走 走 啊 噢,

4.7.Byaij byaij byaij byaij byaij a ou

跰 跰 跰 跰 跰 啊 噢,

走 走 走 走 走 啊 噢,

5 5 6 5 1 2 . 3 2 |

3.6. byaij daengz gouj nyied gouj,

跰 肟 九 月 九,

走 到 九 月 九,

4.7. byaij daengz gouj nyied gouj,

跰 肟 九 月 九,

走 到 九 月 九,

3 3 3 3 2 . 1 6 | 2 (1) 2 2 5 - :‖

3.6. laeng wnq mbouj miz laeuj mengx mij vunz bot raeuz.

楞 偽 否 眉 氿 猛 没 伝 拔 偻。

他 乡 没 有 烈 酒 没 有 问 候。

4.7. ndaw ranz cij miz sw- youz.

闪 空 只 眉 自 由。

家 中 才 有 自 由。

2 2 (2) 1 6 7 6 5 - | 0 2 5 5 5 | 5 - - 0 ‖ 结束句

Cij miz goujn yied - gouj ou hau!

只 眉 九 月 九, 噢 吼!

才 有 九 月 九, 噢 吼!

(0 5 6 1 2 3 5 6 | 5 5 2 5 5 5 2 | 1 6 5 5 - | 5 5 2 6 5 2 |

1 6 5 5 -) ‖ D.C. [第4段接到D.c处，从头反复唱第5段，唱至第7段（0）时，接唱结束句]

Faex lwg bwz vangz
奆劧白杨
小白杨

1=E 2/4　中速　温暖　自豪

梁上泉词
士心曲

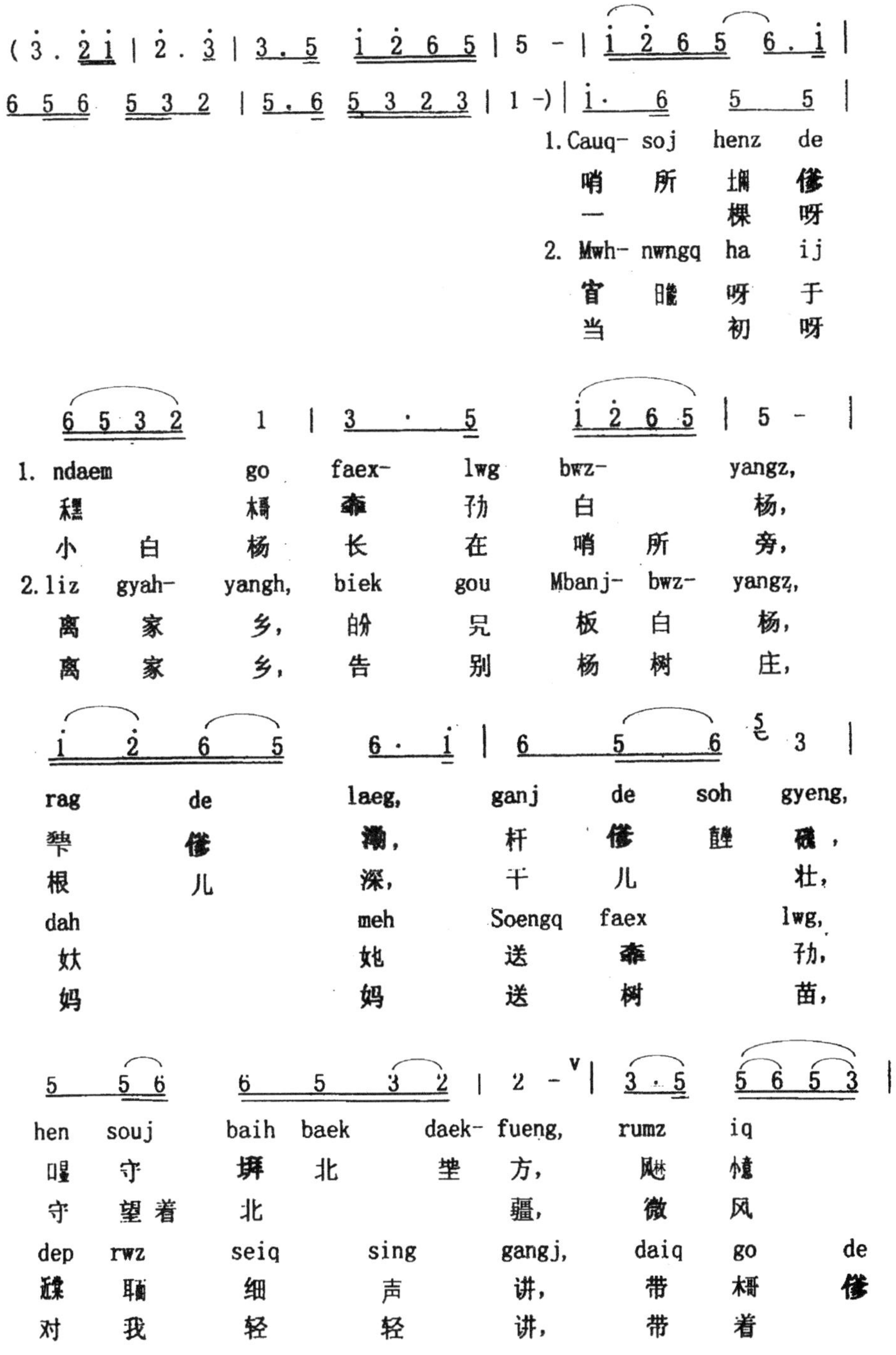

2 1 ᵛ 1 2 | 3 · 5 1̇ 2̇ 6 5 |

Ci, ci dwk mbaw heu sa sa

吆, 吆 迪 䏲 苕 哕 哕

吹, 吹 得 绿 叶 沙 沙

bae, dah meh daeng vah geiq ndaw

呰, 妖 她 噌 话 记 闷

它, 亲 人 嘱 托 记 心

5 6 6 5 3 3 | 1̇ · 2̇ 6 5 6 · 1̇ | 6 5 3 2 |

yiengj lo wei, ndit- ndat ciuq dwk

响 啰 喂, 𣅝 炦 照 迪

响 罗 喂, 太 阳 照 得

sim lo vei, ndaom ndei go de, caemh- dangq

胁 啰 喂, 穤 丆 榾 修, 匙 当

上 罗 喂, 栽 下 它, 就 当

5 · 6 5 3 2 3 | 2 1 - | ᵛ 3̇ . 2̇ 1̇ |

rong de myig- myanz- myanz, Lai lai lai

荞 修 勚 熅 熅, 唻 唻 唻

树 叶 闪 银 光, 来 来 来

gu- yough youq henz ndang, Lai lai lai

故 乡 圣 垌 躺, 唻 唻 唻

故 乡 在 身 旁, 来 来 来

2̇ . 3̇ | 3 · 5 1̇ 2̇ 6 5 | 5 - ᵛ |

lai lai lai lai lai lai lai,

唻 唻 唻 唻 唻 唻 唻,

来 来 来 来 来 来 来,

lai lai lai lai lai lai lai,

唻 唻 唻 唻 唻 唻 唻,

来 来 来 来 来 来 来,

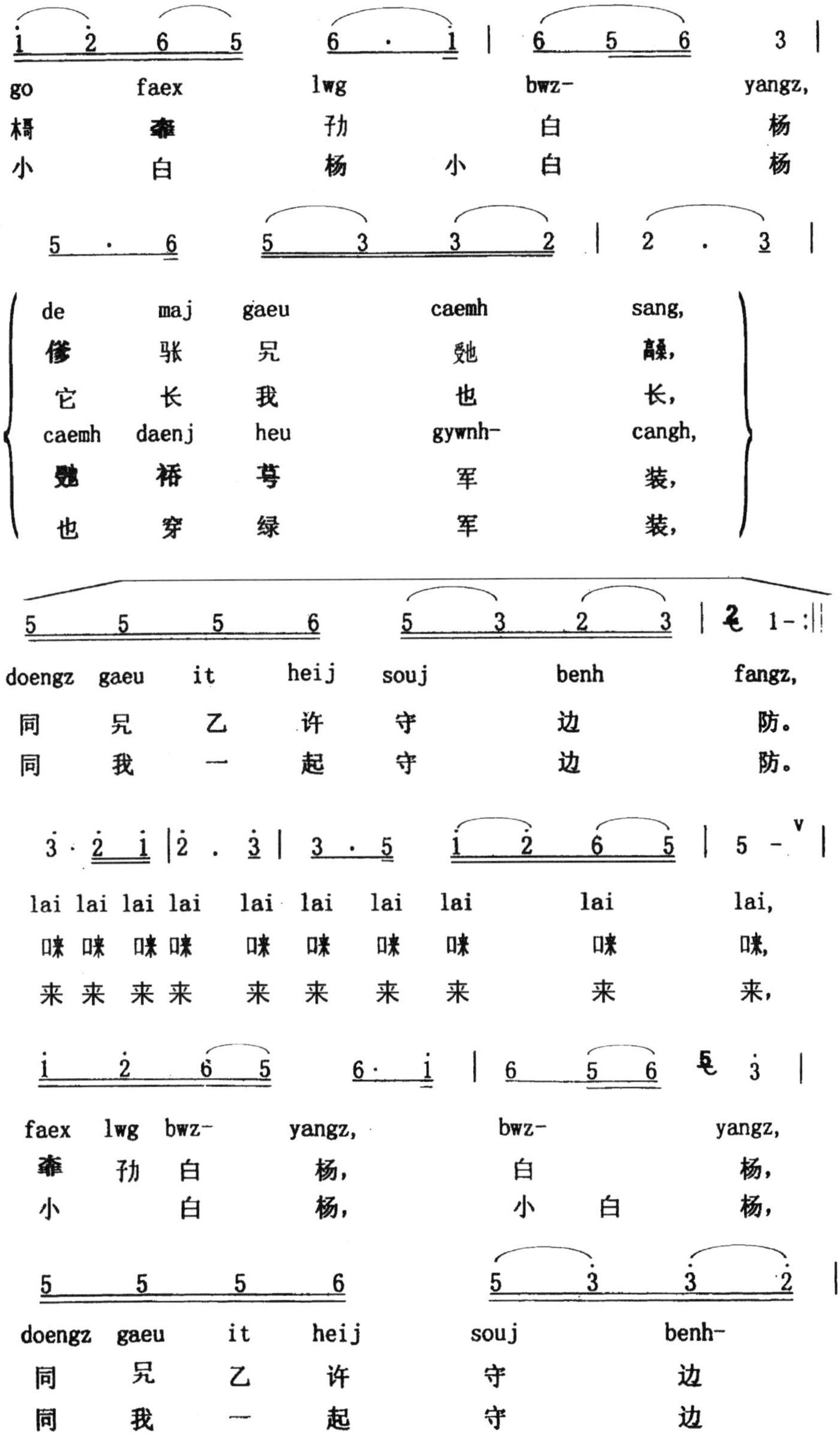
go faex lwg bwz- yangz,
樗 奞 孙 白 杨
小 白 杨 小 白 杨
de maj gaeu caemh sang,
偧 骈 呙 魁 鬏,
它 长 我 也 长,
caemh daenj heu gywnh- cangh,
魁 袮 荁 军 装,
也 穿 绿 军 装,
doengz gaeu it heij souj benh fangz,
同 呙 乙 许 守 边 防。
同 我 一 起 守 边 防。
lai lai lai lai lai lai lai lai lai lai,
咪 咪 咪 咪 咪 咪 咪 咪 咪 咪,
来 来 来 来 来 来 来 来 来 来,
faex lwg bwz- yangz, bwz- yangz,
奞 孙 白 杨, 白 杨,
小 白 杨, 小 白 杨,
doengz gaeu it heij souj benh-
同 呙 乙 许 守 边
同 我 一 起 守 边

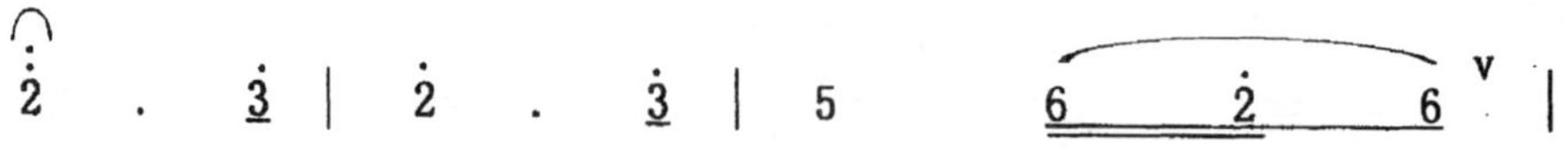

fangz, doengz gaeu souj benh

防，同吴守边

防，同我守边

fargz.

防。

防。

Go Cingj Laeuj

歌请氿

祝酒歌

1= ^{b}E 2/4

热情地

韩 伟词

施光南曲

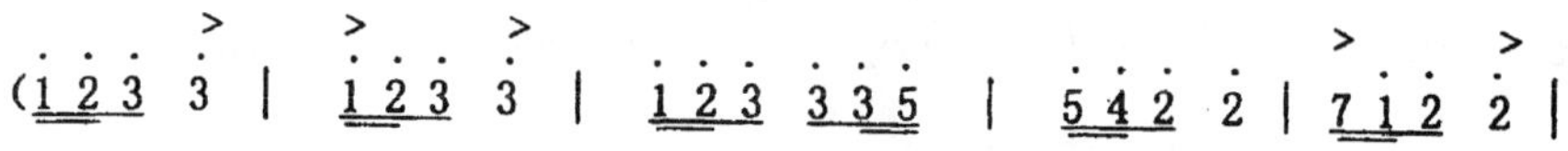

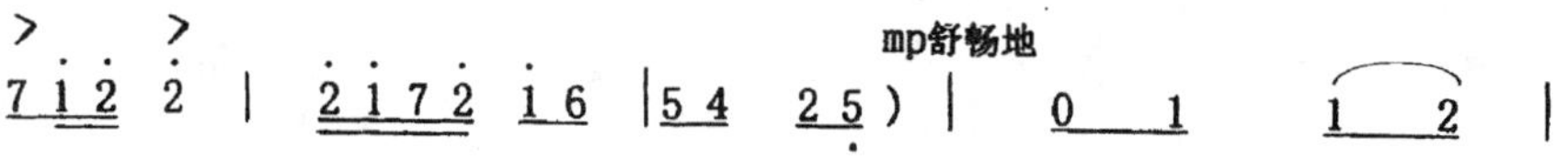

1. Laeuj ndei

氿 丏

美 酒

2. Fwngz yaengx

𢭃 扔

手 捧

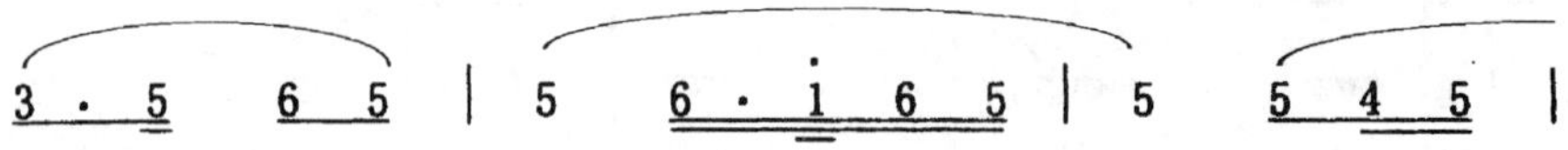

rang rang (ha)

馚 馚 (啊)

飘 香 (啊)

cenj- laeuj (ha)

盏 氿 (啊)

美 酒 (啊)

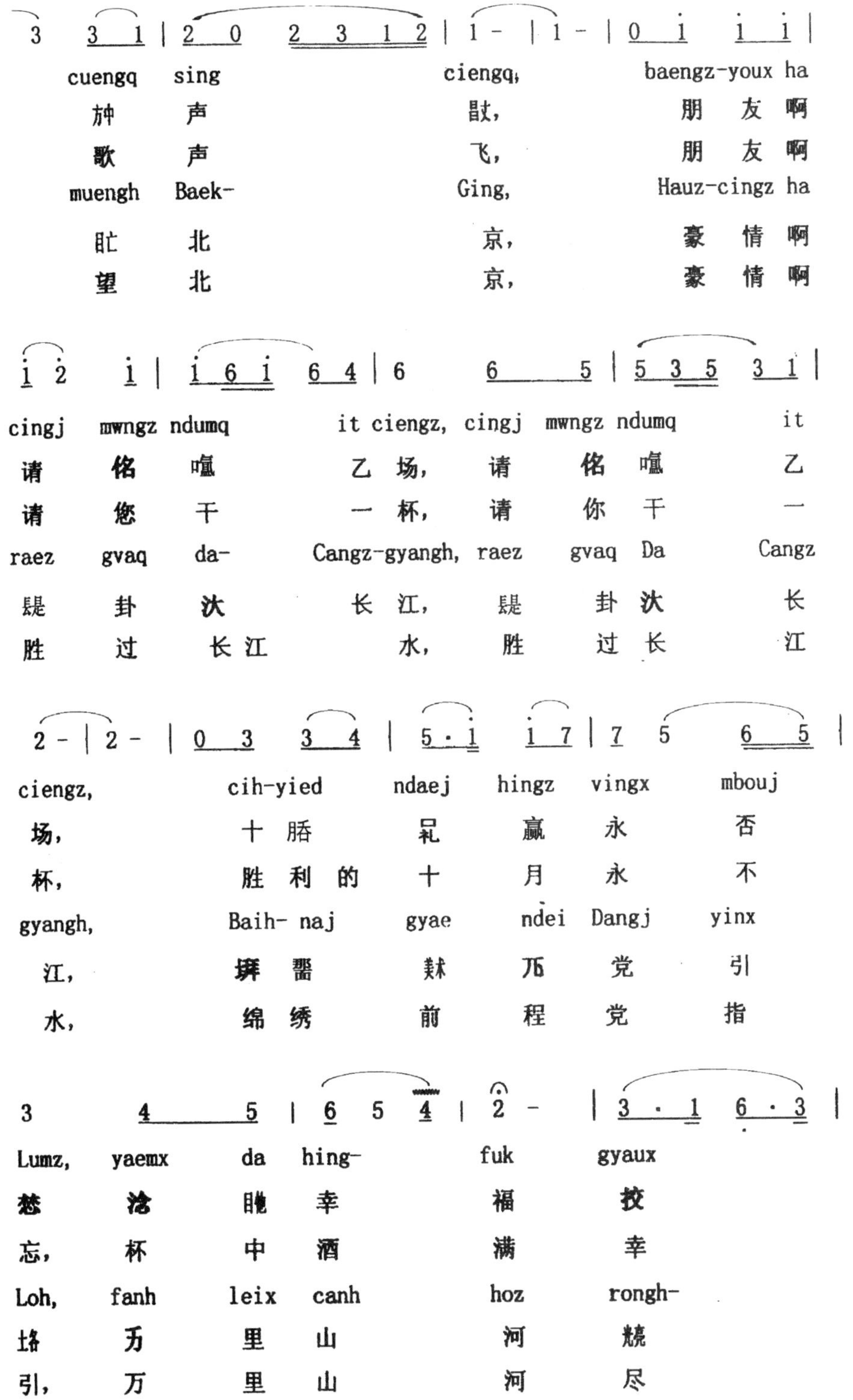
cuengq sing ciengq, baengz-youx ha
旪 声 䶗, 朋 友 啊
歌 声 飞, 朋 友 啊
muengh Baek- Ging, Hauz-cingz ha
盳 北 京, 豪 情 啊
望 北 京, 豪 情 啊
cingj mwngz ndumq it ciengz, cingj mwngz ndumq it
请 佲 喳 乙 场, 请 佲 喳 乙
请 您 干 一 杯, 请 你 干 一
raez gvaq da- Cangz-gyangh, raez gvaq Da Cangz
𨱆 卦 汏 长 江, 𨱆 卦 汏 长
胜 过 长江 水, 胜 过 长 江
ciengz, cih-yied ndaej hingz vingx mbouj
场, 十 脂 𠁅 赢 永 否
杯, 胜 利 的 十 月 永 不
gyangh, Baih- naj gyae ndei Dangj yinx
江, 𢬀 𦜙 䢷 丆 党 引
水, 绵 绣 前 程 党 指
Lumz, yaemx da hing- fuk gyaux
㤹 淰 䏲 幸 福 𢭃
忘, 杯 中 酒 满 幸
Loh, fanh leix canh hoz rongh-
垎 㸦 里 山 河 炾
引, 万 里 山 河 尽

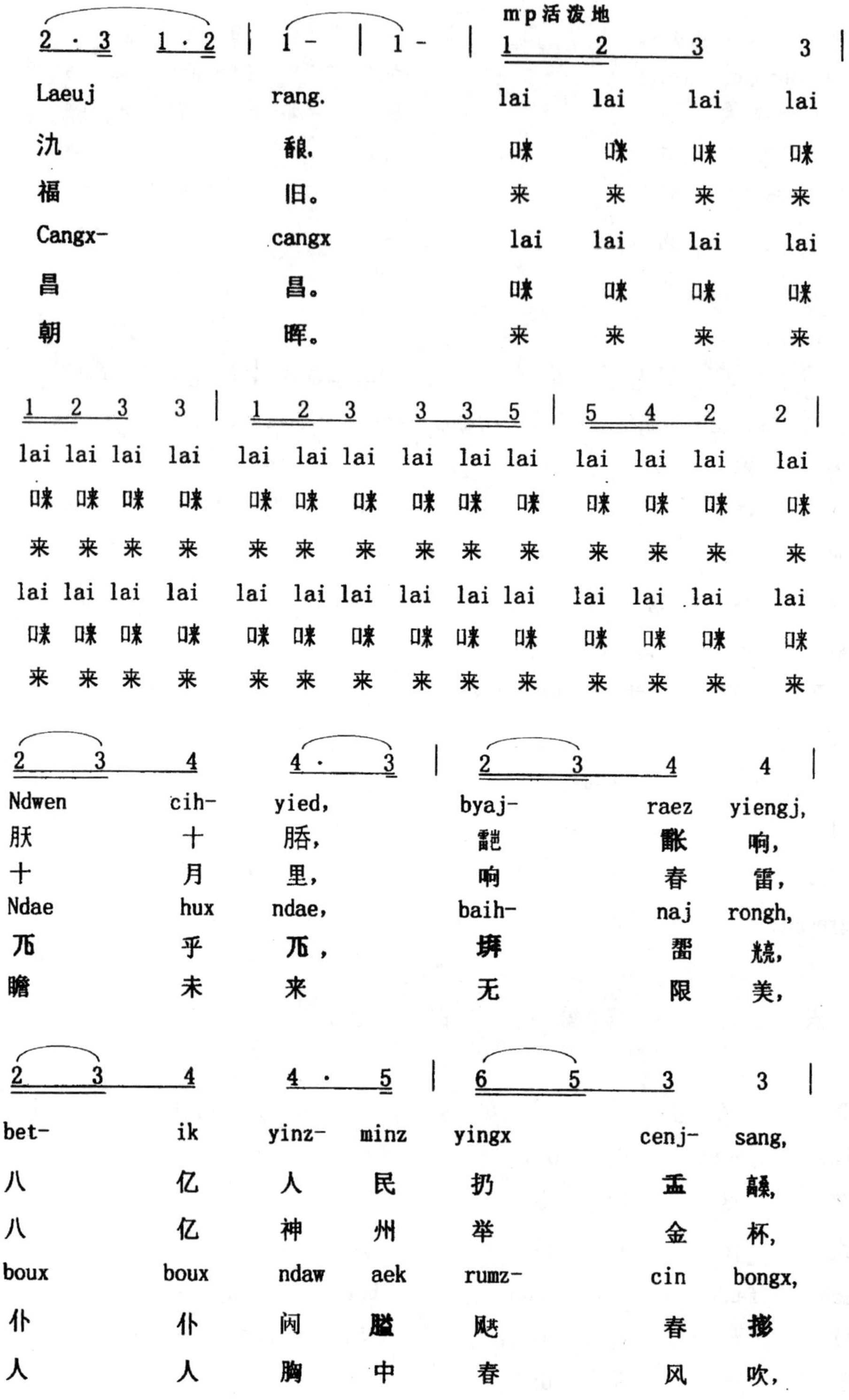
mp活泼地
Laeuj rang. lai lai lai lai
氿 䝑. 唻 唻 唻 唻
福 旧。来 来 来 来
Cangx- cangx lai lai lai lai
昌 昌。唻 唻 唻 唻
朝 晖。来 来 来 来
lai lai lai lai lai lai lai lai lai lai lai lai lai lai
唻 唻 唻 唻 唻 唻 唻 唻 唻 唻 唻 唻 唻 唻
来 来 来 来 来 来 来 来 来 来 来 来 来 来
lai lai lai lai lai lai lai lai lai lai lai lai lai lai
唻 唻 唻 唻 唻 唻 唻 唻 唻 唻 唻 唻 唻 唻
来 来 来 来 来 来 来 来 来 来 来 来 来 来
Ndwen cih- yied, byaj- raez yiengj,
肰 十 胳, 䨺 㗂 响,
十 月 里, 响 春 雷,
Ndae hux ndae, baih- naj rongh,
丆 乎 丆, 㻬 䎈 㶳,
瞻 未 来 无 限 美,
bet- ik yinz- minz yingx cenj- sang,
八 亿 人 民 扔 盂 䯨,
八 亿 神 州 举 金 杯,
boux boux ndaw aek rumz- cin bongx,
仆 仆 闷 膉 颰 春 㨄
人 人 胸 中 春 风 吹,

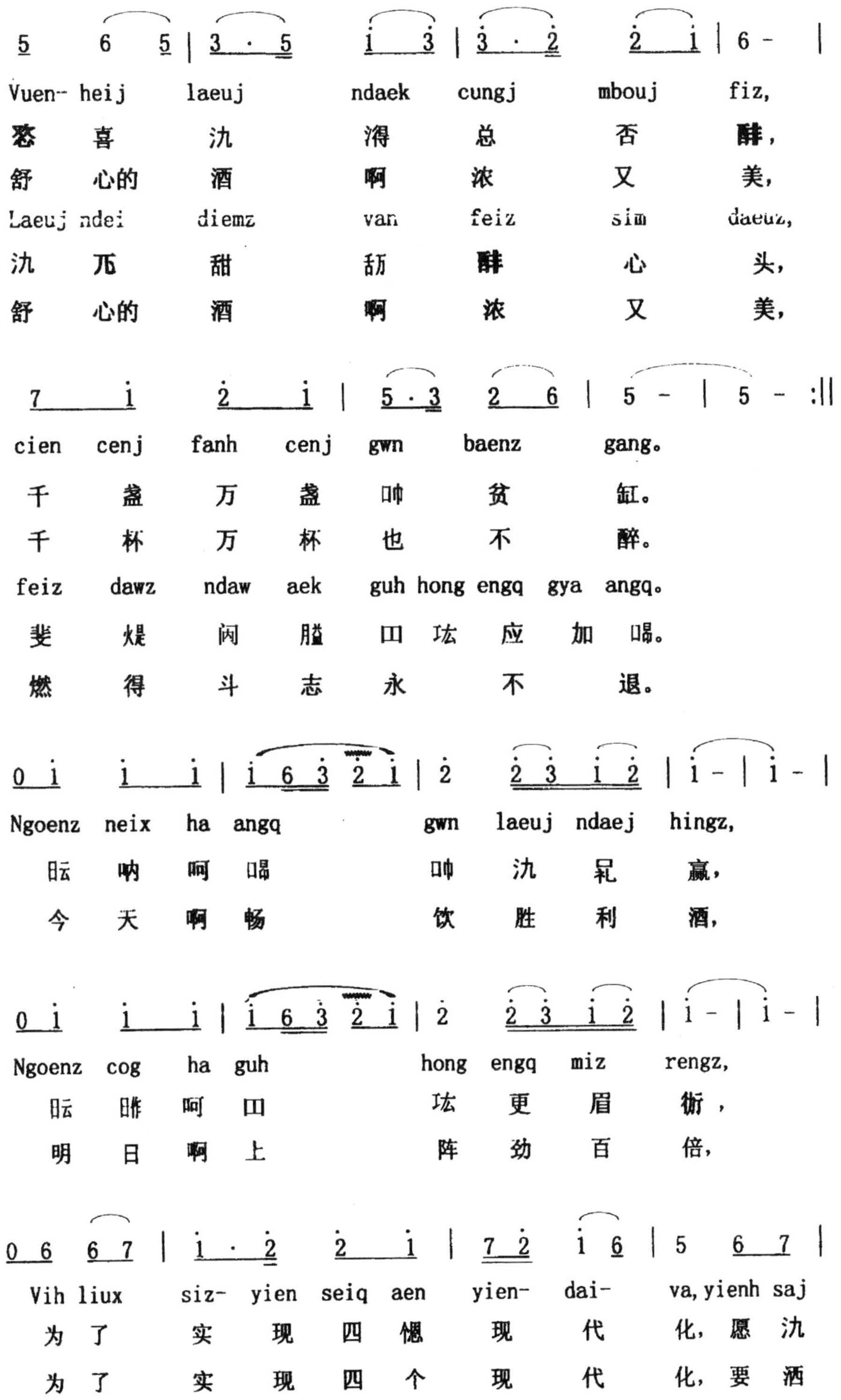
Vuen-heij laeuj ndaek cungj mbouj fiz,
恣喜氿㵪总否酙，
舒心的酒啊浓又美，
Laeuj ndei diemz van feiz sim daeuz,
氿丆甜舔酙心头，
舒心的酒啊浓又美，
cien cenj fanh cenj gwn baenz gang。
千盏万盏呻贫缸。
千杯万杯也不醉。
feiz dawz ndaw aek guh hong engq gya angq。
斐焜闶膉𠁥𪿧应加唱。
燃得斗志永不退。
Ngoenz neix ha angq gwn laeuj ndaej hingz,
昑呐啊唱呻氿㞞赢，
今天啊畅饮胜利酒，
Ngoenz cog ha guh hong engq miz rengz,
昑昨啊𠁥𪿧更眉㣚，
明日啊上阵劲百倍，
Vih liux siz-yien seiq aen yien-dai-va, yienh saj
为了实现四愢现代化，愿氿
为了实现四个现代化，要洒

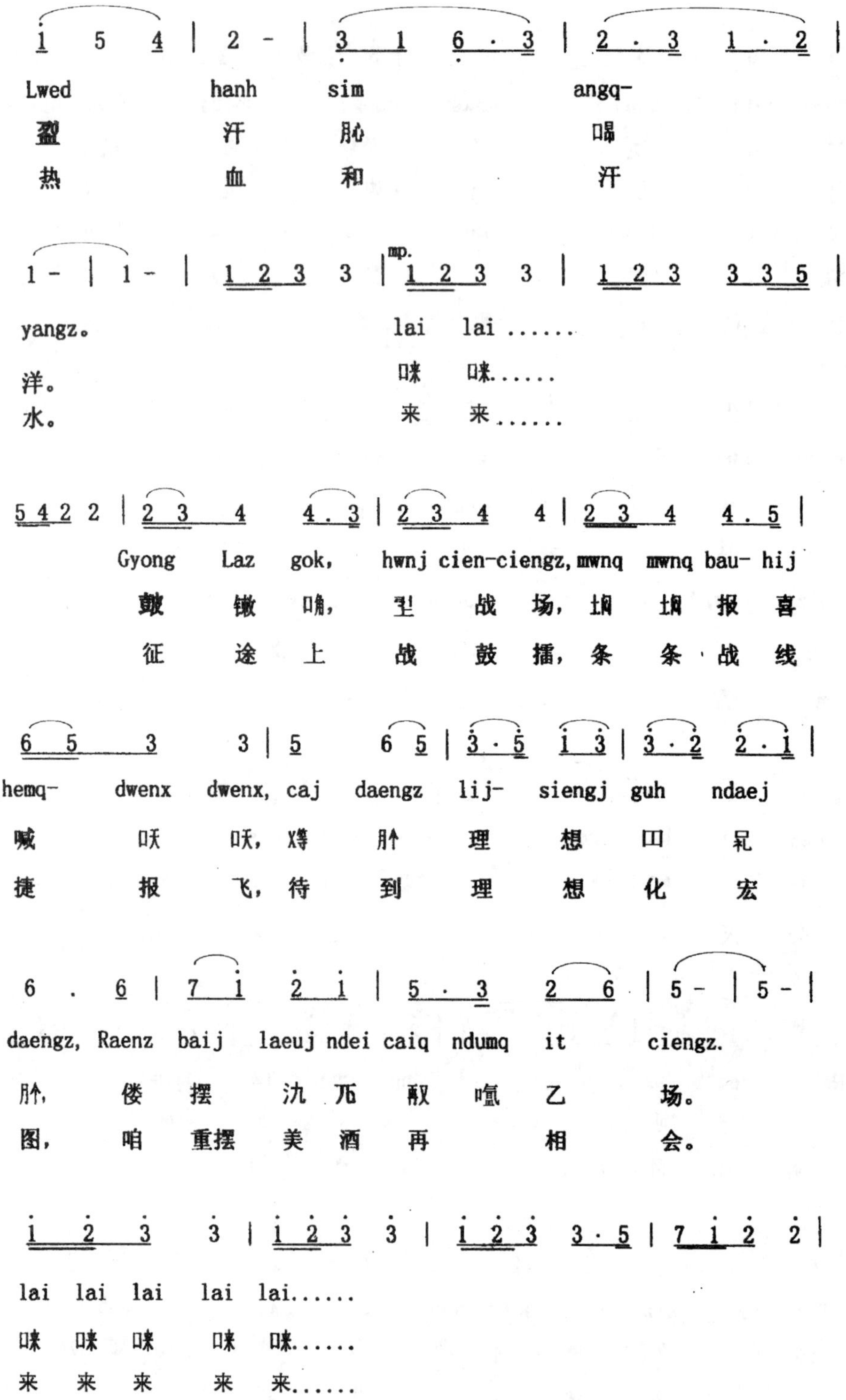
Lwed hanh sim angq-
热 血 和 汗
yangz。
水。
lai lai ......
来 来 ......
Gyong Laz gok, hwnj cien-ciengz, mwnq mwnq bau- hij
征 途 上 战 鼓 播, 条 条 战 线
hemq- dwenx dwenx, caj daengz lij- siengj guh ndaej
捷 报 飞, 待 到 理 想 化 宏
daengz, Raenz baij laeuj ndei caiq ndumq it ciengz.
图, 咱 重摆 美 酒 再 相 会。
lai lai lai lai lai......
来 来 来 来 来......

5 6 5 | 3.5 i 2 | 3 - | 5 - | i 6 3 2.3 1 2 |

Raeuz caiq baij laeuj ndei a ndumq it

偻 叙 摆 氿 兎 啊 嚂 乙

咱 重 摆 美 酒 啊 再 相

i - | i - | i - | i - ||

ciengz.

场。

会。

Henzdah Sungh-Vah-Gyangh

垌汏松花江

松花江上

1= ^{b}E 4/4 3/4

动情 沉重 有力地

张基晖词曲

(1.3 5-6 | i.3 5-6 | i - - -) | 1.3 5 - i |

mp

Aen Ranz gaeu youq

慁 宎 㝉 圣

我 的 家 在

i.5 6.5 6 5 | 5 1 2 3 |

Doeng- baek henz dah Sungh-Vah-Gyangh, Geiz haenx miz

东 北 垌 汏松花 江, 其 魘 眉

东 北 松 花江 上, 那 里 有

6 i 5 3 | 3 2 1 2 - |

ndoeng feix meiz- gvangq, Hanz lij miz

崬 桽 煤 矿, 还 里 眉

森 林 煤 矿, 还 有 那

6 i 5 4.3 | 2.1 3 2 1 - |

muenx ndoi baenz doengh dih duh henj gauh- liengz.

满 壖 贫 垌 的 垣 黵 高 粱。

满 山 遍 野 的 大 豆 高 粱。

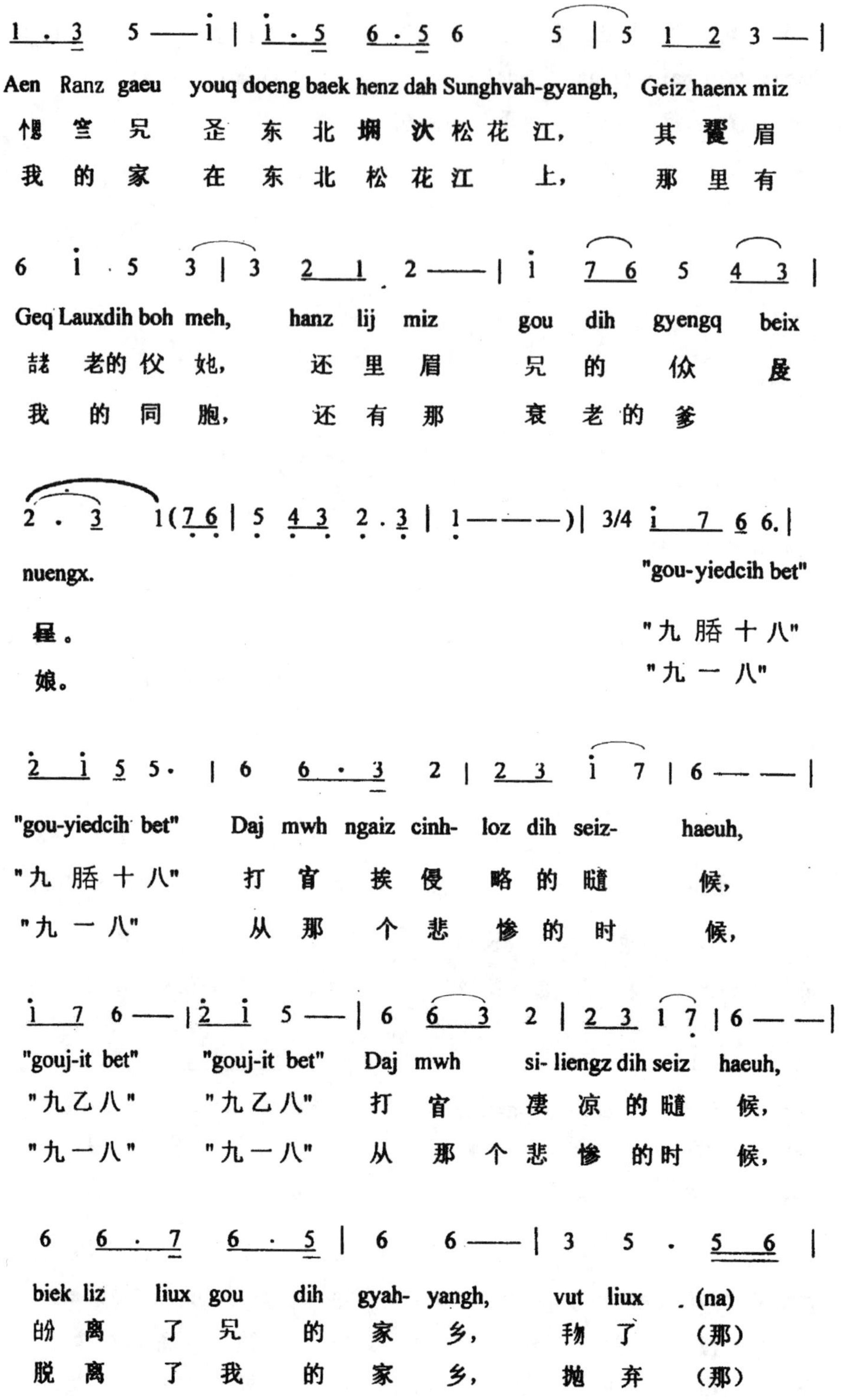
Aen Ranz gaeu youq doeng baek henz dah Sunghvah-gyangh, Geiz haenx miz
愢 空 只 圣 东 北 搁 汏 松花江， 其 𦓡 眉
我 的 家 在 东 北 松 花 江 上， 那 里 有
Geq Lauxdih boh meh, hanz lij miz gou dih gyengq beix
𦘺 老的 仪 她， 还 里 眉 只 的 � 𡛔
我 的 同 胞， 还 有 那 衰 老 的 爹
nuengx.
"gou-yiedcih bet"
昰。
"九 腊 十 八"
娘。
"九 一 八"
"gou-yiedcih bet" Daj mwh ngaiz cinh- loz dih seiz- haeuh,
"九 腊 十 八" 打 亩 挨 侵 略 的 𬶋 候，
"九 一 八" 从 那 个 悲 惨 的 时 候，
"gouj-it bet" "gouj-it bet" Daj mwh si- liengz dih seiz haeuh,
"九乙八" "九乙八" 打 亩 凄 凉 的 𬶋 候，
"九一八" "九一八" 从 那 个 悲 惨 的 时 候，
biek liz liux gou dih gyah- yangh, vut liux (na)
𠰘 离 了 只 的 家 乡， 𢪏 了 （那）
脱 离 了 我 的 家 乡， 抛 弃 （那）

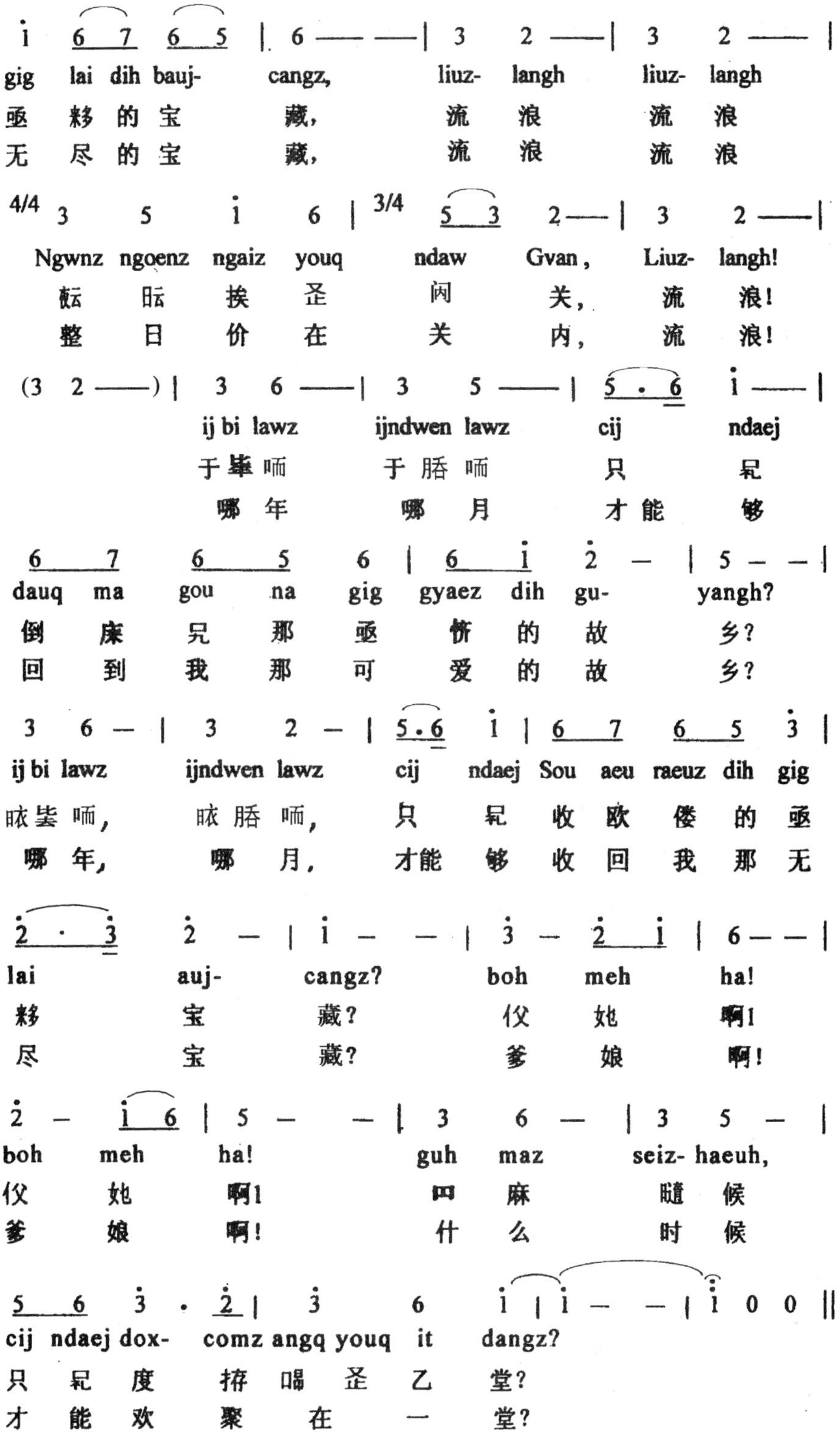
gig lai dih bauj- cangz, liuz- langh liuz- langh
亟 粦的宝 藏， 流 浪 流 浪
无 尽的宝 藏， 流 浪 流 浪
4/4 3/4
Ngwnz ngoenz ngaiz youq ndaw Gvan, Liuz- langh!
整 日 价 在 关 内， 流 浪！
ij bi lawz ijndwen lawz cij ndaej
于年哂 于胳哂 只 𫢡
哪 年 哪 月 才 能 够
dauq ma gou na gig gyaez dih gu- yangh?
回 到 我 那 可 爱 的 故 乡？
ij bi lawz ijndwen lawz cij ndaej Sou aeu raeuz dih gig
哪 年， 哪 月， 才能 够 收 回 我 那 无
lai auj- cangz? boh meh ha!
尽 宝 藏？ 爹 娘 啊！
boh meh ha! guh maz seiz- haeuh,
爹 娘 啊！ 什 么 时 候
cij ndaej dox- comz angq youq it dangz?
只 𫢡 度 擠 唱 圣 乙 堂？
才 能 欢 聚 在 一 堂？

Youq mwnq va-dauz hoi rongh-sagsag dih deih-fueng
圣 垌 花 桃 𤭢 燒 唎唎 的 埊 方
在那桃花盛开的地方

1=G 2/4　　　　　　　　　　　　　　　　　　　郭大为　魏宝贵词

深情、明媚、自由地　　　　　　　　　　　　　　铁　源　　曲

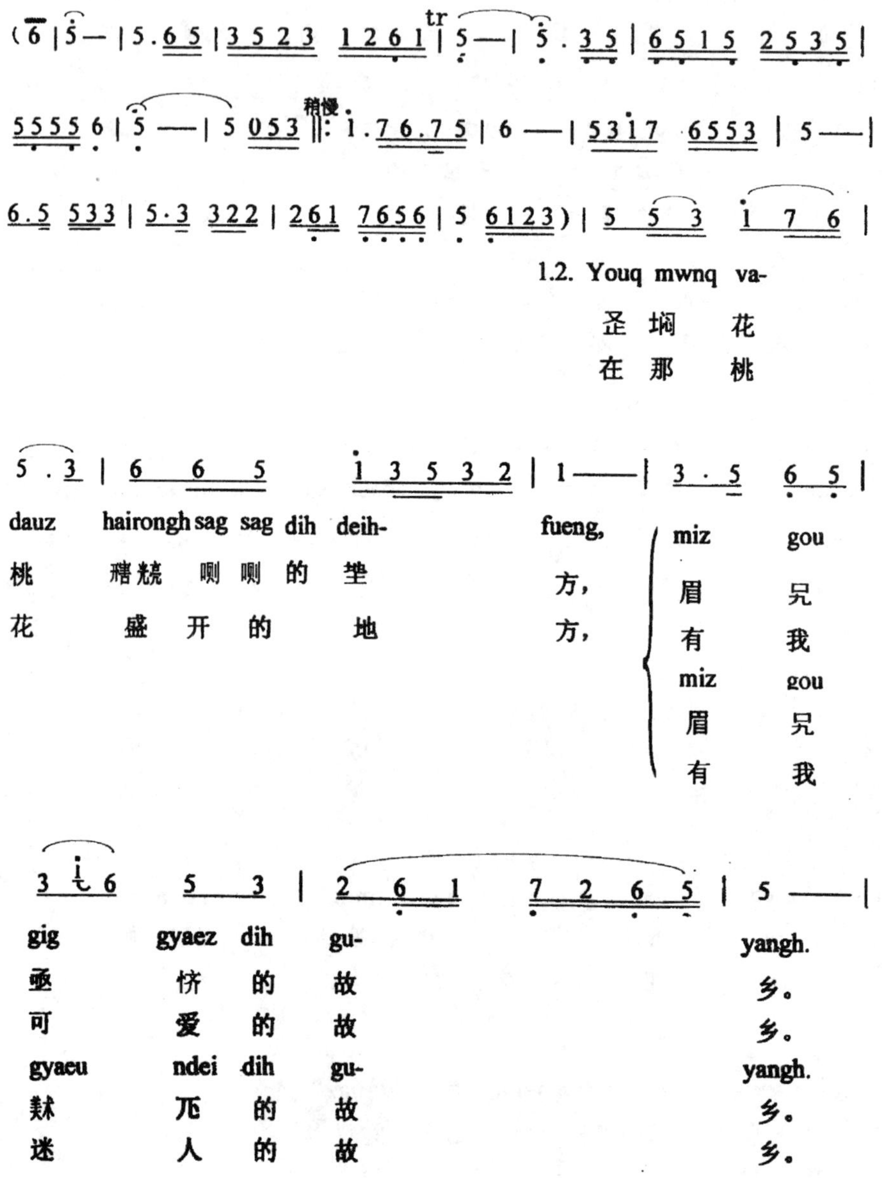

6 6 1 6 5 5 3 | 2 . 1 | 7 7 2 6 . 7 5 |

go dauz dauj ingj Youq saw cingx dih mienh

榾桃倒映圣瀓清的面

桃树倒映在明净的水

ndoeng va- dauz lwg ngez riu riu angq

崇花桃孙稚咲咲喝

桃林荡漾着孩子们的笑

6 — | 1 7 1 2 | 5 . 3 1 7 6 5 | 2 6 1 7 . 2 6 5 6 |

raemx, ndoeng mak dauz gvaengx doh mbanj yenj- cangx-

淰，崇碟桃圍度板显焻

面，桃林环抱着秀丽的村

angq, va dauz ingj nding lwg sau dih naj engq

喝，花桃映红孙娋的面应

声，桃花映红了姑娘的脸

5 . 5 3 | 1 · 7 6 · 7 5 | 6 — | 5 3 1 7 7 6 5 5 3 |

cangx. a gu- yangh! seng gou ciengx gou dih deih-

焻。啊故乡！生兄养兄的垈

庄。啊故乡！生我养我的地

yongh.a gu- yangh! baenz seiq mbouj lumz dih deih-

焿。啊故乡！贫世否忘的垈

庞。啊故乡！终生难忘的地

5 — | 6 . 5 3 1 6 5 | 6 5 5 3 2 |

fueng, mbonj lwnh gou youq mwnq lawz fang- sau can- gangh,

方，否论兄圣茂哂放哨站岗，

方，无论我在哪里放哨站岗，

fueng, vih liux mwngz dih gingj saek engq gya gyaeu ndei,

方，为了佲的景色应加尌丌，

方，为了你的景色更加美好，

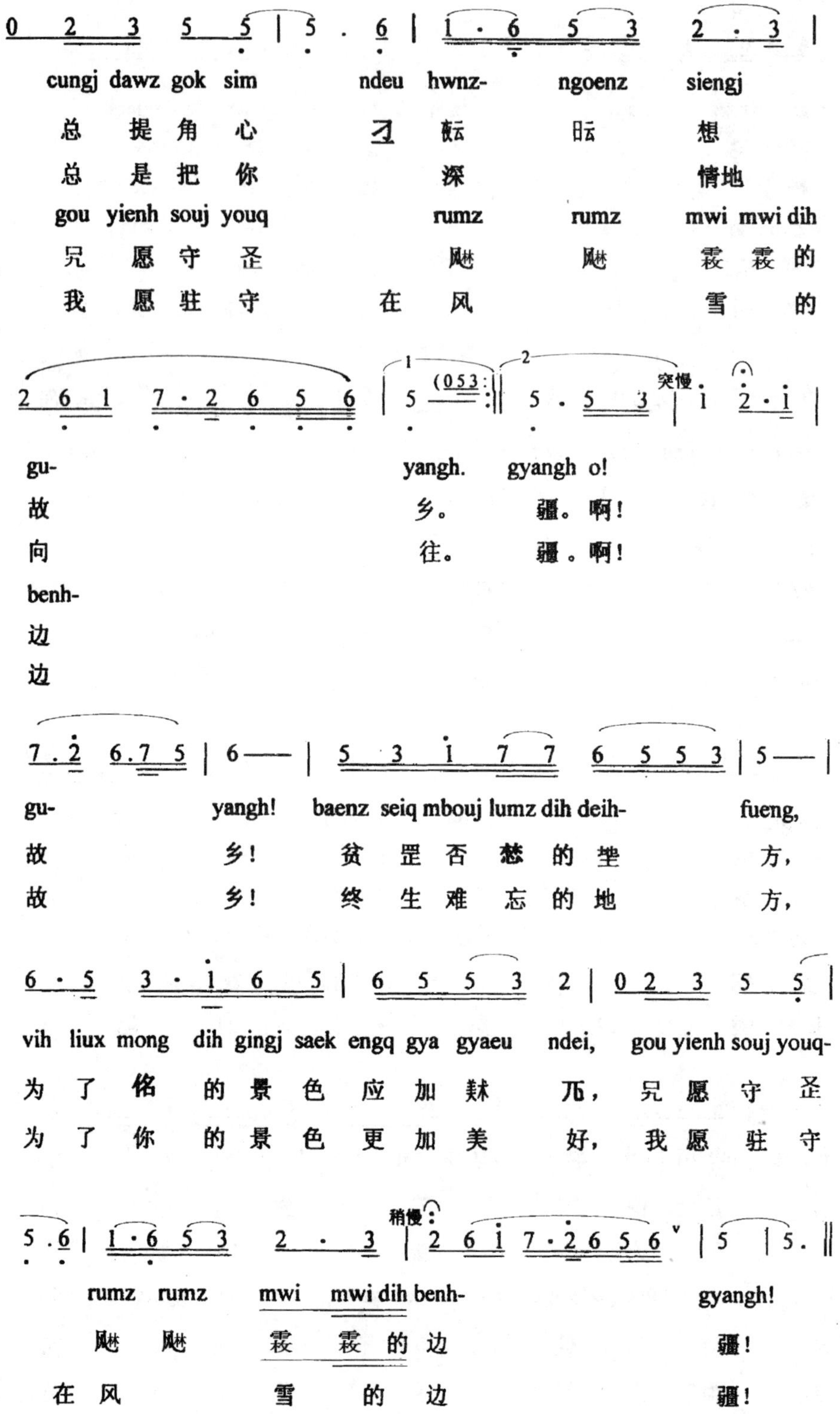
cungj dawz gok sim ndeu hwnz- ngoenz siengj
总 提 角 心 刁 畆 眃 想
总 是 把 你 深 情地
gou yienh souj youq rumz rumz mwi mwi dih
兄 愿 守 圣 飚 飚 霖 霖 的
我 愿 驻 守 在 风 雪 的
突慢
gu- yangh. gyangh o!
故 乡。 疆。啊！
向 往。 疆。啊！
benh-
边
边
gu- yangh! baenz seiq mbouj lumz dih deih- fueng,
故 乡！ 贫 罡 否 慭 的 埅 方，
故 乡！ 终 生 难 忘 的 地 方，
vih liux mong dih gingj saek engq gya gyaeu ndei, gou yienh souj youq-
为 了 佲 的 景 色 应 加 粸 丆， 兄 愿 守 圣
为 了 你 的 景 色 更 加 美 好， 我 愿 驻 守
稍慢
rumz rumz mwi mwi dih benh- gyangh!
飚 飚 霖 霖 的 边 疆！
在 风 雪 的 边 疆！

Mbouj miz saek gaiq

否 眉 嘿 介

一 无 所 有

1= ♭E 4/4　　崔　建词曲

6 6 i i 2 | 2 0 0 0 |
1.Gou gaenq cam gvaq hauj- lai,
兄 䜣 哆 卦 好 粽,
我 曾 经 问 不 休,
2. Lai ga dieg neix caih byaij,
夵 趷 垡 内 在 踔,
脚 下 这 地 在 走,
3.Naeuz mwng nyigou daengjliux hauj naih,
吽 佲 耳又 兄 等 了 好 孲,
告诉 你 我 等 了 很 久,

7 7 7 7 6 6 | 6 — 0 0 |
mwngz seiz lawz gaen gou byaij,
佲 𠹌 哂 跟 兄 踔,
你 何 时 跟 我 走,
henz ndang gij raemx caih riuz lai
垠 躺 佁 淰 在 流 粽。
身 边 那 水 在 流
naean mwngz nyigaeu aen yauh- gyiuz mbouj lai
吽 佲 耳又 兄 的 要 求 否 粽。
告 诉 你 我 最后 的 要 求。

6 6 6 6 . i | 2 7 6 6 — |
hoeng mwngz cungj cenh riu gou
倥 佲 种 专 嗠 兄,
可 你 却 总 是 笑 我,
hoeng mwngz cungj cenh riu gou
倥 佲 种 专 嗠 兄,
可 你 却 总 是 笑 我,
gou yaek gaemgaenj mwngz dih song fwngz,
兄 约 扲 紧 佲 的 双 拰,
我 要 抓 起 你 的 双 手,

6 5 3 2 2 | 2 — 0 0 | 6 6 6 i i 2 |
mbouj miz saek gaiq. gou yaek hawj mwngz goudih ceih-
否 眉 嚜 介。 㕦 约 挤 佲 㕦的 追
一 无 所 有。 我 要 给 你 我的 追
mbouj miz saek gaiq. gou yaek dawz gaeuceihgyiuz hawj
否 眉 嚜 介。 㕦 约 刀 诺 信 给
一 无 所 有。 我 要 掏 心 窝 给
seiz neix cauh gaen gou byaij.
膸 内 䟺 跟 㕦 踝。
你 这 就 跟 我 走。

2 0 0 0 | 7 7 7 7 6 6 | 6 0 0 0 |
gyiuz, hanz lij miz gou dih cwx- caih,
求, 还 里 眉 㕦 的 悇 恠,
求, 还 有 我 的 自 由,
mwngz,
佲
你

6 6 6 6 . i | 2 7 6 6 — | 6 5 3 2 2 |
hoeng mwngz cungj cenh rox riu gou, mbouj miz saek gaiq.
倥 佲 种 专 噜 䏊 㕦, 否 眉 嚜 介。
可 你 却 总 是 笑 我, 一 无 所 有。

2 — 0 0 | i i i 7 i 7 i 7 | 6 — 0 0 |
1.vih maz mwngz cungj riu gou baenz lai,
为 麻 佲 种 䏊 㕦 贫 移,
为 何 你 总 笑 个 没 够,
2.seiz neix mwngz dih fwngz gag saenz lai,
膸 内 佲 的 𢬵 各 抻 移,
这 时 你 的 手 在 颤 抖,

2 2 2 2 7 6 6 | 6 — 0 0 | 6 6 6 6 6 1 |

vih maz gou cungj gaeuz baenz lai, nanz dauh youq mwngz dangq naj

为麻兄种求贫移，难道圣佲当郡

为何我总要追求，难道在你面前我

Seizneix mwngz dihraemx dadoek sai sai, mwngz aiq cingq caih naeu gou nyi

睉内佲的洺肤挛嚎嚎，佲爱正在吽兄耵

这时你的泪在流，莫非是你正在

2 7 6 6 — | 6 5 3 2 2 | 2 — 0 0 |

gou yungx yenx dwg mbouj miz saek gaiq?

兄永远迪否眉嗱介？

永远是一无所有？

mwngz saed gyaez gou mbouj miz saek gaiq?

佲实愔兄否眉嗱介？

告诉我你爱我一无所有？

6 5 0 3 2 | 2 — 0 0 2 | 5 5 3 . 5 | 6 — 0 0 |

1.2. o mwngz seiz law gaen gou byaij?

噢 佲睉哂跅兄踇？

噢 你何时跟我走？

3. o mwngz seizneix caeuh gaen gou byai!

噢 佲睉内眈跅兄踇！

噢 你这就跟我走！

6 5 0 3 2 | 2 0 0 0 2 | 5 5 3 2 2 | 2 — 0 0 ||

1.2.o mwngz seiz law gaen gou byaij?

噢 佲睉哂跅兄踇？

噢 你何时跟我走？

3. o mwngz seiz neix caeuhgaen gou byaij.

噢 佲睉内眈跅兄踇。

噢 你这就跟我走。

Youq Gwnzgig Mizmuengh Dih Reihnaz

圣 丕亟 眉肛的 型嚚

在希望的田野上

1= B 2/4 晓光词

热情地 施光南曲

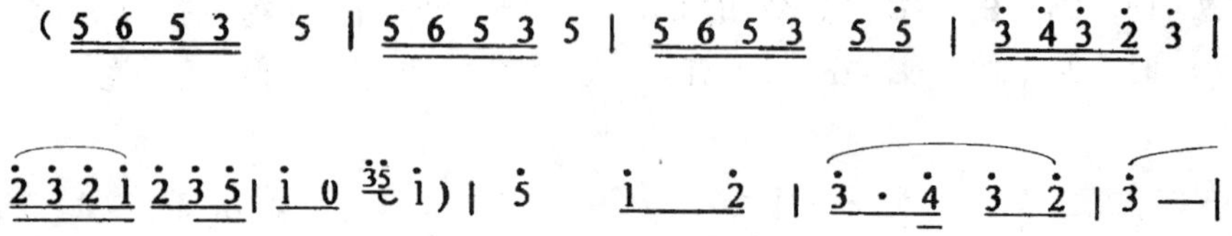

1. Miz muengh dih Reih- naz

眉 肛 的 型 嚚

我 们 的 家 乡

2. Miz muengh dih Reih- naz

眉 肛 的 型 嚚

我 们 的 理 想

3. Miz muengh dih Reih- naz

眉 肛 的 型 嚚

我 们 的 未 来

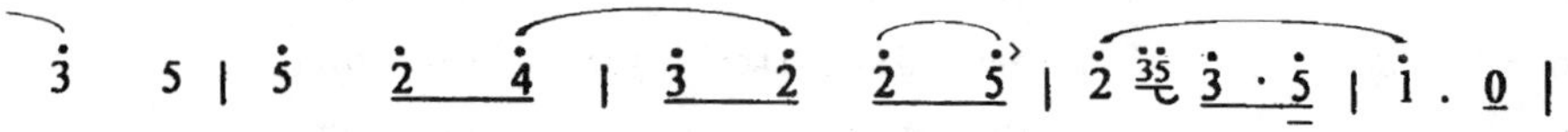

dwg raeuz gig gyaez dih gyah yangh;

迪 偻 亟 恘 的 家 乡；

在 希 望 的 田 野 上；

yo mizraeuz hung sang dih lij- siengj;

害 眉偻 奉 鷂 的 理 想；

在 希 望 的 田 野 上；

sawj raeuz baih naj engq rongh;

使 偻 擤 嚚 頣 糖；

在 希 望 的 田 野 上；

3 2 3 | 2 6 7 2 | 7 7 6 7 | 6 5 |

Hoenz feiz youq gwnz dingj laeuz moq biu sanq,

熏 斐 圣 歪 顶 楼 穆 飘 散，

炊 烟 在 新 建 的 住 房 上 飘 荡，

Go haeux sup gwn nungz minz raemxhanh ok riengz,

棵 粘 喑 呻 农 民 淰 汗 龉 𩞄，

禾 苗 在 农 民 的 汗 水 里 抽 穗，

vunz raeuz youq laj daeng- ngoenz saengh hoz,

伝 偻 圣 㕷 昍 昈 生 活，

人 们 在 明 媚 的 阳 光 下 生 活，

5 3 5 3 | 2. 2 3 2 1 | 1 6 0 1 | 2 — |

diuz dah iq riuz gvaq mbanj ndei dih henz ndang.

条 汏 嘻 流 卦 板 𠇌 的 垌 躺。

小 河 在 美 丽 的 村 庄 旁 流 淌。

duz vaiz duz yiengz dingq boux- ciengx boq siu maj sang.

徒 怀 徒 羊 听 仆 𤙫 啵 箫 㽮 𩽹。

牛 羊 在 牧 人 的 笛 声 中 成 长。

saengh- hoz gauq raeuz lauz- dungq bienq yiengh.

生 活 靠 偻 劳 动 变 样。

生 活 在 人 们 的 劳 动 中 变 样。

5 5 5 | 5. 2 3 4 | 3 2 3 | 3 2 3 |

baenz doengh mienh doeng, (nago)

贫 垌 麺 冬， （哪个）

一 片 冬 麦， （哪个）

Manj gwnz yot- faiq, (nago)

板 歪 挩 苏， （哪个）

西 村 纺 纱， （哪个）

Vunz laux gaem cenj, (nago)

伝 老 拎 盏， （哪个）

老 人 们 举 杯， （哪个）

5 2 3 5 | 3 2 3 2 7 | 2 6 7 6 5 | 6 — |

baenz ndoi gauh- liengz,
贫 墙 高 梁，
一 片 高 梁，
mbanj laj vanq muengx,
板 季 扔 纴，
东 港 撒 网，
lwg- nyez riu angq,
孙 榾 舅 唱，
孩 子 们 欢 笑，

5 · 6 5 3 | 3 5 6 | 7 3 | 2 · 3 7 |

mwnq mwnq (yo) daemz ngaeux,
垌 垌 （哟） 坛 藕，
十 里 （哟） 荷 塘，
baih baek (yo) doek ceh,
湃 北 (哟) 季 糍，
北 疆 （哟） 播 种，
boux- coz (yo) ndaek gimz,
仆 倬 (哟) 搨 琴，
小 伙儿 (哟) 弹 琴，

6 6 5 7 | 6 7 6 2 · 3 | 5 — | 5 · 0 | f 5 — |

cawq cawq mak rang. ei
处 处 䅐 馥。 哎
十 里 果 香。 哎
baih namz dak haeux-yiengz.
湃 南 晀 粘 粁。
南 国 打 场。
lwg sau eu ciengq.
孙 婧 吙 唱。
姑 娘 歌 唱。

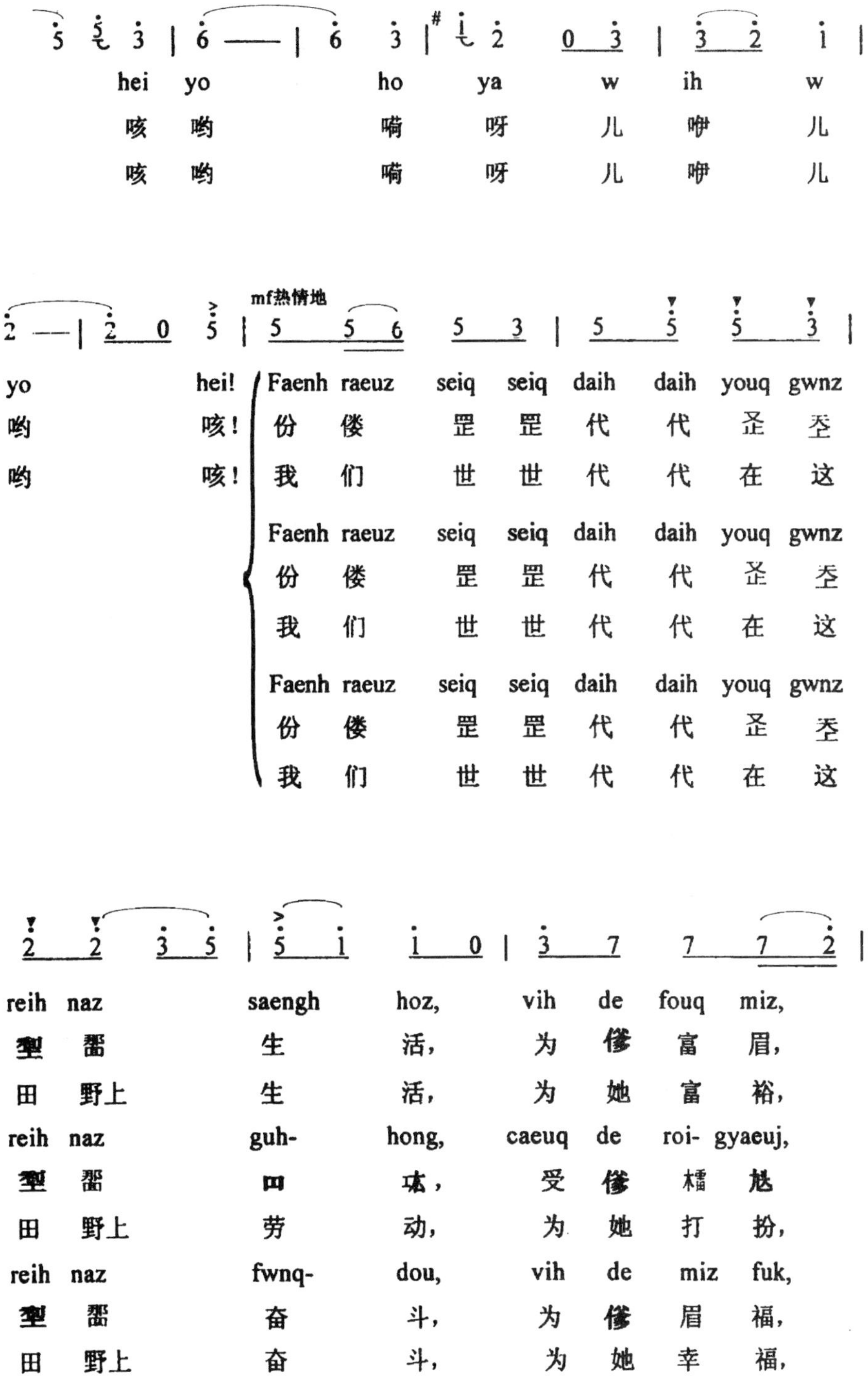

hei yo ho ya w ih w
咳 哟 嗬 呀 儿 咿 儿
咳 哟 嗬 呀 儿 咿 儿
mf热情地
yo hei!
哟 咳!
哟 咳!
Faenh raeuz seiq seiq daih daih youq gwnz
份 偻 罡 罡 代 代 圣 㘸
我 们 世 世 代 代 在 这
Faenh raeuz seiq seiq daih daih youq gwnz
份 偻 罡 罡 代 代 圣 㘸
我 们 世 世 代 代 在 这
Faenh raeuz seiq seiq daih daih youq gwnz
份 偻 罡 罡 代 代 圣 㘸
我 们 世 世 代 代 在 这
reih naz saengh hoz, vih de fouq miz,
𡒼 𦱀 生 活, 为 佬 富 眉,
田 野上 生 活, 为 她 富 裕,
reih naz guh- hong, caeuq de roi- gyaeuj,
𡒼 𦱀 叫 𬞕, 受 佬 檑 尯
田 野上 劳 动, 为 她 打 扮,
reih naz fwnq- dou, vih de miz fuk,
𡒼 𦱀 奋 斗, 为 佬 眉 福,
田 野上 奋 斗, 为 她 幸 福,

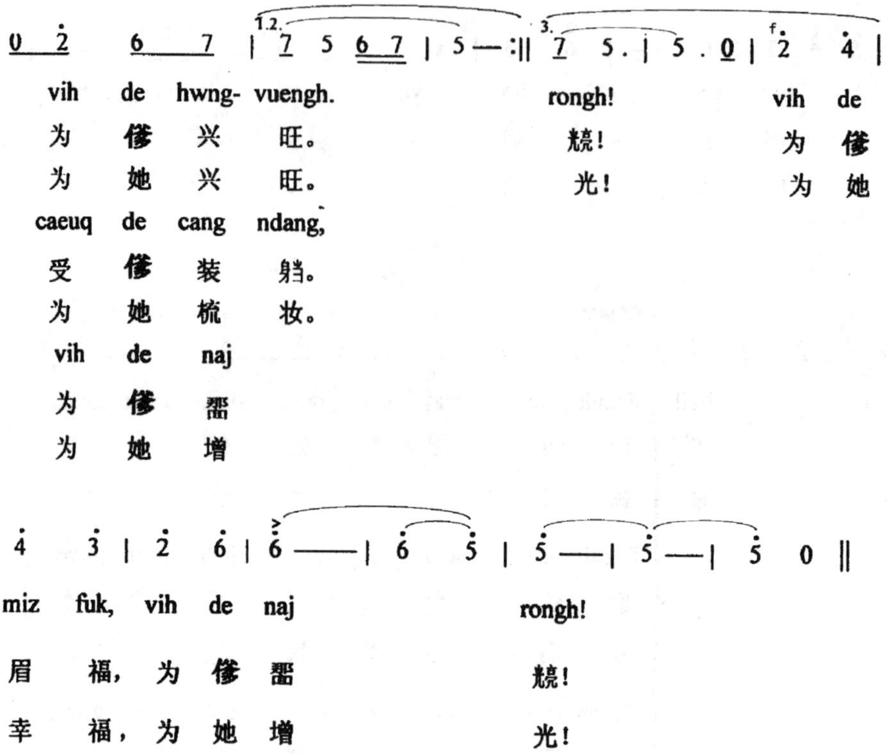

Aen Bangzhuzvanh Dahdai

1= A 4/4

偲澎湖湾妑妹
外婆的澎湖湾

叶佳修词曲

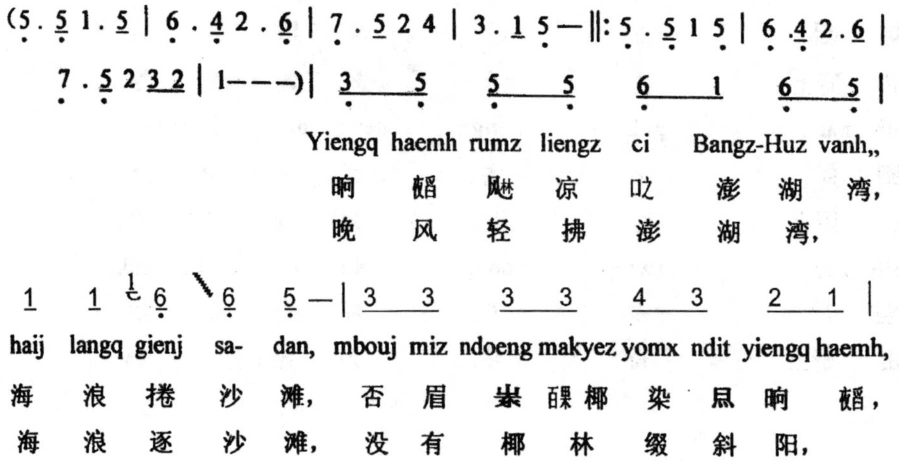

2 2 2 2 2 3 2 — | 3 3 3 3 3 4 3 2 1 |

cij raen it benqhaij o soemx soemx, naengh youq bak don geh ciengz daemq,

只 䁳 乙 片 海 喃 吀 吀，玊 圣 咟 闬 斛 墙 霺，

只 是 一 片 海 蓝 蓝，坐 在 门 前的 矮墙 上

6 1 1 6 5 — | 3 3 3 3 3 4 3 2 1 |

it sim siengj caiq ngvanh, caemh dwg ban haemh gwnz sa- danh,

乙 心 想 㪽 葸，毑 迪 晋 罯 歪 沙 滩，

一 遍 遍 怀 想，也 是 黄 昏 的 沙 滩 上，

5 5 5 5 2 1 7 1 — | 3 5 5 5 6 1 6 5 |

miz vunq din song doiq buenq. Haenx dwg dah doi gaem dwngx

眉 跔 跰 双 对 半。 罯 迪 妉 妹 拎 ⺆

有 着 脚 印 两 对 半。 那 是 外 婆 柱 着 杖

1 1 1 6 6 5 — | 3 3 3 3 4 3 2 1 |

menh menh ying gen gou , caij yiengq haemh dih ngumh-ngaeuz

邊 邊 揳 䅼 只 ，跴 晌 䎛 的 㝛 钐

将 我 手 轻 轻 挽，踩 着 薄 暮 走 向 余 晖

2 2 2 2 3 2 — | 3 3 3 3 3 4 3 2 1 |

yamq haenj Bangz-haz- vanh. it aen vunq din vah riu cien fanh,,

踃 合 澎 湖 湾。乙 偲 跔 跰 话 䚻 千 万，

暖 暖 的 澎 湖 湾。一 个 脚 印 是 笑 语 一 串，

6 1 1 6 6 5 — | 3 3 3 3 4 3 2 1 |

siu bae hanj laiseiz-gan, caj daengz laep bix song raeuz

消 垡 好 㛪 𥱊 旰，等 肛 𣋠 晡 双 偻

消 磨 许 多 时 光，直 到 夜 色 吞 没 我 俩

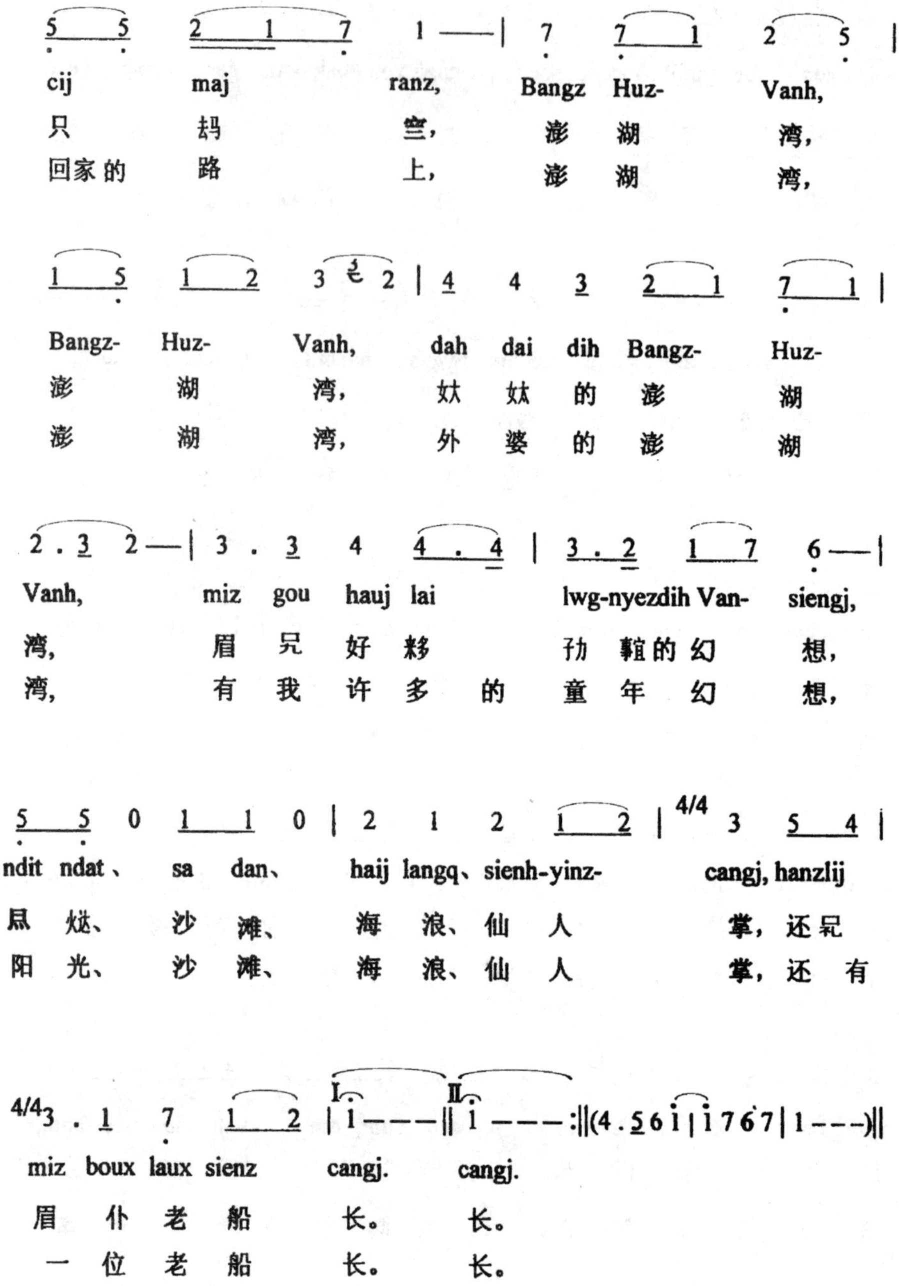
cij maj ranz, Bangz Huz- Vanh,
只 劼 空，澎 湖 湾，
回家的 路 上，澎 湖 湾，
Bangz- Huz- Vanh, dah dai dih Bangz- Huz-
澎 湖 湾，妖 妖 的 澎 湖
澎 湖 湾，外 婆 的 澎 湖
Vanh, miz gou hauj lai lwg-nyezdih Van- siengj,
湾，眉 只 好 移 孙 鞧 的 幻 想，
湾，有 我 许 多 的 童 年 幻 想，
ndit ndat、sa dan、haij langq、sienh-yinz- cangj, hanzlij
旦 炪、沙 滩、海 浪、仙 人 掌，还 另
阳 光、沙 滩、海 浪、仙 人 掌，还 有
4/4
miz boux laux sienz cangj. cangj.
眉 仆 老 船 长。长。
一 位 老 船 长。长。

Bohlaux Yanghcinh

仪佬乡亲

父老乡亲

1= G 4/4　　石顺义词

每分钟约108拍　深情地　　王锡仁曲

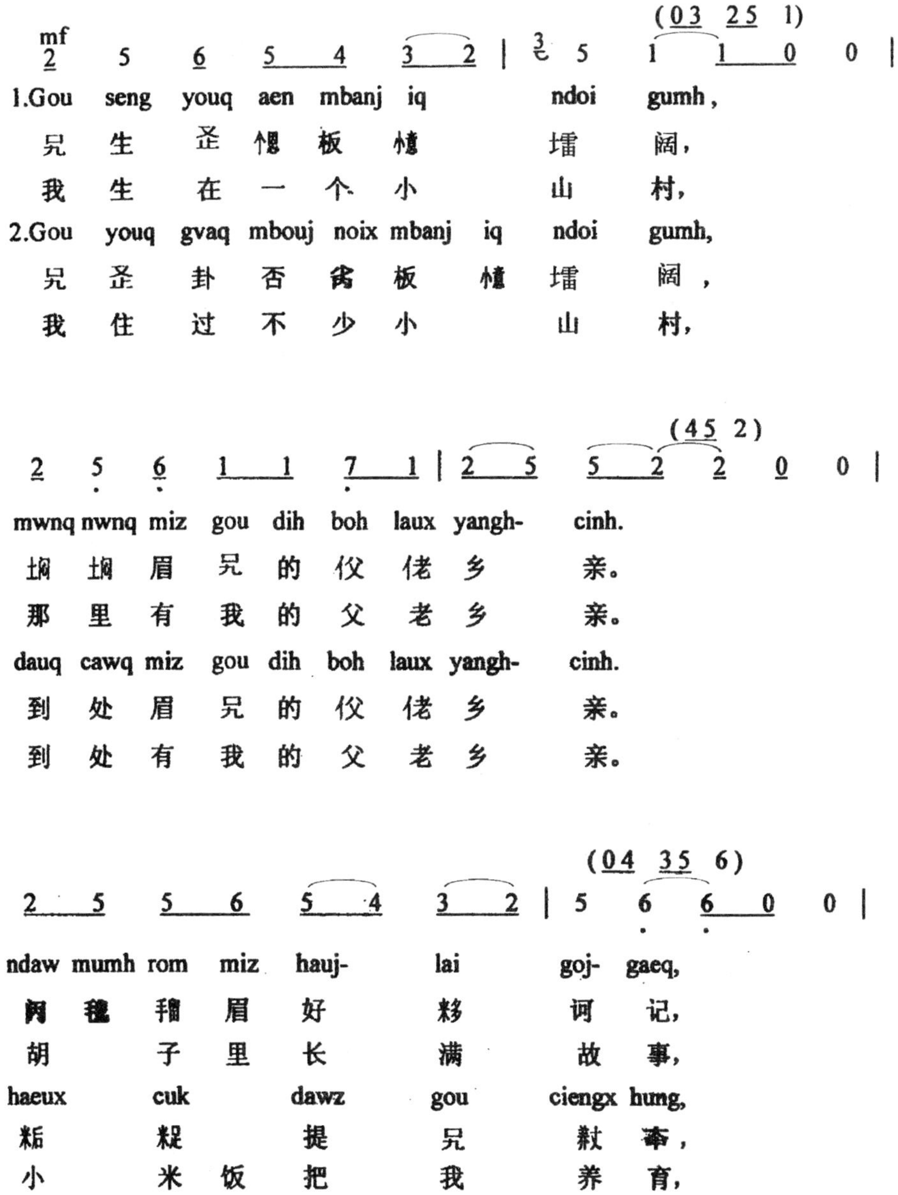

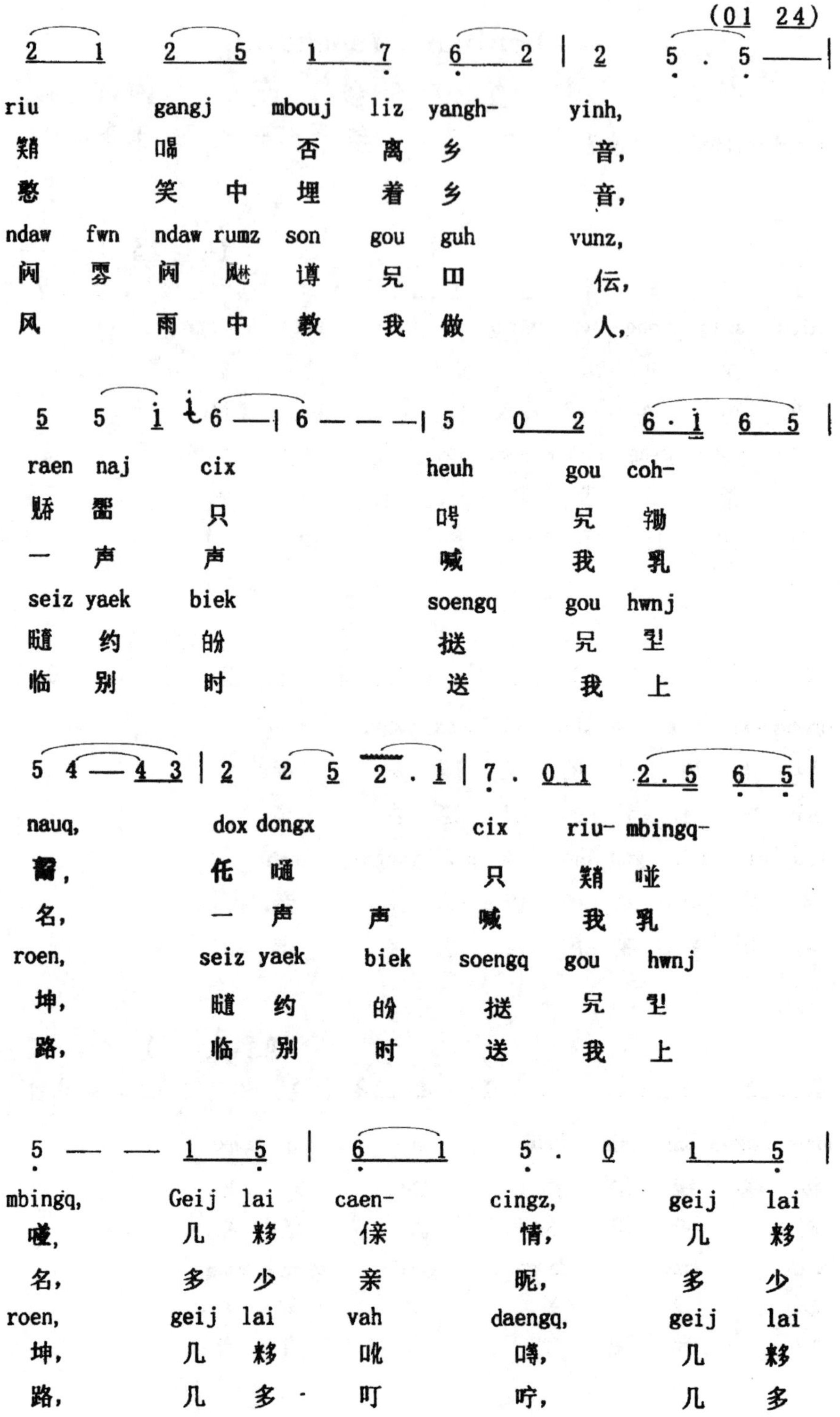
(01 24)
riu gangj mbouj liz yangh- yinh,
䳶 啹 否 离 乡 音,
憨 笑 中 埋 着 乡 音,
ndaw fwn ndaw rumz son gou guh vunz,
闲 雰 闲 飈 谆 兄 叫 伝,
风 雨 中 教 我 做 人,
raen naj cix heuh gou coh-
赂 䨨 只 吅 兄 翗
一 声 声 喊 我 乳
seiz yaek biek soengq gou hwnj
䁬 约 斺 搃 兄 㐅
临 别 时 送 我 上
nauq, dox dongx cix riu- mbingq-
㝹, 佮 嗵 只 䳶 咘
名, 一 声 声 喊 我 乳
roen, seiz yaek biek soengq gou hwnj
坤, 䁬 约 斺 搃 兄 㐅
路, 临 别 时 送 我 上
mbingq, Geij lai caen- cingz, geij lai
嚜, 几 栘 倷 情, 几 栘
名, 多 少 亲 昵, 多 少
roen, geij lai vah daengq, geij lai
坤, 几 栘 吪 噔, 几 栘
路, 几 多 叮 咛, 几 多

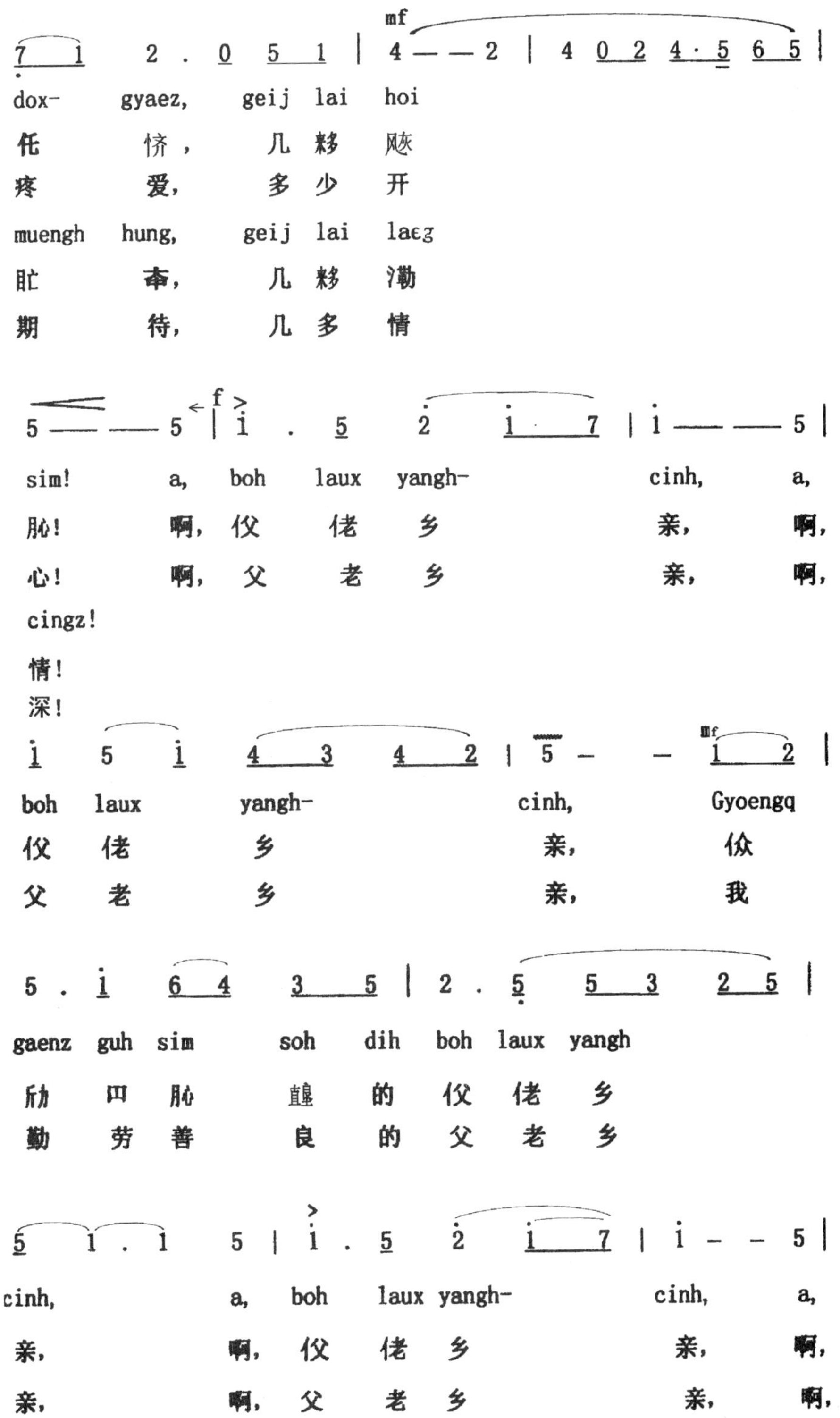
dox- gyaez, geij lai hoi
任 侪， 几 紷 陔
疼 爱， 多 少 开
muengh hung, geij lai laɛg
盯 奆， 几 紷 渤
期 待， 几 多 情
sim! a, boh laux yangh- cinh, a,
胈！ 啊，仪 佬 乡 亲， 啊，
心！ 啊， 父 老 乡 亲， 啊，
cingz!
情！
深！
boh laux yangh- cinh, Gyoengq
仪 佬 乡 亲， 伀
父 老 乡 亲， 我
gaenz guh sim soh dih boh laux yangh
劤 叫 胈 䏓 的 仪 佬 乡
勤 劳 善 良 的 父 老 乡
cinh, a, boh laux yangh- cinh, a,
亲， 啊，仪 佬 乡 亲， 啊，
亲， 啊，父 老 乡 亲， 啊，

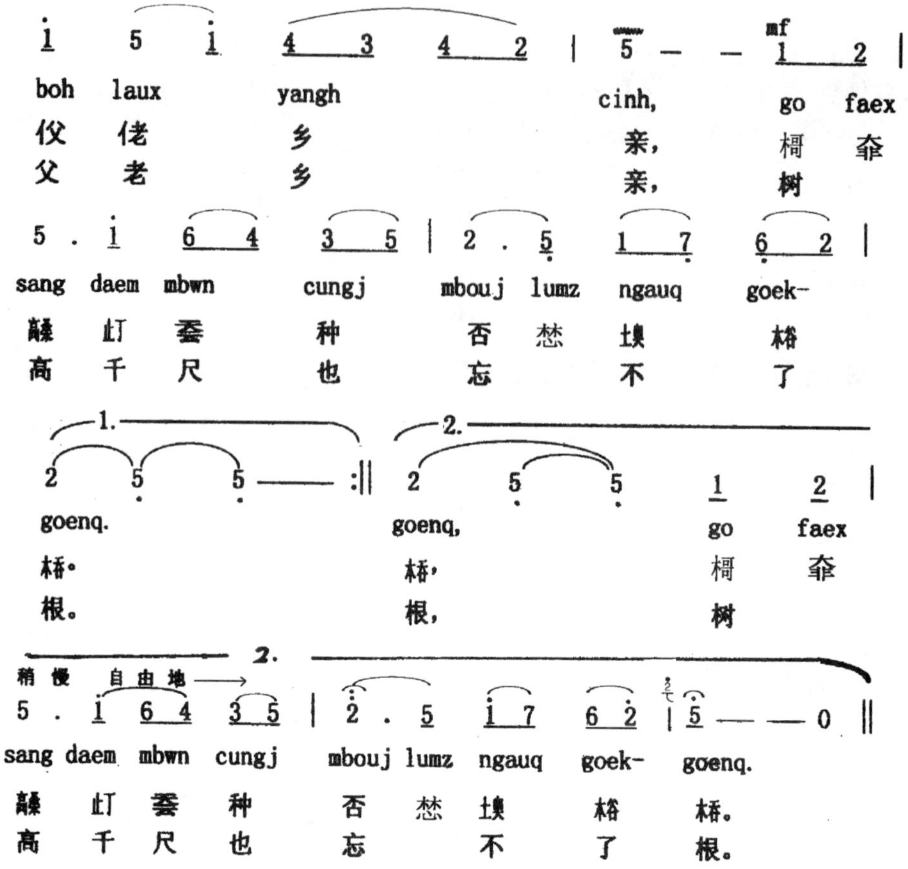

Makit Duq-Luj-Fanh Cingzsug Loh

1= F 2/4 **磦乙吐鲁番信熟啰** 瞿 琮词

开阔、自由地 **吐鲁番的葡萄熟了** 施光南曲

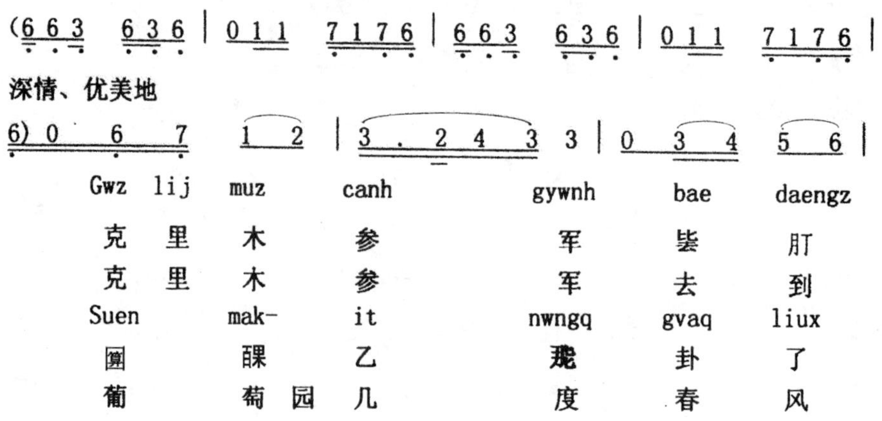

5 4 5 3 3 | 0 5 6 6 6 7 6 |
benh fangz sauq, mwh yaek hoi din haenx
边 防 哨， 肻 约 䏺 趼 晋
边 防 哨， 临 行 时
geij bi hix haeuh, go mak- it
佁 辈 以 后， 榒 𥐓 乙
秋 雨， 小 苗 儿

5·6 5 4 5 3 3 | 0 2 3 2 1 3 2 | 2 —— |
ndaem liux go mak- it ndeu,
穙 了 榒 𥐓 乙 刀，
种 下 了 一 棵 葡 萄，
gaenq maj hung dangh gvangq gaeu laux,
斦 䏧 奔 䏧 廣 芶 佬，
已 长 得 又 壮 又 高，

0 1 2 3 3 | 3.2 3 4 5 6 6 |
dah lwg sau suen mak (ngo)
妸 孙 娋 闽 𥐓 （哦）
果 园 的 姑 娘 （哦）
dang mak it nge nge dawz dwk
当 𥐓 乙 桹 桹 提 迪
当 枝 头 结 满 了

6 6 5 6 5 4 3 | mf 5 4 3 2 1 0 7 |
Anoz- rw- hanj (yo)
阿娜 尔 罕 （哟）
阿娜 尔 罕 （哟）
bek- roemx- roemx (yo)
𧿹 嘇 嘇 （哟）
果实 的 时 候

6 7 1 2 3 3 3 | 3 2 4 3 2.2 |
cing- sim ndai guenj liuh- leix cuengq
精 心 籾 皆 料 理 𢩽
精 心 培 育 这 绿 色 的
cienz daeuj Gwz lij muz laeh goeng dih
传 料 克 里 木 𨑛 功 的
传 来 克 里 木 立 功 的

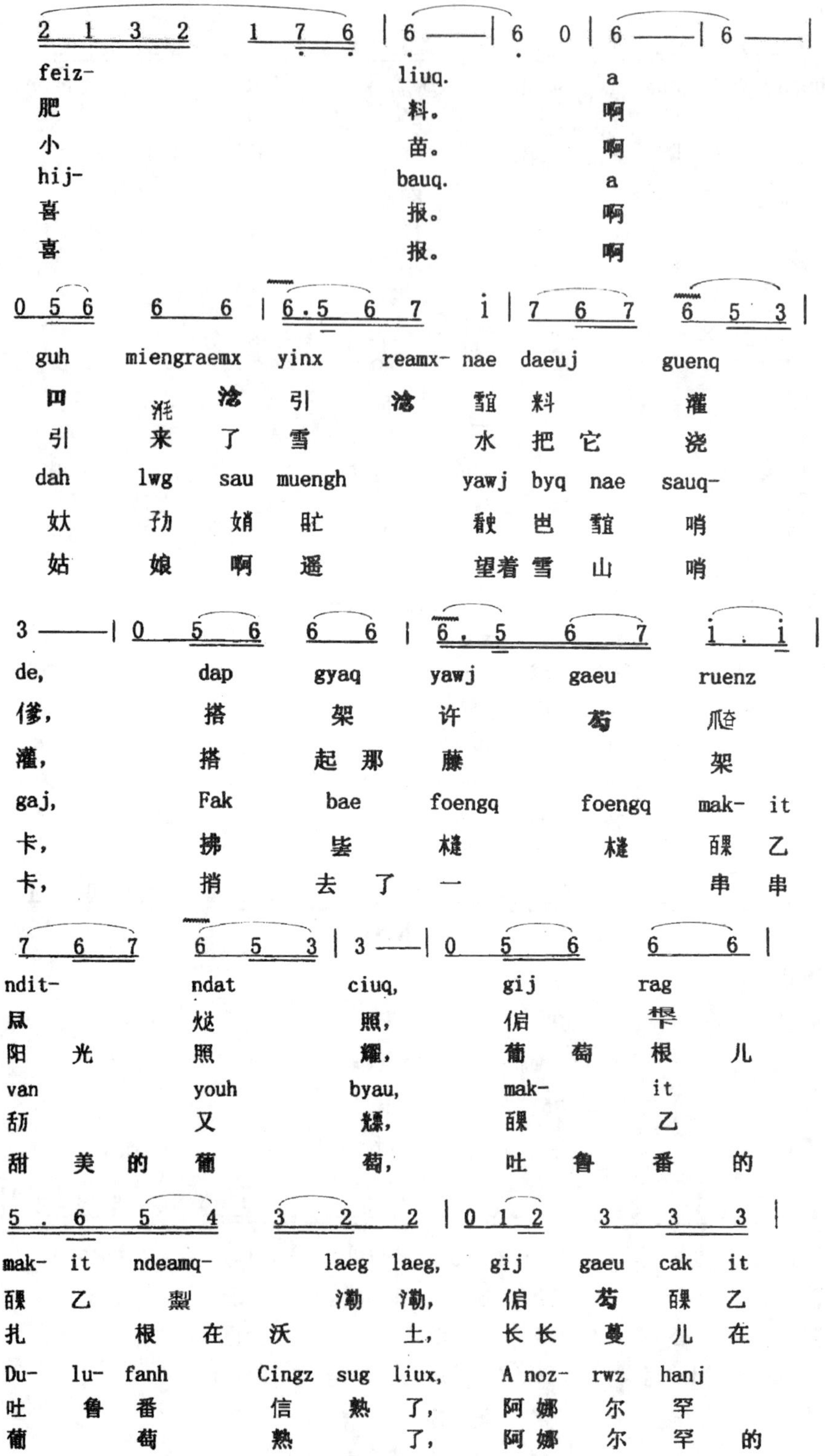

feiz- liuq. a
肥 料。啊
小 苗。啊
hij- bauq. a
喜 报。啊
喜 报。啊
guh miengraemx yinx reamx- nae daeuj guenq
引 来 了 雪 水 把 它 浇
dah lwg sau muengh yawj byq nae sauq-
姑 娘 啊 遥 望着 雪 山 哨
de, dap gyaq yawj gaeu ruenz
灌, 搭 起 那 藤 架
gaj, Fak bae foengq foengq mak- it
卡, 捎 去 了 一 串 串
ndit- ndat ciuq, gij rag
阳 光 照 耀, 葡 萄 根 儿
van youh byau, mak- it
甜 美 的 葡 萄, 吐 鲁 番 的
mak- it ndeamq- laeg laeg, gij gaeu cak it
扎 根 在 沃 土, 长 长 蔓 儿 在
Du- lu- fanh Cingz sug liux, A noz- rwz hanj
吐 鲁 番 信 熟 了, 阿 娜 尔 罕
葡 萄 熟 了, 阿 娜 尔 罕 的

3 2 3 2 1 1 | 0 7 1 2 2 |

youq ndaw sim dox heux, gij gaeu

圣 闷 肸 度 绢, 佀 芶

心 头 缠 绕, 长 长 的

aen sim de caemh fiz liux, A moz- rwj

偲 心 佟 勁 酙 了, 阿 娜 尔

心 儿 醉 了, 阿 娜 尔

2.321 253 | 0 21 3.232 | 1 7.176 |

mak- it youq ndaw sim dox,

䂖 乙 圣 闷 心 度,

蔓 儿 在 心 头 缠,

hanj aen sim caemh fiz hux,

罕 偲 肸 勁 酙 了,

罕 的 心 儿 醉,

71232 176 | 6 — | 6 (71 2345 |

heux.

绢。

绕。

671 7176 | 6565 3232 | 176 7123 |

3.232 176 | 663 636 | 011 7176 |

663 636 | 011 7176):|| 6 — | 6. 0 |

liux.

了。

了。

mp

0 56 6 6 | 5.6 54 3 2 2 | 0 12 3 3 3 |

Du-luj fanh dih mak- it cing sug liux, Ano- rwj hanj aen

吐 鲁 番 的 䂖 乙 信 熟 了, 阿娜 尔 罕 偲

吐 鲁 番 的 葡 萄 熟 了, 阿娜 尔 罕 的

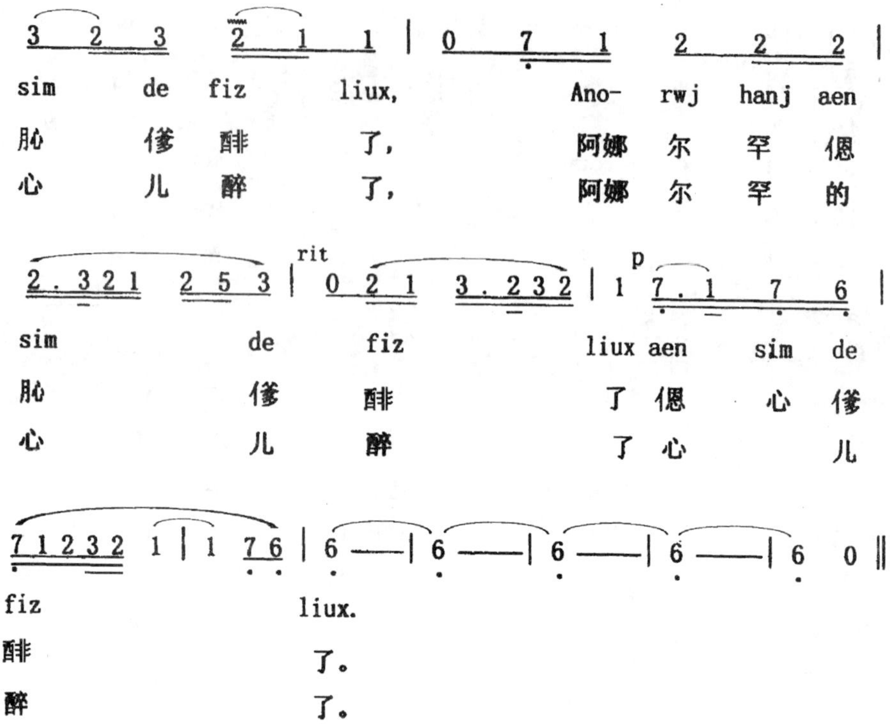

Doengh hwnh Gywnhgyangj

1= C 2/4

中速、稍慢、宁静抒情地

哃 腋 军 港
军 港 之 夜

马金星词

刘诗召曲

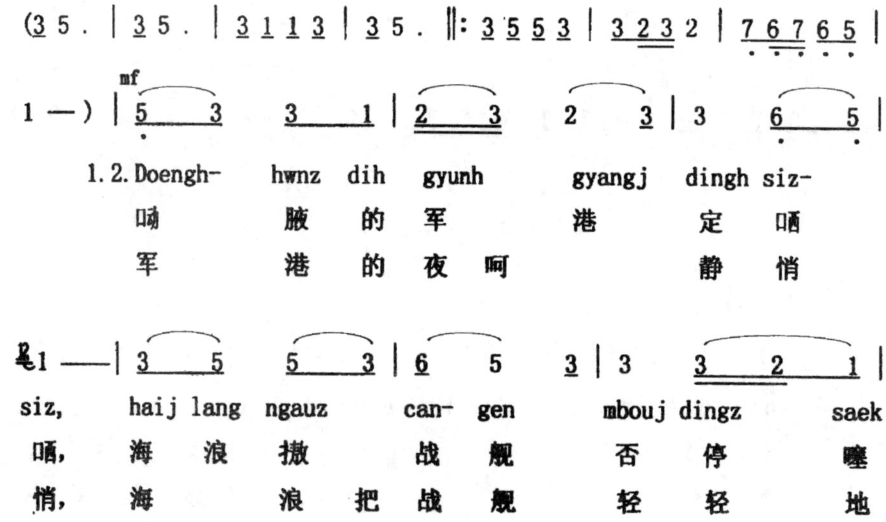

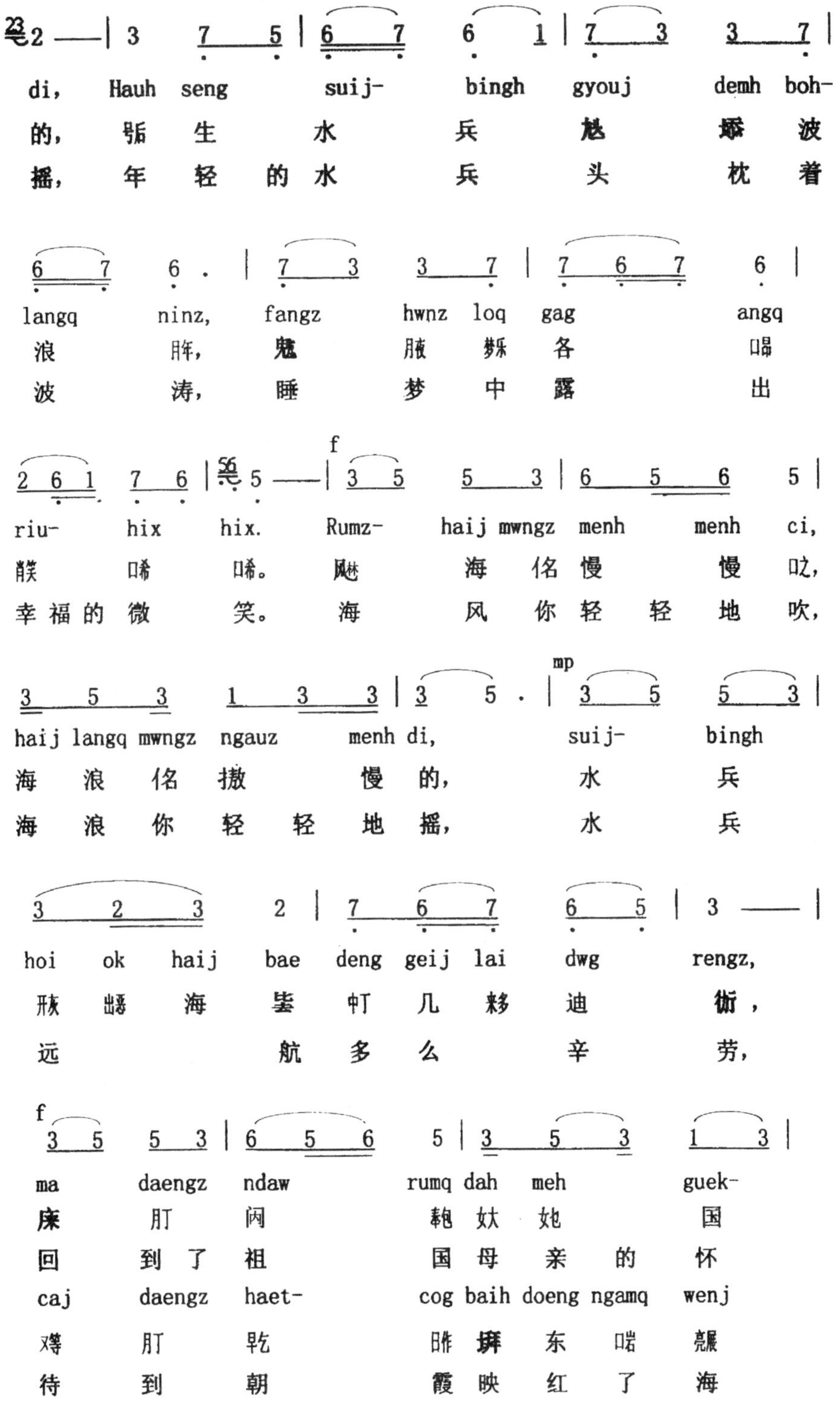
di, Hauh seng suij- bingh gyouj demh boh-
的， 䳄 生 水 兵 㲂 𨂾 波
摇， 年 轻 的 水 兵 头 枕 着
langq ninz, fangz hwnz loq gag angq
浪 𥅽， 𩲡 䏧 𫁼 各 㗵
波 涛， 睡 梦 中 露 出
riu- hix hix. Rumz- haij mwngz menh menh ci,
𥁺 唏 唏。 𩙦 海 佲 慢 慢 吃，
幸 福 的 微 笑。 海 风 你 轻 轻 地 吹，
haij langq mwngz ngauz menh di, suij- bingh
海 浪 佲 摤 慢 的， 水 兵
海 浪 你 轻 轻 地 摇， 水 兵
hoi ok haij bae deng geij lai dwg rengz,
𦲷 𠚤 海 𡉥 钉 几 𠫾 迪 𠠽，
远 航 多 么 辛 劳，
ma daengz ndaw rumq dah meh guek-
𠫾 肛 闷 𥁺 妖 她 国
回 到 了 祖 国 母 亲 的 怀
caj daengz haet- cog baih doeng ngamq wenj
𡟒 肛 𣅳 𣈜 𢬀 东 𠯘 𩄲
待 到 朝 霞 映 红 了 海

mp

3 5 . | 3 5 5 3 3 | 3 2 3 2 |

coj , nyiengh gyoengq raeuz suij bingh
祖, 让 佅 偻 水 兵
抱, 让 我 们 的 水 兵
rongh, yawj gyoengq raeuz can- gen
糘, 秵 佅 偻 战 舰
面 看 我 们 的 战 舰

7 6 7 6 5 | 1 — :‖ 3 5 5 3 | 3 2 3 2 |

ninz ndaek di. Aen
眸 睓 的。 愢
好 好 睡 觉。 嗯,
caiq hoi ok haij bae.
再 孩 出 海 坒。
又 要 起 锚。

渐慢

7 6 7 6 5 | 1 — | 1 — |

aen!
愢!
嗯!

Bajfwj gu-yangh

1= ♭E 4/4

♩=84

把埖故乡
故乡的云

谭轩词曲

(3 - 3 4 3 2 1 | 2 5 - 6 7 | i - i i 7 6 | 5 3 . 3 5 5 5 2 |

i - i 1 1 6 | 5 - - 5 3 | 2 - 2 1 2 | i - - - i - -) 5 1 |

1. mbin
飞
天
2. Diem
蹍
踏

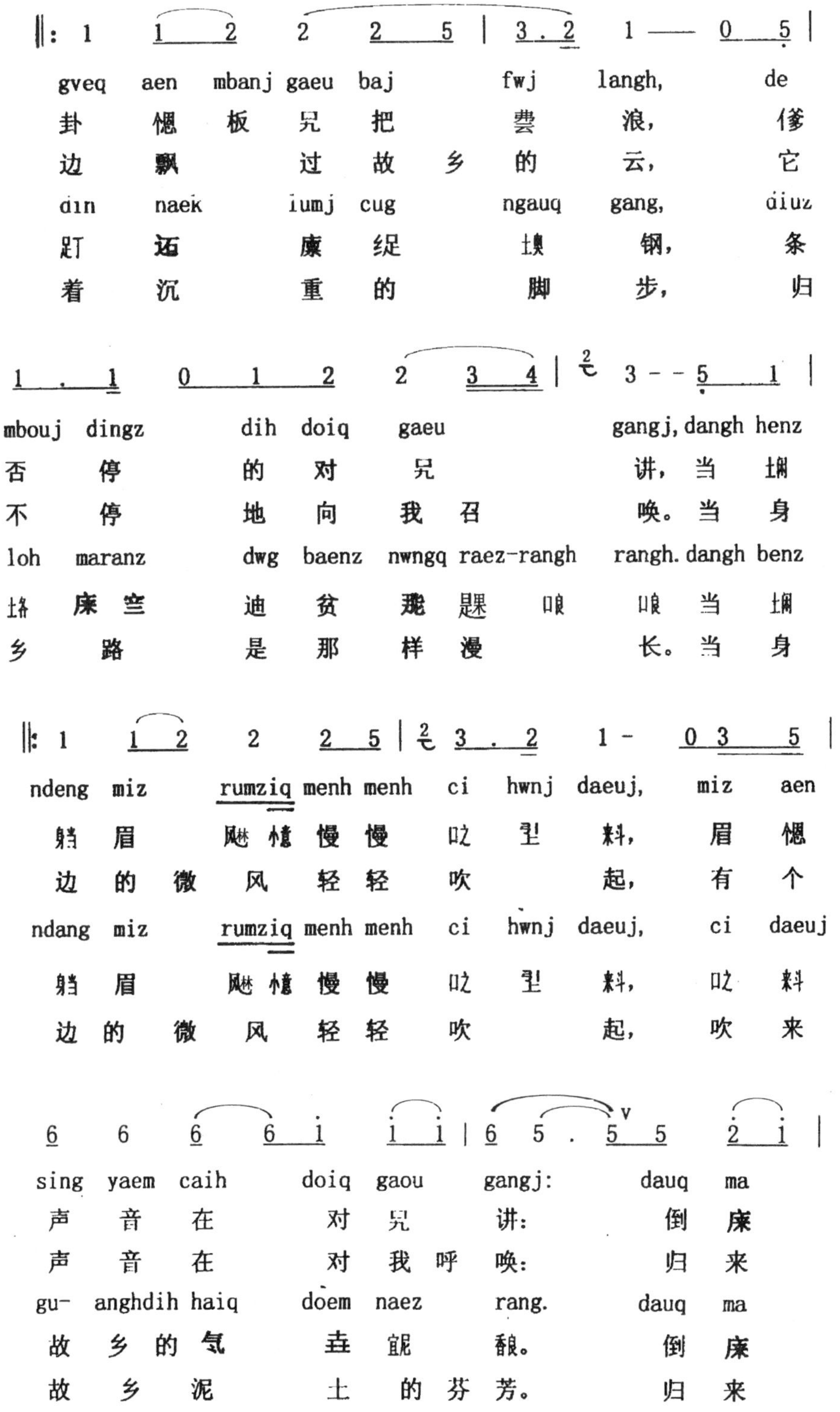
gveq aen mbanj gaeu baj fwj langh, de
边飘过故乡的云，它
din naek iumj cug ngauq gang, diuz
着沉重的脚步，归
mbouj dingz dih doiq gaeu gangj, dangh henz
不停地向我召唤。当身
loh maranz dwg baenz nwngq raez-rangh rangh. dangh benz
乡路是那样漫长。当身
ndeng miz rumziq menh menh ci hwnj daeuj, miz aen
边的微风轻轻吹起，有个
ndang miz rumziq menh menh ci hwnj daeuj, ci daeuj
边的微风轻轻吹起，吹来
sing yaem caih doiq gaou gangj: dauq ma
声音在对我呼唤：归来
gu- anghdih haiq doem naez rang. dauq ma
故乡泥土的芬芳。归来

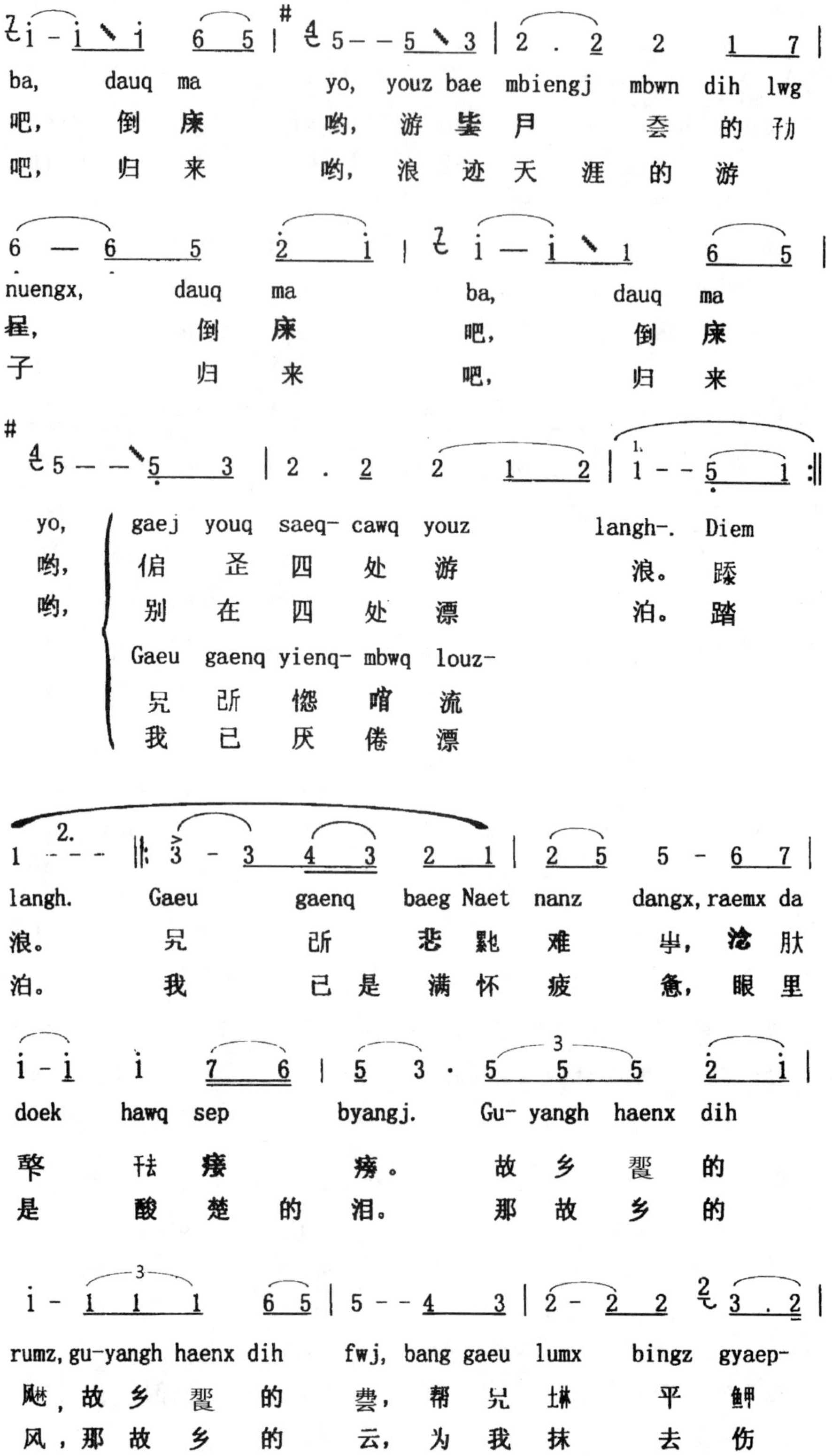
ba, dauq ma yo, youz bae mbiengj mbwn dih lwg
吧，倒庲 哟，游 辈 月 叁 的 劲
吧，归 来 哟，浪 迹 天 涯 的 游
nuengx, dauq ma ba, dauq ma
星，倒 庲 吧，倒 庲
子 归 来 吧，归 来
yo, gaej youq saeq- cawq youz langh-. Diem
哟，佲 圣 四 处 游 浪。蹽
哟，别 在 四 处 漂 泊。踏
Gaeu gaenq yienq- mbwq louz-
兄 听 愢 啃 流
我 已 厌 倦 漂
langh. Gaeu gaenq baeg Naet nanz dangx, raemx da
浪。兄 听 悲 黜 难 蚪，淰 肰
泊。我 已是 满 怀 疲 惫，眼 里
doek hawq sep byangj. Gu- yangh haenx dih
犂 袪 瘆 痨。故 乡 瞿 的
是 酸 楚 的 泪。那 故 乡 的
rumz, gu-yangh haenx dih fwj, bang gaeu lumx bingz gyaep-
飚，故 乡 瞿 的 雲，帮 兄 埗 平 鲆
风，那 故 乡 的 云，为 我 抹 去 伤

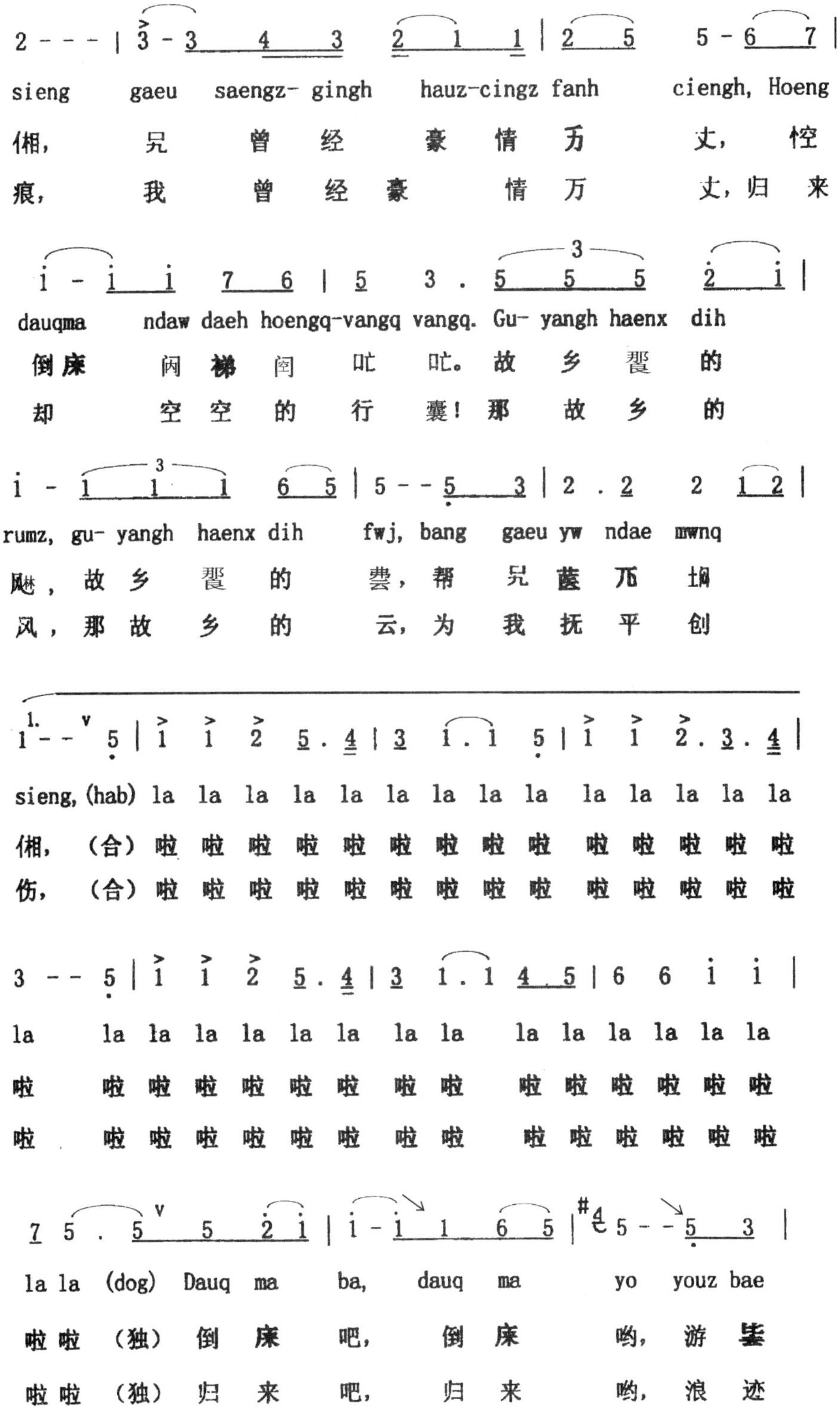
sieng gaeu saengz- gingh hauz-cingz fanh ciengh, Hoeng
厢，只 曾 经 豪 情 万 丈，悾
痕，我 曾 经 豪 情 万 丈，归 来
dauqma ndaw daeh hoengq-vangq vangq. Gu- yangh haenx dih
却 空 空 的 行 囊！那 故 乡 的
rumz, gu- yangh haenx dih fwj, bang gaeu yw ndae mwnq
风，那 故 乡 的 云，为 我 抚 平 创
sieng, (hab) la la la la la la la la la la la la la la
伤，（合）啦 啦 啦 啦 啦 啦 啦 啦 啦 啦 啦 啦 啦 啦
la la la la la la la la la la la la la la la
啦 啦 啦 啦 啦 啦 啦 啦 啦 啦 啦 啦 啦 啦 啦
la la (dog) Dauq ma ba, dauq ma yo youz bae
啦啦（独）归 来 吧，归 来 哟，浪 迹

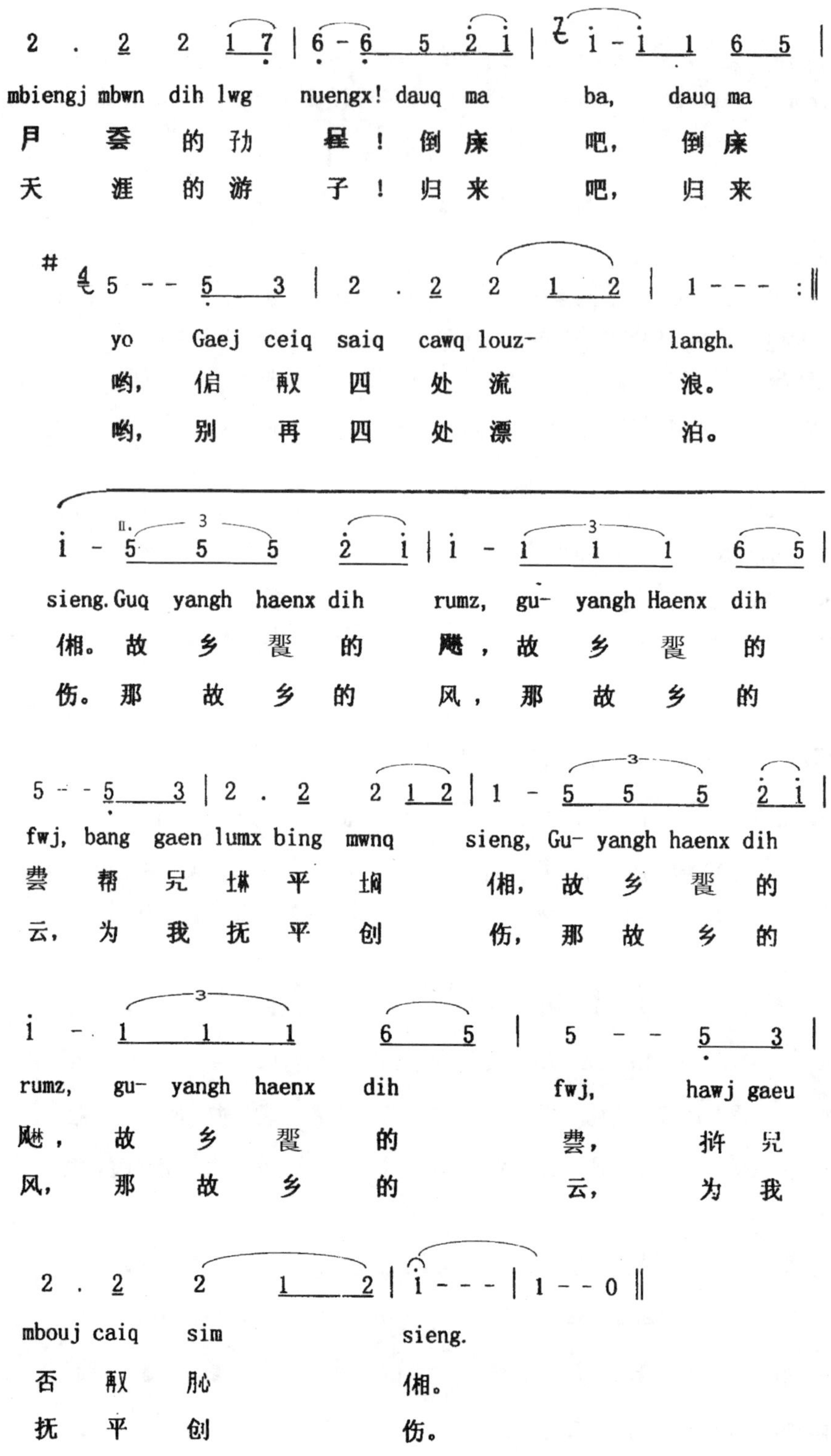
mbiengj mbwn dih lwg nuengx! dauq ma ba, dauq ma
天涯的游子！归来吧，归来
yo Gaej ceiq saiq cawq louz- langh.
哟，别再四处漂泊。
sieng. Guq yangh haenx dih rumz, gu- yangh Haenx dih
伤。那故乡的风，那故乡的
fwj, bang gaen lumx bing mwnq sieng, Gu- yangh haenx dih
云，为我抚平创伤，那故乡的
rumz, gu- yangh haenx dih fwj, hawj gaeu
风，那故乡的云，为我
mbouj caiq sim sieng.
抚平创伤。

Go Canghruz Wuh-Suh-Lij-Gyangh

歌佤舺乌苏里江

乌苏里船歌

1= bA
6/8 2/4

郭 颂 胡小石词

汪云才 郭 颂曲

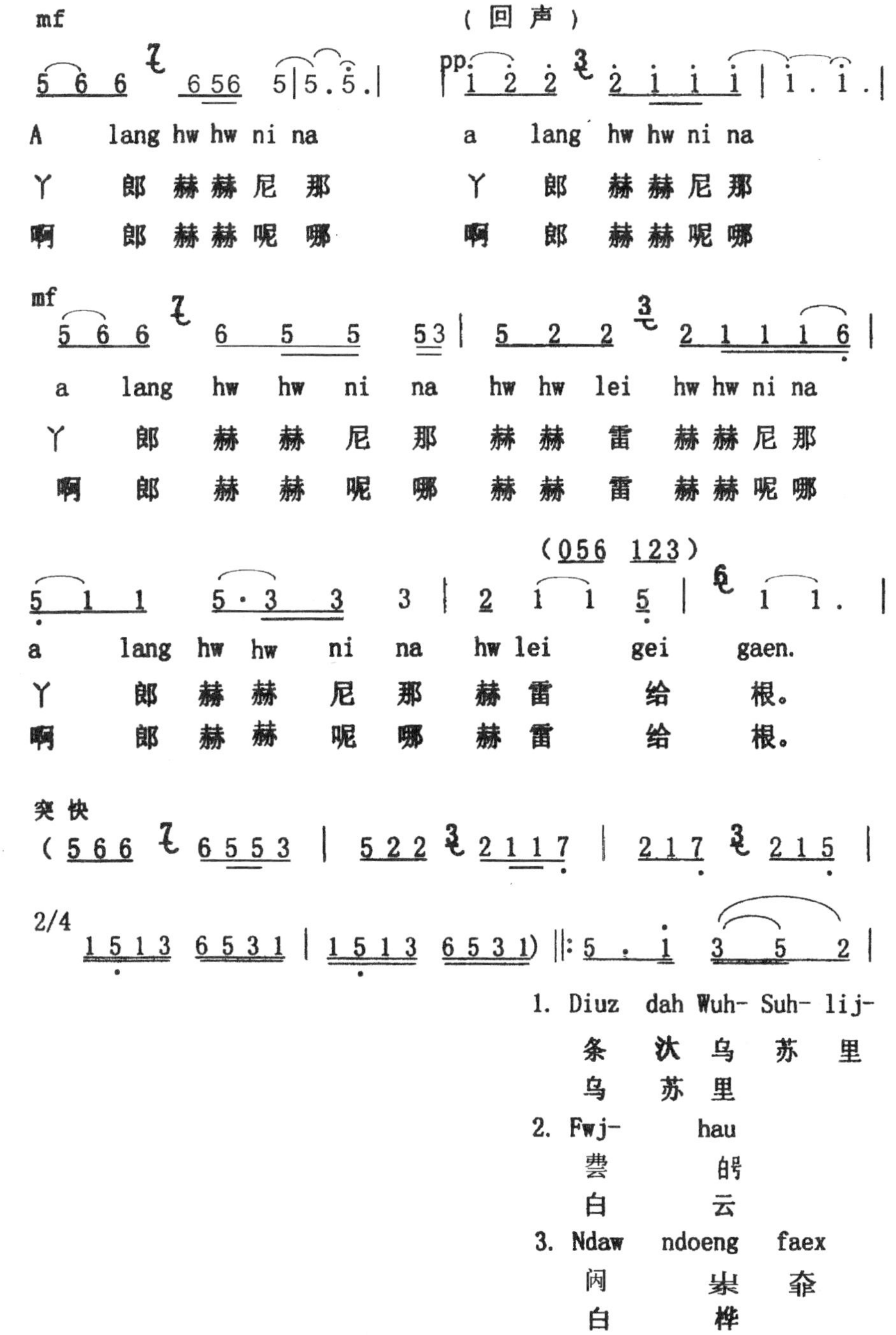

(0i6 5323)

1 3 5 | 6.5 3523 | 5.0 | 5 6 i 3 5 |

Gyangh (lai) raez- rangh- rangh, hen nau- nau dih

江 (唻) 𠁥 喨 喨, 莓 嘺 嘺 的

江 (来) 长 又 长, 蓝 蓝 的

mbin gvaq dingj bya sang, saek bim dih

飞 卦 顶 岜 䯙, 金 色 的

飘 过 大 顶 子 山, 金 色 的

bwz va vunz riu angq, muengx bya va-

白 桦 伝 笑 喝, 满 岜 花

林 里 人 儿 笑, 笑 开 了

1 3 6 5 | 1 3 5 7 6 5 | 5 . 0 | 1.1 5 6 |

raemx dah hwnj boh- langq, boux Hwz-sez

淰 汏 𨑜 波 浪, 偅 赫 哲

江 水 起 波 浪, 赫 哲 人

daeng-ngoenz ciuqfan haengz ruz gangq, gaenj vaij

𪰂 昈 照 幡 裥 舻 宪, 紧 拁

阳 光 照 船 帆, 紧 摇

duq- gyenh rongh- cangx- cangx, BouxHwz- sez

杜 鹃 焿 焻 焻, 偅 赫 哲

满 山 红 杜 鹃, 赫 哲 人

1 1 2 3 | 6 5 1 2 5 | 3 — | 5 6 i 3 5 |

vanq boi cien fan muengx, ruz vaij

扨 㧊 千 番 纮, 舻 拁

撒 开 千 张 网, 船 儿

ruz (lai) gaem onj dox, song fwngz

舻 (唻) 拎 阖 舵, 双 捷

浆 (来) 掌 稳 舵, 双 手

byaij hwnj loh fat- caiz, Gyangh sanh

𨀐 𨑜 垎 发 财, 江 山

走 上 幸 福 路, 人 民 的

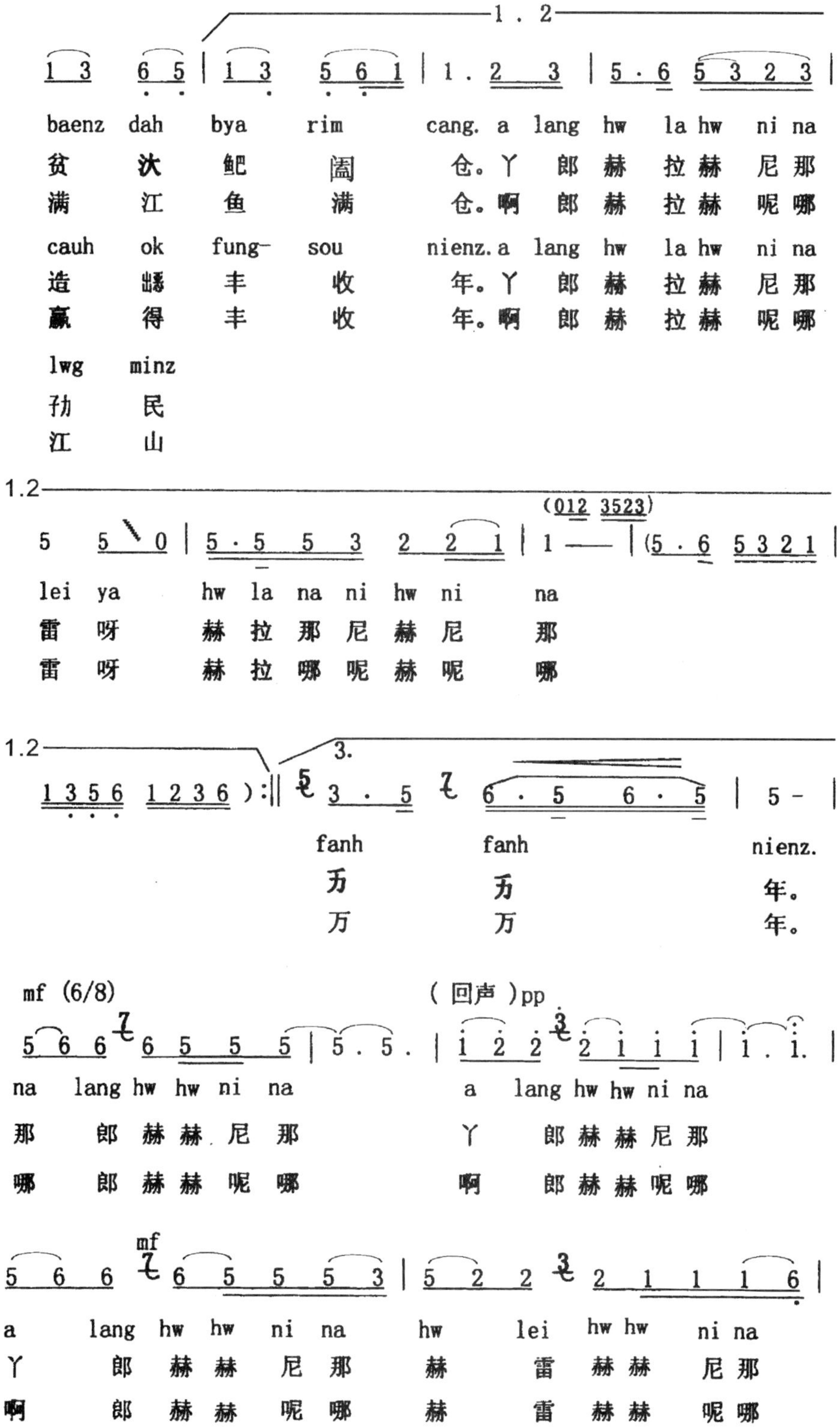
1.2
baenz dah bya rim cang. a lang hw la hw ni na
贫 汏 鲃 阖 仓。丫 郎 赫 拉 赫 尼 那
满 江 鱼 满 仓。啊 郎 赫 拉 赫 呢 哪
cauh ok fung- sou nienz. a lang hw la hw ni na
造 㗂 丰 收 年。丫 郎 赫 拉 赫 尼 那
赢 得 丰 收 年。啊 郎 赫 拉 赫 呢 哪
lwg minz
劲 民
江 山
1.2
lei ya hw la na ni hw ni na
雷 呀 赫 拉 那 尼 赫 尼 那
雷 呀 赫 拉 哪 呢 赫 呢 哪
1.2
3.
fanh fanh nienz.
万 万 年。
万 万 年。
mf (6/8)
(回声)pp
na lang hw hw ni na a lang hw hw ni na
那 郎 赫 赫 尼 那 丫 郎 赫 赫 尼 那
哪 郎 赫 赫 呢 哪 啊 郎 赫 赫 呢 哪
mf
a lang hw hw ni na hw lei hw hw ni na
丫 郎 赫 赫 尼 那 赫 雷 赫 赫 尼 那
啊 郎 赫 赫 呢 哪 赫 雷 赫 赫 呢 哪

(065 123 突快

5 1 1 5 3 3 3 | 2 1 1 5 | 6 1. 1. | 566 7 6553 |

a lang hw hw ni na hw lei gei gaen.

丫 郎赫赫尼那赫雷给根。

啊 郎赫赫呢哪赫雷给根。

522 3 2117 | 217 215 | 1. 1. | 1. 1. 0 ||

mbiengj ndwen ndeu

朕 月 刁

弯弯的月亮

1= bA 4/4

稍慢

李海鹰词曲

||: 5 5. 5 1 2 2 0 5 5 5 | 5 3. 2 3 2. 2 0 |

1. Sang sang dih gwne mbwz miz aen ndwen rongh mbiengj ndeu,

䕯 䕯 的 歪 奁 眉 偲 朕 㷠 月 刁，

遥 远 的 夜 空 有 一 个 弯 弯 的 月 亮，

2. Gyiuz iq henz de miz aen ruz iq ngauvnged nged,

桥 𢲵 垌 偧 眉 愢 舻 𢲵 撴 嘫 嘫，

小 桥 的 旁 边 有 一 条 弯 弯 的 小 船，

3. Dah sau vad ruz ngon ciengq gij go geq laux

妖 娋 㧡 舻 诶 唱 佁 歌 詁 老，

阿 娇 摇 着 船 唱 着 那 古 老 的 歌 谣，

4. baj naj de raemx da raemx da lumj,

把 𦟝 偧 淰 䀘 淰 䀘 㾂，

脸 上 淌 着 泪 像 那 条 弯 弯 的 河 水，

1.3.

5 5 5　5.3 2 1.0 6 1 | 2 2.1 2 3 2. :||

1. laj mbiengj ndwen rongh(ha) dwg diuz gungj iq iq dih giuz.

忈 尸 朊 㶓(呀) 迪 条 弓 杚 杚 的 桥。

弯弯的月亮下面 是那弯弯的小 桥。

2. ruz iq gwnz de naengh boux naengh boux

舻 杚 丕 傍 乫 䬶 乫 䬶

弯弯的小船悠悠 是那

3. sing go de swnh rumz(ha) biu daengz gwnz naj gaeu.

声 歌 傍 顺 (啊) 漂 肛 丕 䪼 兊

歌声随风飘啊 飘到我的脸 上。

4. diuz dah riuz(hi) riuz ya riuz

条 汏 流(唏) 流 呀 流

弯弯的河水流呀 流进

2.4.

2 . 2 2 1 6 5 5-(D.C. 至此曲终)|| 5 5.3 2- | 5 5.3 2 - |

caemh bi dih lwg- sau.　　ux　ux

㸃 岜 的 孖 婧。　　喔　喔

童年的阿娇。　　喔　喔

daengz gaeu dih sim- daeuz.

肛 兊 的 胣 头。

我的心头上。

2.

5 5.3 2 1.1 6 1 | 2 2.1 5 - :|| (结束句) 2 2.1 5 - ||

ux　ux

喔　喔

喔　喔

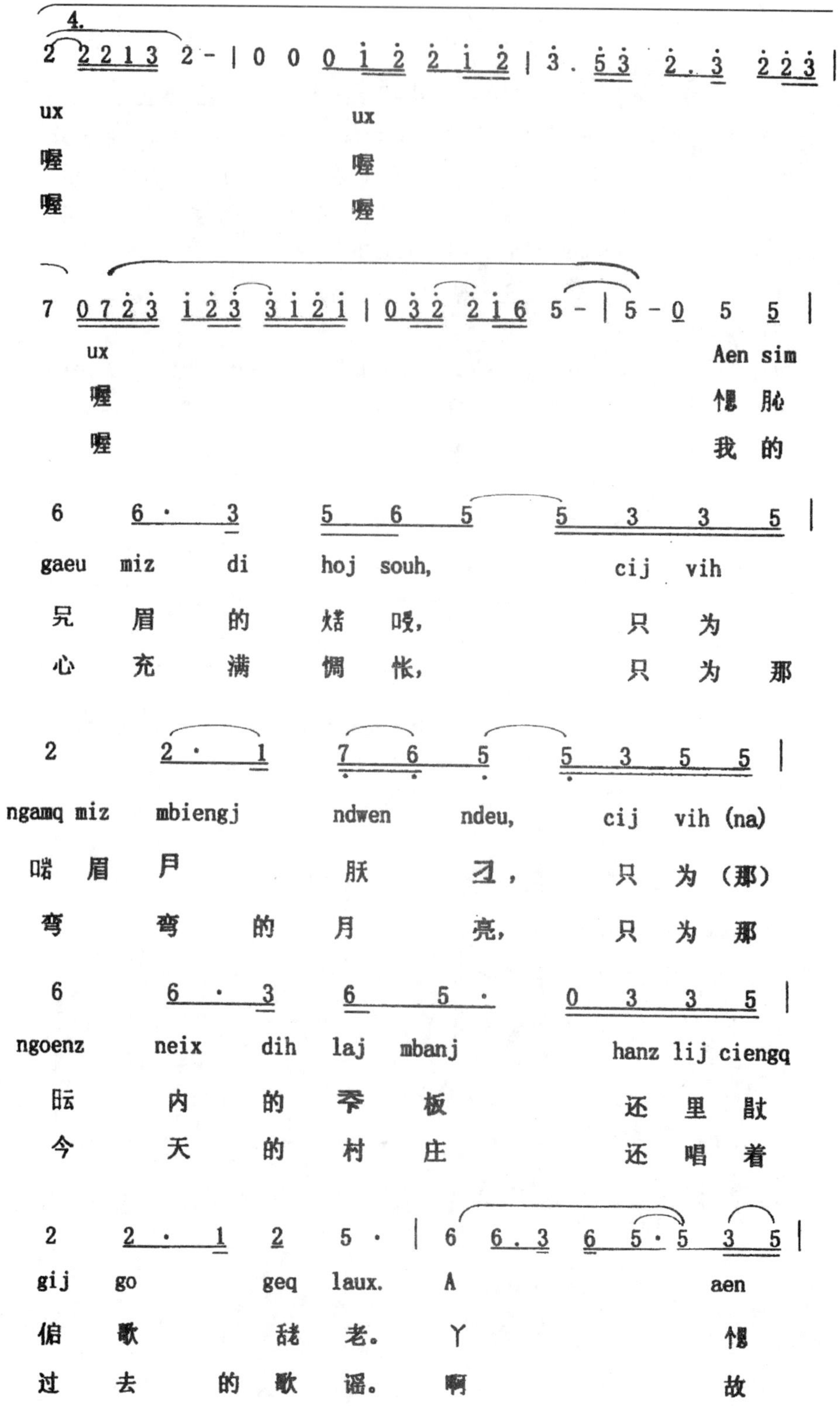
ux ux
喔 喔
喔 喔
ux
喔
喔
Aen sim
恨 胉
我 的
gaeu miz di hoj souh, cij vih
旯 眉 的 焅 㗅, 只 为
心 充 满 惆 怅, 只 为 那
ngamq miz mbiengj ndwen ndeu, cij vih (na)
啱 眉 月 朕 刁, 只 为 (那)
弯 弯 的 月 亮, 只 为 那
ngoenz neix dih laj mbanj hanz lij ciengq
眃 内 的 季 板 还 里 㪞
今 天 的 村 庄 还 唱 着
gij go geq laux. A aen
佁 歌 䛴 老。 丫 恨
过 去 的 歌 谣。 啊 故

2 . 1 7 6 5 0 5 5 | 6 6 . 3 6 5 · 0 3 5 |
ndwen gu- yangh, mwngz haenx aek in dih sim- ciengz, bik
朕 故 乡， 佲 罭 膉 痴 的 胣 肠， 逼
乡的月 亮， 你 那 弯 弯 的 优 伤， 穿

2 · 2 2 1 2 5 · | (5 5 . 3 2 - | 5 5 . 3 2 - |
hawj gaeu aek naek hoj souh.
拚 旯 膉 逅 焐 啰。
透 了 我 的 胸 膛。

5 5 . 3 2 1 | 2 6 5 -) ||
D.C. （重复第四段至结束句）

ndaw rumz miz baj fwj fwn

1= B 4/4

闷 飚 眉 把 㝵 雰

佚名曲

风中有朵雨做的云

3 6 6 5 3 | 5 6 5 5 6 - | 6 3 5 6 5 |
ndaw rumz miz baj fwj fwn miz baj fwj baenz
闷 飚 眉 把 㝵 雰 眉 把 变 贫
风 中 有 朵 雨 做 的 云， 一 朵 雨 做 的

3 - 0 0 | 6 2 2 6 6 | 1 2 1 2 - |
fwn. ndaw sim baj faj cungj seih fwn.
雰。 闷 胣 把 㝵 总 示 雰
云。 云 的 心 里 全 都 是 雨，

2 6 1 2 1 | 6 - 0 0 | 3 6 6 5 3 |
ndik ndik cungj seih mwngz ndaw rumz miz baj
汐 汐 总 示 佲， 闷 飚 眉 把
滴 滴 全 都 是 你， 风 中 有 朵

5 6 5 ⁵6 - | 6 3 5 6 5 | 3 - 0 0 |
fwj fwn fwj dwg fwn bianq baenz.
𫫏 雰， 𫫏 迪 雰 变 贫。
雨 做 的 云， 一 朵 雨 做 的 云。

6 1 2 2 6 6 | 1 2 1 2 1 2 |
fwj youq ndaw rumz gig sieng sim, mbouj rox
𫫏 闷 飔 亟 相 胣， 否 噜
云 在 风 里 伤 透 了 心， 不 知

3 6 7 6 5 5 | ⁵6 - - 6 7 | ⁱi 7 6 5 3 3 |
deng ci gvaq mwnq neix mwnq nwngq ci ha ci ha va loenq liux doek
虰 吃 卦 坶 内 坶 𦬴。 吃 呀 吃 呀 椛 矺 了 㸾
又 将 吹 向 哪 儿 去。 吹 呀 吹 呀 落 花 满

6 - - 3 5 | 6 i 7 6 5 | 3 - 0 6 7 |
rim mbouj miz boux lawz caeuq sieng sim, biu ha
阔， 否 眉 仆 偭 佞 相 胣， 漂 呀
地， 找 不 到 一 丝 丝 怜 惜， 飘 呀

⁶i 7 6 5 3 3 | ⁵6 - - 3 5 |
biu biu gvaq cien ndoi fanh rungh。cien daengj
漂 漂 卦 千 㙮 万 岽。 专 蹬
飘 飘 过 千 万 里。 苦 苦

⁵6 i 2 i 7 6 | 7 - - - | 0 0 0 3 |
fanh deq ngoenz ma mwngz fungz
万 𨮍 昑 㾏 佲， 逢
守 候 你 的 归 期， 每

i 7 6 5 . 3 3 | 6 5 4 3 1 2 |
daengz gwnz mbwn doek fwn youh fan rumz ndaw
肝 歪 𩅽 㐁 雰 又 翻 飔， 闷
当 天 空 又 下 起 了 雨， 云 中

3 6 5 6 5 | 6 - 0 3 | i 7 6 5 3 |
rumz miz baj fwj fwn, moix mbat ndaw sim
𠁸 眉 把 霒 雺, 每 𠬠 闷 胣
有 朵 雨 做 的 云, 每 当 心 中 又

5 6 5 4 3 1 2 | 1. 3 6 5 6 5 |
ngeix daengz mwngz, ndaw rumz miz baj fwj
忞 盯 佲, 闷 𠁸 眉 把 霒
想 起 了 你, 风 中 有 朵 雨 做 的

6 - - 0 | （间奏略）| 2. 3 i 7 6 5 | 6 - - 0 ||
fwn. miz baj fwj raemx dienq baenz.
雺。 眉 把 霒 淰 变 贫。
云。 有 朵 雨 做 的 云。

sing bohlangq ciuq gaeuq

啨波浪照𠢒

涛声依旧

1=A 4/4 陈小奇词曲

(5 6 1 1 2 3 5 6 5 5 | 0 i 2 i 6 5 1 2 0 1 2 | 6 5 0 0) |

5 5. 5 6 1 2 1 6 1 | 1 1 1 6 1 2 3 |
Daiq baeaen daeng dwk bya, hawj de rongh raeuj gaeu song lwg
带 䓈愢 灯 迪 鲃, 拚 佬 烧 暖 兄 双 孙
带 走 一 盏 渔 火, 让 它 温 暖 我 的 双
sing cung yiengj ndengh ndengh, hawj gaeu hanz ninz mbouj ndaep
啨 钟 响 哴 哴, 拚 兄 寒 眸 否 煰
流 连 的 钟 声, 还 在 敲 打 我 的 无

5 6 5 5 | 1 1 1 2 3 5 3 3 2 1 |
da, laeuz ma it donh cingz ngeih, fak de
眣, 留 庲 乙 端 情 恒, 扻 佬
眼, 留 下 一 段 真 情, 让 它
da, sawq-mwh saed-ceij, gvaq vaig
眣, 暑 官 眣 盱, 卦 跗
眠, 尘 封 的 日 子, 始 终

6/七 1 1 1 1 6 5 2 3 2 2 |

dingz youq go raeu henz gyiuz laj dah,

停 圣 榈 楼 圳 桥 季 汏，

停 泊 在 枫 桥 边，

caemh mbouj dwg bed bed dog gvaq,

毑 否 迪 白 白 晚 卦，

不 会 是 片 云 烟，

0 5 5 5 6 5 3 2 1 1 6 1 |

hauj lai dih cingz ngeih gaen vut

好 粆 的 情 愃 斫 勎

无 助 的 我 已 经

nanz mbouj raen mwngz naj mwngz it dingh

赧 否 䟴 佲 佲 嚭 乙 定

久 违 的 你 一 定

6/七 3 3 3 2 3 5 6 1 6 6 5 5 |

roengz haij roengz dah, gvaq liux

垄 海 垄 汏， 卦 了

疏 远 了 那 份 情 感， 许 多

ciuq gaeuq riu nyumj lumj duj va, gvaq liux

照 纠 笑 吀 廪 菒 梳， 卦 了

保 存 着 那 张 笑 脸， 许 多

6 1 1 6 1 2 3 2 2 3 2 3 2 1 |

hauj lai bi cij rox nyinh youh ma daengz mwngz

好 粆 辈 只 鎋 啰 眍 庲 肝 佲

年 以 后 才 发 觉 又 回 到 你

hauj lai bi ciep souh ndaej mbouj ndaej song raeuz dih

好 粆 辈 接 受 䍀 否 䍀 双 偻 的

年 以 后 能 不 能 接 受 彼 此 的

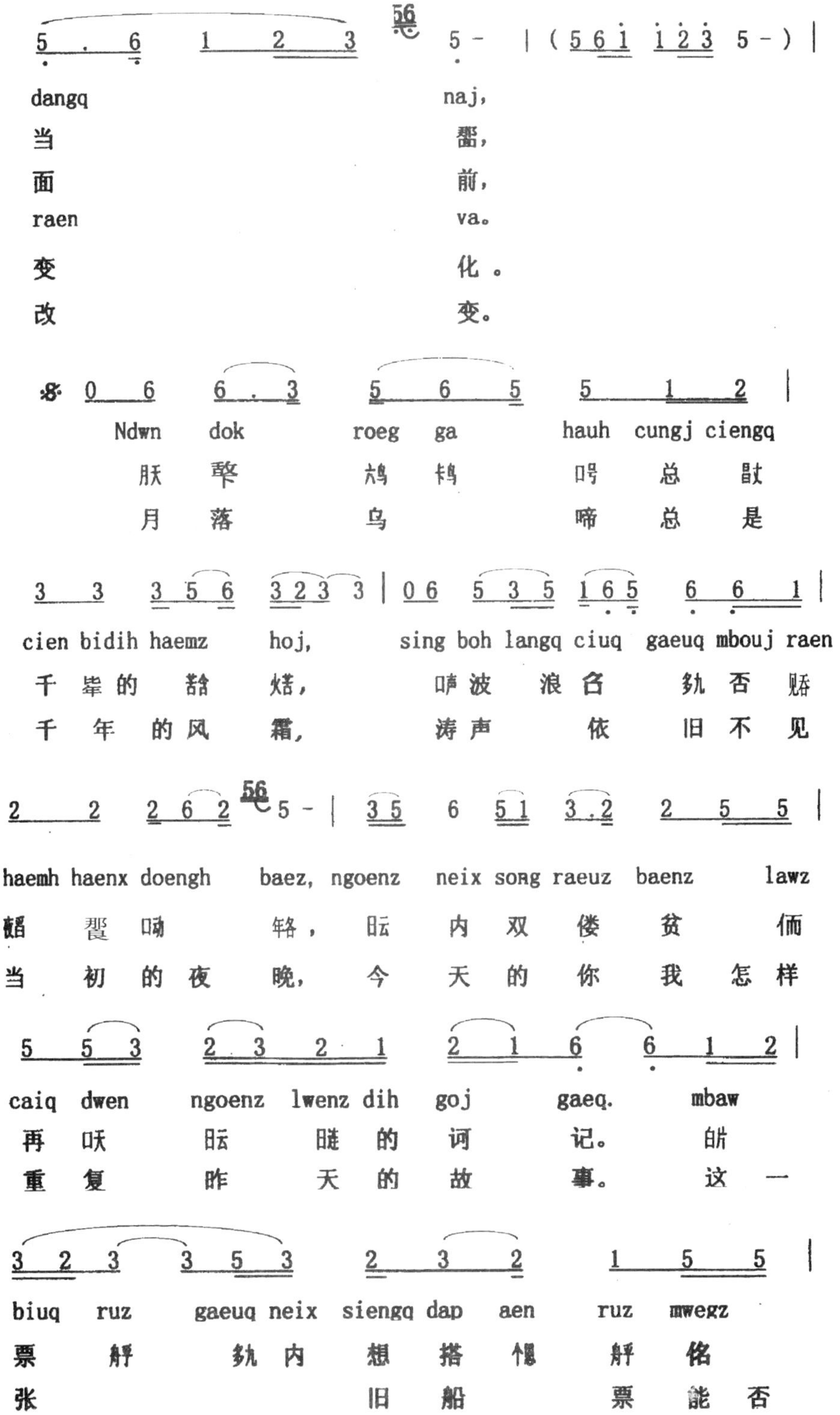
dangq naj,
面 前,
raen va。
变 化。
改 变。
Ndwn dok roeg ga hauh cungj ciengq
月 落 乌 啼 总 是
cien bidih haemz hoj, sing boh langq ciuq gaeuq mbouj raen
千 年 的风 霜, 涛 声 依 旧 不 见
haemh haenx doengh baez, ngoenz neix song raeuz baenz lawz
当 初 的 夜 晚, 今 天 的 你 我 怎 样
caiq dwen ngoenz lwenz dih goj gaeq. mbaw
重 复 昨 天 的 故 事。 这 一
biuq ruz gaeuq neix siengq dap aen ruz mwegz
张 旧 船 票 能 否

1.
5 5 5 5 6 5 3 5 6 5 5 | 5 - - - |

rox naeuz ndaej mbouj ndaej? D.S

𫄧 吽 兀 否 兀 ？

登 上 你 的 客 船。

(5 6 5 3 5 - | 3 2 1 6 1 . 3 2 1 6 | 5 6 5 6 1 2 3 5 -) :||

2.
2 2 2 2 2 1 6 | 1 2 1 1 6 1 |

dap aen ruz mwngz rox naeuz

搭 愪 舻 佲 𫄧 吽

登 上 你 的 客 船， 能 否

2 2 2 2 2 - 0 2 1 6 | 56 5 - - - ||

ndaej mbouj ndaej? ndaej mbouj ndaej?

兀 否 兀？ 兀 否 兀？

登 上 你 的 客 船。

mbouj ndaej mbouj miz mwngz dih seiq gyaiq

1= F 4/4
稍慢

否兀否眉佲的罡界
不能没有你的世界

陈小奇词
李海鹰曲

(电视剧《外来妹》主题歌)

0 . 5 6 5 ||: 2 - 0 . 5 5 3 2 | 3 - 0 . 3 2 1 1 |

gou mbouj siengj gangj gou gig gyaez lai, gou mbouj siengj

兄 否 愢 啭 兄 亟 㤉 夥， 兄 否 愢

我 不 想 说 我 很 亲 切， 我 不 想

gyaez gou naengz mbouj bot, hauj lai ninz

㤉 兄 能 否 搏， 好 夥 眸

爱 我 能 拒 绝， 许 多 的

2 - 0 . 1 6 6 5 | 5 - 0 . 5 6 5 5 |

gangj gou gig cengh gvai, dan seih sim

嗻 兄 亟 澼 佅， 但 示 胣

说 我 很 纯 洁， 可 是 我

loq gaeu cungj lumz bae, dan seih gaeu

甋 兄 总 㤥 辈， 但 示 兄

梦 我 能 省 略， 可 是 我

35 . 3 56 . 5 | 23 3 3 . 2 3 2 1 6 . 1 2 |

gaeu rox nginh cungj mbouj ndaej mbouj siengj mwngz saek gaiq, yawj aen

兄 鐞 啹 总 否 旵 否 𢡟 佲 嚜 介， 䂬 𢡟

不 能 拒 绝 心 中 的 感 觉， 看 看

mbouj ndaej lumz mwngz mqiq naj rui oiq, ngeix ngeix

否 旵 㤥 佲 䏧 䎦 朕 荟， 忞 忞

不 能 忘 记 你 的 笑 脸， 想 想

2 2 1 6 1 2 | 2 2 1 6 1 6 |

mbwn mbwn ndae lai, mo mwngz naj rongh raix caix, mwngz dih

坔 坔 兀 夥， 摸 佲 䎦 熐 咊 浾， 佲 的

可 爱 的 天 摸 摸 真 实 的 脸， 你 的

roen gyae gyae, uet uet gwnz din haiz, mbouj guenj

坤 遥 遥， 抆 抆 丕 趼 鞋， 否 管

长 长 的 路， 擦 擦 脚 下 的 鞋， 不 管

1.
4 4 4 5 6 5 5 . 5 6 5 5 :||

sim cingz gaeu caemh lij gaij, hauj lai dih

胣 情 兄 㐲 理 解， 好 夥 的

心 情 我 能 理 解， 许 多 的

2.
4 4 4 5 6 5 5 5 6 5 ||

ngoenz cog gij maz geiq ciet, it yiengh dih

昑 昨 偈 麻 季 节， 乙 养 的

明 天 什 么 季 节， 一 样 的

‖:5 - - 5 6 5 | 2 - - 5 6 5 | 1 . 5 5 6 6 6 1 |

mbwn it yiengh dih naj, it yiengh dih gaeu, couh youq mwngz doiq naj

𠲎，乙 养 的 䪼，乙 养 的 兄，就 休 佲 对 䪼

天，一 样 的 脸，一 样 的 我，就 在 你 的 面

roen, it yiengh dih haiz, gaeu mbouj ndaej mbouj miz mwngz dih doiq

坤，乙 养 的 鞋，兄 否 㲽 否 眉 佲 的 罡

路，一 样 的 鞋，我 不 能 没 有 你 的 世

1. 2 - - 5 6 5 :‖ 2. 1 - - 0 ‖

raix。 it yiengh dih gyaiq.

㖵。乙 养 的 界。

前。一 样 的 界。

Gauh yenz cingh sang

高原青藏

青藏高原

1= E 4/4 2/4 3/4

张千一词曲

00 ff 3 7 7 6 | 6 - - 3 | 3 - #2 3 2 3 | 3 - - (3 7 ‖:

ya la so ae

呀 啦 索 哎

呀 啦 索 哎

f 6 - 6 7 5 3 2 | 3 - - 6 3 | 2 - 2 3 1 6 5 | 6 - - -) |

f 3 3 6 7 6 6 - | 7 6 7 5 3 3 2 3 - |

1. boux lawz daiq daeuj gax gonq dih ciu hemq,

仆 佲 带 料 卡 宽 的 昭 喊，

是 谁 带 来 远 古 的 呼 唤，

2. boux lawz hwnz ngoenz doiq mbwn daeuj muengh ndemq,

仆 佲 腪 昛 对 𠲎 料 朦 䑛，

是 谁 日 夜 遥 望 着 蓝 天，

3 3 5 6753 2 | 3 2 3 1665 6 - |

1. boux lawz ce roengz cien bi gouz ndemq,

仆 俩 舍 苓 千 埠 求 䄡。

是 谁 留 下 千 年 的 祈 盼。

2. boux lawz fangz hwnz loq daeuj muengh yemq,

仆 俩 魴 腪 䝼 料 䁹 䀹。

是 谁 渴 望 永 久 的 梦 幻。

6 1 6 2 2 3 6 · | 6 . 7 5332 3 - |

1. nanz dauh naeuz lij miz ngon hoengq aeu dih go,

敉 辺 吽 里 眉 诶 闳 欧 的 歌,

难 道 说 还 有 无 言 的 歌,

2. nanb dauh naeuz lij miz haenh ndei dih go,

难 辺 吽 里 眉 悫 丆 的 歌,

难 道 说 还 有 赞 美 的 歌,

0 2 2 3 5 . 5 5 3 | 6 32 1 . 2 323 1665 |

1. hanz lij dwg gaiq nanz nanz mbouj ndaej lumz dih gyaez

还 里 迪 介 难 难 否 冧 慈 的 侨

还 是 那 久 久 不 能 忘 怀 的 眷

2. hanz lij dwg gaiq lumj mbouj ndaej gaij dih cangh-

还 里 迪 介 廪 否 冧 改 的 庄

还 是 那 仿 佛 不 能 改 变 的 庄

6 6123 | 6 - - 3 76 | 6 - 5 6 6 5 |

1. lienh, o gaeu yawj raen it goengq goengq

恋,哦 兄 䀹 䙴 乙 岗 岗

恋,哦 我 看 见 一 座 座

2. yenz,

严,

严,

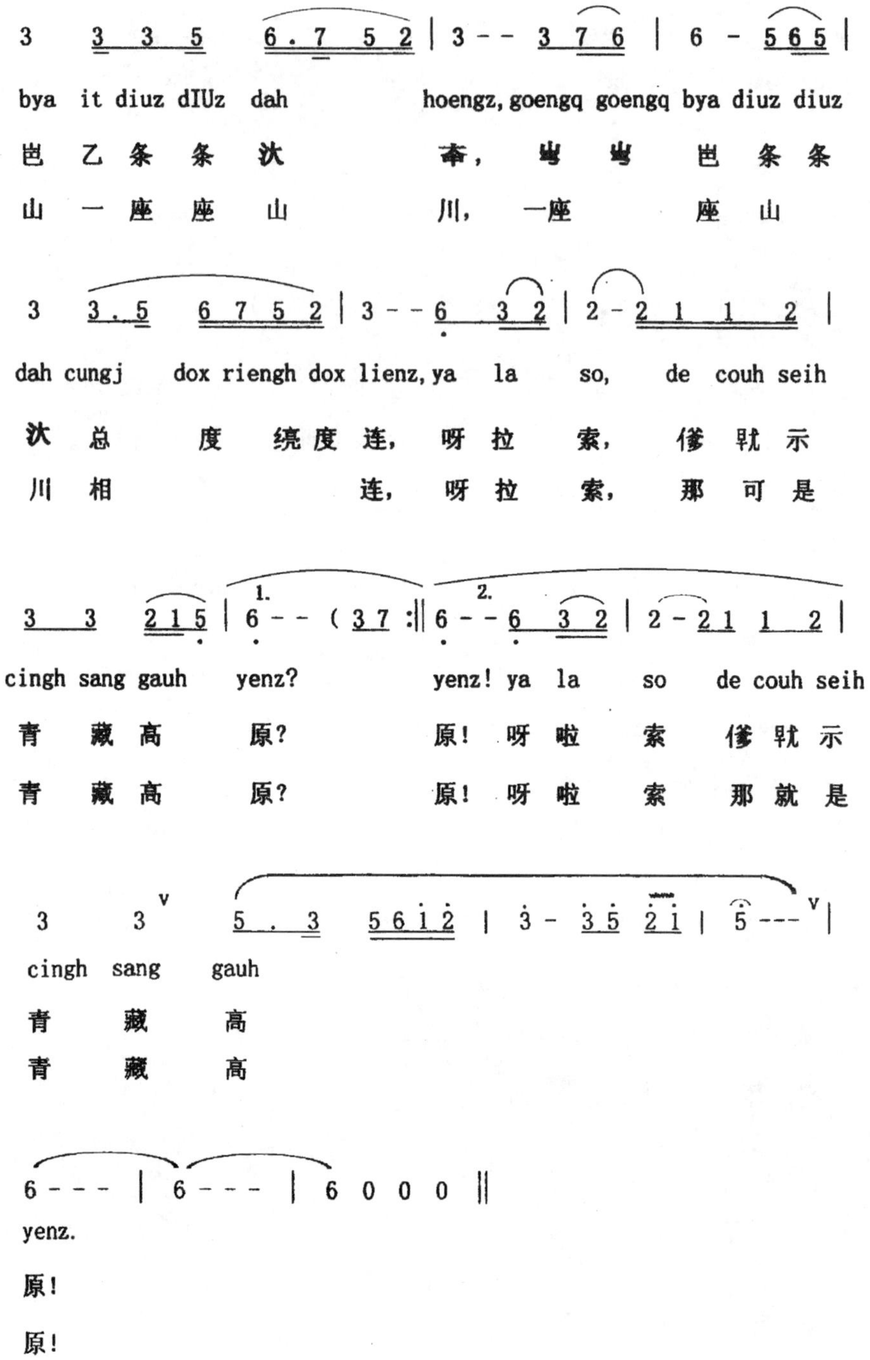
3 3 3 5 6.7 5 2 | 3 - - 3 7 6 | 6 - 5 6 5 |
bya it diuz dIUz dah hoengz, goengq goengq bya diuz diuz
岜乙条条汏 奋，𡶴𡶴 岜条条
山一座座山 川，一座 座山
3 3.5 6 7 5 2 | 3 - - 6 3 2 | 2 - 2 1 1 2 |
dah cungj dox riengh dox lienz, ya la so, de couh seih
汏总 度 绕度连，呀拉 索，佲 𨅝示
川相 连，呀拉 索，那可是
3 3 2 1 5 | 6 - - (3 7 :‖ 6 - - 6 3 2 | 2 - 2 1 1 2 |
1. 2.
cingh sang gauh yenz? yenz! ya la so de couh seih
青藏高 原? 原！呀啦 索 佲𨅝示
青藏高 原? 原！呀啦 索 那就是
3 3 5.3 5 6 1 2 | 3 - 3 5 2 1 | 5 - - - |
cingh sang gauh
青藏高
青藏高
6 - - - | 6 - - - | 6 0 0 0 ‖
yenz.
原！
原！

ngeix niemh canq-youj

忩 恷 战 友
怀 念 战 友

1= b 2/4 3/4

赵心水 雷振邦词

雷 振 邦 曲

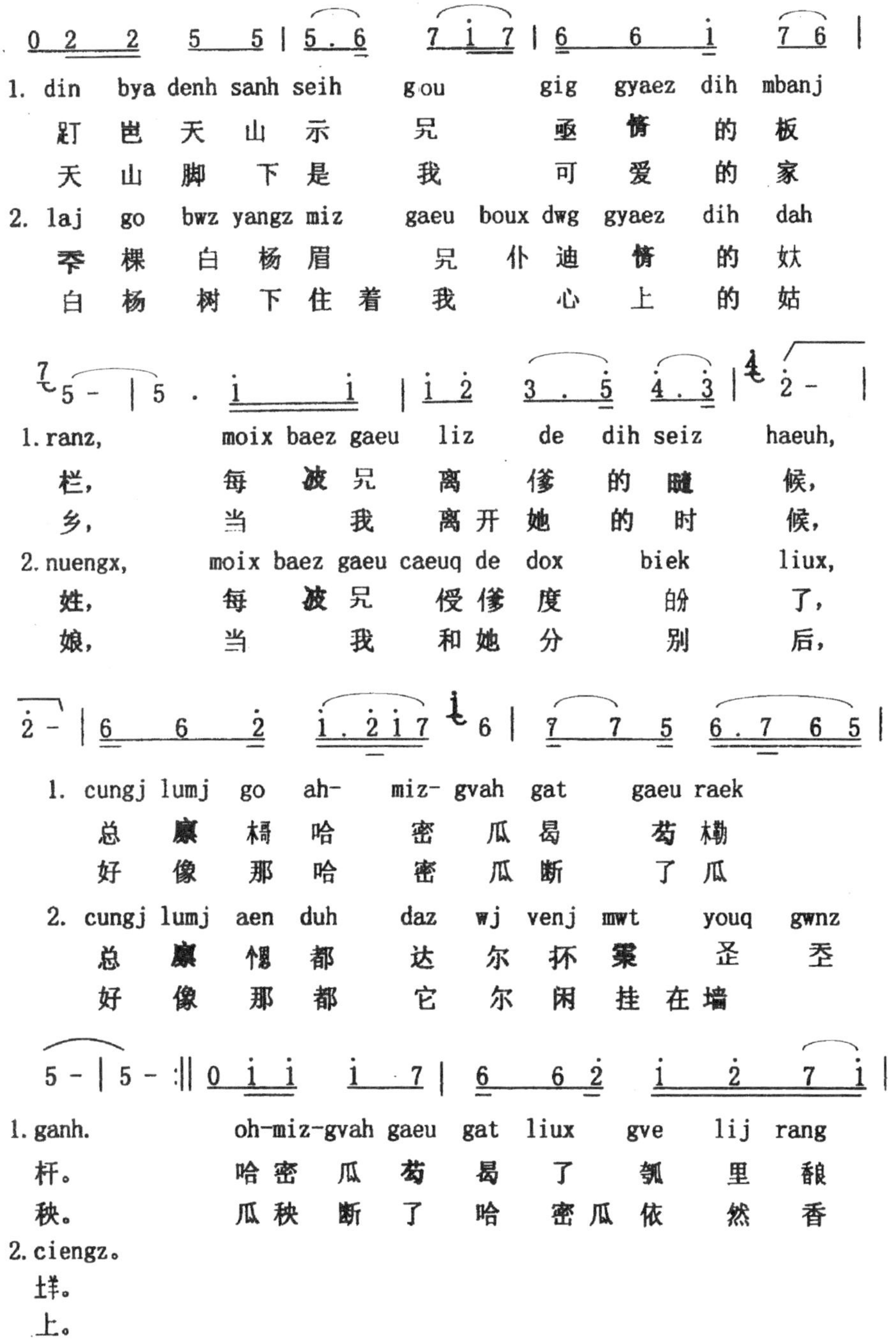

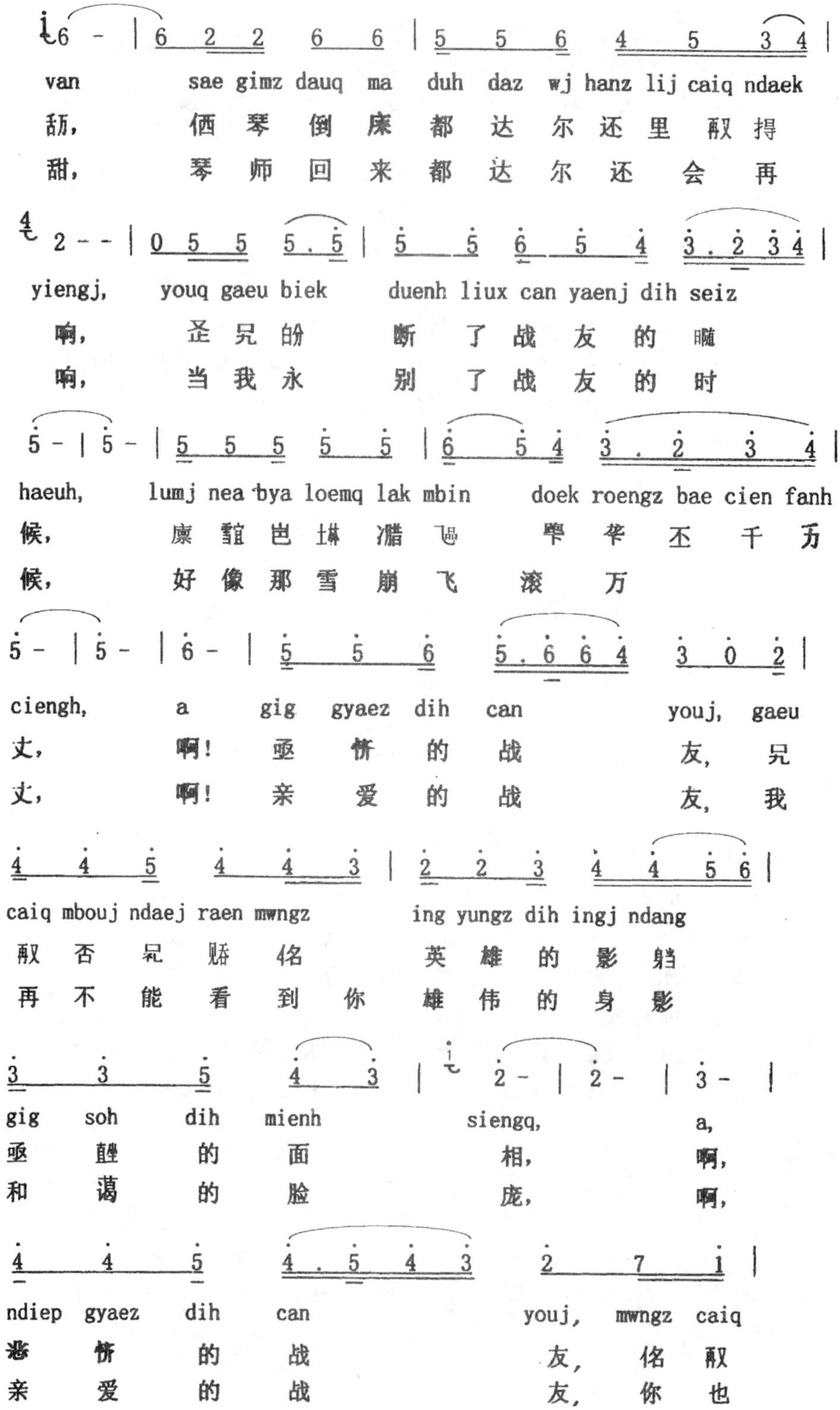
van sae gimz dauq ma duh daz wj hanz lij caiq ndaek
甜，琴师回来都达尔还会再
yiengj, youq gaeu biek duenh liux can yaenj dih seiz
响，当我永别了战友的时
haeuh, lumj nea bya loemq lak mbin doek roengz bae cien fanh
候，好像那雪崩飞滚万
ciengh, a gig gyaez dih can youj, gaeu
丈，啊！亲爱的战友，我
caiq mbouj ndaej raen mwngz ing yungz dih ingj ndang
再不能看到你雄伟的身影
gig soh dih mienh siengq, a,
和蔼的脸庞，啊，
ndiep gyaez dih can youj, mwngz caiq
亲爱的战友，你也

2 2 3 1 2 1 7 | i 6 - | 7 . 5 6 . 7 6 5 | 5 - | 5 - ||

mbouj ndaej dingq gou ndaek gimz, dingq gou eu ciengq.

否 㝵 盯 兄 搨 琴， 盯 兄 喥 尚。

不 能 听 我 弹 琴， 听 我 歌 唱。

Cingz ngeih laeg raez
情 恞 瀄 𨱧
情 深 谊 长

1= C 9/8 6/8

王印泉词
臧东升曲

（音乐舞蹈史诗《东方红》插曲）

9/8. 1 2 3 3 3 . | 6/8 3 6 3 2 0 2 3 2 | 1 . 1 . |

baj fwj haj saek mbin fei fei

把 䨼 五 色 𩙦 飞 飞

五 彩 云 霞 空 中 飘

9/8 6 1 2 3 3 3 | 6/8 3 6 3 2 1 2 | i 6 . 6 . |

gwnz mbwn miz duz roeg gim sei,

歪 𠀾 眉 徒 鸡 金 丝，

天 上 飞 来 金 丝 鸟，

mf

3 6 3 6 | 1 3 3 6 1 2 3 6 | 3 6 3 6 |

ha! ha!

啊！ 啊！

啊！ 啊！

3 6 6 3 6 1 1 6 | 1 1 2 3 6 6 |

hungz gwnh dwg raeuz dih

红 军 迪 偻 的

红 军 是 咱 们 的

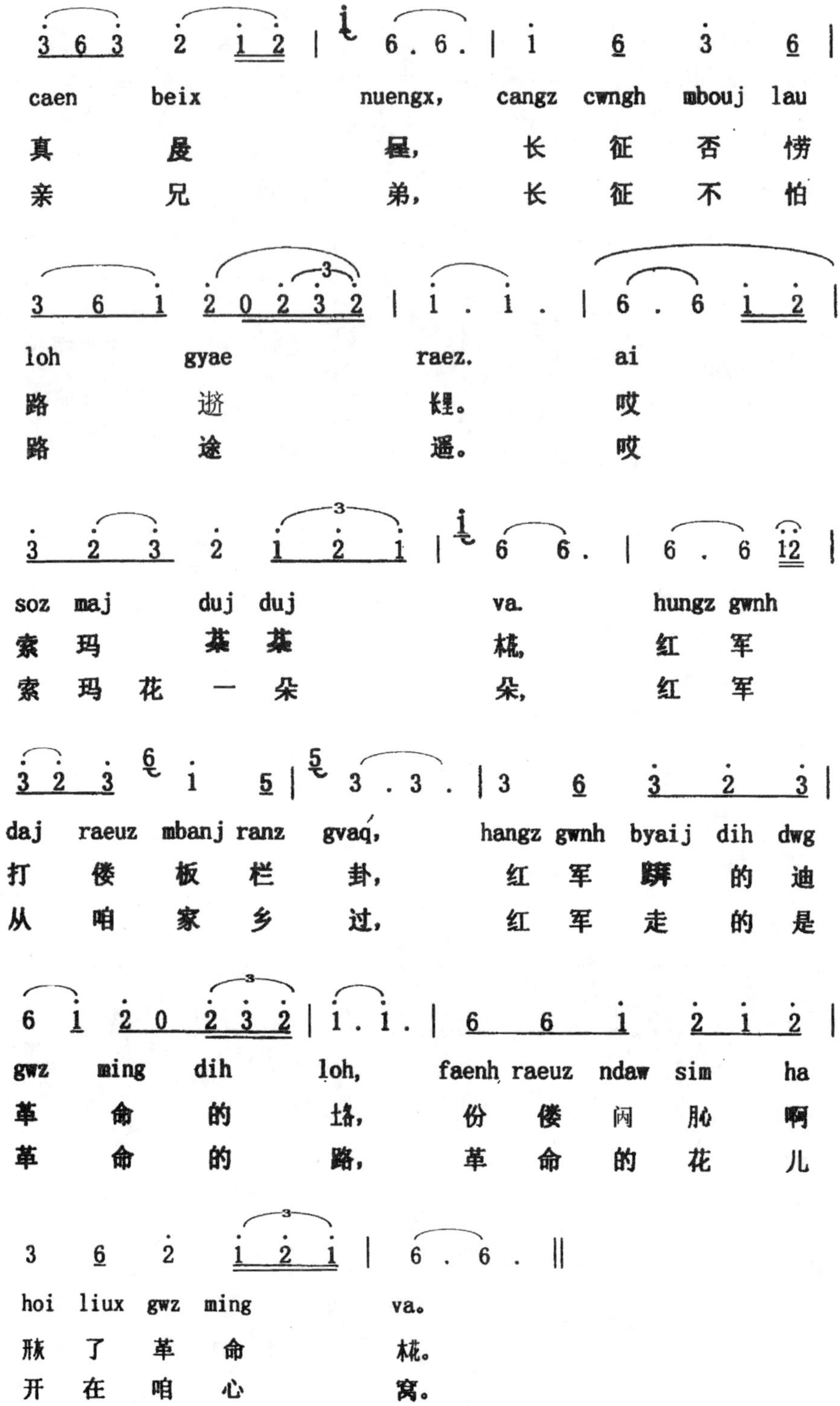
caen beix nuengx, cangz cwngh mbouj lau
真 叐 昰， 长 征 否 愣
亲 兄 弟， 长 征 不 怕
loh gyae raez. ai
路 遊 𨱥。 哎
路 途 遥。 哎
soz maj duj duj va. hungz gwnh
索 玛 蓔 蓔 椛， 红 军
索 玛 花 一 朵 朵， 红 军
daj raeuz mbanj ranz gvaq, hangz gwnh byaij dih dwg
打 偻 板 栏 卦， 红 军 踌 的 迪
从 咱 家 乡 过， 红 军 走 的 是
gwz ming dih loh, faenh raeuz ndaw sim ha
革 命 的 垎， 份 偻 闷 肋 啊
革 命 的 路， 革 命 的 花 儿
hoi liux gwz ming va。
豗 了 革 命 椛。
开 在 咱 心 窝。

Sim gyaez caez fung-yien
肔㤖育奉献
爱的奉献

1= A 4/4 2/4

黄奇石词
刘诗召曲

(1 2 1 2 ||: 3 - - 6 1 | 2 - - 1 2 1 2 | 3 - - 5 6 | 1 - -)

||: 1 . 2 3 5 3 | 2 1 1 . 1 - | 3 0 5 6 1 6 |

Gaiq neix dwg sim gyaez dox heuh hemq, Gaiq neix dwg sim gyaez daeuj

介内迪肔㤖度叫喊，介内迪肔㤖料

这是心的呼唤，这是爱的

caiq mbouj miz sim rwix sim bwn, Caiq mbouj miz dox haenq

再否眉肔孬肔毪，再否眉度恨

再没有心的沙漠，再没有爱的

6 5 5 . 5 - | 6 0 1 1 2 1 2 |

fung yien; gaiq neix dwg laj mbwn

奉献；介内迪下天

奉献；这是人间的

fat mwnh; fangz rwix yawj cungj lij

抜瘽；魁孬䀹总里

荒原；死神也望而

1 6 6 . 6 5 6 | 5 5 0 3 3 0 1 2 3 |

rumz seiz cin, gaiq neixdwg seng mingh dih mboq raemx

风时春，介内迪生命的泲渗

春风，这是生命的源

lau dauz, va fuk heiq cawq cawq hoi

愣逃，芲福气处处開

却步，幸福之花处处开

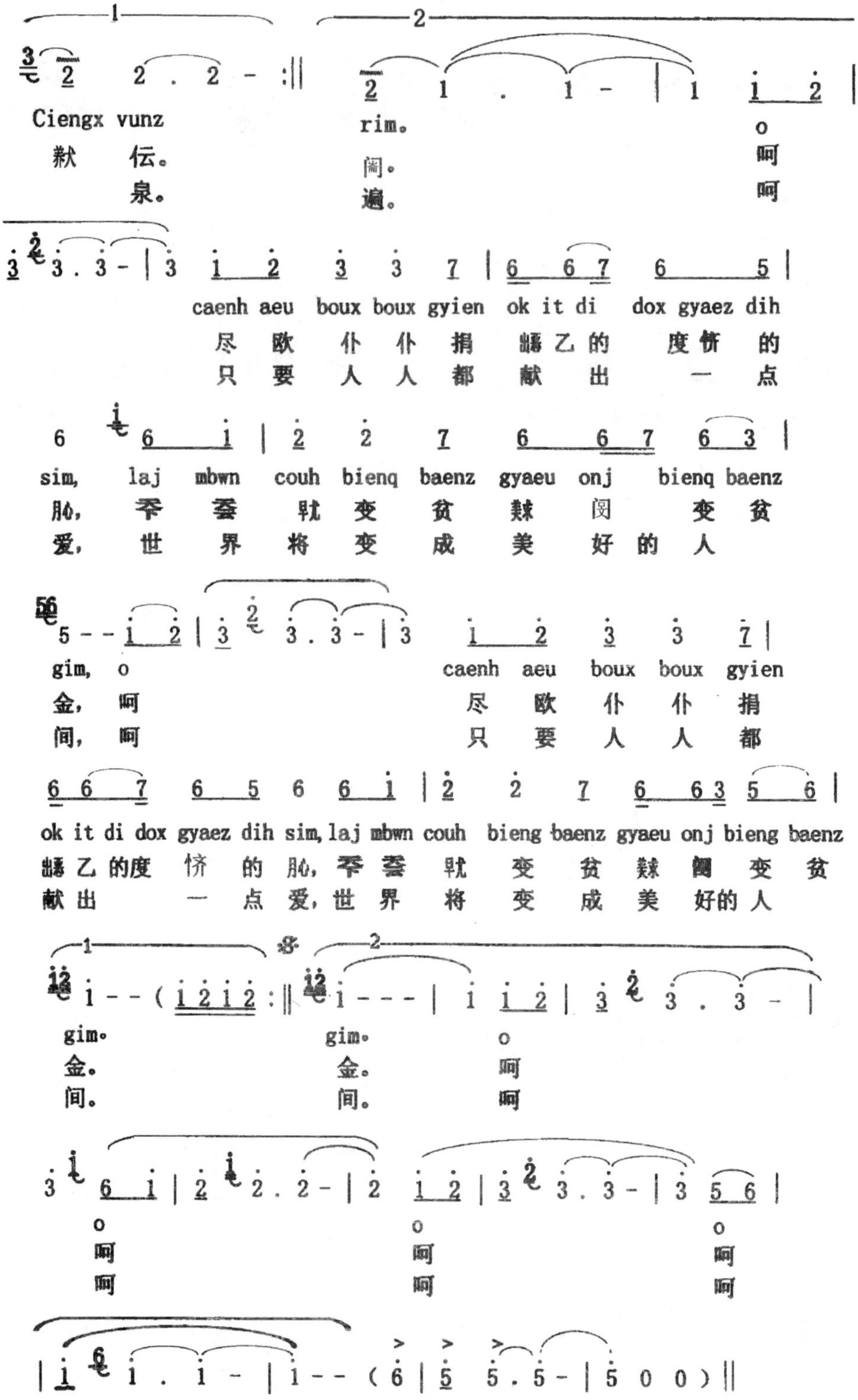
Ciengx vunz rim。 o
欶 伝。 阁。 呵
泉。 遍。 呵
caenh aeu boux boux gyien ok it di dox gyaez dih
尽 欧 仆 仆 捐 繍 乙 的 度 脐 的
只 要 人 人 都 献 出 一 点
sim, laj mbwn couh bienq baenz gyaeu onj bienq baenz
胣, 秊 霒 默 变 贫 鞣 阕 变 贫
爱, 世 界 将 变 成 美 好 的 人
gim, o caenh aeu boux boux gyien
金, 呵 尽 欧 仆 仆 捐
间, 呵 只 要 人 人 都
ok it di dox gyaez dih sim, laj mbwn couh bieng baenz gyaeu onj bieng baenz
繍 乙 的 度 脐 的 胣, 秊 霒 默 变 贫 鞣 阕 变 贫
献 出 一 点 爱, 世 界 将 变 成 美 好 的 人
gim。 gim。 o
金。 金。 呵
间。 间。 呵
o o o
呵 呵 呵
呵 呵 呵

Go doenghhaet sauj yienz

1= G 4/4 2/4

歌咘乾草原
草原晨曲

玛拉沁夫词
通福曲

（电影《草原晨曲》插曲）

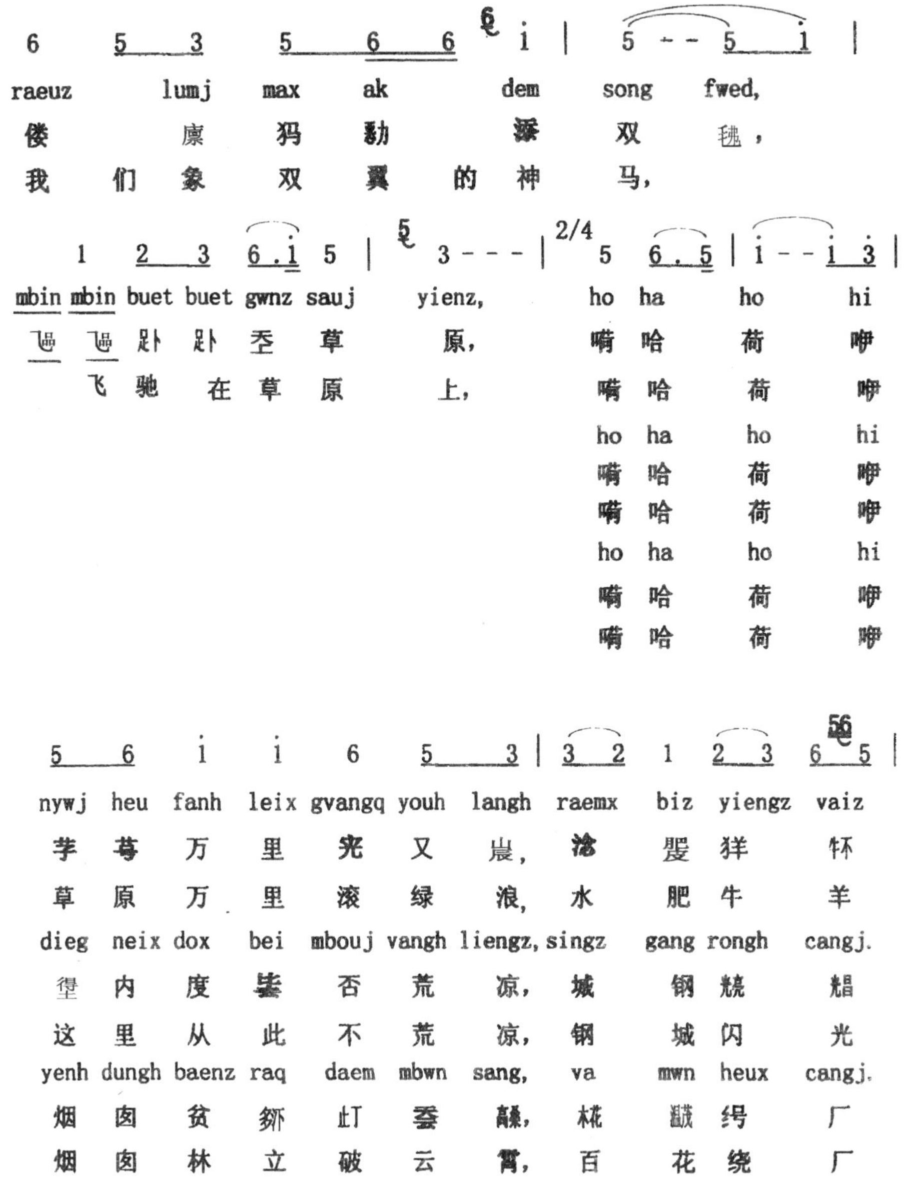

1 - - - | 6 5 3 5 6 6 i | 5 - - 5 1 |

angq. caiq raen la heu swd swd dih sauj yienz,
惕, 叙 赔 啦 茑 菇 菇 的 草 原,
壮, 再 见 吧 绿 色 的 草 原,
cangj, caiq raen la oiq up up dih sauj yienz,
焻, 叙 赔 啦 荟 葫 葫 的 草 原,
芒, 再 见 吧 青 色 的 草 原,
fangz, caiq raen la heu siz siz dih sauj yienz,
房, 叙 赔 啦 茑 茜 茜 的 草 原,
房, 再 见 吧 青 色 的 草 原,

6 1 i 3 5 6 6 i | 5 - - - |

caiq raen la gyaeu ndei dih gyah yangh.
叙 赔 啦 耕 兀 的 家 乡。
再 见 吧 美 丽 的 家 乡。
caiq ráen la miz fuk heiq dih gyah yangh.
叙 赔 啦 眉 福 气 的 家 乡。
再 见 吧 幸 福 的 家 乡。
caiq raen la gwz ming dih gyah yangh.
叙 赔 啦 革 命 的 家 乡。
再 见 吧 红 色 的 家 乡。

2/4
5 6 . 5 | i - - i 3 | 5 6 i i 6 6 5 3 |

ha ya o i vih liux baih naj ndei engq ndei,
啊 哈 嘀 伊 为 了 摒 嚣 兀 皶 兀,
啊 哈 嘀 伊 为 了 远 大的 理 想 象,
ha ya o i raeuz cou bae guh gangh dez gungh yinz,
啊 哈 嘀 伊 偻 犹 錖 四 钢 铁 工 人,
啊 哈 嘀 伊 我 们 将 成 钢 铁 工 人,
ha ya o i vih liux gangh cangj daih fung sou
啊 哈 嘀 伊 为 了 钢 厂 大 丰 收,
啊 哈 嘀 伊 为 了 草 原 钢 花 怒 放,

3 2 1 1 2 3 6 56 5 | 1 - - - || i - - - ||

lumj roegenq mbin bae gyae youh gvangq.

廪 鸩 鸩 飞 皆 趻 又 宪。

燕 子 似 地 飞 向 远 方。

dawz seiz coz soengq hawj Bauh Gangh.

捋 曬 偉 搓 拚 包 钢。

把 青 春 献 给 包 钢。

raeuz caez gya mbin dauq Bauh Gangh

偻 齐 家 飞 倒 包 钢。

我 们 将 飞 向 包 钢。

Aen Daengngoenz Gou
偲 灯 眃 兄
我 的 太 阳

1=G 2/4
稍 慢

[意]G. 卡普罗词
[意]E. 卡普阿曲
尚 家 骧译配

0 5 4 3 | 2 1 | 1 2 3 1 | 7 6 |

A, geij lai veih vangz, rongh rongh dih daeng ngoenz,

啊, 几 紷 辉 煌, 焼 焼 的 眃 眃,

啊, 多 么 辉 煌, 灿 烂 的 阳 光,

6 7 1 2 | 7 . 6 6 | 6 7 1 2 |

rumz hung fwn raq gvaq liux, aen mbwn geij lai

飚 奄 雰 沎 卦 了, 偲 霒 几 紷

暴 风 雨 过 去 后, 天 空 多

6 . 5 5 | 5 5 4 3 | 2 1 | 1 2 3 1 |

cingx rongh ndei! Hoengh- heiq singj-sien sawj vunz engq gya

清 焼 丌! 空 气 醒 先 使 伝 应 加

清 朗! 清 新 的 空 气 令 人 精 神

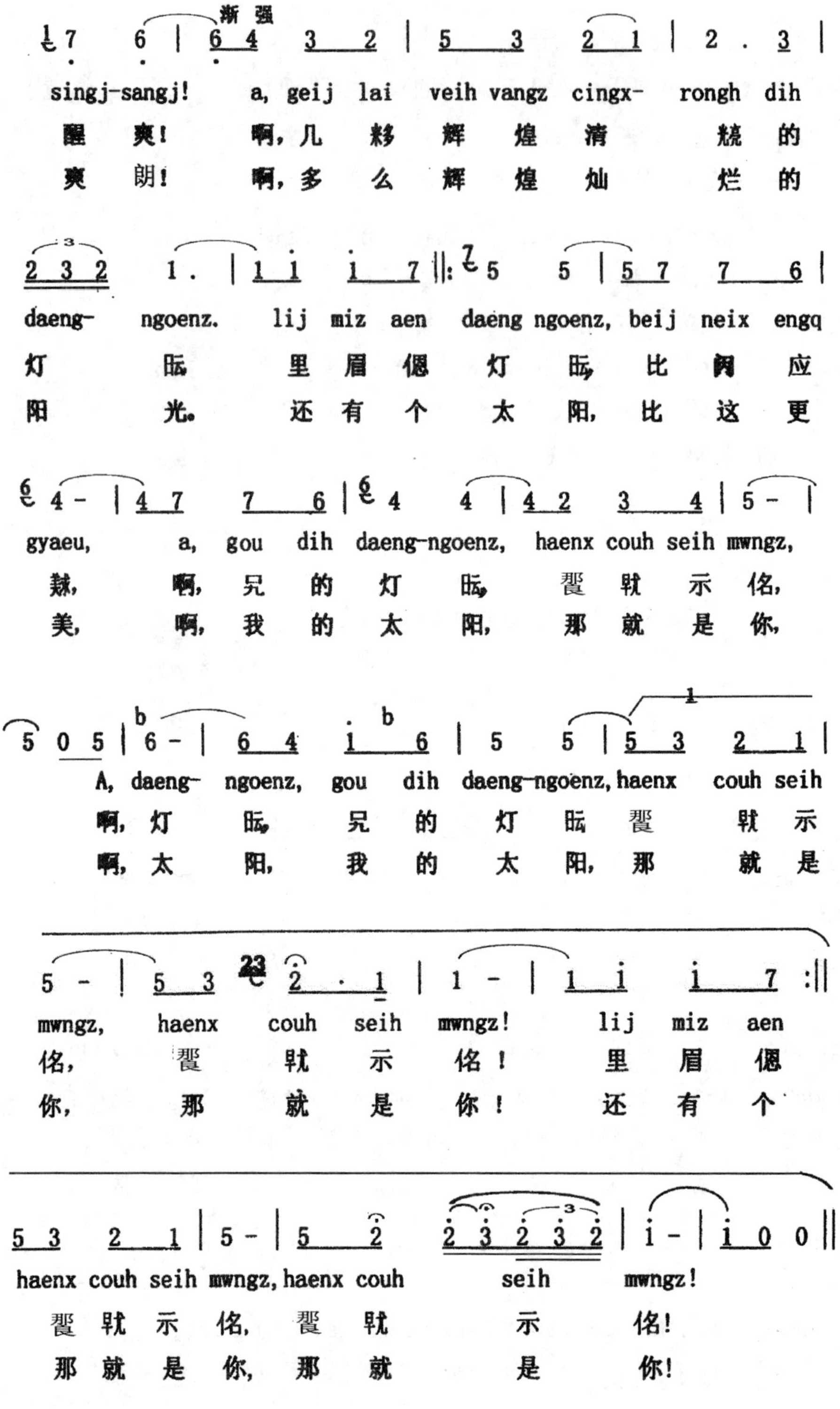
渐强
singj-sangj! a, geij lai veih vangz cingx- rongh dih
醒 爽! 啊, 几 㐱 辉 煌 清 㓔 的
爽 朗! 啊, 多 么 辉 煌 灿 烂 的
daeng- ngoenz. lij miz aen daeng ngoenz, beij neix engq
灯 眃 里 眉 偲 灯 眃, 比 闭 应
阳 光。 还 有 个 太 阳, 比 这 更
gyaeu, a, gou dih daeng-ngoenz, haenx couh seih mwngz,
㛥, 啊, 只 的 灯 眃, 翻 𨅗 示 佲,
美, 啊, 我 的 太 阳, 那 就 是 你,
A, daeng- ngoenz, gou dih daeng-ngoenz, haenx couh seih
啊, 灯 眃, 只 的 灯 眃 翻 𨅗 示
啊, 太 阳, 我 的 太 阳, 那 就 是
mwngz, haenx couh seih mwngz! lij miz aen
佲, 翻 𨅗 示 佲! 里 眉 偲
你, 那 就 是 你! 还 有 个
haenx couh seih mwngz, haenx couh seih mwngz!
翻 𨅗 示 佲, 翻 𨅗 示 佲!
那 就 是 你, 那 就 是 你!

Go Fouruz Fuzwjgyah
歌伕舺 伕尔加
伏尔加 船夫曲

1= D 4/4

俄罗斯民歌
佚 名译配

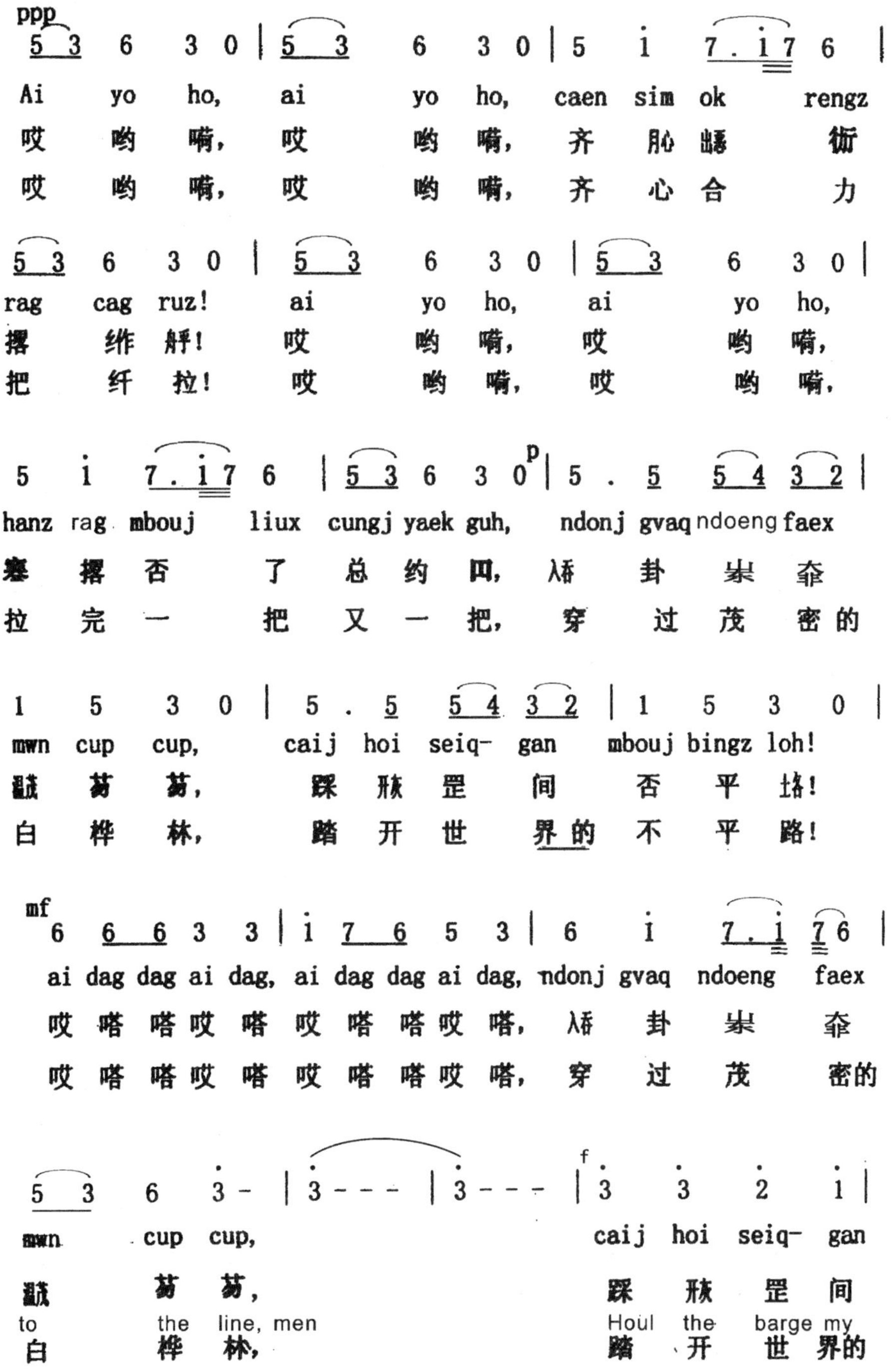

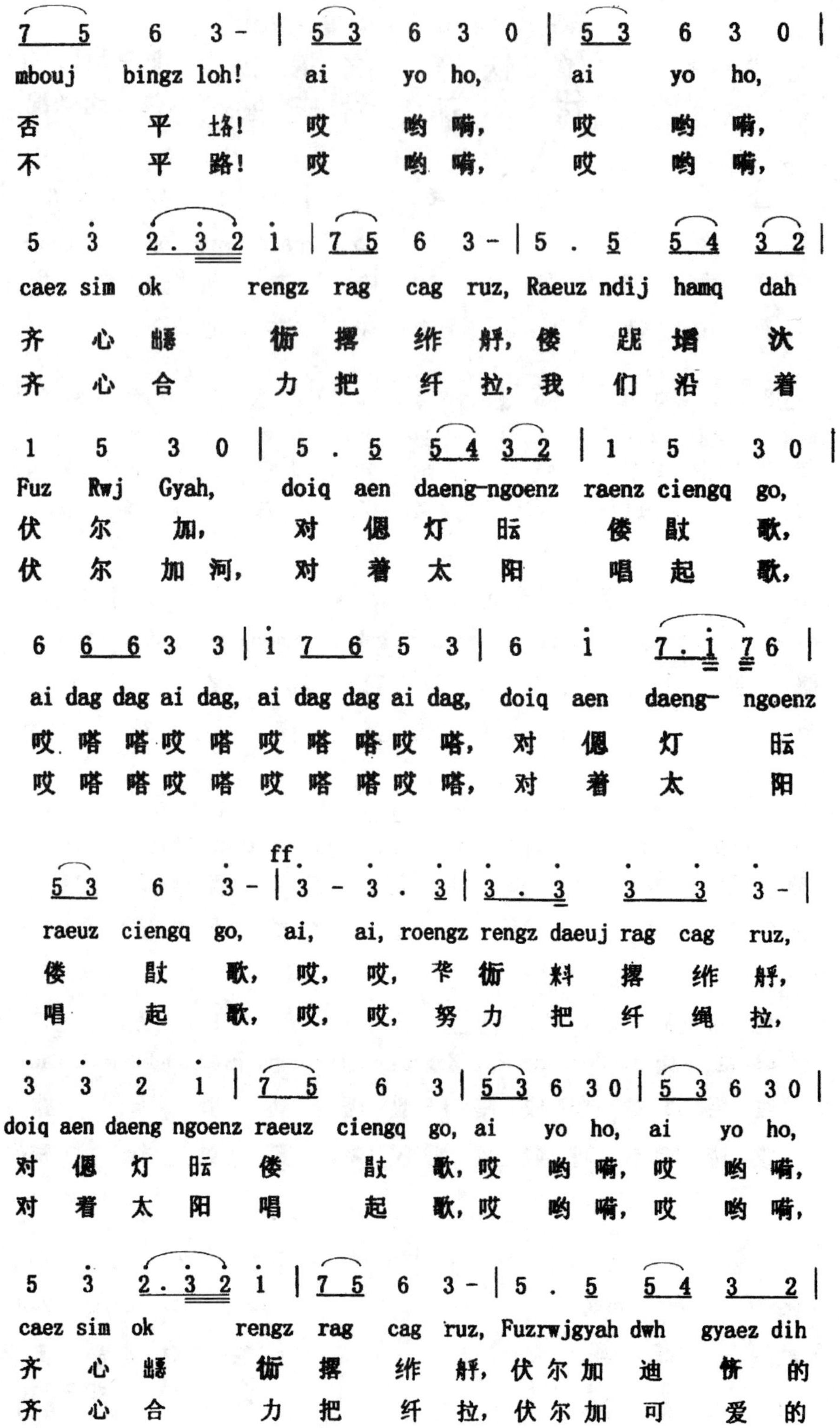
7 5 6 3 - | 5 3 6 3 0 | 5 3 6 3 0 |
mbouj bingz loh! ai yo ho, ai yo ho,
否 平 垎! 哎 哟 嗬, 哎 哟 嗬,
不 平 路! 哎 哟 嗬, 哎 哟 嗬,
5 3 2 . 3 2 1 | 7 5 6 3 - | 5 . 5 5 4 3 2 |
caez sim ok rengz rag cag ruz, Raeuz ndij hamq dah
齐 心 合 力 把 纤 拉, 我 们 沿 着
1 5 3 0 | 5 . 5 5 4 3 2 | 1 5 3 0 |
Fuz Rwj Gyah, doiq aen daeng-ngoenz raenz ciengq go,
伏 尔 加, 对 灯 唱 歌,
伏 尔 加 河, 对 着 太 阳 唱 起 歌,
6 6 6 3 3 | 1 7 6 5 3 | 6 1 7 . 1 7 6 |
ai dag dag ai dag, ai dag dag ai dag, doiq aen daeng- ngoenz
哎 嗒 嗒 哎 嗒 哎 嗒 嗒 哎 嗒, 对 灯
哎 嗒 嗒 哎 嗒 哎 嗒 嗒 哎 嗒, 对 着 太 阳
ff
5 3 6 3 - | 3 - 3 . 3 | 3 . 3 3 3 3 - |
raeuz ciengq go, ai, ai, roengz rengz daeuj rag cag ruz,
歌, 哎, 哎, 料 绯
唱 起 歌, 哎, 哎, 努 力 把 纤 绳 拉,
3 3 2 1 | 7 5 6 3 | 5 3 6 3 0 | 5 3 6 3 0 |
doiq aen daeng ngoenz raeuz ciengq go, ai yo ho, ai yo ho,
对 灯 歌, 哎 哟 嗬, 哎 哟 嗬,
对 着 太 阳 唱 起 歌, 哎 哟 嗬, 哎 哟 嗬,
5 3 2 . 3 2 1 | 7 5 6 3 - | 5 . 5 5 4 3 2 |
caez sim ok rengz rag cag ruz, Fuzrwjgyah dwh gyaez dih
齐 心 绯 伏 尔 加 迪 的
齐 心 合 力 把 纤 拉, 伏 尔 加 可 爱 的

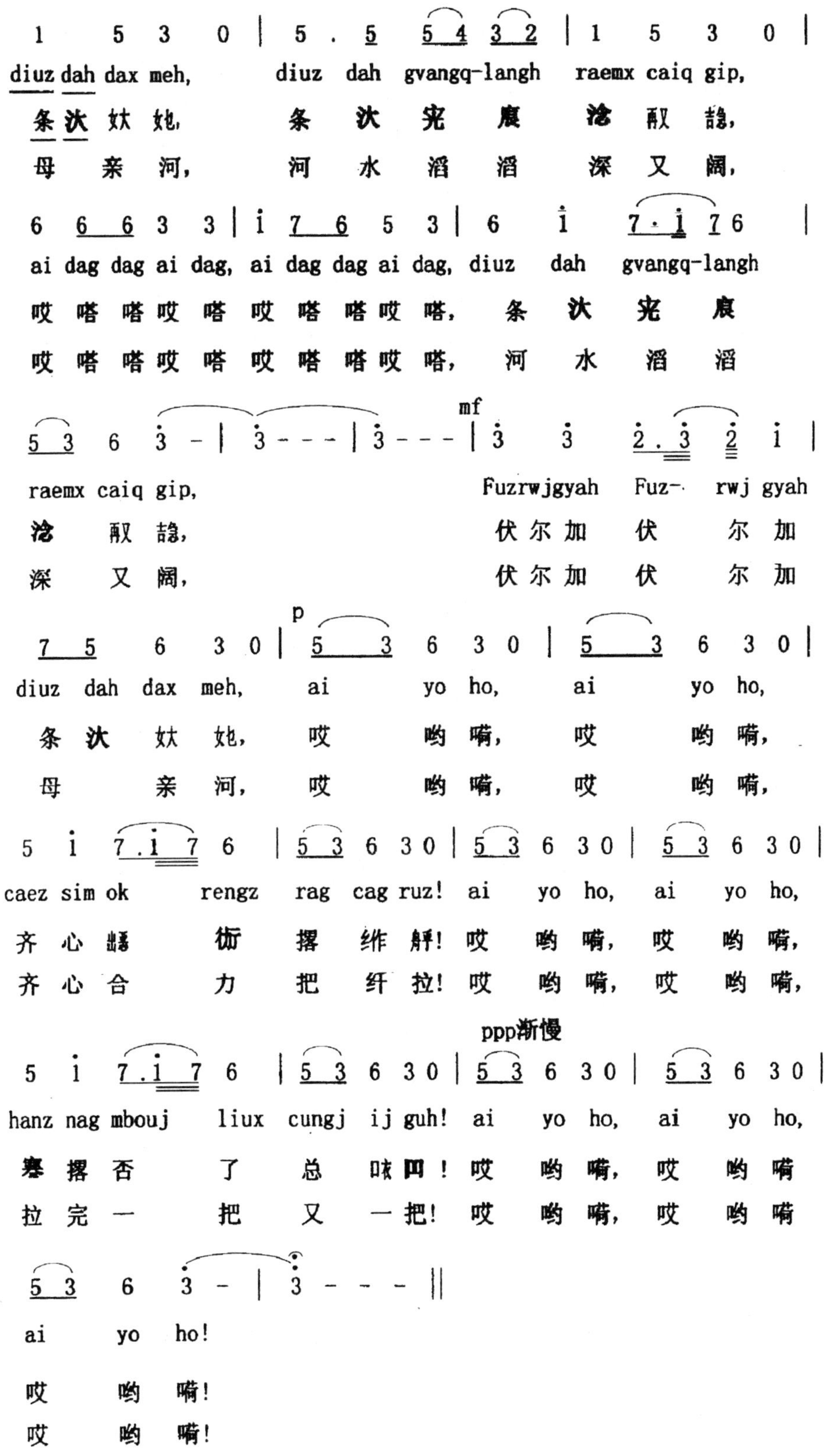
diuz dah dax meh, diuz dah gvangq-langh raemx caiq gip,
条汏妚灺, 条汏宪㡌淰㪧諡,
母亲河, 河水滔滔深又阔,
ai dag dag ai dag, ai dag dag ai dag, diuz dah gvangq-langh
哎嗒嗒哎嗒哎嗒嗒哎嗒, 条汏宪㡌
哎嗒嗒哎嗒哎嗒嗒哎嗒, 河水滔滔
mf
raemx caiq gip, Fuzrwjgyah Fuz- rwj gyah
淰㪧諡, 伏尔加伏尔加
深又阔, 伏尔加伏尔加
p
diuz dah dax meh, ai yo ho, ai yo ho,
条汏妚灺, 哎哟嗬, 哎哟嗬,
母亲河, 哎哟嗬, 哎哟嗬,
caez sim ok rengz rag cag ruz! ai yo ho, ai yo ho,
齐心𠰾㑚搙绯觧! 哎哟嗬, 哎哟嗬,
齐心合力把纤拉! 哎哟嗬, 哎哟嗬,
ppp渐慢
hanz nag mbouj liux cungj ij guh! ai yo ho, ai yo ho,
塞摺否了总咊叫! 哎哟嗬, 哎哟嗬
拉完一把又一把! 哎哟嗬, 哎哟嗬
ai yo ho!
哎哟嗬!
哎哟嗬!

Singh singh soz

星星索

星星索

1= G 4/4

中速　抒情地

印度尼西亚民歌

张 英 荣译词

廖一明吴歌配歌

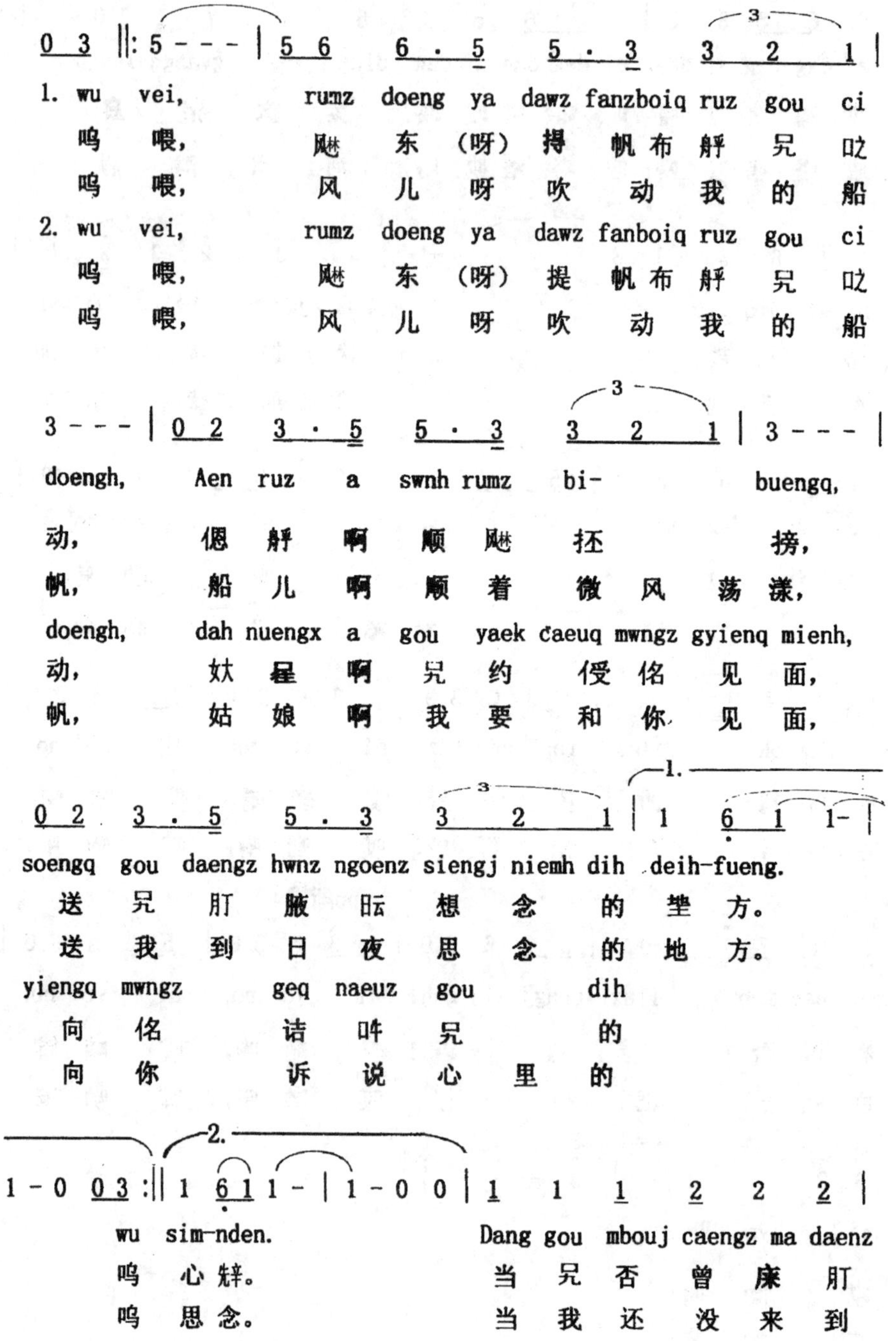

raen naj nuengx cih sienz, mwngz cien-geiz yaek dawz gou
𰿄 𬜻 佲 之 前， 佲 千 期 约 捊 兄
你 的 面 前， 你 千 万 要 把 我
geiq youq ndaw sim, yaek daengj (ha) faenh gou ya yaek
记 圣 闶 心，约 等 （哈） 分 兄 呀，约
记 在 心 间，要 等 待 着 我 呀，要
naih sim deq gou ya, dah nuengx, aen sim gaeu
耐 心 𫎇 兄 呀， 妰 𡛔， 偲 心 兄
耐 心 等 着 我 呀， 姑 娘， 我 心 像
lumdaeng-ngoenz ngamq ngamq hwnj baih doeng wu vei,
廪 灯 昑 啱 啱 𤼵 𫍅 东。 呜 喂，
东 方 初 升 的 红 太 阳。 呜 喂，
Rumz doeng ya dawz-fan boiq ruz gou ci doengh,
𩙠 东 （呀） 捊 帆 布 艀 兄 吆 动，
风 儿 呀 吹 动 我 的 船 帆，
dah nuengx a gou yaek caeuq mwngz gyienq mienh,
妰 𡛔 啊 兄 约 受 佲 见 面，
姑 娘 啊 我 要 和 你 见 面，

0 2 3 · 5 5 · 3 3 2 1 | 1 6 1 1 - |
caeuq mwngz caiq mbouj faen liz daengz yinx yienx.
侵 佲 䝼 否 分 离 肛 永 远。
永 远 · 也 不 再 和 你 分 离。

1 - - - | 1 - - - | 1 - - - :||
ppp
ih!
咿！
咿！

Go gyez gaengj
歌 桔 梗
桔 梗 谣

1= bG 3/4 朝鲜民歌

mf
3 3 3 | 3 3 2 3 | 5 5 6 5 | 3 . 2 1 |
go gyez gaengj go gyez gaengj go gyez gaengj ei yo,
𣗊 桔 梗 𣗊 桔 梗 𣗊 桔 梗 哎 哟,
桔 梗 哟 桔 梗 哟 桔 梗 哟 桔 梗,

2 3 - 3 | 2 3 2 1 6 5 | 6 1 . 6 | 5 - - |
o-heu sizsiz go gyez gaengj yo, hwnj rim gwnz bo,
嗬 荨 叱叱 𣗊 桔 梗 哟, 𬲵 𬲭 𬲮 𬲯.
白 白的 桔 梗 哟, 长 满 山 野,

3 3 - | 3 3 2 3 | 5 5 6 5 | 3 . 2 1 | 3 3 3 |
louq naeuz guek ndaej it ngeih go, couh ndaej
漏 吽 锢 𫡋 乙 二 𣗊, 𬲰 𫡋
只 要 挖 出 一 两 棵, 就 可以

2 3 2 1 6 5 | 6 1 . 6 | 5 - - | 6 5 6 1 6 5 |
cang rim rim dih it daih loz, ei hei ei hei yo,
装 阑 阑 的 乙 大 箩, 哎 咳 哎 咳 哟,
满 满的 装 上 一 大 筐, 哎 咳 哎 咳 哟,

6 5 6 1 6 5 | 1 1 . 2 | 1 - - | 3 3 3 | 3 . 2 1 |
ei hei ei hei yo ei hei yo, baenz lai ndei yawj,
哎 咳 哎 咳 哟 哎 咳 哟, 贫 kg 兀 䚟,
哎 咳 哎 咳 哟 哎 咳 哟, 多 么 好 看,

5 5 6 5 | 3 . 2 1 | 3 3 3 | 2 3 2 1 6 5 |
baenz lai dwg gyaez, gaiq neix couhdwj saenh raeuz dih
贫 kg 迪 㤝, 介 内 眈迪 分 偻 的
多 么 可 爱, 这 也 是我 们 的

6 1 . 6 | 5 - - ||
hong loh.
㤘 挌。
生 产。

Roeg coi goeng
鸡 嗺 工
杜 鹃

1= F 3/4
轻快 优美

波兰民歌

5 7 2 2 | 5 3 - | 4 3 2 5 | 3 1 - |
Ban-ringz ndoeng faex bangx henz, miz bang lwg sau dox angq,
晋 粠 岽 奎 埗 㘉, 眉 邦 孖 娋 度 啹,
中 午 在 树林 旁, 聚 着 一 群 姑 娘,
Sing go yied ciengq yied sang, riengz rumz cenz doh seiq fieng,
声 歌 越 唱 越 𩐽, 踜 𩗂 传 度 四 方,
歌 声 越 唱 越 响, 随 着 风 儿 飞 扬,

5 7 2 2 | 5 3 - | 4 3 2 5 | 3 1 0 |
Roeg coigoeq caeuq gyoengqde dox buenx cuengq sing it ceiz ngonciengq.
鸡咾工 受 伙侈 度 伴, 肿 声 乙 齐 诶 唱。
杜 鹃 伴 着 她 们, 一 起 纵 声 歌 唱。
bang de ciengq gaiq guh maz, roegcoigoeng rox ceiz mboujgangj.
邦 侈 唱 介 囗 麻, 鸡咾工 受 齐 否 讲。
她 们 唱 些 什 么, 只 有 杜 鹃 知 详。

||: 1 5 - | 1 5 - | 7 6 5 0 | 7 6 5 0 | 3 3 3 . 1 |
gu gu gu gu la la la angq angq angq au gyi li gyi
咕 咕 咕 咕 啦 啦 啦 唱 唱 唱 奥 基 利 基
咕 咕 咕 咕 啦 啦 啦 唱 唱 唱 奥 基 利 基

1 7 1 3 2 1 | 7 1 2 5 6 7 | 1 1 0 :||
au gyi li gyi gyi na au gyi li gyi gyi na hu hangh!
奥 基 利 基 基 那 奥 基 利 基 基 那 呜 哝!
奥 基 利 基 基 那 奥 基 利 基 基 那 呜 哈!

Aen ci sam duz max rag haenx
偲 轮 三 徒 犸 擢 覆
三 套 车

1= F 4/4

俄罗斯民歌

3 ||: 6 . 6 6 6 #5 6 | 7 . 5 3 . 3 |
Diuz dah Fuz-rwj-Gyah nae roengz gyiet hau caez, sam
圣 汏 伏 尔 加 菲 夅 结 皓 齐, 三
冰 雪 遮 盖 着 伏 尔 加 河, 冰
seng ha mwngzvih guh maz you heiq? vih
生 呀 佲 为 囗 麻 优 氕? 为
伙 子 你 为 什 么 忧 愁? 为

1 6 1 1 2 2 | 3 - - 0 3 |
duz max rag ci cungj mbouj ndeij bae, miz
徒 犸 擢 轮 总 否 戾 眭, 眉
河 上 跑 着 三 套 车, 有
guh maz goemz gyaeuj nij nij. boux
囗 麻 龄 尥 呢 呢, 仆
什 么 低 着 你 的 头, 是

6 . 7 i 7 6 5 4 3 | 2 . 4 6 7 6 |
Vunz sim fanz ngon fwen sing iq, iq, ngoz
伝 心 烦 咹 欢 声 忆 忆， 咹
人 在 唱 着 忧 郁 的 歌 唱
lawz hawj mwngz vij gij daengz yiengh neix? cam
勒 许 佲 㦤 使 肛 样 内？ 嘇
谁 叫 你 这 样 伤 心， 问

3 . 4 3 2 7 1 | 6 - 6 0 3 :|| 6 - 6 0 0 3 |
(1) (2)
fwen dih dwg boux vunz dawz ci。 Haux
欢 的 迪 仆 伝 揚 轪。 皓
歌 的 是 那 赶车的 人。 小
de yienghneix dwg boux dap ci. mwngz
佲 样 内 是 偳 搭 轪。 佲
他 的 是 那 搭车的 人。 你

6 . 6 6 6 #5 6 | 3 2 i 7 . 7 | i 6 1 1 ⊕2 #2 |
yawj ha duz max geq neix geij si liengz, de gaen gou byaij doh daengz
看 哈 徒 犸 諾 内 几 凄 凉， 佲 跟 兄 𨀐 度 肛
看 吧 这 匹 可怜的 老 马， 它 跟 我 走 遍 天

3 - - 0 3 | 6 . 7 i 7 6 5 4 3 | 2 . 4 6 7 6 |
biengz, caiz-cawj sim doeg ij gai de bae, ngoenz-
㑝， 财 主 心 毒 于 㑟 佲 㞔 眃
涯， 可 恨 那 财 主 要 把 它 买 了 去， 今

3 . 4 3 2 7 1 | 6 6 0 0 0 3 |
Cog mbouj rox dai lix baenz lawz yiengh. caiz-
眰 否 𥅈 㪯 㑊 贫 哷 样。 财
后 苦 难 在 等 着 它。 可

6 . 7 i 7 6 5 4 3 | 2 · 4 6 7 6 |
cawj sim doeg ij gai de bae, ngoenz-
主 心 毒 于 㑟 佲 㞔， 眃
恨 那 财 主 要 把 它 买 了 去， 今

3 . 4 3 2 7 1 | 6 - 6 0 ||

cog mbouj rox dai lix baenz lawz yiengh!

昨 否 馆 霓 劲 贫 哂 样!

后 苦 难 在 等 着 它!

Roeghaij ngouh

1= C 4/4

鸠海鸥
海 鸥

缅甸民歌

（许清章译词，阚肃配歌）

0 1 1 2 3 1 2 6 | 7 1 1 - - |

Banh haemh Dah- yihlozvajdij ingj fwj nding,

晋 霞 汰 伊洛瓦底 映 雲 红，

晚 霞 笼 罩着 伊 洛 瓦 底 江，

0 5 5 6 1 5 6 3 | #4 5 5 - - |

roeg gaij ngouh gvaenx gvax mbin mbouj dingz,

鸠 海 鸥 蹿 趴 飞 否 停，

活 泼 的 海 鸥 展 翅 飞 翔，

0 1 1 2 3 1 2 7 | 7 6 5 7 6 - |

o mbin bae mbin dauq mbin bae mbin dauq ciengq gyip gyip,

啊！飞 去 飞 倒 飞 去 飞 倒 唱 呷 呷，

啊！它 们 飞 来 飞 去 尽 情 歌 唱，

0 7 7 1 2 7 1 6 | 7 6 5 3 2 - |

O, bang de mbouj you mbouj heiq caen gauh hingq,

啊，帮 偻 否 忧 否 気 真 高 兴，

啊，它 们 自 由 自 在 多 么 欢 畅，

3 3 3 2 2 1 6 5 3 | 0 5 6 7 6 5 |

Dah yiloz- vaj dij riuz rweg rweg, gwnz mbwn cij miz

汰 伊洛 瓦 底 流 哂 哂， 歪 委 只 眉

静 静 的 江 水 向 东 流， 唯 有 那 歌 声

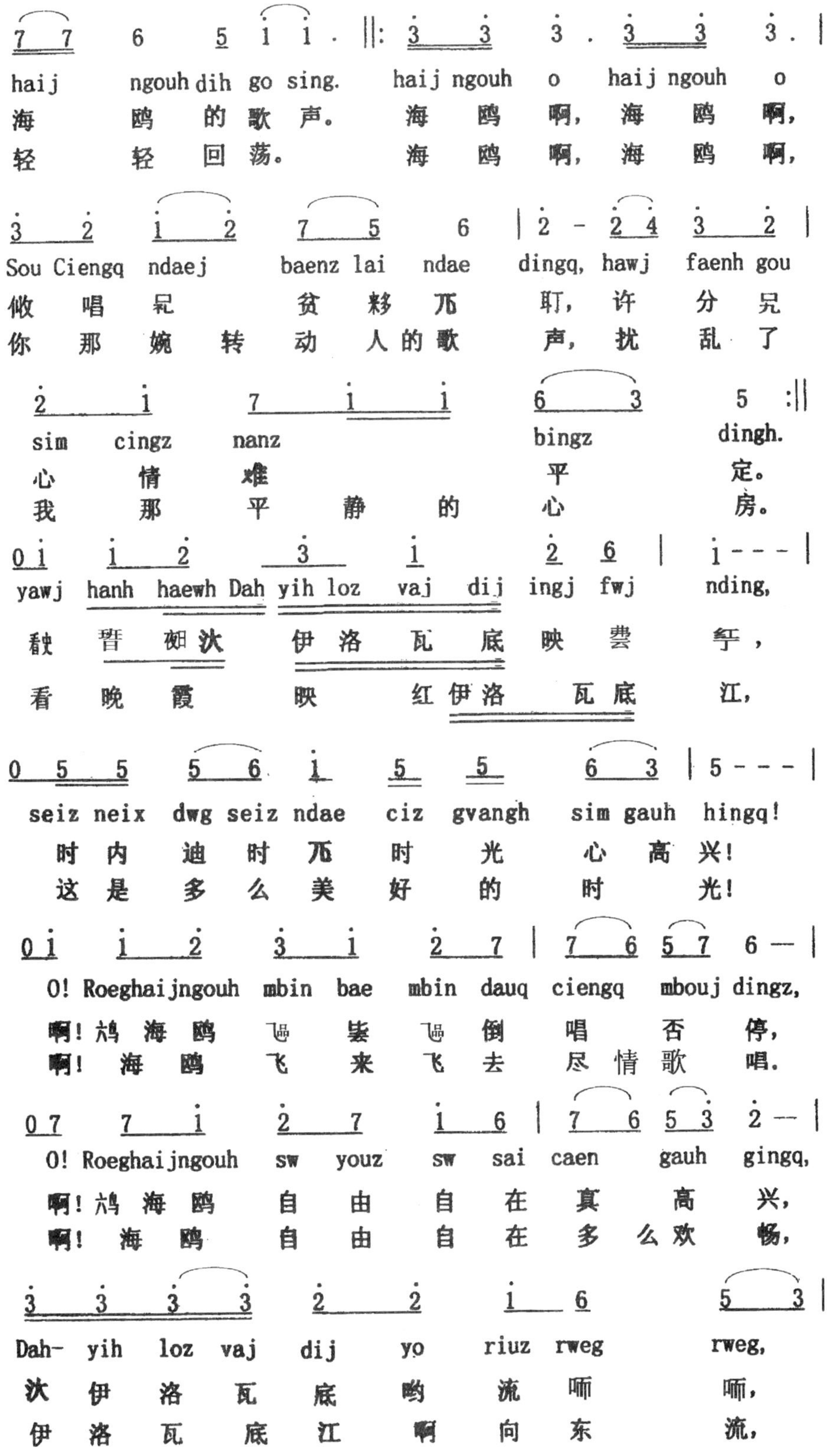
haij ngouh dih go sing. haij ngouh o haij ngouh o
海 鸥 的 歌 声。 海 鸥 啊，海 鸥 啊，
轻 轻 回 荡。 海 鸥 啊，海 鸥 啊，
Sou Ciengq ndaej baenz lai ndae dingq, hawj faenh gou
傚 唱 㝵 贫 䅑 丆 耵，许 分 兄
你 那 婉 转 动 人 的 歌 声，扰 乱 了
sim cingz nanz bingz dingh.
心 情 难 平 定。
我 那 平 静 的 心 房。
yawj hanh haewh Dah yih loz vaj dij ingj fwj nding,
䀢 晗 𤇩 汏 伊 洛 瓦 底 映 㙪 纡，
看 晚 霞 映 红 伊 洛 瓦 底 江，
seiz neix dwg seiz ndae ciz gvangh sim gauh hingq!
时 内 迪 时 丆 时 光 心 高 兴！
这 是 多 么 美 好 的 时 光！
O! Roeghaijngouh mbin bae mbin dauq ciengq mbouj dingz,
啊！鸠 海 鸥 𠮏 㔒 𠮏 倒 唱 否 停，
啊！海 鸥 飞 来 飞 去 尽 情 歌 唱。
O! Roeghaijngouh sw youz sw sai caen gauh gingq,
啊！鸠 海 鸥 自 由 自 在 真 高 兴，
啊！海 鸥 自 由 自 在 多 么 欢 畅，
Dah- yih loz vaj dij yo riuz rweg rweg,
汏 伊 洛 瓦 底 哟 流 唰 唰，
伊 洛 瓦 底 江 啊 向 东 流，

0 5 6 7 6 5 | 7 7 6 5 i – ||
gwnz mbwn cij gok haijngouhdih go sing.
歪 委 只 嗵 海 鸥 的 歌 声。
唯 有 那 歌 声 轻 轻 回 荡。

Mbanjcoj Gyoengq Beixnuengx
板祖 俬 戾程
故乡的亲人

[美]福斯特曲
邓映易译配

3 – 2 1 3 2 | 1 i 6 i . | 5 – 3 1 | 2 – – 0 |
Ndij hamq dah gyou swh vaj- niz gou bue dwk gyae gi- gi,
跽 墙 汏 麸 斯 瓦 尼，兄 輋 迪 逕 呿 呿，
沿 着 那 亲爱的 斯瓦 尼 河 畔， 千 里 迢 迢，
Mboujlwnhseiqgyaiq gok gok gex gex, gou cungj bae caez,
否 论 世 界 角 角 垯 垯， 兄 总 輋 齐，
世 界 上 无 论 天 涯 海 角， 我 都 走 遍，

3 – 2 1 3 2 | 1 i 6 i . |
Geiz de miz coj mbanj gyoengq beix nuengx,
其 偻 眉 祖 板 俬 戾 程 ，
在 那 里 有 我 故 乡 的 亲 人，
Danhgaeu vanz lij siengj niemh mganjcoj dih beixnuengx,
但 兄 还 里 想 念 板 祖 的 戾 程，
但 我 仍 怀 念 故 乡 的 亲 人，

5 3 · 1 2 2 · 2 | 1 – – 0 :|| 7 . i 2 5 |
gou hwnz ngoenz raemx da rih. Byaij doh lai mbwn
兄 脨 旺 淰 肽 涮。 跰 度 吞 委
我 终 日 在 想 念。 走 遍 天 涯
couq aen suen mak doengh baez.
侵 偲 囝 祼 哃 年者。
和 那 古 老 的 果 园。

5 . 6 5 i | i 6 4 6 | 5 – – 0 | 3 – 2 1 3 2 |
dauq cawq louz langh, cimz caez vij- sij. Biek liux mbanj coj
到 处 流 浪， 呺 齐 憾 使。 盼 了 板 祖
到 处 流 浪， 历 尽 辛 酸。 离 开 了 我那

1　i̇　6 i̇．｜5　3．1　2　2．2｜1 - - 0‖

gyoengq beix nuengx, gaeuvingx seiq sim mbouj sij.

伙　昆　昷，兄　永　罡　心　否　使。

故　乡的亲人，使　我永　远　怀　念。

Vameiz gveiqndoi

花玫瑰壗 野玫瑰

1= D 2/4

歌德原诗
舒柏特曲

3 3 3 3｜5 4 4 3 2｜

Hauh seng yawj raen va nding meiz gveiq,

骺　生　龢　赆　花　䒤　玫　瑰，

少　年　看　见　红　玫　瑰，

Hauh seng naeuz: “gou mbaet mwngz bae ranz,

骺　生　吽：“兄　芣　佲　坒　空，

少　年　说：“我　摘　你　回　去，

Ngah ngangq hauh seng dongh fwngz bae mbaet,

惬　倡　骺　生　动　䄶　坒　芣

粗　暴　少　年　动　手　摘

2 2 3 4｜5 i̇ 0｜3 3 3 3｜

gwnz ndoi laj gumhcungj hoi caez, oiq up up ha

歪　壗　桽　蒯　总　豥　齐，荟　喔　喔　哈

原　野　上　的　玫　瑰，多　么　娇　嫩

gwnz doi laj gumh dih meiz gveiq!” meiz gveiq naeuz:

歪　壗　桽　蒯　的　玫　瑰！”玫　瑰　吽：

原　野　上　的　玫　瑰！”玫　瑰　说：“我

gwnz ndoi laj gumh dih maez gvae, meiz gveiq camz in

歪　壗　桽　蒯　的　玫　瑰，玫　瑰　胗　痽

原　野　上　的　玫　瑰，玫　瑰　刺　痛

5 4 4 3 2 | 5 5 6 · 5 |

caen seih ndei, gip muengz baet bae

真 示 兀, 急 忙 跋 𡗷

多 么 美, 急 急 忙 忙

“gou camz dai mwngz bae, gawj mwngz baenz ciuh

兄 𦝮 𣦦 佲 𡗷, 拚 佲 贫 佋

刺 痛 你, 使 你 永 远

de dih fwagz, sieng sim hanz gangz

傪 的 𢬲, 伤 心 寒 咽

他 的 手 悲 伤 叹 息

4 5 6 7 5 | 5 7 6 5 #4 3 #2 3 |

yawj gig gyaez, ndaw sim gag haenh

𥊱 极 㤤, 閄 心 各 𢗠

跑 去 看, 心 中 暗 自

cij ndaej geiq, gou nyeg dingh mbouj hawj

只 𡒵 记, 兄 𩑛 定 不 许

不 忘 记, 我 决 不 能

cungj mbouj ndei, hawj mwngz luenh guh

总 否 兀, 许 佲 乱 𠈿

没 有 用, 只 得 任 他

i̇ · #4 5 | 2 2 3 4 |

duj duj ndei, meiz gveiq meiz gveiq

𦬖 𦬖 兀, 玫 瑰 玫 瑰

赞 美, 玫 瑰 玫 瑰

mwngz mbat dawz bae.” meiz gveiq meiz gveiq

佲 𣎏 挦 𡗷。” 玫 瑰 玫 瑰

答 应 你。” 玫 瑰 玫 瑰

ij biq ndaej meiz gveiq meiz gveiq

咿 被 𡒵。 玫 瑰 玫 瑰

来 为 非。 玫 瑰 玫 瑰

5 6 7 i | 6 i 4 6 |
hoengz meiz gveiz, gwnz ndoi laj gumh dih
红 玫 瑰，歪 墦 奔 髑 的
红 玫 瑰，原 野 上 的
hoengz meiz gveiz, gwnz ndoi laj gumh dih
红 玫 瑰，歪 墦 奔 髑 的
红 玫 瑰，原 野 上 的
hoengz meiz gveiq, gwnz ndoi laj gumh dih
红 玫 瑰，歪 墦 奔 髑 的
红 玫 瑰，原 野 上 的

1 3 2 1 | (6 6 i 4 4 6 | i 2. 3 1) ||
meiz gveiq。
玫 瑰。
玫 瑰。
meiz gveiq。
玫 瑰。
玫 瑰。
meiz gveiq。
玫 瑰。
玫 瑰。

Gaj Siuh Cah
卡 秋 莎
卡 秋 莎

2/4 苏联红军歌曲

6. 7 | 1. 6 | 1 1 7 6 | 7 3 0 |
Cingq dwg Va- leiz hoi muenx liux dien yah,
正 迪 花 梨 秛 满 了 天 下，
正 当 梨 花 开 满 了 天 涯，
Lwg sau Cieugq liux ndei dingq dih fwen,
孙 婧 唱 了 嫊 听 的 欢，
姑 娘 唱 着 美 妙 的 歌 曲，

7 . 1 | 2 . 7 | 2 2 1 7 | 6 - |

gwnz dah biu daeuj baengz mbaeu dih couz Sa,

丕 汏 飘 料 褟 戳 的 绸 纱，

河 上 飘 着 柔 慢 的 轻 纱，

conz conz cungj haenh yiuh hang mbin gwn mbwn,

响 响 总 忈 鹞 鸠 飞 丕 霻，

她 在 歌 唱 草 原 的 雄 鹰，

: 3 6 | 5 . 6 5 | 4 3 2 | 3 6 0 |

Gaj Siuh Cah byaij youq hamq sang bangx dah,

卡 秋 莎 踌 圣 堉 毓 塝 汏

卡 秋 莎 走 在 峻 峭 的 岸 上，

Gaj Siuh Cah Ciengq ndiep gyaez dih Vunz,

卡 秋 莎 献 凇 恀 的 伝，

卡 秋 莎 歌 唱 心 爱 的 人 儿，

: 3 4 | 3 . 4 3 | 2 1 7 | 1 6 0 |

: 1 7 | 1 . 6 1 | 2 6 6 | 6 6 0 |

0 4 2 | 3 . 1 | 7 3 1 7 | 6 - :||

Sing go de Lumj baenz roeg cwn gok cax cax.

声 歌 佲 廩 贫 鸠 春 喻 喳 喳。

歌 声 好 像 明 媚 的 春 光。

daeh buh de yo miz fung saenq meh yah.

褅 裤 佲 害 眉 封 信 妑 奷。

她 还 藏 着 爱 人 的 书 信。

0 2 7 | 1 . 1 | 7 3 1 7 | 6 - :||

0 6 6 | 6 . 6 | 7 3 4 5 | 6 - :||

Duz Noucing
徒狃精
土拨鼠

1= ♭B 6/8

歌德诗
贝多芬曲

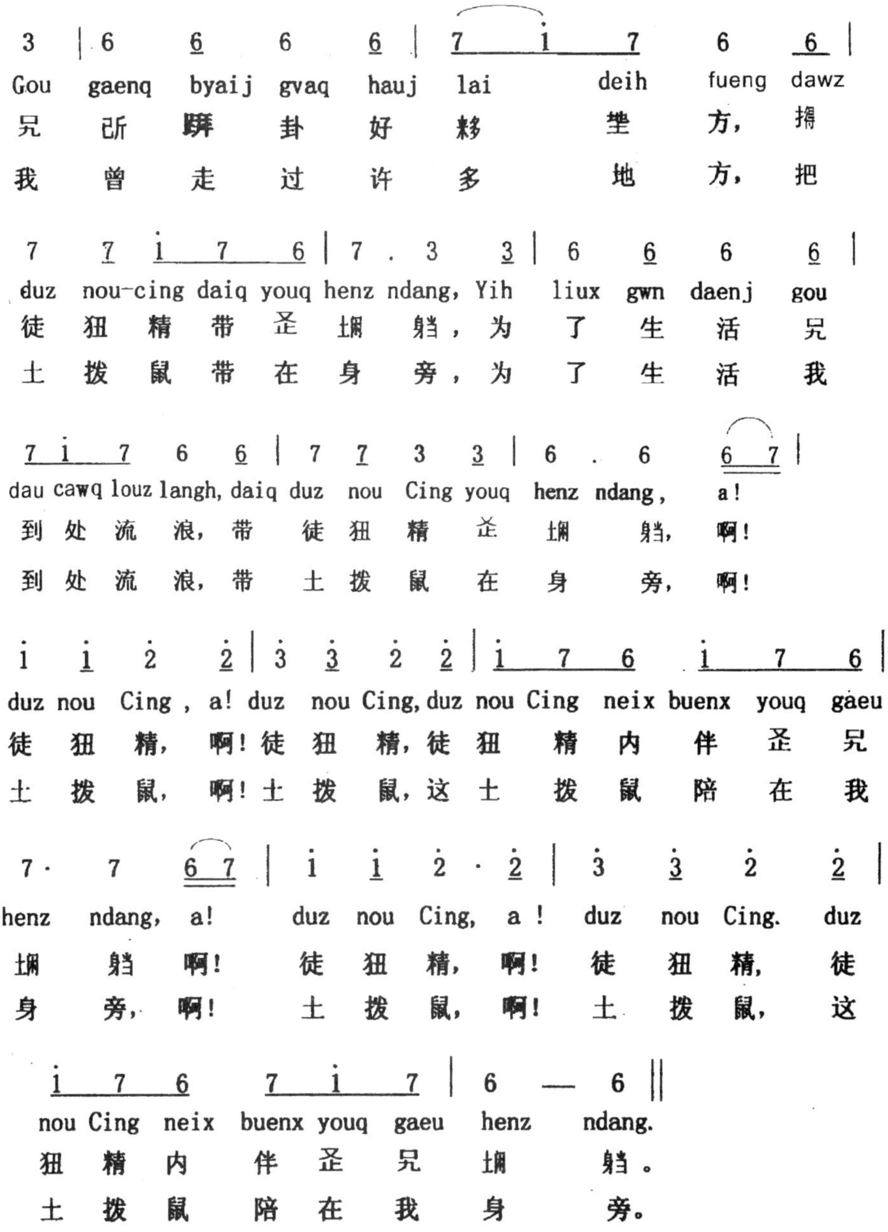

Geiq Gyaez Aen'gya gaeu
几 㑆 㑆 家
可 爱 的 家

1= ♭E 4/4

H.培恩作词
比肖普作曲

1 2 | 3 . 4 4 5 | 5 - 3 5 |
Yienx naeuz youz caez liux Vuengz daeq dih gungh dienq, Seiq
然 吽 游 齐 了 皇 帝 的 宫 殿, 四
纵 然 游 遍 美 丽 的 宫 殿, 享

4 . 3 4 2 | 3 - 0 1 2 | 3 . 4 4 5 |
Seiz fouq gviq lumj Sien, dan Seih mdouj lwnh gaeu youq
随 富 贵 㢘 仙, 但 是 否 论 旯 丕
尽 富 贵 荣 华, 但 是 无 论 我 在

5 - 3 5 | 4 . 3 4 2 | 1 - 0 5 5 |
giz lawz, doiq aengya gaeu cungj gig siengj niemh. Lumj gwnz mbwn
其 哂, 对 㑆 家 旯 总 极 想 念。 㢘 歪 㓦
哪 里, 都 怀 念 我 的 家。 好 像

i . 7 6 5 | 5 - 3 5 | 4 . 3 4 2 | 3 - 0 5 |
cienz roengz daeujdih vah sing, raengq gou mbouj lumz gyai dingz, gou
传 夻 料 的 话 声, 谳 旯 否 愗 家 庭, 旯
天 上 降临的 声 音, 向 我 亲 切 召 唤, 我

i . 7 6 5 | 5 - 3 5 | 4 . 3 4 2 |
byai ceiz laj mbwn gak dieg, doiq aeu gya gou cungj gig siengj
𨄼 齐 夻 㓦 各 埅, 对 㑆 家 旯 总 极 想
走 遍 海 角 天 涯, 总 想 念 我 的

1 - - 0 | 5 - - - | 4 - 2 - | 1 - - - |
nimh. acn gya a! geij
念。 㑆 家 啊! 几
家。 我 的 家 啊! 可

2 - - - | 3 - 0 5 | i . 7 6 . 5 | 5 - 3 5 |
gyaez dih gya, gou byaij doh laj mbwn gak dieg, doiq
忓 的 家， 只 踌 度 夲 氼 各 埋， 对 偲
爱 的 家。 我 走 遍 海 角 天 涯， 总

4 . 3 4 2 | 1 - 0 ||
aengya gou cungj gig siengi niemh.
家 只 总 极 想 念。
想 念 我 的 家。

Dauqma Suhlienzdoz
倒 倈 苏 莲 托
重 归 苏 莲 托
（1875—1973）

1=G 3/4

G. 库尔蒂斯作词
E. 库尔蒂斯作曲
尚 家 骧 译配

p稍慢

6 7 1 2 3 1 | 3 3 - | 2 3 4 2 4 2 |
Yawj, haij yangz neix gig giz gyaeu ndei, hawj vunz geij lai sim-cingz
䁖， 海 洋 内 亟 极 䝼 兀， 㑷 伝 几 夥 胣 情
看， 这 海 洋 多 么 美 丽， 多 么 激 动 人 的

6 6 - | 6 7 i 7 6 7 | 3 3 - |
gik-doengh! Yawj, da- sw- yienz neix dih fungh gingj,
愅 动！ 䁖， 大 自 然 内 的 风 景，
心 情！ 看， 这 大 自 然 的 风 景，

（田园风味）
转1=E（前6=后1）

2 3 2 1 7 1 | 6 - 6 0 | i 7 5 6 7 5 |
sawj vunz geij lai sim soeng! Yanj, hamq ndoi neix dih
使 伝 几 夥 心 悰！ 䁖， 墕 堳 内 的
多 么 使 人 陶 醉！ 看， 这 山 坡 旁 的

6 6 - | 7 6 5 6 7 5 | 6 6 - |
suen mak, henj lumj gim dih lwg gam bek coemx coemx,
圞 𬂊， 黋 廪 金 的 勐 柑 梎 吋 吋，
果 园， 长 满 黄 金 般 的 蜜 柑，

渐慢

3 4 5 3 2 1 | 4 4 - | 5 6 7 6 5 7 |

dauq cawq sanq heig rang- rwt rwt, dauq cawq dien heiq raeuj-rub

倒处散気𪿎哂哂，倒处天気㬉𠻘

到处散发着芳香，到处充满温

3 - 3 0 | i 7 5 6 7 5 | 6 6 - |

rub. Hoeng mwngz doiq gou naeuz "caiq gen",

𠻘。倥佲对兄吽"㪲见"，

暖。可是你对我说"再见"，

2 i 7 i 2 7 | i i - |

Yungx yienx vut liux mwngz dih boux- lwnz,

永远㧈了佲的仆伦，

永远抛弃你的爱人，

i 2 b3 2 i 2 | 5 5 - | 4 5 4 b3 2 3 |

yungx yienx lizg aih mwngz dih gyah yangh, mwngz naenx sim mbouj dauq

永远离开佲的家乡，佲踉胣否倒

永远离开你的家乡，你真忍心不回

1 - 0 | i 2 7 . 6 | i — — |

ma? Cingj gaej vut gou,

㾄？请佲㧈兄，

来？请别抛弃我，

0 7 i 2 7 6 | 5 5 - | f4 b6 i |

gaej hawj gou caiq souh haemz- hoj! dauq- ma Suh-

佲㧳兄㪲受䛅焅！倒㾄苏

别使我再受痛苦！重归苏

b3 . 2 i | i 2 7 . 7 | i - 0 ||

lienz- doz mwngz dauq- ma ba!

莲托，佲倒㾄吧！

莲托，你回来吧！

后　记

出于历史的原因，壮族教育家韦鸿恩先生一生所累积与壮乡社会相关的各种资料(有收集的、珍藏的，有他悉心钻研撰写、整理的)都没能保存下来，铸成了空白，令人遗憾和惋惜。当其学子苏永勤、罗茂柑、黄全安、蒙丕基、曾炳灿、危流渊、曾肇祖等先后发起要弘扬壮族教育家韦鸿恩先生的教育思想并对他开展纪念活动时，响应来自省内外、国内外。十多年来，许多学者、社会公众人物、他教育过的学子，以及他的韦氏亲属、好友等，倾全力支持和关注、回忆和阐释他造福壮乡的文章如雪片般飞来：有帮采集先生真实史料、图像、实物的，有沿着先生研究过的足迹或思路去深入探索和求证的，有帮先生圆梦去创作壮歌、发掘壮学真谛的……还有许许多多说不完、道不尽的“春雨润万物”的感人故事……凡此种种，虽谈不上多么尽善尽美但也实在是难能可贵了。为了能够向人们展示先生的一生，我们编辑出版了《清贫的富有》(海洋出版社出版，2013 年 3 月第 1 版)、《神秘的壮乡》(海洋出版社出版，2016 年 1 月第 1 版)、《九天揽月记》(海洋出版社出版，2017 年 4 月第 1 版)三本书，充其量，这也只是被“封存”了的先生光辉人生“冰山”的一角，今后文集的编辑出版工作显然还任重而道远。问题在于我们主动请缨组办的这届编委会成员老者太多，熬不过自然发展的规律，而且有些已纷纷离开人世，文集到此不得不先告个段落，请热心的读者谅解。但我们相信，未完成的工作会后继有人的！